Zürich, 15. Mai 2008

Für Andreas mit den besten Wünschen
und herzlichen Grüssen!

Martin

ARCHAEOLINGUA

Herausgegeben von
ERZSÉBET JEREM und WOLFGANG MEID

Band 19

Martin Hannes Graf

Schaf und Ziege
im frühgeschichtlichen Mitteleuropa
Sprach- und kulturgeschichtliche Studien

BUDAPEST 2006

Die vorliegende Arbeit wurde von der Philosophischen Fakultät der Universität Zürich im Wintersemester 2004 auf Antrag von Herrn PD Dr. Ludwig Rübekeil und Frau Prof. Dr. Elvira Glaser als Dissertation angenommen

Umschlagbild:
Relief des Mercurius Gebrinius aus Bonn.
Rheinisches Landesmuseum Bonn.
Inv. Nr. D 276

Bandredaktion:
ERZSÉBET JEREM

ISBN 963 8046 70 8
HU-ISSN 1215-9239

© ARCHAEOLINGUA Foundation

All rights reserved. No part of this publication may be reproduced, stored in a retrieval system, or transmitted in any form or by any means, electronic, mechanical, digitised, photocopying, recording or otherwise without the prior permission of the publisher.

2006

ARCHAEOLINGUA ALAPÍTVÁNY
H-1250 Budapest, Úri utca 49

Textverarbeitung durch den Autor
Textredaktion und Herstellung der Druckvorlage: Rita Kovács

Druck: AMULETT '98 Kft., Budapest

«[...] e, ciò che più di tutto attraeva e fermava lo sguardo, capre mescolate con quelle, e fatte loro aiutanti: uno spedale d'innocenti, quale il luogo e il tempo potevan darlo. Era, dico, una cosa singolare a vedere alcune di quelle bestie, ritte e quiete sopra questo e quel bambino, dargli la poppa; e qualche altra accorrere a un vagito, come con senso materno, e fermarsi presso il piccolo allievo, e procurar d'accomodarcisi sopra, e belare, e dimenarsi, quasi chiamando chi venisse in aiuto a tutt'e due.»

ALESSANDRO MANZONI, I Promessi Sposi, Cap. XXXV

Inhaltsverzeichnis

Vorwort 9

Literaturverweise und Abkürzungen 11

Abbildungsnachweis 12

Einleitung und Problemstellung 13

1. Die Wortfamilie um lat. *caper* 25

2. Germ. *habraz 'Geiss' und Verwandtes 29
   2.1. Etymologie und Wortgeschichte, Forschungsüberblick 29
   2.2. *Haber 'Ziege, Bock' in Toponymen 30
   2.3. Das Ziegen- und das Getreidewort 33

3. Kelt. *gabros 'Bock' 37
   3.1. Ausgangslage und Quellenübersicht 37
   3.2. Personen- und Völkernamen 40
   3.3. Problemlage und Darstellung 44
   3.4. Zwischenbilanz und einige Schlüsse 52
   3.5. Die Toponyme *Gabris* und *Gäbris* und die antike Γάβρητα ὕλη 53

4. Der ubische *Mercurius Gebrinius* 69
   4.1. Übersicht. Einleitendes und Forschungsüberblick 69
   4.2. Sprachliches 73
   4.3. Die Fruchtbarkeitsikonographie des Bonner Aufanienaltars LEHNER 1930, Nr. 7 ... 80
   4.4. Eine Aufanien-Kurie? 90
   4.5. Ziege und Bock und die sog. ‹Muttergottheiten› 93
   4.6. *Gebrinius* und *Cernunnos* 100
   4.7. Abschluss: der ‹belgische› *Deus Caprio und nhd. *Käpfer* 102

5. Theriophore Völkernamen und prähistorische Transhumanz 107
   5.1. Problemstellung 107
   5.2. Die Namen 115
   5.3. Der *pagus Carucum* und der *pagus carascus* 122
   5.4. Exkurs: *Camulos* 125
   5.5. Folgerungen 126

6. Lex Salica 131
   6.1. *afra(e)*, *aper*, *haper* 134
   6.2. *lamphebru(s)* 135
   6.3. *lammi*, *lampse*, *lamilam*, *lem* usw. 137
   6.4. Zwischenbemerkungen 141
   6.5. Salfrk. *scimada, an. *skimuðr*, lat. *capritus* 143
   6.6. *chenecrudo* etc. 149

    6.7. *sonista* 151
    6.8. Ausblick 159

7. Toponymie und Tierbezug – einige methodische Überlegungen............................161
    7.1. Problemstellung...161
    7.2. Zum Alter der Gewässernamen...165
    7.3. Ziege..168
    7.4. Fallbeispiel: *Geissberg* und *Geissbach* 174

8. Die germanischen *Cornuti* 179

9. Habergeiss 199

10. Haberfeldtreiben...207
    10.1. Einführung und Problemlage 207
    10.2. Die Sache 208
    10.3. Das Wort 209
    10.4. Deutungsversuch...213
        10.4.1. *Cervulum facere* 213
        10.4.2. *Perchta* 222
        10.4.3. Synthese..224

11. Ziege und Schaf in der Farb-, Licht- und Wettersymbolik 225
    11.1. Farbsymbolik...225
    11.2. Lichtsymbolik: leuchtende Augen, Sehkraft, goldene Hörner..........................230
    11.3. Wettersymbolik 238
    11.4. Abschluss 246

12. Zusammenfassung und Schlussbetrachtung...249

13. Bibliographie..263

14. Wörter-, Namen- und Sachindex..295

Vorwort

Am Anfang dieser Arbeit stand der Versuch, den Stellenwert von Tieren in Toponymen zu erkunden; aus Zufall habe ich mich als erstem Tier der Ziege gewidmet. Bei ihr und beim Schaf ist es letztlich geblieben. Es zeigte sich jedoch bald, dass mit der onomastischen Fragestellung allein nicht im entferntesten an Forschungsergebnisse, wie sie Gunter Müller (1970) für die germanische Anthroponymie erzielt hat, zu denken war. Indessen ergaben sich ganz neue Fragen, die über das ursprüngliche Ziel hinausgingen und mit den vorliegenden Studien vor allem in religions-, symbol-, mentalitäts- oder auch wirtschaftsgeschichtliche Gefilde führten. Gemeinsam ist allen, auf den ersten Blick etwas disparat erscheinenden Kapiteln, dass sie philologische Arbeit zur Grundlage haben und den Versuch darstellen, die Methode der ‹Wörter und Sachen›-Forschung auf altertumskundliche und mediävistische Problembereiche rund um Schaf und Ziege anzuwenden.

Die Arbeit wäre nicht zu einem glücklichen Abschluss gelangt, hätte sie nicht in allen Phasen ihrer Entstehung auf die Unterstützung und Hilfe vieler Personen vertrauen dürfen. Vorab sei meinen Eltern gedankt, die mir stets mit Geduld und viel Liebe beigestanden haben. Ihnen sei diese Arbeit gewidmet. Sodann danke ich meinem Doktorvater PD Dr. Ludwig Rübekeil (Zürich), der die Arbeit betreut und mich in ungezählten Gesprächen und Kolloquien freundschaftlich ermutigt, fachlich beraten und unterstützt hat. Ferner danke ich Prof. Dr. Peter Stotz (Zürich) für die Überlassung der elektronischen HLSMA-Indices, Dipl. Ing. ETH Marianne Dietiker (Zürich) und Dr. phil. Simone Maria Berchtold (Zürich) für kritische Stellungnahmen und kleinere Korrekturarbeiten, Dr. Eugen Nyffenegger (Kreuzlingen) für infrastrukturelle Unterstützung, viele aufschlussreiche Gespräche sowie die Hilfe bei der Arbeit mit onomastischen Datenbanken, Kevin Müller für die Erstellung des Index sowie lic. phil. Andreas Külling (Basel) für mannigfache Hilfen und Ratschläge in Fragen der klassischen Philologie. Mein besonderer Dank gilt lic. phil. Mirjam Marti (Zürich) für ihre von philologischem Scharfsinn geprägte wiederholte Korrekturarbeit. Herrn Prof. Dr. Wolfgang Meid (Innsbruck) und Frau Dr. Erzsébet Jerem (Budapest) danke ich für die Aufnahme der Dissertation in die Reihe *Archaeolingua*. Für die freundliche Genehmigung zum Abdruck von Photographien danke ich dem Württembergischen Landesmuseum Stuttgart (Frau Ulrike Klotter M. A.), dem Rheinischen Landesmuseum Bonn (Andrea Bußmann) sowie dem Deutschen Archäologischen Institut in Rom (Frau Luisa Veneziano).

Zürich, im August 2006   Martin Hannes Graf

Literaturverweise und Abkürzungen

Die Literaturverweise in den Fussnoten erscheinen in gekürzter Form und lassen sich nach den Angaben in der Bibliographie identifizieren. Beiträge aus Sammelbänden werden nach dem Erscheinungsjahr des Sammelbandes zitiert. Wo es notwendig ist, werden auch der ursprüngliche Erscheinungsort und das ursprüngliche Erscheinungsjahr angegeben. Verweise auf Handbücher, Lexika, Wörterbücher sind teilweise zusätzlich gekürzt:

CIL	Corpus Inscriptionum Latinarum, Berlin 1862 ff.
DKP	Der Kleine Pauly. Lexikon der Antike. Auf der Grundlage von Pauly's Realencyclopädie der classischen Altertumswissenschaft unter Mitwirkung zahlreicher Fachgelehrter hg. v. K. Ziegler u. W. Sontheimer, 5 Bde., München 1979.
DNP	Der Neue Pauly. Enzyklopädie der Antike, 16 Bde. hg. v. H. Cancik u. a. Stuttgart, Weimar 1996–2003.
HLSMA	STOTZ, PETER: Handbuch zur lateinischen Sprache des Mittelalters, bisher 4 Bde. München 1996 ff.
LexMA	Lexikon des Mittelalters. 9 Bde., München u. a. 1977–1999.
LIV	RIX, HELMUT: Lexikon der indogermanischen Verben. Die Wurzeln und ihre Primärstammbildungen, Wiesbaden ^{2}2001.
MGH	Monumenta Germaniae historica inde ab a. C. 500 usque ad a. 1500. Hannover u. a. 1826 ff.
MLW	Mittellateinisches Wörterbuch bis zum ausgehenden 13. Jahrhundert. In Gemeinschaft mit den Akademien der Wissenschaften zu Göttingen [...] hg. von der Bayerischen Akademie der Wissenschaften und der Akademie der Wissenschaften in berlin. München 1976 ff. [erschienen bis Bd. III, Lfg. 5 (dissertatio)].
OLD	GLARE, P. G. W.: Oxford Latin dictionary, Oxford 1992.
PL	Patrologiae cursus completus [...] Accurante J.-P. Migne. Series Latina, 221 Bde., Paris 1841–1864.
RE	Paulys Realencyclopädie der classischen Altertumswissenschaft. Neue Bearbeitung. 1. Reihe 24 Bde., 2. Reihe 10 Bde., 15 Supplementbde. Stuttgart, München 1893–1978.
RGA	Reallexikon der Germanischen Altertumskunde. 2. völlig neu bearb. u. stark erweiterte Auflage, Berlin, New York 1973 ff.
StSG	STEINMEYER, ELIAS – SIEVERS, EDUARD: Die althochdeutschen Glossen, 5 Bde. 1879–1922 (Nachdruck Dublin, Zürich 1968 f.).
ThLL	Thesaurus Linguae Latinae, Leipzig 1900 ff.

Wenige Titel, die in den Fussnoten vollständig zitiert werden, sind nicht in die Bibliographie aufgenommen.

Primärtexte werden nur bei gegebenem Anlass – z. B. bei philologischen Fragen, in denen ein kritisch edierter Text verwendet werden muss – nach der Edition zitiert. Ansonsten wird die gebräuchliche Angabe nach Autor, Titel, Buch, Kapitel, Absatz usw. gewählt (lateinische Texte i. a. nach den Vorgaben des ThLL). Übersetzungen stammen – falls nicht anders vermerkt – von mir. Bei kürzeren und leicht verständlichen fremdsprachigen Zitaten wurde bisweilen auf eine Übersetzung verzichtet.

Inschriften werden, wo nicht deren philologisch zu beurteilende Objektsprachlichkeit im Vordergrund steht, in Kapitälchen wiedergegeben.

Ansonsten gelten die üblichen Formalia und Abkürzungen in philologischen Arbeiten.

Abbildungsnachweis

Abb. 1: REIN 1958, Kartenskizze 7.

Abb. 2: Rheinisches Landesmuseum Bonn, Inv. Nr. D 276

Abb. 3: ESPERANDIEU, RG 7, S. 217, Nr. 5644.

Abb. 4: LEHNER 1930, S. 20 [Nr. 47].

Abb. 5: WEISGERBER 1969, S. 425.

Abb. 6: Rheinisches Landesmuseum Bonn, Inv. Nr. D 260

Abb. 7: LEHNER 1930, S. 7 [Nr. 7].

Abb. 8: Rheinisches Landesmuseum Bonn, Inv. Nr. D 260

Abb. 9: RÜGER 1983, S. 217, Fig. 1.

Abb. 10: WERNER 1966, S. 25.

Abb. 11: Felbermeyer, Neg. D–DAI–Rom 1934.2121

Abb. 12: SEECK 1876, S. 115.

Abb. 13: Faraglia, Neg. D–DAI–Rom 1932.0082

Abb. 14: HAUCK 1954, Fig. 6.

Abb. 15: HAUCK 1957a, Taf. I, Fig. 1.

Abb. 16: HAUCK 1957a, Taf. II, Fig. 4.

Abb. 17: HAUCK 1978a, S. 41, Fig. 10.

Abb. 18: HAUCK 1983, S. 454, Abb. 12.

Abb. 19: HAUCK 1983, S. 454, Abb. 14.

Abb. 20: HAUCK 1981, Fig. 11.

Abb. 21: Württembergisches Landesmuseum Stuttgart, Inv. Nr. V 86–1.

Abb. 22: Württembergisches Landesmuseum Stuttgart, Inv. Nr. V 86–2.

Einleitung und Problemstellung

In der vorliegenden Untersuchung soll aus sprachgeschichtlichen, sachkundlichen, religions- und mentalitätsgeschichtlichen sowie volkskundlichen Daten eine Synthese über den Stellenwert von Schafen und Ziegen (inbegriffen ihre männlichen Artgenossen sowie einige wilde Vertreter) in der Sprach- und Vorstellungswelt früherer Kulturen gewagt werden. Abgesteckt wird das Thema räumlich durch die Beschränkung auf Kulturen nördlich der Alpen, zeitlich durch die Beschränkung auf einen Zeitraum zwischen Antike und Mittelalter. In beiden Dimensionen sind allerdings immer wieder Exkurse notwendig, um der Argumentation eine tiefere Verankerung in einem grösseren zeitlich-räumlichen Kontinuum zu verleihen. Natürlich ist der gewählte Untersuchungsgegenstand zu gross, als dass er in allen seinen Facetten abgedeckt werden könnte. Der Begriff «Stellenwert» soll sich denn auch nur auf ausgewählte Bereiche beschränken, die ihren Ausgangspunkt jeweils sprachlichen Besonderheiten verdanken. In diesem Sinne ist die Untersuchung hauptsächlich der alten Forschungstradition der «Wörter und Sachen» verpflichtet,[1] insofern die Wechselbeziehung zwischen Wort und Sache, zwischen Designans und Designatum sowie besonders zwischen Wort und Begriff (im Sinne von 'Bedeutung', 'Sinnzusammenhang', 'Motivik' usw.) ganz im Vordergrund steht. Im einzelnen handelt es sich um folgende Punkte, die gleichzeitig einen ersten Überblick über die zu behandelnden Themenbereiche geben:

- Ausgehend von der Wortfamilie um lat. *caper* resp. idg. **kaprós* 'Ziege (generisch), Bock' mit den Ausprägungen **habraz* im Germanischen und **gabros* im Keltischen werden zunächst alle sprachlichen Probleme dieser Wortgruppe einer genauen Analyse unterzogen. Daneben werden die verschiedenen sachgeschichtlichen Implikationen dieser seltenen, mit vielen Imponderabilien behafteten Wörter und ihrer Familie diskutiert. Zur Sprache kommen insbesondere die jüngeren Reflexe des der Paronymie mit germ. **habran-* 'Hafer' unterlegenen germ. **habraz*. Darunter fallen nebst den in den Dialekten überlebenden Lexemen zwei Wörter resp. Phänomene, die einen grossräumigeren Bezug zu kulturgeschichtlichen Mustern erlauben, nämlich *Habergeiss* und *Haberfeldtreiben*. Ersteres interessiert primär im Hinblick auf wort- und überlieferungsgeschichtliche Fragen, letzteres im Hinblick auf eine Einordnung in verwandte Phänomene. Daran schliesst sich in einem weiteren Schritt eine eingehende Diskussion von kelt. **gabros* an, die in Einzeluntersuchungen von Überresten dieses Lexems insbesondere im Namenschatz mündet.

- Die Auseinandersetzung mit kelt. **gabros* wird ergeben, dass das Wort in den auf uns gekommenen Sprachdenkmälern insbesondere an der Peripherie des ehemals festlandkeltischen Sprachgebiets bezeugt ist, wobei ein Gebiet besonders in den Vordergrund tritt: das keltisch-germanische Kontaktgebiet am Rhein und der belgisch-niedergermanische Sprach- und Kulturbereich, der sich in der römischen Kaiserzeit durch eine ausgeprägte Internationalität und eine grosse Anzahl überlieferter sprachlicher Dokumente auszeichnet. Zentraler Untersuchungsgegenstand ist hier der Beiname eines in Bonn verehrten Gottes, *Mercurius Gebrinius*, der nebst seiner sprachlichen Entschlüsselung ebenso einer religionsgeschichtlichen Einordnung in das Gefüge des spätantiken Matronenkultwesens bedarf. Gleichwohl wird es aber nicht möglich sein, alle Fragen, die sich aus der Beschäftigung mit **gabros* ergeben, zu klären, und es kann bereits hier vorweggenommen werden, was auch DELAMARRE

---

[1] Vgl. zur Geschichte dieser Forschungsrichtung und zum aktuellen Forschungsstand (1999) SCHMIDT-WIEGAND 1999 mit ausführlicher Dokumentation.

in bezug auf *gabros* eingestehen musste: «[...] on doit admettre que les détails de l'évolution nous échappent.»[2] Dies gilt sowohl für die sprachlichen als auch für die sach- und religionsgeschichtlichen Problembereiche.[3]

- Der belgisch-niedergermanische Sprach- und Kulturraum steht ebenso in einem dritten Untersuchungsbereich im Zentrum: Hier steht eine Reihe vorwiegend in der Spätantike überlieferter Völkernamen zur Diskussion, die sich als «theriophor» erweisen und die nach ihrer Aussagekraft und weiteren Verwendbarkeit in bezug auf eine von W. DEHN entwickelte Hypothese befragt werden sollen. Nach dieser hat prähistorische Transhumanz wesentlich zur politischen und ökonomischen Entwicklung der zentraleuropäischen Späthallstattzeit beigetragen. Gefragt wird hier nach Reflexen eines solchen ökonomisch-sozialen Systems im Sprachlichen, wobei gleichzeitig DEHNs Hypothese weitergeführt und aktualisiert werden soll. Dazu wird für den genannten Raum eine Kontinuität und Ausweitung der ehemals auf Transhumanz beruhenden, später in eine industrielle Kleinviehzucht übergehenden wirtschaftlichen Ausrichtung der Bewohner des genannten Gebietes angenommen.
- Auch der folgende Untersuchungsbereich ist dem niedergermanischen Raum und der spätantik-frühmittelalterlichen Zeitspanne verpflichtet. Hier werden ausgewählte volkssprachige Glossen der Lex Salica behandelt, die Ziegen und Schafe nennen. Die sog. Malbergischen Glossen bieten eine Reihe sprachlicher Besonderheiten, die es zu untersuchen gilt, die aber insbesondere auch Aufschluss über den Stellenwert der Tiere in ihrem räumlich-zeitlichen Umfeld zu geben vermögen.
- In einem etwas allgemeineren Rahmen kommt sodann die Toponymie zur Sprache, die einen Bezug zu Schafen und Ziegen aufweist. Da dieser Bereich kaum erschöpfend zu behandeln ist, sollen vorab methodische Zugangsweisen zu theriophoren Toponymen (in einem weiteren Sinne)[4] zur Sprache kommen sowie einige Fallbeispiele gesondert aufgeführt werden.

---

[2] DELAMARRE 2003, S. 174.

[3] Zu letzterem s. vorerst PETERS (J.) 1998, S. 92, der für Schaf und Ziege in Religion und Brauchtum «eine auffällige Vielschichtigkeit im Bereich des Göttlichen als Verkörperung von Naturmächten, als mantisches Wesen und als Opfertier» lokalisiert.

[4] Der Begriff ‹theriophor› wird von der Onomastik in der Regel für Personennamen verwendet, weniger für Völkernamen und gar nicht für Ortsnamen. G. MÜLLER, der 1970 in seiner grossen Arbeit über die theriophoren Personennamen der Germanen den Begriff weitgehend unreflektiert liess, legte im zweiten Teil der Untersuchung Rechenschaft über die «gestaltenden Kräfte» (S. 178–243) ab, indem er den Begriff implizit dahingehend definierte, dass ‹theriophor› vor dem «Sinnverlust und Schwund der altgermanischen Namenstämme» (S. 244 ff.) immerhin einen Sinnzusammenhang voraussetzte, insofern ein identifizierender Bezug zwischen Tier-Signum und Signum-Träger intendiert war (S. 1). Dieser identifizierende Bezug kann bei Völkernamen gegeben sein (cf. SCHEIBELREITER 1992, S. 32–35), wenn im Namen ein Totemtier verborgen ist, das die Seele des Spitzenahns über den Kollektivnamen auf die Gruppe überträgt (cf. zur Typologie RÜBEKEIL 1996, zu Namen mit Tierbezug insbesondere S. 1337a f.). Er kann jedoch auch in Ortsnamen gegeben sein, wenn von sog. ‹Vergleichsnamen› die Rede ist, deren Spezifikum darin besteht, dass die Örtlichkeit selbst als Tier oder Teil eines Tiers gedacht wird (zum Begriff cf. BANDLE 1998, S. 611b f.). In der vorliegenden Arbeit wird der Begriff ‹theriophor› insofern in einem weiteren Sinn gebraucht, als damit auch Namen bezeichnet werden sollen, bei denen der Sinnbezug synchron nicht (mehr) durchsichtig ist oder der identifizierende Zusammenhang zwischen Name und Namenträger nicht mehr rekonstruiert werden kann. Es ist daher eine Analysemethode zu finden, die es erlaubt, die Namengebungsmotive von Ortsnamen mit Tierbezug herauszuarbeiten. Der Begriff ‹theriophor› soll hier also primär in einem ausdrucksseitigen Sinn verstanden werden, indem das im Namen enthaltene Tier-Appellativ selbst die Charakterisierung ‹theriophor› begründet.

- Sodann wird die Thematik etwas ausgeweitet, indem auf einen besonderen Sachbereich hingewiesen wird: die behandelten Tiere in der für sie charakteristischen Farb-, Licht- und Wettersymbolik in Naturkunde, Volkskunde, Literatur und Mythologie von der Antike bis in jüngere Zeit. Dabei wird jeweils auf die zuvor gewonnenen Erkenntnisse zurückgegriffen, die sich sodann auch unter einem geänderten Blickwinkel neu einordnen lassen, indem Text, Wort, Sache und Bild in einem historisch-sachkundlichen Kontinuum der europäischen Geistesgeschichte verknüpft werden. Hier sind ganz verschiedene Quellengattungen auf ihren Aussagewert und -gehalt hin zu befragen, was in verschiedenerlei Hinsicht problematisch ist. Die Materialfülle wird es jedoch erlauben, ein einheitliches Bild zu entwerfen, das letztlich zeigen soll, welch zentrale Position auch das Kleinvieh in der Lebensrealität und Vorstellungswelt des Menschen in den *secoli scuri* besass.
- Der eng gewählte Untersuchungsbereich soll allerdings nicht dazu führen, dass nebst dem jeweiligen Demonstrandum verwandte Sachbereiche ganz ausgeklammert bleiben und eine Verzerrung der Sichtweise eintritt. Daher kommen immer wieder Sonderfälle zur Sprache, die nicht nur nach der Art von Exkursen, sondern auch als kommentierende Untersuchungen den Gang der Arbeit an ausgewählten Stellen flankieren sollen. Dazu gehört beispielsweise eine eingehende Auseinandersetzung mit den germanischen *Cornuti* und deren Emblematik – im Hinblick auf den Stellenwert der Bockssymbolik im Germanischen während der Spätantike und der Völkerwanderungszeit. Wo von Nutztieren die Rede ist, muss ferner auch von Herden die Rede sein; so sollen auch die Begrifflichkeiten dieses Felds abgedeckt werden, wenn sie zur Illustration der jeweiligen Hauptuntersuchung von Nutzen sind.

Im gegenwärtigen wissenschaftlichen «Diskurs» ist man geneigt, eine solche Untersuchung dem Bereich der «Kulturwissenschaften» zuzuordnen, wie auch vor beinahe 100 Jahren R. MERINGER betonte, dass die Sprachwissenschaft ein Teilgebiet der Kulturwissenschaft sei und Sachforschung nicht unabhängig von der Sprachgeschichte betrieben werden könne.[5] Da der Begriff Kulturwissenschaft jedoch allzu oft nur dazu dient, eine alte Methode neu zu etikettieren oder – im schlechteren Fall – mangelndes methodisches Bewusstsein durch einen oberflächlichen Begriff von Interdisziplinarität zu tarnen, soll hier weniger auf dieser neuen Begrifflichkeit bestanden werden. Dabei verdienten es gewisse historische Forschungsfelder durchaus, als Kulturwissenschaft verstanden zu werden, so eben insbesondere die «Wörter und Sachen»-Tradition, die durch die Integration von Text, Bild und Sache das Erkenntnisinteresse ganz in die Ermittlung kultureller resp. kulturgeschichtlicher Tatbestände und Prozesse kanalisiert.[6]

Die Datengrundlage bilden, wie ebenfalls bereits angemerkt, hauptsächlich Wörter für Tiere aus dem Rehgeschlecht, das heisst das Schaf und die Ziege samt ihren wilden Verwandten sowie Begriffe für die Herde im Germanischen. Daneben muss aber auch immer wieder auf Sprachmaterial aus dem Keltischen bezug genommen werden, wobei in diesen Belangen jedoch meist das Referieren der einschlägigen Forschung genügen muss. Da es in einigen Bereichen darum geht, das Sprachmaterial erst einer Einzelsprache, nämlich dem Keltischen oder Germanischen (bzw. auch dem Lateinischen),

---

[5] MERINGER 1911, S. 22; aus dem «Programm» im Vorwort zu Wörter und Sachen 1 (1909), S. 1: «Mit vielen andern sind wir überzeugt, daß Sprachwissenschaft nur ein Teil der Kulturwissenschaft ist, daß die Sprachgeschichte der Sachgeschichte bedarf, sowie die Sachgeschichte, wenigstens für die ältesten Zeiten, der Sprachgeschichte nicht entraten kann. Wir glauben, daß in der Vereinigung von Sprachwissenschaft und Sachwissenschaft die Zukunft der Kulturgeschichte liegt.»

[6] Hier ist auf die methodisch grundlegende Studie von J. WERNER 1966 hinzuweisen. Ferner sind verschiedene Arbeiten von K. HAUCK zu erwähnen, insbesondere 1978a u. 1978b, wo (z. B. 1978b, S. 362 f.) methodische Grundsätze der historischen Bild- und Sachforschung diskutiert werden.

zuzuordnen, sind freilich Ausführungen nötig, die über das Referieren von Sekundärliteratur hinausgehen. Die Bezugnahme auf Wörter für Tiere aus dem Rehgeschlecht ist dabei unter dem Blickwinkel der oben beschriebenen sachlichen Beschränkungen möglichst weit zu fassen: Untersucht werden nicht nur Appellativa, sondern in grösserem Umfang auch Namen – Personennamen, Völkernamen, Landschaftsnamen, Götternamen usw. Während sich die traditionelle Onomastik allerdings in der Regel auf morphologische, etymologische und semantische Analysen des Namenmaterials beschränkt, soll hier auch immer wieder die sachgeschichtliche Komponente von Belang sein. Während Name und zugrunde liegendes Gattungswort in vielen Fällen ein sprachlich durchsichtiges oder zumindest durchschaubares Verhältnis pflegen, so ist das, was man hinsichtlich der Namendeutung gemeinhin «Sinnzusammenhang» oder «Motivation» zu nennen pflegt, in ebenso vielen Fällen unklar. Dem Verhältnis von denotativer Semantik und zugrundeliegender Motiviertheit gilt es also ebenfalls nachzuspüren, um dem Anspruch der sachgeschichtlichen Belange gerecht zu werden (s. oben Anm. 4).

Befasst man sich mit Tieren in frühen Kulturen und versucht, ihren Stellenwert in der Lebensrealität der Menschen sowie ihrer Vorstellungswelt (das sind naturkundliche, religiöse und auch mythische Kategorien) zu bewerten, so gelangt man bei traditionellen Nutztieren, nicht zuletzt bei Schafen und Ziegen, zweifellos schnell an den Punkt, an dem man sich entweder nach der Relevanz einer solchen Aufgabenstellung fragt oder an dem man Gefahr läuft, diese a priori überzubewerten. Beide Gefahren gilt es zu bedenken. Angesichts einer grossen Zahl an Untersuchungen über Nutztiere in Antike und Mittelalter aus historischer,[7] archäologischer,[8] archäozoologischer,[9] volkskundlicher,[10] religionsgeschichtlicher,[11] literaturwissenschaftlich-mythologischer[12] und sprachwissenschaftlicher[13] Sicht etc.[14] sind beide Gefahren allerdings als gering einzustufen und eine Synthese demgemäss erfolgversprechend. Dennoch birgt die Menge einzelner Meinungen, Stellungnahmen usw. zusätzlich die Gefahr, dass eine Synthese entweder verwässert und damit keine neuen Resultate ermöglicht oder aber sich in Einzelheiten verstrickt und dem Anspruch einer Synthese nicht gerecht wird. In dieser Arbeit soll aber durchaus nicht zusammengefasst und vereinfacht werden, sondern es sollen zu alten Problemen neue Lösungen vorgeschlagen werden, und es sollen alte Lösungen neu problematisiert werden, um in der Synthese zu neuen Ergebnissen zu gelangen.

Einige sachgeschichtliche Vorbemerkungen

Da mit *caper* ein generisches Wort vorliegt, ist es nicht notwendig, die Sachgeschichte auf (archäo-)zoologischer und landwirtschaftsgeschichtlicher Basis detailliert vorzuführen. Über sie referieren REIN,[15] MAY,[16] PETERS,[17] BARTOSIEWICZ[18] und RUSSELL[19] ausführlich.

Es seien an dieser Stelle dennoch einige allgemeine Gesichtspunkte zur Stellung der Ziege (und in etwas geringerem Umfang auch des Schafes) – auch in ihrem Verhältnis zu anderen Haustieren – in

---

[7] Cf. beispielsweise LORENZ 2000, GREEN 1992, TOYNBEE 1983, KELLER 1909.
[8] Cf. beispielsweise CAUVIN 1997, GREEN 1992, CLARK 1947.
[9] Cf. beispielsweise PETERS (J.) 1998.
[10] Cf. die Artikel im HDA.
[11] Cf. beispielsweise CAUVIN 1997, DE VRIES 1958, DÉCHELETTE 1898; SCHRÖDER (F. R.) 1941.
[12] Cf. beispielsweise die Beiträge von HARTKORT, BECK, METCALF, SCHALLER und DÜCHTIG in SCHWAB 1970; ferner DE GUBERNATIS 1874. Zur Ikonographie s. ferner MICHEL 1979.
[13] Cf. beispielsweise HÖFINGHOFF 1987, REIN 1958, PTATSCHECK 1957, HUBSCHMID 1954/55, JANZÉN 1938.
[14] Zur Namenkunde cf. beispielsweise BERCHTOLD 1998, FLECHSIG 1980, BROGGI 1973, DOTTIN 1927.
[15] REIN 1958, S. 197–203.
[16] MAY 1969.
[17] PETERS (J.) 1998, S. 71–75.
[18] BARTOSIEWICZ 2003.
[19] RUSSELL 2003, S. 213 f.

der Frühzeit angebracht.[20] Im Zentrum der Untersuchung steht der nordalpine, mitteleuropäische Raum, und es sollen daher insbesondere Quellen aus diesem Gebiet ausgewertet werden. Ein vollständiges Bild kann sich jedoch nur ergeben, wenn auch Quellen aus dem antiken und spätantiken Mediterraneum, insbesondere der römischen und griechischen Welt mit ihrer reichen Literatur beigezogen werden – nicht zuletzt auch aufgrund der dürftigen Materialgrundlage, die die nördlichen Gegenden gewähren. Auch Mittelalterliches soll zur Sprache kommen, wo es angebracht ist. Zu diesem Überblick werden in der Hauptsache die Handbücher und einschlägigen Forschungsresultate referiert.

Die Ziege ist bereits in der griechischen und römischen Antike das Nutztier des «kleinen Mannes». Das genügsame Tier ist ein dankbarer Unkrautverwerter und lebt vorzüglich im heiss-trockenen Klima selbst auf den kärgsten Böden des mediterranen Raumes und benötigt auch erheblich weniger Wasser als das Schaf. Die körperlichen Eigenschaften der Ziege prädestinieren sie für bergiges, unwegsames Gelände, wo die Grosstierhaltung aus räumlichen und ökonomischen Gründen vielfach unmöglich ist. Ausserdem ist die Ziege im Mediterraneum der mit Abstand wichtigste Milchlieferant.[21] Ziegenmilch wird zudem als Muttermilch-Ersatz verwendet, und die antike Diätetik preist Ziegenmilchprodukte als leicht und besonders gut verdaulich. Die Ziege liefert bedeutend mehr Milch als das Schaf und im Verhältnis zur Körpergrösse auch mehr als die Kuh.[22] Schafmilch kann nota bene nicht direkt konsumiert werden, sondern wird stets zu Käse verarbeitet. Aus Ziegenmilch kann ebenfalls Butter hergestellt werden, und PLINIUS bezeugt deren Herstellung für die Barbaren, «was die Reichen vom gemeinen Volk unterscheidet». Er vermerkt ebenfalls, dass – im Zusammenhang mit der Butterherstellung – Schaf- und Ziegenmilch bedeutend fetter sei.[23] Butter aus Ziegenmilch dürfte somit als Spezialität für reichere Bevölkerungsschichten angesehen worden sein. Medizin und Volksmedizin kennen ausserdem unzählige der Ziege resp. einzelnen ihrer Körperteile zugeschriebene Heilkräfte, die sie vor den anderen Haustieren auszeichnen.[24] Medizinale Produkte, die aus der Ziege gewonnen werden, kommen in zwei hauptsächlichen Anwendungsbereichen zum Einsatz: im Kampf gegen Augenleiden und im Kampf gegen Probleme mit Potenz und Fruchtbarkeit. Beide Bereiche stehen in engem Zusammenhang mit dem Wesen der Ziege und ihren im Volksglauben angedichteten Eigenschaften. Sie werden im Verlaufe der Arbeit immer wieder von Belang sein; stellvertretend für den zweiten Bereich sei PLINIUS zitiert, wo es heisst, dass *caprino cornu suffiri vulvam utilissimum putant* (nat. hist. XXVIII, 255). Für die Herstellung von Seilen und Tauen,[25] auch für Hüllen diverser Gegenstände wird das rauhe Ziegenhaar verwendet. Wo keine Stoffkleidung zur Verfügung steht, wird das Ziegenfell als robustes Kleidungsstück getragen, wenngleich eher bei den einfachen Menschen oder als demonstratives Zeichen von Armut, besonderer Genügsamkeit oder Ausgestossenheit.[26] Ziegenfelle konnten als Kleidungsstücke auch durchaus besonderen Wert besitzen; so werden die Felle sardinischer Ziegen bei AELIAN, hist. an. XVI, 33 (nach NYMPHODOR) besonders hervorgehoben. Ziegen- und Schaffelle wurden auch in Mittel- und Nordeuropa zu Kleidungsstücken verarbeitet, wie

---

[20] Zum folgenden s. insbesondere RUSSELL 2003, GREEN 1992, S. 17 u. passim, sowie RICHTER 1972, passim.
[21] Cf. TOYNBEE 1983, S. 148.
[22] Cf. MALLORY – ADAMS 1997, S. 230.
[23] Cf. PLINIUS, nat. hist. XXVIII, 133 (HERRMANN I, S. 350 f. mit Kommentar ebd., S. 579 f.): *E lacte fit et butyrum, barbararum gentium lautissimus cibus et qui divites a plebe discernat. plurimum e bubulo – et inde nomen –, pinguissimum ex ovibus fit et caprino [...]*.
[24] Belege in ThLL 3, Sp. 308.
[25] Cf. AELIAN, hist. an. XVI, 30.
[26] Dazu gehören biblisches Gedankengut sowie auch die Barbarentopik. Amm. Marc. XXXI 2, 6 lässt die zivilisationsfernen Hunnen ihre Beine mit Ziegenfellen umwickeln, s. dazu RICHTER 1972, Sp. 416.

Untersuchungen an dänischen und norddeutschen Moorleichen ergaben.[27] Berühmt ist insbesondere die gallische Wollproduktion seit der Antike. Insbesondere aus dem belgischen Raum wurden bis in die Spätantike (und wohl darüber hinaus) Wollprodukte in die ganze Welt exportiert. Entsprechende Quellen sollen unten gesondert zur Sprache kommen. Ziegenleder steht (nebst Rindsleder) nach archäozoologischen Befunden auffälligerweise auch im mittelalterlichen Haithabu ganz im Vordergrund.[28] Ziegenfelle werden seit jeher als Sitz- oder Liegeunterlagen gebraucht (sowohl im mediterranen als auch im nordalpinen und nordeuropäischen Bereich des Altertums); als bestes Material für Weinschläuche dient in erster Linie Ziegenleder. Für die Zelte einer römischen Legion verwertete man Häute von über 70'000 Ziegen.[29] Für das Truppenlager von Valkenburg (NL) konnte man die Verarbeitung von Ziegenleder für Schilde, Schildüberzüge, Zelte, Futterale, Sättel, Schabracken und Börsen belegen.[30] Auch als Fleischlieferant ist die Ziege von grösster Bedeutung; in vornehmen Kreisen wird besonders gerne Kitzfleisch gegessen, ja ISIDOR leitet Etym. XII 1, 13 *haedus* 'Bock' von *edere* 'essen' ab.[31] Aus der Dichtung ist die wohlgenährte Ziege mit prallen Eutern nicht wegzudenken. Sie ist eines der zentralen Sinnbilder für das Goldene Zeitalter; omnipräsent ist insbesondere das Füllhorn als Zeichen von Wohlstand und Reichtum (s. u. S. 237). Ein bemerkenswertes Erzeugnis aus Ziegentalg ist Seife, aus Buchenasche und Talg hergestellt, deren Erfindung PLINIUS ausdrücklich den Galliern zuschreibt und deren Verwendung er auch bei den Germanen kennt, nämlich für das berühmte Rotfärben der Haare: «Gut [gegen Anschwellungen der Halsdrüse] ist auch ‹Seife› (*sapo*); dies ist eine Erfindung Galliens zum Rotfärben der Haare. Sie wird aus Talg und Asche hergestellt, die beste aus Buchenasche und Ziegentalg, und zwar in zwei Formen, fest und flüssig; beide Formen verwenden bei den Germanen mehr die Männer als die Frauen.»[32]

Auf der anderen Seite ist die Ziege auch ein Tier, das stets unter der Obhut eines Hirten stehen musste.[33] Die Ziegenhirten der klassischen Antike gelten als besonders geschickte Menschen, ja sie müssen über Fähigkeiten verfügen, wie sie keinem Schaf- oder Kuhhirten abverlangt werden.[34] Ein Ziegenhirt muss seine Herde auch regelmässig zählen.[35] Dies hängt damit zusammen, dass Ziegen gerne auseinanderlaufen, im Gebirge eigene Wege gehen und auch Kämpfe untereinander austragen. Die besondere Position des Schaf- und Ziegenhirten in der Gesellschaft der archaischen und klassischen Antike ergibt sich aber auch aus dessen Ausgegrenztheit aus der sesshaften Bevölkerung, wobei vor allem die als gefährlich angesehene Beweglichkeit des Hirten einen Kontrastpunkt bildet. Die spätere Stigmatisierung des Hirten geschah vor dem Hintergrund der Ausbreitung des Ackerbaus auf Kosten der Weidewirtschaft. Sie führte zur Verdrängung des Hirten in periphere Gebiete.[36]

---

[27] KRÜGER 1988 (H. TEICHERT), S. 458 u. Anm. 35.
[28] Cf. PETERS (J.) 1998, S. 92, Anm. 87.
[29] DNP 12/2, Sp. 799.
[30] PETERS (J.) 1998, S. 92.
[31] *Haedi ab edendo vocati*. Cf. ANDRÉ 1986, S. 46 f., mit ausführlicher Dokumentation der Stelle.
[32] PLINIUS, nat. hist. XVIII, 191: *Prodest et sapo, Galliarum hoc inventum rutilandis capillis. fit ex sebo et cinere, optimus fagino et caprino, duobus modis, spissus ac liquidus, uterque apud Germanos maiore in usu viris quam feminis.* (Text u. Übersetzung bei HERRMANN I, S. 350 f. mit Kommentar ebd., S. 580).
[33] Cf. GREEN 1992, S. 17: «[...] they [sc. goats; MHG] would have to have been carefully controlled, otherwise they would have destroyed the growing crops.»
[34] DNP 12/2, Sp. 798 f.; zum Schafhirten cf. jedoch ORTH 1921, Sp. 388 ff. Auch der Schafhirte trug eine hohe Verantwortung und musste insbesondere über ein Minimum an tierheilkundlichem Wissen verfügen, cf. PETERS (J.) 1998, S. 80. AELIAN, hist. an. IX, 31, erwähnt als besondere Anforderung an den Hirten, dass er die Herde vor Luchsen schützen muss.
[35] Cf. VERGIL, ecl. 3, 33f.: *Est mihi namque domi pater, est iniusta noverca; / bisque die numerant ambo pecus, alter et haedos.* (Hart ist der Vater daheim, und die Frau stiefmütterlich strenge; / Zweimal zählen sie täglich das Vieh, auch einer die Zicklein. [Übersetzung: Johann Heinrich Voss]).
[36] BLOK 1983, S. 168.

W. FAUTH hat im Zusammenhang mit dem Motiv des königlichen Hirten in der Frühgeschichte Anatoliens auf kriegerische Männerbünde von Junghirten hingewiesen und herausgearbeitet, dass diese in einem engen Bezug zu Muttergottheiten und deren kriegerischen und erotischen Aspekten standen.[37] Wie unten gezeigt werden soll, stehen die mitteleuropäischen Mutter- und Fruchtbarkeitsgottheiten, die sich vor allem in Gestalt der Matronen offenbaren, nicht primär in einem Bezug zu den Hirten, sondern vielmehr zu den Tieren, also den Ziegen selbst. Es wird erwogen, dass den *Aufanien* ein theriomorphes Erscheinungsbild in der Gestalt von Ziegen vorausgegangen sein könnte. Dennoch dürfte eine vorgeschichtliche transhumante Hirtenbevölkerung auch für den in diesem Rahmen zu besprechenden Raum von Bedeutung gewesen sein, insofern bestimmte Gruppierungen, die in der Antike unter Kollektivnamen wie 'Schäfer, Schafzüchter' o. ä. auftreten, als Reflexe einer bis in die Hallstattzeit zurückreichenden Transhumanz aufgefasst werden können (u. ab S. 107).

Die besondere Obhut einer Herde durch einen Hirten ist jedoch auch aus einem anderen Grund notwendig: Ziegen fressen besonders gerne die jungen Triebe der Bäume und das Laub von den Sträuchern (s. u. S. 171),[38] und darin sah die antike Volksetymologie auch die Bezeichnungsursache von *caper* (s. auch u. S. 26). In den etymologischen Spekulationen VARROs erscheint *capra* als zu *carpa* gehörig, nämlich *a quo scriptum omnicarpae caprae*.[39] Bekannt ist ebenso der Passus bei ISIDOR V. SEVILLA: *Capros et capras a carpendis virgultis quidam dixerunt*.[40] Daher werden Ziegen vielfach, wenn sie nicht mit dem Hirten unterwegs sind, in genügender Entfernung von den wertvollen Nutzpflanzen im Umkreis der Wirtschaftsgebäude angebunden. Ziegen können ausserdem hervorragend klettern und sind in der Lage, bei bestimmten Baumwuchsformen bis zu den Kronen zu gelangen.[41] Die Vorstellung von friedlichen Ziegenweiden in grauer Vorzeit ist folglich ein Mythos, der – wenn man bedenkt, dass der Viehzaun eine Erfindung der Neuzeit ist – für die Betrachtung der Namenzeugnisse immer im Auge zu behalten ist.

Hunde, wie sie in Mitteleuropa bereits in der vorrömischen Eisenzeit in archäologischen Funden sehr häufig zutage treten, dürften für die Bewachung von Ziegen nicht geeignet gewesen sein.[42] Andererseits ist bekannt, dass Böcke und Ziegen aufgrund ihrer höheren Intelligenz[43] ganz selbst-

---

[37] FAUTH 1970, S. 10–14.
[38] Vgl. die typische Darstellung von Ziegen im Alten Orient, die aufgerichtet auf den Hinterbeinen an einem Baum dessen grüne Blätter fressen (DNP 12/2, Sp. 796). S. auch CLARK 1947, S. 130.
[39] VARRO, De lingua Latina 5, 97 (VARRO: On the Latin Language. With an English Translation by R. G. Kent, Vol. I, London 1958, S. 92).
[40] Etymologiae XII, 1, 15.
[41] Die Angabe entnehme ich einem populären Zuchtratgeber für Ziegen und Schafe: LÖHLE, KLAUS; LEUCHT, WOLFGANG: Ziegen und Schafe, Stuttgart 1997, S. 12.
[42] Aus dem Umstand, dass Hunde bei den Germanen auffallend häufig in unmittelbarer Nähe resp. zusammen mit Menschen begraben wurden, darf man schliessen, dass es sich um Tiere gehandelt hat, die zum Schutz von Mensch und Herde gehalten wurden. Die Haltung von Hunden zur Jagd ist damit nicht ausgeschlossen, denn mit dem Schutz der Viehherden ging gleichzeitig die Jagd auf Wölfe und Bären einher. Cf. KRÜGER 1988 (H. GRÜNERT), S. 462.
[43] Art. 'Ziege' in: DNP 12/2, Sp. 796. Der Sachverhalt wird ausführlich geschildert bei ARISTOTELES, Hist. an. IX, 3 (hier in der Übersetzung von H. Aubert/Fr. Wimmer [ARISTOTELES: Thierkunde, kritisch berichtigter Text, kritisch-berichtigter Text, mit deutscher Übersetzung, sachlicher und sprachlicher Erklärung u. vollst. Index, Bd. II, Leipzig 1868, S. 217]): «Das Schaf ist, wie man allgemein sagt, einfältig und dumm. Denn es ist unter allen vierfüssigen Thieren das unverständigste: ohne allen Zweck laufen sie in öde und wüste Gegenden hinaus, gehen oft bei Unwetter aus ihren Ställen, und wenn sie von Schneegestöber überfallen werden, sind sie nicht fortzubringen, wenn sie nicht der Hirt forttreibt, sondern gehen sich selbst überlassen zu Grunde, wenn die Hirten nicht Widder herbeibringen: dann aber laufen sie diesen nach.» Cf. ferner ALBERTUS MAGNUS, De animalibus VIII, 33/35 (ed. STADLER 1916, S. 584 f.): *Caprae autem minus pingues esse dicuntur omnibus aliis pascualibus animalibus*. S. auch AELIAN, hist. an. VII, 26, wo von der Weisheit der Ziege in bezug auf ihre Vorsicht die Rede ist.

verständlich als Leittiere in gemischten Herden von Schafen und Ziegen auftreten,[44] ja der Bock «gefällt sich ausnehmend in der Rolle des Führers», und aus dem natürlichen Leitinstinkt dürfte auch der Stellenwert der Ziege bei *vera sacra* erwachsen sein. PAUSANIAS (IX, 13, 4) berichtet, in der Schlacht von Leuktra (371 v. Chr.) seien die vor dem Heer mitgeführten Opferschafe von den Leitziegen gerettet worden. Wenn Schafe auch als äusserst dumm und unverständig angesehen werden, so wird ihnen diese Dummheit in der antiken Literatur auch als Fügsamkeit angerechnet.[45] Eine Leitfunktion bestimmter Tiere im Rudel stellt man sich überdies auch bei Gemsen vor.[46] Die besondere Bedeutung des Ziegenhirten geht auch aus der für ihn geschaffenen Bezeichnung in den Leges Langobardorum hervor, die ihn von anderen Hirten unterscheidet. Er heisst dort *caprarius* (Edictus Rothari Cap. 136) und steht dem *porcarius*, *pecarius* und *armentarius* gegenüber, auf deren Tötung jeweils ein beträchtliches Bussgeld steht.[47]

Im Hinblick auf jüngere volkstümliche Vorstellungen ist die Tatsache bemerkenswert, dass Ziegen im Altertum offenbar auch als Zugtiere abgerichtet worden sind, wie verschiedene bildliche Darstellungen vermuten lassen. In einem festlichen Aufzug Ptolemaios' II. zogen sechzig Ziegenbock-Paare je einen Wagen;[48] daneben scheinen auch Kinder mit Geissenwägelchen gespielt zu haben. Auch als Lasttiere mögen Ziegen zum Einsatz gekommen sein, doch wird es sich dabei weniger um allgemeinen Brauch denn um Ausnahmen oder auch nur Phantasiegebilde gehandelt haben.[49]

Für viele Gebiete nördlich der Alpen gilt zwar in den Grundzügen dasselbe, doch wird hier die Haltung von Ziegen eine etwas weniger bedeutende Rolle gespielt haben als im Süden. Denn zum einen war die Ziegenzucht sehr stark von regelmässiger Blutauffrischung aus dem Süden abhängig, die vor allem in der Frühzeit nicht immer gewährleistet sein konnte, und zum andern reagiert die gewöhnliche Hausziege äusserst empfindlich auf kühles und feuchtes Klima; übermässige Kälte kann leicht zum Tod führen. Die Alpengebiete, Nordeuropa und Britannien waren demnach Gebiete, in denen die Ziege zwar vorkam, aber wohl hinter dem Schaf an Bedeutung zurückstand.[50] Schafe von Ziegen zu unterscheiden ist bei archäologischen Überresten allerdings relativ schwierig,[51] es sei denn, die Identifizierung lässt sich aufgrund der charakteristischen Hörner und Metapodien eindeutig machen. Die Hauptschwierigkeit bei der Bestimmung dürfte vor allem in der etwa gleichen Grösse der Tiere liegen.[52] Bei Nichtunterscheidbarkeit spricht die Archäologie von Ovicapriden oder

---

[44] AELIAN, hist. an. VII, 26; V, 48; ferner cf. KELLER 1909, S. 307.

[45] AELIAN, hist. an. VII, 27, hier in der ital. Übersetzung v. F. Maspero [CLAUDIO ELIANO: La natura degli animali, Bd. 1, Milano 1998, S. 455]: «Le pecore sono davvero le bestie più docili e più avvezze per natura a essere comandate. Ubbidiscono al pastore, ai cani e seguono perfino le capre. Provano tra di loro un forte e vicendevole affetto e così sono meno esposte alle insidie dei lupi. Non vagano qua e là da sole, né si separano mai dal loro compagno come fanno le capre.»

[46] Cf. ID 2, Sp. 462 s. v. 'Vorgeiss': «Gemse, welche dem Rudel voranzuschreiten pflegt», dazu ein Beleg aus dem 18. Jh.: «Damit die Gemsen desto sicherer können weiden, stehen sie auf guter Wacht, welche versihet der Heerführer selbs, den man das Vortier od. Vorgeiss nennet.» Und ferner (ebd., SCHILLER): «Das Tier hat auch Vernunft, das wissen wir, die wir die Gemsen jagen; die stellen klug, wo sie zur Weide gehn, 'ne Vorhut aus, die spitzt das Ohr und warnet mit heller Pfeife, wenn der Jäger naht.»

[47] Cf. auch HÖFINGHOFF 1987, S. 95 u. Anm. 10.

[48] TOYNBEE 1983, S. 149.

[49] Ebd., S. 150.

[50] Cf. GREEN 1992: «Goats are less hardy than sheep; they dislike the damp and can be killed by cold, so they are unlikely to have competed seriously with sheep, especially in Britain and northern Gaul. They are much more at home in the hotter, drier climate of Mediterranean Europe.»

[51] Cf. DNP 12/2, Sp. 796.

[52] So etwa in den binnengermanischen Gebieten während der Eisenzeit, cf. KRÜGER 1988 (H. TEICHERT), S. 455.

Caprovinen.⁵³ Statistiken und Darstellungen in archäologischen Untersuchungen zur Verteilung der Tierrassen fassen Schafe und Ziegen leider fast immer zusammen.⁵⁴ Insofern ist es ein schwieriges Unternehmen, über den Stellenwert der Ziege allein aufgrund archäologischer Evidenz zu urteilen.

An erster Stelle der Haus- und Nutztiere stand im Europa nördlich der Alpen jedoch – insbesondere im späteren germanischen Siedlungsgebiet – das Rind. Der Anteil an gefundenen Rinderknochen in der jüngeren Bronzezeit im nördlichen Mitteleuropa beträgt 70–80% gegenüber jeweils geringeren Anteilen an Schweine-, Schaf- und Ziegenknochen.⁵⁵ Die zusätzlich lange Haltungsdauer (bis zu 10 Jahren bei Milchkühen; etwa 50% des Bestandes) und späte Schlachtung der Rinder (mit 3½ Jahren bei Schlachtvieh) dokumentiert einerseits Überlegungen zur Nachzucht, andererseits die bevorzugte Verwendung von Rindern zur Milchgewinnung. Dieser prozentual hohe Anteil an Rinderknochen dürfte die Realität allerdings leicht verzerrend wiedergeben, da sich die relativ grösseren Rinderknochen im Boden besser erhalten haben als die Knochen der kleineren

---

⁵³ MALLORY – ADAMS 1997, S. 230.

⁵⁴ So, um ein junges Beispiel anzuführen, RUSSELL 2003, s. aber auch beispielsweise KREUZ 2002, ferner SCHLETTE 1976, S. 74. Aufschlussreich ist dennoch, was H. TEICHERT (in KRÜGER 1988), S. 456, für die Eisenzeit angibt: «An den Schaf- und Ziegenknochen ließ sich ein Schlachtalter zwischen einem halben und mehr als sechs Jahren ermitteln. Ungefähr ein Drittel der Tiere wurde vor dem zweiten Lebensjahr geschlachtet, den Rest behielt man für die Nachzucht sowie zur Milch- und Wollgewinnung. Das Gewicht adulter Schafe und Ziegen ist mit 30–50 kg bei einem Schlachtverlust von 50–60% anzusetzen.» Für die Kaiserzeit und die Völkerwanderungszeit cf. KRÜGER 1983, S. 111 f. (M. TEICHERT, H.-H. MÜLLER): «Schafe und Ziegen waren für die Fleischversorgung von geringerer Bedeutung; eine Feststellung, die sowohl für die Kaiserzeit als auch für die Völkerwanderungszeit Gültigkeit hat. Da sie mit Grün- und Rauhfutter ernährt werden konnten, stellten sie keine hohen Ansprüche an die Futterversorgung. Ihre Haltung war ohne Schwierigkeiten möglich. Sie erreichte in den Küstenregionen an der Nord- und Ostsee einen relativ hohen Prozentsatz, weil in diesen Gebieten der Grünlandanteil für sie recht günstige Ernährungsbedingungen bot. In gleicher Weise wie die Schweine waren Schafe und Ziegen kleiner als rezente Hochzuchttiere. Ihre Größe variierte zwischen 55 und 70 cm.»

⁵⁵ KRÜGER 1988 (F. HORST), S. 70. Cf. zur Hallstadtzeit SPINDLER 1996, S. 309 f., der zu denselben Ergebnissen kommt. Die Zahlen, die für die Heuneburg errechnet wurden, dürften als repräsentativ für die Haustierzucht im Umkreis einer grösseren Siedlung gelten (ohne die Angaben zum Gesamtschlachtgewicht):

Tierart	Fundzahl der Knochen	Mindestindividuenzahl
Rind	59,3	45,6
Schwein	34,0	41,7
Schaf/Ziege	5,4	9,9
Hirsch	1,3	2,8

Es sei angemerkt, dass die Zahlen nur für die tatsächlich in der Siedlung gefundenen Knochen gelten. Ich nehme an, dass mit grösseren Schafbeständen gerechnet muss, wenn man vom Stellenwert der Transhumanz ausgeht, in der das Schaf primär zur Wollgewinnung diente. Höhere Werte für Schaf und Ziege ergeben sich für die Siedlung Saint-Romain (SPINDLER 1996, S. 310): Rind: 31,8; Schwein: 29,6; Schaf/Ziege: 15,9; Hirsch: 6,8; Wildschwein: 15,9 (!).

Für das latènezeitliche Oppidum Manching, in welchem rund 400'000 Tierknochen osteologisch ausgewertet wurden, lassen sich Zahlen errechnen, die die Bedeutung von Schaf und Ziege (auch hier wieder zusammengenommen, vgl. S. 21 u. Anm. 54), erheblich höher werten, cf. SCHLETTE 1976, S. 74:

Tierart	Fundzahl der Knochen (abgerundet)	Mindestindividuenzahl
Rind	162 300	2315 = 29,3%
Schwein	125 700	2400 = 30,4%
Schaf/Ziege	77 800	2600 = 33%
Pferd	18 300	230 = 2,9%
Hund	3 100	318 = 4%
Huhn	175	32 = 0,4%

Haustiere.⁵⁶ Dennoch bilden auch noch im 1. und 2. nachchristlichen Jahrhundert Rinderknochen einen Anteil von 45–63% der bestimmbaren Haustierknochen in ausgegrabenen Siedlungen im freien Germanien. Gemessen am Gesamtviehbestand machen Rinderknochen einen Anteil von 30–40% aus, was ihnen vordergründig die grösste wirtschaftliche Bedeutung zukommen lässt. Je nach ökologischen Gegebenheiten wird der Rinderanteil teilweise von Schweinen übertroffen, nie jedoch von Schafen oder Ziegen. Da man Schweine lediglich für den Fleisch- und Fettbedarf hielt, stand der Stellenwert des Schweins dennoch weit hinter dem des Rindes zurück.⁵⁷ Dazu kommt die Zugleistung des Rinds, die die hohe Effektivität und den überragenden Nutzwert weiter verdeutlicht. Schafbestände konnten aufgrund klimatischer Gegebenheiten insbesondere in den Küstengebieten der Nordsee teilweise eine beachtliche Grösse erreichen, ebenso im südlichen Mitteleuropa. Nebst dem Wollertrag der Schafe spielte auch der höhere Nährwert von Schafmilch für die Herstellung von Butter und Käse eine grosse Rolle. Es ist wohl anzunehmen, dass – da Schafe ohnehin gehalten wurden – Schafmilch anteilsmässig Ziegenmilch bedeutend übertraf.⁵⁸ Wie unten zu zeigen sein wird, darf man den Stellenwert von Schafen jedoch – insbesondere in bezug auf die Wanderweidewirtschaft – nicht unterschätzen. Auf grosse Schafbestände dürfte jedenfalls der immense Reichtum des westlichen Späthallstattkreises zurückzuführen sein, dessen Reflexe in einigen sprachlichen Zeugnissen, Bilddenkmälern sowie historischen Tatbeständen deutlich zutage treten (s. u. ab S. 107).

Die schwere Unterscheidbarkeit von Schafen und Ziegen spielt auch hinsichtlich der Bestimmung von Pergament eine gewisse Rolle; immerhin scheint es hier aber ein gewisses Gleichgewicht zu geben. Von den St. Galler Handschriften des 8. bis 10. Jahrhunderts wurden 238 aus Schafshaut, 234 aus Ziegenhaut, 122 aus Kalbshaut hergestellt.⁵⁹

Im allgemeinen vermittelt uns die Kenntnis über den Stellenwert der Ziege in Antike und Mittelalter ein zwiespältiges Bild. Zum einen muss man sicherlich von bedeutenden Ziegenbeständen ausgehen, die den stets wachsenden Bedarf an Milch, Fleisch, Ziegenleder resp. Pergament usw. decken konnten; zum andern blieb die Ziege auch immer nur das Haustier der ärmeren Bevölkerungsschichten.

Merkwürdig bleibt vorderhand, dass in Britannien Ziegen möglicherweise auch lediglich für ihr Horn gehalten wurden.⁶⁰ Insgesamt spielte die Ziegenhaltung auf den britischen Inseln eine seit Beginn der Haustierhaltung untergeordnete Rolle, wie denn auch nur Rinder, Schweine und Schafe die ersten grösseren Nutztierbestände in Nordwesteuropa bildeten.⁶¹ Letztere bilden nach archäologischen Befunden sogar die Hauptmasse der Haustiere, und man nimmt an, dass in der vorrömischen Eisenzeit Schafe den Grundstock einer regelrechten Textilindustrie bildeten (s. unten Kap. 5.1).

Ein letzter Punkt, der gelegentlich angesprochen wurde und in diesem sachgeschichtlichen Überblick erwähnt werden muss, ist die Tatsache, dass Ziegen auf ihren Weidegründen ganz erheblichen Schaden anrichten können. Dies ist nicht zuletzt im Hinblick auf die Beurteilung von Namenzeugnissen im Auge zu behalten. Die bekannte Neigung von Ziegen, die frischen Triebe von Pflanzen zu fressen (s. o.) und damit die natürliche Verjüngung der Vegetation zu unterbrechen, hat Gesetzgeber zu allen Zeiten veranlasst, Ort und Intensität von Ziegenhaltung streng zu reglementieren und gegebenenfalls sogar zu untersagen. Die Gefahr, die von Ziegen ausging, betraf gleichermassen bewaldetes und nicht bewaldetes Gebiet und somit die gesamte Vegetation in vollem Ausmass. Ein

---

⁵⁶ KRÜGER 1988 (M. TEICHERT), S. 452.
⁵⁷ Zum Stellenwert des Schweins cf. auch GREEN 1992, S. 17 ff.
⁵⁸ Cf. auch GREEN 1992, S. 32.
⁵⁹ HÄGERMANN – HÜNEMÖRDER 1998, Sp. 559.
⁶⁰ GREEN 1992, S. 42.
⁶¹ Cf. RUSSELL 2003, S. 216.

Beispiel aus der Gegenwart mag dies verdeutlichen: Im Gefolge von Besiedlungsversuchen der Galapagos-Inseln führte man Ziegen mit, die den Bewohnern als eine wichtige Nahrungsquelle dienen sollten. Beim Scheitern der Besiedlungsbemühungen und beim Rückzug der Menschen aus diesen Gebieten liess man einige Ziegen auf den Inseln zurück, die in der Folge verwilderten und sich schnell vermehrten. Die Ziegen erwiesen sich aber für die einzigartig reiche Flora und Fauna dieser Gebiete als regelrechte Plage, der man heute, um die Gebiete überhaupt retten zu können, nurmehr mit flächendeckender Jagd zu begegnen vermag. Der Erfolg dieser ebenso drastischen wie aufwendigen Massnahme erweist sich bereits nach kurzer Zeit: Mit dem Rückgang der Ziegenpopulation geht heute ein ganz erstaunliches Wachstum der Biodiversität auf allen Ebenen einher. Probleme dieser Art kennt die Landwirtschaft seit frühester Zeit, und die Reglementierung von Ziegenhaltung ist demgemäss ein Charakteristikum einer verantwortungsbewussten ‹Landwirtschaftspolitik›. Nördlich der Alpen waren es vor allem die Waldgebiete, die zeitig vor den alles kahlfressenden Ziegenherden geschützt werden mussten. Zu Zeiten, als nicht Weideflächen, sondern bebautes Kultur- und Ackerland umzäunt wurde, also bis in die jüngere Neuzeit, wurde das Vieh hauptsächlich waldgeweidet, was bei der Haltung von Rindvieh, Schweinen und Schafen keinerlei Probleme barg. Liess man hingegen Ziegen frei weiden, so erwies sich dies in kürzester Zeit als fatal, weshalb man die Tiere entweder einzeln anbinden oder aber in eigentlichen Reservaten zur Weide führen musste. Vor diesem Hintergrund sind, wie unten zu zeigen sein wird, viele Toponyme resp. Toponymgruppen und Toponymtypen zu beurteilen.

1. Die Wortfamilie um lat. *caper*

Der Grund, für die folgenden Ausführungen lat. *caper* als Ausgangspunkt zu wählen, ist zum einen ein kulturell-geographischer, zum andern ein sprachhistorischer. In dieser Arbeit stehen primär die Gebiete nördlich der Alpen im Zentrum des Interesses. Daher muss, wenn über Germanisches (und Keltisches) gehandelt wird, Sprachmaterial beigezogen werden, dessen Alter, sprachlicher Verwandtschaftsgrad und kulturgeschichtliche Nähe eine in mehrerlei Hinsicht fruchtbare Basis bietet. Während das formal identische gr. κάπρος 'Eber' eine erhebliche Bedeutungsverschiebung aufweist,[62] liegen lat. *caper* 'Ziegenbock' und das Mobile (ein alter idg. ā-Stamm) *capra* 'Ziege' nahe bei den im folgenden zu besprechenden Sachverhalten. Nur der westindogermanische Kulturbereich birgt also das Ziegenwort, während das verwandte Wortmaterial anderer belegter Sprachen diese westliche Ausprägung nicht kennt.[63] Die Sachlage ist allerdings noch etwas zu differenzieren, da im Lateinischen *caper* (selten) auch den 'Widder' meint, sich also anscheinend auf das männliche Tier von Schaf und Ziege bezieht. Auch im Keltischen scheint dieser Fall eingetreten zu sein, wobei hier **kaeraks* (< **ka[p][e]ros*) ausschliesslich das 'Schaf' oder den 'Schafbock' bezeichnet, während für die 'Ziege' resp. den 'Ziegenbock' mit **gabros* ein anderes Wort vorliegt. Zu diesen keltischen Vertretern des Wortes s. unten ab S. 37 u. passim. Für das im Umbrischen belegte *kaprum* ist keine genauere Bedeutungsangabe möglich, DELAMARRE übersetzt es lediglich mit '*caprum*'.[64] Man geht also im allgemeinen von einem gemeinindogermanischen Lexem **kaprós* aus,[65] welchem man die Bedeutung 'männliches Tier' zuzuschreiben hat. Bei männlichem Kleinvieh ist in der Benennung vielfach zwischen kastriertem und nicht kastriertem Tier zu unterscheiden. Lat. *caper* bezeichnet bisweilen den kastrierten Bock, während *hircus* tendenziell die Benennung des unkastrierten ist.[66] Diese Differenzierung ist allein vom sprachlichen Standpunkt aus nicht zwingend; es handelt sich um eine Konvention, die in den verwandten Sprachen kein Gegenstück besitzt. LOCHNER-HÜTTENBACH versuchte nachzuweisen, dass idg. **kaprós* vor allem das Jungtier (insbesondere das einjährige) bezeichnete,[67] doch findet auch diese Annahme keine zwingende Grundlage, da schwäb. *Haberling* 'einjähriger Bock', LOCHNER-HÜTTENBACHs sprachlicher Hauptzeuge, angesichts der weiteren Vertreter des Wortes zu wenig aussagekräftig ist.

Die semantischen Nuancen ergeben sich aus der Betrachtung der zugrundeliegenden verbalen Primärwurzel und deren Ableitung sowie aus wortgeschichtlichen Einzeluntersuchungen, wie sie in dieser Arbeit vorgenommen werden sollen. Die Verbalwurzel lautet nach Ausweis der – freilich theoriebelasteten – Rekonstruktion idg. **keH₂p-* 'fassen, schnappen'[68] (IEW: **kap-* 'fassen'),[69] zu der

---

[62] Cf. FRISK I, S. 783. Die Bedeutungsverschiebung ergab sich nach FRISK aus der Tatsache, dass mit τράγος 'eigtl. Nager' die alte Benennung des Bocks, idg. **kaprós*, «für andere Zwecke freigestellt» habe, wobei das Wort «wahrscheinlich zunächst appositiv zu σῦς verwendet» wurde. Cf. auch FRISK II, S. 916 (s. v. τράγος): «Ein altes idg. Wort für 'Ziegenbock' war lat. *caper*, dessen griechische Entsprechung κάπρος aber nach der Schöpfung von τράγος die Bed. 'Eber' erhielt.» Für die ursprüngliche Apposition spricht sich auch ThLL 3, Sp. 305, aus.
[63] Cf. im einzelnen WALDE – HOFMANN I, S. 157 f.
[64] DELAMARRE 1984, S. 134.
[65] POKORNY, IEW, S. 529; DELAMARRE 1984, S. 134.
[66] Cf. WALDE – HOFMANN I, S. 157.
[67] LOCHNER-HÜTTENBACH 1967, passim.
[68] LIV, S. 344 f.
[69] In traditioneller Notation müsste der Ansatz **kāp-* lauten, nicht ganz einsichtig, wenn die Grundlage lautsymbolisch sein soll. Dass **a*, der Vokal mit der grössten Schallöffnung, kein primärer Vokal sein soll, ist

mittels primärer adjektivischer -ro-Ableitung ein Nominalstamm gebildet wurde. Erwogen wird auch, in *kapro- eine thematisierte Variante von *kápr̥- 'Penis' (mit -th-Erweiterung ai. kápr̥th- 'dass.') zu sehen,[70] was aus sachlichen Gründen kaum in Frage kommt: Die zum generischen Wort verselbständigte Funktion/Bedeutung 'Tier mit Penis' i. S. v. 'männliches Tier' erscheint zu allgemein, als dass sie eine so weitreichende und spezifizierte Wortgleichung im Westindogermanischen gezeitigt hätte. Eher dürfte *kápr̥- auf *keH₂p- selbst zurückgehen,[71] oder aber das 'Penis'-Wort ist sekundär von 'Bock' aus gebildet. Ohne die weite Verzweigung dieser Familie nun in den Einzelsprachen verfolgen zu müssen, darf man folglich davon ausgehen, dass das zu besprechende Wort durch aktivische Funktion in einem weiteren semantischen Spektrum gekennzeichnet ist: der 'Fasser', 'Schnapper' oder auch 'Rupfer, Zupfer'. Diese ursprüngliche Bedeutung liegt formal nahe, ist jedoch im ältesten Sprachmaterial nur unsicher zu isolieren. Im Zusammenspiel mit der (allerdings leicht manipulierbaren) Überprüfung des Sachverhalts an der Realität sind zwei Parallelerscheinungen vornehmlich sprachlicher Natur im Auge zu behalten:

Erstens: Das unten zu besprechende Lexem kelt. *gabros beruht aller Wahrscheinlichkeit nach auf einer «Parallelwurzel» resp. «Reimform» idg. *ĝʰ/gʰeH₂b- 'ergreifen, nehmen' (zu den formalsprachlichen Aspekten s. u.), dessen Präsensstamm im Altirischen -gaib, -gaibet 'nehmen' lautet. Schliesst man dabei aus, dass *gabros eine wie auch immer geartete Entgleisung von *kaprós darstellt, bleibt die Möglichkeit, wenn *gabros ein sekundäres Produkt sein soll, an einen «Einfluss von ir. ga(i)bid 'takes, seizes'» zu denken,[72] obschon die Annahme einer strukturell identischen Ableitung von der Parallelwurzel eleganter wäre und schliesslich demselben Gedankengang verpflichtet ist.

Zweitens: In der Westromania, insbesondere im Rätoromanischen, lässt sich ein bemerkenswerter reziproker Prozess isolieren, der zwar jungen Ursprungs ist, aber den Sachverhalt gleichsam von hinten aufrollt und als sog. Rückbildung die semantischen Verhältnisse offenzulegen scheint: Von capra 'Ziege' abgeleitet existiert eine ganze Reihe von Verben, die das Schälen von Baumrinde ausdrücken, rtr. *caprire 'aufrechte Baumstämme schälen, damit sie verdorren' mit den Ausprägungen chavrir (Engadin), encavrir (Surselva)[73] und obw. kavrir 'Rinde abschälen'.[74] Weitere Verbreitung fand dieses Lexem insbesondere in Rodungsnamen romanischen Ursprungs in romanischen und nachmals germanischen Gebieten,[75] so existiert nach RNB II/1, S. 77, zum substantivierten PPP *capritu 'aufrechte dürre Tanne' und dem Kollektivum *caprita die Ableitung *capritura 'eine durch Schälen der Bäume gewonnene Reute'. Eine ausserordentlich grosse Anzahl solcher Namen mit den im Romanischen gewohnt produktiven Suffixen -acea, -itta usw. breitet sich auch bis ins Walensee-

---

eine *petitio principii* ohne Wahrscheinlichkeit (Ich danke Prof. Dr. Wolfgang Meid, Universität Innsbruck, für diesbezügliche briefliche Hinweise).

[70] MALLORY – ADAMS 1997, S. 229; DELAMARRE 1984, S. 134.
[71] Cf. MAYRHOFER I, S. 157, wonach kápr̥ (kápr̥th-) 'membrum virile' «vielleicht mit idg. *kapro- 'männliches Tier' […] zu verbinden» sei.
[72] So nach THURNEYSEN 1921: SCHMIDT 1957, S. 214: «Dies wird verständlich, wenn man sich die Ziege als eine Art 'Rupfer' vorgestellt hat.»
[73] RNB II/1, S. 76.
[74] MEYER-LÜBKE, REW, S. 155b (unter Nr. 1647).
[75] So im vorarlbergischen Grossen Walsertal, wo nebst den romanischen Toponymen hauptsächlich germanische auftreten. Ein interessantes Beispiel einer analogen Bildung bietet der Flurname *Schälebni* in Fontanella, dessen Bestimmungsteil genau dem angesetzten rtr. *caprire entspricht. Da *Gafadura* und ähnliche Namen in demselben Gebiet recht häufig vorkommen, könnte man sogar an eine Lehnübersetzung denken, die ehemalige Zweisprachigkeit und Technologiekontakt voraussetzt. Für FL cf. STRICKER *et al.*, FLNB 5, S. 110.

gebiet aus.[76] Sie dokumentieren die Rodungsart des 'Schwendens', also des Absterbenlassens der Bäume durch Abschälen der Rinde. Freilich müssen weder das Verb noch die Namen in späterer Zeit durchsichtig geblieben sein; die Motivierung dieser Rückbildung ist jedoch eindeutig genug, um sicher feststellen zu können, dass eine charakteristische Tätigkeit des Tiers die Bildung eines kulturgeschichtlich aussagekräftigen Worts zur Bezeichnung einer menschlichen Tätigkeit veranlasst hat.

Die beiden Beispiele zeigen also, dass es prinzipiell denkbar ist, die Etymologie des westindogermanischen Ziegenworts genauer zu fassen, indem späteres Sprachmaterial beigezogen wird, das auffällige formale oder semantische Abweichungen und Weiterbildungen von der vorausgesetzten Rekonstruktion aufweist. Natürlich dürfen solche Erscheinungen nicht zu weit verallgemeinert werden, muss es doch auch möglich sein, anhand der alten sprachlichen Erscheinungen selbst die nötigen Analysen erfolgreich durchzuführen. Dies wird sich allerdings vor allem bei der Deutung des Merkur-Beinamens *Gebrinius* (s. u. ab S. 69) als schwierig erweisen, weshalb eine erweiterte methodische Basis durchaus ihre Berechtigung hat, ohne dass sie selbst Zirkularitäten aufweisen muss. Es fragt sich folglich konkret, ob mit **kaprós*, ausgehend von der Verbalwurzel und ihrer *-ro-*Ableitung, ein Tier gemeint ist, welches sich dadurch auszeichnet, dass es rupft und zupft, oder ob ein Tier gemeint ist, welches ergreift – nämlich im sexuellen Sinne. Beide Möglichkeiten sind zu erwägen. Dabei ist jedoch zu beachten, dass eine sprachliche Rekonstruktion, eine ‹Urbedeutung› usw. nicht zwingend mit der von den Sprechern zu einem bestimmten Zeitpunkt verstandenen Bedeutung korrespondieren muss. Ist man traditionell geneigt, letzteres unter den Bereich der Volksetymologie zu subsumieren, so tut man doch auch gut daran, die Volksetymologie unter mentalitätsgeschichtlichen Vorzeichen zu beurteilen. Das heisst: In je verschiedenen sprachlichen Realitäten spielen die Auffassungen *caper* ← *carpere*, *caper* ← *capere* je eine verschiedene Rolle. Dazu kommt, dass Eigenschaften der S a c h e Eingang in die denotative Bedeutung des W o r t e s finden konnten, insofern beispielsweise die Wörter für den 'Bock' auf weitere Tiere, aber auch auf Geräte, Himmelserscheinungen, Textilien usw. übertragen werden konnten. Diese Spannung zwischen Wort und Sache eröffnet eine kulturgeschichtliche Perspektive, unter der die Etymologie und die historische Semantik nur je einen Teilbereich bilden.

Die Kenntnis ältester sprachlicher Strukturen und die Möglichkeit, sie soweit abstrahieren zu können, bis ‹ursprüngliche› Vorstellungsbereiche ersichtlich werden, ist durchaus von Nutzen, wenn man auf diesen Abstraktionen aufbauend wiederum Einzelphänomene zu beurteilen hat. In der Regel sind dies einzelsprachliche Ausprägungen, die man nur mittels Vergleich mit Verwandtem und Urverwandtem angemessen beurteilen kann. Andererseits dringt man so kaum je in die eigentliche Realität vor und läuft Gefahr, diese zugunsten einer Abstraktion zu vernachlässigen. Der Zugang zu einem Problemfeld muss also im wesentlichen ein hermeneutischer sein. Für das bisher Gesagte kann also folgendes festgehalten werden: Mit wenig Schwierigkeit kann man für lat. *caper* eine idg. Verbalwurzel **keH₂p-* 'fassen, schnappen' voraussetzen, die, um die beschriebenen Morpheme erweitert, einem Wort mit agentivischer Bedeutung 'Fasser' zugrundeliegt. Dieser ‹Grundbedeutung› dürfte, wie gezeigt wurde, nach der Lexikalisierung in den Einzelsprachen kaum mehr Realität zugekommen sein. Vielmehr haben Volksetymologien und Rückkoppelungen aus der Sache das Verständnis von *caper* und Verwandten immer wieder neu geformt.

---

[76] So z. B. *Fridabach* (Walenstadtberg) zu **caprita* mit Aphärese der vortonigen Anlautsilbe (KUHN 2002, S. 42 f.), *Nefadina* (Quinten) mit Abschwächung der Zwischentonsilbe, Synkope des Liquids, Aphärese der Anlautsilbe, Agglutination und Metathese von dt. *in*: **kavridinᵃ* > **kafədina* > **fədina* > **infədina* > **nəfədina* (KUHN 2002, S. 256 f. – freilich eine sehr hypothetische Deutung) und einige mehr.

2. Germ. *habraz 'Geiss' und Verwandtes

2.1. Etymologie und Wortgeschichte, Forschungsüberblick

Die Etymologie des germanischen Ziegenwortes auf der Grundlage der Wortfamilie um lat. *caper* ist verhältnismässig problemlos. Ausgehend von idg. *kaprós* lässt sich nach 1. LV, VG usw. eine urgermanische Form (maskuliner *a*-Stamm) *habraz* ermitteln, also ein Erbwort.[77] Wenngleich das Wort als Simplex im Südgermanischen nicht resp. nur trümmerhaft belegt ist,[78] lässt es sich für das Germanische problemlos auch aus den germanischen Einzeldialekten herleiten: an. *hafr*, ae. *hæfer* 'Ziegenbock'. Eine besonders willkommene Bestätigung des Worts aus noch früherer Zeit bietet die von SANTESSON neu gedeutete Runeninschrift von Stentoften (6./7. Jh.), auf der von der Opferung von *niu hAborumR* die Rede ist: 'neun Böcken', zu urnord. *habrR*, Dat. Pl. *habrumR*.[79] Rezente Fortsetzer findet das Wort in nisl. *hafur* und fär. *havur*.[80] Abgeleitet erscheint *habraz* in nhd. (schwäb.) *Haberling* 'einjähriger Bock' und *Häberling*.[81] Daneben liegt eine ganze Reihe von regional gestaffelten Kurzformen vor, die alle ebenfalls auf germ. *habraz* zurückgehen, so beispielsweise kärntnisch *Hap*, Dim. *Happl* 'Schaf, überhaupt Wollvieh [!]', *Heppes* (Rheingau), *Häper*, *Häber*, *Hebber* 'Ziege' (Mainfranken und Oberpfalz) u. v. m.[82] Mit diesen «affektbedingten» Kurzformen hat sich hauptsächlich K. REIN befasst, der sie auch unter dialektgeographischen Gesichtspunkten untersucht hat.[83] Erhalten hat sich *habraz* auch im Namen der *Habergeiss*, einem vielgestaltigen Wesen, welches vor allem aus der Volkskunde gut bekannt ist und dem LOCHNER-HÜTTENBACH einen kurzen Beitrag gewidmet hat (s. unten ab S. 198).[84] Aus dem appellativischen Wortschatz des Deutschen kommen vermutlich verschiedene Wörter für die Heuschrecke hinzu, ahd. *habervreʒ* stm., *habarwurm* stm. sowie allenfalls mhd. *haberschrecke* swm., *haberschreck* m., sämtlich Glossierungen von lat. 'cicada' oder 'locusta';[85] des weiteren mit grösserer Sicherheit ahd. *habarwurz* 'Wiesen-Bocksbart'[86] (Tragopogon pratensis L.), der nebst unzähligen volkssprachigen Namen mit einem anderen Ziegenwort im Bestimmungsglied[87] auch *Heppenbart* und *Habermalch* genannt wird. Ersteres lässt sich zu *Heppe* 'Ziege', einer evtl. auf Expressivität beruhenden Umbildung von *habraz* stellen; bei *Habermalch* spricht auch vieles für die Deutung nach *habraz*,[88] das Zweitglied bietet allerdings

---

[77] Cf. auch KLUGE-SEEBOLD 2002, S. 380 (s. vv. 'Habergeiss', 'Haberfeldtreiben'), 382 (s. v. 'Hafer'). Des weiteren cf. OREL, HGE, S. 148.
[78] Ahd. *hapar* 'Ziegenbock' (bei SIMROCK, KARL J.: Handbuch der deutschen Mythologie, Bonn ²1864, S. 563 ff.), ist freilich ein ghost word.
[79] SANTESSON 1993, S. 249 f. Das *o* in *hAborumR* wird als Gleitlaut bzw. Sprossvokal aufgefasst.
[80] Cf. DE VRIES, AEW, S. 201.
[81] FISCHER III, Sp. 1000.
[82] REIN 1958, S. 261 [71].
[83] REIN 1958, S. 260–272 [70–82].
[84] LOCHNER-HÜTTENBACH 1967. Die Ergebnisse LOCHNER-HÜTTENBACHs sind allerdings schon bei ZIPPERER 1938 (S. 151 f., Anm. 4) nach exakt derselben Methode zusammengefasst vorweggenommen.
[85] STARCK – WELLS 1990, S. 245.
[86] Diese Identifizierung bei STARCK – WELLS 1990, S. 245 scheint mir sehr unsicher zu sein, denn das Wort entspräche damit dem bei MARZELL IV, Sp. 735–750 verzeichneten Wiesen-Bocksbart, der in den Gll. allerdings *bocssbarth* genannt wird (StSG III, 529, 15; 556, 35). Vielmehr scheint es sich um die *Haferwurzel* (Tragopogon porrifolius, cf. MARZELL IV, Sp. 734) zu handeln, deren ahd. Namen bei MARZELL jedoch nicht erwähnt werden. Ältere Namen wie lat. *barba hirci*, Braun Bocksbart, Blauer Haberbart usw. machen es aber auf jeden Fall wahrscheinlich, dass auch bei dieser Pflanze germ. *habraz* im Bestimmungswort steht.
[87] Cf. MARZELL I, Sp. 735 ff.
[88] Cf. MARZELL IV, Sp. 735 ff. Sp. 742, wo auch die falsche, aus FISCHER III, Sp. 1000, übernommene Deutung angeführt wird.

Probleme. Es gehört wohl am ehesten zu ahd. *malaha* stf. 'Tasche', mhd. *malhe* swf. 'Ledertasche, Mantelsack',[89] weniger zu ahd. *miluh*, mhd. *milch* 'Milch'.[90]

Im Schwäbischen begegnen einige Wörter, die den etymologischen Rückschluss auf **haƀraz* ebenso zulassen.[91] Es sind dies insbesondere Lexeme mit einer inlautenden Geminate, so *Happe*, *Häppe* 'Maipfeife aus Elsbeerruten, aus der losgelösten Rinde von Weiden u. ä.', dazu das Verb *happe*[n] 'auf der Pfeife aus Weidenrinde blasen'. Der etymologische Bezug zu **haƀraz* ergibt sich insbesondere aus der botanischen Bezeichnung für die Salweide *salix caprea L.*,[92] wofür es zwar nur eine einzige volkssprachige Rückversicherung gibt (nämlich schwzdt. *Geisslaub*),[93] die aber aussagekräftig genug sein dürfte. Näher an **haƀraz* führen *Häpperle*[in] 'Ziege', *Häppersprung* 'Bockssprung', wovon sekundär folgende Wörter abgeleitet sein werden: *Happele* 'unbestimmter, unruhiger Mensch', *Happ(e)ler* 'übereilter, unbedachtsamer Mensch', davon die Adjektivableitung *happelig* 'unbedachtsam, läppisch usw.'[94]

Andere, vor allem in Dialekten erhaltene Überreste von germ. **haƀraz*, werden in der Arbeit an der entsprechenden Stelle zur Sprache kommen.

Ferner dürfte das Wort auch in zahlreichen Toponymen vorliegen, in denen es allerdings aufgrund der Homonymie mit dem Getreidewort nicht ganz problemlos zu identifizieren ist. Darüber wird sogleich zu sprechen sein.

Weiters ist auf die Entlehnung von **haƀraz* ins Finnische zu verweisen, das dort als *kauris* < **kapris* erscheint.[95]

2.2. **Haber* 'Ziege, Bock' in Toponymen

Ein Simplex **Haber* ist im jüngeren Südgermanischen nicht belegt. Dies ist richtig, soweit es sich um Texte und gesprochene Sprache handelt, also den lebendigen Wortschatz in Vergangenheit und Gegenwart betrifft. Für den Namenschatz trifft diese Feststellung ebenfalls zu, doch lässt sich **Haber* aus einigen komponierten Namen der Form nach doch verhältnismässig zuverlässig extrahieren,[96] was R. MUCH bereits festgestellt hat:

> «Wie keltisches *gabr* im gebirgsnamen *Gabreta* nur den steinbock bezeichnet haben kann, so kommt diese bedeutung neben der allgemeineren 'caper' auch dem, abgesehen von den zusammensetzungen *habergeisz* und *habermalch*, verlorenen deutschen *haber* zu. mehrfach ist in den deutschen alpen für hochweiden über der baumgränze der name *Haberfeld* üblich; so kenne ich ein *grosses* und ein *kleines Haberfeld* auf der Raxalm in Niederösterreich und ein *Haberfeld* im Salzburgischen im süden des Abersees;

---

[89] LEXER I, Sp. 2018.
[90] Die frühe Undurchsichtigkeit des Wortes reflektieren Namen wie *Habermark*, *Habermauch*, *Habermoch*, *Habermaukel*, *Habermolch* und sehr viele mehr, die sich aber alle als Umdeutungen und (aufgrund von dialektalen Eigenheiten erklärbaren) Entstellungen der ältesten erreichbaren Form *Habermalch* interpretieren lassen (s. LEXER I, Sp. 1135; GRIMM, DWB 10, Sp. 84). Bemerkenswert ist die simplexartige Variante *Habere* (Beringen SH). Zur Diskussion der Varianten s. FISCHER III, Sp. 1000 f.; MARZELL 1, Sp. 742 f.
[91] Alle Belege aus FISCHER III, Sp. 1163 f.
[92] Cf. MARZELL 4, Sp. 20–24. Die Salweide wurde von TABERNAEMONTANUS und LINNÉ so benannt, weil die Blätter gerne von Ziegen gefressen werden (Sp. 20).
[93] Cf. ID 3, Sp. 956.
[94] Alle Belege aus FISCHER III, Sp. 1163 f., s. vv.
[95] KOIVULEHTO 1991, S. 28.
[96] Auch im nordgermanischen Raum, wo an. *hafr* durchaus häufig in Flurnamen auftritt; s. dazu LINDBERG 1950.

unmittelbar an letzteres stösst ein *Gamsfeld*, sodass auch der ganze berg bald *Haber*- bald *Gamsfeld* genannt wird.»[97]

Leider lässt es sich nicht beweisen, dass ein Element *Haber*- in Flurnamen tatsächlich das Tier meint und nicht die Getreidesorte (Hafer).[98] Der sprachliche Zusammenhang ist nach wie vor umstritten,[99] doch ist dies insofern nicht von Belang, als die oberdeutschen Mundarten für das Getreidewort das inlautende germ. -ƀ- (germ. *haƀrōn? 'Hafer', ahd. *habaro* swm. 'Hafer, Traube, Trespe', mhd. *haber[e]* 'dass.') weiterführen und somit ein nachgermanisches Homonym vorliegt.[100] Die Statistik spricht für das Getreidewort, da das Tierwort offensichtlich der Paronymie mit *Haber* erlegen ist und durch andere Appellativa ersetzt wurde.[101] Synchron könnte die Realität also verzerrt sein, weshalb es doch nie ausgeschlossen ist, dass Orts- und Flurnamen mit einem Element *Haber*- auf das Tier weisen. K. REIN stellte 1958 fest: «Wegen der Äquivokation mit der Getreidebezeichnung scheint es auf den ersten Blick aussichtslos, eine Scheidung und Zuordnung der überlieferten alten ONN mit *haber*- als Bestimmungswort durchführen zu können.»[102] Einige Argumente sprechen aber eindeutig dafür, dass sich gerade die Ortsnamen mit dem Bestimmungswort *haber*- eher auf das Tier beziehen als auf das Getreide: (1) Der Fruchtwechsel in der Bebauung der Landwirtschaftsfläche lässt es kaum zu, dass eine Flur ausschliesslich mit dem Wort für den Hafer benannt wurde, zumal Örtlichkeiten tendenziell sehr selten mit Getreideappellativa benannt werden.[103] Es sei denn, es liege ein sog. Ereignisname zugrunde, was jedoch auch nicht recht einleuchtend wäre. (2) Ortsnamen mit *Korn*- im Bestimmungswort sind belegt, weisen aber eher umdeutungsweise auf ahd. *kwirn*, *quirn*, *kurn* stf. 'Mühle, Mühlstein' resp. *kwirna/kwirnī* stf. 'Mühlstein' zurück. Dazu sind die *Haber*-Orte doppelt so häufig wie die *Korn*-Orte.[104] (3) *Haber*-Orte sind – nach den wortgeographischen Angaben von REIN – auch in einem Bereich zu finden, wo das Wort für 'Hafer' *even* < lat. *avena* gilt.[105]

KEINATH führt im Zusammenhang mit den *Haber*-Namen den deutschen ON *Haberschlacht* an (Baden-Württemberg), den er auf das Getreidewort und ein Grundwort *Schlacht* zurückführt, wobei er letzteres irrig als Rodungsterminus entlarven möchte.[106] KEINATH geht seinerseits davon aus, dass in

---

[97] MUCH 1888, S. 412.
[98] Cf. zu diesem ganzen Komplex auch REIN 1958, S. 263 [73] ff. u. passim.
[99] Cf. KLUGE-SEEBOLD 2002, S. 382 (u. 380). Die Form nhd. *Hafer* verdankt sich niederdeutschem Einfluss in jüngster Zeit (cf. as. *havoro*).
[100] Der Zusammenhang zwischen *Haber* 'Bock' und *Haber* 'Hafer' scheint mir dennoch einigermassen naheliegend zu sein, denn ein Synonym für 'Hafer' liegt in bayr. *Hattel*, *Hadel* vor, dem mit *Hattel*, *Haddel*, *Hatel* usw. ganz genau eines der Wörter für 'Ziege' (nach REIN 1958 < idg. *cat) entspricht, cf. MARZELL I, Sp. 533. Sollen für die beiden 'Ziegen'-Wörter tatsächlich zwei Wurzeln angenommen werden (*kapro- / *cat-), so wäre dies nur ein Argument mehr für die «universale» *aigilōps*-These, cf. KLUGE-SEEBOLD 2002, S. 382. Weitere Ausprägungen der *cat-Wurzel, auch für das Schweizerdeutsche, bei REIN 1958, S. 273 [83].
[101] Im Englischen fehlt bereits in mittelenglischer Zeit ein Wort *hafer < ae. *hæfer* 'Ziegenbock'. Es wird – je nach dem spezifischen Bezeichnungswert – durch *buck*, *he-goat* u. ä. ersetzt, da das Wort für 'Hafer' *haver* lautet. Da im Nordischen keine Paronymie vorliegt, konnten *havr* 'Ziegenbock' und *hafri* 'Hafer' (schwed. *havre*, isl. *hafur*) nebeneinander existieren.
[102] REIN 1958, S. 264 [74]. KEINATH 1951, S. 94, führt jedoch an, dass mit *Haber* der Saathafer gemeint sei, d.h. die erste Frucht auf neu umgegrabenem Boden. An anderer Stelle (S. 146) zieht er in Betracht, dass in Flurnamen mit Getreidewörtern im Bestimmungswort Naturalabgaben in Form von Frucht ersichtlich sein könnten.
[103] Cf. FÖRSTEMANN II, 1, Sp. 1322.
[104] REIN 1958, S. 264 [74].
[105] REIN 1958, S. 264 [74].
[106] KEINATH 1951, S. 86. Vielmehr liegt dem Grundwort ein seit ahd. Zeit nur noch als Toponym belegtes Geländewort der Bedeutung 'Bodensenke, Vertiefung' zugrunde, wie es (< germ. *slaðan) noch in ae. *slæd* n. 'flaches Sumpfland, Tal', isl. *slöður* 'kleine Einsenkung', neuengl. *slad(e)* 'Tal, Mulde, Abhang usw.'

den aschegedüngten Boden Hafer gesät worden sei, wobei er allerdings übersieht, dass *Schlacht*, wenn es denn ein Rodungsname sein sollte, sicherlich keine Bezeichnung für Brandrodungen ist. Als Gegenstück zu den zahlreichen *Geissberg*-Namen und im Hinblick auf die oben genannten Argumente gegen die Getreide-Flurnamen möchte man *Haberschlacht* nun allenfalls als 'Geiss-Senke' verstehen. Dieses statistische Argument lässt sich auf alle *Haber*-Namen übertragen, wenn man ferner in Betracht zieht, dass Getreide-Flurnamen allgemein sehr viel seltener sind als solche mit Tierbezug – zumal mit Bezug zur Ziege. REIN konnte darüberhinaus nachweisen, dass *Haber*-Orte in genau jenen Gebieten gehäuft auftreten, in denen auch die mundartlich-rezenten *Hippe* und *Heppe* (im Westmitteldeutschen und anschliessenden Niederdeutschen) eine intensive Verbreitung finden. Dieselbe räumliche Koinzidenz von *Haber*-Ortsnamen und rezenten *Haber*-Lexemen (in diesem Fall die Ableitung und die Komposita *Häberling*, *Habergeiss* und *Haberfeldtreiben*) lässt sich auch in Bayern konstatieren (*Abb. 1*).[107] Angesichts des auch alemannischen Vorkommens von *Haber*- im Sinne von 'Bock-' (schwäb. *Haberling* usw., s. o.) und der später zu besprechenden *Habergeiss* dürfte man also auch bei den südlicheren *Haber*-Namen mit Tierbezug rechnen dürfen. Hierher sind wohl auch einige der *Haber*-Namen zu stellen, die MÜLLER 1985/86, S. 292 s. vv. auflistet: *Haberau*, *Haberbach*, *Haberbühl* (2x, wohl als Analogon zu den *Geissbergen* zu verstehen), ev. *Haberg* (mehrfach; vielleicht haplologisch gekürzt < *Haberberg*, semantisch analog *Geissberg*), *Haberling* (2x, bayrisch, wohl zum vielfach bezeugten Namentypus Appellativ + *ing[en]*-Suffix),[108] *Habernberg*, *Haberöd* und viele weitere, unter denen diejenigen mit Bestimmungsglied *Habers-* oder *Haberts-* allerdings auch einen Personennamen enthalten können (*Hardperht*, *Haduperht* u. ä.[109]). Ferner gehören hierhin vielleicht die Namen auf *Hepp-*, *Hipp-*, *Happ-* u. ä., die sich im ganzen deutschsprachigen Raum verhältnismässig häufig finden.[110] Als Vergleich zum oben besprochenen *Haberschwand* nenne ich das vielleicht analoge *Heppenschwand* (ebenfalls Baden-Württemberg; 983 *villa Heibensvvanda*, 1328 *Heppenswande*).[111]

---

    bezeugt ist. Es hat sich regional in jüngerer Zeit an ahd. *slahta* stf. 'Schlacht, Tötung, Gemetzel usw.' angeglichen. Cf. NYFFENEGGER – BANDLE, TNB 1.1, S. 1426 f. s. v. 'Zihlschlacht'.

[107] Cf. REIN 1958, S. 265 [75] und die Kartenskizze 7.
[108] Cf. BANDLE 1959, S. 31.
[109] Cf. FÖRSTEMANN I, Sp. 279.
[110] Cf. MÜLLER 1985/86, S. 292, 308, 334. Leider stehen für die wenigsten Namen historische Belege zu Verfügung, so dass in diesen Belangen vorerst keine weiter abstützbaren Resultate zu erwarten sind.
[111] KRIEGER 1898, S. 259.

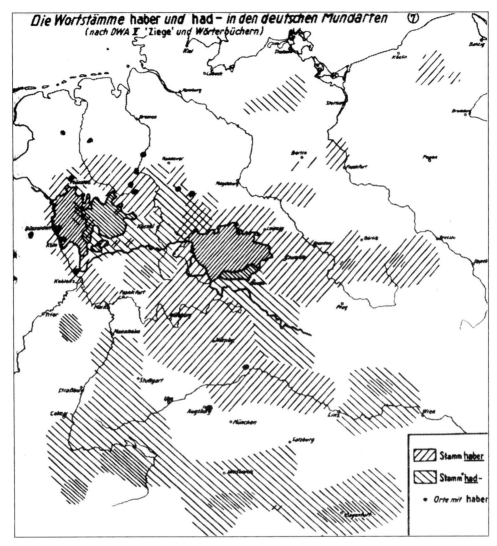

Abb. 1.

2.3. Das Ziegen- und das Getreidewort

Die sprachliche Beziehung zwischen dem Ziegen- und dem Getreidewort dürfte seit KOIVULEHTO auf der semantischen Ebene geklärt sein. Der Autor, einen Einfall aus dem Deutschen Wörterbuch von GRIMM aufnehmend und weiterführend,[112] geht davon aus, dass «die Rispe des Hafers und die Haare des Ziegenbocks einander gleichen: beide sind 'zottig' und 'rau'».[113] Er führt dazu folgende Analogien an:[114] altgutn. *hagri* 'Hafer' (germ. **hagran-*) zu norw. dial. *hagr* 'die groben Haare am Schwanz und an der Mähne des Pferdes', zu *hagr* aber auch dän. *heire* 'Bromus secalinus'; schwed. dial. *faxe* 'Bromus secalinus' zu germ. **fahsa-* 'Haar'; germ. **fahsa-* n. 'Haar' zu germ. **fahaz* n. (schwed. *får*) 'Schaf'; air. *coirce* 'Hafer' zu *corc* 'Haar'; germ. **haƀran-* 'Hafer' zu lat.

---

[112] GRIMM, DWB 10, Sp. 78. Hier auch die obsolete Etymologie von *Hafer* nach ai. *kamp-* 'zittern, sich bewegen'.
[113] KOIVULEHTO 1971, S. 139. Gesperrte Passage J. K. Zur Entlehnung des Ziegenwortes ins Finnische cf. KOIVULEHTO 1991, S. 28.
[114] S. KOIVULEHTO 1971, S. 140.

capronae 'Stirnhaare, Stirnmähne, Haarzotten, die von den Schläfen auf die Backen herunterhängen' usw. Den bestechenden Übereinstimmungen, die auch DE VRIES schon angeführt hat,[115] kann in der Tat schwer widersprochen werden. Bei näherer Betrachtung fällt allerdings auf, dass die Übereinstimmungen lediglich in den Bezeichnungen der Haferrispe und denen von Haar-Wörtern bestehen, in kaum einem Fall aber bereits das Ziegen-Wort betreffen. Die Auffassung KOIVULEHTOs steht nun ganz im Gegensatz zu der älteren Meinung, der Hafer sei primär Tierfutter (und insbesondere Ziegenfutter) gewesen, dessen Bezeichnung von dem damit gefütterten Tier abgeleitet worden sein soll. KOIVULEHTOs Überlegungen erfassen nur Übereinstimmungen in der Benennungsmotivation und führen jeweils zwei Begriffe auf eine ihnen gemeinsame Eigenschaft zurück. Die spezifischen Ableitungsverhältnisse bzw. der Primat der Benennung werden dabei aber nicht klar, auch wenn die lautlichen Assoziationen verblüffend sind. Näher liegt es also, für das hier zu besprechende Problem das Verhältnis der beiden germanischen Wörter in einem spezifisch germanischen Kontext zu betrachten. Obwohl KOIVULEHTO es nicht ausdrücklich sagt, wird er doch davon ausgegangen sein, dass das Getreidewort von der Tierbezeichnung abgeleitet ist, da, wie er richtig feststellt, der Hafer die einzige Pflanze ist, deren Ähre nicht geschlossen ist, sondern oberhalb des Halmes eine Rispe ansetzt. Diese Rispen werden nun sprachlich und sachlich als eine Art 'Haare' aufgefasst und damit in die Nähe des so wichtigen Ziegenfells oder der Zotteln gebracht. Analog und sehr viel durchsichtiger ist dieselbe Beziehung beim Wiesenbocksbart (Tragopogon pratensis L.): Der Korbblütler trägt einen bartähnlichen Fruchtstand[116] und heisst deshalb Geissbart, Zickbörtken usw.[117] Aufschlussreich ist der Pflanzenname insbesondere aufgrund des im Alemannischen verwurzelten Namens *Habermalch*, dessen Erstglied nach dem Gesagten eindeutig zu germ. *haƀraz* zu stellen ist und dessen Zweitglied ('Tasche') auf die oben befindliche Öffnung hindeutet; bereits ahd. ist der Name *habarwurz* (s. auch oben S. 29).

Für den modernen Betrachter ist diese sachkundliche Beziehung aus kulturellen Gründen nicht mehr unmittelbar durchsichtig, was sie aber auch nicht zu sein braucht, wenn die sprachlichen Verhältnisse Aufschluss zu geben vermögen. Aller Wahrscheinlichkeit nach liegt im Getreidewort eine *n*-stämmige, Zugehörigkeit ausdrückende Ableitung aus dem Tierwort vor, die bereits in germanische Zeit reicht: germ. *haƀrōn* swm. 'Hafer'[118] (vgl. ahd. *habaro* swm., as. *hafero* swm., mhd. *haber[e]* swm.) zu germ. *haƀraz* stm. 'Ziege(nbock)'. Lehnt man die Zusammengehörigkeit von *haƀrōn* und *haƀraz* ab, so hätte man als Argument allenfalls anzuführen, dass *haƀrōn* zunächst 'Haar' bedeutete und sekundär auf zottiges Getreide übertragen wurde – ohne dass also ein Zusammenhang mit der Ähnlichkeit des Ziegenbartes hergestellt werden muss. Ich verweise dazu auf die semantischen Parallelen nhd. *Haar* 'nicht zubereiteter Flachs' < germ. *hazwa* 'dass.', dieses zu idg. *kes-* 'kämmen' (cf. lit. *kasà* 'Haarflechte'), nhd. *Hede* 'Werg, Flachsfaser' < wgerm. *hezdōn* f. 'Werg' (cf. ae. *heordan*), ebenso zu idg. *kes-* (cf. an. *haddr* 'weibliches Haupthaar').[119]

Die heutige starke Flexion von *Hafer* beruht auf analogischem Ausgleich mit maskulinen Substantiven, die einen homographen *-er*-Wortausgang aufweisen. Mit Rücksicht auf die lautähnlichen air. *corca*, kymr. *ceirch* 'Hafer' < kelt. *korkkio-* und das aus dem Nordischen ins Finnische eingedrungene finn. *kakra* setzt KLUGE-SEEBOLD versuchsweise eine idg. Form *$kork^w ro$-* an, die sich

---

[115] DE VRIES, AEW, S. 202.
[116] Cf. MARZELL IV, Sp. 735: «Die Früchte besitzen eine Federkrone (Pappus) aus gefiederten Haaren. Der geschlossene, spitz zulaufende Fruchtstand sieht einem Bocksbart ähnlich.» Die Abb. ebd. bestätigt diesen Eindruck.
[117] Mundartliche Belege bei MARZELL IV, S. 735 ff.
[118] Bei KOIVULEHTO 1971: germ. *haƀran-*.
[119] Zu allen Angaben cf. KLUGE-SEEBOLD 2002, S. 380, 399; DE VRIES, AEW, S. 200.

mit Dissimilierung des ersten -r- und Labial für Labiovelar erklären liesse.[120] Damit müsste auf ein Substratwort geschlossen werden, was angesichts anderer in ihrer Etymologie nicht restlos geklärter Getreidewörter wie *Roggen, Gerste, Dinkel* usw. statistisch plausibel ist. Insbesondere aschwed. *hagre* spielt hier eine wichtige Rolle, da dessen Entlehnung ins Finnische auf ein gemeinnordeuropäisches (aber vorgermanisches) *kokr-* oder *kork-* schliessen liesse. Unter den Formen zeichnete sich die keltische einzig durch Expressivgemination aus.[121] Man berührt dabei die Frage nach bestimmten Begriffs- und Vorstellungsbereichen des indogermanischen und vorindogermanischen Wortschatzes in Europa bzw. in den Kulturen und Ökonomien dieser Bevölkerungsgruppen.[122] Dies kann hier nicht weiter diskutiert werden. Es soll jedoch betont werden, dass das statistische Argument, dass viele Getreidewörter vorindogermanischen Ursprungs sind, nicht dazu verwendet werden darf, auch *Hafer* vorbehaltlos dieser Gruppe zuzuordnen. Solange jedenfalls eine germanische Herkunft wahrscheinlich gemacht werden kann, bedarf es keiner komplexeren Lösung, die von zu vielen mangelhaft gesicherten Prämissen ausgeht.

---

[120] KLUGE-SEEBOLD 2002, S. 382.
[121] EIA C-208.
[122] Zur durchaus interessanten Sachgeschichte des Hafers resp. seiner Einführung und Verbreitung in Mittel- und Nordeuropa cf. SIGAUT 2004, S. 24–31.

3. Kelt. *gabros 'Bock'

3.1. Ausgangslage und Quellenübersicht

Das Lexem kelt. *gabros ist nicht direkt als solches bezeugt. Es lässt sich allerdings aus zahlreichen indirekten Zeugnissen ohne Schwierigkeiten erschliessen.[123] Während die Stammbildung des Wortes keinerlei Probleme birgt (thematischer Stamm und feminines Mobile [*gabrā]), hält die Konsonantenstruktur im An- und Inlaut einige Probleme bereit, deren Bewertung entscheidend für die wortgeschichtlichen Implikationen ist.

Das Lexem begegnet in den ältesten Belegen, denen naturgemäss eine sehr hohe Bedeutung zukommt, in Orts-, Raum-, Fluss- und Geländenamen. Deren Überlieferung liegt primär in der Antike und Spätantike, doch sind auch mittelalterliche Namen auf uns gekommen und jüngere, aus denen aus methodischen und typologischen Gründen auf ein hohes Alter geschlossen werden kann. Dazu kommen zahlreiche Personennamen, ein Göttername und ein hinsichtlich seiner Beurteilung unsicherer Völkername. Nebst den Namen sind auch einzelne Appellativa aus den keltischen Einzelsprachen bekannt, die auf ein urkeltisches *gabros deuten, so air. gabor 'Bock',[124] kymr. gafr 'Geiss', bret. -gabr, bret. gavr, gaor 'chèvre',[125] altkorn. gauar.[126] Die einzelsprachlichen Wörter sollen vorderhand ausgeblendet bleiben. Betrachten wir also zunächst die Namen-Belege.

ON Gabromagus:[127] auf der Tabula Peutingeriana (Gabromagi, zwischen Ernolatia und Stiriate)[128] und im Itinerarium Antonini 276,9 (Gabromago, zwischen Sabatinca und Tutatione) sowie mehrfach inschriftlich;[129] heute Windischgarsten in Oberösterreich.[130] Das Zweitglied in Gabromagus, kelt. *magos,[131] bedeutet 'Feld' (später 'Markt') und ist durch zahlreich analog gebildete Namen bestens gestützt.[132] Für den Namen als ganzes gibt KRAHE eine Bedeutung 'Geißfeld' an;[133] die Übersetzung 'steed plain' bei WATSON scheint dagegen abwegig zu sein.[134] Auch eine Deutung 'Feld des Gabros [PN]' bleibt nicht ausgeschlossen.[135]

---

[123] Eine Übersicht der wichtigsten Zeugnisse bei ANON. 1954, S. 141 f. und DELAMARRE 2003, S. 173.
[124] DELAMARRE 1984 gibt allerdings eine Bedeutung 'bélier' an, also 'Widder'. Auf die divergierenden Bedeutungen wird zurückzukommen sein.
[125] DOTTIN 1918, S. 99.
[126] DELAMARRE 2003, S. 173.
[127] Cf. IHM 1910c, Sp. 433.
[128] Ed. MILLER 1916, Sp. 450.
[129] CIL III 5757, 5766, 5767, 11854, 11872, 12014.
[130] Cf. AcS I, S. 1511.
[131] Dazu cf. DELAMARRE 2003, S. 214; HOLDER, AcS II, Sp. 384 f.
[132] DOTTIN 1918, S. 87. Belege mit Tierappellativa im Bestimmungswort bietet DOTTIN 1927, passim: Marcomagos 'la Plaine du Cheval' (S. 93) (It. Ant. und Tab. Peut.; heute Marmagen, Kreis Schleiden); Eburomagos (S. 94 f.), dessen Bestimmungsteil DOTTIN wie die Mehrzahl der Forscher (nach dem Ethnonym der Eburonen) lieber zu ir. ibur 'Eibe' stellt, aber eine Bedeutung 'Eber' nach formalen Kriterien nicht ganz auszuschliessen geneigt ist; Broco-magus 'Dachsfeld' (S. 96) (heute Brumath); Gabromagus 'le Champ de la Chèvre' (S. 97). Marcomagus ist zwar im Grundwort unbestritten, doch dürfte man, wie CRAMER 1901, S. 134, allerdings auch in Betracht ziehen, dass es sich um das Feld «irgend eines Keltoromanen, Namens Marcus» (ebd.), handeln könnte.
[133] KRAHE 1954, S. 127.
[134] WATSON 1926, S. 501, mag an das seltene homonyme air. gabor (fem. o-Stamm) 'weisses Pferd' gedacht haben; umso merkwürdiger, dass Gabro-sentum S. 383 richtig als 'goat-path' aufgefasst wird.
[135] ANON. 1954, S. 142.

ON *Gabrosentum*: Kastell am römischen Grenzwall in Britannien nach der Not. dign. occ. XL 50 (*Tribunus cohortis secundae Thracum, Gabrosenti*),[136] als 15. Station des Walles: Burgh-upon-Sands;[137] beim Geographen von Ravenna 5, 31 (*Gabrocentio*); in Britannien.[138] *Gabrosentum* enthält im Zweitglied kelt. **sentu-* ~ **sento-* 'Gang, Pfad'.[139] Die grundsätzliche Möglichkeit eines solchen Namens in semantischer resp. kultureller Hinsicht bestätigt der gleichfalls englische ON *Gappah* (Fees): 1086 *Gatepade*, 1242 *Gatepath*, zu ae. *gāta-pæþ* 'goat's path'.[140]

Raumname Γάβρητα ὕλη. bei PTOLEMAIOS 2,11,3.5.11 und STRABO VII, 1, 5; Bezeichnung für das Bergland am südlichsten Rand Böhmens (Novohradské hory) und den anschliessenden Weinsberger Wald.[141]

ON *Gabris*: Ort der Bituriges Cubi in Aquitanien, Tab. Peut. I, B, 1.[142] Heute Gièvres im frz. Departement Loire-et-Cher[143] (oder Chabris, am Fluss Cher, gegenüber Gièvres?[144]).

Daneben gibt es zahlreiche französische ON *Gabriac, Givry, Gevry* etc., die meist auf gall. *Gabriacu-* zurückweisen.[145] Ob diese, wie HOLDER, AcS I, S. 1510 annimmt, zum Gentilnamen *Gabrius* gehören, kann nicht entschieden werden, da die kaiserzeitlichen -*ii̯o*-Gentilizia oder –Supernomina relativ jungen Ursprungs sind und, wie unten zu zeigen sein wird, das Vorkommen der Personennamen mit einem Element *Gabr-* sich statistisch auffällig auf den ost- und südostgallischen Raum konzentriert. Daneben sind die möglicherweise direkt auf die pluralische Form von *gabros* zurückgehenden ON *Gièvres* und zweimal *Gesvres*[146] zu erwähnen sowie der um ein -*n*-Suffix erweiterte ON *Javron* (Mayenne), der auf merowingischen Münzen mehrfach als *Gavaronno, vicus Gabronensis, Gabron* erscheint.[147] Dazu kommt ein rekonstruiertes **Gabro-dunon* 'Fort-de-la-Chèvre' > *Jabrun* (Cantal) in der Auvergne.[148] Interessant ist ferner *Forêt du Gavre*, dieses scheinbar «toujours peuplée de Chevreuils».[149] HOLDER nennt noch den Kastellnamen *Gabraeum* (Γάβραιον) und den ON *Gabregabalio*,[150] von denen nur letzterer hierher zu gehören scheint, da er *in territorio Lemovicino* (Aquitanien) zu lokalisieren ist (a. 631). Sprachlich lässt sich das Grundwort zu gall. **gabalos* stellen[151] 'gegabelter Ast, Gabel, Kreuz, Galgen usw.', hier vielleicht im Sinne von 'Weggabelung'; die zusätzliche -*i*-Ableitung markiert Zugehörigkeit. Zu *Gavrinis* s. auch u. S. 44. Eine Reihe von französischen Waldnamen, die ein Element *gabr-* tragen, behandelt ferner FALC'HUN.[152]

Aus dem schweizerischen Raum und in jüngerer Überlieferung sind der Ortsname *Gabris* (TG)[153] und der Bergname *Gäbris* (AR)[154] in der Schweiz bezeugt. Sie werden seit der ersten Auseinander-

---

[136] Ed. SEECK 1876, S. 212.
[137] HÜBNER 1910, Sp. 433.
[138] Cf. AcS I, S. 1511.
[139] Cf. DELAMARRE 2003, S. 271; HOLDER, AcS II, Sp. 1502; DOTTIN 1918, S. 258; BIRKHAN 1970, S. 81.
[140] Cf. EKWALL 1951, S. 183.
[141] Cf. HERRMANN III, S. 216, Kommentar S. 562. Ferner: IHM 1910a, S. 432; MUCH 1913–15, S. 109; REICHERT 1998, S. 311 f. Die Akzentsetzung schwankt zwischen erster und zweiter Silbe.
[142] Ed. MILLER 1916, Sp. 114.
[143] Cf. BILLY, ThLG, S. 76; HOLDER, AcS I, S. 1510; WHATMOUGH, DAG, S. 363.
[144] Cf. WHATMOUGH, DAG, S. 401; IHM 1910c, Sp. 433.
[145] Cf. die Liste bei DAUZAT – ROSTAING 1984, S. 308.
[146] Cf. GRÖHLER 1913, S. 209 f.
[147] GRÖHLER 1913, S. 210.
[148] DELAMARRE 2003, S. 155.
[149] FALC'HUN 1979, S. 31.
[150] HOLDER, AcS I, S. 1510.
[151] Bei HOLDER, AcS I, Sp. 1508 f. s. v. *găbălu-* nach dem Ansatz der latinisierten Form *gabalus* (dazu s. GEORGES, AH I, Sp. 2893).
[152] FALC'HUN 1979, S. 31.
[153] BANDLE 1963, S. 266; BANDLE 2003, S. 106; NYFFENEGGER – BANDLE, TNB 1.1, S. 513 f.

setzung mit dieser Namenlandschaft als keltisch angesehen, was sie aus der im allgemeinen jüngeren alemannischen Namenschicht heraushebt und ihre Interpretation hinsichtlich einer sprach- und siedlungsgeschichtlichen Beurteilung sehr schwierig macht. Zu den beiden Namen s. u. ab S. 53.

An Personennamen sind mehrere sichere und unsichere Belege zu nennen, auf die es unten detaillierter einzugehen gilt. Es handelt sich durchweg um inschriftliche Belege der Kaiserzeit, denen also aufgrund der Überlieferungssituation ein hoher Grad an Authentizität zukommt, die hinsichtlich ihrer Beurteilung aber dennoch einige Probleme aufgeben. Die Namen werden WEISGERBERs ubischem Namenmaterial, WHATMOUGHs DAG, HOLDERs AcS sowie dem CIL entnommen.

Der erwähnte Göttername lautet [Mercurius] Gebrin(n)ius. Es handelt sich dabei um eine Lokalgottheit, die im Umkreis eines Aufanientempels in Bonn verehrt wurde, der Name liegt mehrfach und ausschliesslich in inschriftlicher Gestalt vor. Die lautlichen Spezifika wie die Morphologie dieses Namens erfordern etwas mehr Platz im Rahmen dieser Darstellung, daher ist ihm ein eigenes Kapitel vorbehalten, worin der Name auch in einem weiteren, nicht nur sprachwissenschaftlichen Rahmen beleuchtet werden soll (s. u. ab S. 69).

Der ptolemäische Völkername Γαβραντουίκων (2,3,4) (Gen. Pl.) scheint ebenfalls ein Element *gabros zu enthalten. Seine realhistorische Einbettung und sprachliche Deutung verweist auf den Namen der germanischen Cornuti, auf die weiter unten in einem eigenen Abschnitt eingegangen werden soll (s. u. ab S. 179).

Aus lebendigem appellativischem Sprachmaterial sind mehrere Belege anzuführen, die hier nur in Kürze behandelt werden können, da sie insbesondere Probleme der romanistischen Sprachwissenschaft darstellen. Zu nennen ist hier okz. gabre 'bouc inféconde; femme stérile; etc.'; dazu cf. GRZEGA 2001: «Die okzitanischen Formen mit g- für kastrierte, sterilisierte oder unfruchtbare Ziegen und Ziegenböcke sind in der Tat auffällig. Nachfolgeformen für das Weibchen capra zeigen alle regelmässige Entwicklung von k-. Somit ist bei diesem Typ wohl in der Tat von der keltischen Form auszugehen, da es unwahrscheinlich wäre, daß ausgerechnet beim Wort für das Männchen, und nur beim Männchen, sporadische Anlautsonorisierung auftritt.»[155] Wird die mit g- anlautende Form als Kriterium für Keltizität bestimmt, fallen für die von GRZEGA ferner angegebenen Formen für 'Liguster/Geissblatt', angeblich keltisch *kabrostos, weg. Aus dem Französischen sind ferner die bei V. WARTBURG aufgelisteten dialektalen Belege zu nennen, die semantisch in dieselbe Richtung weisen, nämlich jabre 'animal inféconde', jabro 'femme stérile', gabre 'jeune fille effrontée, garçonnière et étourdie' und andere mehr,[156] daneben aber die männlichen Vertreter gábrĕ 'jars' und 'canard', gabroun, gabrás 'gros dindon' gábre 'perdrix mâle', gábre 'mâle de perdrix' und weitere[157] – offensichtlich ausnahmslos Geflügel bezeichnend. Während also die weiblichen Vertreter der keltischen Weiterführungen von *gabr- im Französischen unfruchtbare Ziegen und Frauen oder aber besonders leichtlebige Frauen bezeichnen, engt sich der Bedeutungsbereich der männlichen Vertreter auf männliches Geflügel ein, vorausgesetzt, die etymologischen Zuordnungen sind zutreffend, woran es m. E. jedoch wenig zu zweifeln gibt. Dieser Sachverhalt ist merkwürdig genug, um hier eine Erklärung zu wagen. Wie unten zu zeigen sein wird, dürfte der voreinzelsprachliche Ausgangspunkt von kelt. *gabros das 'männliche Tier' allgemein bezeichnet haben, besonders aber das für die Zucht verwendete männliche Exemplar, dem ausserhalb der Zuchtfunktion in der Landwirtschaft lediglich geringe Bedeutung zukam. Für *gabros könnte dies auch in einzelsprachlicher Zeit bis zu einem

---

[154] Cf. SONDEREGGER 1958a, S. S. XVIII; SONDEREGGER 1958b, S. 8 f; HILTY 2001, S. 55–57 u. 88. Weitere Literatur an den entspr. Stellen.
[155] GRZEGA 2001, S. 172 f.
[156] V. WARTBURG, FEW 4, S. 17.
[157] Ebd., S. 17.

gewissen Grad noch der Fall gewesen sein, insofern damit von Fall zu Fall der Steinbock, der Widder, der Ziegenbock, der Rehbock und wohl auch weitere behornte Tiere bezeichnet werden konnten,[158] wobei zu bemerken ist, dass eine explizite Bedeutung für die *gabros-Belege ohnehin fehlt. Mit der Romanisierung und der Übernahme von lat. *caper* und *capra* für Bock und Ziege in die westromanischen Einzelsprachen könnte das keltische Wort eine Funktionsverschiebung erfahren haben, die dadurch erleichtert wurde, dass dem Wort seit alters ein weites Bedeutungsspektrum innewohnte. Von der Realienseite her wird dies unterstützt durch die Tatsache, dass die männlichen Vertreter von Zuchtgeflügel Eigenschaften besitzen, die auch Zuchtexemplare von Säugetieren haben. Aufschluss geben dazu Truthahn-Namen in deutschen Dialekten, vgl. SUOLAHTI: «[...] wird der Truthahn bei den deutsch redenden Ungarn *das Bockerl* genannt. Dieser Ausdruck ist, ebenso wie das Synonym *Trutzbock* in Steiermark, eigentlich ein Schimpfname, der in dem leicht erregbaren und jähzornigen Wesen des Vogels seine Erklärung findet.»[159] Auch die alten Namen *wilder han* (1579) oder *wildthane* (1582) deuten in diese Richtung.[160] – Was die weiblichen Bezeichnungen für unfruchtbare Tiere und die abwertenden Namen für Frauen mit dem keltischen Wort *gabrā* anbelangt, so dürften für letzteres die häufigen Übertragungen von Namen aus dem Tierreich auf Menschen zum Zweck von Schimpf und Spott verglichen werden. In bezug auf die Unfruchtbarkeit hat allenfalls das alte Wort nach der Höherwertung des neuen oder nach bestimmten Synonymiekonflikten allmählich in eine niedrigere Stilschicht gewechselt, wie dies in Prozessen innerhalb von grösseren Wortfeldern, in denen eine präzise Terminologie notwendig ist, ja durchaus üblich ist.

Die Appellativa aus den lebenden keltischen Sprachen können hier nicht behandelt werden, man vgl. die entsprechenden Hilfsmittel und Spezialuntersuchungen.

3.2. Personen- und Völkernamen

Neben den Ortsnamen-Belegen gibt es für kelt. *gabros* 'Ziege/Bock' zusätzliche Evidenz aus anderen Bereichen. WEISGERBER stellte im Hinblick auf die «frührheinische Siedlungs- und Kulturgeschichte» das treverische Personennamenmaterial aus den antiken Inschriften des Rheinlandes nach verschiedenen Gesichtspunkten zusammen und stellte fest, dass der auffälligste Zug «in der Häufigkeit von **Tier- und Baumnamen** zur Bildung von Personennamen zu sehen» sei.[161] Unter den Tieren befindet sich *gabrā* 'Geiss' an prominenter Stelle. Auffällig ist dabei zunächst, dass diese theriophoren Namen ausschliesslich in einstämmigen Bildungen vorkommen, teils durch Ableitungssuffixe erweitert, man vgl. z. B. *Gabra, Gabrus, Gabrio, Gabrilla* usw. WEISGERBER lässt die Frage offen, ob hinter den theriophoren Personennamen Aspekte der Tiergeographie, der inneren Einstellung zur Tierwelt überhaupt oder der Bedeutung der Tiere im Kultwesen stehen,[162] was für die hier zu besprechenden Probleme an sich interessant wäre. Jedoch zeigen die Belege immerhin ziemlich deutlich, dass von dem Stamm *gabr-* sowohl männliche als auch weibliche Personennamen gebildet werden konnten, was also heisst, dass die Genusindifferenz des Gattungswortes in einem bestimmten

---

[158] Die einzelnen Bedeutungen kommen im Verlaufe der Arbeit an den entsprechenden Stellen zur Sprache; cf. zunächst DELAMARRE 2003, S. 173 f.
[159] SUOLAHTI 1909, S. 246.
[160] Ebd., S. 246. Anders verhält es sich bei den Namen *Bocker(lein)* und *Bockerl* für die Kleine Schnepfe (Scolopax gallinula) in Österreich, bei denen es sich wohl um deminutive Ableitungen von [Haber-]*Bock*, dem volkstümlichen Namen der Bekassine handelt, vgl. SUOLAHTI 1909, S. 279.
[161] WEISGERBER 1969, S. 129
[162] WEISGERBER 1969, S, 129.

Masse eine Rolle gespielt haben wird.[163] Auch unter den «ubischen» Personennamen erscheint das Namenelement gelegentlich.[164] BIRKHAN fügt diesen festlandkeltischen Personennamenbelegen noch inselkeltische hinzu: kymr. *Gafran*, air. *Gabrán*, mir. *Gabhar*. Ausserdem stellt er das bei PTOLEMAIOS 2,3,4 belegte britische Ethnonym der Γαβραντουίκων 'Ziegenkämpfer' zu dieser Gruppe. Letzteres vergleicht er mit den germanischen *Cornuti* des AMMIANUS MARCELLINUS (16, 12, 43) und sieht darin einen Beleg für ein altkeltisches «Bockskriegertum»,[165] wofür es allerdings wenige Hinweise gibt,[166] (vgl. dazu unten ab S. 178). Soll der Völkername tatsächlich zu **gabros / *gabrā* gehören und wie die *Cornuti* eine soldatische Einheit oder eine mindestens ethnosozial oder beruflich determinierte Bevölkerungsschicht bezeichnen, dann ist allenfalls auch an die reiche Symbolik des Widders zu denken, worauf später zurückzukommen sein wird.[167]

Die Personennamen mit einem Element kelt. **gabr-* machen eines deutlich: Im Gegensatz zu den im Germanischen sehr häufigen und den eigentlichen Normalfall bildenden zweigliedrigen komponierten Personennamen treten sie meist eingliedrig auf, d. h. einstämmig, oder hypokoristisch abgeleitet. Sie erwecken damit nach BIRKHAN den Eindruck von Spitz- oder Kosenamen.[168]

Die Materialgrundlage für folgende Abschnitte bildet die unzählige gallische Personennamen enthaltende Sammlung der DAG von J. WHATMOUGH, abgestützt durch die Indices von CIL XIII, die Einzeluntersuchungen von L. WEISGERBER, HOLDERs AcS, BILLYs ThLG und ALG sowie andere Sammlungen wie beispielsweise die «Gaulish Personal Names» von D. E. EVANS oder DELAMARRES «Dictionnaire de la langue gauloise». Der Terminus «gallisch» ist bei WHATMOUGH vergleichsweise weit gefasst und umfasst in einem geographischen Sinne nebst den alpinen Regionen (Alpes Maritimae,[169] Regnum Cotii, Alpes Graiae, Vallis Poenina) auch das transalpine Gallien selbst (Narbonensis, Aquitania, Lugdunensis, Belgica) samt den «germanischen» Provinzen Germania inferior und superior sowie das Mittelrheingebiet und den oberen Donauraum (Agri decumates, Vindelici). Diese geographische Breite der Materialgrundlage hat Vor- und Nachteile, die es hier nicht zu beurteilen gilt. Sie bietet aber die Möglichkeit, eben die Dialekte bzw. die in einzelnen verwaltungstechnisch abgegrenzten Territorien belegten sprachlichen Überreste diatopisch zu erfassen und hat somit einen Vorteil, den der AcS, die Indices von CIL XII (Gallia Narbonensis) und XIII (Tres Galliae et Germania) und der RIG nicht bieten.[170] Die Durchsicht der DAG ergibt nun, um den wichtigsten Eindruck aus dem Material zu vermitteln, folgendes: 1. Personennamen, die ein Wort für 'Ziege', 'Bock' u. ä. enthalten, sind aus den zentralgallischen Provinzen nur ausnahmsweise und verhältnismässig unsicher überliefert, während sie im Osten Galliens zu den häufigsten theriophoren

---

[163] Sekundäre Movierungen des Appellativs zu der einen oder anderen Seite hin sind in Personennamen erfahrungsgemäss nicht ausgeschlossen, doch liegen dafür in dem von WEISGERBER zusammengestellten Material keine besonderen Hinweise vor.

[164] WEISGERBER 1968, cf. v. a. S. 363: «*Gabrio*: Der *aquilifer* (der *leg. I. Min.*?) aus dem 3. Jh. und sein Sohn zeigen die in Figennamen nicht seltene kelt. Form *gabro-* 'Ziege' [...].»

[165] BIRKHAN 1970, S. 465.

[166] GUTENBRUNNER 1936b, S. 392, stellt den Γαβραντόουικες (zu einem Götternamen **Gabrant-*, einer Weiterbildung von *gabros* mit dem Suffix *-nt-* zur Bezeichnung von Jungtieren) die *Eburovices* sowie die *Lemovices* und *Brannovices* zur Seite und deutet diese letzteren Ethnonyme als 'Eiben-, Ulmen- und Rabenverehrer'.

[167] Dazu BIRKHAN 1970, S. 465, Anm. 1332 u. ff. GUTENBRUNNER 1936b, S. 392, nimmt für *gabros* unter anderem auch eine Deutung 'Widder' an. Das scheint mir etwas unglücklich zu sein, da das Widder-Wort wohl nur aus dem gallischen Götternamen *Moltinus* gewonnen werden kann (cf. ir. *molt*, kymr. *mollt* 'Widder', frz. *mouton* 'Schaf, Hammel'). Cf. MAIER 1994, S. 236.

[168] BIRKHAN 1970, S. 466.

[169] Worunter auch Korsika und Sardinien fallen.

[170] Der RIG enthält nota bene keine Personennamensammlung, sondern dokumentiert die längeren gallischen Texte (im engeren Sinn).

Personennamen gehören. 2. Personennamen, die ein Element *gabr*- enthalten, konzentrieren sich ganz auf die ostgallischen Regionen, allen voran den belgischen Raum mit den signifikant meisten Belegen, gefolgt von der Germania superior und der Germania inferior. 3. Der Vergleich mit den oben aufgeführten toponymischen Belegen ergibt eine signifikante Divergenz zwischen den beiden Belegtypen: Während die Personen- und Götternamen, wie gesehen, hauptsächlich aus den Randgebieten überliefert sind, stammen die Ortsnamen vom Typ *Gabriacum* sämtlich aus dem zentral-gallischen Raum.

ad 1: Zu diesen «capriphoren» Namen sind solche zu rechnen, die einen Wortstamm *capr*-, *gabr*- oder *bucc*- enthalten. Die *camul*-Namen, die vielleicht das keltische Wort für den 'Hammel' reflektieren, wurden ebenfalls miteinbezogen, ihre Verteilung ist aber über alle Provinzen hinweg ähnlich ausgeglichen und zeigt keine signifikanten Konzentrationen. Ob sie tatsächlich zu den hier zu besprechenden Namen zu zählen sind, wird später zu diskutieren sein.[171]

ad 2: Unter die *gabr*-Namen wurden auch die wenigen gefasst, die ein gewissermassen hybrides Aussehen besitzen, indem sie anlautendes *c*- und inlautendes *-br-* (*Cabrilla*, *Cabra*) oder umgekehrt anlautendes *g*- und inlautendes *-pr-* aufweisen (*Gapr[*; DAG 1125).

ad 3: Dieser Widerspruch ist in der Tat schwer zu beurteilen. Er lässt sich vielleicht auflösen, wenn man bedenkt, dass den meisten Ortsnamen ein römisches Gentilizium nach einem keltischen PN zugrunde liegt (die Namenbildung also als «jung» einzustufen wäre), während die Personennamen selbst ältere und einheimische Namengebung verraten. Dies lässt sich jedoch nicht weiter verifizieren und kann daher nur mit Vorbehalt als Erklärung verstanden werden.

Die folgende Tabelle, die einen Überblick über die räumliche Verteilung der «capriphoren» Namen vermitteln soll, enthält viele Einträge, die als durchaus unsicher zu werten sind. Sie enthält zudem andere Wortstämme als die genannten, die aber mit einiger Vorsicht ebenfalls ein Wort für 'Ziege' oder 'Bock' enthalten. Gleichzeitig ist sie lückenhaft, da sie die möglicherweise jüngeren Funde nicht berücksichtigt, die die epigraphische, archäologische und keltologische Forschung in zahlreichen verstreuten Einzel- und Lokalorganen laufend publiziert. Angesichts der auch heute noch umfassendsten Materialsammlung bei HOLDER, der ebenso wertvollen Anordnung des Materials bei WHATMOUGH, der jüngsten Edition der lateinischen Inschriften Belgiens (ILB²) sowie des ausgezeichneten «Dictionnaire de la langue gauloise» von DELAMARRE, der auch als Synthese der neuesten keltologischen Forschung verstanden werden darf, dürften sich die Ausfälle an «capriphorem» Namenmaterial allerdings als nicht signifikant erweisen.[172] Die Tabelle enthält überwiegend Personennamen, daneben einige Götternamen und ein einziges Appellativ (*buccus*, gekennzeichnet). Die Zahlen beziehen sich auf die Seiten der gedruckten Ausgabe der DAG.

---

[171] S. dazu vorerst v. a. EVANS 1967, S. 160 f., der sich, was die Auswertung der Belege anbelangt, ebenfalls hauptsächlich auf die DAG beruft.
[172] S. die Belege bei DELAMARRE 2003, S. 173.

Tab. 1.

Provinz	*bucc-* (und ähnliche)	*gabr-* (und ähnliche)	*kapr-* (und ähnliche)	*camul-* (und ähnliche)	Verschiedene und Unsichere
Gallia Narbonensis	[buccus (App., 161, Gl.)] Bucca, Buccio, Bucconia, Buccula, Bucculius (204)		Caprarius, Capreolus (205) Caprilia, Caprilius, Capronia (206)	Camula, Camulata, Camulatus, Camulatius, Camul(l)ia, -ius (205)	Gaberia, Gaberius (213)
Aquitania	Buccius, Bucco, Buccula (334)	Gabrinus (336) Gabr[(376)	Caprius (411)	Camulus (259) Camulo[(374) Camulia, Camulatucus, Camulinus, Camulus, Camul[(410)	Gubrus (Ga-?) (385)
Lugdunensis	Buc[(539)	Gabrilla (645)	Caprilius (639)	Andecamulos (499) Camuloriga (GN, 628) Camulia (GN, 632) Camulia, Camulogenus, Camulognata, Camulatius, Camula (639)	Bocco, Boccorus (529) Habro (645) Mindo[(649)
Belgica	Bucus (709)	Gabrus (693) Gabra, Gabrilla, Cabra (744) Cabrilla (807) Gabra, Gabrilla (815) Gabrella[173]	Caper (693) Capurius (698) Caprio (GN, 796) Capria, Caprasius, Caprissus, Capurlus, Capurillus (808)	Camulinius (743) Camulus (757) Camloriga, Camulorix, Camulus (796) Camulus, Camulinius, Camulissius (807) Camulus (838)	Moltus (699) Leuc[, Gabinior (709) Cabriabanus (838)
Germania inferior		Gebrinius, Gebrinnius (941) Gabrillus, Gabrius (962)		Camulus (940) Camula (956)	Cabirus (955) Capurus (956)
Germania superior	Buccus, Bucco, Buculus (1114)	Gabrie[, Gabrila, Gabro (1125) Gapr[(1125)	Caper (1115) Capratinus (1116)	Camulus (1079) Camulus (1101) Camula, Camulatus (1115)	Capurio (1063) Cabirus, Caerellius (1114) Capurillus (1116) Carpus (1117)
Agri decumates	Bucca, Buccinius, Bucia, Bucio, Buco (1262)	Gabrila, Gabrilla (1276)	Caprasius (1264)	Camulatus (1177) Ca[mulus] (1245) Camu[, Camulianus	Gabinius (1276)

Die Übersicht verdeutlicht, dass die anthroponymischen wie die toponymischen *gabr*-Belege vorwiegend aus dem germanisch-keltischen Kontaktgebiet stammen. Dazu stimmen auch die Belege bei HOLDER, AcS I, Sp. 1510 f., aus denen zusätzlich ersichtlich ist, dass der Typ mit dem

---

[173] NESSELHAUF – LIEB 1959, S. 129 (Nr. 15 [aus dem Gebiet der Treverer]).

Deminutivsuffix -ill- aus dem heute französischen Raum mehrfach den «Fortis»-Anlaut C- aufweist, während die «Lenis»-Variante eindeutig nur den östlichen Randgebieten entstammt.[174] Nicht zulässig ist jedoch der Umkehrschluss, wonach aus den peripheren Zonen nur G-anlautende Belege zu erwarten wären: Vor allem der belgische Raum erweist sich als ein Übergangsgebiet mit auffallender Häufung beider Varianten und somit gleichzeitig als ein Gebiet, das die «capriphoren» Personennamen schätzt. Auch hierzu stimmen die AcS-Belege (Sp. 666). Nicht einzuordnen bleibt vorderhand der Personenname *Gabritius*, der in den DAG, S. 1358 unter den «Alien Personal Names» figuriert. Die drei Belege aus der Lugdunensis und Aquitania dürfen allerdings nicht übergangen werden. Sie gehören einwandfrei zum zu besprechenden Wort und fügen sich auch hinsichtlich der Wortbildung in die Gruppe der übrigen *gabr*-Namen ein, insofern diese nie komponiert, sondern stets als Simplizia oder abgeleitet auftreten. Angesichts der höheren Belegdichte dieser Namengruppe in den anderen Provinzen stellen sie jedoch kein Problem dar, sondern belegen, dass das Namenelement doch mit einiger Sicherheit als keltisch einzustufen ist, sich im zentral-keltischen Raum aber nicht durchzusetzen vermochte; diesen Eindruck bestätigt insgesamt ebenso die Sammlung der einschlägigen Namen bei HOLDER, AcS I, Sp. 1509 ff. s. vv. Dabei ist auch zu beachten, dass in der Gallia Narbonensis, einer Provinz mit besonders hoher Inschriftendichte, kein einziger *gabr*-Beleg erscheint, während hier die *bucc*- und *kapr*-Namen mit einiger Häufigkeit anzutreffen sind. Freilich steht die Aussagekraft dieser Materialsammlung auf vergleichsweise schwachem Grund, da einerseits die Anzahl der Belege klein ist und andererseits keine chronologische Differenzierung vorgenommen werden konnte. Bei der Interpretation sprachlicher Daten (und onomastischer im speziellen) aus Randgebieten der klassischen Antike und besonders der Spätantike ist also immer ein gewisses Mass an Vorsicht angebracht – was nota bene auch für die kartographische Darstellung gilt.[175] Ob sich die südbretonische 'Ziegeninsel' *Gavrinis* (sc. *Gavr-inis*; Morbihan)[176] sprachlich und geographisch ebenfalls in diesen Kontext fügt, vermag ich nicht zu beurteilen – wie bei einigen anderen der oben aufgeführten *gabr*-Toponyme handelt es sich auch bei diesem um einen dem rezenten Namenmaterial entnommenen Beleg. Unklar bleibt auch, ob aus der Beobachtung der peripheren Lage der *gabr*-Belege auf einen sprachlichen Archaismus geschlossen werden darf. Dies ist insbesondere aus methodischen Gründen heikel, weil Namen immer konservative wie progressive Züge in sich vereinen, wobei die Konservativität im sprachlichen Material liegt, die Progressivität in dessen Verwendung bzw. Tradierung.

3.3. Problemlage und Darstellung

Wie lat. *caper* und germ. **habraz* (dazu s. o. S. 29 f.) weist auch kelt. **gabros* den charakteristischen Wurzelvokal -*a*- auf, der bereits indogermanisch ist (vgl. gr. κάπρος). Die Stammbildung entspricht im Keltischen der einfachen mobilen Genusopposition mask. *o*-Stamm vs. fem. *ā*-Stamm, sie soll hier auch nicht weiter zur Diskussion stehen. Die inlautende Gruppe -*br*-, welche sich vom vorauszusetzenden etymologischen -*pr*- deutlich abhebt, scheint aber zunächst eine keltische Sonderentwicklung von idg. -*p*- in inlautenden Konsonantengruppen (nur *p* vor Liquida) zu reflektieren, wie sie

---

[174] Cf. HOLDER, AcS I, Sp. 1510 (s. v. *Gabr-illus*), Sp. 666 (s. v. *Cabr-illus*).
[175] Die auf den ersten Blick als Korrektiv erscheinende Darstellung der räumlichen Verteilung sprachlicher Daten des Gallischen bei BILLY, ALG vermittelt wohl ein zu optimistisches Bild, zumal die Datenbasis ausserordentlich schmal ist (bei BILLY, ThLG, S. 76) und zusätzlich toponymische Belege mit in die Darstellung einbezogen wurden, deren Entschlüsselung keineswegs immer unbestritten ist (cf. auch HOLDER, AcS I, Sp. 1510 s. v. *Gabri-ācus*). Die bei BILLY, ALG, S. 135 dargestellte Karte müsste jedenfalls nach dem oben Gesagten anders aussehen.
[176] Cf. HOLDER, AcS I, Sp. 1511.

THURNEYSEN anhand von korpussprachlichem Vergleichsmaterial feststellen konnte[177] und wie sie vielleicht auch bei einem einzigen vulgärlateinischen Fall zu beobachten ist.[178] Das Material ist aus phonotaktisch-statistischen Gründen jedoch verhältnismässig wenig umfangreich (THURNEYSEN führt gerade vier Beispiele an, darunter *gabros), weshalb man im Fall von *gabros auch an eine lexikalisierte, ehemals dialektale Variante denken mag. Aufgrund der auffällig weiten Verbreitung von *gabros (vor allem der Ortsnamen: Gallien-Britannien-Böhmen-Noricum-Ostschweiz usw.) und der alten Belege kann diese Entwicklung in eine sehr frühe Zeit verlegt werden – sicherlich in eine Phase der europäischen Frühgeschichte, bevor die grossen, unwohnlichen Waldgebirge ihre Namen erhalten haben (so im Fall der Γάβρητα ὕλη, die unmittelbar an die Σούδητα ὄρη [ein ähnlich gebildeter Name], das Erzgebirge, stösst). Man denkt dabei an die Phase der keltischen Ost- und Südostexpansion, doch verbieten es vorderhand mangelnde weitere Zeugnisse, diesem Gedanken auf den Grund zu gehen. In diesem Zusammenhang sei auch darauf hingewiesen, dass die Orts- und Raumnamen primär in der keltischen Peripherie erscheinen,[179] was ebenfalls auf einen Archaismus schliessen lässt. Auf diesen Gesichtspunkt wird unten zurückzukommen sein (s. S. 43).

Grössere Probleme bereitet jedoch der durchgängige g-Anlaut, der sich durch kein Lautgesetz als von idg. k abhängend erklären lässt, und der sich auch noch im Air. und in den modernen keltischen Sprachen manifestiert (s. die Einzelwörter oben S. 37). Die Versuche, diesen Sachverhalt zu erklären, sollen im folgenden ausführlich kommentierten Überblick (chronologisch) aufbereitet werden, bevor eine zeitgemässe Deutung der Problemlage versucht wird. Dabei ist zu allen Ansätzen allerdings vorgängig zu vermerken, dass sie zu wenig betonen, dass die k/g^h-Grenze auch quer durch die Einzelsprachen verläuft, so etwa bei lat. capio vs. habeo oder auch got. haffan vs. giban.

Eine ansprechende und weiterführende Ansicht vertritt MUCH 1895, die jedoch ganz im Kontext ihrer Zeit zu verstehen ist. MUCH rechnet mit einem germanischen Lehnwort im Keltischen, wonach das germanische Wort entweder unter dem Einfluss von Verners Gesetz stünde oder aber das keltische einen lautsubstituierten Anlaut aufwiese:

«dagegen würde im germanischen eine form gabraz neben habraz nicht allzusehr auffallen, zumal worte mit dem begriffe 'bock' oftmals als zweites compositionsglied vorkommen und dann unter dem einflusse des Vernerschen gesetzes stehen: cf. unser schafbock, ziegenbock, geissbock, rehbock, gemsbock. urgerm. *gaitagabraz beispielsweise wäre eine ganz lautgesetzliche bildung, und aus solchen compositionen, in denen der anlaut des zweiten gliedes erweicht wurde, kann dann auch ein einfaches *gabraz abstrahiert und neben habraz gelegentlich verwendet worden sein, ohne sich doch auf die dauer zu halten. für kelt. gabros bleibt somit der ausweg offen, es als lehnwort aus dem germanischen zu betrachten. aber wir brauchten dabei nicht einmal an ein unbelegtes germ. *gabraz anzuknüpfen, da auch bei übernahme von germ. *habraz (*χabraz) im keltischen, das ein h oder χ nicht kannte, lautersatz eintreten muste; cf. cymr. gonest aus lat. honestus und die russische gepflogenheit, h im anlaute deutscher

---

[177] Cf. THURNEYSEN 1921, S. 106: «Im Anlaut haben pr- und pl- ihr p bekanntlich verloren; aber im Inlaut scheint mir br, bl (br, bl) daraus geworden zu sein.»
[178] Nämlich dibrosopi für duprosopi, diprosopi usw. 'à double visage, à double face' auf einer Inschrift von La Graufesenque, also zu segmentieren in di-prosopi (folglich nicht zu *dubron 'Wasser'), cf. MARICHAL 1988, S. 87; das entsprechende ‹Lautgesetz› wird S. 66 allerdings mit einem Fragezeichen versehen: «sonorisation de p au contact de r?»
[179] Vorausgesetzt, die Siedlungsnamen vom Typ Gabriacum usw. lassen sich anders erklären.

namen in sprache und schrift als *g* zu behandeln, also etwa aus einem *Hermann* einen *Germann* zu machen.»[180]

Dem ist vom sprachlichen Standpunkt in der Tat nicht leicht zu widersprechen. Allerdings operiert MUCH mit Voraussetzungen, die nicht nachzuweisen sind, da zumindest im Südgermanischen ein Simplex *Haber* nur schlecht belegt ist (s. aber o.).[181] Zur Lautsubstitution ist zu bemerken, dass es im festlandkeltischen Sprachbereich durchaus anklingende Bildungen mit anlautendem *h-* gibt: Zu nennen ist insbesondere die in Chalon-sur-Saône gefundene Weihinschrift an einen *Deo Mercurio Augu. sacro Habro* [...] (CIL XIII 2606; s. auch die Tabelle unten S. 43), die vor allem im Hinblick auf den unten ausführlich zu besprechenden Mercurius-Beinamen *Gebrinius* interessant erscheint. Da bei epigraphischen Zeugnissen jedoch immer auch mit römisch-lateinischer Interferenz gerechnet werden muss und der Beiname *Habro* auch sonst schwer zu bewerten ist, mag er hier ausgeblendet werden. Weiters müssen folgende Gesichtspunkte in Betracht gezogen werden: Die oben dargestellte Verteilung der antiken Belege mit einem Element kelt. **gabr-* ist so weiträumig (Noricum – Helvetien – [Ost-]Gallien – Britannien – [Hispanien[182]]), dass eine Entlehnung vom Germanischen ins Keltische, wie sie ohnehin ungewöhnlich wäre, bereits in sehr frühe Zeit verlegt werden müsste, also möglicherweise vor die keltische Expansion, als jedoch das Germanische noch kaum eine Rolle als Prestige- oder Geber-Sprache gespielt hat. Warum ausgerechnet das Wort für die Ziege resp. ein Tier aus dem Rehgeschlecht entlehnt werden sollte, ist ebenfalls nicht recht einleuchtend – es sei denn, das Tier, und damit das Wort für dasselbe, hätten im wirtschaftlichen, sozialen oder religiösen Bereich einer germanischen Bevölkerungsgruppe eine so hervorragende Rolle gespielt, dass es von Kelten übernommen und der eigenen Sprache einverleibt wurde, so dass es fortan auch namenbildend wirken konnte. Letztlich ist MUCHs Hypothese, wie angedeutet, auch als Ausdruck ihrer Zeit zu betrachten, wo eine eigentliche Germanophilie so viele altertumskundliche Probleme für sich eingenommen hat, dass nurmehr gewaltsame Lösungen, eben fürs Germanische, möglich waren. Zwei Punkte scheinen aber einer ersten hypothetischen Bestandsaufnahme dennoch würdig: 1. Wie oben angesprochen, erscheinen die **gabros*-Belege primär an der keltischen Peripherie und scheinen den (süd- und west-) germanischen Sprachraum der Spätantike geradezu zu umklammern, während aus letzterem bekanntlich kaum genügend Sprachmaterial vorliegt, um abschätzen zu können, ob das Wort im germanischen Raum selbst einheimisch war und appellativische Verwendung fand. 2. Unentschieden ist immer noch, ob das Wort für den 'Bock', germ. **bukkaz*, kelt.-lat. *buccus/bucca* (dies die überlieferten Formen) aus dem Germanischen ins Keltische entlehnt wurde (s. dazu auch u. Anm. 773), ob das Umgekehrte der Fall ist, oder ob allenfalls Urverwandtschaft oder besser, was das Plausibelste ist: mehrsprachige Verbreitung vorliegt – die expressive inlautende Gemination könnte jedenfalls ein Argument für die Entlehnung aus dem Germanischen ins Keltische sein. Sollte dies zutreffen, wäre immerhin ein Argument auch für den Export von germ. ***gabraz* gewonnen. Die sich daran anschliessenden sachgeschichtlichen Implikationen können hier nur angedeutet werden: Sollte mit dem Begriffsfeld auch die Sache, d. h. die Domestikation von Ziegen, von Osten nach Westen transportiert worden sein? Immerhin ist nach bisherigem Kenntnisstand ja vor allem das Begriffsfeld der w i l d e n Vertreter der Tiere aus dem Rehgeschlecht im Keltischen gut überliefert, so *camox* 'Steinbock, Gemse' – ein Wort, das erst im 5. Jahrhundert Eingang ins Lateinische gefunden hat[183]; *damos, damat-* 'Hirsch, Kuh

---

[180] MUCH 1895, S. 28.
[181] Cf. z. B. SUOLAHTI 1909, S. 277.
[182] In Gewässernamen, die aber als sehr unsicher zu taxieren sind.
[183] Cf. HOLDER, AcS III, Sp. 1064; WHATMOUGH, DAG, S. 33, DELAMARRE 2003, S. 100 f. (mit weiterer Literatur). Die Etymologie ist ungesichert, in Erwägung gezogen werden nebst indogermanisch-keltischem Ursprung (SZEMERÉNYI: < **kambo-uksōn* 'hirschartiges Tier mit krummem [Gehörn]') im allgemeinen die

(?)', das wohl mit lat. *damma* lediglich urverwandt ist,[184] vielleicht auch *ibex* 'Gemse',[185] *iorcos* 'Rehbock'[186] und einige mehr. Mögen diese Wörter auch vorindogermanisch-alpinen Ursprungs sein, so fällt doch auf, dass das Begriffsfeld für die domestizierten Tiere kaum einheimische Wörter aufweist.

Nicht weiter verfolgt zu werden braucht E. ZUPITZAs Bemerkung: «Tenuis (aspirata) wechselt bekanntlich nicht nur mit media aspirata, sondern auch mit media. Manchmal ist nicht zu sagen, in welche der beiden kategorien der fall gehört, weil die ausschlaggebenden sprachen versagen.»[187] Die ausschlaggebenden Sprachen versagen keineswegs, vielmehr geben sie Probleme auf, die auf einer anderen Ebene gelöst werden müssen.

1911 nahm sich H. PEDERSEN des Problems an, der eine Reihe alternierender Artikulationsarten der Verschlusslaute in den idg. Einzelsprachen beobachtete, wobei er für inlautende Alternationen wesentlich mehr Beispiele anführen konnte als für anlautende. Unter letzteren erwähnt er ir. *cingim* 'ich schreite' vs. got. *gaggan* 'gehen'; lat. *capio* 'ich nehme' vs. ir. *gaibim* 'ich nehme'; ir. *cáera* 'Schaf' vs. ir. *gabor* 'Ziege'. Die Erklärung des Problems fällt dabei etwas unbefriedigend aus: «Es handelt sich in allen diesen Beispielen für den Anlaut um eine Alternation zwischen reiner Tenuis und Media aspirata, die […] schon ur-idg.-semitisch ist.»[188] Die Sprachvergleichung nach H. MÖLLER, die einen gemeinsamen indogermanisch-semitischen Ursprung postuliert, geriet zwar nie in Vergessenheit,[189] nimmt heute allerdings eher den Rang einer Randdisziplin unter den vergleichenden Sprachwissenschaften ein. Sie berührt im Grunde auch die jüngere VENNEMANNsche Sichtweise nicht, da VENNEMANN sich primär den ‹jüngeren› afro-asiatischen (hamito-semitischen resp. atlantischen) Substraten Europas widmet und die Frage nach der Urverwandtschaft offen lässt.[190] Überträgt man aber das zu behandelnde Problem auf die Sprachkontakt-Regeln VENNEMANNs, so ergäbe sich hinsichtlich der Substrat- bzw. Strukturregel tatsächlich die Möglichkeit, dass die Lautstruktur des Keltischen (als Superstrat) durch das atlantische Substrat betroffen worden sein könnte.[191] Auf unser konkretes Beispiel bezogen, fehlt dafür allerdings jegliche Evidenz.

Ratlosigkeit drückt BERTOLDIs Einschätzung aus: «[…] lasciando inesplicata la consonante iniziale, dovuta probabilmente a un influsso secondario […]».[192] Sie findet sich in ähnlicher Ausprägung wieder bei POKORNY, der 1936 noch an eine Entlehnung aus dem Illyrischen gedacht hat[193] und 1957 einen Zusammenfall der anlautenden Konsonanten von idg. **ghaido-* und **kapro-* zugunsten des *g(h)-* sieht.[194] Ähnlich argumentiert auch SCHMIDT, der an einen Einfluss von ir. *ga(i)bid* 'takes, seizes' denkt und dabei voraussetzt, dass «[…] man sich die Ziege als eine Art 'Rupfer' vorgestellt

---

    Entlehnung aus einem vorindogermanisch-alpinen Substrat (HUBSCHMID) oder aus dem Baskischen (VENNEMANN). Weiteres auch bei WALDE – HOFMANN I, S. 148.

[184] Cf. WHATMOUGH, DAG, S. 35; WALDE – HOFMANN I, S. 321 f.; DELAMARRE 2003, S. 135 (mit weiteren Überlegungen).

[185] Cf. WHATMOUGH, DAG, S. 36.

[186] Cf. HOLDER, AcS 2, Sp. 65; WHATMOUGH, DAG, S. 36 (ἴορκος 'mountain goat'), 54, 427; DELAMARRE 2003, S. 191.

[187] ZUPITZA 1904, S. 389.

[188] PEDERSEN I, S. 187.

[189] Besonders im Hinblick auf alpine Restsprachen (H. BRUNNER) wurden immer wieder semitische Parallelen gesucht.

[190] Der beste Überblick findet sich in VENNEMANN 1995b.

[191] Vgl. die Regeln in VENNEMANN 1995b, S. 43.

[192] BERTOLDI 1930, S. 184, mit weiterer Literatur in Anm. 4.

[193] POKORNY 1936, S. 323.

[194] IEW, S. 529: «urkelt. **gabros* 'Bock', **gabrā* 'Ziege' […] haben das *g-* vielleicht von einer Entsprechung von idg. **ghaido-* […] bezogen.»

hat.»¹⁹⁵ An einen sekundären Einfluss zu denken liegt in der Tat nahe, wenn man die zahlreichen Dubletten betrachtet, die vor allem in der inschriftlichen Überlieferung und ohne spezifische Motivation erscheinen: CABRUS – GABRUS; CABRIUS, CABRILLUS, CABRILIUS, CABRIOLUS – GABRILA, GABRILUS im gallischen Raum.¹⁹⁶ Für den rheinischen, «ubischen» Raum führt WEISGERBER weitere Beispiele an, die ein Nebeneinander von Formen aufweisen, die sich nur im Anlaut unterscheiden (Formen mit G- s. unten S. 40), wobei die «[…] mangelhafte Unterscheidung von c und g […],»¹⁹⁷ bei der «man der 'leichteren' Lösung folgen» werde, noch viele weitere Dubletten dieser Art zeitigt. Es handelt sich dabei fast ausschliesslich um Personennamen, deren individueller Charakter und Geltungsbereich selten klare Aussagen über bewusste oder unbewusste Varianten in der Repräsentation des Anlauts zulassen. Andererseits sind Personennamen am stärksten alltagssprachlichen Sprach- und Sprechgewohnheiten ausgesetzt resp. am wenigsten stark den Restriktionen der kodifizierten geschriebenen «Standardsprache» verhaftet. Es dürfte sich in bezug auf die «mangelhafte Unterscheidung» somit weniger die Frage nach aussersprachlichen Einflüssen (illyrisch, germanisch) oder innersprachlich-lexikalischen Beeinflussungen (*ghaido- ↔ *kapro- u. ä.) stellen, sondern vielmehr die Frage nach synchronen Varianten und ihren Ursachen im diachronen, diatopischen und diasprachlichen System, wenn man von den schwer kontrollierbaren Steinmetz-Varianten und tatsächlichen Fehlern absieht. In diesem Zusammenhang könnte man allenfalls an die keltische Lenition denken, die durch die Wirkung von Sandhi ins grammatische System übergegriffen hat und die in den meisten keltischen Sprachen grammatikalisiert wurde. Sie betrifft die Anlaute aber nur insoweit, als sie in vokalischem Umfeld stehen, also beispielsweise in einem Präpositionalsyntagma, wie dies bei Namen häufig der Fall ist. Der Lenitionsprozess wurde teilweise auch in den westromanischen Sprachen (liaison) spürbar, wo mit einem Weiterleben des Festlandkeltischen bis weit in christliche Zeit hinein gerechnet werden muss. Ich meine aber, dass damit das Falsche getroffen ist, wenn eine näherliegende Erklärung gefunden werden kann.

An sekundären Einfluss denkt wie BERTOLDI auch POKORNY 1936, der sich immer wieder um neue Erklärungen bemüht hat: «[…] Γαβρήτα ist ursprünglich illyrisch und dann könnte es sich bei *gabros* (neben echt keltischem *cabros*) um eine illyrische Entlehnung ins Keltische handeln […].»¹⁹⁸ BERTOLDI, der aus romanischen Wörtern für den 'Liguster' ein älteres keltisches *cabros* («una forma primaria») zu isolieren versuchte, hat ja die ‹jüngere› Form damit noch nicht erklären können, zumal er in bezug auf die inlautende Konsonantengruppe lediglich auf THURNEYSEN verweist.¹⁹⁹ Für den sekundären Einfluss macht POKORNY also nun das Illyrische haftbar, was nach heutiger Sicht der Dinge, nämlich mit der Zurückstufung des weithin phantomhaften Illyrischen, aber obsolet geworden sein dürfte.

HUBSCHMID 1954/55 verlegt den Anlautwechsel in vorindogermanische Zeit, wofür er insbesondere mlat. *cibornus* 'junger Schafbock' und eine grosse Anzahl strukturell ähnlicher Ruf- und Locknamen für Haustiere in verschiedenen europäischen Sprachen zur Argumentationsbasis macht: «Eine vorindogermanische Variante des Stammes *ćib-/*gib- 'Ziege' ist zweifellos in der dazu ablautenden Form *kap-/*gab- u. ä. 'Ziege' zu sehen.»²⁰⁰ HUBSCHMIDs etymologischer Praxis steht man heute jedoch mehrheitlich skeptisch gegenüber. Seine immensen Sammlungen von dialektalem Material aus vornehmlich romanischen Sprachen vermitteln allerdings das Bild eines tatsächlich sehr

---

¹⁹⁵ SCHMIDT 1957, S. 214.
¹⁹⁶ Beispiele bei BERTOLDI 1930, S. 185.
¹⁹⁷ WEISGERBER 1968, S. 206.
¹⁹⁸ POKORNY 1936, S. 323
¹⁹⁹ BERTOLDI 1930, S. 184
²⁰⁰ HUBSCHMID 1954/55, S. 191

grossräumigen, vor allem alpinen, Verwandtschaftsgefüges von Wörtern, die sich den traditionellen etymologischen Deutungsverfahren hartnäckig widersetzen. Aber auch ohne die heute stark verbesserte Kenntnis um «Expressivität und Lautgesetz» bleibt die Annahme eines solchen Ablauts methodisch fragwürdig: Die oben vorgestellte Wortfamilie um lat. *caper* soll nämlich gesamthaft von *ćib-/*gib-* abgeleitet sein, was angesichts der räumlichen Verbreitung des Wortes aber wenig für sich hat – es sei denn, die vorindogermanische Substratwurzel hätte in ihrer Struktur Velar-Vokal-Bilabial einen universalen onomatopoetischen Charakter, der sich in verschiedenerlei Hinsicht zur Bildung von Lockrufen geeignet und seine sachlich-semantische Aufgliederung in den Einzelsprachen allein mittels funktional differenzierter Ableitungssuffixe erfahren hätte. Nun besteht aber HUBSCHMIDs Prämisse darin, mlat. *cibornus* in eine «Wurzel» *cib-* und ein «vorromanisches» Suffix †*-orn-* zu segmentieren, was sich durch nichts rechtfertigen lässt als die Herbeinahme dialektaler germanischer Zeugnisse wie bayr. *heppe*, kurhess. *hippe*, tirol. *hap* usw., die sich ihrerseits aber durch eine meist inlautende Geminate auszeichnen. Diese ist aber ihrerseits problemlos als Reflex einer Deminuierung auf *-īn* zu erklären, die sich sehr häufig, jedoch nicht lautgesetzlich, mit affektiver oder expressiver Inlautverschärfung überschneidet.[201] Die Deminuierung ist dabei nicht einmal zwingende Voraussetzung, ebensowenig aber auch vorgerm. †*kabbo-*, germ. †*happa* und (für die Umlautung) germ. †*happja*.[202] Der Affekt bewirkt selbst schon die Gemination des Wurzelkonsonanten, und dem Stamm entfällt infolgedessen das etymologische *-r* (unter gemindertem Satzton). Man vergleiche in diesem Zusammenhang[203] die auf eine Lautgebärde zurückgehende Bildung nhd. *schnappen* zu *Schnabel*. Entgegen KLUGE-SEEBOLD 2002, S. 391, wäre es vielleicht angebracht, auch in nhd. *Happen* 'das Erschnappte', das so als Resultativum vorliegt, eine Lautgebärde (soweit auch KLUGE-SEEBOLD) zu erkennen, nämlich als Intensivbildung zu *haben*, wozu frz. *happer* 'wegschnappen' (12. Jh.) passen könnte, sofern es sich um ein Lehnwort aus dem Germ. handelt. Belegt sind die Verben nndl. *happen* und ndd. *happen* 'schnappen'.[204] Zwar wird man dem germ. Ziegen-Wort der *caper*-Familie bereits in der Frühzeit nur noch wenig etymologische Transparenz zugestehen dürfen, doch könnte man allenfalls in Erwägung ziehen, dass die dialektalen *Happe*, *Happel* usw. gerade auch im – letztlich urverwandten – *happen*, *Happen* eine Sekundärmotivation finden.[205]

Aus der hochdeutschen Lenisform *Haber*, welcher der etymologische Labiodental in **habraz* vorausgeht, entsteht im Affekt eine Fortisform der vorliegenden dialektalen Zeugnisse.[206] Ob die Umlautung dabei auf eine expressiv-affektische Lockrufbildung oder auf die (pragmatisch verwandte) Deminuierung zurückgeht, ist von Fall zu Fall abzuklären, wenngleich dies selten tatsächlich möglich ist. Selbstverständlich ist damit noch nicht mlat. *cibornus* mit dem offensichtlich in der Romania sehr weitverbreiteten Stammvokal *-i-* erklärt. Sicher aber dürfte sein, dass der palatale Anlautkonsonant **ćib-* resp. *cib-* insofern keiner Erklärung bedarf, als *gib-* nach HUBSCHMIDs Materialsammlung lediglich in bask. *giberri* vorliegt, dessen Anlaut nach Massgabe anderer lautlicher Prozesse in der Romania und im Sprachkontakt erklärt werden muss. Somit erklärt auch HUBSCHMID das anlautende *g-* in **gabros* nicht befriedigend.

---

[201] Cf. auch REIN 1958, S. 266 f. [76 f.].
[202] So die Rekonstrukte bei HUBSCHMID 1954/55, S. 191.
[203] S. dazu insbesondere auch FRISK I, S. 783 f. (s. v. 'κάπτω').
[204] KLUGE-SEEBOLD 2002, S. 391, s. v. 'Happen' und S. 392 s. v. 'happig'.
[205] Einschränkend dazu ist festzustellen, dass die hypokoristischen Ziegenwörter mit *a*-Vokalismus einem sehr viel weiter östlich liegenden Bereich angehören als die eher vom «Ingwäonischen» ausgehenden *Happen* und *happen*. Cf. REIN 1958, S. 260 f. [70 f.].
[206] S. zu dem Problemkreis LÜHR 1988.

1959 tritt POKORNY erneut mit einem Erklärungsversuch an die Öffentlichkeit. Im IEW vertritt er die Ansicht, das Keltische habe das anlautende *g*- vielleicht «von einer Entsprechung von idg. *ghaido*-[207] [...] bezogen.»[208]

Damit wird eine strukturell ähnliche, unbeweisbare Erklärung geboten, wie sie etwas später K. H. SCHMIDT versucht: «Das im Keltischen vorliegende *g* im Anlaut für idg. *k* wird [...] durch den Einfluß von ir. *ga(i)bid* 'takes, seizes' erklärt. (Dies wird verständlich, wenn man sich die Ziege als eine Art ‹Rupfer› vorgestellt hat).»[209] Auf diese Erklärung wurde schon mehrfach hingewiesen; s. z. B. oben S. 26.

Als wenig hilfreich stellt sich auch der kurze Passus von BIRKHAN 1970 heraus, der das Problem als solches zwar erkennt, im Hinblick auf die verschiedenen keltischen Bocksbezeichnungen das Lexem **gabros* aber nicht näher erläutert: «Das Verhältnis zu lat. *caper* und germ. *hafraz* ist noch nicht geklärt [...].»[210]

In anderem Zusammenhang weist WEISGERBER 1968 auf die «[...] mangelhafte Unterscheidung von *c* und *g* [...]» in inschriftlicher Überlieferung hin,[211] worauf oben schon kurz eingegangen wurde (s. S. 48). Dazu ist weiters zu sagen, dass mit den Anlautvarianten (Bsp. *Cabrus* – *Gabrus*) auch eine phonologische Opposition angesprochen sein könnte, allenfalls eine unterschiedliche Realisierung einer Fortis-Lenis- oder Tenuis-Media-Opposition, die sich gerade dort offenbart, wo Schreibsysteme einer weniger ausgeprägten Normierung ausgesetzt sind und wo Lautsubstitutionen im Sprachkontakt (Germanisch-Keltisch-Lateinisch) an der Tagesordnung sind. Dabei können Akzentunsicherheiten, Aspiration oder Deaspiration, aber auch Sandhi (und dadurch Lenition) oder andere suprasegmentale Einflüsse eine Rolle spielen. Eine vergleichbare unterschiedliche Realisation eines silbenanlautenden Velars bietet die Sprache der Matroneninschriften, so bei der Umsetzung des idg. Präfixes **kom*- (germ. **ga*- [**ham*-], kelt. **kon*-)[212] in den Namen <u>Ga</u>vadiae,[213] <u>Cha</u>ntrumanehis,[214] Rica<u>ga</u>mbeda, <u>Ca</u>ntexta, <u>Ca</u>ntrusteihiae usw. Die nicht lautgesetzliche Form mit anlautendem *g*- im Germanischen resultiert dabei wohl aus der Wirkung von Verners Gesetz im Anlaut aufgrund satzintonatorischer Bedingungen oder möglicherweise aufgrund der unbetonten Position am Wortbeginn. Lautgesetzliches urgerm. **ham*- ist andererseits belegt in salfrk. *ham-edii* (gegenüber normalahd. *gi-eidun*[215] 'Eidhelfer') oder auch salfrk. *ha-mallus* 'Gerichtsgenosse' (mit eingetretenem Nasalverlust), ferner vielleicht in salfrk. **cham-thiodo* (gegenüber normalahd. *gi-thiuto* 'verständlich, offenbar'[216]). Die zitierten Matronennamen reflektieren dabei eine sprachliche Kontaktsituation, in der die Diachronie nur eine scheinbare ist: *Cantrusteihiae*[217] weist den germ. *a*-Vokalismus und -*t*- vs. -*d*- auf, der Anlaut hingegen zeigt weiterhin idg.-kelt. Lautstand, vgl. kelt. *Condrusi*, *[pagus] Condrustis*.[218] Weitergebildet bzw. in der zu erwartenden Ausprägung (allerdings mit kontaktassimiliertem *n* für *m*)

---

[207] Sc. dem Etymon von nhd. *Geiss*, got. *gaits*, ahd. *geiz*, as. *gēt*, mhd. *geiz* usw.
[208] POKORNY, IEW, S. 529.
[209] SCHMIDT 1957, S. 214.
[210] BIRKHAN 1970, S. 464, A. 1320; ähnlich auch bereits S. 201, Anm. 352: «Das Verhältnis zu lat. *caper*, aisl. *hafr* 'Bock' ist noch nicht genügend aufgeklärt [...]».
[211] WEISGERBER 1968, S. 206.
[212] Cf. dazu u. im folgenden TOVAR 1975, S. 32 f. u. passim.
[213] Dazu NEUMANN 1987, S. 119, zu got. *ga-wadjon* als fem. Nomen agentis **gawadja*, sinngemäss 'die Anvertrauende'.
[214] Mit den Varianten *Ghandrumanehae* (CIL XIII, 7968), *Cantrumanehae* (CIL XIII, 7880, 7995), cf. WHATMOUGH, DAG, S. 940; GUTENBRUNNER 1936a, S. 216.
[215] Cf. KLUGE 1913, S. 238.
[216] Cf. GUTENBRUNNER 1964, S. 304.
[217] Cf. SCHMIDT 1987, S. 144.
[218] Nach GUTENBRUNNER 1936a, S. 170 f., vielleicht auch durch Einfluss von germ. **antrustian*.

erscheint das Präfix jedoch in *Chantrumanehis*.[219] Worauf es hier ankommt, ist, dass nicht primär «Unsicherheiten» die Anlautvarianten bedingt haben können, sondern Lautsubstitutionen im Sprachkontakt – im Falle von *Gabrus* ↔ *Cabrus* die germ. Medienverschiebung g > k, die in diesem Fall aber weniger eine diachrone Abfolge reflektiert, sondern ein synchrones Nebeneinander darstellt. Selbstverständlich können mit *C*- anlautende Namen auch aus dem Keltischen selbst erklärt werden, wenn der Überlieferungszusammenhang dies erlaubt. Die von WEISGERBER ohne Umschweife einer grossen «keltischen Schicht»[220] unter den Mediomatrikernamen zugeordneten Namen *Cabrille* (Gen.), *Caprasi* (Gen.) und *Capr..s(i)us* zeigen angesichts der noch viel umfangreicheren «römisch-mittelländischen Schicht»[221] (und der ebenfalls langen Liste der «undurchsichtigen Namen»[222]) aber durchaus nicht nur keltisches Gepräge; sie können, wie der PN *Caper* unter den römisch-mittelländischen Namen, ebensowohl dieser letzteren, römischen Schicht zugeordnet werden. Auch *Cabrio*, Sohn des *Aur[elius] Cabrio*,[223] Adlerträger bei der Legio I Minervia in Bonn, könnte Römer sein (zum i̯-Formans s. unten S. 77).

Von einer «Anlauterweichung, wie sie im Gallischen öfters vorkommt», spricht W. MEID im Zusammenhang mit der Besprechung eines griechisch-lateinischen Mischtextes aus dem 5. Jh.,[224] wo für die Heilpflanze κενταύριον, lat. *centaurium* eine gallische Hapax-Form *gontaurion* zu lesen ist.[225] Zu den weiteren Belegen zählt MEID allerdings nur die bekannten *gabros-Namen.

Den jüngsten Erklärungsversuch wagt DELAMARRE, der dem Anlautwandel k > g den Inlautwandel -pr- > -bl- vorausschickt,[226] wonach also eine spontane regressive Fernassimilation in der Sonorität gewirkt hätte[227] (infolgedessen mit Lexikalisierung in der ganzen Keltikē!), für die aber gerade kelt. *cobro-* 'désir'[228] < idg. **kupro-* auch keine gute Vergleichsbasis bietet.

Indessen lässt sich kelt. **gabros* jedoch, was unten in der Behandlung des GN *Gebrinius* ausführlicher zur Darstellung gelangen soll, in der Wurzeletymologie als Reimform erweisen. Zugrunde liegt idg. *$\hat{g}^h/g^h eHb$- 'ergreifen nehmen'[229] mit thematisierender -ro-Ableitung, wobei zu beachten ist, dass der Präsensstamm im Keltischen auf jeden Fall kurzes *a* aus dem Laryngal entfaltet,[230] wie denn auch die Inschrift von Saint-Révérien mit der Imperativform *gabi* diesen charakteristischen Vokalismus aufweist.[231] Infolgedessen wäre *$\hat{g}^h/g^h eHb$- als Parallelwurzel zu *$keH_2 p$- 'fassen, schnappen'[232] aufzufassen. Die beiden Wurzeln «treffen» sich sowohl in ihrem onomatopoetischen Ursprung als auch in ihrer Semantik, woraus sich ergibt, dass die Ziege, insbesondere – und primär – aber der Bock, als der 'Ergreifer' im wohl sexuellen Sinne verstanden werden muss. Damit besteht zwischen **gabros* und lat. *caper* lediglich Urverwandtschaft in einem weiteren Sinne, wobei sekundäre Beeinflussung

---

[219] Vorausgesetzt, TOVAR 1975, S. 34, stellt den Namen zu Recht in diese Reihe.
[220] WEISGERBER 1969, S. 227 f.
[221] WEISGERBER 1969, S. 220 ff.
[222] WEISGERBER 1969, S. 231 f.
[223] WEISGERBER 1968, S. 310, 318. Der Autor scheint aufgrund seiner S. 206 aufgestellten Prämisse, man werde «der ‹leichteren› Lösung folgen» (i. e. *G*- statt *C*-), letztlich eine emendierte Form *Gabrio* zu bevorzugen (S. 363, 367).
[224] Das Silberplättchen von Poitiers, cf. WHATMOUGH, DAG, S. 397 f.
[225] MEID 1980, S. 9 f. u. Anm. 10, S. 29.
[226] Cf. MCCONE 1996, S. 44.
[227] DELAMARRE 2003, S. 173 f.
[228] DELAMARRE 2003, S. 120.
[229] LIV, S. 195.
[230] Cf. LAMBERT 2003, S. 27.
[231] Dazu DELAMARRE 2003, S. 173 u. LIV, S. 195.
[232] LIV, S. 344 f.

aber sehr wahrscheinlich ist. Kelt. *gabros* könnte also aufgrund des bezeugten Verbalstamms kelt. *gab-* 'nehmen' durchsichtig als 'Ergreifer' verstanden worden sein.

3.4. Zwischenbilanz und einige Schlüsse

Auf dem Hintergrund der Namenbelege kann man festhalten, dass sich die mit dem Bestimmungswort **gabros* / **gabrā* gebildeten Ortsnamen sicher auf ein Tier aus der Gruppe der *caprae* beziehen, das im wesentlichen das männliche und weibliche Tier meinen kann. Dies mag jedoch erst eine spätere Tendenz sein, denn ursprünglich wird das Wort nur das männliche Tier bezeichnet haben.[233] Die semantische Abweichung des griechischen Lexems κάπρος lässt sogar noch eine weitere Stufe der Abstrahierung zu: Idg. **kaprós* könnte das männliche Tier schlechthin der in der landwirtschaftlichen Viehzucht vorkommenden Tiere bezeichnet haben. Es benannte somit wohl das Leittier oder das für die Zucht geeignetste männliche Tier einer Herde. Die Übertragung auf das männliche Tier im allgemeinen wäre folglich eine jüngere Entwicklung – ebenso wie dann die Übertragung auf weibliche Tiere, die sich in der einzelsprachlichen Genusmobilität widerspiegelt. Schliesslich sei noch darauf hingewiesen, dass gr. κάπρος nicht nur 'Eber', sondern wie ai. *kápr̥th-* auch 'Penis' bedeuten kann (jedoch sekundär[234]). Damit tritt das griechische Lexem ganz in die Reihe des behandelten Bedeutungsfeldes. Dazu passt insbesondere, dass κάπρος ursprünglich wohl appositiv zu σῦς verwendet wurde, da mit τράγος 'Bock; eigtl. Nager' ein neues Wort für den Ziegenbock im Entstehen begriffen war.[235]

Die Häufung der *Gabr-*, *Capr-* und *Camul-*Namen in der Belgia und den germanischen Provinzen verlangt eine Erklärung (s. dazu ausführlicher auch unten ab S. 107). Es hat den Anschein, dass die Kleinviehzucht in jenem Raum auf eine lange Tradition zurückblickt und in den wirtschaftlichen Blütezeiten der römischen Konsolidierung in den Rheinprovinzen einen erneuten Aufschwung fand. Die Völkernamen weisen dank begleitender schriftlich-historischer und archäologischer Evidenz auf eine professionelle Schafzucht, die ihrerseits dazu geführt haben kann, dass insbesondere das Schaf – allenfalls auch die Ziege – als Inbegriff von Reichtum und wirtschaftlicher Potenz eine mythische Überhöhung erfahren hat. Ein PN wie *Oviorix* aus Andernach (s. u. S. 119) ist hierfür recht aussagekräftig. Dazu kommt die dynastische *Camulos-*Namengebung der britannischen Catuvellaunen, so kelt. *camulos* tatsächlich 'Hammel' bedeutet. Unter diesen Voraussetzungen könnten die *Gabr-*Namen allenfalls tatsächlich auf den 'Widder' weisen, der unter der einheimischen Bevölkerung eine besondere Verehrung genoss. Ich weise in diesem Zusammenhang auf die von G. MÜLLER untersuchten «gestaltenden Kräfte» in der Personennamengebung der Germanen hin:[236] Unter diesen «Kräften» fällt zunächst der starke kriegerische Aspekt auf, der seine Begründung sicherlich in der wenig friedlichen Umwelt und den historischen Gegebenheiten findet. Sodann sind es religiöse Vorstellungen, die sich im Personennamenschatz niedergeschlagen haben, die Maskierung, die Jungtiernamengebung und zuletzt die Spitz- und Kosenamengebung. MÜLLERs differenzierte Analyse erweist, dass es zwischen der Tier-Imitatio, der Identifizierung und dem einfachen Vergleich mit Tieren vielfach gleitende Übergänge gab.[237] Worunter die Personennamen mit Schaf- und Ziegenbezug zu fassen sind, wird nie genau zu erfassen sein. Mit dem besonderen Stellenwert, den offenbar

---

[233] MALLORY – ADAMS 1997, S. 229, setzen denn für ihr Lemma idg. **kápros* als Bedeutung auch 'he-goat (male *Capra hircus*)' an. Die Genus-Bestimmung von kymr. *gafr* 'he-goat' ist aber offensichtlich falsch.
[234] Cf. PETERSSON 1915, S. 105.
[235] Cf. oben S. 25, Anm. 62.
[236] MÜLLER 1970, S. 178–243.
[237] MÜLLER 1970, S. 231.

Schaf und Ziege in der wirtschaftlichen Kultur des Rheinlands während der späten Römerzeit besessen haben, wird es jedoch eine Bewandtnis haben, die auch auf die Personennamengebung übergegriffen hat: Wird die Verfügungsgewalt über ökonomisches Gedeihen nebst handwerklicher Tüchtigkeit sicherlich auch numinosen Mächten zugeschrieben, so dürfte auch die untersuchte Personennamengruppe religiösen Bezug haben. Sind hingegen Schaf und Ziege im Einzelfall nicht Ausdruck ökonomischer Potenz, so sind sie, wie im Kapitel über die symbolischen Bezüge herausgestellt werden soll (s. unten ab S. 225), primär Auguraltiere, die ebenso religiösen Bezug haben.[238] Man darf aber im Hinblick auf die vielfache Spitz- und Kosenamengebung in unserem Bereich auch annehmen, dass es sich um einfache Bei- oder Vergleichsnamen handelt. Nach MÜLLER müsste man so argumentieren: Ein Mann wird 'Bock' genannt, weil er so schlau und lebhaft ist wie ein Bock (vielleicht auch, weil er so stinkt); ein Mann wird 'Schaf' genannt, weil er so dumm ist wie ein 'Schaf'; ein Mann wird Widder genannt, weil er so aggressiv ist wie ein Widder usw. Wichtig ist dabei, dass der Vergleich keine den Menschen in seiner Gesamtheit erfassende Wesensaffinität zum Tier enthüllt,[239] sondern, wie vor allem A. BLOK betont, Menschen von Vergleichen mit Tieren Gebrauch machen, um Unterschiede innerhalb ihrer Gesellschaft zum Ausdruck zu bringen.[240]

3.5. Die Toponyme *Gabris* und *Gäbris* und die antike Γάβρητα ὕλη

Der schweizerische Raum weist mit dem Bergnamen *Gäbris* AR und dem Gelände- und Siedlungsnamen[241] *Gabris* TG zwei Namen der vorgermanischen Schicht auf, die traditionell als 'keltisch' bezeichnet werden. Beide Namen werden als 'Ziegenberg, Geissberg' o. ä. erklärt und den semantisch-typologisch analogen Namen der jüngeren Schichten (*Geissberg* usw.; s. u. S. 174 f.) zur Seite gestellt. In den folgenden Abschnitten sollen beide Namen einer genauen Analyse unterzogen werden, wobei auch die bei PTOLEMAIOS und STRABO genannte Γάβρητα ὕλη erneut zur Sprache kommen soll. Verfolgt wird eine Deutung, die im Resultat nicht stark von den bisherigen Interpretationen abweicht. Um dahin zu gelangen, werden allerdings zwei neue Verfahren vorgeschlagen, die die beiden Namen ausserdem in einem realhistorisch neuen Bild erscheinen lassen:

1. Bei *Gabris/Gäbris* handelt es sich um Lehntoponyme resp. Lehnappellativa aus dem Keltischen, die von den frühesten alemannischen Siedlern aus Gebieten nördlich von Bodensee und Rhein importiert wurden oder
2. Bei *Gabris/Gäbris* handelt es sich um den Reflex eines vordeutschen Raumnamens, der ehemals grössere Ausdehnung besessen hat.

Der sprachlichen Schichtung des Namenschatzes der Nordostschweiz widmeten sich mehrfach STEFAN SONDEREGGER,[242] OSKAR BANDLE[243] und BRUNO BOESCH.[244] Es stand dabei insbesondere die alemannische Sprachgeschichte im Vordergrund, aber auch siedlungsgeschichtliche Fragen wurden von den Forschern behandelt; in jüngster Zeit unterzog der Romanist GEROLD HILTY die beiden

---

[238] Ebd., S. 199.
[239] Ebd., S. 231.
[240] BLOK 1983, S. 170.
[241] *Gabris* figuriert in NYFFENEGGER – BANDLE, TNB 1.1, S. 513, nur unter dem Namentyp 'Ortsname'. Noch auf der Karte des Topogr. Atlas des Kantons Thurgau 1880 (Nachträge 1912), Blatt 73 heisst aber auch die sich südlich des kleinen Dorfes befindliche bewaldete Erhebung *Gabris*. Es ist davon auszugehen, dass der Name der 733 m hohen Erhebung relativ älter ist als der Siedlungsname. S. auch BANDLE 1963, S. 266.
[242] Stellvertretend SONDEREGGER 1963; 1990.
[243] Stellvertretend BANDLE 1963.
[244] Stellvertretend BOESCH 1981/82.

Namen einer erneuten Analyse.[245] In der Auseinandersetzung mit Namen voralemannischen Ursprungs und deren Übernahme durch germanische Sprachträger konnten dabei äusserst wichtige Aufschlüsse über die Chronologie von Lautwandelerscheinungen und die dahinterstehenden siedlungsgeschichtlichen Prozesse gewonnen werden. War man sich zu Beginn der Auseinandersetzung mit dem ostschweizerischen Namenschatz in der Benennung dessen, was heute allgemein unter dem Begriff 'alteuropäische Hydronymie' zusammengefasst wird, noch unsicher, so hatte man doch für die Namen, die augenscheinlich Indizien römisch-lateinischer Herkunft aufweisen, die passenden Bezeichnungen «romanisch» oder – bei hybriden Bildungen – «galloromanisch» eingeführt. Von den wenigen Namen im ostschweizerischen Raum, die man heute noch als keltisch betrachtet, gehören *Gabris* und *Gäbris* sicherlich zu den wichtigsten. Ihnen stellen sich die Namen aus dem übrigen keltischen Raum zur Seite, die im obigen Überblick vorgeführt wurden.

Die Beleglage für die beiden Namen gestaltet sich wie folgt:

Gabris TG[246]	1359	*von Gabres*	Gäbris AR[247]	1453	*uff Gäbris*
	1363	*villula dicta Gabras*		1465	*Gebritzspitz*
	1363	*schůpůs gelegen ze Gabres*		1715	*Gabris*
	1383	*Gabrais*		1754	*Gåberis*
	1396	*Gabras*		1783	*Gäbäris*
	1413	*Gabras*		1784	*Gäberis*
	1418	*Gabras*		18. Jh.	*Gabris*
	1468	*Gabraß*			
	1533	*Gabris*			

Die Belege für *Gäbris* AR 14. Jh. *Gabreiz* und 14. Jh. *Gabrais*, die HUBSCHMIED angibt,[248] konnten nicht verifiziert werden.[249]

Die antiken Personennamenbelege stellt man, wie in den Kapiteln 3.1 und 3.2 dargestellt, gemeinhin zu der nur keltischen Nebenform **gabros* 'Bock', **gabrā* 'Ziege' (cf. air. *gabor* 'Bock', kymr. *gafr* 'Geiss', bret. *-gabr*, bret. *gavr*, *gaor* 'chèvre'[250]). Mangels anderer Anknüpfungsmöglichkeiten soll das Lexem in diesem Kapitel auch für die Namen *Gabris* und *Gäbris* als Basis betrachtet werden. Auf derselben Grundlage **gabros* [+ Ableitung] beruht auch die ptolemäische Γάβρητα ὕλη, in der jedoch keine einfache Komposition, sondern ein *-t-*haltiges Ableitungssuffix vorzuliegen scheint,[251] wie man es auch für *Gäbris* und *Gabris* rekonstruiert und wie es im Romanischen als Zuge-

---

[245] HILTY 2001, S. 55–57, 88.
[246] Belege nach NYFFENEGGER – BANDLE, TNB 1.1, S. 514 sowie Chartularium Sangallense, Bd. VII, St. Gallen 1993, S. 455.
[247] Belege nach SONDEREGGER 1957, S. 5; SONDEREGGER 1958a, S. 58 f., 283.
[248] HUBSCHMIED 1947, S. 18.
[249] Bedauerlicherweise ist ein ‹Appenzellisches Namenbuch› im traditionellen Sinne trotz einer existierenden umfassenden Sammlung seitens Prof. SONDEREGGER noch nicht erschienen, weswegen die Liste der Belege für *Gäbris* unvollständig sein mag. Wie sich in den folgenden Abschnitten allerdings zeigen wird, ist den thurgauischen wie den appenzellischen Belegen nur bedingte Aussagekraft zuzumessen. Vollständig auf SONDEREGGER 1958a beruht STEINER, YVONNE: Von Äbisegg bis Zwislen. Orts- und Flurnamen im Appenzellerland, Herisau 1997.
[250] DOTTIN 1918, S. 99.
[251] Cf. PEDERSEN II, S. 37. S. auch BANDLE 1963, S. 266.

hörigkeitssuffix *-ētu- (in Standortnamen von Pflanzen) ganz üblich ist.²⁵² Funktional entspricht es germ. *-iþa/-iđa. Es erscheint weit über den keltischen Raum hinaus,²⁵³ vermag also allein über die Herkunft des Namens keine Auskunft zu geben.²⁵⁴ Die morphologische Transparenz der antiken Namen lässt die Beurteilung und Deutung der schweizerischen Namen nur unter der Voraussetzung problemlos erscheinen, dass man für letztere ahd. *gabrīʒʒa ansetzt, mit ē > ī wie in jüngeren lateinischen Lehnwörtern, vgl. ahd. spīsa < lat. expēnsa [pecūnia]; ahd. sīda < lat. sēta/saeta; ahd. krīda < lat. [terra] crēta; ahd. fīra < lat. fēria usw.,²⁵⁵ und mit der Verschiebung von t > ʒʒ. Die skizzierte vokalische Entwicklung ist insofern von Interesse, als man in ihr gelegentlich keltische Vermittlung von lat. ē im Gefolge der irischen Mission angenommen hat,²⁵⁶ nämlich unter der Voraussetzung, dass der aus idg. ei̯ entstandene keltische ē-Laut bereits sehr früh zu i resp. ī hin tendiert hat.²⁵⁷ Bei den angegebenen lateinischen Kultur-, Kirchen- und Handelswörtern ist diese Annahme relativ problemlos, obwohl alternativ eine Herkunft der unregelmässigen i-Laute aus einer spätlateinischen oder frühromanischen Varietät nicht so unmöglich ist, wie man aus germanistischer Sicht gemeinhin annimmt.²⁵⁸ Näher hin zu *Gabrīʒʒa führen zwei Problemfälle, die jedoch nicht mehr ohne weiteres mit keltischer Vermittlung aufgehellt werden können, nämlich Fälle, in denen der Vokal der unbetonten Silbe lat. ē zu i resp. ī wurde, so der Fall bei ahd. munizza < lat. monēta und, ebenso problematisch, got. akeit < lat. acētum (vgl. auch as. ekid, schwzdt. Achis 'Milchessig';²⁵⁹ aus der metathetischen Variante *atēcum ahd. ezzīh/ezzih, an. edik). Für beide Fälle kommt kaum keltische Vermittlung in Frage, sondern nur eine verhältnismässig frühe römisch-lateinische, da gerade im Frühmittelalter (und auch schon in der Spätantike) i für ē, teils mit, teils ohne Entsprechung im Romanischen gut belegt ist, vgl. z. B. veninum für venēnum, frz. venin.²⁶⁰ In jedem Fall ist ī als Reflex einer spät- oder vulgärlateinischen oder aber auch spätfestlandkeltischen Lautung möglich.

Der ptolemäische Beleg lässt sich wie folgt in die Diskussion einführen: Das gut überlieferte gr. η der Ableitungssilbe tendierte bereits in der Spätantike hin zu ī (Itazismus; vgl. gr. ὑπαπαντή 'Begegnung' ~ lat. ypapanti),²⁶¹ so dass man PTOLEMAIOS und STRABO die graphisch korrekte Umsetzung <η> für /i/ oder /ī/ attestieren darf. Die schwankende Akzentsetzung in den Hss. lässt vielleicht eine unbetonte Silbe erahnen, obwohl man in diesem Belang zugestehen muss, dass die Akzentuierung bei PTOLEMAIOS sehr willkürlich sein dürfte. In der Tat liegen Lesarten mit ι und ί bei PTOLEMAIOS immerhin gleich mehrfach vor und bilden sogar die Mehrheit der Formen:²⁶² γαβρίταν, γαβρίτα (zweimal), γάβριτα.²⁶³ Für die Rekonstruktion *Gabrīʒʒa setzt man im allgemeinen

---

²⁵² Der Kuriosität halber sei angemerkt, dass J. GRIMM hier eine Verschreibung für †gambreta in Erwägung zieht, nach der lgb. Stammmutter Gambara und einem aus der Luft gegriffenen Helden †Gambaro (GRIMM, DM I, S. 301.).
²⁵³ Die Problematik der funktionalen Gleichsetzung von -ētu- und -iþa/-iđa verdeutlicht exemplarisch got. aweiþi (Hs. aweþi) 'Schafherde', bei dem jedoch eine Kollektivbildung vorliegt; dazu FEIST 1939, S. 70; LEHMANN, GED, S. 52; zum Suffix s. KRAHE – MEID III, S. 149 f.
²⁵⁴ Cf. REICHERT 1998, S. 311.
²⁵⁵ Cf. BRAUNE – EGGERS, Ahd. Gramm., § 37, Anm. 2; SONDEREGGER 1958a, S. 279.
²⁵⁶ WEISGERBER 1969, S. 197 f.; KLUGE-SEEBOLD 2002, S. 283.
²⁵⁷ Idg. ei̯ > kelt. ē und idg. ē > kelt. ī sind sehr frühe Entwicklungen. Für beide keltischen Laute setzt WEISGERBER 1969, S. 197, die Tendenz zu jüngeren i-Lauten an, vgl. auch den PN Kilian mit der Übernahme eines latinisierten Cilianus < ir. Cēlēne. Zur Vokallänge cf. auch unten Anm. 264.
²⁵⁸ Cf. STOTZ, HLSMA 3, VII § 11–15 (i für ē) sowie 16 f. (i für ĕ).
²⁵⁹ Cf. ID 1, Sp. 71.
²⁶⁰ Und zahlreiche weitere Beispiele bei STOTZ, HLSMA 3, VII § 11–15.
²⁶¹ STOTZ, HLSMA 3, VII, § 16.
²⁶² Dem einzelnen Beleg bei STRABO Γαβρῆτα muss demnach nicht allzu viel Gewicht beigemessen werden. Cf. dazu des weiteren IHM 1910a, S. 432.
²⁶³ Cf. REICHERT 1987, S. 297.

Vokallänge voraus,²⁶⁴ doch ist dies als Bedingung für die Tenuesverschiebung nicht einmal notwendig. Der junge Beleg für *Gäbris* 1453 *Gebritz*- könnte jedenfalls als Nebenform angesehen werden, der eine phonetische Realisierung [*tt*], also eine Geminate, vorausging.²⁶⁵ Diese Annahme setzte jedoch eine zu dogmatische Anwendung der Lautgesetze voraus, wie wir sie für einen nichtdeutschen Namen mithilfe frühneuzeitlicher Belege kaum durchführen dürfen (ebenso problematisch ist auch der bei HUBSCHMIED angegebene Belege *Gabreiz* aus dem 14. Jh.). Ich verweise im Hinblick auf die Endsilben-Problematik bei nichtdeutschen Namen ferner auf den im frankoprovenzalischschweizerdeutschen Sprachgrenzgebiet häufig beobachteten «Affrikatenausgleich» von -*is* > -*iz* bei gallischen, romanischen und galloromanischen Toponymen (*Galmiz, Ulmiz* usw.).²⁶⁶ Als Ergebnis kann man vorläufig festhalten, dass die -*i*-haltige Nebensilbe durchaus zu den zu erwartenden lautlichen Entwicklungen seit der Spätantike passt und dass das auslautende -*s* wohl einen Reflex der postvokalischen Tenuesverschiebung des Althochdeutschen darstellt. Unter diesem Aspekt lassen sich die ostschweizerischen Namen gut mit den ptolemäischen Namen für den Böhmerwald vergleichen, und man ist versucht, letztere für bereits «germanisch» zu halten, insofern sie – besonders die γαβρίτα-Belege – die einwandfreie, unverschobene Ausgangsbasis für die ostschweizerischen Namen bilden könnten.

Während das konsonantische Gerüst der Belege für *Gabris* / *Gäbris* recht einheitlich ist, geht die Realisierung der Stammsilbe jedoch unterschiedliche Wege. Die mangelnden älteren Belege lassen in diesem Belang jedenfalls keine eindeutigen Aufschlüsse zu. Die beim appenzellischen wie beim thurgauischen Namen gelegentlich (allerdings erst spät) auftretenden Sprossvokale sind ein Phänomen des frühneuhochdeutschen Belegmaterials und bedürfen an dieser Stelle keiner weiteren Erklärung.²⁶⁷ Bedeutsamer ist der Unterschied in der Qualität der Stammsilbe. Bei *Gäbris* liegt Sekundärumlaut vor schwerer Ableitungssilbe vor, *Gabris* erscheint fast durchgehend ohne Umlaut.²⁶⁸ Diesen Befund etikettierte SONDEREGGER mit dem Terminus «Umlauthinderung»,²⁶⁹ der in diesem Fall jedoch nur hilfreich ist, wenn man *Gäbris* und *Gabris* vergleichend nebeneinander stellt, den beiden Namen aber eine isolierte lautliche Entwicklung attestiert. Die Umlauthinderung aufgrund der Liquid-Verbindung beim thurgauischen Namen muss als ein Phänomen des Althochdeutschen angesehen werden, was letztlich zu dem Schluss führen muss, dass der Name von jeder lautlichen Entwicklung seit dem frühen Mittelalter ausgeschlossen blieb und gleichzeitig aber impliziert, dass der Name tatsächlich sehr alt sein muss, was zugegebenermassen nicht sehr wahrscheinlich klingt. Ohne auf die Frage der prinzipiellen Teilnahme an lautlichen Entwicklungen von Namen einzugehen, kann auf den

---

²⁶⁴ Zur Vokallänge cf. MUCH 1895, S. 29: «[…] sofern indogermanischem *ei* und daraus entstandenem germ. *ī* im keltischen regelrecht *ē* gegenübersteht, erscheint die überlieferte gestalt der namen Γαβρήτα, Σουδήτα mit langem vocal der ableitung vollkommen gerechtfertigt.»

²⁶⁵ Das wäre bei einem Verlust des galloromanischen Quantitätensystems in seiner Spätphase sicherlich eine erwägenswerte Erklärung, doch reicht dazu die Datenbasis nicht aus, und man mag in -*tz*- doch eher eine Antizipation des Auslauts des Zweitglieds -*spitz* orten; cf. auch SONDEREGGER 1957, S. 5 f. u. Anm. 4.

²⁶⁶ Cf. GLATTHARD 1977, S. 131.

²⁶⁷ Cf. SONDEREGGER 1958a, S. 283. Frühen Sprossvokal weisen auch Belege (nicht in der obigen Liste) für das thurgauische *Gabris* auf, so 1559 *Gaberis*, 1561 *Gaberis* und 1578 *Gaberÿs* (Belege aus der Datenbank des TNB, vgl. auch unten Anm. 987).

²⁶⁸ Mit Umlaut allerdings auf einer Karte von 1720 *Gäbris*. Umgekehrt erscheinen auf Kartenwerken Belege für den appenzellischen Namen ohne Umlaut, cf. SONDEREGGER 1958a, S. 58. Da der Wert von Kartenwerken für die Onomastik jedoch als verhältnismässig gering einzuschätzen ist (cf. NYFFENEGGER – BANDLE, TNB 1.1, S. 137), wird man diese Abweichungen als nicht allzu aussagekräftig veranschlagen wollen. Allenfalls könnte man die abweichenden Schreibungen als jeweilige Angleichung an den thurgauischen resp. appenzellischen Namen ansehen.

²⁶⁹ SONDEREGGER 1958b, S. 8.

Raumnamen *Albis* (ZH) verwiesen werden, wo ein durchaus vergleichbarer Fall vorliegt: fehlender Umlaut, Liquid-Verbindung und *-is*-Auslaut (dieser freilich ungeklärter Herkunft[270]). Von *Albis* ausgehend könnte man daher argumentieren, dass auch in *Gabris* und *Gäbris* die Reflexe eines alten Raumnamens vorgermanischen Ursprungs vorliegen (s. dazu weiter unten). Der Sekundärumlaut in *Gäbris* tritt dabei zwar regelgerecht auf, müsste aber nach dem Gesagten eine eher spontane Entwicklung sein. Hier stellt sich jedoch auch die ganz grundsätzliche Frage nach dem Wert der historischen Belege im Hinblick auf die modernen Formen einerseits und im Hinblick auf die Rekonstrukte andererseits. Soweit ich sehe, wurden die Belege zwar bisher jeweils säuberlich angegeben, doch scheint ihnen zur Beurteilung der etymologischen Fragen kein Wert beigemessen worden zu sein.[271] Belege aus dem 14. (TG) und 15. Jahrhundert (AR) sind für die Namenforschung in der Regel zu jung, als dass sie für die Diskussion vorgermanischer Namen von grossem Wert wären. Während der Beleg 1453 *Gäbris* keiner Besprechung bedarf, fragt sich aber, wie die *Gabres*- und *Gabras*-Belege für *Gabris* TG zu werten sind. Angenommen, die Formen setzen eine früh-/hochmittelalterliche Schreibtradition fort, liesse sich an eine Latinisierung der Endung nach der Art femininer *a*- oder Konsonantstämme (Akk. Pl.) denken, denen eine fiktive Rectus-Form *Gabra* resp. *Gabris* vorausginge. In dem Zusammenhang ist auch an die frühesten Belege für die alemannischen *-wang(en)*-Namen zu erinnern, die in latinisierender Flexion die Form *-wangas* erhalten haben.

In der Tat ist der *-is*-Auslaut der beiden Namen aber problematisch. In Nebensilben erscheint *i* im Alemannischen ganz regelmässig als Produkt der mhd. Nebensilbenabschwächung, wobei typologisch die Reduktion «voller» Nebensilbenvokale > *i* ein sehr häufiger Fall ist. Physiologisch resp. artikulationsphonetisch lässt sich dies damit begründen, dass der Vorderzungenvokal *i* einer Reihe von Liquiden, Nasalen und Plosiven der Umgebung näher liegt als ə. Für das Phänomen wurden allerdings auch andere Gründe verantwortlich gemacht, beispielsweise die Analogiewirkung schwzdt. *-īn*-Abstrakta[272] oder die hyperkorrekte «Verwechslung» aller kurzen Suffixvokale in unbetonter Silbe im Zuge der Vokalreduktion des späten 11. Jahrhunderts.[273]

Nun lässt sich das oben begonnene Gedankenspiel der keltischen Vermittlung durchaus weiterspielen: Bei *Gabris* und *Gäbris* müsste man in einem solchen Fall an eine lautliche Transformation des keltischen Namens ins Romanische denken, die sich schliesslich ins Althochdeutsche fortgesetzt hätte, was im Hinblick auf die Bevölkerungs- und Siedlungsgeschichte jedenfalls die naheliegendste Annahme wäre. Nun kann aber romanische Vermittlung aus lautlichen Gründen unter keinen Umständen wahrscheinlich gemacht werden:[274]

1. Der Nexus *-br-* hätte sich im Romanischen zu *-vr-* entwickelt und müsste im Ahd. als *-fr-* realisiert worden sein.[275]
2. Problematisch gestaltet sich auch die Erklärung der Geminate *-ʒʒ-*, denn auch hier ist nach Kenntnis der Lautentwicklungen romanische Vermittlung von vornherein ausgeschlossen, da

---

[270] Cf. LSG, S. 76: «Die Bildung des Namens ist […] nicht völlig geklärt; insbesondere ist das ursprüngliche Suffix, welches an den Stamm *alb-* antritt, nicht sicher identifiziert.» Es wird ebd. gemutmasst, *Albis* gehe «auf die im Keltischen belegte Form *Albisia* zurück». Letzteres ist jedoch nach Auskunft von DELAMARRE 2003, S. 37, nur als Personenname bezeugt.
[271] SONDEREGGER 1957 und 1958a beurteilt nur die jüngeren Belege für den appenzellischen Namen hinsichtlich ihrer Abweichungen von den älteren Belegen (Sprossvokal, Auslaut, Umlaut).
[272] SZADROWSKY 1933, S. 16 ff.
[273] VENNEMANN 1995b, S. 52 (Im Zuge seiner Besprechung des Gewässernamens *Iller*, der in den frühen Belegen eine *a*-haltige, in den späten eine *i*-haltige Zweitsilbe aufweist).
[274] Cf. HILTY 2001, S. 56 f.
[275] Cf. auch VINCENZ 1992, S. 161: kelt. **gabrēta* > rom. †*gavrēda* > alem. †*gafrēta* resp. rom. †*gavréida* > alem. †*gafréida*.

-*t*- im Rom. zu -*d*- sonorisiert wurde und im Rahmen der ahd. Medienverschiebung wiederum zu -*t*- hätte verschoben werden müssen.

Unter diesen Voraussetzungen drängt sich zunächst die Vermutung auf, dass die Alemannen den Namen direkt aus keltischem Mund übernommen haben, was B. BOESCH zu der Annahme verleitete, keltische Hirten, die ihre Herden am Gäbris sömmerten, hätten den Namen im untersten Rheintal direkt an die Alemannen weitergegeben.[276] – BOESCH führt dazu jedoch das etwas zweifelhafte Argument an, die Alemannen seien im 8. und 9. Jahrhundert im Gebiet des Alpsteins und im Toggenburg noch auf Romanen gestossen, von denen sie die vordeutschen Bergnamen und Termini der Milch- und Alpwirtschaft übernommen hätten. Dabei setzt BOESCH voraus, dass die vorromanischen Toponyme im Romanischen keinerlei Veränderungen unterworfen gewesen seien. All dies wirft nun Fragen auf, die in den folgenden Abschnitten im Rahmen zweier Erklärungshypothesen beantwortet werden sollen.

Schlussfolgerungen und zwei Erklärungshypothesen

Die bisherigen Ausführungen haben ergeben, dass man den Namen *Gäbris* und *Gabris* allein auf sprachwissenschaftlicher Grundlage nicht mit letzter Sicherheit beikommen kann, dass aber die gewonnenen Erkenntnisse die Grundlage für eine historische Situierung der Namen bilden. Wenn also eine romanische Vermittlung des keltischen Namens ausgeschlossen werden kann, welche Modelle würden sich auf sprachlicher wie historischer Ebene dazu eignen, eine tatsächliche Kontinuität des keltischen Namens nachvollziehbar zu machen? Im folgenden sollen zwei Erklärungshypothesen präsentiert werden, die die beiden Namen je verschieden in das historische Siedlungsgefüge der Nordostschweiz einzugliedern versuchen. Die erste geht davon aus, dass man mit einem appellativischen oder halbappellativischen frühestalemannischen Lehnwort *gabrīʒʒa zu rechnen hat, das von den Alemannen zur Bezeichnung eines 'Geissbergs' oder einer 'Ziegenweide' importiert wurde; die zweite betrachtet *Gabris* und *Gäbris* als Reflexe eines ehemals grösseren vordeutschen Raumnamens vom Typ Albis, Ardennen, Cevennen, Vogesen, Schwäbische Alb usw.

1. Ein keltisches Lehnwort *gabrīʒʒa im Alemannischen?

Da man nach allem, was sich bisher mit einiger Sicherheit über den Bodenseeraum zwischen Antike und Frühmittelalter sagen lässt, nicht mit einer keltischen Bevölkerung bis um 600 (früheste alemannische Siedlungsphase am untersten Obersee und im mittleren Thurtal[277]) rechnen sollte,[278] kam HILTY zu dem Ergebnis, *Gabris* und *Gäbris* seien als Resultat von «Namenübertragungen» zu deuten, «für welche allein die Alamannen verantwortlich» seien.[279] Damit schliesst HILTY eine keltische Grundlage nicht aus, spricht sich aber dagegen aus, dass die Alemannen den Namen in der Schweiz übernommen hätten; der Gedankengang wird in der Folge nicht weitergeführt. Auch wird nicht ganz klar, was mit «Namenübertragung» im einzelnen gemeint ist. Haben die Alemannen einen ihnen bekannten Namen aus ihrem Herkunftsgebiet mitgebracht, in der Art des englisch-amerikanischen Namenexports *York ~ New York*? Oder handelte es sich um einen den neu siedelnden Alemannen geläufigen Begriff, den sie appellativisch oder halbappellativisch auf eine ihnen genügend charakteristisch erscheinende Örtlichkeit übertragen konnten? Während ersteres aus typologischen Gründen wohl ausgeschlossen werden kann – denn selbst die «Namenübertragungen» der auswandernden Jüten, Angeln und Sachsen entsprechen den gängigen Bildungsprinzipien germanischer Ortsnamen und

---

[276] BOESCH 1981/82, S. 241 f.
[277] EGGER-PERLER 1991, S. 284 u. passim.
[278] HILTY 2001, S. 56 f.
[279] HILTY 2001, S. 57.

haben einen weitestgehend historisch-personenbezogenen Hintergrund –, bleibt die Frage nach einer tatsächlichen Appellativhaftigkeit von vorahd. *gabrīta oder ahd. *gabrīʒʒa aber ebenso schwer zu beurteilen. Handelt es sich um einen keltischen Lehnbegriff, der von der 2. Lautverschiebung erfasst wurde, so müsste man idealerweise mit analogen Fällen in einem Gebiet rechnen, das ehemals keltisch und späterhin von Germanen besiedelt war und in dem ein Austausch von Kulturwörtern möglich war. Es kommt hier in erster Linie der äusserste Süden und – nach der Verortung der Γάβρητα ὕλη zu urteilen, Südosten in Frage. Um kulturelle Überlagerungen zwischen Kelten und Germanen nebst dem Rheingebiet auch nördlich des Bodensees und im späteren Bayern nachzuweisen, bedarf es keiner grossen Anstrengungen, es sei nur an die keltischen Personennamen unter den Sueben (im engeren Sinne) und Markomannen erinnert, die vielleicht eine ethnische und soziale Abstufung erkennen lassen, sicher jedoch kulturellen Kontakt bedeuten (s. auch unten S. 61). Im Sinne eines Gedankenanstosses könnte man bei den gesuchten Analogien an die mehrfach vorkommenden Gaber-Namen in Baden-Württemberg und Bayern denken, so die Ortsnamen Gabermühle, Gabersee, Gabershof, möglicherweise auch Gabisreuth sowie die in ebendiesem Raum häufigen Gabel-Namen.[280] Dazu gesellen sich eine Reihe von Flurnamen wie Gabersberg, Gagersberg, Gagersbach, Jagersberg, Jägersberg u. ä., deren G- und J-Formen nach nicht durchschaubarem Muster (Volksetymologie) abwechseln und die nach KAUFMANNschem Schema zu den germ. Personennamen Gagher resp. Gābher gestellt werden,[281] obschon es dazu nach Ausweis der Wörterbücher keine Veranlassung gibt. Die Annahme, den Namen läge *gabrīʒʒa + ein deutsches Grundwort zugrunde, ist natürlich ebenso unsicher.[282] Sucht man allerdings nach einer Bestätigung für die nach sprachlichen Kriterien gewonnenen Einsichten und demnach also nach einem weiteren Verbreitungsgebiet der *gabrīʒʒa-Namen, so könnte dieser Gaber-Raum vielleicht einen ersten Anhaltspunkt bieten. Auf sachkundlicher Ebene ist diese Möglichkeit ebenso wenig auszuschliessen, ja sie bietet sich sogar eher an als der Ansatz eines unbelegten Personennamens, insofern eine Bedeutung 'Geissberg' oder 'Ort, wo Ziegen weiden' gerade für Flurnamen gut passen würde.[283] Seit man sich auf historischer wie archäologischer Ebene darüber einig ist, dass die alemannische Besiedlung der Schweiz nicht primär auf kriegerisch-gewalttätiger Ebene verlaufen ist, sondern als langsamer, friedlicher Ansiedlungsprozess auf bäuerlicher Grundlage ausserhalb der römisch-galloromanischen Zentren gesehen werden muss, rückte verstärkt auch die Beurteilung der alemannischen Landnahme auf siedlungs- und landwirtschaftsgeschichtlicher Grundlage in den Brennpunkt der Forschung. Dabei hat auch die Namenforschung ihren Anteil, die sich in jüngerer Zeit die Mikrotoponymie zur Beurteilung siedlungsgeschichtlicher Prozesse dienstbar gemacht hat.[284] Dabei zeigte sich einerseits, dass der Flurnamenwörter-Bestand des Althochdeutschen erstaunlich gross ist und eine differenzierte landwirtschaftlich-technische Terminologie verrät.[285] Andererseits erwies sich aber gerade der schweizerisch-alemannische Raum, vornehmlich der Alpen- und Voralpenraum, seit ältester Zeit als sehr beweglich im Hinblick auf die Integration fremder Technologiewörter. Das nomenklatorische Inventar wurde für spezialisierte

---

[280] MÜLLER 1985/86, S. 242; KRIEGER 1898, S. 184. Belege für l ← r bietet auch der Gähris, so 1804 Gabelisberg, Gabelis, 1837 Gäbelis, 1844 Gäbelis, 1878 Gäbelis usw., cf. SONDEREGGER 1958a, S. 407.

[281] Cf. ORTMANN 1967, S. 92 ff.

[282] Gar nicht hierher gehört wohl der Name der Wüstung Gabritz in Hochdorf (Landkreis Weimar), dessen lautliche Gestalt doch sehr an den hier zu besprechenden Typ erinnert. HÄNSE 1970, S. 50, deutet den Namen nach slaw. *Gabrovica 'Buchenort'.

[283] Leider sind kaum umfassende und lückenlos dokumentierte Flurnamensammlungen für den fraglichen Raum verfügbar, so dass es bei diesen wagen Vermutungen bleiben muss.

[284] Cf. beispielsweise WASER 2002, passim.

[285] Cf. TIEFENBACH 1980 (mit einer grossen Zahl von Beispielen für differenzierte Bezeichnungen des Gartens, des eingehegten Landstücks, der besonderen Rechtsqualität des Landes, der Rodung usw.); SONDEREGGER 1960, S. 192 ff. u. passim bringt ausserdem sehr frühe Belege für Flurnamen mit Tierbezug.

Wirtschaftsformen von der eingesessenen Bevölkerung an die anderssprachige neue weitergegeben. All dies beweist freilich nichts im Hinblick auf einen Import von *gabrīʒʒa, doch lässt die Empfänglichkeit des Altalemannischen für Fremdes einerseits und die bereits für die alten Siedlungszonen anzunehmende Differenziertheit des landwirtschaftlichen Wortschatzes anderseits diese vorgestellte Erklärung von *Gabris* und *Gäbris* nicht a priori unmöglich erscheinen. Hinzu kommt, dass *gabrīʒʒa in der altalemannischen Frühzeit mindestens halbappellativisch verwendet worden sein dürfte, wenn es zutrifft, was SONDEREGGER vorsichtig angeführt hat. Der ON *Gais* könnte nämlich «eine volkstümliche Übertragung, Angleichung» an *Gäbris* sein[286] – dies umso mehr, wenn es auch zutrifft, dass der «Name [sc. *Gäbris*, MHG] ursprünglich Bezeichnung eines grösseren Gebietes beidseits des Hochtales von Gais war.»[287] Wie in diesem Fall das Benennungsmotiv von *Gais*, nach SONDEREGGER nämlich «das Vorkommen von Rehgeißen, Gemsen und Wild überhaupt»[288] zu beurteilen ist, würde allerdings neue Fragen aufwerfen, wenn in *gabrīʒʒa, wie angedeutet, eher ein landwirtschaftstechnischer Begriff vorliegt. Fragen der Benennungsmotivation werden am Ende des Kapitels erörtert.

Ein zusätzliches Argument für ein Lehnappellativ lässt sich der weiteren Tradierung der ptolemäischen Γάβρητα ὕλη entlocken: Der Name erscheint im Frühmittelalter mehrfach unter dem Namen *saltus Hircanus* bzw. *Hircanum nemus*,[289] womit aller Wahrscheinlichkeit nach der Böhmische Wald gemeint sein musste.[290] Während ZEUSS in dem Namen noch einen Zusammenhang mit der *Hercynia silva* sah («*saltus Hircanus* vom alten *Hercynius*»),[291] dachte MUCH an eine Ableitung von lat. *hircus* 'Bock' und damit an eine Übersetzung des kelt. Γάβρητα.[292] MUCH nimmt jedoch an, dass eine Übersetzung des Namens im Mittelalter ausgeschlossen sei und erwägt infolgedessen eine literarische Überlieferung aus römischer Zeit, schliesst jedoch auch, wie neuerdings REICHERT,[293] ein deutsches Zwischenglied nicht aus, welches zwischen dem keltischen und dem lateinischen Namen vermittelt habe.[294] In welcher Art könnte man sich aber nun ein solches «deutsches Zwischenglied»

---

[286] SONDEREGGER 1958a, S. 316.
[287] SONDEREGGER 1967, S. 6.
[288] SONDEREGGER 1958a, S. 316.
[289] Einhardi Annales a. 805, in: MGH SS rer. Germ. I, Hannover 1826 (Nachdruck Stuttgart, New York 1963) S. 192.
[290] Cf. REICHERT 1998, S. 311 f. sowie v. a. MUCH 1888, S. 410 f.: «In Meginfredi Vita SEmmerami […] wird als nordgränze Baierns und mit dem *limes Germaniae* zusammenfallend ein *Hircanum nemus* angegeben. wesentlich derselbe name begegnet noch in den Annales Einh. et Lauriss. (Pertz I 191. 192). das erste mal wird a. 803 berichtet, dass kaiser Karl d. gr. nach Baiern sich begab und in den *saltus Hircanus* einen jagdzug unternahm *(venationem bubalorum ceterarumque / ferarum per saltum Hircanum exercuit)*. von dort geht er dann nach Regensburg. das zweite mal ad a. 805 ist vom kriege gegen die *Beheimi* die rede. drei heersäulen brechen gegen diese auf: die eine zieht durch Ostfranken *(per orientalem partem Franciae seu Germaniae)*, um nach übersteigung des *Hircanus saltus (Hircano saltu transiecto)* auf die slaven einzudringen; […].» Und weiter S. 411: «Zeuss (Die Deutschen s. 6) nimmt *saltus Hircanus, nemus Hircanum* als namen des Böhmischen waldes. doch wird nebst diesem auch noch das Fichtel- und Elstergebirge in betracht kommen, da doch der Böhmerwald sich nicht von norden aus übersteigen lässt, wenn man nach Böhmen gelangen will, und die durch Sachsen ziehende Heeresabteilung wol dem Saaletal gefolgt sein wird. in der gegend von Eger wird man ihre vereinigung mit den beiden anderen aufgeboten anzusetzen haben. im übrigen könnten die belege allerdings auch vom Böhmerwalde allein verstanden werden. auf jeden fall werden wir in diesem mindestens den hauptbestandteil des *saltus Hircanus* zu erkennen haben.»
[291] ZEUSS 1837, S. 6 f. (Anm. **).
[292] MUCH 1888, S. 412.
[293] REICHERT 1998, S. 312.
[294] MUCH 1888, S. 411: «[…] freilich kann der name *Hircanus* nicht erst im mittelalter aus *Gabreta* übersetzt sein, da wir damals kein verständnis des keltischen mehr voraussetzen dürfen. man wird ihn daher als eine litterarische überlieferung aus römischer zeit zu betrachten haben, die ja auch, falls er nur eine umformung von *Hercynius* wäre, angenommen werden müste. möglich übrigens, dass zwischen dem keltischen und lateinischen ein deutscher name vermittelt.»

besser vorstellen als in Form eines Lehnworts? Mit der Verortung der ptolemäischen Gabreta liesse sich sogleich auch die vermittelnde Bevölkerung ausmachen: die Markomannen, die im frühen keltisch-germanischen Sprach- und Kulturkontaktraum des östlichen Mitteleuropa als Träger eines solchen Lehnworts durchaus in Frage kommen (s. auch oben S. 59).

Betrachten wir nun den thurgauischen *Gabris* in siedlungsgeographischer und -chronologischer Hinsicht, so ist auf BOESCHs Angabe einzugehen, wonach eine direkte Übernahme des Namens aus keltischem Mund unwahrscheinlich sei, da es sich bei der fraglichen Gegend um eine «Ausbaulandschaft» handle.[295] Nach den zahlreichen nordfürstenländischen *-wil*-Namen in diesem Raum zu urteilen, handelt es sich bei der Siedlungszone zwischen Bischofszell, Uzwil und Wil nördlich der Thur aber um eine ausgesprochen frühe Ausbaulandschaft. Ja es scheint sich sogar so zu verhalten, dass ein eigentlicher Siedlungskeil von den aller Wahrscheinlichkeit nach schon vordeutsch besiedelten Gebieten um Sirnach und Gloten ostwärts bis zur Thurhalbinsel getrieben wurde, dessen nördliche Begrenzung der Hügelzug von Nieselberg, Leuberg und Gabris bildet, die südliche die Thur. Der Hügelzug bildet heute noch die Kantonsgrenze zwischen St. Gallen und dem Thurgau, und die sich südlich bis zur Thur hin anschliessende Ebene könnte wie das mittlere Thurtal als äusserst günstige primäre Siedlungszone gedient haben. In diese frühe Siedlungslandschaft würde sich ein frühestalemannisches **gabrīʒʒa* sehr gut eingliedern. Unmittelbar südöstlich am Fuss des Gabris liegt auf st. gallischem Kantonsgebiet das Gehöft *Walhusen* (1464 *walenhus*),[296] gegen die Thur hin südlich des Gabris liegt das Kloster *Glattburg* (788 *Clataburuhc*, 876 *Glataburg*)[297] – zwei Namen, die auf ein vor- respektive frühalemannisches Element in dieser Gegend verweisen: *Walhusen* im Sinne eines typischen *Walchen*-Orts,[298] *Glattburg* und die weiteren *Glatt*-Flurnamen nach ihrer frühen Überlieferung und dem wohl sicherlich ebenfalls sehr frühen germanischen Gewässernamen *Glatt*.[299] Knapp 500m westlich der Glattburg erhebt sich der markante *Geissberg*, der – bei einigem Optimismus – ein Gegenstück zum genau nördlich gegenüberliegenden, 3500m entfernten *Gabris* bilden könnte (analog *Gais* ↔ *Gäbris*). Die Position des *Gabris* in diesem Siedlungs- und Kulturraum dürfte nach dem Gesagten ähnlich wie die *Gäbris*-Landschaft beurteilt werden, wonach also wenig gegen ein frühes Siedlungsgebiet spräche.

Diese erste Erklärungshypothese lässt sich so zusammenfassen, dass also **gabrīʒʒa*, frühalthochdeutsch allenfalls sogar medienverschoben **kaprīʒʒa*, als ein frühes alemannisches Landwirtschaftswort aufgefasst werden kann. Die von HILTY erwogene «Namenübertragung» müsste demnach als Export eines keltischen Lehnworts unter Sueben verstanden werden, das im süddeutsch-bayrischen Raum wie im schweizerisch-alemannischen wenige Spuren hinterlassen hat. Da romanische Übermittlung von Wort und Name bei keltischem Ausgangpunkt ausser Frage steht, bietet die vorgestellte Erklärungsoption wenigstens auf sprachlicher Grundlage einige interessante Anhaltspunkte. Unter chronologischen Gesichtspunkten ist es einerlei, ob die *t*-Verschiebung erst in unserem Raum stattgefunden hat oder bereits in den älteren alemannischen «Ausgangsgebieten» nördlich des

---

[295] BOESCH 1981/82, S. 249, weiter: «Der Name *Gabris* [...] in der Gem. Heiligkreuz im Thurgau für ein Weidegebiet mit markanter Erhebung wird vom noch markanteren appenzellischen Gäbris hierher übertragen sein.»

[296] Beleg nach St. Galler Namenbuch DS Nr. 7709, cf. Anm. 987.

[297] Belege nach St. Galler Namenbuch DS Nr. 8008 resp. WARTMANN, UBSG I, S. 109; WARTMANN, UBSG II, S. 209.

[298] Cf. dazu EGGER-PERLER 1991, S. 278 ff., der S. 279 die Walchennamen auf grundsätzlich drei verschiedene frühmittelalterliche Siedlungsstrukturen zurückführt: 1. auf provinzialrömische Reliktbevölkerung, 2. auf die Ansiedlung verschleppter römischer Kriegsgefangener durch die Alemannen, 3. auf karolingisch-fränkische Staatskolonisation, wobei ahd. *walah* nach letzterer Auffassung lediglich 'stammesfremd' bedeuten soll. Die Nähe zu Sirnach und Gloten könnte – bei aller Vorsicht – auf Möglichkeit 1 hindeuten.

[299] Cf. BOXLER 1976, S. 123.

Bodensees. Bei der im allgemeinen frühen Datierung der Verschiebung ins 5. oder 6. Jh. ist diese Frage ohnehin nicht zu beantworten. Setzt man eine früheste Besiedlung der nördlichen Nordostschweiz ins 6. Jh.,[300] ist die Verschiebung in unserem Raum durchaus denkbar.

2. Ein vordeutscher Raumname Gabris?

Die zweite Erklärungshypothese basiert auf der Annahme, dass *Gabris* und *Gäbris* die letzten Reflexe eines vordeutschen Raumnamens sind, der eine ehemals grössere Fläche benannt hat und der seine Lautung aufgrund nicht mehr gegebener semantischer Transparenz, vielleicht auch antiquarischen Interesses, bewahrt hat. Der Name *Gabris* soll dabei als Analogon zum Namen *Albis* und dessen Geltungsbereich betrachtet werden. In Analogie zur Γάβρητα ὕλη, die den Böhmischen Wald und grössere daran angrenzende Gebiete bezeichnet hat (vgl. aber oben S. 38 u. Anm. 141),[301] könnte *Gabris* ehemals grossräumigere, östliche Teile der schweizerischen Voralpen benannt haben. Für die Annahme eines solchen «vordeutschen» Raumnamens spricht die Beobachtung, dass solche in der Antike überlieferten Namen mehrfach und insbesondere für grosse, wenig erschlossene Waldgebirge (cf. *saltus Hircanus, Hircanum nemus*, s. unten S. 65) überliefert sind:[302] vgl. z. B. Σούδητα ὄρη bei PTOL. II 11, 4, 11 'Sauwald' (?) (≈ Erzgebirge); Ἀβνοβαῖα ὄρη bei PTOL. II, 11, 11, *Abnoba mons* (≈ Schwarzwald);[303] Ἀρκύνια ὄρη bei ARISTOTELES Meteorol. 1, 13, 19, *Hercynia silva* etc. (≈ Name für verschiedene Gebirgszüge zwischen Schwarzwald und Karpaten, teils gelehrten Charakters);[304] *Bacenis silva* bei CAESAR BG VI, 10 (≈ Harz? Thüringer Wald?);[305] *Arduenna silva, Arduinna*, z. B. bei CAESAR BG V, 3; VI, 29; STRABO 4, 194 u. inschr. (≈ Ardennen);[306] *Cebenna mons* bei CAESAR BG 7, 8 (≈ Cevennen); Ἰόρας, Ἰουράσιος, Ἰούρασος, *Iures, Iura* bei PLINIUS, STRABO, PTOLEMAIOS, CAESAR etc. (≈ Jura); *Mons Vosegus, Vosagus* z. B. bei CAESAR BG 4, 10 (≈ Vogesen).

Während sich der Geltungsbereich dieser Namen, soweit er heute abzuschätzen ist, im Laufe der Zeit teils erheblich geändert bzw. eingeschränkt hat, haben die Namen selbst doch überdauert, wobei der Kontinuität sicherlich auch gelehrte Interessen zuhilfe gekommen sein mögen. Tatsache ist aber, dass es sich um grössere zusammenhängende, bewaldete Gebiete handelt, denen jeweils ein vor- oder früheinzelsprachlicher Name zukommt. Im Hinblick auf *Gabris* und *Gäbris* sind es nun einerseits die eben genannten Namen, die die Annahme eines vordeutschen Raumnamens plausibel erscheinen lassen – andererseits aber auch die zürcherische Albiskette, die ebenso vordeutsche Wurzeln hat[307] und ganz analog einen Teil der nördlichen Voralpen bezeichnet haben könnte. Um diese Hypothese nicht allzu sehr strapazieren zu müssen, darf man aber ebensowohl auch an einen Namen mit weniger weitem Geltungsbereich denken, was durch die topographische Struktur der schweizerischen Vor-

---

[300] Cf. zu diesem Fragenkomplex anhand der Ortsnamen nun BANDLE 2003, S. 107 ff.

[301] Cf. REICHERT 1998, S. 312: «[...] es empfiehlt sich [...], G[abreta] nicht nur als Bezeichnung eines kleineren Waldgebietes, etwa eines Ausläufers des Böhmerwaldes, sondern wesentlicher Teile der s[üdlichen] Umrandung Böhmens und der angrenzenden s. Wälder (Bayerischer Wald, Mühlviertel und Waldviertel) aufzufassen – auch wenn die semantische Abgrenzung gegen den Herkynischen Wald, der doch den Gebirgskreis um Böhmen bezeichnet, unklar bleibt.»

[302] Cf. zu dem Namentypus BANDLE 1998, S. 608a.

[303] Cf. ZIEGLER 2003 mit der Frage nach dem Suffix und seiner Bedeutung bzw. der Kompositionsform der Ableitungsbasis; als Deutung wird S. 293 'die durch Flüsse charakterisierte / flussreiche (Gegend)' angegeben (s. zum Lexem kelt. *abona, abu-* 'rivière' DELAMARRE 2003, S. 29). Cf. ferner WENSKUS in RGA 1, S. 13; IHM in RE 1, Sp. 104.

[304] Cf. ZIMMER u. KEHNE in RGA 14, S. 396–401; RÜBEKEIL 1992, S. 64–69.

[305] Cf. NEUMANN u. WENSKUS in RGA 1, S. 572 f.

[306] Cf. DELAMARRE 2003, S. 51 f.

[307] Cf. WIDMANN 1956, S. 34–42 mit der Diskussion der älteren Literatur. Zum neueren Stand cf. LLOYD – SPRINGER I, Sp. 155 ff.

alpenlandschaft unterstützt würde, insofern diese kein einheitlich geschlossenes Band von Bergen und Hügeln darstellt, sondern eine Abfolge von grösseren und kleineren Ausläufern der eigentlichen Alpen. *Gabris* könnte unter diesem Gesichtspunkt ein Gebiet bezeichnet haben, das sich vom Alpsteinmassiv im Süden bis Walzenhausen hoch über dem Bodensee im Nordosten einerseits, vom Säntis über das Toggenburg bis Wil im Nordwesten andererseits erstreckte. Die nördliche Begrenzung dürften dabei das Fürstenland sowie die Thur-Sitter Linie gebildet haben, woraus sich mit *Gabris* TG also der nördlichste Vorposten des Gebiets ergäbe, bevor das Land bis zum Bodensee hin ganz abflacht. Mag dies auch arg spekulativ klingen, so sei daran erinnert, dass gerade entlang der westlichen Begrenzung eine Jahrtausende alte Kulturgrenze verläuft, deren deutlichster Reflex sicherlich die kaiserzeitliche gallisch-raetische Provinzgrenze ist (Murg-Linie), die einerseits die alte raetisch-helvetische Grenze fortsetzt, andererseits die spätere Grenze des Bistums Chur bildet – und dies unter Berücksichtigung archäologisch-historischer,[308] sprachwissenschaftlicher[309] sowie allgemein kulturgeschichtlicher Tatbestände.[310] Die Nordgrenze mit dem Säntismassiv beruht auf naturgegeben-topographischen Grundlagen sowie allenfalls der Sprach- und Kulturscheide der Seez-Walensee-Linth-Linie. Ebenso die Ostgrenze mit dem Rheintal, die, wie die Nordgrenze, von bereits antiken Strassenverläufen umsäumt wird.[311]

Begeben wir uns zurück auf die sprachliche Ebene, so drängt sich aus dieser Perspektive ein Vergleich mit dem Raumnamen *Albis* auf. Dieser wurde und wird in der Regel als 'hochgelegener Weideplatz, Berghang, Alp(e)' gedeutet, wobei das scheinbar zugrundeliegende Appellativ ahd. *alba* ganz auf die südwestliche Gebirgszone des frühmittelalterlichen deutschen Sprachgebiets beschränkt bleibt und wohl ein aus dem Keltischen übernommenes Lehnwort darstellt (allerdings ohne dass das Wort selbst keltischer Herkunft ist).[312] Über die Hintergründe dieses alten Namenproblems orientieren LLOYD – SPRINGER, deren Zusammenfassung für ahd. *alba*⁽²⁾ ergibt:[313]

> «Wenn dem so ist, dürfte eine von den Kelten adoptierte voridg. Bezeichnung für 'Berg' sowohl wie 'hochgelegener Weideplatz' in der Form **alb-iō(n)* von den einwandernden germ. Stämmen im südl. Teile des dt. Sprachgebietes übernommen worden sein, woraus sich dann nach dem Muster von urg. **wulbiō* 'Wölfin' > ahd. *wulpa* mit nachher vereinfachter Konsonantengemination und hochdt. Lautverschiebung (doch obd. ohne Umlaut vor gedeckter Liquida) ein ahd. *alpa, alba²* entwickelte [...]; so erklärt sich wohl auch die schon von den Alten bald mit *p*-, bald mit *b*- überlieferte – aus voridg. Wortgebung durch die Kelten vermittelte – Namensform der Alpen [...].»

---

[308] Cf. STAEHELIN 1948, passim (z. B. S. 186), vgl. auch die der Monographie beiliegende «Karte der Schweiz in römischer Zeit».
[309] Cf. GREULE 1973, S. 140.
[310] Cf. NYFFENEGGER 2004 sowie NYFFENEGGER-GRAF, TNB 2.1 s. v. 'Murg'.
[311] S. die Karte bei STAEHELIN 1948 (s. Anm. 308).
[312] Hierbei würde aber erstaunen, dass mit der Übernahme des Worts nicht auch die zu erwartende, durch Homonymie mit idg. **albʰ* > kelt. **alb-* 'weiss' > 'Himmel' / 'Welt' übertragene Bedeutung angenommen wurde, denn es ist mangels positiver Evidenz nur unter Vorbehalten mit einem voridg. Lehnwort im Kelt. mit der Bedeutung 'hochgelegener Weideplatz' zu rechnen – unter der Voraussetzung nämlich, dialektal hätte diese Sonderbedeutung im Alpenraum tatsächlich existiert. Unklar bleibt in diesem Zusammenhang beispielsweise auch die Wertung des alpinen Ethnonyms der *Albic(c)i* bei CAESAR (Bellum civile 1, 34, 4: *montesque supra Massiliam incolebant*; 56, 2; 57, 3), die HOLDER, AcS I, Sp. 81 versuchsweise als 'Bergbewohner' deutet, implicite also von einem zugrundeliegenden Lexem der Bedeutung 'Berg' ausgeht – wohl im Anschluss an die Charakterisierung dieser Menschen bei CAESAR, BC 1, 56, 2 als *homines asperi et montani*.
[313] LLOYD – SPRINGER I, Sp. 157.

Damit erklärt sich beispielsweise der Name der Schwäbischen Alb aus dem Althochdeutschen, wie denn die Glosse (StSG III, 16, 11) *albis · albun* (Nom. Pl.) die singularische Rectus-Form *alba* swf. voraussetzt. Am Namen der Albiskette stört allerdings der *-is*-Auslaut, dem keine deutsche Flexionsform auf der Grundlage von *alba* entspricht. Obwohl es problematisch ist, wirklich ein Wort dieser Art im Keltischen mit der Bedeutung 'hochgelegene Weide, Berg' anzusetzen (s. Anm. 312), dürfte diese Bedeutung tatsächlich zutreffen – einerlei, ob sie substratsprachlich ist oder, was ja nicht auszuschliessen ist, das Produkt einer Lexikalisierung im Germanischen. Und sie korrespondiert auch gut mit der von *Gabris*, insofern beide Termini einen im weiteren Sinne landwirtschaftlichen Hintergrund haben. Unter dieser Voraussetzung ergäbe sich also für *Gabris* die Bedeutung 'Waldweide für Ziegen', 'Ziegenberg', für *Albis* 'hochgelegene (Wald-)Weide'. Wie oben vorausgesetzt, darf bei der Annahme eines vordeutschen Raumnamens nicht mit schwerwiegenden sekundären Beeinflussungen des Namens seitens des romanischen und germanischen Superstrats gerechnet werden. Dies kann unter folgenden Bedingungen wahrscheinlich gemacht werden: starke Raumgebundenheit des Namens, zwei- oder mehrsprachiges Superstrat, das ausgleichend wirkt und den Sprachzustand fixiert, zusätzlich allenfalls schriftliche Zementierung des Namens bei antiquarischem, rechtsbezogenem Interesse. Eine Romanisierung von *Gabris*, wie sie oben, S. 57 u. Anm. 275 experimentell nachvollzogen wurde, muss bei gleichzeitiger Kenntnis des Namens seitens der Alemannen nicht einmal ausgeschlossen werden. Sie hätte sich allerdings nicht durchsetzen dürfen, was vor dem Hintergrund der Siedlungsgeschichte des betroffenen Raumes gut vorstellbar ist: Der südliche Bodenseeraum mit dem nördlichsten Rheintal wurde erstaunlich früh germanisiert, und Reflexe des alten keltischen Toponyms konnten in den galloromanischen Zentren wie *Ad Rhenum*, *Brigantium*, *Clunia* oder *Arbor felix* gut bewahrt worden sein. Bei der Beurteilung einer Namentradierung sollte man dennoch nicht zu starr mit den ethnischen Etiketten «Kelten», «Romanen» usw. operieren. Immerhin konnte HILTY nachweisen (sofern man in diesen Belangen von «Nachweisen» sprechen darf), dass Gallus um 610 in Bregenz wohl zweisprachig gepredigt hat: alemannisch und eine «vulgärlateinische Verkehrssprache».[314] Gemischtsprachige Bevölkerungen pflegen zwar bekanntlich ein besonders sensibles Verhältnis zur Toponymie ihres Raums,[315] aber unter der Voraussetzung, dass zu Beginn des 7. Jahrhunderts um Bregenz und im Rheintal tatsächlich kein festlandkeltisches Idiom mehr gesprochen wurde,[316] darf man doch auch annehmen, dass ein vordeutscher – bis zu einem gewissen Grad vielleicht sogar noch durchsichtiger[317] – Raumname seine Gestalt bewahrt hat. Während er von der romanischen Bevölkerung umgedeutet, übersetzt oder auch nur an der sprachlichen Oberfläche verändert worden sein mag, könnte er von den Alemannen durchaus in seiner ursprünglichen Gestalt weitertradiert worden sein – vorausgesetzt, er blieb in Teilen der Bevölkerung immer volkstümlich.

Beide vorgestellten Erklärungsversuche – keltisches Lehnwort im Alemannischen oder vordeutscher Raumname – können mit schwerer oder leichter wiegenden Argumenten verfochten werden. Eine endgültige Klärung der Problemlage ist vorderhand nicht zu erwarten. Vielleicht kann man, um einen Ausgleich der beiden Optionen zu erzielen, die zwei Möglichkeiten sogar kombinieren: War kelt. **gabrēta/*gabrīta/*gabrīta* sowohl im bayrisch-alemannischen wie auch im späterhin helvetischen Raum ein gebräuchliches Toponym bzw. ein Appellativ zur Bezeichnung einer 'Waldweide

---

[314] Cf. HILTY 2001, S. 187: «Die besondere Eignung von Gallus lag darin, daß er in beiden Sprachen predigen konnte. Und das steht nun wieder im Einklang mit dem über die Bregenzer Sprachsituation Gesagten: Die Zuhörerschaft von Gallus war zweisprachig, zusammengesetzt aus romanischen Renegaten und alamannischen Heiden. Diese interindividuelle Zweisprachigkeit korrelierte mit der individuellen Zweisprachigkeit von Gallus.»

[315] Cf. GLATTHARD 1977, S. 367 ff. u. passim.

[316] HILTY 2001, S. 183 – mit allerdings nicht restlos überzeugenden Argumenten.

[317] Es sei beispielsweise an die häufigen romanischen *Gafadura*-Mikrotoponyme erinnert; s dazu oben ab S. 26.

für Ziegen', so dürfte es für die einwandernden Alemannen, die im Besitz des entsprechenden Lehnappellativs waren, ein leichtes gewesen sein, denselben Namen, den sie nun in der Ostschweiz als alten Raumnamen antrafen, anzunehmen resp. zu übernehmen.

Zur Motivik der Namengebung

Wenn man von der Motivik der Namengebung zunächst absieht, ist die Semantik des Lexems kelt. *gabros* im einzelnen nicht so völlig problemlos, wie sie auf den ersten Blick erscheint. Es wurde oben festgehalten, dass die einzelsprachlichen Vertreter von idg. *kaprós* wohl das Leittier oder das für die Zucht geeignetste männliche Tier einer Herde (Kleinvieh) meinen oder einfacher gesagt: den Bock. Die Lexikalisierung ist jedoch im Einzelfall nicht so spezifisch verlaufen, dass man von nur einem einzigen Tier sprechen könnte. Es ist im Hinblick auf die vorgestellten Namen allerdings naheliegend, zunächst mit KRAHE an Steinböcke zu denken.[318] Als Analogie zu den vielen deutschen Namen *Geissberg* kann man auch für *Gabris/Gäbris* mit BANDLE eine Übersetzung 'Geissberg' vertreten,[319] wenn man von den realhistorischen, landwirtschaftlichen Bedingungen ausgeht und ‹Geissberg› als Typus versteht: 'bewaldeter Hügel ausserhalb des engeren Siedlungsgebietes, auf den die Ziegen zur Weide getrieben werden'. Nun kommen uns aber, wie oben gesehen, für den alten Namen des Böhmerwaldes lateinische Entsprechungen zu Hilfe, nämlich die noch frühmittelalterlichen Übersetzungen *Hircanus saltus* und *Hircanum nemus*, die HUBSCHMIED – im Hinblick auf seine Dämonen-Theorie – als «Geißbockwald» wiedergibt.[320] *Hircus* bezieht sich nur auf das männliche Tier,[321] und man ist sogleich an die nicht seltenen *Bocksberge* erinnert,[322] die, wenn man von der bis heute üblichen Schaf- und Ziegenzucht ausgeht, den Weidegrund bezeichnen, der dem dörflichen Zuchttier vorbehalten war.[323] Wie die oben angeführten Übersetzungen aus den keltischen Sprachen zeigen, kommt nun für *gabros* aber sowohl 'Bock' als auch 'Geiss' in Frage, und das Dilemma lässt sich folglich nur so auflösen, dass die Bezeichnung für das zu benennende Tier genusindifferent war. Rufen wir uns in Erinnerung, welche Bedeutung die Ziege als Haustier für die vor- und frühgeschichtliche Bevölkerung gehabt hat, so ist es durchaus nicht abwegig, dass sie auch in Orts- und Flurnamen Eingang gefunden hat. Der ON *Gabromagus* (s. dazu auch o. S. 37 u. Anm. 131/132) weist aufgrund des Grundwortes *magos* 'Feld' am ehesten auf die Hausziege, doch kann Windischgarsten-*Gabromagus* der Lage nach auch 'die Ebene am Fusse des Steinbock-Gebirges' bezeichnet haben. G. DOTTIN hat darauf hingewiesen, dass man die Gemse von der (wilden) Ziege wohl häufig begrifflich nicht genau geschieden hat (s. u. S. 168), und dies wird sicherlich teilweise zutreffen – obschon DOTTIN diese Behauptung nicht weiter stützt. Auch R. MUCH setzt für *gabros* lediglich die unscharfe Bezeichnung 'Bock' an und deutet die Γαβρῆτα ὕλη aber als 'Steinbockwald'.[324] Es wird wohl kaum gelingen, für *gabros* in diesem Zusammenhang eine einzige und eindeutige Bedeutung zu postulieren. Lag die begriffliche Unschärfe bereits in der Verwendung des Wortes bei der namengebenden Bevölkerung, so wird es auch nicht möglich sein, für die belegten Namen eine einheitliche Bedeutung anzugeben. Die Einzelfälle sind je für sich zu beurteilen: So ist es

---

[318] KRAHE 1954, S. 127.
[319] BANDLE 1963, S. 266.
[320] HUBSCHMIED 1947, S. 18.
[321] RICHTER 1972, S. 399 f.
[322] MÜLLER 1985/86, S. 101, 112, nennt allein dreizehn Siedlungen dieses Namens in Deutschland (inkl. *Boxberg*); die Anzahl gleicher Flurnamen dürfte erheblich höher sein. S. zu dem Namentyp auch BACH 1954, § 165 u. § 326.
[323] Vgl. z. B. den FlN *Bockhübel* in Arisdorf (BL/CH), der gedeutet wird als 'der Hügel, der dem Halter des dörflichen Ziegenbocks zur Verfügung steht', cf. BLNB, Heft Arisdorf, Pratteln 2003, ohne S. Cf. auch ID 15, Sp. 591, s. v. *Bockwidem*: 'Gemeindeland, das der Zuchtbockhalter nutzen darf'.
[324] MUCH 1913–15, S. 109; MUCH 1918–19, S. 204. Cf. auch BACH § 431.1.

vorderhand vielleicht statthaft, *Γαβρῆτα ὕλη* mit 'Steinbockwald' zu übersetzen, *Gabrosentum* jedoch mit 'Ziegenpfad'. Dabei ist auch darauf hinzuweisen, dass *gabros das Motionsfeminin *gabrā neben sich haben konnte, und insbesondere in Komposita war dem Erstglied das Bestimmungswort nicht mehr zwingend anzusehen (ā kann in Kompositionsfugen durch ŏ vertreten sein).

Weitere Namen

Nicht immer musste ein Name, der an kelt. *gabros anklingt, ursprünglich auch den keltischen Wortstamm enthalten. PAUL AEBISCHER konnte 1927 wahrscheinlich machen, dass die Fribourger[325] Bachnamen *Javroz* und *Javrex* auf vorkeltisches *Gabarus und *Gabarascus zurückgehen,[326] in der Bevölkerung jedoch zu *Gabrus und *Gabrascus, also zum Wort für den 'Bock', umgedeutet worden seien «comme ruisseaux des chèvres».[327] Eine solche Volksetymologie hat nun einerseits den Nachteil, dass das vermeintliche Verständnis des Namens ein Benennungsmotiv a posteriori überflüssig macht, andererseits bringt die Volksetymologie aber den Vorteil mit sich, dass das neu zu verstehende Wort im Akt der Umdeutung nichts Aussergewöhnliches gemeint haben kann. Mit anderen Worten, ein ‹Geissbach› sollte als Typus geläufig gewesen sein, wobei auch bereits die appellativische Durchsichtigkeit zum Verständnis genügt hätte.[328] AEBISCHER zeigt dazu die semantische Parallele im Flüsschen *Minnonna (la Mérine) 'rivière du chevreau' auf, das sogar die Benennung des benachbarten *Minnodunum* (Moudon) nach sich gezogen haben könnte. In der Frage, die sich hier stellt – was bekam zuerst seinen Namen, der Fluss oder die Stadt? – tut sich nun zwangsläufig das Problem der Benennungsmotivik auf: «Mais si ‹chevreau› est une image – et c'est ce que croirais plutôt – il faut avouer qu'elle se comprend mieux s'il s'agit d'un cours d'eau que d'un château-fort.»[329] Mit «image» meint AEBISCHER die Übertragung von Eigenschaften des Geissleins auf den Bach («son cours rapide et tortueux et inégal dans l'étroite gorge qui l'amène a Moudon»)[330], weist aber auch das mögliche historische Moment nicht ganz von der Hand («parce qu'un jour ce cours d'eau eut une importance particulière dans l'histoire d'un chevreau»). Mit dem ON *Minnodunum* und dem Flussnamen *Minnonna*, die AEBISCHER auf kelt. minno- 'chevreau' (ir. menn) zurückführt, berührt man bereits den umstrittenen Namen des süddeutschen Flüsschens *Mindel* (dazu s. u. S. 166 f.). 1929 beschäftigte sich AEBISCHER allerdings noch einmal mit den Hydronymen *Javroz* und *Javrex* und wurde nun im Hinblick auf die Benennungsmotivation sehr viel eindeutiger, wenngleich auch spekulativer. Die bereits «rekonstruierten» Volksetymologien *Gabrus und *Gabrascus verdanken sich nun gem. AEBISCHER «à un animal démonisé, le chevreau, qui, selon les croyances des populations celtiques habitant les régions où coulent ces torrents, avait sa demeure dans leurs eaux.»[331] Dazu behandelt er Parallelen aus dem iberischen Raum, wo mehrere Bäche ebenfalls auf einen Hydronymstamm *gab- zurückzuweisen scheinen. Dem widersprach BERTOLDI 1930 – wohl nur zum Teil zu Recht. BERTOLDI, der anhand des Lexems gall. *Cabrostos 'Liguster' (i. e. caprifoliae, Geissblatt) darauf hinwies, dass eine gemeinkeltische Form *cabros einer erst sekundären, peripher-keltischen Form *gabros vorausgegangen sein könnte, schloss, dass die in der Regel hochgradig altertümlichen

---

[325] Nicht Walliser Bachnamen, wie WEISGERBER 1969, S. 40 angibt.
[326] Zu dem wohl voreinzelsprachlichen hydronymischen *gabarus* 'gave, Sturzbach', cf. auch DAUZAT – ROSTAING 1984, S. 308 s. v. 'Gabre'.
[327] AEBISCHER 1927, S. 327. Zum Suffix *-ascu- bei *Javrex* und seiner spezifischen Funktion cf. AEBISCHER 1928, S. 121 ff.
[328] Den ‹Geissbächen› stellen sich analog die ‹Schafbäche› an die Seite, die ebenso keltisch bezeugt sind: *l'Ouve, l'Ouvèze* (inschriftlich *Ouidis, Ovitia*) < *Ouidiā, nach DELAMARRE 2003, S. 245, 'rivière où viennent boire les brebis'.
[329] AEBISCHER 1927, S. 328.
[330] AEBISCHER 1927, S. 328.
[331] AEBISCHER 1929, S. 71.

hydronymischen Wurzeln bereits die jüngeren Formen aufweisen könnten.³³² BERTOLDIs Kritik (v. a. in sprachlicher Hinsicht) mag für die iberischen Formen wohl zutreffen, sie erreicht jedoch nicht AEBISCHERs – zugegebenermassen ebensowenig beweisbare – Annahme volksetymologischer Transformationen von vorindogermanischen Substratwörtern mit unklarer Bedeutung in das keltische Begriffssystem. Was die Motivierung des Begriffs anbelangt, befindet sich AEBISCHER jedoch auf unsicherem Terrain. Indizien für keltische Gottheiten in Ziegen- oder Bocksgestalt gibt es immerhin einige (man denke beispielsweise an die einem sakralen Zweck dienenden Tierskulpturen von Fellbach-Schmiden,³³³ s. auch unten S. 227), nicht zuletzt aus naturmythologischen Zusammenhängen und Vorstellungen; bei der Behandlung von Götternamen und im Zusammenhang mit dem Stellenwert von Ziege und Bock in der Farb- und Wettersymbolik wird auf diese Fragen zurückzukommen sein. Allerdings muss man nicht immer mit solch verschlungenen Hypothesen arbeiten. Man kann durchaus annehmen, dass als Motiv der Umdeutung auch eine angrenzende Flur, die als Weide diente, oder auch nur der Bach als Tränke dienen konnten – und dafür bedarf es beim Akt der volksetymologischen Transformation keiner grossen gedanklichen Anstrengungen. Wie die Toponyme *Gabris* und *Gäbris* als 'Waldweide für Ziegen' aufgefasst werden können, so können naturlandschaftliche Gegebenheiten realiter und in der Umdeutung auch in den Hydronymen zum Ausdruck kommen. Vgl. zur Benennungsmotivik unten Kap. 7, wo dieser Problemkreis ausführlicher besprochen wird.

Festzuhalten bleibt also, dass ein Typus ‹Geissbach› o. ä. auch im Gallischen nicht auszuschliessen ist. Es dürfte mittlerweile kein Zweifel mehr bestehen, dass den ältesten Flussnamen zum allergrössten Teil Bezeichnungen nach den Gegebenheiten der Natur zugrundeliegen, also sogenannte ‹Wasserwörter› aus dem appellativischen Wortschatz für fliessendes Wasser sowie für die spezifischen

---

[332] BERTOLDI 1930, S. 195 f., Anm. 1.
[333] PLANCK 1982, S. 146 f.; S. 147 heisst es: «Man könnte [...] vermuten, daß auch den Ziegenböcken eine gewisse göttliche Macht oder Kraft zukam.» Den kultischen Zusammenhang belegt die Hinwendung der beiden Tiere zu einer menschlichen Figur, die PLANCK als Gottheit deutet. Eine Rekonstruktion der Komposition der Skulpturen bietet PLANCK ebd., S. 143 (ganz ähnlich auch bei RIECKHOFF – BIEL 2001, S. 266); vgl. auch zusammenfassend PLANCK 1994, S. 330 f. Gelegentlich wird darauf hingewiesen, dass sich die Skulpturen von Fellbach-Schmiden dem orientalischen Motiv der am Lebensbaum aufgerichteten Tiere verpflichten, das der griechischen und römischen Kunst fremd war. Aus Europa gibt es dazu zwei Vergleichsstücke. Zum einen die Stele Malvasia in Bologna, auf der ebenfalls die am Lebensbaum aufsteigenden Böcke abgebildet sind; die Stele wird jedoch ins 7. oder 6. Jh. v. Chr. datiert, was noch nicht für einen motivischen Zusammenhang mit den latènezeitlichen Darstellungen sprechen muss. Zum andern erkennt die Archäologie in der Schlagmarke des *Korisios*-Schwerts von Port (CH) einen Baum mit zwei hochsteigenden Ziegen (vgl. dazu M. BIBORSKI in RGA 27, S. 140 mit Abb. S. 141 sowie F. MÜLLER in RGA 27, S. 502; gute Abbildung in: MÜLLER, FELIX; LÜSCHER: Die Kelten in der Schweiz, Stuttgart 2004, S. 17). Ebenfalls östlicher Herkunft dürfte die Vorstellung des «Herrn der Tiere» sein, auf den jedenfalls unter Berücksichtigung der einschlägigen Rekonstruktionen die menschliche Figur zwischen den Böcken von Fellbach-Schmiden deutet. Dass die Art der Darstellung aber im Latène-Bereich durchaus geläufig gewesen sein musste, beweist der verzierte Schwertscheidenbeschlag von Mihovo (cf. WINDL 1976, S. 42–47), auf dem auf einer kleinen Schmuckplatte zwei antithetisch an einem Mittelornament aufsteigende Ziegenböcke dargestellt sind, die eine verblüffende Ähnlichkeit mit den Böcken von Fellbach-Schmiden aufweisen. Sie stehen ferner in einem stil- und ornamentgeschichtlichen Zusammenhang mit weiteren Darstellungen antithetisch angeordneter Tiere, so des von SCHWAPPACH 1974, S. 108 ff. als zwei Pferde gedeuteten Ornaments («zoomorphe Leierkomposition») der Messerscheide von Bussy-le-Château (Marne). Es liegt nahe, diese sich einander zuwendenden, aufgerichteten Tiere mit dem ursprünglich orientalischen Motiv der Tiere am «Lebensbaum» zu vergleichen, wie dies auch WINDL getan hat. Die Orientforschung hat dabei herausgearbeitet, dass die zentrale Lebenspflanze mit der Figur des Hirten und Königs austauschbar ist, der im Besitz von Wasser und Nahrung ist, cf. SEIBERT 1969, S. 35–53. Lebensbaum oder Hirt figurieren dabei als Spender von Schutz und Nahrung. Als Tiere erscheinen in diesen orientalischen Darstellungen hauptsächlich Ziegen. Vgl. zu dem Motiv auch u. S. 86. Zum Motiv der «Double Beast» s. insbesondere JACOBSTHAL 1944, S. 46–59. Zu einem italischen Bocksdämon mit Gewässerbezug s. unten S. 176.

Eigenschaften desselben wie Farbe, Geschwindigkeit, Charakter, Grössenverhältnisse etc.[334] Gerade UDOLPHs Systematisierung der erwartbaren Benennungsmotive in der relativen Chronologie von Gewässernamen macht deutlich, dass den alten Gewässernamen durchaus auch der Wortschatz aus dem Bereich von Fauna und Flora häufig als Motiv dient – im Gegensatz zur jüngeren und jüngsten Flussnamengebung, die sich meist auf eine Siedlung, eine Person, einen Beruf oder eine menschliche Tätigkeit überhaupt bezieht, und auch im Gegensatz zu den ältesten Flussnamen, denen, wie beschrieben, fast immer ein «Wasserwort» zugrunde liegt. UDOLPH betont jedoch, dass volksetymologische Umdeutungen «ständig zu beobachten» seien.[335] Weshalb soll also nicht ein voreinzelsprachlicher Flussname wie *Gabarus oder *Gabarascus in einzelsprachlicher Zeit, d. h. wohl in der Latènezeit, volksetymologisch zu *Gabrus, *Gabrascus umgedeutet worden sein? Selbstverständlich bewegt man sich hier auf unsicherem Terrain, doch ist die von AEBISCHER vorgestellte Möglichkeit nicht von der Hand zu weisen – ja sie träfe sich sogar mit BERTOLDIs relativer Chronologie, welche besagt, dass kelt. *gabros 'Bock' eine jüngere Weiterentwicklung von gemeinkelt. *kabros darstellt.[336] Und wenn dazu der Flussname Minnonna, der mit dem Siedlungsnamen Minnodunum korrespondiert und wohl explizit das Appellativ *minno- 'Ziege/Bock' im Namen führt, angeführt werden kann, so leuchtet es ein, dass die Ziege bereits in der gallischen Hydronymie – also in einzelsprachlicher Zeit – namengebend gewirkt haben kann.

---

[334] Cf. UDOLPH 1995, S. 278 f.
[335] UDOLPH, ebd.
[336] Weiter bliebe von seiten der Keltologie und Romanistik jedoch noch zu untersuchen, wie es sich chronologisch mit der von THURNEYSEN 1921, S. 106 präsentierten Entwicklung idg. -pr- > kelt. -br- verhält. Die relative Chronologie dieser Entwicklung beschreibt MCCONE 1996, S. 44.

4. Der ubische *Mercurius Gebrinius*

4.1. Übersicht. Einleitendes und Forschungsüberblick

Als 1928–30 in und bei der Bonner Münsterkirche umfangreiche Ausgrabungen getätigt wurden,[337] kamen im Umkreis zahlreicher Denkmäler der *Matronae Aufaniae* elf Weihinschriften an einen *Mercurius Gebrinius* aus dem frühen 3. Jahrhundert zum Vorschein.[338] Zwar sind die Inschriften nicht absolut zu datieren, doch lassen sich einige der Steine nach stilistischen Vergleichen einigermassen zuverlässig in die Dreissigerjahre des 3. Jahrhunderts einordnen.[339] Dem Lokalgott gehörte offenbar ein eigener Tempel, der zunächst nicht bzw. nicht direkt mit dem Kultzentrum der Aufanien in Zusammenhang zu stehen schien.[340] Es hat sich aber später erwiesen, dass der Zusammenhang des *Gebrinius*-Heiligtums mit dem der Aufanien doch als relativ eng zu betrachten ist (s. unten ab S. 80). Der Tempel des *Gebrinius* in Bonn ist bis heute der einzige Fundort,[341] der Zeugnisse für diese Gottheit bietet; die bei REICHERT für die Mehrzahl der Inschriften trotz der Berufung auf LEHNER angegebene Herkunft Köln ist mir nicht erklärbar,[342] ebenso sind die ebd. gebotenen Lesarten nicht weiter zu beachten, sondern es sind nach Möglichkeit nur die bei LEHNER oder NESSELHAUF edierten Inschriften zu verwenden.

Was die Inschriften selbst anbelangt, so bieten diese kaum Informationen, die über ein paar wenige Angaben zum Stifter der Weihung hinausgehen.[343] Es handelt sich durchgehend um männliche Stifter, die die Weihung in der Regel *pro se et suis omnibus* vornahmen. Als Beispiel einer typischen, gut erhaltenen Inschrift möge LEHNER 1930, Nr. 47 dienen:

MERCURIO GEBRI|NIO EX IMP(ERIO) EX IPS(IUS) C(AIUS) ANA|ILLIUS ATTO ET ANAI|LIUS ATTONIUS PRO | SE ET SUIS L(IBENS) M(ERITO).

Bei Sprachdenkmälern dieser Art ist vom materiellen Standpunkt aus gesehen eine besonders starke Ortsgebundenheit vorauszusetzen, weswegen die Bonner Herkunft der Inschriftensteine nicht in Frage gestellt werden soll. Wohl aber sind bei der kunstgeschichtlich-stilistischen Beurteilung prinzipiell Einflüsse aus der ganzen zum damaligen Zeitpunkt römischen Welt möglich. Ebenso weist das inschriftliche Latein der Kaiserzeit in den Rheinlanden Züge auf, die nicht ortsgebunden sind. Was Namen angeht, insbesondere Namen von Gottheiten, aber auch Namen von Örtlichkeiten, Gewässern und bis zu einem gewissen Grad auch Personen, ist aus statistischen Gründen jedoch mit stark regional geprägtem Sprachmaterial zu rechnen, wie denn äusserst viele der keltisch-germanischen Matronennamen von örtlichen Hydronymen oder Toponymen abgeleitet sind.[344] Auch beim Götternamen *Gebrinius* ist daher von einer im Umkreis von Bonn gesprochenen Sprache auszugehen. Zum gegebenen Zeitpunkt – erste Hälfte des 3. Jahrhunderts – war Bonn als *Civitas Ubiorum* ein wichtiger römischer Militär- und Verwaltungsstützpunkt der Provinz *Germania inferior*.[345] Bei der in einem

---

[337] Dazu LEHNER 1930; LEHNER 1932.
[338] Publiziert in LEHNER 1929, S. 170 f.; LEHNER 1930, S. 19–22; LEHNER 1932, S. 145; ESPERANDIEU, RG 11, S. 94 ff.; NESSELHAUF 1939, S. 103ff. (Nrn. 186–195). Die bei GUTENBRUNNER 1936b, S. 391 angegebene Anzahl von 10 *Gebrinius*-Inschriften ist somit zu relativieren, obschon die fast vollständig verriebene Inschrift Nr. 80 bei LEHNER 1932, S. 145, den Namen nur unvollständig wiedergibt (*[Merc]urio [Gebr]inio*).
[339] LEHNER 1930, S. 42.
[340] Cf. LEHNER 1930, S. 32.
[341] Zur genaueren Lokalisierung des Tempels cf. RÜGER in RGA 3, S. 228.
[342] REICHERT 1987, S. 311 f.
[343] S. zu den Schlüssen, die aus diesen Angaben gewonnen werden können u. ab S. 90.
[344] Zur Systematik der Matronennamendeutung cf. VENNEMANN 1995a.
[345] Cf. EWIG 1954, S. 1 f.

engeren Sinne einheimischen Bevölkerung handelte es sich um die rechtsrheinisch-germanischen Ubier, denen man nach derzeitigem Kenntnisstand ein germanisches Idiom zuspricht. Die sprachliche Situation im fraglichen Gebiet ist jedoch äusserst komplex, wie die umfassende Untersuchung von L. WEISGERBER ergeben hat.[346] Denn mit der linguistischen Auswertung von Namenmaterial ist im Grunde noch wenig über die ethnisch-sprachliche Zugehörigkeit ihrer Trägerschaft gesagt. Wenn man jedoch von römisch-lateinischen, orientalischen und südosteuropäischen Sprachträgern der römischen Söldnerschaft absieht und strukturell-typologische sowie historische Gesichtspunkte in die Beurteilung des Namenmaterials einfliessen lässt, bleiben das Germanische und das Keltische die beiden ausschlaggebenden Sprachgruppen, und es darf, wie erwähnt, bei der Arbeit an Götternamen umso mehr mit einer dieser beiden Sprachen gerechnet werden. Dabei gilt es zu bedenken, dass gerade im ubischen Raum sprachliche Hybride nie auszuschliessen sind: nicht nur auf der Ebene der Verschriftlichung, die im wesentlichen lateinisch ist und daher in der überwiegenden Mehrzahl der Fälle eine latinisierende Flexionsmorphologie aufweist,[347] sondern auch auf der Ebene der Kompositions- und Derivationsmorphologie, auf der die Hybride durch dialektale Überlagerungen, Sprachkontakt, bestimmte Moden, dynastische Namengebungsgewohnheiten usw. zustande gekommen sein können.[348]

Ob das als Wortstamm zu isolierende Laut- und Schriftgebilde *gebr-* zu den besprochenen Namen auf *gabr-* gehört, ist umstritten, da die Lesungen einwandfrei gelingen.[349] S. GUTENBRUNNER, der sich als bisher einziger Forscher ausführlicher mit dem Namen auseinandergesetzt hat, kommt in der Beurteilung des Namens aufgrund fehlenden Vergleichsmaterials auf keine annähernd sichere Lösung des Problems.[350] Von GUTENBRUNNER werden folgende Deutungen erwogen: Einerseits schlägt er einen Anschluss an kelt. **gabros* 'Bock, Widder' vor als «umgekehrte Schreibung» mit dem Übergang von *e* in *a* in der Umgebung von *g* (dieser Wandel ist allerdings nur v o r *g* belegt) und mit dem für Jungtiere häufigen Suffix *-īn-*, also **gabrīnios* i. S. v. 'wer mit jungen Widdern zu tun hat'. Andererseits hät er auch kelt. **gebrinos* 'Jährling o. ä.' für möglich nach lat. *hibernus*, gr. χειμερινός 'winterlich' (idg. **gheimrino* nach WALDE – POKORNY I, S. 547) mit der im Gallischen gelegentlich bezeugten Entwicklung *-mr-* > *-br-*. Drittens stellt er es zu germ. **gibria-* (aisl. *gífr* 'Unhold', ae. *gífer* 'Schwelger, Fresser', *gífre* 'gierig') mit dem – allerdings nicht haltbaren – «Herrschersuffix»: **gebrino* 'Herr der Unholde' oder **gebrinio* 'der mit dem Führer der Unholde etwas zu tun hat' (sc. Wodan). GUTENBRUNNER erkennt die Unsicherheit seiner Deutungen jedoch selbst. HEICHELHEIM, dem GUTENBRUNNERs Arbeit noch nicht vorlag, zog assoziativ einen Zusammenhang mit den *Matronae Gabiae* und also einen ubisch-germanischen Ursprung des *Gebrinius* in Betracht.[351] Zu den *Gabiae* ist allerdings zu bemerken, dass es sich ausschliesslich um weibliche Gottheiten handelt, die die Cognomina *Gabiae* (und verschiedene Derivationen) tragen. Problematisch bleibt auf jeden Fall auch das Suffix resp. Suffixkonglomerat, das bei GUTENBRUNNER nicht ausreichend geklärt wird.

---

[346] WEISGERBER 1968.

[347] Die Ausnahmen sind fast an einer Hand abzuzählen und betreffen nur die Dativ-Pluralbildung einiger Matronennamen auf germ. *-ims* (*Aflims*, *Saitchamims*, *Vatvims*), cf. GUTENBRUNNER 1936a, S. 161; VENNEMANN 1994, S. 404.

[348] Cf. REICHERT 2001, S. 487, wo zurecht auf Namenmoden hingewiesen wird, die vom Prestige der Nachbarvölker abhängen, aus deren Sprachen Namen gegeben werden: «Voraussetzung dafür sind Kulturkontakte, die aber viel schneller erfolgen als ein Wechsel der Muttersprache». S. ferner MARKEY 1986, S. 258, der auf die «Celto-Germanic-Latino speech (as opposed to language!) community» verweist.

[349] Cf. GUTENBRUNNER 1936b, S. 391. Interessanterweise erscheint der *Gebrinius* aber bei DE VRIES, ARG II (2. A. 1957), im Register, S. 362 unter dem Stichwort 'Mercurius Gabrinius'. Auf dieselbe Assoziation verfiel auch OTTO HÖFLER, der in seinem persönlichen Exemplar von DE VRIES' ARG s. v. handschriftlich *Gabreta?* notierte (2. A. 1957, S. 31).

[350] Ebd., S. 391–393.

[351] HEICHELHEIM 1931, Sp. 994.

Unter den «Alien Divine Names» figuriert *Gebrinius* in den DAG, wo nur der Hinweis auf GUTENBRUNNER gegeben wird.[352] Zuletzt handelte MAURITS GYSSELING über den Namen und stellte ihn, offenbar als ablautende Bildung mit *r*-Erweiterung,[353] zur Wurzel idg. **ghabh-* 'reich; hervorragend, hoch' («Hornvieh wird nach seinen hervorragenden Hörnern genannt»).[354] Die spezifischen Funktionen der Wortbildungsmerkmale wie auch der Zusammenhang mit den *Gabiabus, Alagabiabus, Ollogabiabus, Friagabi, Ricagambedae*, die in diesem Zusammenhang genannt werden, bleiben bei GYSSELING aber unklar, da unabhängig von Ort, Zeit und Sprachzugehörigkeit alle Belege über einen Kamm geschoren werden. Was jedoch den Namen *Gebrinius* hier ins Blickfeld rückt (also im Zusammenhang mit der Deutung nach einem 'Hornvieh'), ist die bemerkenswerte aussersprachliche Tatsache, dass dem Gott auf der Hälfte der Weihesteine Widder und Böcke als Attributtiere beigegeben sind (*Abb. 2*). Dazu kommt, dass in Mürlenbach an der Kyll (Eifel) eine Weihinschrift an einen DEO CAPRION[I] (CIL XIII, 4142) gefunden wurde, dessen *i*-Formans (*io*-Ableitung) einerseits auf *Gebrinius*, dessen Anlaut *c*- und das erhaltene *-pr-* einen Zusammenhang mit der lateinisch-germanischen Familie des Bock-Wortes evoziert. Auf diese Fragen wird unten ausführlich zurückzukommen sein. Für eine Verbindung mit *gabr-* spricht des weiteren die in gewisser Weise als «missing link» zu betrachtende Stele von Gerstheim (Elsass). Das Steindenkmal (*Abb. 3*) zeigt eine im Halbrelief herausgearbeitete Männerfigur mit kurzem Mantel sowie eine darunterstehende, gut lesbare Inschrift GABRO (CIL XIII, 5971). Die in der Bibliothek von Strasbourg aufbewahrte Stele wurde im Krieg von 1870 zerstört und ist heute am besten in der Dokumentation von ESPERANDIEU (Bd. 7, Paris 1918, S. 217, Nr. 5644) zu betrachten.[355] Die Hypothese eines gewissermassen elliptischen *[sacrum Mercurio] Gabro*, die von DREXLER, IHM und auch ESPERANDIEU abgelehnt wird, ist gewagt, jedoch trägt die dargestellte Figur in ihrer Linken einen deutlich sichtbaren Beutel – ein Kennzeichen vieler Merkurdarstellungen und neben dem Caduceus zentrales Symbol des Gottes. Die Beweislage ist dünn, dennoch ist es reizvoll, angesichts der *Mercurius Gebrinius*-Denkmäler den Gerstheimer *Gabro* in den zu behandelnden Zusammenhang zu stellen.

Trotz aller Probleme bei der Deutung des Namens darf eines nicht ausser acht gelassen werden: Alle Belege für *Gebrinius* stammen aus ein und demselben Fundkomplex. Zieht man in Betracht, dass sich hier ein einmalig vorgegebenes Muster fortgepflanzt hat – über das in der Inschrift Nr. 48[356] verdoppelte -*n*- in *Gebrinnius* wird noch zu sprechen sein –, bleibt die Evidenz für ein sprachwirkliches *e* der Stammsilbe ebenso unsicher, wie wenn nur eine einzige Inschrift überliefert wäre. Daneben kann man sich aber auch in Erinnerung rufen, was P. SCARDIGLI im Zusammenhang mit der problematischen Entschlüsselungsarbeit der Matronennamen festgestellt hat: «Ein Wort oder ein Wortbestandteil kann von der erwarteten Norm abweichen oder keiner uns bekannten Norm folgen. Zum Wesen einer lebenden Sprache gehört nämlich, daß sie eigene Färbungen aufweist, die sich niemals mit denjenigen selbst der nächstverwandten decken. Abweichungen können mit dialektalen Zügen zusammenfallen.»[357] An Aussersprachlichem ist ferner zu bemerken, dass es sich bei *Gebrinius* um einen Beinamen von Merkur handelt, der, wenngleich es sich dabei auch um die interpretatio romana eines einheimischen Gottes handeln könnte (s. u. S. 80), gerade im gallisch-germanischen Raum immer wieder mit der typischen Funktion des Merkur als Gott der Herde auftritt.[358] Betrachtet

---

[352] WHATMOUGH, DAG, S. 941
[353] Zur Bildung eines primären Adjektivs.
[354] GYSSELING 1987, S. 1299.
[355] Hier auch eine Reihe nützlicher Literturangaben.
[356] LEHNER 1930, S. 21.
[357] SCARDIGLI 1989, S. 152.
[358] Cf. ROSS 1986, S. 126 f. S. 127: «[...] a powerful fighter, a protector of flocks and herds, a bestower of virility and fertility on man and beast.» Zu den vielfältigen Funktionen des *Mercurius* vgl. aber z. B. auch

man die Merkur-Funde unter einem statistischen Aspekt, so fällt auf, dass dieser Gott ganz besonders stark mit Belgien und den beiden Germanien zusammenhängt, da zwei Drittel aller nordalpinen Merkur-Funde aus diesen beiden Provinzen, dem Dekumatland und der Militärgrenze an der Donau stammen, während im gallischen Kernraum der Kult des galloromischen Mars den des Merkur bei weitem übertrifft.[359] Unter einem weiteren statistischen Gesichtspunkt können auch Aussagen über die Gruppierungen gemacht werden, die als Merkurverehrer in Frage kommen, doch soll davon erst in einem späteren Absatz die Rede sein (s. u. ab S. 90).

Abb. 2.

LEHNER 1931, S. 107 (Handelsgott), POLOMÉ 1997, S. 739 (*Mercurius* + Beinamen aus Stammesnamen oder topographischen Einzelheiten) sowie die bekannten Handbücher.
[359] HEICHELHEIM 1930, Sp. 1010.

Abb. 3.

Die im folgenden vorgeführten Überlegungen zu dem Götterbeinamen sollen primär Aufschlüsse über die sprachlichen Probleme bieten, doch soll dazu auch immer wieder auf Aussersprachliches zurückgegriffen werden. Insbesondere ist auf die bildlich-figürlichen Beigaben auf den Steinen Rücksicht zu nehmen.

4.2. Sprachliches

Vorab sei bemerkt, dass die Deutung eines so isoliert bezeugten Namens nie mit letzter Sicherheit geschehen kann, weshalb denn die Analysen in den folgenden Abschnitten lediglich als Vorschläge aufzufassen sind. Ohne unten detailliert darauf zurückzukommen ist hier im Zusammenhang mit dem Namen *Gebrinius* noch die gallische Töpfer-Inschrift L-30e von La Graufesenque (1./2. Jahrhundert) zu erwähnen, auf der nach Ausweis der Experten *furno uogebrico uastus catili [* zu lesen ist. Den

Passus *uogebrico* segmentiert LAMBERT in *uo-gebri-co*, also in ein Präfix *uo-* 'unter',[360] ein Appellativ **gabr-* und ein Zugehörigkeitssuffix *-co*, wonach das Element also im Sinne von 'l'endroit sous les chevrons' zu verstehen sei.[361] Die Deutung ist allerdings zu unsicher, als dass sie als zuverlässiges Gegenstück zu den *Gebrinius*-Inschriften zu verwenden wäre. Die Inschrift sei hier erwähnt, weil das in diesem Zusammenhang interessierende Wort, sollte es hierher gehören, den merkwürdigen *-e-*Stammsilbenvokalismus aufweist.

Die sprachliche Entschlüsselung des Beinamens *Gebrinius* hängt zunächst von der wurzeletymologischen Beurteilung seiner Stammsilbe *Gebr-* ab. Davon ausgehend können Aussagen über seine Wortbildung getroffen werden sowie, in weiteren Schritten, über sein Verhältnis zu den übrigen in dieser Arbeit zu besprechenden Wörtern. Dazu muss im ganzen etwas weiter ausgeholt werden bzw. rekapituliert werden, was bereits oben zu **gabros* (S. 51) gesagt wurde.

Zunächst scheint der *e*-Vokalismus[362] nicht für das Keltische zu sprechen, weswegen man an die Wurzel idg. **g^{h}eb^h-* 'fassen, nehmen; geben' denkt,[363] bei der es sich um ein Rekonstrukt handelt. Dieses berücksichtigt (abgesehen von einer unsicheren lit. Ausprägung *gebù* 'vermögen, fähig sein, gewohnt sein') das Germanische allein: germ. **geb-a-* 'geben' (cf. got. *giban*, ahd. *geban* usw.). Im allgemeinen geht man aber für das *geben*-Wort von einer laryngalischen Wurzel idg. **ĝ^h/g^{h}eHb-* 'ergreifen nehmen' aus, deren Vokalismus in den übrigen idg. Sprachen Europas kurzes *a* im Präsensstamm aufweist (daher auch der Ansatz **g^{h}ab^h-* 'nehmen, bringen, halten'[364]). Es gehören dazu insbesondere die Verben lat. *habēre* 'haben, halten' und air. *-gaib, -gaibet* 'nehmen'. Geht man bei *Gebrinius* also vom *geben*-Wort aus – und dafür spricht nicht zuletzt die Struktur g^hVb^h- –, so hätte man es mit einem germanischen Namen zu tun.

Als «Reimform» stellt man idg. **keH$_2$p-* 'fassen, schnappen' hierher. Der germ. Vertreter davon ist mit *a*-Vokalismus nur in got. *hafjan* 'heben' belegt,[365] das primärumgelautet allerdings auch noch in ahd. *heffen* u. ä. weiterlebt.[366] Der Wurzel **keH$_2$p-* weist man im allgemeinen problemlos lat. *capere*, *capio* 'fassen, nehmen' und gr. κάπτω 'schnappe, schlucke' zu, letzteres eine intensivierende Weiterbildung,[367] vergleichbar lat. *capto* 'greife, hasche, schnappe'. Die Wurzeln **ĝ^h/g^{h}eH$_2$b-* und **keH$_2$p-* haben onomatopoetischen Ursprung und liegen Verben der Bedeutung 'fassen, schnappen' zugrunde; sie zeigen die Struktur Velar-Vokal/Sonant-(Laryngal)-Labial.[368] Erstaunlicherweise ist es gerade diese Lautstruktur, die immer wieder prototypisch als Beispiel für lautmalerische Urschöpfung angeführt wird, cf. KRAHE – MEID III, S. 11 f.:[369] «So enthalten lat. *capere* 'ergreifen', got. *hafjan* 'heben' samt dem dazugehörigen Resultativum got. *haban* 'haben' eine idg. Wurzel *kap-*, die den Vorgang des

---

[360] Cf. DELAMARRE 2003, S. 324.
[361] Cf. DELAMARRE 2003, S. 326.
[362] PIRSON 1901 vermittelt in seiner Lautlehre der lateinischen Sprache der gallischen Inschriften einen Überblick über die lautlichen Besonderheiten und Wandelerscheinungen im Hinblick auf die späteren Einzelsprachen. Zu einem Wandel *a > e*, der «sous l'influence du *jod* posttonique» und «sous l'influence de *r*» (S. 1 f.) stattgefunden haben soll, gibt er allerdings keine Beispiele, so dass ein solcher Wandel, der für *Gebrinius < Gabrinius* prinzipiell, wenn auch nicht in jedem lautlichen Detail, in Frage käme, kaum gestützt werden kann.
[363] LIV, S. 193.
[364] SEEBOLD 1970, S. 218 f.; KLUGE-SEEBOLD 2002, S. 335 (s. v. 'geben').
[365] SEEBOLD 1970, S. 244 f.
[366] 3. Sg. *arheuit*, daneben mit Affrikate PPA *ubarhepfendi*, 1. Sg. *hepfu* und in Glossen weitere (< einer Intensivbildung germ. **χappiia-*), cf. LÜHR 1988, S. 356; des weiteren s. v. KIENLE 1969, S. 253 (§ 214). Weitere Sprachen: an. *hefja* 'heben, tragen', ae. *hebban* 'heben, erheben', as. *hebbian* 'heben', afr. *heva* 'heben'.
[367] Cf. FRISK I, S. 783.
[368] LIV, S. 195 (s. v. **ĝ/g^{h}eHb-*, Anm. 1).
[369] S. auch FRISK I, S. 783 f. (s. v. 'κάπτω').

Greifens und Zupackens lautsymbolisch wiedergibt; denn diese oder eine ähnliche Lautgebärde (*ghabh- in lat. habēre, air. gab- 'nehmen') entsteht, wenn durch entsprechende Bewegung der Sprachorgane die Greifbewegung der Hand nachgeahmt wird.» Es stellt sich damit das Problem der etymologischen Beziehung zwischen haben und geben bzw. zwischen lat. habēre und dt. haben, der hier nicht auf den Grund gegangen werden kann. Sicherlich dürfte man aber richtig gehen, wenn man, wie angedeutet, von «Reimformen» oder «Parallelwurzeln» ausgeht, die eine Lautgebärde als Ursprung haben.[370]

Um den Behelfsterminus «Reimform» zu vermeiden oder zumindest mit guten Gründen sprachwissenschaftlich vertreten zu können, müsste man ein Lautgesetz formulieren können, welches einen Übergang von $g^h V b^h$ zu kVp einsichtig machen könnte. In Frage kommen dabei als Mittler der Primäre Berührungseffekt oder auch Bartholomaes Gesetz. Trat an die Wurzel *$g^h e H b^h$- eine Tenuis an (man kann beispielsweise an ein -ti-Abstraktum oder an die PPP-Erweiterung -to- denken), müsste ein reanalysiertes Gebilde +ghep- entstehen, welches allerdings nach der Wurzeltheorie BENVENISTEs nicht existieren darf. Die Media aspirata würde ersetzt durch Tenuis, womit eine sekundäre Wurzel *kep- resp. *keHp- zum Zuge käme. Diese Annahme setzt verschiedene Prozesse von Reanalyse, Analogie usw. voraus, die im einzelnen nicht mehr nachvollzogen werden können. Tatsache könnte aber bleiben, dass die in der Semantik vergleichbaren Wurzeln parallel ihre Ausprägungen in den indogermanischen Fortsetzersprachen gefunden haben. Lat. caper, zu capio, setzt folglich *$keH_2 p$- fort, kelt. *gabros liegt unter diesen Voraussetzungen *$\hat{g}^h/g^h e H b$- zugrunde.

Setzt man nun für Gebrinius als Wurzel *$g^h e H b^h$- 'fassen, nehmen; geben' an, so wäre man wiederum bei den Grundlagen von geben, wo sich der Vokalismus, wie oben beschrieben, unregelmässig verhalten hat.[371] Gründe dafür sind schwer zu finden; man dachte an Beeinflussung durch den -e-Vokalismus in *nemanan oder auch an sekundäre Angleichung des Vokals an das System der germ. starken Verben (V. Klasse).[372]

Nach dem Vokalismus zu urteilen, erwiese sich Gebrinius letztlich also als germanischer Name. Dies würde gestützt durch die enge Beziehung des Gottes mit den germanischen Aufanien. Diese Beziehung wird noch ausführlicher zu diskutieren sein.

Nun stellt sich sogleich auch die Frage nach der Wortbildung; r-Suffixe (idg. -ro-, germ. -ra-) bilden vorwiegend primäre Adjektiva zu Verbalwurzeln mit meist aktivischer oder intransitiver Bedeutung.[373] Diesem Bildungsmuster entsprechen auch die maskulinen Substantiva caper, κάπρος,[374] und es spricht auch nichts dagegen, in Gebrinius ein solches -r-Suffix anzunehmen, dem sich allerdings ein -n-haltiges Suffix und ein wohl halbvokalisches -i- angeschlossen hat. Bevor das n-haltige Suffix behandelt wird, kann man im Sinne einer Zwischenbilanz allenfalls bereits etwas zur Semantik sagen: Wie bei germ. *haƀraz und kelt. *gabros kann ein voreinzelsprachliches Nomen agentis angesetzt werden, für das sich bei *haƀraz eine demgemäss voreinzelsprachlich-denotative Bedeutung 'Ergreifer' o. ä. ergeben hat, die einzelsprachlich lexikalisiert jedoch so nicht mehr transparent war. Liegt also bei Gebr-inius ebenso ein ‹stammhaftes› Nomen agentis vor, hat man, wenn man von der Bedeutung der Verbalwurzel 'geben' ausgeht, an 'Geber' zu denken, wenn man von 'fassen' ausgeht, an dieselbe Bedeutung wie bei *haƀraz, wobei in diesem letzten Fall eben die lexikalisierte Bedeutung 'Bock' zum Zuge käme. Nun ist jedoch die Annahme eines Nomen agentis in diesem Fall nicht ganz so problemlos, wie es scheinen mag. In der Tat werden Nomina agentis zu der

---

[370] Cf. dazu und im folgenden KLUGE-SEEBOLD 2002, S. 380.
[371] S. auch SEEBOLD 1970, S. 218 f.
[372] Cf. OREL, HGE, S. 130, mit weiterer Literatur.
[373] LEUMANN, LLF, S. 315 (im Lat. ohne eindeutige Funktion). KRAHE – MEID III, S. 78.
[374] Cf. auch CASARETTO 2004, S. 416.

fraglichen Zeit nicht mittels -r-Suffix gebildet (nicht zu verwechseln mit dem -ārja-Suffix), sondern in der Regel mit der n-Stämme bildenden -ja-Ableitung. Erfreulicherweise erweisen gerade die Gabiae-Namen (*gab-jō-) diesen Bildungs- und Bedeutungstyp und machen es daher unwahrscheinlich, dass Gebrinius als durchsichtige Bildung 'Geber' o. ä. geschaffen wurde. Wir können also annehmen, dass in Gebr(inius) tatsächlich ein Wort für den 'Bock' vorliegt: Die Konsonantenstruktur entspricht dem keltischen *gabros, der Vokalismus ist der im Germanischen entgleiste. Die Kontaktzone wäre unter diesem Gesichtspunkt also eine ‹Kontaminationszone›. Auf die aussersprachlichen Indizien, die Wort und Begriff 'Bock' nahelegen, wird im weiteren Verlauf der Arbeit zurückzukommen sein.

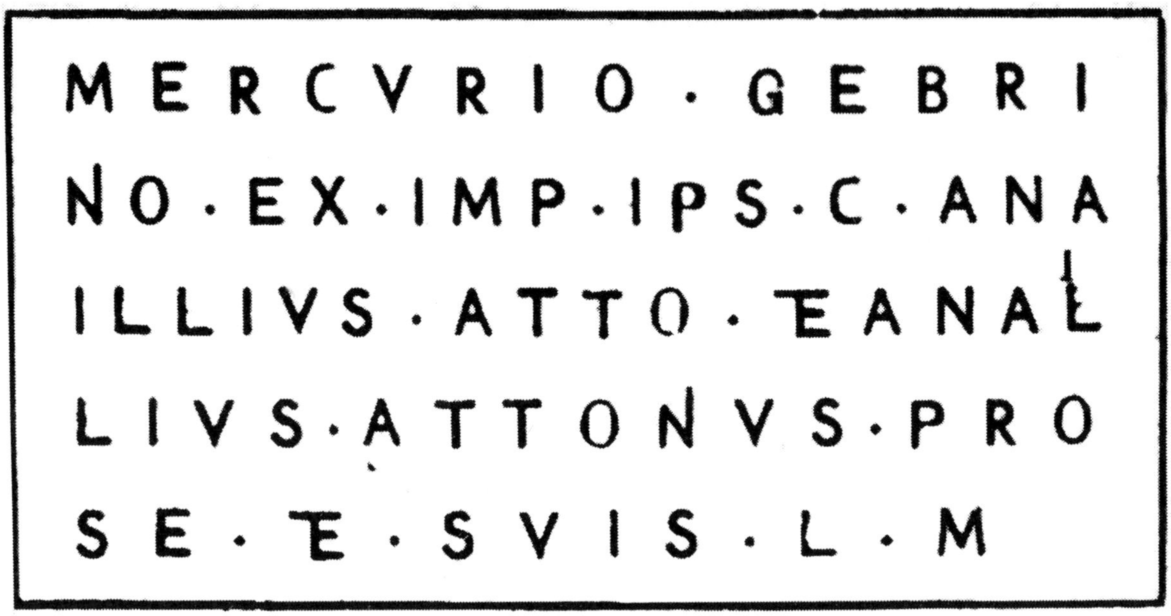

```
MERCVRIO · GEBRI
NO · EX · IMP · IPS · C · ANA
ILLIVS · ATTO · EANAL
LIVS · ATTONVS · PRO
SE · E · SVIS · L · M
```

Abb. 4.

Zunächst erscheint nun ein *n*-haltiges Element, welches sich an den Stamm *Gebr-* anschliesst: Naheliegend ist, es mit dem lat. Suffix *-īnus* zu identifizieren, das vorzugsweise für Bezeichnungen von Tieren (cf. *suīnus, arietīnus* usw.) zum Einsatz kam.[375] Auf die Qualität der Ableitungssilbe könnte die einmalige Form *Gebrinnio* hinweisen,[376] wonach *-i-* also kurz wäre. Lat. *-inus/-īnus* drückt im allgemeinen Herkunft oder Zugehörigkeit aus. Im Lat. ist die Ableitung durch *-īnus* insgesamt charakteristischer, zumal man in den vorliegenden spätantiken Belegen noch nicht zwingend mit Konfusionen in der Auffassung und Repräsentation der Vokalquantitäten zu rechnen hat. Die Kürze der Ableitungssilbe lässt später oftmals griechischen Einfluss erkennen, womit hier jedenfalls kaum zu rechnen ist. Die langvokalische Ableitung (idg. *-īno-, -eino-*) dient zur Bildung von Beschaffenheit, Art und Abstammung ausdrückenden Adjektiven, letzteres insbesondere bei den zwischen Abstammung und Deminution schwankenden Bezeichnungen von Jungtieren,[377] wobei die Deminution mittels dieses Suffixes gerade im Germanischen charakteristisch geworden ist. Letztlich schliesst sich aber noch ein *-i-*haltiges Element an, dem dann das Flexiv *-o*, Dat. Sg. der lat. vokalischen Flexion der Maskulina, folgt. Das *-i-*haltige Element (idg. *-i̯o-*) ist wiederum ein Formans zur Bildung primärer Adjektiva, auch verwendet für Verbalabstrakta und zur Bildung sekundärer Ableitungen.[378] Die

---

[375] LEUMANN, LLF, S. 326; STOTZ, HLSMA 2, VI § 74.1.
[376] LEHNER 1930, S. 21.
[377] KRAHE – MEID III, S. 112.
[378] LEUMANN, LLF, S. 288 ff.; KRAHE – MEID III, S. 70.

Entscheidung für die eine oder andere Bildeweise ist hier jedoch müssig, da mit der Anbindung des Wortes an *Mercvrio* zweifellos ein Adjektiv vorliegt (bzw. ein die Form eines Adjektivs tragendes Cognomen). Schwieriger ist jedoch, wie man gesehen hat, die Frage nach der Bestimmung der *-n-* Ableitung. Soweit also eine Analyse, die von isolierten Morphemen ausginge. Wie sogleich zu zeigen sein wird, liegt aber wohl eine germanische Ableitung in leicht latinisierter Gestalt vor.

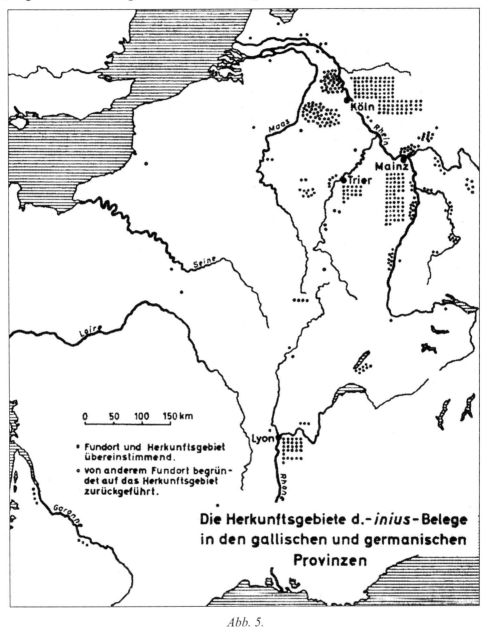

Abb. 5.

Am ausführlichsten hat L. WEISGERBER über das *-inius*-Suffix gehandelt.[379] Nach grossflächiger Auszählung des Namenmaterials von CIL XIII und dessen Nachträgen (auch im Hinblick auf die geographische Verteilung[380]) konnte WEISGERBER den Nachweis erbringen, dass die *-inius*-Ableitungen

---

[379] WEISGERBER 1972, passim; WEISGERBER 1968, S. 137, 155 u. insb. S. 386–392. Zusammenfassend bereits WEISGERBER 1965, S. 36 f.
[380] Cf. Abb. 9 bei WEISGERBER 1968, S. 387.

im ubischen Namenbestand einen prozentualen Anteil von über 8,5% ausmachen, was zugleich den höchsten Anteil eines einzelnen Wortbildungsmusters darstellt (*Abb. 5*).[381] Darüber hinaus konnte WEISGERBER zeigen, dass es sich beim *-inius*-Suffix um ein Gentilnamensuffix handelt (s. u.). Bemisst man den Anteil der *-inius*-Namen an allen ubischen Gentilnamen, so kommt man zu dem Ergebnis, dass offensichtlich jeder fünfte Ubier ein *-inius*-Gentiliz trug. Für eine Interpretation des Suffixes *-inius* kommen zunächst in Frage die patronymische Weiterbildung zu lat. *-inus*, das keltische Deminutivsuffix *-inio* und schliesslich germanisches *-inja*. Die erstere Bildung ist ein gewöhnliches lateinisches Namenbildungsmuster für Gentilizien, das allerdings beschränkt und massvoll verwendet wurde. Vor allem in den Provinzen entwickelte es jedoch hohe Produktivität und war insbesondere auch in Gallien und den rheinischen Provinzen beliebt. Über *-inus* als Zwischenstufe wurden sodann häufig «Pseudogentilizien» auf *-inius* gebildet, ein Suffixkonglomerat, dessen zweiter Bestandteil, das ererbte, normale lat. Patronymsuffix *-i̯o*-, ab dem 2. Jh. hauptsächlich zur Bildung der sog. Supernomina oder Signa verwendet wurde, die die klassischen Cognomina verdrängten.[382] Diese Beobachtung diente für WEISGERBER als methodische Handhabe zur Beurteilung a l l e r *-inius*-Ableitungen, insofern für das lateinisch-gallische Suffix (nicht das keltische) immer die Zwischenstufe *-inus*- belegt sein musste (also nach dem Muster *Iustus – Iustīnus – Iustīnius*). Da diese gerade im germanischen Gebiet äusserst selten aufscheint, stellte sich die Frage nach einer Verselbständigung des Suffixes (und somit wohl einer spezifischen «Mode» der Namenableitung) oder nach einer einheimischen Bildungsmöglichkeit – und damit einer im epigraphischen Material aufscheinenden Homographie der Namensuffixe. Auffällig ist weiter, dass entgegen der anzunehmenden Länge des /ī/ der lat. Ableitung einige Belege eine Kürze nahelegen, nämlich bei Bildungen, die synkopiertes <i> oder einen Wechsel mit <e> (*-enius*) aufweisen. Zwar sind im ubischen Namenmaterial die Namenstämme in der überwiegenden Zahl römisch-mittelländisch, doch treten gerade (und statistisch gehäuft) bei den Ubiern auch germanische Wortstämme auf. Bei fehlender *-inus*-Stufe in den gallischen Belegen und den wieder etwas häufigeren in den treverischen ist der Ansatz des keltischen Deminutivsuffixes nicht ganz von der Hand zu weisen, wie MARSTRANDER zeigen konnte, nämlich indem für das Nebeneinander von ir. *Catt* und *Caittne* eine Vorstufe **Cattos – *Cattinius* anzusetzen ist.[383] Diese Erklärung erweist sich für das ubisch-rheinische Material allerdings als abwegig, da die Überlieferungsform und die statistische Häufigkeit des Suffixes die Deminution unwahrscheinlich machen. Vielmehr liegt in diesem Namenkorpus eine verhältnismässig stabile Verwendung des Patronymikons vor, die entgegen dem provinzialrömisch-gallischen Gebrauch nicht zum wechselnden Pseudogentilizium führte, sondern zu einer Art Sippenname, der sich über mehrere Generationen erstreckte.[384] Die morphologische Basis hierfür bildet germ. **-īnio-*. Zugrunde liegt die produktivste Ableitung für Nomina agentium des Germanischen mittels *-ja(n)*-Suffix, das gerade für die ältesten (vor der jüngeren Produktivität der *-ārja*-Ableitung) Bildungen verantwortlich ist. Das Suffix charakterisiert gerade auch Substantivierungen von Adjektiven (und Movierungen: vgl. die Feminina auf **-injō*[385]) und erweist sich somit für Zugehörigkeitsbildungen als äusserst geeignet. Freilich stimmt damit das Namenmaterial nicht im wortwörtlichen, das heisst graphematischen Sinne überein, da die Latinisierung (und die Homographie mit den besprochenen römisch-gallischen und keltischen Formen) Spuren hinterlassen hat. Die individualisierende *n*-Ableitung, gekoppelt an agentivisches *-ja* ist aber sicherlich ein

---

[381] Cf. WEISGERBER 1972, S. 935; die Beleg- und Beweislage mit Hunderten von Beispielen ist dabei signifikant genug.
[382] RIX 1995, S. 727, 729.
[383] MARSTRANDER 1910, S. 378 (in der Anm.).
[384] WEISGERBER 1968, S. 391 f.
[385] Cf. KLUGE 1926, S. 22 f. (§ 39 ff.).

starkes Merkmal für die latinisierte germanische Wortbildung. Ein Gegenstück hat sie, wie unten zu zeigen sein wird, in der ebenfalls im ubischen Raum sehr produktiven Bildeweise auf *-io, -ionis*.

Zusammenfassend kann man also festhalten, dass die *-r-*Ableitung bereits ein Substantiv indiziert, dem sich eine dieses Gebilde näher charakterisierende *n-*Ableitung (wohl germanischer Ausprägung) anschliesst. Diese wiederum wird adjektivierend als Apposition zum Bezugswort, dem Götternamen *Mercurius*, gestellt. Es scheint nun, dass mit diesen Charakterisierungen der lautlichen und morphologischen Verhältnisse wenig gewonnen ist. In der Tat hängt jede Interpretation an der Deutung der Wurzel. Mangels gegenteiliger Evidenz bleibt es doch immer noch der naheliegendste Gedanke, *Gebrinius* zum Wort für den 'Bock' zu stellen, also zu *$g^he(H)b^h$-* nicht in der Bedeutung 'geben', sondern in der alten Bedeutung 'fassen, ergreifen'. Dies ergibt sich aus der Tatsache, dass, wie oben gezeigt, in den germanischen und hybrid keltisch-germanischen Matronennamen auf *-gabiae* das *geben*-Wort als eindeutig in dem Element *gab-* mit der charakteristischen *-ja*-Ableitung erkannt werden muss (cf. *Garmangabis, Gabiae, Alagabiae, Ollogabiae* [wohl eine hybride Bildung[386]], *Friagabis*).[387] Die Wurzel steht hier folglich in der abgetönten Vollstufe (Averbostufe 2) wie auch das Abstraktum got. *gabei*, das man – trotz Unklarheiten – zu *geban* resp. got. *giban* stellt.[388] Und auf der anderen Seite steht *Geb-* in der Vollstufe, was darauf hindeutet, dass doch zwei verschiedene semantische Ausprägungen der Wurzel vorliegen könnten. Man könnte also annehmen, dass *Gebr-* die germanische Entsprechung von kelt. **gabr-* ist, jedoch nicht überlebt hat, da mit **haƀraz* bereits ein Wort vorhanden war, welches den 'Bock' bezeichnet hat. Oder anders formuliert (als chronologische Schichtung in der Kontakt- oder Kontaminationszone): Germanisches **gebr-* ist durch keltisches **gabr(o)-* verdrängt worden. Es hat im religiösen Wortschatz zwar offensichtlich rudimentär überdauert, ist jedoch in der germ. Alltagssprache vom Erbwort **haƀr(a)-* ganz abgelöst worden. Gleichzeitig zeigt der *Gabrus* von Gerstheim ganz keltisches Gepräge. Es ist zwar nicht beweisbar, dass es sich dabei um einen Merkurbeinamen handelt, doch spricht dafür wenigstens seine ikonologische Ausstattung. Wir besässen damit einen germanischen *Mercurius Gebrinius* in der Kontaktzone und daneben einen keltischen *Mercurius Gabrus* in der Belgica.

Mit dem mit grosser Wahrscheinlichkeit als germanisch erkannten Suffix *-īnius-* stellt sich die Frage der weiteren sprachlich-ethnischen Deutung: Darf *Gebrinius*, da auch der Stamm **gebr-* mit einiger Vorsicht als germanisch aufgefasst werden kann, als ubisch-germanische Gottheit verstanden werden?[389] Die Namen der Dedikanten sind in diesem Belang nicht sehr aufschlussreich, einzig *Anaillius Atto*, der in Inschrift Nr. 47 (LEHNER 1930, S. 20) als Dedikant auftritt (*Abb. 4*), könnte mit *Atto* einen germanischen Namen tragen: *Mercurio Gebri|nio ex imp(erio) ips(ius) . C. Ana|illius Atto*

---

[386] Cf. BIRKHAN 1970, S. 543 f.
[387] Anders allerdings VENNEMANN 1994, S. 409, Anm. 21, der angesichts des Siedlungsnamens *Gevenich* von einer (auch sonst in den Matronenbeinamen zu erkennenden) Dublette ausgeht: ⁺*Gab-a* ↔ ⁺*Gab-in-a* – und also nicht die Wurzel des 'geben'-Worts voraussetzt, sondern (unausgesprochen, aber dem Kontext und dem Beweisthema zu entnehmen) wohl eine toponymische oder hydronymische Basis einer Substratsprache. Der Autor weist auch darauf hin, dass 3,5 km westlich des Hauptfundorts der *Gabiae*, Rövenich, der Ort *Geich* liege (1195 *Geich*): «dabei könnte es sich um ein altes ⁺*Gab-iac-um* oder ⁺*Gab-ic-um* handeln.» Trifft diese Annahme auch zu, so ist dennoch nicht von einer möglichen volkstümlichen Überlagerung durch das 'geben'-Wort abzusehen. Die ausgeprägte Fruchtbarkeitsikonographie der *Gabiae*-Weihungen, die die Matronen als Segensspenderinnen ausweisen, könnte dabei als Volksetymologie der Art gewertet werden, wie mittelalterliche und neuzeitliche Ortswappen zahlreiche Ortsnamen volksetymologisieren. Meines Erachtens sollte die 'geben'-Etymologie der *Gabiae*-Matronen allerdings aufrechterhalten werden, nicht zuletzt aufgrund der Bestimmungsglieder *Garman-, Ala-, Ollo-* und *Fria-*, die sich inhaltlich gut mit der 'Geberinnen'-Deutung abstimmen lassen.
[388] Cf. FEIST 1939, LEHMANN 1986 s. vv. Anders KLUGE 1926, § 116a, Anm. 1 (S. 61).
[389] WEISGERBER 1968, S. 323 rechnet ihn lediglich zu den «einheimischen Gottheiten» und scheint GUTENBRUNNERs (1936b, S. 391) keltischer Deutung zuzustimmen (ebd., S. 325).

et Anail\lius Attonius pro | se et suis l(ibentes) m(erito)). Er wird denn auch von WEISGERBER zu den
«vertretbaren germanischen Deutungen» gestellt.[390] Der Name *Anaillius* derselben Inschrift dürfte
jedoch keltisch sein[391] und die ethnische Relevanz von *Atto* (mit dem Gentiliz *Attonius* ohnehin)
wieder in Frage stellen. Von anderen Voraussetzungen ausgehend deutet G. ALFÖLDY den Namen als
keltisch.[392] Angesichts der fragwürdigen Gleichsetzung von Ethnos und Namengebung, sind diese
Fragen aber einerlei. Die Dedikantennamen der übrigen *Gebrinius*-Altäre tragen lateinische und
keltische Namen (z. B. *Sacer*, *Adnamatius*), Germanen sind fernerhin keine auszumachen. So ist nun
WEISGERBERS Faustregel: «So ist die Verbindung einheimischer Name + Weihung an einheimische
Gottheit ziemlich beweiskräftig.» m. A. n. zwar einleuchtend, jedoch nach dem oben Gesagten nicht
als Dogma zu verstehen. Gerade das von WEISGERBER als typisch ubisch eingestufte Suffix *-īnius-*
trägt seinen Teil zur germanischen Deutung bei. Offensichtlich liegt mit einem Götternamen aber ein
etwas anders gelagerter Fall vor. Ein solcher Name entzieht sich ja aus aussersprachlichen Gründen
zunächst einer ‹ethnischen› Deutung. Ein *Mercurius* in Bonn ist bekanntlich nicht der römische
Merkur, sondern die interpretatio romana eines gallischen *Teutates* oder *Lugus* usw.[393] resp. eines
germanischen *Wodan*, wozu HEICHELHEIM in einem statistischen Gesamtüberblick und im Vergleich
mit den Mars-Appositionen feststellen kann, dass «germanische Beziehungen mit dem Komplexe
seiner Verehrung im Gegensatz zu Mars anscheinend unlöslich verknüpft sind.»[394] So bleibt es auch
aus diesem Blickwinkel letztlich unentschieden, welcher Sprache man *Gebrinius* zuzuweisen hat, und
es wird zu fragen sein, welche Funktion im weiteren Sinne dieser Merkur-Gottheit zukommt.

4.3. Die Fruchtbarkeitsikonographie des Bonner Aufanienaltars
LEHNER 1930, Nr. 7

Ungeachtet der beschriebenen sprachlichen Schwierigkeiten wagte C. B. RÜGER 1983 eine Interpretation der Inschriften, die aufgrund aussersprachlicher Evidenz einen Zusammenhang des Merkurbeinamens mit der Ziege nahelegt.[395] RÜGER nahm an, dass die Fruchtbarkeitsgottheiten, zu denen die rheinischen *Matronae* zweifellos gehören, teils korrespondierende männliche Gottheiten zur Seite hatten, die von verschiedenen Merkurtempeln bekannt sind.[396] Da unter der Bonner Münsterkirche hauptsächlich Denkmäler des Aufanienkults[397] freigelegt werden konnten, ging RÜGER davon aus,

---

[390] WEISGERBER 1968, S. 160 (Nr. 4). Im gleichen Atemzug verweist WEISGERBER aber darauf, dass *Attonius* (Nr. 7) aus Uz-Memmingen zu einer kleinen Zahl von Namen gehöre, die nicht durchsichtig seien und in denen zumeist fremdes Namengut stecke (WEISGERBER 1968, S. 357). *Attonius* erscheint aber auch auf dem fraglichen *Gebrinius*-Weihestein, wobei es fraglich ist, ob hier nicht lediglich die patronymische Ableitung von *Atto* vorliegt.

[391] Er erscheint in der Form *Anaillus* einmal in Limoges in der Aquitania sowie einmal in Plombières in der Gallia Belgica. Cf. NESSELHAUF 1939, S. 104. S. auch HOLDER, AcS I, Sp. 134 mit anderen, aber durchweg binnengallischen Lokalisierungen.

[392] ALFÖLDY 1967, S. 10–16.

[393] S. DE VRIES 1961, S. 40–56.

[394] HEICHELHEIM 1931, Sp. 1010.

[395] RÜGER 1983.

[396] RÜGER 1983, S. 213.

[397] Die Belege für die *Aufaniae* belaufen sich bis heute auf fast 90, womit sich die aufanischen Matronen als die nach den *Austrahenae* am häufigsten belegten mehrzahligen weiblichen Götternamen erweisen (cf. SIMEK 1995, S. 31). Dennoch gibt es noch keine anerkannte Deutung für den Namen (cf. auch GUTENBRUNNER 1936, S. 159–161 mit den bis dahin vorgelegten Interpretationen), obschon NEUMANN 1987 eine durchaus plausible Lösung (**au-fanja* bzw. *au-fani* 'abgelegenes Fenn': Präfix **au-* + germ. **fanja-* 'Sumpf') angeboten hat, die sich zudem mit der von VENNEMANN mehrfach postulierten typologischen Deutungsmethode

dass der einmalige *Mercurius Gebrinius* eine Art «husband god» zur Muttergottheit[398] der *Aufania(e)* darstelle.[399] Ausgangspunkt für diese Beurteilung ist ein ausserhalb der Krypta gefundener Aufanienaltar (vgl. Nr. 7 bei LEHNER 1930, neu beurteilt bei LEHNER 1932, S. 136 ff.; Nr. 7772 bei ESPERANDIEU, RG 11, S. 89f.), den *Titus Statilius Proculus*, Präfekt der *Legio I Minervia*, und seine Frau *Sutoria Pia* einlösten[400] und der nach epigraphischen und kunstgeschichtlichen Kriterien in die Jahre um 185[401] oder ins frühe 3. Jahrhundert[402] datiert werden kann (*Abb. 6–9*). Auf der Rückseite des ursprünglich wohl freistehenden Altars ist eine Szene eingemeisselt,[403] auf der in einer Felslandschaft ein Baum dargestellt ist. Aus einem Astloch des Baums kriecht eine Schlange, und auf dessen oberen Ranken ist ein Nest mit drei Vögeln zu sehen. Im unteren Bereich der Darstellung zeigt die sorgfältig gearbeitete Altarrückseite drei Ziegen mit einem einzigen Kopf.[404] Zwei der Körper stehen, einer liegt. Ferner hält der Ziegenkopf einen merkwürdig geformten Gegenstand im Mund. Man muss hier anmerken, dass der Baum mit der Schlange und dem Vogelnest auf der besprochenen Szene den Vordergrund abgibt, während die Ziegendarstellung unmittelbar h i n t e r dem Baum angeordnet ist. Man kann dies selbstverständlich als Lizenz des Bildhauers oder der Auftraggeber ansehen. Dennoch ist es gerade diese bewegte Szene, die sich dem Betrachter als erstes aufdrängt, die, wenn nicht den Vordergrund, so doch das Zentrum der Bild a u s s a g e abgibt.

Während das Motiv des Baums mit Schlange und Vogelnest hinlänglich bekannt ist,[405] scheint die Ziege mit drei Körpern einen einmaligen Fund darzustellen. Die antike Ikonographie kennt sehr wohl weitere mehrkörperige Tiere, beispielsweise auf etruskischen (Löwen) und chalkidischen Vasen (Hirsche).[406] Eine ähnliche Szene wie die von Bonn findet sich auf einem hellenistischen Reliefbild,

---

der germ. Matronennamen deckt, die sich aus der spezifischen Morphologie der Namen ableitet, cf. z. B. VENNEMANN 1995a, S. 273.

[398] Den Terminus ‹Muttergottheit› lehnt HORN 1987, S. 54, mit der Begründung ab, Matronendarstellungen mit Kindern oder Hunden gebe es im Ubiergebiet nicht. Diese Einschränkung des Begriffs mag für bestimmte Belange durchaus ihre Berechtigung haben. Man darf den Begriff jedoch auch etwas weiter fassen und ihn unter dem der ‹Fruchtbarkeitsgottheit› subsumieren (cf. zur Begrifflichkeit auch POLOMÉ 1979, POLOMÉ 1987). Letztlich sprechen aber auch die Gattungsnamen *matres* bzw. eben *matronae* für eine allgemeiner aufzufassende Geltung des Terminus ‹Muttergottheit›. Zur Fruchtbarkeitsfunktion der Matronen (und der Aufanien im speziellen) cf. auch MARKEY 1986, S. 257.

[399] Den Zusammenhang mit den Aufanien nimmt DE VRIES, ARG II § 364, zum Anlass, *Gebrinius* für germanisch zu halten: «Weil dort [sc. in und bei der Münsterkirche in Bonn] auch eine sehr große Menge Widmungen an die zweifellos germanischen *Matronae Aufaniae* [...] zutage gefördert worden sind, ist es nicht unwahrscheinlich, daß auch dieser Mercurius eine germanische Gottheit war, was auch sein Name bezeugt. Über den Charakter dieses Bonner Lokalgottes sind wir aber noch im unklaren.» In bezug auf den ‹germanischen Namen› verweist DE VRIES auf den Aufsatz von GUTENBRUNNER (1936b), bemerkt allerdings, dass die «Anknüpfungen an germanische Wortsippen» wenig überzeugend seien.

[400] Cf. auch WEISGERBER 1969, S. 305.

[401] RÜGER 1983, S. 214.

[402] V. PETRIKOVITS 1963, S. 59.

[403] Beschreibung und Nachzeichnung bei RÜGER 1983, S. 213 f. (Abb. S. 217); LEHNER 1930, S. 7 und Taf. V. Text mit Übersetzung bei V. PETRIKOVITS 1963, S. 59, Abb. S. 21.

[404] Diese Feststellung bereits bei der Erstedition v. LEHNER 1930, S. 7 u. 38.

[405] Es handelt sich um ein Motiv, das aus späthellenistischer und augusteischer Tradition stammt und die unbarmherzigen Kräfte der Natur symbolisiert; cf. V. PETRIKOVITS 1963, S. 58 u. RÜGER 1983, S. 214. Anders LEHNER 1932, S. 136 f., wo auf HOMER, Ilias II, 305 ff. verwiesen wird: «Bei dem Opfer der Griechen in Aulis vor der Abfahrt in den trojanischen Krieg wand sich plötzlich eine große Schlange an einer Platane hinauf und vertilgte dort acht junge Sperlinge und die Alte [...]». Das Motiv wird bei CICERO, OVID, PAUSANIAS u. a. m. wiederholt und verliert in hellenistischer Zeit seinen heroischen Charakter und wird stattdessen in eine idyllisch-bukolische Szenerie übersetzt.

[406] Literatur bei LEHNER 1930, S. 38.

auf dem eine Nymphe, ein Panisk und ein Satyrknabe in einer Felslandschaft dargestellt sind, in der sich auch zwei Ziegen aufhalten, ferner ein Baum mit Schlange, Vogelnest und Vögeln.[407] Während es

Abb. 6.

sich dabei jedoch eher um eine lose gruppierte Kombination von Bukolik und autonomem Naturgeschehen handelt, gibt das Symbol der rohen Natur mit Baum, Schlange und Vogelnest in Bonn eher die Kulisse für die auffällige Ziegenszene ab. Es nimmt der merkwürdigen Darstellung nichts an Auffälligkeit, wenn hier noch angefügt sei, dass in unmittelbarer Nähe des beschriebenen Aufanienaltars ein zweiter gefunden wurde, auf dessen Rückseite ebenfalls ein Baum, drei Ziegen und eine Schlange dargestellt sind (Nr. 6 bei LEHNER 1930).[408] Dieser Altar, der von RÜGER nicht mitbehandelt wurde,

---

[407] Cf. LEHNER 1930, S. 38, Anm. 12–12a.
[408] Cf. Nr. 6 bei LEHNER 1930, S. 7 (u. Tafeln II–III).

ist im unteren Drittel stark beschädigt; die drei Ziegen sind dabei nur sehr undeutlich zu erkennen. Ob sie wie Nr. 7 in einem Kopf zusammenlaufen, ist nur schwer zu beurteilen. Die Darstellung mehrerer Tierkörper, die in einen Kopf zusammenlaufen, ist aus der antiken Kunst seit mykenischer Zeit gut bezeugt und hat selbst Verwandte in der mesopotamischen, ägyptischen und hethitischen Kultur. Die Motivik lebt auch im Mittelalter mit ungebrochener Kraft weiter und findet sich selbst noch in Darstellungen des 18. Jahrhunderts. Meist handelt es sich um heraldische Darstellungen oder die Gruppierung von mehreren Tieren zu einer Art Wirbelornament um einen Kopf als Mittelpunkt. W. DEONNA hat diesen Bildtypus eingehend untersucht und ist zu dem Ergebnis gelangt, dass nebst ornamentalem und heraldischem Zweck mit dieser Darstellungsweise auch die multiple Natur der betroffenen Wesen verbildlicht werden konnte: «Des êtres à double corps et à tête unique, comme d'autres monstres dont les organes sont confondus ou répétés, peuvent exprimer ainsi leurs natures, leurs fonctions doubles ou multiples, à la fois une et diverses.»[409] Die Darstellung auf der Rückseite des zu besprechenden Aufanienaltars weicht jedoch signifikant von dieser traditionellen Darstellungsweise ab, indem die Tiere – nicht zuletzt mit ihrer teilweisen Situierung hinter dem Baum – ganz asymmetrisch angeordnet sind und in keiner Weise ein Ornament bilden. LEHNER hielt die Szenerie auch zwei Jahre nach der Erstedition des Steins noch für eine «Laune des Künstlers», eine «künstlerische Spielerei» und musste feststellen, er vermöge für «die Deutung des Bildes und seines schlechter erhaltenen Gegenstückes [sc. Nr. 6], namentlich ihrer Beziehung zu dem Aufanienkultus [...] nichts weiter beizubringen.»[410] Auch für P. JACOBSTHAL bilden die jüngeren «compound bulls, goats, deer, horses [...] not more than an amuzing puzzle», während er den älteren Darstellungen «a place in myth» zugesteht.[411]

```
MATRONIS
AVFANIABVS
T·STATILIVS
PROCVLVS
PRAEFECTVS
LEG·I·M·P·F·ET
SVTORIA·PIA·EIIVS
V · S · L · M ·
```

Abb. 7.

---

[409] Cf. DEONNA 1930, S. 71 ff.
[410] LEHNER 1932, S. 137 f.
[411] JACOBSTHAL 1944, S. 51.

Abb. 8.

Erst H. V. PETRIKOVITS erkannte 1963 in der merkwürdigen Darstellung mehr als nur eine Spielerei und widmete der Inschrift einige aufschlussreiche Bemerkungen, indem er sie mit oberitalienischen Matronensteinen verglich.[412] Wenngleich sich die Würdigung (wie teils auch RÜGERs Beitrag von 1983) ziemlich phantasiereich ausnimmt, so dürfte sie doch im Kern das Richtige getroffen haben:

---

[412] V. PETRIKOVITS 1963, S. 58.

Abb. 9.

«Der Baum ist wahrscheinlich aus der Frühzeit des Matronenkults erhalten geblieben, als die Vorstellung von den Fruchtbarkeit bringenden Matronen noch nicht menschengestaltig war, sondern sich in einem Baumkult ausdrückte, wie noch oberitalienische Steine zeigen. Die dreileibige Über-Ziege mit den prallen Eutern steht wohl auch im Zusammenhang mit den Fruchtbarkeitsvorstellungen dieses Kultes. Die Schlange ist als Tier, das in der Erde wohnt, Ausdruck der Erde selbst. Als die Matronenkultbilder in menschlicher Form geschaffen worden waren, traten die alten mit der Natur eng verbundenen Vorstellungen zurück und wurden auf den Weihealtären auf die Rück- oder Nebenseiten verdrängt.»[413]

Bei der Baumdarstellung könnte es sich, wie RÜGER annimmt, um eine Übernahme der Fruchtbarkeitsikonographie von oberitalienischen Matronenkulten handeln.[414] Insofern könnte man auch für die Ziegendarstellung Import von südlich der Alpen in Betracht ziehen, wofür es jedoch keine weiteren Hinweise gibt. Näher läge es da, an den seit ältester Zeit im Orient und seit der Latènezeit auch im mitteleuropäischen Raum bekannten ikonographischen Typus der sich am «Lebensbaum» emporwindenden Tiere zu denken, wofür es aus dem Raum nördlich der Alpen mindestens ein Beispiel mit Ziegenböcken gibt (s. oben Anm. 333). Zu bedenken ist ferner, dass Bäume, Ranken usw.[415] auf den allermeisten der Matronensteine zu sehen sind: Sie sind teils sicherlich als Ornamente anzusprechen (wie z. B. auf den äusseren Seiten), teils werden sie mit Symbolen für Fruchtbarkeit und Leben in Verbindung zu bringen sein,[416] als deren Hypostasen (oder Allegorien) man die meisten Matronen ja ganz allgemein verstehen kann. Wenngleich ein direkter oder auch nur indirekter Zusammenhang mit den wesentlich älteren orientalischen «Lebensbaum»-Darstellungen nicht in Frage kommt,[417] so dürfte man doch an einen strukturellen Zusammenhang denken, insofern Bäume gleichzeitig Schutz bieten, Nahrung gewährleisten und mit der beschützenden Person des Hirten und Königs austauschbar sind.[418] Für den ubischen Matronenkult wies insbesondere H. G. HORN einen Baumkult nach und vermutete, «daß die Baumdarstellungen auf den Matronensteinen Hinweise auf eine ältere Form der Matronenverehrung geben, daß in anikonischer Zeit, d. h. im Falle des Matronenkultes vor 160 n. Chr., die Gottheiten in Bäumen, die in heiligen Bezirken oder Hainen standen, oder auch in Baumheiligtümern verehrt wurden.»[419] Dafür spricht, dass einige der Tempelanlagen auf ältere Einfriedungen zurückgehen, in deren Zentrum ein einem religiösen Zweck dienender Baum stand. HORN wies dabei deutlich auf die Baumdarstellungen mit der Ziege und den Schlangen und den «theriomorphen Ziegenkult» hin.[420] Vielleicht darf man vorläufig schliessen, dass dem nach römischen Mustern gepflegten Matronenkult einst eine einfachere ubische Matronenreligion vorausging, in der in einer Einfriedung ein Baum stand und Ziegen weideten. Der Schluss ergäbe sich auch aus der von M. ELIADE und E. C. POLOMÉ herausgearbeiteten Begleitfunktion von Ziegen im Zusammenhang mit Fruchtbarkeitsreligionen (s. u. S. 95 sowie die Anmerkungen 464 u. 469). Einen Rückschluss auf die verschiedenen Stadien des Matronenkults in Bonn erlaubt auch der seltsame Sachverhalt, dass

---

[413] V. PETRIKOVITS 1963, S. 58.
[414] RÜGER 1983, S. 214.
[415] Zum Baumkult cf. HORN 1987, S. 49 ff. S. 49 auch zustimmend zum von RÜGER 1983 vorgeschlagenen theriomorphen Ziegenkult.
[416] Dabei sind die Ziege und der Baum seit ältester Zeit miteinander verknüpft – insbesondere der Weinstock spielt hier eine bedeutende Rolle. BURKERT 1990 untersucht im Hinblick auf die Frage nach der Herkunft der Tragödie auch die Problematik des Bocksopfers. Einer der Gründe, warum der Bock als ‹Sündenbock› zu büssen hat bzw. als häufiges Opfertier sterben muss, liegt in der bekannten Beschuldigung, dass er den Weinstock angefressen hat (vgl. BURKERT 1990, S. 22 f.).
[417] Gemeinsamkeiten zwischen orientalischen und mitteleuropäischen Motiven sind auch in anderen kunstgeschichtlichen Zusammenhängen zu beobachten, cf. JACOBSTHAL 1944, S. 36: «Did the Celts just look at those oriental creatures and take them over as funny ‹motives›, or was there a transmission of stories and myths with them? This is a question which we cannot answer.» Erschwerend kommt in unserem Zusammenhang hinzu, dass wir weiters mit einem starken römischen Element konfrontiert sind, welches prinzipiell ebenso orientalisches Gedankengut an den Rhein zu verpflanzen vermochte.
[418] S. die in Anm. 333 gegebene Literatur.
[419] HORN 1987, S. 50 ff. S. auch SCHRÖDER (F. R.) 1941, S. 31.
[420] HORN 1987, S. 49: «C. B. Rüger hat sich eingehender mit dieser Darstellung befaßt und nachgewiesen, wie stark hier keltische Vorstellungen von einem theriomorphen Ziegenkult, aber auch von Werden und Gedeihen, von Segen und Fruchtbarkeit bildlich zum Ausdruck kommt.»

Matronenweihungen mit Bilddarstellungen nur von Zivilisten vorgenommen wurden, während die Militärs offenbar eine ‹bilderlose› Religion ausübten, was sicherlich nicht mit dem finanziellen Vermögen der Dedikanten zusammenhing,[421] sondern vielleicht mit dem Grad an Intellektualisierung des Kultes: Während die nichtmilitärische römische und einheimische Nomenklatura die Matronendreiheiten mit Bilddenkmälern versah und dabei offensichtlich ältere Vorstellungen aus der indigenen Bevölkerung weiterführte, pflegten Soldaten und Offiziere einen anikonischen Kult. Den höchsten Grad an Intellektualisierung dürfte aber – aus dem besprochenen Beispiel zu schliessen – die weibliche römische Oberschicht erreicht haben, indem sie bewusst auf älteste Schichten zurückgriff und die Verbildlichung prae-anthropomorpher Ausprägungen der Aufanienreligion anordnete.

Tatsache ist hier auf jeden Fall, dass mit der vorliegenden Darstellung der Aufanienkult mit nicht- oder vor-anthropomorphen Ausgestaltungen verbunden ist. Dafür spricht nicht zuletzt die Dreiheit der Ziegen, die RÜGER folgerichtig mit der Dreiheit der Matronen bei den übrigen Aufanienaltären in Verbindung bringt. Was nun die Interpretation der Ziegenszene anbelangt, so wandelt RÜGER, wie er selbst anerkennt, auf reichlich spekulativen Pfaden, obschon sie, auf ihre zoologische Aussage hin überprüft, stichhaltig erscheint:

> «The object adjacent to the goat's mouth is definitely distinct from the surrounding rock and has a soft and angular shape. The placenta of sheep and goats is of such shape (zoologically an *uterus* or *placenta bicornis*). While giving birth to their young, goats are described as changing their positions many times, getting up, kneeling or lying down. Furthermore, all zoological literature relating to the animal's behaviour, during and after delivery, seems to agree that goats eat the placenta as soon as the kid has freed itself.
> Is it possible that we are viewing a scene of a single she-goat giving birth? If so, it would then be depicted in a rather subtle (celtic?) way, by showing simultaneously the three movements typical of a goat delivering her kid, with the mother nosing the unbroken placenta immediately after it has slid onto the rocky pastures under the tree. The three positions of the mother would then again have an unlimited significance for the procreation of descendants, and thus for the idea of fertility.
> If this is to be believed, the tri-goat is a rather more intricate, albeit archaic, image of an important development in the life of a woman. The sophisticated form of the story being told contrasts successfully with the platitude of the anthropomorphic *Aufaniae*, whose only achievment is the small degree of classical elegance, derived from mediterranean copy-books, in its provincial styling, and gained only at the expense of lost indigenous religious power and dramatic representation of the myth.
> Be that as it may; only two upper class women of the Bonn garrison have taken the opportunity, either for enjoyment or for intellectual liberty, to tell us such an archaic story.»

Dem Aufanienkult wird somit eine theriomorphe Vorgängerikonographie attestiert, deren sich die vornehme Auftraggeberschaft des Altars Nr. 7 noch erinnert haben könnte, also einer ziegengestaltigen Fruchtbarkeitsgottheit, die erst unter dem Eindruck der klassischen römischen Ikonographie anthropomorphe, konventionalisierte Züge angenommen haben soll. Dabei ist zu beachten, dass diachrone Erwägungen in der Beurteilung der Matronenproblematik durchaus erfolgversprechend sein können, wenn man bedenkt, dass sich die Dauer des auf bislang über 1000 Weihesteinen belegten Matronenkultes lediglich auf die Zeit zwischen 160 und 240 n. Chr. beschränkt.[422] In diesen 80 Jahren

---

[421] Soweit HORN 1987, S. 54.
[422] RÜGER 1987, S. 10, 13; HORN 1987, S. 41; s. auch VENNEMANN 1994, S. 404.

dürften ältere und älteste Vorstellungen sicherlich ebenso weitergelebt haben und verbildlicht worden sein wie jüngere, der römischen Religionsausübung und Bildgebung verpflichtete neu dazugekommen sind.

Soweit ist die Deutung kohärent, selbst wenn das männliche «Gegenstück» *Mercurius Gebrinius* als «husband god» sprachlich gesehen nicht zwingend mit der Ziegenterminologie in Verbindung gebracht werden muss.[423] Problematisch erscheint einzig die Ausdeutung der Triplizität der Aufanien. Zwar sind die drei weiblichen Figuren auf den Aufanienaltären in der Tat nicht immer identisch, doch strapazierte man ihre gegenseitigen Abweichungen zu sehr, wenn man sie als Sinnbilder für drei Lebensstadien einer Frau ansähe, zumal jeweils nur eine der drei Figuren sichtbar aus der Dreiergruppe heraussticht: eine jüngere, in der Mitte der drei Frauen sitzende Figur, von kleinerer Statur, aber möglicherweise höherem sozialem Status. Man könnte sich dabei vorstellen, dass die Bildwerdung der Aufanien keinem linearen Prozess von der indigen-volkstümlichen Verbildlichung zum römischen Einheitsstil entsprochen hat, sondern ganz im (gallo-)römischen Umfeld entstanden ist. Dem Bedürfnis, die Gottheiten plastisch darzustellen, konnte in dem Umfeld nur in den Grenzen römischer Bildhauerei nachgekommen werden. Dabei wurden die archaischen theriomorphen Züge dieser religiösen Vorstellung für einmal nicht ganz ausgelöscht, sondern auf die Rückseite des Altars verbannt, während die Darstellung auf der Frontseite ihre sprechenden Züge samt deren Funktionen verloren hat und Opfer des römischen Stilempfindens wurde. Da der Triplizitätsgedanke in der Spätantike (und vor allem auch in vorrömischer Zeit) von ganz verschiedener Herkunft und Funktion sein konnte[424] und selbst römische Vorstellungen das Bild mitbestimmt haben werden, bleibt es wohl für immer verborgen, was man in der Dreiheit tatsächlich gesehen und empfunden hat. Dazu kommt, dass die Darstellung naturhaft-ursprünglicher Prozesse (wie sie eben beispielsweise die Geburtsszene der Ziege auf dem von RÜGER besprochenen Altarbild darstellt) schlecht in das hochzivilisierte und vornehme Milieu der kosmopolitischen Offizierswelt am Rhein gepasst hat; die künstlerische Sublimierung wird in diesen Belangen bereits andere Wege gegangen sein. Insofern dürfte RÜGER den richtigen Ansatz getroffen haben, wenn er annimmt, es handle sich bei der Darstellung um «either [...] enjoyment or [...] intellectual liberty» der Auftraggeberschaft. Hinzuzufügen ist, dass vor 160 anthropomorphe Matronen gar nicht nachweisbar sind.[425] Damit ist auch eine ursprüngliche Matronendreiheit nicht nachweisbar. Ganz allgemein kann man nur annehmen, dass sich die Dreiheit, wie wir sie im rheinischen Matronenkult wiederfinden, keltischen Vorbildern verdankt.[426] Weiteres harrt vertiefter Untersuchungen. Kann man voraussetzen, dass der Matronenkult (in Vorformen?) im Rheingebiet einigermassen alt verwurzelt war – dafür sprechen ja mindestens die einheimischen Namen der Gottheiten nach einheimischen Örtlichkeiten –, so setzt seine Darstellung im römischen Kontext vergleichsweise spät und plötzlich ein. Vielleicht war es das Fehlen einer autochthonen Bildgebung, die dem spezifisch Römischen so viel Platz in der Ausgestaltung der Altardarstellungen gelassen hat, vielleicht der Zufall und die Art der Überlieferung (Steindenkmäler); dass aber der Religionsausübung zu einem sehr grossen Teil autochthones Gedankengut zugrunde liegt, ist unbestritten, vgl. H. G. HORN: «Bei der Konzeption des Kultbildes sah man damals auf jeden Fall die Notwendigkeit, für einen einheimischen, offenbar bis dahin anikonischen Kult Göttervorstellungen zu formulieren, die

---

[423] Zwar weist RÜGER 1983, S. 220, darauf hin, dass K. H. SCHMIDT auf briefliche Anfrage der Deutung von *Gebrinius* zu **gabros* nicht zustimme, doch nimmt SCHMIDT 1987, S. 134, selbst auf den Einfall von RÜGER 1983 Bezug, indem er die Ziege als Fruchtbarkeitssymbol gelten lässt.

[424] Für den keltisch-germanischen Raum und seine Kontaktgebiete verweise ich hier auf die neuesten linguistischen und religionsgeschichtlichen Forschungsergebnisse bei RÜBEKEIL 2002, passim. Man s. auch DREXEL 1923, S. 13–17 u. passim.

[425] HORN 1987, S. 41.

[426] HORN 1987, S. 44 f.

sich durch eine anthropomorphe Darstellung, durch die Wiedergabe von Attributen und Opferszenen ins Bild setzen ließen. Dabei gab die ‹Interpretatio Romana› zumindest im ikonographischen Bereich einen wesentlich unauffälligeren Rahmen als dies bei der Verschmelzung anderer einheimischer Götter mit Gestalten des römischen Pantheons zu beobachten ist.»[427]

Was nun den von RÜGER postulierten «husband god» angeht, so findet diese Annahme eine zusätzliche Stütze in der häufigen Abbildung des gallischen Mercurius im Ensemble mit einer weiblichen Gottheit. Dabei handelt es sich vorzugsweise um Rosmerta, aber auch mit Maia, Diana, Minerva und Venus wird er abgebildet. Dazu kommen in mehreren Fällen namentlich nicht explizit genannte weibliche Gottheiten mit dem Füllhorn, Göttinnen mit typischen Merkurattributen, Göttinnen mit verschiedenen Attributen sowie Göttinnen mit Früchten.[428] Dass der Bonner *Gebrinius* jeweils alleine auftritt, darf nicht überbewertet werden. Seine Position inmitten einer Aufanienkultstätte zeichnet ihn deutlich als diesem Bereich zugehörig aus. Zwar gibt es keine eindeutigen Beweise für die «husband»-These, doch deuten alle Indizien in diese Richtung. Gerade die auf Fruchtbarkeitskonzepte weisenden Attribute der anderen mit Merkur abgebildeten Göttinnen weisen zumindest auf eine gewisse Affinität des gallischen Merkur mit chthonischen Gottheiten. Teils kann man aufgrund der Denkmäler Merkur auch selbst als chthonische Gottheit ansprechen, wenn er (selbst) phallisch oder mit Phalloi dargestellt wird. Seltener tritt Merkur zusammen mit Matronen auf. Dies dürfte seinen Grund darin haben, dass die «klassische» Matronenverehrung nur einen vergleichsweise kleinen zeitlichen Abschnitt in der Geschichte der gallorömisch-germanischen Religionsausübung der Spätantike einnimmt.

Zusammenfassend interpretiert ergibt sich folgendes: Die drei menschengestaltigen Aufanien sind die jüngere, römischen religiösen Vorstellungen entsprechende Deutung einer älteren theriomorphen Vorstellung der drei Aufanien als dreigestaltiges Mischwesen bestehend aus drei Ziegenkörpern mit einem einzigen Kopf. So merkwürdig uns diese Vorstellung heute auch anmutet, rufen wir uns Erinnerung, dass sich numinose Funktionsdreiheiten gerade im gallischen Pantheon manifestieren (Lugus erscheint auf mehreren Steindenkmälern als Gestalt mit einem Körper, aber drei Gesichtern[429]), so erscheinen die ziegengestaltigen Aufanien lediglich noch um eine Darstellungsgeneration älter, nämlich noch nicht anthropomorph. Bei den Aufanien, deren Funktionsdreiheit wir zwar nicht explizit kennen, aber in verschiedenen Aspekten von Fertilität vermuten dürfen, fehlt nun ein wichtiges Element, das anderen (nicht zwitterhaften) Fruchtbarkeitsgottheiten auch jeweils von aussen zugeführt werden muss: der Befruchter. Hier erhält RÜGERs «husband god» seinen Sinn und seine Bestimmung. Er ist, wie auch sein Name nahelegt, der wörtliche 'Ergreifer' und der Lebensspender.[430] Als *Mercurius* ist er zudem Beschützer der Herden und Gewährleister von materieller Prosperität und gewinnt dadurch in einer von traditioneller und industrieller Kleinviehzucht bestimmten Gegend und Gesellschaft seine besondere Bedeutung. Jene Kleinviehzucht Belgiens wird der zentrale Untersuchungsgegenstand von Kapitel 5 sein.

Zweifelsohne steht diese Deutung auf unsicherem Grund, wiewohl jede Interpretation dieser Art nur auf Plausibilitäten beruhen kann. Parallelen zu den soeben gemachten Ausführungen hinsichtlich

---

[427] HORN 1987, S. 43.
[428] Cf. DE VRIES 1961, S. 43 Karte 7 u. S. 44.
[429] Cf. RÜBEKEIL 2002, S. 206 u. passim.
[430] Cf. POLOMÉ 1954, S. 183: «[...] il est toutefois incontestable que le principe même d'une union mystique de la déesse de la végétation avec un é l é m e n t   m â l e   f é c o n d a t e u r fait partie intégrante des r i t e s d e   f é c o n d i t é.» [gesperrte Passage MHG]

des (religiösen) Stellenwerts von Ziege und Bock finden sich aber auch relativ häufig in anderen Gegenden der antiken Welt.[431]

4.4. Eine Aufanien-Kurie?

An dieser Stelle ist auf die oben S. 72 bereits kurz erwähnte «Gruppierung» einzugehen, die als Merkurverehrer in Frage kommt. H. LEHNER wies in seiner Publikation der Bonner Steindenkmäler bei der Matronenweihung CIL XIII 7895 (*Matronis Etttrahenis* [sic, s. Anm. 437] *et Gesahenis M. Iul. Amandus [...]*) darauf hin, dass hier die Matronen der Mutter- und der Vatersippe genannt seien. Er zog dazu eine parallel überlieferte Weihung an die *Etrahenis et Gesahenis / Bassian(i)a Ma/terna et Bass(i)/an(i)a Pa(t)erna / [...]* bei (CIL XIII 7890), aus der C. B. RÜGER später schloss, dass Bassiania Materna als Lieblingstochter der Mutter den Matres der Muttersippe, den Etrahenae, Bassiania Paterna als Lieblingstochter des Vaters den Matronen der Vatersippe, den Gesahenae, geweiht haben.[432] Aus mehreren ähnlichen Steinen schloss RÜGER ferner, dass der Vater ein Gesatio, die Mutter eine Etras gewesen sei, insofern damit Mitgliedernamen eines Personalverbandes genannt sind, die als *Gesationes* resp. *Etrates* belegt sind. Es handelt sich dabei – nach RÜGER – um Gruppennamen, die aus Matronennamen gewonnen sind, nämlich den *Gesahenae* und *Etrahenae* (analog den *Austriates* ← *Austriahenae*). Diese Bildungsweise wäre derjenigen entgegengesetzt, die nebst den vielen undurchsichtigen Namenbildungen den eigentlichen Normalfall bildet oder mindestens verhältnismässig häufig ist, nämlich der Ableitung des Matronennamens aus einem Völker- oder Ländernamen (*Frisiavae* ← *Frisiavones*), einem Stammesnamen (*Hamavehae* ← *Chamavi*), einem Ortsnamen (*Iulineihae* ← *Iuliacum*) oder auch einem Personennamen (*Arvagastae* ← *Arvagast*). Zu den *Gesationes* äusserte sich G. ALFÖLDY aber dahingehend, dass der Name aus dem Personennamen eines Ahnherrn gebildet sei[433] und dabei den Namen einer Gemeinde darstelle,[434] wobei der sprachliche Zusammenhang mit den *Gesahenae* aber unklar bleibt. Aus ALFÖLDYs Ausführungen ist offenbar zu schliessen, dass zu den Verehrern der *Gesahenae* eine örtlich getrennte Gruppe von *Gesationum* gehörte, deren Ahn in einer nicht näher bekannten Beziehung zu den *Gesahenae* stand: «So könnten wir in den Gesationes wahrscheinlich eine Sippengemeinde der Urbevölkerung der Jülicher Gegend sehen, deren Mitglieder in der Prinzipatszeit in Jülich und Umgebung, ferner auch in der Colonia Claudia Ara Agrippinensium zerstreut lebten, sich ihrer Zusammengehörigkeit jedoch

---

[431] Zusammenfassend: RICHTER 1972, Sp. 421: «[...] die Tatsache, daß Bockdämonen in früher Zeit (8.–6. Jhd.) in bildlichen Darstellungen oft ithyphallisch gestaltet sind [...] und daß das Wort τράγος 'Geschlechtsreife des Mannes' [...] oder auch 'Geschlechtstrieb' bedeuten kann [...], daß endlich τραγᾶν beim Weinstock 'üppig ausschlagen' heißt [...], deutet darauf hin, daß die 'Heiligkeit' des Bockes auf seiner unerschöpflich scheinenden Zeugungskraft beruht und seine Verehrung mit dem Wunsch nach Fruchtbarkeit, insbesondere in der Haustierhaltung, zusammenhängt. [...] So betont schon Diodor [...], die Ägypter hätten den Bock wegen seines Zeugungsgliedes zum Gott gemacht [...], und weist auf die Heiligkeit des Phallos in archaischen Religionen hin; aus demselben Grunde hätten die Griechen den Panen, Satyrn und ähnlichen Wesen Bocksgestalt verliehen, weil dieses Tier πρὸς τὰς συνουσίας am leistungsfähigsten ist. Der Bock mochte also als Verkörperung männlicher Zeugungskraft schlechthin gelten, und auch sein Bart (der natürlich auch zur Z[iege] gehört und beim Bock erst in späterer Zeit besonders erwähnt wird [...]) mochte diesen Eindruck unterstreichen. Die meisten Verbindungen des Bockes mit Gottheiten bestätigen die Fruchtbarkeitsbedeutung des Tieres, wenn auch manchmal nur undeutlich. Dem entspricht ferner, daß die weibliche Z[iege] in engem Zusammenhang mit dem weiblichen Geschlechtsleben gesehen wurde [...].»
[432] RÜGER 1972, S. 257.
[433] Einem erschlossenen *Gesatus, von dem allerdings immerhin ein die Abstammung angebender *Gesatius* die Abstammungsgemeinschaft dokumentiere (ALFÖLDY 1967, S. 5).
[434] ALFÖLDY 1967, S. 2–9.

noch mehr oder weniger bewußt waren und den Kult der Sippengöttinnen Gesahenae weiter pflegten.»[435] TH. VENNEMANN schloss dagegen im Zuge seiner «Morphologie der niederrheinischen Matronennamen» umgekehrt, dem Matronennamen *Gesahenae* läge ein Ortsname *Gesacum, diesem wiederum ein Gewässername *Gesa zugrunde.[436] Analog behandelte er die *Etrahenae* (bzw. *Eþrahenae*[437]) und formulierte anhand weiterer Beispiele deduktiv sein Derivationsschema, welches, vereinfacht ausgedrückt, von der hydronymischen Wurzel zum Dat. Pl. des Matronennamens führt.[438] An sich lässt sich keine der drei Thesen letztgültig beweisen. Tatsache ist jedoch, dass bestimmte Matronennamen mit Gruppennamen in einer engen Wechselbeziehung standen und es in die eine oder andere Richtung verlaufende produktive Derivationsmuster gab. Für das vorliegende Untersuchungsthema ist nur die Tatsache ausschlaggebend, dass es Personengruppen gab und dass diese in einer religiösen Beziehung zu den Matronen standen. Die Beziehung selbst ergibt sich aus dem Kontext der jeweiligen Inschrift sowie aus bestimmten Regularitäten des sozialen Gefüges der niederrheinischen Bevölkerung und ihrer Religionsausübung im 2. und 3. Jahrhundert.

Wie Matronennamen also eine Beziehung zu Namen von Personalverbänden eingehen können (oder umgekehrt), so wurde dieser Sachverhalt von RÜGER in die Richtung hin interpretiert, dass es sich bei diesen Personenverbänden um die inschriftlich gelegentlich bezeugten sog. Kurien gehandelt hat: religiös oder sozial determinierte Gruppierungen, die jeweils als *curia* mit einem Beinamen auftreten, so z. B. *Cur(ia) Vardigiae*, *curia Arduenn(ae)*, *curia Textoverdorum* oder *Curia Amratinna*.[439] Ein *cives Cairacas*, der unten (S. 116) noch zur Sprache kommen soll, ist Mitglied einer *curia Flacci*. In der epigraphischen und historischen Forschung war es lange Zeit umstritten, wie diese offensichtlich von den klassisch-römischen munizipalen Körperschaften gleichen Namens abweichenden Kurien zu bewerten seien. Aufgrund eines zwar schmal gestreuten, aber doch neuen und aussagekräftigen Vergleichsmaterials konnte RÜGER darauf aufmerksam machen, dass einige Weihungen aus dem Matronenbereich an eine männliche Gottheit gehen, obwohl in den Kuriennamen Matronennamen erscheinen, so eine Weihung an Merkur durch die *Curia Amratinna* oder die Weihung an den *Mercurius Leudiacanus* durch dieselbe *Curia Amratinna*.[440] Ausserdem erscheinen immer wieder Merkurweihungen im Bereich von Matronenheiligtümern;[441] wie oben erwähnt erscheint Merkur auch mehrfach in Verbindung mit Rosmerta, Diana, Maia usw. (s. o. S. 89). So erscheint nun auch *Mercurius Gebrinius* im Aufanienheiligtum von Bonn offensichtlich in Verbindung mit weiblichen Gottheiten. Die Materialbasis ist schmal, doch scheint es sich bei den Kurien um eine Art Personalverband unterhalb der civitas-Ebene gehandelt zu haben. Die Funktion der Kurien ausserhalb der religiösen sind durchaus unklar;[442] sicherlich handelt es sich jedoch um einen Verband auch unterhalb der *gens*-Ebene, man könnte an eine Untergruppe auf erweiterter Familienbasis denken,[443] die sich sozial mit den Untergruppen der *gentes* und *civitates* vergleichen:[444] RÜGER

---

[435] ALFÖLDY 1967, S. 6.
[436] VENNEMANN 1995a, S. 279.
[437] Von VENNEMANN 1995a, S. 279, Anm. 23, mit GUTENBRUNNER 1936a, S. 191, aus der «Verschreibung» *Etttrahenis* erschlossen.
[438] VENNEMANN 1995a, S. 274.
[439] RÜGER 1972, S. 254 u. passim; NEDOMA 1989, S. 292 f.
[440] RÜGER 1972, S. 251 f.
[441] RÜGER 1972, S. 258.
[442] RÜGER 1972, 257 ff., spricht von Männerbünden; NEDOMA 1989, S. 292, von «männerbündischen Kultvereinen».
[443] Cf. HERZ 1989, S. 211.
[444] *Gentes* und *civitates* dürften wohl deckungsgleich gewesen sein, wobei *civitas* der Begriff der augusteischen Verwaltung ist. Der belgische Raum des 3. Jahrhunderts bestand aus den *civitates* der Moriner, der Menapier, der Nervier, der Treverer und der Tungrer. Das niedergermanische Ubierland bildete eine eigene *civitas*.

nennt hier die *civitas* der nordenglischen Brigantes mit den Untergruppen der Gabrantovices (s. u. S. 197), der Setantii, der Lopocares und der Textoverdi, wovon letztere ausdrücklich als *curia* auftreten. Ich füge hier die üblicherweise als «Clientelstämme» der Nervier[445] bezeichneten Ceutrones, Grudii, Levaci, Pleumoxii und Geidumni an, die sich allenfalls ebenso als Kurien betrachten liessen. T. L. MARKEY hat in seiner kleinen Untersuchung über die «Social Spheres and National Groups in Germania» die Entwicklung sozialer Strukturen in Kontaktsituationen unter die Lupe genommen und unter Beizug des «Fox system of social ‹belonging›», eines Algonquin-Stammes, herausgestellt, dass der Bereich der Religionsausübung insbesondere in die Sphäre des Clan gehört.[446] Wenn man schematisch die soziale Ordnung nach dem Grad zunehmender Öffentlichkeit bemisst (Individuum → [erweiterte] Familie → Clan → Stamm), nimmt der Clan eine Position zwischen Stamm und Familie ein. Übertragen auf unser Problem nähme die Kurie folglich die Stelle des Clans zwischen Siedlungseinheit und Stamm (gens/civitas) ein, wobei diese Organisationsform vor allem im Kontext der Religionsausübung zum Tragen gekommen wäre. MARKEY hat ferner herausgestellt, dass in ethnischen und sprachlichen Kontaktsituationen Fruchtbarkeitskulte die grösste Lebenskraft beweisen.[447] Als Beispiel dienen ihm namentlich die Bonner Aufanien. Wiederum übertragen auf unser Problem dürfte man sich folglich die Gebrinius-Verehrer als Teil einer Kurie, nämlich der Bonner Aufanien-Kurie vorstellen, die sich ihrerseits aus lokalen Familien zusammensetzt und sich über die gemeinsame Religionsausübung sozial definiert. Als Untergruppe scheint sich dabei die Gruppe der Gebrinius-Anhänger etabliert zu haben.

Diese Sichtweise hat aufs ganze gesehen den Vorteil, dass man nicht mehr mit «ethnischen Neugruppierungen» rechnen muss, wie dies die Forschung in bezug auf die linksrheinischen Germanen traditionell tut.[448] Der Problembereich kann hier jedoch nicht weiter verfolgt werden; vielmehr soll auf den religiösen Aspekt der Kurien hingewiesen werden. Da die Weihenden offensichtlich im Umkreis von Matronenheiligtümern zu suchen sind, aber jeweils dem Merkur verbunden sind, liegt es auf der Hand, dass Merkur als der männliche Gegenpart der Matronen betrachtet werden sollte.[449] In bezug auf die Etrahenae schloss ja auch RÜGER, dass ein einheimischer Merkur der Vater, die Etrahenae die Mütter der Etrates gewesen sein könnten.

Überträgt man diese Struktur auf Gebrinius, so ergibt sich, dass dieser das Gegenstück zu den Aufanien gebildet haben könnte, nämlich in einem Clan-bezogenen Heiligtum einer Gruppe, die sich den Aufanien – und nur diesen – verbunden sah. Angesichts der massenhaften Verbreitung der Aufanienweihungen[450] nimmt sich die Gruppe der Gebrinius-Altäre aber vergleichsweise klein aus, und man hat daraus sicher zu schliessen, dass sich der vor allem über Bonn und Nettersheim erstreckenden Aufanien-Religion ein relativ kleiner Kreis an Gebrinius-Weihenden angeschlossen hat, der gleichzeitig als Aufanien-Kurie anzusprechen ist. Dieser musste, führt man das Gedankenspiel fort, aus einer Gruppe männlicher Angehöriger der Aufanien-Gruppe stammen und sich ganz dem Gebrinius-Kult verschrieben haben. Nach den oben gewonnenen Erkenntnissen aus der prae-anthropo-

---

[445] LINCKENHELD in RE 33, Stuttgart 1936, Sp. 60. S. zu den Nerviern allg. GRÜNEWALD 2002.
[446] MARKEY 1986, S. 259 u. passim.
[447] Ebd., S. 257.
[448] REICHERT 2001, S. 487, bezieht sich dabei auf PLINIUS, nat. hist. IV, 106, wonach die Texuandri unter *pluribus nominibus* siedelten, worin der Forscher wechselnde Bündnisse und Gruppierungen versteht. Sieht man von den zweifellos nicht unbedeutenden politisch und militärisch bedingten wechselnden Konstellationen ethnischer Einheiten ab, liegt es aber auch nahe, zunächst nur von Einheiten auszugehen, die auf der Basis von familiären Strukturen bestehen.
[449] RÜGER 1972, S. 258.
[450] REICHERT 1987, S. 97–100, zählt 81 Aufanien-Steine. SIMEK 1995, S. 31, spricht von knapp 90 Inschriften. NEUMANN 1987, S. 114, kommt erst auf «fast 70 Belege».

morphen Aufanien-Ikonographie, wo wahrscheinlich gemacht werden konnte, dass *Gebrinius* der
«husband god» der Aufanien war, kommt nun also eine weitere Erkenntnis hinzu. Diese deutet in die
Richtung, dass die Gebrinius-Weihungen in einem engen Verhältnis zum Aufanienkult stehen. Über
die Art dieses Verhältnisses lassen sich nur Mutmassungen anstellen: Die Fruchtbarkeitsfunktion der
theriomorphen Aufanien wird unterstrichen durch den ebenfalls Fruchtbarkeitsfunktionen inneha-
benden Gebrinius in Bocksgestalt, der nach den religionsgeschichtlichen Vergleichsmöglichkeiten als
Begleiter einer Muttergottheit betrachtet werden kann. Übertragen auf die realen Verhältnisse im
Bereich der Aufanien-Gruppe könnte man also schliessen, dass der Gebrinius-Kult eine Begleiter-
scheinung des übergeordneten Aufanien-Kults war, der durch die Mitglieder der Aufanien-Kurie aus-
geübt wurde. Auch über diese selbst lassen sich vorsichtig einige Vermutungen aussprechen: Von den
elf Gebrinius-Dedikanten sind drei Angehörige der Legio I Minervia (wohl mit Offiziersrang), die
übrigen lassen sich als Träger vornehmer römischer und hybrid gallisch-germanischer oder gallisch-
römischer Namen erkennen, ferner kommen ein offenbar ebenso vornehmer römischer Kaufmann
sowie ein ranghoher Zollbediensteter hinzu,[451] so dass sich die Gruppe der Gebrinius-Dedikanten als
eine Gruppe der galloromanischen Bonner Nomenklatura zu erkennen gibt. Wie sich die rückseitige
Bildgebung des besprochenen Aufanienaltars Nr. 7 als intellektuelle Spielerei mit komplexem Hintergrund seitens einer aus vornehmsten Kreisen stammenden Auftraggeberschaft erwiesen hat, so zeigt
sich auch in der Dedikantengruppe der Gebrinius-Weihungen ein durchaus vornehmes Element. Das
lässt darauf schliessen, dass sich die Aufanien-Kurie aus einem gehobenen Zirkel ubisch-römischer
Intellektueller zusammengesetzt hat. Auf weitere Spekulationen sollte man sich allerdings nicht
einlassen.

4.5. Ziege und Bock und die sog. ‹Muttergottheiten›

Es wurde in der Forschung vielfach herausgestellt, dass die Ziege als ein wichtiger Bildträger im
Kontext vorgeschichtlicher religiöser Vorstellungen verstanden werden muss.[452] Dabei sind verschiedene Aspekte im Auge zu behalten. Es ist zu unterscheiden, ob die Ziege selbst als verehrtes Tier
auftritt, ob sie die theriomorphe Verkörperung einer bestimmten Gottheit ist, ob sie Opfertier ist,
heraldisches Tier oder Bestandteil des Mythos. Es könnten auch nur Hypostasen bestimmter Merkmale, Eigenschaften oder tabuisierende Übertragungen vorliegen. Dabei sind diachrone und diato-
pische Varianten gleichermassen zu berücksichtigen, um einer vergleichenden Beurteilung modernen
Zuschnitts gerecht zu werden. Für den Raum nördlich der Alpen, insbesondere die Germania liegt uns
für solche Fragestellungen nicht viel Quellenmaterial vor, weshalb immer wieder auf verwandtes
Material aus anderen Gebieten oder auch verwandte Phänomene zurückgegriffen werden muss.

Ausgangspunkt soll die oben angesprochene Ziegenszene auf dem Aufanienaltar von Bonn sein.
Es scheint nichts dagegen zu sprechen, dass hier tatsächlich die Darstellung einer Niederkunft vorliegt:
Während des Gebärens wechselt die Ziege mehrmals ihre Stellung, danach frisst sie ihre Nachgeburt.
Die zoologische Beglaubigung dieser Tatbestände rückt die Szene in einen sehr naturalistischen
Rahmen (den der locus amoenus allerdings wieder eher in einen Idealraum verschiebt). Auffällig ist
aber einerseits, dass das Ziegenjunge nicht dargestellt wird, andererseits, dass das Tier nur einen Kopf,
aber drei Körper hat. Letzteres erweckt den Eindruck eines Comic-Strips bzw. einer künstlerisch verfeinerten szenischen Erzählung, die mehrere Momente der Handlung in Figuren auflöst, die in
einander übergehen. Solche bewegten Szenen sind seit der frühesten Zeit bildlicher Darstellungen

---

[451] Cf. LEHNER 1931, S. 106 ff.
[452] Cf. POLOMÉ 1979, passim, mit weiterer Literatur.

bestens bekannt, man erinnere sich beispielsweise an orientalische und ägyptische Reliefs und Zeichnungen oder an die bildliche Wiedergabe biblischer Szenen im Mittelalter. Das Fehlen des Zickleins dürfte darin begründet sein, dass man es sich entweder hinter dem Baum vorstellen muss, oder dass es mit seiner Geburt seine Wichtigkeit (und damit seinen Rang auf der Darstellung) bereits eingebüsst hat: Zentral ist der Prozess des Gebärens, nicht das Geborene selbst. Der Kreis der Fruchtbarkeit schliesst sich, indem die Ziege ihre Nachgeburt wieder verschlingt, um neuem Leben seine Grundlage zu geben. Dem Verspeisen der Plazenta wird ja in der volkstümlichen Wahrnehmung die Ursache für die sehr frühe Geschlechtsreife, die starke und lebenslange Fruchtbarkeit der Ziege zugeschrieben. Im Ensemble mit der sprichwörtlichen Potenz und Geilheit des Ziegenbocks dürfte sich im Bewusstsein der natur- und tierweltnahen Bevölkerung der Eindruck einer an Lebenskraft und immerwährenden Fruchtbarkeit nur so strotzenden Tiergattung festgesetzt haben. Bei genauer Betrachtung der Bonner Ziegendarstellung fallen auch die stark ausgeprägten und prallen Euter bei allen drei Ziegen auf,[453] die einerseits einen zusätzlichen gattungsinternen Hinweis auf Fruchtbarkeitskonzepte abgeben, andererseits aber auch nach aussen weisen – wenn man in Betracht zieht, dass die Ziege in früheren Zeiten nicht nur ein wichtiger Milchlieferant war, sondern auch, dass Ziegenmilch sehr viel nahrhafter als Kuhmilch ist und pralle Ziegeneuter in der antiken Welt geradezu ein Symbol für Reichtum und Wohlstand waren.[454] Damit gelangen wir – vorerst für den Bonner Tempelbezirk – in einen weiten Bereich von ausgeprägten Fruchtbarkeitsvorstellungen, denn nicht nur die Matronen selbst waren ja primär Fruchtbarkeits- und ländlich-landwirtschaftliche 'Geber'-Gottheiten[455] (DREXEL bezeichnet sie nicht unpassend als «Bauernheilige»[456]), auch die *Mercurius Gebrinius*-Altäre sprechen eine deutliche Fruchtbarkeitssprache mit der Darstellung von Äpfeln, Bäumen, Füllhörnern, Geldbeuteln, Blumenranken und Vasen (nebst bisher in ihrer Symbolik nicht vollständig entzifferten, teils exotischen, heraldischen Tieren[457]). Es fällt dabei auf und wurde von RÜGER noch gar nicht in die Argumentation miteinbezogen, dass dem *Gebrinius* Ziegenböcke als begleitende Tiere beigesellt wurden sowie mehrere Widder (nebst Hähnen und Schildkröten), die sicher weniger als Opfertiere anzusprechen sind als vielmehr symbolische Zugaben, die ihren Wert einerseits im Ensemble mit der Merkurikonographie entwickeln, andererseits auch isolierte Bedeutungsspektren anzusprechen vermögen.[458] Die klassische Merkurikonographie geht hier aber deutlich eigene Wege. Gerade die Tiersymbolik um den germanisch-gallischen Merkur ist stärker hervorgehoben als in der griechisch-römischen Kunst,[459] was den Gott als stark mit einheimischem Gedankengut verbunden ausweist. Für die ganze nordalpine Merkurikonographie charakteristisch ist die Darstellung des Gottes mit Bock, Hahn,[460] Schildkröte[461] sowie, und dies in erster Linie, mit der Widderkopfschlange.[462] Der Bock

---

[453] Dies identifiziert die Tierkörper auch tatsächlich als Ziegen – und nicht als Böcke.

[454] S. zu allen angesprochenen Punkten auch die sachgeschichtliche Einleitung mit den zugehörigen Literaturverweisen.

[455] Cf. die *Matrones Gabiae, Alagabiae* (keltisiert: *Ollogabiae*). DREXEL 1923 etymologisiert die *Aufaniae* als 'die Äufnenden'. Darauf wird zurückzukommen sein.

[456] DREXEL 1923, S. 44: «Die ganze Sippe der Matronen, auch schon der keltischen, trägt einen stark ländlichen oder geradezu landwirtschaftlichen Charakter, sie sind Bauernheilige.»

[457] LEHNER 1930, v. a. S. 19–22 (Nrn. 44–52).

[458] Dass der Hahn auch als Opfertier in Frage kommen konnte, möchte ich nicht ganz ausschliessen; immerhin sind für den strukturell mit Thor verwandten baltischen Donnergott Pērkons Opferzeremonien bekannt, in denen diesem ein schwarzer Hahn und ein schwarzer Bock geopfert wurden, cf. STRÖM – BIEZAIS 1975, S. 343 f. Der Vergleich scheint weitergeholt, doch sei darauf aufmerksam gemacht, dass Pērkons der Fruchtbarkeitsgott schlechthin war und in der vergleichenden Religionsgeschichte allenthalben Anknüpfungspunkte an andere idg. Gottheiten erlaubt.

[459] Cf. DE VRIES 1961, S. 44.

[460] Die Schildkröte, die insbesondere auf Votivtafeln häufig dargestellt wurde, hat in der ländlichen Sphäre zauber- und unheilabwehrende Funktion, cf. GOSSEN-STEIER in RE 2/3, Stuttgart 1921, Sp. 428; daneben war

erscheint zwar gelegentlich als Opfertier für den klassischen Merkur, dabei scheint es sich aber nicht um das wirklich charakteristische Opfertier zu handeln. Wie gewisse Darstellungen zeigen, lassen sich in Ensembleszenen mit Merkur und mehreren Tieren diejenigen als Opfertiere erkennen, die eine Opferbinde tragen, so auf einem Altar aus Vasio, wo Widder, Hahn und Schwein erscheinen, allein das Schwein aber mit der Opferbinde als Opfertier identifiziert werden kann.[463] Der Widder spielt im Umkreis der Merkur-Ikonographie besonders die Rolle des Begleittieres – Hermes, das griechische Pendant zu Merkur, trägt bekanntlich den Beinamen κριόφορος 'Widder(fell)träger'. Es wird unten auf diese merkwürdige Koppelung zurückzukommen sein (s. u. S. 229). Es sei hier jedoch vorweggenommen, dass der Widder hier primär als Verdeutlichung der Funktion Merkurs als Gott der Morgendämmerung und des Sonnenaufgangs zu verstehen ist.

Man mag nun den weitgefassten und vorzugsweise in palaeolithischen Darstellungen fussenden Terminus 'Muttergottheit' ablehnen (s. o. Anm. 398), es macht jedoch keinen Unterschied, ob man die nordalpinen Matronen als Fruchtbarkeits- oder als Muttergottheiten ansieht. Es macht ebenfalls keinen Unterschied, ob die Vorstellung von Fruchtbarkeitsgottheiten anikonisch war oder anthropomorphe resp. theriomorphe Ausprägungen annehmen konnte. Bei der Beurteilung der überlieferten Zeugnisse gilt nämlich sehr wohl, was M. ELIADE zur Sphäre der Fruchtbarkeitsnumina festgestellt hat: «One of the most common and constant patterns in the religious sphere of agrarian fertility is this: Great Goddess – vegetation – heraldic animals – priests.»[464] All diese Bestandteile belegt nach Ausweis der Steindenkmäler auch der ubische Matronenkult,[465] und es erscheint unter dieser Voraussetzung nicht mehr merkwürdig, dass auch Tiere zum Ensemble gehören.[466] Dies wird auch dann klar, wenn man sich die alte Vorstellung homöopathischer Magie und Solidarität unter allen Dingen vergegenwärtigt,[467] wozu es gehört, dass Tiere, Menschen und Götter in einem auf einander bezogenen System existieren und die Beeinflussung des Systems in allen seinen Bestandteilen möglich ist. Darunter fällt auch das Bedürfnis, die Zukunft voraussagen zu können oder die Zukunft zu beeinflussen, wobei nicht alle Wesen dieselbe Befähigung zur Mantik besitzen. Bestimmten Tieren, und dazu gehören besonders der Ziegenbock und der Schafbock,[468] wurde in vielen Religionen eine besondere prognostische Fähigkeit zugesprochen. Die Prognose selbst wurde dabei in verschiedenen Interpretationsverfahren ermittelt, worunter im Gottesdienst bzw. in der Opferhandlung etwa die Eingeweideschau fällt; Schaf und Ziege besitzen jedoch weitere prognostische Fähigkeiten, die es zu deuten galt: sie werden unten in einem eigenen Kapitel behandelt (Kap. 11). Im Gottesdienst und in der Opferhandlung geschieht also gewissermassen eine Materialisierung des Transzendenten. Opfertiere können dabei in fortgeschrittenen Phasen der Verehrung der Gottheit attributiv beigesellt werden (als Kennzeichen, Emblem, ‹heraldisches› Beiwerk usw.), sie können aber ebensogut zum Tabuwesen aufsteigen und damit

---

sie dem Pan heilig, indem sie den Rohstoff zur Verfertigung von Leiern lieferte, cf. BROMMER in RE Suppl. VIII, Stuttgart 1956, Sp. 993.

[461] Als Vogel der Lichtgottheit hatte der Hahn als Attributtier ebenfalls hauptsächlich apotropäische Funktion, cf. AELIAN, hist. an. III, 31; weitere Angaben bei HÜNEMÖRDER in DNP 5, Sp. 750 (s. v. 'Huhn [Hahn]'); zum germanischen Bereich cf. WANZECK/REICHSTEIN in RGA 15, S. 202 ff.

[462] Zur Widderkopfschlange s. unten S. 99 u. Anm. 493.

[463] Cf. HEICHELHEIM 1931, Sp. 977.

[464] ELIADE 1970, S. 280; cf. auch POLOMÉ 1979, S. 199; POLOMÉ 1954, S. 192.

[465] Auch Priester sind häufig in den abgebildeten Opferszenen (die nach römischem Muster vollzogen wurden) wiedergegeben, cf. HORN 1987, S. 48 f.

[466] Cf. dazu auch ganz allgemein SCHEIBELREITER 1992, z. B. S. 103 ff.

[467] Cf. POLOMÉ 1979, S. 195.

[468] Bei AELIAN, hist. an. VI, 16, werden der Hund, das Rind, das Schwein, die Ziege und die Schlange als besonders mantisch begabt genannt.

irdische Repräsentanten des Numinosen werden resp. dieses selbst verkörpern. Dadurch entsteht das theriomorphe Abbild der Gottheit.

Ein charakteristisches Merkmal von Muttergottheiten (resp. der Muttergottheit, wenn man eine Abstraktion benutzen will) ist die ihr beigesellte Ziege.[469] Prominentes Beispiel ist vor allem die altrömische Juno, die allenthalben mit einer Ziege auftritt[470] und von der berichtet wird, dass sich bei gewissen Festen in ältester Zeit Frauen auf ihren Befehl hin von einem Bock bespringen lassen mussten.[471] Aussagekräftig sind auch die vielen Darstellungen des ziegengestaltigen Pan, in denen dieser die ‹Grosse Mutter›[472] resp. die der Erde entsteigende Aphrodite oder Persephone begleitet.[473] Im germanischen Bereich ist es die Riesentochter Skaði. Wie Artemis[474] ist auch Skaði eine Herrin der Tiere, Göttin der Jagd, der Berge und Wälder (und des Skilaufs).[475] Die Attribute von Skaði dürften nach der Maskulinisation von Nerthus zu Njörðr[476] auf sie gefallen sein. Nerthus selbst ist die älteste germanische Fruchtbarkeitsgöttin, deren Verehrung bereits in der Bronzezeit wahrscheinlich gemacht werden kann.[477] Ihre Funktionen sind relativ unbestimmt, als *terra mater* (TACITUS, Germania Kap. 40) wird sie jedoch vorwiegend für Belange der Fruchtbarkeit unter den Menschen und in der Natur verantwortlich gemacht.[478] Ihre Attributtiere sind zwei Kühe, die ihren Wagen ziehen. Analog wird Thors Wagen von zwei Ziegenböcken gezogen, die die (wohl jungen) Namen *Tanngrísnir* ('Zähnefletscher') und *Tanngnjóstr* ('Zähneknirscher') tragen.[479] Über sie existiert eine kurze mythologische Erzählung (Gylf. 20), in der die Böcke zum Mahl geschlachtet werden, anschliessend aber wieder erstehen.[480] Die wesentlichen Merkmale dieser Erzählung kehren, wie ich meine, in einigen Beispielen wieder, die MANNHARDT in seinen Studien zu den Wald- und Feldkulten für den Julbock berichtet, in seinem System jedoch im Hinblick auf das alljährliche Wiederkehren des Kornbocks ausdeutet.[481] Bocksopfer können für Thor problemlos erschlossen werden.[482] Auch lassen sich

---

[469] Cf. POLOMÉ 1979, S. 195 f. Ähnlich bedeutsam muss die Ziege auch für die griechische Artemis gewesen sein; AELIAN, hist. an. 11, 9, berichtet über die Insel Ikaros, auf der die wilden Ziegen nur mit Einwilligung der Göttin gejagt werden durften. Hatte ein Jäger die Zustimmung bekommen, so durfte er mit grossem Jagdglück rechnen. Die Stelle ist deshalb von Belang, weil auch Artemis als Fruchtbarkeits- und Vegetationsgöttin verehrt wurde. Viele weitere Beispiele für die Zusammengehörigkeit von Mutter-, Erd- und Fruchtbarkeitsgöttinnen und Ziegen bei SCHRÖDER (F. R.) 1941, passim.

[470] Cf. THULIN in RE 19, Stuttgart 1918, S. 1117 f.; vgl. den Beinamen der Juno *Caprotina*, ihr Fest *Nonae Caprotinae*, ihren heiligen Baum *Caprificus* 'Ziegenfeige' usw. Juno tritt bisweilen auch mit dem mit Hörnern versehenen Kopf der Ziege auf, den sie wie einen Helm trägt.

[471] OVID, Fasti II, 441 (*Italidas matres, inquit, sacer hircus inito!*).

[472] Bei PINDAR, frg. 85 f.: Ματρὸς μεγαλᾶς ὀπαδέ, cf. DKP 4, Sp. 445.

[473] Cf. BROMMER in RE Suppl. VIII, Stuttgart 1956, Sp. 1000 u. 1004.

[474] Vielleicht einst in Ziegengestalt dargestellt, vgl. SCHRÖDER (F. R.) 1941, S. 35, wo eine spartanische Ἄρτεμις Αἰγιναία erwähnt wird.

[475] Cf. DE VRIES, AGR II, § 561.

[476] Es ist umstritten, ob es sich bei den sprachlich identischen *Njörðr* ↔ *Nerthus* um ein Geschwisterpaar oder ein hermaphroditisch-androgynes Wesen handelt. Für beides gibt es gute Argumente aus der vergleichenden Religionswissenschaft. Cf. POLOMÉ 1954, S. 175, 178f. u. passim; SCHRÖDER (F. R.) 1941, S. 1–29 u. passim.

[477] Cf. SIMEK 1995, S. 290 f.

[478] Zu Nerthus cf. besonders POLOMÉ 1954.

[479] Interessanterweise heisst das Schiff Thors und Hymirs in Hym. 26, 5 *flot-brúsi* 'Flutbock' – wohl in Analogie zum im Himmel fahrenden Bocksgefährt.

[480] Nach SIMEK 1995, S. 415, verbirgt sich hinter der Erzählung ein Opferritus, wie er auch im aussergermanischen Bereich gut belegt sei: Das Opfertier wird geschlachtet, einer Gottheit geweiht und anschliessend wiederbelebt. S. dazu auch GRIMM, DM I, S. 154 u. Anm. 1.

[481] MANNHARDT, WuF II, S. 197.

[482] So, allerdings indirekt, für das Blutopfer, welches auf dem Runenstein von Stentofte beschrieben wird, indem von der Opferung von neun Hengsten und neun Böcken die Rede ist:

bildliche Darstellungen von Böcken überzeugend mit Thor verbinden, so beispielsweise das Bocksbild auf dem Schwertortband von Fredsö (*Abb. 10*).[483] Thor erscheint auf dem 2. Ring des Runenhornes von Gallehus als dreiköpfige Gestalt mit Hammer und Ziege.[484] Er ist der Sohn von Jǫrð ('Erde') (*Iarðar burr*) bzw. Hlóðyn[485] (*mǫgr Hlōðyniar*) / Fjǫrgyn ('Erde') (*Fiǫrgyniar burr*),[486] wird *hafra dróttin* 'Herr der Böcke' genannt und wird ebenfalls als eine Fruchtbarkeitsgottheit verehrt. Als Erdgeborener tritt er augenscheinlich in eine chthonische Sphäre, sein Name **þunraz* 'Donner' weist ihn als den göttlichen Samenspender, die befruchtende Himmelsgottheit aus. Als Gott des Blitzes und Donners ist er ebenso ein Gott des Windes und Regens, sein Hammer kann als fruchtbarkeitsspendendes Symbol ebenfalls bis in die Bronzezeit zurückverfolgt werden.[487] Besonders deutlich kommt der Bezug von Thors Böcken zu Naturgewalten in Thr. 21 zum Ausdruck:

Senn váru hafrar	Gleich waren die Böcke
heim of reknir,	heimgetrieben,
skyndir at skǫklum,	schnell an die Deichsel,
skyldu vel rinna.	schleunig zu rennen.
Bjǫrg brotnuðu,	Berge barsten,
brann jǫrð loga,	die Welt stand in Flammen,
ók Óðins sonr	und Odins Sohn
í Jǫtunheima.	zog nach Jötunheim.

Die Interpretatio romana Thors ist im allgemeinen Jupiter, wie sie auch aus der Übersetzung der römischen Wochentagsnamen hervorgeht. Die Bezüge zu Bock und Ziege sind, wie man sieht, nicht allzu deutlich, sie können, abgesehen von einigen Einzelheiten, nur indirekt erschlossen werden. Dennoch sind sie unbestritten und kommen insbesondere in volkstümlichen Vorstellungen stärker zur Geltung als in der ‹kodifizierten› Mythologie des Nordens. Auf verschiedene Aspekte dieser volkstümlichen Vorstellungen wird in einem späteren Kapitel (11) noch näher eingegangen werden; vorab seien folgende Punkte erwähnt:

- Der Ziegenbock als Tier des Teufels geht – mindestens teilweise, wenn man von den biblischen Anlagen zu derselben Gleichsetzung absieht – auf die Identifikation des Teufels mit dem heidnischen Thor zurück, da dieser – ebenso mindestens teilweise – in Bocksgestalt gedacht wurde.

I *niu hAborumR* II *niu ha(n)gestumR* III *hAþuwolAfR gAf j*
'Mit neun Böcken, mit neun Hengsten gab Haþuwolfʀ gutes Jahr.'
Dieses Blutopfer wird von SANTESSON 1993, S. 241 ff., mit dem bei ADAM V. BREMEN beschriebenen Opferfest von Uppsala in Verbindung gebracht, bei dem unter anderem auch für Thor geopfert wird. Die signifikante Neunzahl auf dem Stein von Stentofte korrespondiert mit dem neunjährigen Opferzyklus von Uppsala. Zu letzterem cf. RÜBEKEIL 2002, S. 271–283 sowie SUNDQVIST – HULTGÅRD 2004, S. 598 u. passim. Als Opfer für Thor wird im allgemeinen auch das Ziegenopfer bei den Langobarden angesehen, welches GREGOR D. GROSSE (Dial. III, 28, in: MGH SS rer. lang. et it., S. 534) schildert: *[...] more suo inmolaverunt [sc. Langobardi] caput caprae diabolo, hoc ei currentes per circuitum et carmine nefando dedicantes*; s. auch oben S. 205, Anm. 1167. Cf. weiters HELM 1937, S. 197, 247–251.

[483] Besprochen bei WERNER 1966, S. 24 f. SPEIDEL 2004, S. 49 f., betrachtet das Schwertortband von Fredsö hingegen als einen der wenigen Hinweise auf die germanischen Bockskrieger: «Since the buck decorated a wweapon, it must have had a warrior meaning: the scabbard belonged to a buck-warrior.»
[484] Cf. KLINGENDER 1971, S. 120.
[485] Cf. die *Dea Hludana* (mit Varianten), s. GUTENBRUNNER 1936a, S. 83 ff.
[486] S. dazu DILLMANN in RGA 9, S. 151–155 sowie JACKSON 2001.
[487] Cf. SIMEK 1995, S. 411; SCHRÖDER (F. R.) 1941, S. 118.

- Die Namen von Thors Böcken gehören einem Wortschatzbereich an, der in die Symbolik von Gewitter und Sturm weist. Weitere an. Umschreibungen für den Ziegenbock deuten in denselben Bereich (z. B. an. *brúsi* 'Dahinstürmender', s. unten S. 144).
- Thors Bocksgespann selbst ist ebenso Sinnbild für Gewitter und Sturm. Auch der idg. Donnergott (mit verschiedenen ausseridg. Bezügen) bewegt sich im allgemeinen auf einem Bocksgespann fort.
- Durch Blitzschlag getötete Ziegen dürfen nicht verspeist werden. Sie werden als Thorsopfer betrachtet.
- Verschiedene Schnepfenarten tragen die volkstümlichen Namen *Donnerziege*, *Himmelsziege*, *Donnerbock* usw. und werden während ihres geräuschvollen Flugs als Bocksgespann Thors betrachtet. Der Volksglaube weist ihnen überdies prognostische Fähigkeiten zu.

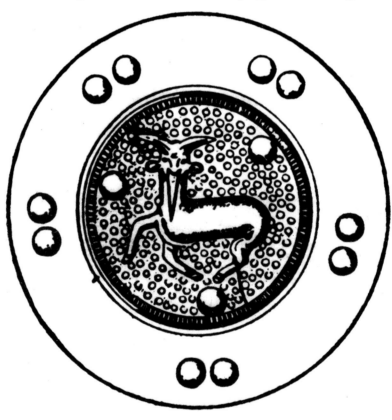

Abb. 10.

Weitere Punkte werden andernorts in die Diskussion einbezogen und besprochen. Von Interesse ist hier weiters der Bezug von Thors Böcken zur weiblichen Fruchtbarkeits- oder Muttergottheit. Er ergibt sich aus der klassischen germanischen Mythologie ebenso nur indirekt und kann auch fernerhin nur aus der Beziehung Thors selbst zur Erdgöttin hergestellt werden, die oben angesprochen wurde. Nach DE VRIES deutet Fjǫrgyns Name auf eine Verbindung mit dem Donnergott hin, da sie 'eine auf eichenbewachsenen Bergen thronende Göttin' sei.[488] Einen möglicherweise älteren Reflex der Verbindung Erd-/Muttergottheit ↔ Ziege weist Skaldsk. 56 auf, wo Loki, um Skaði zum Lachen zu bringen, einen Strick um den Bart einer Ziege und um seine Hoden bindet. Loki und die Ziege schreien dabei vor Schmerz, Loki lässt sich schliesslich in Skaðis Schoss fallen, worauf diese laut

---

[488] DE VRIES, AGR II, § 560.

auflacht. Aus der derben Szene hat insbesondere F. R. SCHRÖDER weitreichende Schlüsse gezogen, wonach es sich dabei ursprünglich um eine ‹heilige Hochzeit› gehandelt habe, in der Skaði die theriomorphe Erscheinung der Göttin sei (nämlich in Gestalt der Ziege, dem Urprinzip des Weiblichen).[489] SCHRÖDER geht noch weiter, und sieht in Thor einen ehemals bocksgestaltigen Gott, was angesichts des reichen diesbezüglich gesammelten Materials viel für sich hat.[490] Auch J. DE VRIES betont den Wert der schwankhaften Geschichte von Loki und der Ziege, indem er in ihr die Erinnerung an ältere Vegetationsriten erkennt,[491] wobei von Belang ist, dass Skaði wie Nerthus von wechselndem Geschlecht sind resp. als älteste Erscheinungen Skaði männlich, Nerthus weiblich waren.

In der keltischen Religion und Mythologie spielen zwar Fruchtbarkeitskonzepte ebenfalls eine grosse Rolle, Kulte mütterlicher Gottheiten dürften in Gallien zweifellos bis weit in vorhistorische Zeiten zurückgehen,[492] doch lässt sich eine Verknüpfung mit Ziegen weniger gut herstellen. Eine viel bedeutendere Rolle spielt hier der Widder, ein Tier, welches zweifellos ebenfalls für Fruchtbarkeitskonzepte steht und gelegentlich als Attributtier von Gottheiten erscheint. Die weiteren Funktionen und Bedeutungsbereiche des Widders in den religiösen Vorstellungen der Kelten sind allerdings schwer zu entwirren, zumal mit der häufig dargestellten Widderkopfschlange ein Fabeltier erscheint, das mangels aussagekräftiger Schriftquellen weiterhin rätselhaft bleibt.[493] Es dürfte jedenfalls erheblich älter sein als die gallisch-römischen Götter, denen es zugeordnet ist. Überhaupt wird es sich bei der Widderkopfschlange und der älteren, wohl im orientalischen Raum beheimateten gehörnten Schlange[494] mehr um ein eigentliches Symbol handeln denn um die theriomorphe Variante eines Gottes. Für die Bildgebung scheint der Widderkopf jedenfalls wichtiger gewesen zu sein als die Schlange selbst. Dies zeigen zahlreiche Produkte des keltischen Kunsthandwerks aus allen Epochen, worunter sich die Jupiter-Ammon[495]-Münzen von Camulodunum (Colchester) für unseren Zusammenhang als besonders aussagekräftig erweisen. Sie zeigen zwar traditionell den mit Widderhörnern versehenen Jupiter, der sich im keltischen Bereich allerdings eher als *Mars Camulos* erweist (s. auch unten S. 121 f., Anm. 653). Als schwer verständlich muss immer noch die recht häufige Darstellung von Widderköpfen an Feuerböcken gelten, die seit der Hallstattzeit sehr gut belegt ist. Während BIRKHAN diese Darstellungen in einen kosmischen Kontext stellt – die Rede ist von der «kosmischen Symbolik der Feuerstelle» – und den Widder als kosmische Repräsentation und Trägertier von Himmel und Sonne ansieht,[496] müsste man sich auch die Frage stellen, ob der Widder, und ich meine das gehörnte

---

[489] So SCHRÖDER (F. R.) 1941, S. 27. Auch den Namen *Skaði* deutet SCHRÖDER als '(göttliche) Ziege' oder 'Ziege(ngöttin)' (S. 71), nämlich zu idg. *s-qat- ~ *qat-, der auch von JANZÉN 1938, S. 47 ff. angesetzten Wurzel für ein in der ganzen Indogermania verbreitetes Wort für Tierjunge (cf. mhd. *hatele* 'Ziege', an. *haðna* 'junge Ziege', lat. *catulus* 'Tierjunges', slowen. *s-kòt* 'das Junge' usw.) oder zu idg. **sqat-* 'springen, hupfen'. SCHRÖDER anerkennt allerdings selbst die schwache Grundlage dieser Deutungen (S. 72). Zur weiteren Deutung von *Skaði* cf. DE VRIES, AEW, S. 480.

[490] Cf. SCHRÖDER (F. R.) 1941, S. 116–133; zusammenfassend S. 131: «Als einem ursprünglich bocksgestaltigen Gott muss Thor einst als Partnerin eine Göttin in Ziegengestalt entsprochen haben – und eine solche haben wir gerade in Skadi erwiesen, mit der Thor in Uppsala gemeinschaftlich verehrt worden ist.»

[491] DE VRIES, AGR II, § 502, § 561.

[492] DE VRIES 1961, S. 116 u. ff.

[493] Cf. DE VRIES 1961, S. 170: «Auch hier müssen wir mit Bedauern feststellen: es fehlt der Mythus, der uns Aufschluß darüber geben könnte, was eigentlich mit dem Symbol gemeint war. Bescheiden wir uns also: wir wissen es nicht.»

[494] Man erinnere sich auch an den behornten Fruchtbarkeits-, Jagd- und Vegetationsgott Zagreus (Dionysos) der griechischen Mythologie.

[495] Bei OVID, Metamorphosen, V, 327f.

[496] BIRKHAN 1970, S. 463, Anm. 1314.

Huftier überhaupt, nicht primär in einen Symbolkontext von Feuer und Naturgewalten zu stellen ist. Hörner als Symbole von Blitz und Gewitter sind nichts Ungewöhnliches[497] (vgl. zur prodigiösen Bedeutung der Ziege Kap. 11 u. Anm. 1366), die Ziege mit den feurigen Augen und der Bock als Tier des christlichen Teufels deuten in denselben Zusammenhang. Die Vorstellung himmlischen Feuers in Ziegengestalt ist jedenfalls antik, so bei SENECA d. J. in den *Naturales Quaestiones* 1, 1, 2, wo ein besonderes «genus ignium» *capra* genannt wird.[498] SENECA ist sich über den Hintergrund dieser Benennung selbst nicht ganz im klaren, doch scheint es sich bei der Erscheinung um eine Art Komet zu handeln. Darauf wird noch genauer einzugehen sein (unten S. 240).

4.6. *Gebrinius* und *Cernunnos*

Die Vorstellung theriomorpher Gottheiten unter den frühgeschichtlichen indogermanischen Völkern, die DE VRIES heftig zurückwies,[499] ist eine Streitfrage.[500] Aus der Tatsache, dass Götter und Götternamen ausserordentlich häufig mit Tieren und Tierappellativa resp. theriophoren Beinamen ausgestattet erscheinen, dürfte jedenfalls nicht gefolgert werden, dass hierin ein Überbleibsel von Tiergestaltigkeit in die jeweilige Zeit überdauert habe. Selbst aus den ältesten Zeugnissen indogermanischer Religion sind keine rein tiergestaltigen Götter überliefert. Sie treten meist anthropomorph auf und wechseln ihre Gestalt nur temporär, so wie die griechische Mythologie sie gut kennt. Vielmehr sind die Tiere Abkürzungen von Wesensmerkmalen der Götter und materialisieren deren Eigenschaften mit Merkmalen aus der Tierwelt. Dasselbe gilt ebenso für «heilige» Tiere:

«[...] aber sollte es nicht genügen hier von ‹heiligen› Tieren zu reden und ihren heiligen Charakter nicht gleich als Anzeichen ihrer Göttlichkeit zu deuten. Es kann hier ja auch der Fall vorliegen, dass die Tiere den Göttern zugeordnet waren und also eben aus der Gottheit ihre Heiligkeit herleiteten. Vergessen wir doch nicht, dass die anthropomorphen Götter bis in die gemeinsame indogermanische Urzeit zurückreichen; welchen Platz soll man denn etwaigen ‹Tiergöttern›, die wir in späteren Formen der einzelvölkischen Religion vermuten können, in diesem klargegliederten System zuweisen?»[501]

In diesem Sinne könnte man also von Hypostasen gewisser Charaktermerkmale der Tiere sprechen, wobei der Begriff ‹Charakter› hier noch zu wenig weit reicht. Es sind menschliche Eigenschaften, die gebündelt auf die Gottheit übertragen werden, die jedoch im Menschen selbst als komplexem Wesen nicht in dem Ausmasse hervorscheinen, wie sie es in Tieren tun: «Der Mensch aber fühlt sich selber als ein komplexes Wesen und demgegenüber erschienen ihm die instinktsicheren Tiere als ein Beispiel eines scharfgeprägten, einheitlichen Charakters. Deshalb greift er immer wieder für seine Sinnbilder nach der Tierwelt, in der er die klaren Gestalten findet, die ih[m] dazu verhelfen können, die so schwer deutbaren übersinnlichen Mächte zu versinnbildlichen.»[502]

Übertragen auf die Diskussion der Dreiziegen-Szene auf dem besprochenen Aufanienaltar erscheinen diese Bemerkungen in einem besonderen Licht: Zum einen dürfte DE VRIES sicherlich im Kern das Richtige getroffen haben, indem er auf die Realität der religiösen Vorstellungen in einem jeweils synchronen Kontext verweist und rein theriomorphe Gottheiten ausschliesst. Zum andern darf

---

[497] DE VRIES, ARG, § 418.
[498] Zit. nach ThLL 3, Sp. 309.
[499] DE VRIES 1958.
[500] Cf. BIRKHAN 1999a, S. 694.
[501] DE VRIES 1958, S. 60 f. im Hinblick auf W. KRAUSEs Ansicht, die Runennamen für Ur, Elch und Pferd stellten ebenso wie Týr, Áss und Ingwaz ursprünglich tierische göttliche Mächte dar.
[502] DE VRIES 1958, S. 62.

man davon ausgehen, dass sich Religionsausübung und mythologisches Gedankengut – das heisst: Erzählungen über die Götterwelt – nicht decken mussten und dass nebst der religiösen Praxis eine erzählende Praxis bestand, die das Handeln von Göttern und Helden zum Inhalt hatte. Über letzteres haben wir aus der Germania einigermassen aufschlussreiche Kunde, wie wir sie auch aus der klassischen römischen und griechischen Antike besitzen. Aus der Keltike hingegen sind diese Quellen aus Gründen, denen hier nicht auf den Grund gegangen werden muss, etwas weniger ausführlich geflossen. Es ist also richtig, dass wir uns den bekannten *Tarvos Trigaranus*, den Stier mit den drei Kranichen, nicht primär als tiergestaltige Gottheit zu denken haben. Es ist aber wesentlich, dass der hinter dem Wesen stehende Mythos als solcher erkannt wird, auch wenn wir über dessen Einzelheiten nichts erfahren und mangels Vergleichsmaterial auch kaum je sichere Aufschlüsse gewinnen werden. Der Aufanienaltar mit der Ziegendarstellung, der mindestens im Ansatz in den germanischen Bereich weist, scheint sich dagegen dank religionstypologischen Vergleichsmaterials wenigstens in seiner Grundaussage erklären zu lassen: Die Ziege verkörpert das weibliche Fruchtbarkeits- und Reproduktionsprinzip, wie es Heiðrun und Skaði verkörpern, ohne dass jedoch synchron mit einer ziegengestaltigen Göttin gerechnet werden muss, da die Aufanien bereits anthropomorph realisiert waren. Das Erzählgut über eine Ziege mit drei Körpern und vielleicht über einen bocksgestaltigen Zeugergott war hingegen lebendig und konnte neben der offiziellen Religionsausübung selbständig weiterbestehen, ohne dass dabei weltanschauliche Konflikte zwischen Mythos und Glaube bestehen mussten.

Ähnlich dürfte die Sachlage beim keltischen ‹Hirschgott› Cernunnos sein. Die fast ausschliesslich aus figürlichen Darstellungen bekannte Gestalt wird nur ein einzigesmal namentlich erwähnt:[503] auf dem Pariser Votivpfeiler der Schiffergilde (CIL XII, 2026) aus der Zeit des Tiberius (reg. 14–37).[504] Die gallische Inschrift von Montagnac scheint den Namen aber zu bestätigen, während der *Iupiter Cernenus* von Budapest (CIL III, Tabellae Ceratae I, S. 926 [*Iovis Cerneni*]) nach BIRKHAN nicht zwingend hierher gehört.[505] Die zahlreichen Denkmäler, die man als *Cernunnos*-Darstellungen bezeichnet, geben den Namen dieser Gottheit nicht preis. Die vielen Darstellungen einer (meist gehörnten) Figur, die einen Hirsch, eine Schlange (der Gundestrup-Kessel zeigt wohl die Widderhornschlange) und teils auch andere Tiere um sich hat, wird in der Regel als ‹Herr der Tiere› charakterisiert. Sie als Wesen zu betrachten, das eine besondere Affinität zum Hirsch hat, liegt in der Tat nahe. Dennoch ist hier grosse Vorsicht angebracht. Gerade der *Cernunnos* von Paris trägt kein eigentliches Hirschgeweih, sondern kurze Hörner, die je zwei angedeutete Enden haben. An beiden Hörnern hängt je ein Torques. Die Hörner des ‹Cernunnos› von Reims sind sogar nur angedeutet. Lediglich der ‹Herr der Tiere› auf dem Gundestrup-Kessel sowie der (ev. nicht in diesen Kontext gehörende) ‹Cernunnos von Val Camonica›, einer Felszeichnung, die möglicherweise aus dem 4. Jh. v. Chr. stammt, tragen vielendige Geweihe. Sowohl beim Cernunnos von Paris als auch beim Gundestrup-Cernunnos könnte man mit guten Gründen auch nur von einer Maske mit Hörnern (resp. Geweih) sprechen: Der Cernunnos von Paris trägt über den Menschenohren noch Tierohren, der Gundestrup-Cernunnos trägt einen glatten, mützenähnlichen Kopfschmuck, aus dem das Geweih hervorragt und den man nicht zwingend als «Frisur» auffassen muss. Ohne die Cernunnos-Diskussion hier im einzelnen aufzugreifen, kann man gesamthaft feststellen, dass nebst dem zweifelsfrei hohen Stellenwert, den der Hirsch in der alteuropäischen Kultur gespielt hat, Hörner und Geweihe für sich ausserordentlich wichtig gewesen zu sein scheinen, ohne dass man sich

---

[503] Cf. zu *Cernunnos* ganz allgemein VENDRYES 1997, S. 53; BIRKHAN 1999a, S. 694–704 sowie BIRKHAN 1970, S. 448–457. Abbildungen bei BIRKHAN 1999b, S. 260–264 und in einer kürzlich, d. h. nach der Restauration des Monuments veröffentlichten Broschüre «Le pilier des nautes retrouvé. Histoire d'une métamorphose, Paris 2003» (Auszug aus Nr. 398 der Zeitschrift *Archéologia*). Cf. ferner BOBER 1951, NICHOLSON 1986 sowie DE VRIES 1961, S. 104–107.

[504] Cf. BIRKHAN 1999a, S. 694ff.

[505] BIRKHAN 1999a, S. 696.

über deren spezifische Funktion(en) bereits genügend Rechenschaft abgelegt hätte: «Was Cernunnos auch immer bedeutet haben mag, das Geweih braucht ihn noch nicht als Hirsch zu kennzeichnen, sondern es kann nur die symbolische Andeutung für eine ihn auszeichnende Eigenschaft gewesen sein.»[506] Und, so muss man wohl feststellen, der keltische Cernunnos ist Bestandteil einer mythologischen Erzählung, über die wir gar nichts wissen. Die Darstellungen mit einem geweihtragenden Menschen zeigen weniger die in einen anthropomorphen Zustand übergehende Tiergottheit, sondern sie zeigt ein Wesen, dem im Mythos durch das Geweih eine wichtige Eigenschaft zukommt: Es ist Symbol der Macht (‹Herr der Tiere›), der Fruchtbarkeit und Regeneration, und es weist wenigstens auf die Möglichkeit, dass dem ‹geschichtlichen› Cernunnos einst eine hirschgestaltige Gottheit voraufgegangen sein könnte, die ihrerseits jedoch noch viel weniger fassbar ist als der keltische Cernunnos. Die weiteren Attribute des Cernunnos, Torques und Schlange, sind weitere Hinweise auf die ganz und gar im Mythos beheimatete Figur. Sie sind Markenzeichen, die identifizierend wirkten und die dem synchronen Verständnis der Figur dienten. Sie sind Beigaben, die sich jedoch nur aus gleich- oder ähnlichgerichteten Überlieferungen erschliessen lassen und denen – bezogen auf das Wesen des Cernunnos selbst – wenig Aussagekraft zukommt.

Dabei ist nicht einmal der Symbolwert des Geweihs selbst ganz sicher festzumachen: Als weitere Symbole dachte man gelegentlich an den Mond oder die Unterwelt,[507] was jedoch hinfällig sein dürfte. J. DE VRIES deutete den Cernunnos als Gott der Regeneration: «Eher hat man daran zu denken, daß der Hirsch das Geweih im Herbst verliert und daß es im Frühling von neuem und sogar noch größer wächst; das könnte auf das Motiv der Verjüngung hinweisen.»[508] Diese plausible Erklärung mag für den Hirsch und seine Position in der Vorstellungswelt alter Kulturen zutreffen, sie könnte allenfalls auch allgemein für Cernunnos gelten. Für die Interpretation anderer göttlicher Gestalten, denen das Hornsymbol eigen ist oder denen ein gehörntes Tier beigesellt ist, reicht sie jedoch nicht ganz aus. Die Vergleichbarkeit von Horn- und Geweihträgern soll unten im Zusammenhang mit dem Phänomen des Haberfeldtreibens thematisiert werden (s. u. ab S. 207). Dabei wird es sich erweisen, dass das Tragen von Hörnern in der Tat in den Umkreis von Fruchtbarkeitsvorstellungen gehört. Mit dem Phänomen ist jedoch nicht im entferntesten eine Art göttlicher Instanz angesprochen, wenn nicht der Mensch selbst – bei GEOFFREY V. MONMOUTH ist es Merlin – als übergeordnete Instanz erscheint, wobei dann aber eher in den Bereich des Heldentums verwiesen würde denn in die Götterwelt.

Noch einmal übertragen auf unseren Problembereich erscheinen Gebrinius und die ziegengestaltigen Aufanien wie eine Erinnerung an primordiale Schöpfungs- und Regenerationsmythen. Mehr als Mythen sind sie jedenfalls nicht, womit ihnen andererseits aber nicht ihre Position im Erzählgut abgesprochen werden soll. Sie sind Ausdruck intellektuellen Scharfsinns und wichtige Zeugnisse, die uns helfen, die Vorstellungsbereiche früher Kulturen abtastenderweise zu erfassen.

4.7. Abschluss: der ‹belgische› *Deus Caprio und nhd. *Käpfer*

Erinnern wir uns, dass der gallische Merkur bisweilen auch andere, eindeutig von Tierappellativa abgeleitete Beinamen trägt[509] (*Mercurius Artaios*,[510] *Mercurius Moccus*[511] etc.), so ist die analoge

---

[506] DE VRIES 1958, S. 59.
[507] Cf. DE VRIES 1958, S. 58f.
[508] DE VRIES 1961, S. 106; s. auch ROSS 1986, S. 126.
[509] Cf. DE VRIES 1958, S. 48.
[510] Zu gall. *artos* 'Bär', cf. DELAMARRE 2003, S. 55 ff.
[511] Zu gall. *moccos* 'Schwein, Eber', cf. DELAMARRE 2003, S. 228; nach POLOMÉ 1997, S. 740 allerdings «etymologisch dunkel».

Überlegung für *Gebrinius* nicht allzu abwegig, wobei nichts dagegen spricht, dass dasselbe Phänomen auch im Germanischen möglich war und *Gebrinius* folglich ein germanischer Name ist. Zu den *Gebrinius*-Belegen kommt nun, dass in Mürlenbach an der Kyll (Eifel) eine Inschrift gefunden wurde, auf der DEO CAPRION[I] zu lesen ist (CIL XIII 4142 resp. CIR 849). Sie lautet vollständig:

IN H(ONOREM) D(OMUS) D(IVINAE)
DEO CAPRION[I]
L(VCIVS) TEÐÐIATIUS
PRIMUS

Ich meine, dass man in der Inschrift eine lateinische Fassung einer Weihung an den Gott mit dem Bock sehen sollte. Dabei wäre *caprio* auf den ersten Blick, ohne dass dazu spezielle Zusatzannahmen zu machen wären, eine konsonantische Ableitung von *caper*. Adjektivableitungen von *caper* sind verhältnismässig vielfältig, wie die Adjektive *caprarius*, *capreus*, *caprinus* usw. zeigen. Dazu kommt eine ganze Anzahl von Ableitungen mit stärker differenzierter Funktion und Bedeutung (*capreolus*), mit teils lexikalischen Suffixmorphemen (*caprigenus*) oder auch lexikalisierte Komposita (*capricornus*) u. v. m.[512] Vielleicht ist es gewagt anzunehmen, dass in *caprio* bereits der vulgärlat. Übergang von nachtonigem *e* vor Vokal zu *i* vorliegt. Dieser Wandel zog jedenfalls sekundäre Stammbildungen nach sich, so dass Heteroklisie oder Suffixwechsel eintrat.[513] Hochsprachliches *capreus* lautete im Dat. *capreo*. Eine Form *caprio* < *capreo* konnte allenfalls neu als Rectus-Form eines konsonantisch flektierenden Typs reanalysiert werden, dessen Dativform regulär *caprioni* ergeben musste. Mögen diese Zusatzannahmen auch spekulativ sein, das Gebilde *capr-* erlaubt keine andere Anbindung als zum Wort für den 'Bock'.[514] Alternativ wäre das von WEISGERBER wie das Suffix *-īnius-* als germanisch identifizierte Ableitungsmorphem *-ion-* anzusetzen.[515] Dieses Suffix verhält sich ähnlich wie *-īnius-* und weist eine analoge Verteilung auf. Es kann mit guten Gründen ebenfalls als germanisch erklärt werden und würde eine weitere Stütze dafür abgeben, dass der Beiname, der das Wort für den Bock beinhaltet, germanische Züge aufweist. Eine *-ion*-Ableitung weisen auch die Namen des *aquilifer* der leg. I. Min. und dessen Sohn *Gabrio* aus dem 3. Jh. auf.[516] Der Name erweist sich jedoch in seiner Phonem-/Graphemsubstanz als eher keltisch, da der inlautende Nexus *-br-* sowie das anlautende *G-* ganz den oben besprochenen *Gabros*-Namen entsprechen. Anderseits sei auch darauf hingewiesen, dass *-i̯o*-Erweiterungen an keltischen theriophoren Götternamen häufiger zu beobachten sind, aus denen nicht immer ganz klar wird, welcher Funktion sie dienen. Es handelt sich dabei gleichwohl nur um eine einfache Beobachtung, die wenig mit dem hier besprochenen GN zu tun haben muss, man vgl. aber die Varianten *Moltinus* vs. *Moltinius*,[517] *Camulos* vs. *Camulius*.[518]

Ebenso wie *Gebrinius* als Zugehörigkeitsbildung aufgefasst werden muss, wird dies auch bei *caprio* der Fall sein, da *n*-Ableitungen auch im Lat. primär der Zugehörigkeitsfunktion dienen. Die Zugehörigkeitsfunktion ist hier keine, die den DEUS als solchen in Bocksgestalt oder gar ganz

---

[512] Cf. OLD s. vv.
[513] Cf. STOTZ, HLSMA 2, VI § 73.
[514] Man könnte auch an eine Ableitung zum Verb lat. *capere* denken, welches dieselbe Wurzel wie *caper/capra* voraussetzt, idg. *keH₂p-* 'fassen, schnappen'. In diesem Fall wäre allerdings eine Ableitung als Nomen agentis, *captor* o. ä. (also vom PPP-Stamm), naheliegender, zumal auch kaum einsichtig wäre, welche Funktionen hierbei die Wortbildungselemente *-r-*, *-i̯-* und *-(o)n-* hätten.
[515] WEISGERBER 1968, S. 392–394.
[516] S. WEISGERBER 1968, S. 363.
[517] CIL XIII 2585 (*Moltinus*). BIRKHAN 1970, S. 338, Anm. 788.
[518] BIRKHAN 1970, S. 336, Anm. 773.

theriomorphe Gottheit charakterisieren würde, sondern sie muss wohl rein sprachlich verstanden werden i. S. v. 'Gott, der mit dem Bock zu tun hat'.

Die Mürlenbacher Inschrift trägt den Namen des Dedikanten L(VCIVS) TEÐÐIATIVS PRIMVS. Beim PN *Teððiatius* handelt es sich gewiss um einen keltischen Namen, dessen Verschriftlichung der geminierten Spirans nur dem Gallischen eigentümlich zu sein scheint.[519] Sie vergleicht sich mit der Doppelspirans <SS> in *Tessilinius*, auch wenn die etymologische Verknüpfung beider Namen mit ir. *tess*, kymr. *tes* 'Hitze' nicht zu befriedigen vermag.[520] Parallelen zu der Verschriftlichung von <ÐÐ> finden sich auch in *Meððignatius*, dem sich *Messionius* vergleicht, und wohl auch in *Vrissulius* (mit quergestrichenen <S> in der Geminate) zu *vrito-* in *Ateuritus* (zu *u̯ritio-*).[521] Die genannten PN zeichnet alle das sogenannte «tau gallicum» aus.[522] Parallelen zum PN *Teððiatius* (vielfach auch mit Doppelspirans <SS> verschriftlicht) sind relativ zahlreich, wie die Einträge bei HOLDER, AcS II, Sp. 1786 ff., zeigen.

Wie die meisten Dedikanten der *Gebrinius*-Altäre ist nun auch derjenige des *Deus Caprio* wohl ein Kelte, was die germanische Deutung etwas unsicher macht. Wir müssen aber immer berücksichtigen, dass auch das ubische Gebiet und sein Hinterland Teil der keltisch-germanischen Kontaktzone sind und zahlreiche ethnisch-sprachliche Überlagerungen (die nicht einmal das Keltische und Germanische als einzige betreffen) aufweist, die heute bestenfalls bruchstückhaft zutage treten. Die ‹Internationalität› des Gebietes und seiner Bewohner streicht schon die Verkehrssprache Latein hervor.

Nhd. *Käpfer*

Will man den DEUS CAPRIO im ganzen als lateinisches Gebilde betrachten, führt kein Weg an den sprachgeschichtlichen Grundlagen von nhd. *Käpfer* 'Balkenkopf' vorbei.[523] Diesem Wort liegt aller Wahrscheinlichkeit nach lat. ^(*)*caprio* zugrunde[524] (nach KLUGE-SEEBOLD **capreonem*, vgl. frz. *chevron* 'Stützbalken'[525]), was zusätzlich durch identisches, früh entlehntes kymr. *ceibr* 'dass.', bret. *kebr*, korn. *keber* usw. gestützt wird, aus dem Germanischen vgl. man fnhd. *kepfer*, mndd. *kepere*, mndl. *keper*. Von Interesse sind an Sprachlichem weniger die Fortsetzer in den Einzelsprachen als vielmehr die lateinische Basis, obschon die Einzelsprachen wichtige Informationen über Wortbildung bzw. Flexion zu geben vermögen. Als eine Ableitung von *caper* kommen für **caprio* angesichts des durchgeführten Primärumlauts im Deutschen sowohl *-io-* als auch *-eo-* in Frage, da lat. *-eus* im Germ. als *-jaz* entlehnt werden konnte (und seinerseits wieder auf die mlat. Formen rückwirken konnte), man vgl. etwa *caseus* : *Käse*. Das Etymon **capreus*, welches MEYER-LÜBKE angibt,[526] bleibt insofern fraglich, als von einer konsonantisch flektierenden Basis ausgegangen werden sollte, wie sie das Französische und viele dialektale Ausprägungen im Westromanischen zeigen. Im klassischen Latein bezeugen CAESAR und VITRUV ein hochsprachliches *capreolus* (resp. nur pl. *capreoli*) mit der Bedeutung 'Stützpfeiler' oder 'Dachsparren',[527] also eine Weiterbildung von *caprea* 'Rehgeiss' oder

---

[519] WEISGERBER 1969, S. 121.
[520] Ebd., S. 121.
[521] Ebd., S. 121.
[522] Cf. RÜBEKEIL 2002, S. 23 f.
[523] Zum Architekturgeschichtlichen cf. BINDING in LexMA 5, Sp. 896 f. (s. v. 'Kämpfer').
[524] GAMILLSCHEG I, S. 12. Es ist aus GAMILLSCHEGS Zusammenstellung der lat. Lehnwörter im Westgermanischen allerdings nicht ersichtlich, ob das Wort belegt ist oder ob es sich nur um ein Rekonstrukt handelt (wie ich meine). Die angegebene Bedeutung «eigentlich 'Zicklein'» erfährt keine Rechtfertigung, weshalb hier Vorsicht angebracht erscheint.
[525] KLUGE-SEEBOLD 2002, S. 468.
[526] MEYER-LÜBKE, REW, S. 155b.
[527] Cf. V. WARTBURG, FEW 2, S. 307; s. auch GEORGES, AH I, Sp. 983.

auch 'Wildziege'. Unter dieser Voraussetzung erweisen sich *capreus* sowie *caprio/capreo* ohnehin als Rückbildungen, was die wortgeschichtlichen Implikationen zusätzlich irritiert. Hilfreich ist wenigstens der früheste romanische Beleg *kapriuns : rafu^{u}n* (ahd. *rāfo* swm. 'Sparren, Balken') der Kasseler Glossen aus dem 9. Jh.,[528] der zum einen eine *i*-haltige Flexionsform des romanischen Worts erweist, zum andern die schwache Stammbildung nahelegt – vorausgesetzt, es handelt sich um einen Nominativ oder Akkusativ Plural, den jedenfalls die ahd. Form bietet. Einen weiteren, offenbar alten Beleg bietet V. WARTBURG in dem Passus *faciunt pedituram in graneam de decem palis et decem capronibus [...]*.[529] Merkwürdigerweise bieten die romanistischen Wörterbücher insgesamt jedoch keinen einzigen Beleg, aus dem sich nhd. *Käpfer* wirklich erklären lässt. Setzt man eine regelgemässe lautliche Entwicklung des Worts voraus, so müsste man eine romanische Form mit Geminate ansetzen. MÜLLER – FRINGS[530] gehen daher von einer doppelten Entlehnung aus und setzen für die nordwestdeutschen Dialekte eine Basis *capr-* an (ndl. *kefer*, rhein. *kefer*, *keifer*), für den Süden hingegen *cappr-* (allg. hochdt. *Käpfer*, schwzdt. mit Umlauthinderung *Kapfer*). Die nördliche Form wäre dabei über Gallien eingedrungen, die südliche hätte sich aus Italien über Süddeutschland bis ins Moselfränkische ausgebreitet.[531] Da nun allerdings keine Form mit der Geminate *-pp-* überliefert ist, bleibt diese Annahme doch reichlich hypothetisch, wiewohl sie aber nicht ausgeschlossen werden kann. Vielleicht hat man, um einen Kompromiss zu formulieren, vielmehr mit einer unterschiedlichen Realisierung der Vokalquantität in *capr-* in den verschiedenen germanischen Gebieten zu rechnen (damit also mit einer erst westgerm. bzw. vorahd. Geminate wie in *Kupfer*). Diese machte von Fall zu Fall auch eine Geminate hörbar, insbesondere bei regulär kurzem *ă* und *p* vor nicht-sonantischem *r* vor Ausfall der Flexionsendung, während die deutschen *-f-*Formen auf einfachem *p* und sonantischer Qualität des *r* resp. Sprossvokal + *r* beruhen. Dabei konnten die Unsicherheiten bei der Realisierung von Quantitäten ihren Ausgang auch bereits im Romanischen mit der Umgestaltung des Flexionssystems genommen haben. Die luxemburgische Form *Keffer* spielt dabei gewissermassen die entscheidende Rolle, da sie erweist, dass nicht die südliche Affrikate das eigentliche Problem ist, sondern die Quantität des rom. /p/.

Dass nun der inschriftliche DEUS CAPRIO direkt etwas mit dem architektonischen Terminus technicus zu tun hat, ist nicht anzunehmen, obgleich man tiergestaltigen Balkenköpfen in der Fachwerkbauweise einen im allgemeinen sehr alten Ursprung zumisst (auf hohes Alter weisen ja sowohl der Terminus selbst als auch dessen geographische Verbreitung). Gerade das hohe Alter der Animalisierung von Balken erweist ja die Verselbständigung der neuen Bedeutung. Die ursprünglichen Tiergestalten selbst hatten dabei apotropäische Funktion und gehörten in den Bereich der Holzidolatrie[532] (vgl. die Neidstangen). Auf bocks- und widdergestaltige Hausgötzen[533] verweist jedenfalls der Brauch, Bockshörner als Schutz gegen allerlei Unbill (besonders den Blitzschlag) am Giebel des Hauses anzubringen (so in Bayern und Brandenburg) oder aussen an den Pfosten der Stalltür anzunageln (gegen Verhexung und das nächtliche Melken des Viehs;[534] so in Bayern und in der Schweiz).[535] Vermutlich

---

[528] StSG III, 10, 61. Cf. GRAFF II, Sp. 495, wo für *rafuun* nicht das romanische Lemma angegeben wird, sondern eine Art neutraler Bedeutungsangabe 'caprinus'.
[529] V. WARTBURG, FEW 2, S. 307.
[530] MÜLLER – FRINGS 1968, S. 162.
[531] Ebd., S. 162, mit Verweis auf die Entlehnung von *cuprum* 'Kupfer', behandelt in Germania Romana I, S. 82 u. Anm. sowie von UDOLPH in RGA 2. A. Bd. 17, Sp. 497f.
[532] Cf. HELM 1913, S. 214–228; HELM 1937, S. 198.
[533] Cf. DE VRIES, AGR I, § 135.
[534] Cf. HDA 9, s. v. 'Ziegenmelker', Sp. 933–935.
[535] HDA 9, Sp. 924; vgl. ebd., Sp. 924: «In Schlesien befestigt man in der Walpurgisnacht ein viergabeliges Z[iegenbock]sgehörn gegen Hexen über der Tür.»

ist als zentrales Apotropaion lediglich das Horn anzusprechen, weniger das Tier (man vgl. in diesem Zusammenhang auch die Königshalle *heorot* 'Hirsch' im Beowulf, die ihren Namen wohl dem am Giebel angebrachten Geweih verdankt).[536] Wir haben aber gesehen, dass Lucius Teddiatius Primus die Inschrift IN H(ONOREM) D(OMUS) D(IVINAE) gesetzt hat. Diese überlieferte Einzelheit berechtigt doch immerhin, einen Zusammenhang zwischen Haus und Bocksgott zu sehen, ja vielleicht sogar an die widdergestaltigen Hausgötter zu denken, für deren Nachweis ja vor allem die Feuerböcke mit Widderköpfen dienen (s. dazu unten S. 229).

---

[536] S. zur Hirschsymbolik im Beowulf insbesondere NICHOLSON 1986.

5. Theriophore Völkernamen und prähistorische Transhumanz

5.1. Problemstellung

Die antike Literatur, insbesondere die Geschichtsschreibung und Länderkunde, auch die juristische Literatur, bezieht sich gelegentlich auf die Wirtschaftsweise der barbarischen Völker nördlich der Alpen. Darunter sind auch Stellen, die die Schafzucht der belgischen Stämme betreffen, bzw. Stellen, aus denen auf eine ausgedehnte Schafzucht und den damit zusammenhängenden Handel von Wollprodukten schliessen lassen.[537] Ohne Anspruch auf Vollständigkeit seien im folgenden einige Stellen zitiert und kommentiert und sollen den Ausgangspunkt bilden für eine Reihe von Überlegungen, die sich in den Gesamtaufbau der Arbeit so einpassen, dass aus historischen und sprachlichen Daten Erkenntnisse über den Stellenwert der Kleinviehwirtschaft in der Frühgeschichte Mitteleuropas gewonnen werden können.

Als einer der ersten antiken Autoren erwähnt CAESAR mehrmals die grossen Viehbestände der Gallier. Vor allem im Kontext kriegerischer Aktivitäten (mit Nerviern, Eburonen, Morinern, Menapiern, Mandubiern usw.) ist immer wieder davon die Rede, dass das Vieh des Feindes auseinandergetrieben, eingezogen oder niedergemacht wurde, so beispielsweise BG III, 29, 2; VI, 3, 2; VII, 71, 7 usw.

In STRABOs Länderkunde erhalten die belgischen Stämme einen eigenen, längeren, Absatz, worin unter anderem auch die Wirtschaftszweige dieser Stammesgruppe erläutert werden. Geographika IV, 4, 3:[538] Sie [sc. die Belgen] tragen Pelerinen [HERRMANN I, S. 223: «das Sagum»],[539] lassen ihr Haar lang wachsen und ziehen sich beinumhüllende Hosen an [...]. Ihre Wolle ist zwar rauh, aber langflockig; aus ihr weben sie die zottigen Pelerinen [HERRMANN I, S. 223: «die flauschigen Sagum-Mäntel»], die man *laenae* nennt. [...] So überreich sind Ihre Schaf- und Schweineherden, dass davon nicht nur Rom, sondern auch der größte Teil Italiens mit einer Riesenmenge von Pelerinen [HERRMANN I, S. 223: «Sagum-Mänteln»] und Pökelfleisch versehen wird.

STRABOs Angabe bestätigen mehrere Listenpunkte in Diokletians Preisedikt von 301, einem *edictum ad provinciales*, das die Maximalpreise für unzählige Handelswaren und Dienstleistungen im spätrömischen Reich festlegt und inschriftlich in bisher 126 Zeugnissen überliefert ist.[540] Insbesondere in Abschnitt 19 ($περὶ ἐσθῆτος$) wird eine Reihe von Mänteln genannt, die aus Wolle gefertigt sind und deren jeweilige Herkunftsbezeichnung auf einen Völkernamen aus dem gallisch-belgischen Raum weist. Darunter stechen insbesondere sogenannte $βίρροι$ hervor, also die den bekannten *saga* ähnlichen Kapuzenmäntel: 19, 27 $βίρρος\ Λαδικηὸς\ ἐν\ ὁμοιότητι\ Νερβικοῦ$, ein laodikeischer Kapuzenmantel, aber nach der Art der nervischen gefertigt; 19, 32 $βίρρος\ Νερβικός\ λεωνεῖνος\ κάλλιστος$, der nervische Kapuzenmantel von bester Qualität (im lat. Text *burrus Nerbicus leonin[us optimus]*[541]); 19, 45 werden $βάνατα\ Γαλλικὴ$ und ein $βεδοξ\ Γαλλικός$ genannt, Kleidungsstücke aus gallischen Webereien;[542] es folgen 19, 54 Spangenkleider aus treverischen Wollenwebereien;[543]

---

[537] Cf. beispielsweise LINCKENHELD in RE 33, Stuttgart 1936, Sp. 62 (s. v. 'Nervii'). S. auch den neueren 'Nervii'-Art. in DNP 8, Sp. 858 f. Zu den *Belgae* und zur Geschichte des historischen belgischen Raums s. die zusammenfassenden Artikel in RGA 2, Berlin, New York 1976, S. 210–232.

[538] Übersetzung nach RADT 2002, S. 515 ff. S. auch Text, Übersetzung und Kommentar zu den STRABO-Stellen bei HERRMANN I, S. 222 f. resp. 506 f.

[539] S. die Abbildungen bei BIRKHAN 1999b, S. 359.

[540] LAUFFER 1971, S. 7.

[541] LAUFFER 1971, S. 156.

[542] S. dazu MOMMSEN – BLÜMNER 1958, S. 155.

19, 60 f. ist schliesslich vom σάγος Γαλλικός τοῦτ' ἐστὶν 'Ανβιανήσιος ἤτοι Βιτουρητικός die Rede, also von *saga* der belgischen Ambianer und aquitanischen Bituriger.[544]

Berühmter als die ambianischen *saga* waren diejenigen ihrer Nachbarn, der Atrebaten, deren Wollerzeugnisse einen ganz besonderen Ruf besassen. Zahlreiche Belege für die *saga* und *indumenta Atrebatica* oder Χλαμύδας 'Ατραβαττικάς bringt HOLDER (AcS I, 268–271, s. v. 'Atrebates', und AcS II, Sp. 1289–1295, s. v. 'sagos'). Freilich kann, wenn solche Kleidungsstücke genannt werden, nicht ausgeschlossen werden, dass damit aus Leinen gefertigte Mäntel gemeint sind.[545] Allerdings schliessen auch MOMMSEN – BLÜMNER eher auf Wollerzeugnisse und verweisen auf die häufig im gallisch-belgischen Raum erwähnten Webereien.[546]

Für die Atrebaten, Nervier und Leukonen (resp. Leuken), sämtlich belgische Stämme, gibt MARTIAL ausgedehnte Schafzucht an, so heisst *Leuconicus* in römischer Zeit geradezu 'leukonische Wolle' (GEORGES, AH II, Sp. 623).[547] In dem Wort dürfte nicht nur eine «Qualitätsmarke» in der Art eines Sigels «made in …» verstanden worden sein, sondern es dürfte für manchen gebildeten Römer oder polyglotten Provinzbewohner auch oberflächlich semantisch durchsichtig gewesen sein, z. B. im Sinne von 'die Schneeweisse [sc. Wolle]' o. ä.

Basierend auf diesen Primärquellen-Stellen soll auf den folgenden Seiten eine Hypothese verfolgt werden, wonach manche der antiken «theriophoren» Ethnonyme nördlich der Alpen gewissermassen als Berufsnamen aufgefasst werden können. Es handelt sich um die im belgisch-rheinländischen, keltisch-germanischen Kontaktgebiet in der antiken Literatur genannten sowie in Inschriften bezeugten Völkernamen *Caeracates*, *Caero(e)si* und *Caruces*.[548] Die Namen wurden in der Forschung mehrfach zu einem keltischen Wort für 'Schaf' gestellt, wenngleich sich dabei auch gewisse Probleme ergaben. Die 'Schaf'-Deutung soll hier diskutiert und problematisiert werden, und sie soll vor allem in einen besonderen Sinnzusammenhang mit den historischen (und weiteren philologisch gewonnenen) Daten gebracht werden. Die philologische Analyse muss sich dabei in weiten Teilen auf Autoritäten der Keltologie stützen, doch sollen in der Diskussion durchaus auch eigene Ansätze verfolgt werden. Die Fragen, die in diesem Teil der Untersuchung also gestellt werden, sind indes folgende: Lassen sich die drei Ethnonyme ‹theriophor› deuten? Wenn ja, lässt sich die Deutung im Sinne von 'Schafzüchter, Schafhirten' o. ä. in einen weiteren, historischen und sachgeschichtlichen Kontext eingliedern?

---

[543] BLÜMNER (in MOMMSEN – BLÜMNER 1958, S. 155) verweist in diesem Zusammenhang auf «Bildwerke von Neumagen und sonst aus der Gegend von Trier», die auf die «Thätigkeit auf dem Gebiete der Wollenarbeit» verweisen sollen.

[544] MOMMSEN – BLÜMNER 1958, S. 156.

[545] STRABO IV, 2, 2 spricht beispielsweise von λινουργεῖα bei den Cadurcern.

[546] MOMMSEN – BLÜMNER 1958, S. 155 f.

[547] MARTIAL Epigr. XI, 56, 9: *Leuconicis agedum tumeat tibi culcita lanis [...]* ('Soll doch dein Polster erst einmal von leukonischer Wolle anschwellen [...]'); ähnlich MARTIAL Epigr. XI, 21, 8, wo ebenso von leukonischer Wolle als Füllung für Kissen die Rede ist. Auch Epigr. XIV, 159 handelt von leukonischer Wolle, die, für Mäntel geschoren, als Polsterung verwendet wird: *Oppressae nimium vicina est fascia plumae? Vellera Leuconicis accipe rasa sagis* ('Sind die Bettgurte zu nah an der eingedrückten Federmatratze, dann nimm diese Wolle, die man für leukonische Mäntel schor!'). Im folgenden Epigr. XIV, 160 wird die leukonische Wolle als besonders wertvoll klassifiziert: *Tomentum concisa palus Circense vocatur. Haec pro Leuconico stramina pauper emit* ('Klein geschnittenes Schilf wird Zirkuskissen genannt: Statt der leukonische Polsterung kauft sich der Arme diese Streu'). Übersetzungen v. P. Barié u. W. Schindler (M. VALERIUS MARTIALIS: Epigramme, Düsseldorf, Zürich 1999).

[548] Nach REICHERT 1987, S. 165, s. v. CAERET könnte man trotz der Charakterisierung «nicht G[ermanisch]» und der Anm. «sehr hypothetisch» auf die Idee verfallen, auch die Ethnonyme *Caeretes* und *Aucoc(a)eretes* könnten zu der zu besprechenden Namengruppe gehören. In der Tat handelt es sich aber bei den in AVIENs *Ora Maritima*, V. 550 genannten Völkern um Pyrenäenvölker, die in diesem Untersuchungszusammenhang ausgeklammert bleiben müssen. Cf. STICHTENOTH 1968, S. 42 f. (Text u. Übers.) u. 67 (Kommentar).

Zunächst ist etwas weiter auszuholen. Die Archäologie geht im allgemeinen für die Frühgeschichte nördlich der Alpen seit der Bronzezeit von einer stetigen Zunahme der Schafbestände aus. G. CLARK untersuchte 1947 als erster in einer einen breiten historischen und geographischen Raum abdeckenden Darstellung die in der archäologischen Forschung registrierten Haustierrassen und -bestände, indem er die Funde aus zahlreichen Grabungen aus ganz Europa vom Neolithikum bis in die Eisenzeit verglich und statistisch auswertete. Es ergab sich, dass sowohl auf den britischen Inseln als auch auf dem ganzen europäischen Kontinent nördlich der Alpen im älteren Neolithikum hauptsächlich Grossvieh und Schweine gehalten und gezüchtet wurden, während Schafe und Ziegen nur einen sehr geringen Anteil unter den identifizierten Haustieren ausmachten. Das Bild änderte sich jedoch bereits im mittleren und jüngeren Neolithikum, als die Schafbestände langsam zu steigen begannen, bis sie in der Bronzezeit und vor allem in der Eisenzeit und unter der Römerherrschaft weitaus über die Rinder- und Schweinebestände dominieren sollten.[549] Die Gründe hierfür lokalisierte CLARK insbesondere in einer grundlegenden Änderung der Landwirtschaft und der Siedlungsentwicklung, insofern mit der Dezimierung der riesigen Wälder auch die Schafhaltung in grösserem Ausmass als bisher betrieben werden konnte:[550] «[…] it is only reasonable to suggest that its later rise [i. e. of sheep-breeding] to importance may have been due to a reduction in the extent of woodland. That such must have occured as an inevitable accompaniment of the progress of agriculture hardly needs emphasis.»[551] CLARK führte die Argumentation in der Folge um einen Schritt weiter, indem er auch auf den nunmehr erheblich höher liegenden Stellenwert der Wollproduktion hinwies: «There is thus an intimate connexion between the progress of forest clearance, the advance of sheep and the rise of a woollen industry in north-western Europe.»[552] Als eines der Zentren der Wollproduktion des eisenzeitlichen Britannien – auch Dänemark wird genannt – konnte insbesondere das südwestenglische Glastonbury identifiziert werden, und CLARKE rechnete gar mit einer regelrechten «textile export industry»[553]. Es fällt nicht schwer, von diesem Standpunkt aus auch das catuvellaunische *Camulodunum* (Colchester) zu vergleichen. Dieser Ort bildete den Sitz der catuvellaunischen Königsfamilie, die insbesondere durch die dynastische Namengebungstradition der *Camulos*-Namen (s. u. Anm. 653) und einige weitere Kennzeichen einer auf der lukrativen Schafzucht beruhenden Vormachtstellung hervortritt. Einen späten Reflex einer britannischen Textilindustrie birgt vermutlich noch die Aufnahme des βίρρος Βρεταννικός in Diokletians Maximaltarif (19, 36).[554] Dieser spezielle Mantel reiht sich nahtlos in die anderen Wollprodukte aus dem keltischen Raum ein (s. die eingangs zitierten Stellen). Wenn H. BLÜMNER noch bemerken musste, über eine Wollenfabrikation in Britannien werde sonst nichts berichtet,[555] so kann dies nun insofern relativiert werden, als immerhin archäologische Zeugnisse für die vorrömische Zeit eine blühende Wollenindustrie bestätigen. Auf dem Kontinent dauert diese Blüte der Textilindustrie an bis ins Mittelalter und gebietsweise darüber hinaus. Während die belgische Landwirtschaft im allgemeinen ab dem 4. Jh. an Bedeutung verliert, scheint dies für die sich verselbständigende Textilindustrie nicht zugetroffen zu haben. Die römische Armee, die sich nach

---

[549] Im eisenzeitlichen Glastonbury bilden Schafknochen 88% der gefundenen reichen tierischen Überreste, während 5% auf Grossvieh, 2% auf Schweine, 2% auf Pferde, 1% auf Hunde und 2% auf wilde Tiere entfallen; CLARK 1947, S. 134. Die archäologische Fachliteratur zu diesem Thema kann hier nicht weiter zurate gezogen werden. CLARKs Ergebnisse dürfen aber auch heute noch ihre Gültigkeit beanspruchen, man vgl. dazu beispielsweise STRAHM in RGA 27, S. 495 und die Lit. S. 499.
[550] CLARK 1947, S. 129 ff. Die Waldweidewirtschaft war für Rind und Schwein notabene bis in die jüngste Zeit der Normalfall.
[551] CLARK 1947, S. 133.
[552] CLARK 1947, S. 135.
[553] CLARK 1947, S. 134.
[554] MOMMSEN – BLÜMNER 1958, S. 153.
[555] MOMMSEN – BLÜMNER 1958, S. 153.

der Militärreform und der Schaffung der Bauern-Krieger ins Innere Galliens zurückzog, entzog damit der hauptsächlich auf die Versorgung der Truppen am Rhein ausgerichteten Landwirtschaft ihre Existenz. Wollprodukte fanden aber nach wie vor grossen Absatz, und zusammen mit einer nicht unbedeutenden Metallverarbeitungsindustrie (v. a. Messinggegenstände) bildete die Wollverarbeitung die eigentliche Grundlage für den Wohlstand Belgiens im Mittelalter.[556]

Mit diesem kurzen einleitenden vorgeschichtlichen Überblick sollte der für die folgenden Ausführungen wichtige thematische Hintergrund geschaffen werden, vor dem nun in (früh)geschichtlicher Zeit einige Gruppierungen auftreten, die möglicherweise von der wachsenden Bedeutung der Schafzucht profitierten.

Besonders ist dabei auf WOLFGANG DEHNs weitreichende These[557] Bezug zu nehmen, die die grossen überregionalen Machtzentren der westlichen Späthallstattkultur in einem Zusammenhang mit der frühgeschichtlichen Wanderweidewirtschaft sieht: DEHN geht davon aus, dass der immense Reichtum der späthallstattzeitlichen Fürsten und deren jeweils weitgespannter politischer Einflussbereich auf internationalen Beziehungen beruhen, wobei vor allem die *Gallia Graeca* und die phokäische Kolonie Massilia (Marseille) in den Vordergrund treten, von wo aus mediterrane Händler und Potentaten ihre Beziehungen mit der mitteleuropäischen Herrschaftsschicht pflegten und diese durch diplomatische Geschenke (Gast-, Ehren-, Staats- und Heiratsgeschenke[558]) festigten. Das bindende Element bilden dabei nach DEHN die ausserordentlichen Kleinviehbestände, die in Transhumanz auf sog. «Pisten» (*drailles*) eine Art von regelmässiger Mobilität zwischen Zentraleuropa und dem Rhônedelta gewährleisteten.[559] Auf diesen Pisten gelangte mediterrane Repräsentationskunst wie der riesige Krater von Vix in die frühkeltischen Herrschaftszentren (die sog. «Fürstensitze»); daneben kam aber, verbunden wohl mit menschlichen Ressourcen, auch technologisches Know-how nach Norden, wofür die berühmte, ganz mediterranem Vorbild verpflichtete einzigartige Lehmziegelmauer der süddeutschen Heuneburg stehen dürfte.[560] Ferner wurde auch in nicht geringem Ausmass Gedankengut aus dem Mediterraneum importiert, was sich in künstlerischem Stilempfinden sowie in Vorstellungen der adligen Lebenswelt ausdrückt (Kleidung, Trinksitten usw.).[561] Umgekehrt gelangten Waren aus Zentraleuropa über Massilia in die Herrschaftszentren des Mittelmeerraums, besonders Salz und Zinn, ferner, wie aus den späteren Schriftquellen zu erschliessen ist, allerlei tierische und pflanzliche Rohstoffe.[562] Die Verkehrswege waren von der Natur vorgezeichnet, durch das Rhône- und Saônetal gelangte man nordwärts, nach Westen weiter zur oberen Seine, nach Osten durch das Doubstal durch die burgundische Pforte, das Schweizer Mittelland zum Rhein und zur oberen Donau.[563] Die Kontinuität der Verkehrswege lässt sich mindestens bis ins frühe Mittelalter nachweisen, wie die Auswertung des Schatzfundes von Escharen von ca. 600 n. Chr. ergeben hat. Der Fund ist in seiner Zusammensetzung «[...] ein Spiegelbild der Fernverkehrs- und Fernhandelsverbindungen am Ende

---

[556] Cf. S. J. DE LAET in RGA 2, Berlin, New York 1976, S. 223.
[557] DEHN 1974, S. 17 f.: «Die Vermutung scheint mir diskutierbar, daß hallstättische Fürstensöhne die Schafherden der Gemeinschaft, die mit zu ihrem wertvollsten Besitz gehörten, als berittene Hirten und Krieger auf ihren jahreszeitlichen Wanderungen südwärts begleiteten. Dabei mögen sie in unmittelbaren Kontakt mit den griechischen Kolonien (Massalia) und mit deren Hinterland getreten sein, vielleicht sogar von den dortigen Autoritäten bisweilen die ihrem Rang entsprechenden Geschenke erhalten haben [...].»
[558] DEHN 1974, S. 12.
[559] Literatur dazu bei DEHN 1974, S. 15, Anm. 75.
[560] Dazu DEHN 1957.
[561] Cf. SPINDLER 1996, S. 316–354.
[562] S. z. B. STRABO IV, 3, 2, wo von gepökeltem Schweinefleisch die Rede ist, das aus dem östlichen Gallien nach Rom verhandelt wurde. Ebd. wird auch beschrieben, wie die Waren auf Seine, Garonne, Aare und Rhone nach Süden geschifft wurden.
[563] Cf. DEHN 1974, S. 13.

des 6. Jh.s. Die Münzen von Münzstätten im Rhone-Mündungsgebiet lassen an eine Fernverbindung Marseille-Rhonetal-Maastal-Gegend Nimwegen denken, der sich auch die merowingischen Münzstätten Sitten (Sion) und Orléans indirekt zuordnen. Hinzu kommt der Rheinweg und die deutliche Verbindung zu Friesland.»[564] Wie die Wege im einzelnen kleinräumig verlaufen sein mögen, bleibt spekulativ, den Ausgangspunkt bildete jedoch sicherlich immer der sog. *Couloir Rhodanien* nach Norden. Die natürlichen Verkehrswege mussten freilich nicht im einzelnen mit den Transhumanz-Pisten zusammenfallen, doch ist davon auszugehen, dass die Transhumanz als Phänomen selbstverständlich von Handel und damit auch von bestimmten Wegen begleitet wurde, die unter bestimmten Voraussetzungen selbständig weiterbenutzt werden konnten. Ferner fallen die grundsätzlichen Bewegungsrichtungen der Wege zwischen den Weideflächen und denen des Handels zusammen, so dass in diesem Belang (und im Rahmen dieser Arbeit) nicht weiter differenziert werden muss.

Einzelne solcher Transhumanz-Pisten wurden bis zum 1. Weltkrieg genutzt, beispielsweise zwischen den süddeutschen Alblandschaften und dem Burgund, und es ist davon auszugehen, dass solche durch die natürlichen Gegebenheiten vorbestimmten und seit Jahrtausenden wenig veränderten Wirtschaftsweisen sehr viel Kontinuität aufweisen und sich umgekehrt weit in die Vergangenheit zurückprojizieren lassen, wie entsprechende Untersuchungen für den quellenmässig besser erschlossenen Mittelmeerraum ergeben haben.[565] Dasselbe gilt auch für den in diesem Zusammenhang zu behandelnden Raum, das Rheinland, wo vor allem das Bergland von Hunsrück und Eifel seit jeher als bevorzugte Weidelandschaft gilt, von wo aus im Herbst südlichere Gegenden aufgesucht wurden.

Transhumanz bedeutet,[566] dass für die Herden im Winter keine Einstallung erfolgt, sondern dass zwischen hochgelegenen Sommerweiden und Winterweiden ausserhalb des Gebirges regelmässig gewechselt wird oder dass zwischen Gebieten gewechselt wird, die einander in bezug auf Klima und Vegetation ergänzen.[567] Diese Aufgaben erfüllen i. d. R. angestellte Hirten, die die Herden der Fürsten und die Herden der sesshaften, ackerbautreibenden Bevölkerung wanderweiden.[568] Für die westliche Späthallstattkultur hat DEHN die Form der Transhumanz folgendermassen umschrieben: «Nicht immer sind Wanderhirten so beweglich, daß sie mit der ganzen Habe die jahreszeitlichen Wanderungen durchführen; es gibt andere Gruppen, die an einen festen Wohnsitz gebunden sind. Sie treiben Ackerbau und halten Großvieh, vor allem Schwein und Rind, dazu kommt dann noch der Besitz von Schaf-

---

[564] BERGHAUS in RGA 2. A. Bd. 7, Berlin, New York 1989, S. 559.
[565] S. den historischen Überblick bei BEUERMANN 1967, S. 77–84.
[566] Cf. PETERS (J.) 1998, S. 74, Anm. 69: «Anders als bei der Almwirtschaft halten sich Vieh und Personal im Winter nicht in der Hauptsiedlung auf, sondern die Siedlung wird bei der Wanderung zwischen den Sommer- und Winterweidegründen gestreift. Nur der Unternehmer oder Besitzer der Herde ist dort wohnhaft. Er bestellt die Äcker oder geht einem nichtlandwirtschaftlichen Beruf nach; die Obhut über die Herden überträgt er Hirten […]. Während JACOBEIT u. a. für Europa bzw. den Mittelmeerraum nur in der Schafhaltung die Grundlage der Transhumanz sehen, ist, zumindest für den Orient, auch eine Wanderwirtschaft mit Ziegen anzunehmen.» Zur Definition cf. des weiteren BEUERMANN 1967, S. 26: «Das Wesen der Transhumance wird immer erst durch das Zusammenwirken mehrerer Faktoren deutlich: 1. jahreszeitliche Wanderungen zwischen einem im Winter schneefreien Küsten-, Tal- oder Niederungsgebiet und der Höhenzone eines oder mehrerer Gebirge; 2. Wanderungen über große Entfernungen, wobei ein Durchqueren nicht nur fremder Gemarkungen, sondern darüber hinaus oft sogar ein Überschreiten von Provinz- und Ländergrenzen erfolgt; 3. […, s. u. Anm. 568]; 4. es besteht kein organischer Zusammenhang zwischen den Herdengruppen und den Dörfern oder Höfen der Viehbesitzer; 5. keine winterliche Stallfütterung, sondern ganzjähriger Weidegang, jedoch mit nächtlicher Einpferchung der Tiere bei extrem schlechter Witterung.»
[567] BEUERMANN 1967, S. 24. Die Entfernung zwischen den Weidegründen gibt der Autor S. 25 mit «2–3 Tagesreisen […], unter Umständen aber auch 14–20 Tagesreisen» an.
[568] Cf. BEUERMANN 1967, S. 25: «Für das Wesen der Transhumance ist der Umstand von Wichtigkeit, daß der Viehbestand einer seßhaften, überwiegend ackerbaubetreibenden Bevölkerung gehört, jedoch nicht unmittelbar von dieser betreut und gepflegt wird. Der Weidegang und die Pflege des Viehs sind – im Gegensatz zur Almwirtschaft – bei der Transhumance vornehmlich gedungenen Hirten anvertraut.»

herden, deren Betreuung bestimmten Angehörigen der Gruppe obliegt;[569] sie begleiten dann auch die Herden im Herbst zu den Winterweiden. Wenn man sich die vielschichtige gewerbliche Wirtschaft der späten Hallstattzeit vergegenwärtigt, darf man die Frage aufwerfen, ob nicht auch im Bereich der Nahrungswirtschaft Formen des Betriebs möglich sind, die, gestützt auf die Schafzucht, eine solche Form der "Transhumance" erwägen lassen.»[570] Daraus geht hervor, dass man es nicht mit einer Form des Nomadentums zu tun hat,[571] sondern mit einer sesshaften, ökonomisch und sozial hochdifferenzierten Bevölkerung. Ausschlaggebend ist dabei die Voraussetzung, dass der Besitz von grossen Viehbeständen die Grundlage von Macht bildet,[572] und DEHN beruft sich hier auf die längst feststehende Tatsache, die er gewissermassen als Universalie handhabt,[573] dass – wie beispielsweise in Mesopotamien und im homerischen Griechenland – die Fürsten gleichzeitig Hirten resp. Grosseigentümer mit einer stark differenzierten landwirtschaftlichen Industrie waren. Für Mesopotamien ergaben Untersuchungen, dass die Hirt-Herde-Terminologie bereits im frühen 3. Jahrtausend v. Chr. zur Kennzeichnung des frühen Königtums Verwendung fand;[574] Hirtentum und Königtum standen in diesem Zeitraum in so enger Beziehung, dass sie kaum voneinander abgegrenzt werden können, ja «das Königtum dürfte zur Zeit seiner Herausbildung und Manifestierung seine Terminologie und die Praktizierung bestimmter Rituale weitgehend vom Hirtentum und dem ihm innewohnenden Vorstellungskreis hergeleitet haben».[575] Jeder König wurde 'Hirt' genannt, und es gilt als sicher, dass die Kennzeichnung der frühesten Herrscher als Hirten eine reale Grundlage hat und einer tatsächlichen Berufsbezeichnung entspricht – bevor mit der Weiterentwicklung der gesellschaftlichen Verhältnisse und der ökonomischen Differenzierung die Bezeichnung 'Hirt' zur reinen Titulatur wurde. Berühmt ist beispielsweise die sagenhafte Gründung des makedonischen Staates durch drei gedungene griechische Hirten.[576] Als Mitglieder eines regierenden Hauses übten im klassischen Griechenland auch Paris, Anchises, Demokoon, Aineas, Antiphos und Isos ihr reales Weidegeschäft aus.[577] Geläufige Titulatur wiederum ist die Fügung $\pi o \iota \mu \dot{\eta} \nu\ \lambda a \hat{\omega} \nu$ 'Hirt der Völker' für Agamemnon seit der ältesten griechischen Epik; die Kenning findet ebenso in der altindischen Literatur eine weite Verbreitung.[578] An diesen Vorstellungsbereich knüpft – realhistorisch, mentalitätsgeschichtlich und symbolisch –

---

[569] In diesem Zusammenhang ist auch die Ziege zu erwähnen: Ziegen bildeten aufgrund ihrer multiplen Nutzbarkeit überhaupt die Existenzgrundlage für die ersten Tierzuchtnomaden; vgl. LORENZ 2000, S. 27. Des weiteren cf. CAUVIN 1997, S. 256 u. passim.

[570] DEHN 1974, S. 16.

[571] Cf. BEUERMANN 1967, S. 30: «Unter Nomadismus verstehe ich eine Wirtschaftsform, in der eine Viehzüchterbevölkerung meist im geschlossenen Familienverband mitsamt dem Hausrat ihre Eigentumsherden (nie Kostvieh!) auf ständiger oder auch periodischer Wanderung von Weideplatz zu Weideplatz begleitet, weder einen geregelten Ackerbau selbst betreibt noch die Form einer selbständigen dauerhaften Siedlung pflegt.»

[572] Diese Vermutung wurde in bezug auf frühgeschichtliche Gesellschaften schon früh geäussert, cf. ORTH 1921, Sp. 375: «Der Reichtum der Völker der Vorzeit beruhte häufig auf ihrem Besitz an S[chafen]. Aus Herdenführern sind die Führer des Volkes hervorgegangen. Ehrende Beinamen altgriechischer Geschlechter [...] nehmen auf S[chaf]-Reichtum Bezug.»

[573] Sie ist unabhängig von Ethnos oder kultureller Zugehörigkeit, und sie findet ihren besonderen Platz im Mythos, cf. DE GUBERNATIS 1874, S. 337 f.: «Die letzte Umwandlung lenkt unsere Aufmerksamkeit auf dies Schaf mit goldner Wolle, das goldene Lamm und das Agnus Dei, das Symbol von Glück, Macht und Reichthum. Reichthum an Schafen wurde noch mehr als Reichthum an Kühen das Symbol für Reichthum überhaupt. Das Horn goss jede Art an Schätzen auf die Erde aus und auf der Erde selbst wurde das pecus – pecunia.»

[574] Cf. SEIBERT 1969, S. 75 f. u. passim.

[575] SEIBERT 1969, S. 1.

[576] Bei HERODOT VIII, 137 f.

[577] FAUTH 1970, S. 10.

[578] Cf. SCHMITT 1967, S. 283 f.

nicht zuletzt die christliche Religion mit ihrem reichen, auf Hirt, Herde und Einzeltier ausgerichteten Vokabular und ihren Institutionen an.[579] Ungeklärt ist, ob auch die ae. Fügungen *folces hyrde*[580] und *rīces hyrde*[581] zu der alten idg. Bedeutungsgleichung gehört, oder ob sie der jüdisch-arabisch-christlichen Tradition verpflichtet ist. *hyrde* steht aber im Beowulf-Epos ganz allgemein für 'Hirte, Hüter, Wächter, Beschützer, Herr'[582] und scheint sich von seiner ursprünglichen Bedeutung soweit emanzipiert zu haben, dass die Wendung «Völkerhirt» auch im Germanischen – einerlei, ob primär indogermanisch oder sekundär jüdisch-christlich – als durchaus geläufig betrachtet werden muss. Beizufügen ist dem noch, dass als Aufseher über die Herde zwar primär der Hirt fungiert, dass innerhalb der Herde jedoch auch ein Leittier gewisse Führungsfunktionen übernimmt. Der Widder als Führer der Herde ist deshalb ein Symbol der Königswürde,[583] er gehört zu den angesehensten Göttern wie Ammon, Zeus, Apollo und Poseidon.[584] Zudem dachte man sich im Altertum eine etymologische Verbindung von lat. *aries* 'Widder' und gr. ὁ ἀριστεύς 'der Beste, Erste, Vornehmste'.[585] Durch die Gleichsetzung von Hirt und König einerseits, von Widder und König andererseits, entsteht eine Doppelung, die den ‹Hirt und Herde›-Komplex umso mehr etabliert haben mag.

Zugrunde liegt dem Phänomen des Hirt-Herde-Komplexes der gewissermassen ökonomische Effekt der Domestizierung von Haustieren in menschheits- und kulturgeschichtlicher Hinsicht: In einer Gesellschaft, die zur Viehzucht übergeht und sich ökonomisch differenziert und spezialisiert, gelangt derjenige zu Macht und Wohlstand, der sich den Bedürfnissen der Tiere widmet, sie – oft über grosse Distanzen – zur Weide führt, die Zucht übernimmt usw.: «Domestic animals have owners, changing property relations among the people and providing a new source of wealth. Unlike other kinds of material wealth, such as metals, animal wealth is capable of reproducing itself (although also capable of sudden and drastic loss through drought and epidemic). The wealth value of domestic animals may have been as important as their food value in the spread of herding.»[586]

Die Verhältnisse früher Hochkulturen des Zweistromlands lassen sich bekanntlich nicht ganz problemlos auf das frühgeschichtliche Mitteleuropa übertragen. Tatsache bleibt allerdings, dass Mitteleuropa genauso in einem Netz grossräumiger kultureller Beziehungen gestanden hat wie andere Räume frühgeschichtlicher Epochen. Und wenn man in Betracht zieht, dass das Hirt-Herde-König-Verhältnis auch für Europa von nicht ganz geringem Belang ist – man denke an das ehemalige

---

[579] Cf. SEIBERT 1969, S. 3: «Die Einführung dieser Terminologie läuft gleichzeitig auf die Propagierung eines Programms hinaus, das die zwei wesentlichen Aspekte der Hirtentätigkeit einschließt und diese, für das Tier als natürlich und nützlich empfunden, als ebenso natürlich und nützlich für die Menschen hinstellt. Der e i n e Aspekt schließt die dienende und beschützende Funktion des Hirten ein, die Sorgen für Nahrung und Wasser, Schutz und Unverletzlichkeit. Diesem Aspekt haftet seit je etwas Edles und Erhabenes an, das mit weiteren Substantiven wie Geborgenheit, Sicherheit, Frieden zu umschreiben wäre. Die liebevolle Fürsorge für das Tier, sein Weiden und Tränken, seine Errettung vor dem Tode, haben denn auch das Bild des ‹Guten Hirten› mit geprägt, das für das Christentum eine so große Bedeutung gewann. Dieser positive Aspekt des Hirtentums ist ohne Zweifel eine Realität. Doch bei Verwendung dieser Vergleiche zur Kennzeichnung g e s e l l s c h a f t l i c h e r Gegebenheiten ist der a n d e r e Aspekt von ebenso grosser Bedeutung: er betrifft den als natürlich und gottgewollt deklarierten F ü h r u n g s a n s p r u c h des Hirten und schließt die N u t z u n g der Produkte und der Arbeitskraft der Herde als selbstverständliches Recht des Hirten mit ein.» [gesperrte Passagen I. SEIBERT]
[580] Beowulf, V. 610, 1832, 1849, 2644, 2981.
[581] Beowulf, V. 2027, 3080.
[582] NICKEL III, S. 98.
[583] DE VRIES 1958, S. 61. S. zur Symbolik des Widders auch unten S. 125 (Catuvellaunen und die dynastische *Camulos*-Namengebung).
[584] Cf. BLOK 1983, S. 166.
[585] Cf. KELLER 1909, S. 319–326. Zur Etymologie von *aries* s. aber WALDE – HOFMANN I, S. 67.
[586] RUSSELL 2003, S. 213.

serbische Königshaus, das einer Schweinezüchter-Dynastie erwachsen ist –, reizt es, diesen Fragenkomplex auch auf den hier zu besprechenden historischen Raum auszuweiten und sprachliche Quellen, soweit sie uns zur Verfügung stehen, nutzbar zu machen.

Man hat das Phänomen der keltisch-mediterranen Kontakte, die sich nota bene vor allem in den künstlerischen Hinterlassenschaften manifestieren, auch auf anderem Weg zu erklären versucht, indem man angenommen hat, Künstler aus dem Osten seien – insbesondere im Osthallstattkreis – in den Herrschaftszentren regelrecht angestellt gewesen.[587] Solche Fragen haben die Kunstgeschichte und die Archäologie zu klären, sie tangieren das hier zu besprechende Problem selbst eigentlich nicht.

Natürlich muss man sich bewusst sein, dass man sich, auch wenn sprachliche Daten in eine historisch-kulturgeschichtliche Argumentation miteinbezogen werden können, auf unsicherem Grund bewegt, da in der Regel den Indizien für den einen oder anderen Sachverhalt eine Aussagekraft zugeschrieben werden muss, die ihnen strenggenommen nicht immer vollumfänglich zukommt. Wenn also im folgenden antike und spätantike Völkernamen zur Sprache kommen, so muss man sich beispielsweise bewusst sein, dass man sich bereits um die Zeitenwende fast ein halbes Jahrtausend von der Späthallstattzeit entfernt hat. Hier hilft auch ein naiver Kontinuitätsgedanke nur sehr unbefriedigend weiter. Ausserdem sprechen die archäologisch-historischen Daten, auf die man sich bisweilen beziehen muss, eine relativ eindeutige Sprache, wonach nämlich bereits im 5. Jh. v. Chr. die griechische Kolonie Massilia an Bedeutung verloren hat und sich die überregionalen ökonomisch-kulturellen Kontakte in der Folge hauptsächlich auf den Austausch mit dem etruskischen Oberitalien beschränkten.[588] Nach wie vor gelangte aber mediterranes Kultur- und Gedankengut, beispielsweise über die Hafenstädte Adria und Spina im Mündungsgebiet des Po über die Alpen nach Zentraleuropa. Dies alles besagt jedoch nicht, dass die Grundlage wirtschaftlichen Gedeihens nicht weiterhin landwirtschaftliches Know-how und eine bestimmte produktionsseitige Spezialisierung war, wenn man bedenkt, dass belgische Wolle und aus ihr gefertigte typische Kleidungsstücke eben auch noch zur Zeitenwende immer wieder erwähnt werden.

In methodischer Hinsicht bietet es sich an, jeweils die sprachlichen Daten für sich zu behandeln (5.2 mit Unterkapiteln), diese im Hinblick auf ihren aktuellen «Lebenshintergrund» zu interpretieren und erst in einem dritten Schritt ihren Platz und ihren Aussagewert in einem historisch-geographischen Kontinuum zu erfragen. Bei aller gebotenen Vorsicht in der Analyse des einzelnen ist doch letzteres, die Position des Explanandums in einem Netz vielfältiger historischer Verknüpfungen, das eigentliche Erkenntnisziel.

---

[587] JACOBSTHAL 1941, S. 316 f., der aber beifügt (S. 317): «And there are other possibilities which escape definite historical explanation.» Des weiteren cf. O.-H. FREY: Die keltische Kunst, in: Die Kelten in Mitteleuropa, Salzburg 1980, S. 76: «Wir können also in dieser Epoche enge Kontakte zum Mittelmeergebiet voraussetzen. Diese reichen Herren [sc. die Fürsten der hallstattzeitlichen Adelszentren; Anm. MHG] müssen zu Lebzeiten in der Lage gewesen sein, spezialisierte Handwerker zu beschäftigen, die in Anlehnung an die fremden Vorbilder, jedoch für den keltischen Geschmack und bezogen auf ihre Vorstellungswelt, eigene Werke schufen, die am Beginn einer langen Kunsttradition stehen.»

[588] Cf. SCHWAPPACH 1974, S. 118 f., wo aber nebst dem oberitalienischen immer noch auch mit dem südfranzösischen Einfluss gerechnet wird.

5.2. Die Namen

Voraussetzung für die Deutung der drei Völkernamen *Caruces*,[589] *Caeracates*[590] und *Caero(e)si*[591] ist die Ansicht, in ihnen läge ein keltisches Wort für 'Schaf' vor. In Frage kommt dafür insbesondere das alt-/mittelirische 'Schaf'-Wort *cáera* und dazu der indogermanische Wortstamm **kapr-* mit charakteristisch keltischem *p*-Schwund,[592] was die beiden Wörter als miteinander verwandt erwiese, insofern air. *cáera*, Gen. *caerach* einen *k*-Stamm **kaeraks*, Gen. **kaerakos* 'Schaf, Mutterschaf' voraussetzt, dem wiederum die vorkeltische Form **kaper(o)-* > **kaer(o)-* voraufgehen muss.[593] Die Bedeutung 'Schaf' mag nach dem bisher Gesagten merkwürdig erscheinen, scheint sich das Wort doch in der Regel nur auf die Ziege resp. den Ziegenbock zu beziehen. In der Tat ist jedoch auch für dialektale Fortsetzer von germ. **habraz* gelegentlich die Bedeutung Schaf bezeugt, vgl. kärntnisch *Hap*, Dim. *Happl* 'Schaf, überhaupt Wollvieh'.[594] Die Fälle lassen sich aber nicht so einfach vergleichen. Für das Keltische könnte man allenfalls vermuten, dass mit der Besetzung des Ziegenworts durch **gabros/gabrā* idg. **kaprós* für die Bedeutung 'Schaf' frei wurde. Die Prozesse des Bedeutungswandels liegen uns jedoch in keiner Weise offen.

Caruces

Zunächst ist auf den Ländernamen *pagus Carucum* (FINIS PAGI CARU|CUM) einzugehen, der sich auf einem undatierten römischen Grenzstein findet (CIL XIII, 4143),[595] der in Neustraßburg bei Mürlenbach gefunden wurde (Kreis Bitburg).[596] Die Inschrift ist gleichzeitig die einzige Bezeugung des Völkernamens. Indirekt bestätigen jedoch die wohl von dem Völkernamen abgeleiteten PNN *Caruca* (CIL VII 247) und *Carucla* (CIL XI 1146, 7, 57) den Namen,[597] so dass von einer einigermassen sicheren Basis *Caruc-* ausgegangen werden kann. In den Bereich des *pagus Carucum* fällt auch die Weihinschrift an den oben besprochenen DEUS CAPRIO, der *pagus* selbst dürfte mit dem frühmittelalterlichen Carosgau zusammenfallen, der sich zwischen den Flüssen Kyll und Prüm in der Südeifel erstreckt hat (s. dazu unten S. 122). Der Name, der einen Völkernamen *Caruces* impliziert, ist aller Wahrscheinlichkeit nach als keltisch einzustufen. GUTENBRUNNER wollte in ihm eine jüngere Form für **Caeruces* erkennen mit jüngerem *a* für *ae*, postulierte also Verwandtschaft mit air. *cáera*.[598] Damit leitete GUTENBRUNNER implicite die Diskussion ein, ob die drei Völkernamen in irgendeiner Weise zusammengehörig seien.[599] Zu bemerken ist aber, dass der Ansatz *a* < *ae* insofern nicht

---

[589] Nur inschriftlich (CIL XIII, 4143; gute Nachzeichnung des Steins und Beschreibung der Inschrift bei LEHNER 1918, S. 23), s. unten.

[590] Nur bei TACITUS, Hist. 4, 70, 3: *Tutor Trevirorum copias recenti Vangionum, Caeracatium, Tribocorum dilectu auctas veterano pedite atque equite firmavit, corruptis spe aut metu subactis legionariis.* – 'Tutor verstärkte die Truppen der Treverer, die durch eine erst kürzlich erfolgte Aushebung von Vangionen, Kärakaten und Tribokern aufgefüllt worden waren, durch altgediente Fußtruppen und Reiter, nachdem die Legionäre durch Hoffnung betört oder durch Furcht gezwungen worden waren [...].' Text u. Übersetzung bei HERMANN III, S. 70 f.

[591] Zur Überlieferung s. REICHERT 1987, S. 165.

[592] PEDERSEN I, S. 92, 307; s. auch LAMBERT 2003, S. 16; LEWIS – PEDERSEN, CCCG, S. 26 f. (§ 30).

[593] DELAMARRE 2003, S. 97. Zur Etymologie von air. *cáera* cf. LEIA C-8 f.

[594] REIN 1958, S. 261 [71] mit weiteren Beispielen.

[595] Cf. dazu NORDEN 1934, S. 15, Anm. 2; S. 210, Anm. 1.

[596] Nach LEHNER 1918, S. 23, gefunden «bei Neidenbach unweit Kyllburg (Kreis Bitburg) an der Römerstrasse Trier-Cöln 1876».

[597] Bei HOLDER, AcS I, Sp. 818 f.

[598] GUTENBRUNNER 1936a, S. 89.

[599] Über den Zusammenhang von *Caeracates* und *Caeroesi* wurde schon früher spekuliert, cf. die Übersicht bei V. KIENLE 1932, S. 57 f.

notwendig ist, als man auch *kapr- voraussetzen könnte – zumal der wohl spontane Lautwandel *a* < *ae* (*ai*) sonst nicht belegt ist.[600] Allenfalls kann man *kar- aber auch als Nebenform zu *kaer-* auffassen, was jedoch die Schwierigkeit birgt, dass das in diesem Fall zwingend vorausgesetzte *kaper- nicht den zu erwartenden Wortstamm darstellt, sondern, wenn man vom Lateinischen ausgeht, den den Sprossvokal enthaltenden Rectus-Stamm.[601] Näher liegt es folglich überhaupt, in *Caruces* mit der Entwicklung *kar- < *kapr- zu rechnen.

Caeroesi, Caeracates

Die bei CAESAR, BG II, 4 (cf. auch OROSIUS VI, 7, 14) genannten *Caero(e)si* erscheinen ausschliesslich im Verband mit den Cisrhenaniern *Condrusi*, *Eburones* und *Paemani* (resp. *Caemani*). Ihre Lokalisierung ist lediglich relativ zu anderen Namen möglich, kann aber dennoch einigermassen präzis vorgenommen werden, man vgl. ZEUSS: «In den höheren Gegenden über den Menapiern, auf den waldigen Nordabhängen der Arduenna bis zum Gebiete der Treverer lernte Caesar fünf Völkchen kennen, die unter dem allgemeinen Namen Germani, wahrscheinlich als Bewohner der Waldgegenden, zusammengefasst wurden [...].»[602] Wo bei WEISGERBER die *Caerosi* erscheinen,[603] sind bei MUCH die *Caeracates* eingezeichnet,[604] welche in der Literatur lediglich ein einzigesmal[605] bei TACITUS, Hist. IV, 70, 3 zusammen mit Treverern, Tribokern und Wangionen erscheinen, man vgl. SCHMIDT: «Die Caeracaten wohnten westlich von den Nemetern im heutigen Westrich bis an die Grenze von Germania superior[606] [...]».[607] SCHMIDTs Lokalisierung lässt sich so allerdings nicht beweisen, doch ist von den *Caeracates* glücklicherweise ein Stammesmitglied RUTO MATTIACI F(ILIUS), CIVES CAIRACAS bekannt,[608] dessen Grabstein aus dem 1. Jahrhundert in Mainz gefunden wurde, so dass auch hier die relative Einordnung des Stammes in das rheinische Völkergefüge möglich ist, womit die drei Völkerschaften letztlich auch geographisch zueinander rücken.[609] Allerdings muss der Ort der Grabstätte von Rutos Angehörigen nicht zwingend der Ort seiner Herkunft sein, da die *cives*-Angabe doch recht ungewöhnlich ist. Zudem deutet die Angabe seiner *curia* (*Flacci*) auf ein fremdes Element. Immerhin zeigt uns der Kurienname aber auch noch den Rang des Ruto unterhalb der caeracatischen *civitas*-Ebene als Angehörigen der Flaccus-Kurie. C. B. RÜGER charakterisierte Ruto als einen «Peregrinen».[610] *Cairacas* ist zweifellos als orthographische Variante von *Caeracas* aufzufassen (cf. *Caisar – Caesar* in inschriftlichen Belegen); die Nähe des *Ruto* zu den Mattiakern bleibt dabei nicht ganz klar.[611] *Mattiacus* ist dabei nur ein (ethnophorer) Personenname; die Annahme liegt aber doch

---

[600] Cf. auch BIRKHAN 1970, S. 201, Anm. 352.
[601] Die Derivationen von diesem Wortstamm im Lateinischen gehen von *capr-* aus.
[602] ZEUSS 1837, S. 212. Eine anschauliche Karte bei WEISGERBER 1968, S. 6.
[603] WEISGERBER 1968, S. 6 (Abb. 1).
[604] MUCH 1967, Karte 1 im Anhang. MUCH hält die *Caruces*, *Caeracates* und *Caeroesi* auch in seinem RGA-Art. 'Germani cisrhenani' (RGA Bd. II, Strassburg 1913–15, S. 183 f., hier: S. 184) für identisch.
[605] Bzw. in derselben Passage zweimal, jedoch in anderer Reihenfolge mit den anderen beiden Völkernamen *Triboces* und *Vangiones*.
[606] Das hiesse etwa: zwischen Kaiserslautern und Bonn.
[607] SCHMIDT II, S. 377 [157], Anm. 1 mit älterer Lit.
[608] Cf. INSTINSKY 1972 u. HERMANN III, S. 503. INSTINSKY legt eine dank der beigelegten Tafel einwandfrei überprüfbare Studie vor, die die bisherigen Lösungsversuche obsolet macht.
[609] Dass die *Caeracates* in der Nähe von Mainz gesiedelt haben, wurde schon von anderer Seite erwogen, cf. INSTINSKY 1972, S. 135 mit Lit. Nach HERZ 1989, S. 215 sind die *Caeracates* ein ehemaliger Teilstamm der Treverer.
[610] RÜGER 1972, S. 255.
[611] Immerhin geographisch sehr gut nachvollziehbar, im Gegenteil zu der Lesung *Caninefas* (L'Année Épigraphique 1965, S. 81 f., Nr. 247) für richtiges *Cairacas*, zu der INSTINSKY bemerkt: «Ein *Caninefas* aber, also Angehöriger eines Stammes vom Niederrhein auf der Insula Batavorum, der einen Vater namens

nicht allzu fern, dass er in das historisch-geographische Gefüge der rheinischen Kontaktzone – und nur in dieses – gehört. Weitere Informationen lassen sich aus dem Grabstein nicht gewinnen. Nach MUCH sind *Caeracates*, *Caerosi* und *Caruces* schlechterdings identisch,[612] was nach der geographischen Beurteilung möglich erscheint, aufgrund der verschiedenen Suffixe der Namen jedoch fraglich bleibt. Diesen drei Namen stellen sich die im nördlichen Britannien zu lokalisierenden Καιρηνοι (Var. Καρινοί, Καιρινοί) zur Seite (PTOL. II, 3, 8), die auch WATSON mit den kontinentalen Namen vergleicht.[613]

Etymologie

Zugrunde liegt den Namen, wie oben vermerkt, vermutlich ein Etymon, welches air. *caera* 'Schaf' lautet und welches GUTENBRUNNER zu kelt. **kairāk-* stellt,[614] man vgl. auch ir. *cáirchaide* 'ovinus',[615] also letztlich < kelt. **kaeraks* (Nom. Sg., s. o.). Möglicherweise liegt eines der typischen indogermanischen Tierappellativa mit *g-/k-*Suffix vor, wie es (in der Regel mit *u*-haltigem Bindevokal) vor allem in germanischen Tierwörtern auftritt.[616] Was das Suffix anbelangt, macht BIRKHAN geltend, dass das <c> im Namen der ebenfalls cisrhenanischen *Sunuces* (es handelt sich vermutlich um eine analoge Wortbildung wie in *Caruces*) als unverschobenes westindogermanisches *k* erklärbar wäre, wenn denn nicht -*c*- < idg. -*g*- vorliegt, ein Suffix, das gelegentlich in Tiernamen erscheint, so z. B. bei ae. *bulluc* 'junger Ochse'.[617] Das Suffix scheint zunächst für die Bildung von Jungtierbezeichnungen verwendet worden zu sein. In einzelsprachlicher Zeit hat es Deminutivfunktion angenommen, die insbesondere im Me. sehr produktiv wurde.[618] Bei unverschobenem altem *k* dürfte man jedoch in den Einzelsprachen nicht mehr vom «Tiernamen»-Suffix sprechen. Andererseits lässt sich das -*k*- aber auch als sekundär ansehen, wenn das altirische Etymon ein jüngerer -*k*-Stamm ist.[619] Der Name *Caruces* vergleicht sich, was die suffixale Bildung angeht, mit den Nordnachbarn der *Caruces*, den *Sunuces* (Var. *Sunuci*, inschr. auch *Sunices*)[620] – was das zugrundeliegende Appellativ betrifft, aber insbesondere mit den germanisch-keltischen *Caeracates*, den britischen *Caereni*[621] und den im Gebiet der nachmaligen *Caruces* zu lokalisierenden *Caerosi*, die ebenso ein Element **kaer-* zu enthalten scheinen.

Die sprachlichen Probleme um diese Namen sind nicht letztgültig gelöst. Problematisch ist dabei vor allem, ob air. *cáera* mit *caper* urverwandt ist,[622] denn für alle der hier behandelten Namen setzt man traditionell **kairāk-* resp. **kaerak-* voraus. THURNEYSEN nahm an, dass **kairāk-* «deutlich zu air.

Mattiacus hatte und von seiner Mutter in Mainz bestattet wurde, ist, zumal er nicht als römischer Soldat hierher gekommen sein kann, schlechthin eine Unmöglichkeit.»

[612] MUCH 1895, S. 20 f.
[613] WATSON 1926, S. 16.
[614] GUTENBRUNNER 1936a, S. 89.
[615] Nach ZEUSS bei HOLDER, AcS I, Sp. 677, und verbessert bei BIRKHAN 1970, S. 201, Anm. 352.
[616] Cf. KLUGE 1926, S. 32 f. § 61b, ferner KRAHE – MEID III, S. 212 f.
[617] Cf. BOSWORTH – TOLLER I, S. 133; BOSWORTH – TOLLER II, S. 110, KURATH – KUHN, MED B2, S. 1217 (im Me. mit wesentlich mehr Belegen als im Ae.); s. des weiteren BIRKHAN 1970, S. 192 f., Anm. 322; BIRKHAN 1968, S. 139, Anm. 1.
[618] Cf. ONIONS, ODEE, S. 622.
[619] Bezeugt sind auch -*iā*-stämmige Varianten, cf. LEIA C-8. Zu den kelt. *k*-Stämmen cf. PEDERSEN II, S. 98 f.
[620] Belege bei HOLDER, AcS II, Sp. 1669 f. Zum Territorium der Sunuces cf. EWIG 1954, S. 1.
[621] S. WATSON 1926, S. 16; BIRKHAN 1999, S. 881.
[622] WEISGERBER 1969, S. 337 weist (mit V. KIENLE 1932, S. 57) darauf hin, dass dieses Wort gar nicht belegt sei (sondern nur im Mittelirischen, was ich aber angesichts der Aufnahme des Worts ins LEIA [C-8 f.] nicht beurteilen kann). Unter der stillschweigenden Voraussetzung, dass THURNEYSENs (1921, S. 107) Ablehnung der Deutung nach **kap(e)ro-* richtig sei, verlegt er den Namen in den Bereich einer vorkeltischen Sprachschicht, zu deren nachmaligen Angehörigen die beachtliche Reihe der *Germani cisrhenani* CAESARs gehören sollen.

cáer 'Klumpen, Traube', neuir. *caor* 'Frucht der Eberesche'» zu stellen und das Schaf «nach seinen Exkrementen benannt» sei, «die es so charakteristisch von Ziege und Rind unterscheiden».[623] Das Schaf unterscheidet sich allerdings noch in anderen Punkten charakteristisch von Ziege und Rind, und es scheint mir bei aller Autorität von THURNEYSEN sehr fraglich (wenn nicht sogar ganz ausgeschlossen), dass das wohl wichtigste Nutztier in frühen Kulturen lediglich nach seinen Exkrementen benannt worden sein soll, was noch mehr dadurch in Frage gestellt wird, dass die Benennung nur in ihrer Kontrastivität verstanden werden könne. Auch DELAMARRE spricht in bezug auf THURNEYSENs Einwände von einem «scepticisme excessif».[624] VENDRYES (BACHELLERY / LAMBERT) referiert THURNEYSENs Einwände zwar ebenso, sieht jedoch die etymologische Problematik in einem anderen Punkt: «[...] le nom du bouc est connu en celtique, avec initiale *g*- cf. *gabor* [...]; et pourquoi serait-il passé à une espèce tout autre?»[625] Ich meine, dass dieser Widerspruch nach dem **gabros*-Kapitel leicht aufzulösen ist (s. auch unten S. 121). **gabros* meint sehr wohl das männliche Tier, das Zuchtexemplar von Schaf und Ziege; dasselbe ist wohl auch für das andere Wort, idg. **kaprós*, der Fall, doch zeigt ja gerade das Lateinische, dass *caper* mit der einfachen Movierung auch auf das weibliche Tier übertragen werden konnte und letztlich die ganze Gattung, das Schaf, bezeichnete. Einen ähnlichen Vorgang hat man sich für das Keltische vorzustellen, insofern **gabros* zunächst nur das männliche Zuchttier bezeichnet hat (Widder, Schaf- und Ziegenbock), später allenfalls nur noch die Ziege (männliche und weibliche Tiere), während das Schafwort bzw. das Wort für die ganze Gattung, von der anderen Wurzel, **kap*- (**keH₂p*-), gebildet wird. In der Tat weisen alle air. *cáera*-Derivate einen ausschliesslichen Bezug zum Schaf auf und, wie es scheint, vor allem zum weiblichen Tier,[626] zur Herde sowie zur Transhumanz, vgl. air. *cairchaire* 'berger', *caeraigecht* 'transhumance; troupeau de moutons en transhumance' und *caoraigheacht* 'les bergers en transhumance'.[627]

Es könnte also durchaus sein, dass bei *cáera* der charakteristische *p*-Schwund vorauszusetzen ist und das Wort folglich zu **kapr*- zu stellen ist, obwohl auch air. Gen. Sg. *caerach* das etymologische (aber wohl sekundäre) -*k*- aufweist.[628] Problematisch ist jedoch, wie oben vermerkt, dass das -*e*- in lat. *caper* nicht ursprünglich ist, sondern eine Anaptyxe, die analog aus den obliquen Kasus auf die Rectus-Variante übertragen wurde. Dazu kommt, dass das *e* in air. *cáera* Infektionsmarker für ein etymologisch dem *r* folgendes *i* sein könnte, da für die *i*-Färbung des *r* kein entsprechendes Zeichen im lat. Alphabet zur Verfügung steht. Entgegenzuhalten wäre dem einzig, dass die Form *Caruces* problemlos mit **kapr*- in Zusammenhang gebracht werden kann, wenn es sich nicht, wie von BIRKHAN vorsichtig in die Diskussion eingebracht, um eine Kurzform (oder besser: Kontraktion) handelt, die sich zu *Caeracates* verhält wie *Atvaca* zu *Atuatuca* und *Catal(l)auni* zu *Catuvellauni*.[629] Mangels einzelsprachlichen Vergleichsmaterials ist aber wohl eine ursprachliche Basis †*kaperos* obsolet.[630] Vielleicht könnte man es in einem Kompromiss so formulieren, dass sich **kaerak*- und **kaer*- nur in

---

[623] THURNEYSEN 1921, S. 107. So auch sehr dezidiert WEISGERBER 1969, S. 54.

[624] DELAMARRE 2003, S. 97.

[625] LEIA C-9.

[626] Cf. Gen. Pl. *ass cáirech* 'lait de brebis' (LEIA C-8).

[627] LEIA C-9.

[628] Gerade Namen wie *Caerosi*, *Caereni*, Καιρῖνοι (Ptol. II, 3, 8), die man traditionell ebenfalls zu air. *cáera* zu stellen pflegt (cf. V. KIENLE 1932, S. 57 f.), zeigen keinen Reflex von -*k*-.

[629] In diesen Beispielen sind jedoch nota bene Kontraktionen im Wortinneren zu beobachten, während es sich im Fall von *Caruces* mit dem stammhaften -*u*- doch um eine ganz andere Wortbildung handeln könnte.

[630] Cf. MUCH 1895, der sich S. 21 für «*caer* aus *caperos* oder *kaperos*» ausspricht, womit er implicite eine Art Stammhaftigkeit des -*e*- annimmt. Ganz anders verfährt er allerdings einige Seiten weiter, wo er für germ. **haƀraz*, lat. *caper* usw. richtig eine «Grundform *capros* oder *kapros*» (bzw. weiter oben korrekt: «**caprós* oder **kaprós* 'bock'») annimmt.

der Art einer (vielleicht dialektalen) Paronymie unterscheiden. Ebenso könnte es sich mit dem schwankenden -*e*-Laut verhalten, der als ehemalige Anaptyxe teils stammhaft wurde, teils wieder ausfiel oder gar nie Teil des Namens, sondern Kennzeichen seiner appellativischen Verwendung war. Wenn **kairāk-*, wie es scheint, einen um das Guttural-Suffix erweiterten sekundären Stamm darstellt, der aufgrund des Sprachvergleichs wohl eindeutig das 'Schaf'-Wort impliziert, muss letzteres nicht zwingend auch für die nicht erweiterten Namen gelten, welche folglich nicht zu einem Grundwort 'Schaf' gehörten, sondern vielmehr zu dem von THURNEYSEN vorausgesetzten *cáer* 'Klumpen, Traube'. Bereits WEISGERBER wies jedoch auf zu wenig nutzbares Vergleichsmaterial hin, um die Frage in die eine oder andere Richtung beantworten zu können,[631] so dass der Schluss, *Caero(e)si* (und somit *Caruces*) könnte auch mit dem Wort für die 'Beere' verbunden werden, in der Tat nicht ganz auszuschliessen ist.[632] Eine Deutung 'Beeren-Esser' versieht NEUMANN aber zurecht mit zwei Fragezeichen, dies wohl nicht nur aufgrund semantischer Unwägbarkeiten, sondern auch mangels differenzierter Angaben zu einer so spezifizierten Funktion des Suffixes *-o(e)si*, welches in keiner Sprache einen eindeutigen Anschluss findet. Die statistische Evidenz spricht andererseits für das Tierwort, da sich gerade die britischen *Caerēni* einwandfrei in eine ganze Reihe ähnlicher Tier-Völkernamen einreihen lassen.[633]

Bemerkenswert ist, dass **kaeraks* oder **cairos*[634] als Tierappellativ keine deutlichen Spuren im Personennamenschatz hinterlassen hat. Dieser Sachverhalt kann gleichzeitig als Anhaltspunkt dafür dienen, dass das Wort in der Tat das 'Mutterschaf' bedeutet, während ja mit **kamulos* 'Hammel' (unter Vorbehalten, s. u. ab S. 125) und **moltos* 'Widder' zwei Wörter vorliegen, die semantisch den klassischen theriophoren Personennamenwortschatz besser abdecken, insofern dieser, ganz allgemein gesprochen, tendenziell eher den männlichen und kriegerischen Symbolbereich bzw. den Bereich von wilden Tieren umfasst.[635] Dazu kommen die beiden 'Bock'-Wörter **bukkos* und **gabros* sowie eine Reihe von eher unsicheren Appellativa wie **mendos* 'Zicklein', **i̯urkos* 'Rehbock' und weiteren, die hier nicht besprochen werden sollen.[636] Gegen die Tendenz spricht einzig das Element **ou̯is* 'Schaf' in den PN *Ovius*, *Ovianus* und *Oviorix*,[637] letzterer (CIL XIII 10006, 65) aus dem niederrheinischen Raum (Andernach). Er bedeutet 'reich an Schafen' oder 'König der Schafe'[638] und lässt sich nach dem bisher Gesagten einwandfrei in die kulturgeschichtlichen Zusammenhänge unseres Untersuchungsraumes einordnen. **caer-* hingegen erscheint lediglich in dem Beleg *Caerellius* aus der Germania superior (DAG 1114, s. o. S. 43), also um ein -*l*-Suffix und eine -*io*-Ableitung erweitert. Der Name diente HOLDER (obwohl im AcS nicht aufgenommen) zur Rekonstruktion **Caerelli-acu-m* für die ON *Ciriè* (I), *Cérilly* und *Cerilly* (F);[639] auch KUHN erwägt für die Deutung des schweizerischen ON Tscherlach (SG) eine Grundlage **Caerelliacum* mit zugrundeliegendem PN *Caerellius*.[640] Ob *Caerellius* aber mit dem im Zusammenhang mit den Völkernamen behandelten Wortstamm zu tun hat, ist zweifelhaft.

---

[631] WEISGERBER 1969, S. 332, 337.
[632] Cf. NEUMANN 1981, S. 309.
[633] Cf. WATSON 1926, S. 16 u. Anm. 1.
[634] So bei BIRKHAN 1970, S. 464.
[635] Im Hinblick auf das Schaf bestätigen diesen Befund auch die germanischen theriophoren PN, s. MÜLLER 1970, S. 78 ff.
[636] Cf. BIRKHAN 1970, S. 464 f.
[637] HOLDER, AcS II, Sp. 895; weitere Namen bei BIRKHAN 1970, S. 466, Anm. 1337b.
[638] Cf. DELAMARRE 2003, S. 245; BIRKHAN 1970, S. 466. Vielleicht gehört zu dem Namen auch *Joico-rix* (WHATMOUGH, DAG, S. 222) < *ou̯ico-*.
[639] AcS I, Sp. 677.
[640] KUHN 2002, S. 144 (mit weiterer Lit.).

Suffixe

Die drei Völkernamen unterscheiden sich insbesondere auch durch ihre verschiedenen Suffixe. Es ähneln sich, wenn man bei *Caruces* und *Caeracates* die lateinische Nom. Pl.-Endung der sw. Flexion subtrahiert, die stammbildenden *k*-Laute in *Caruc-* und *Caerac(at)-*. Sie sind, wie oben erwähnt, entweder als Kennzeichen sekundärer *k*-Stämme oder aber als (ebenso sekundäre) *k*-Suffixe zur Bildung von Tierappellativa zu werten (cf. ae. *bulluc*). Während an *Caruc-* direkt ein lateinisches Flexionsmorphem antritt, kennzeichnet die *Caeracates* ein Suffix *-at-*. Dieses stellt man zum inselkeltischen Suffix *-i̯ati*, welches als Zugehörigkeitssuffix gedient haben muss (cf. Γαλάται, Γαισάται, *Nantuates, Atrebates* usw.).[641] Daneben scheint es aber auch eine homonyme oder homographe Variante dazu gegeben zu haben, wie das aus dem Ortsnamen *Cornacum* gebildete Pseudo-Ethnonym *Cornacates* beweist.[642] Es lässt sich jedoch leicht als parallele Bildung zu den «echten» *-ātes-* resp. *-ātēs*-Völkernamen verstehen. Angesichts des zu erwartenden *-ēnsis*-Suffixes,[643] welches in der Regel einen Gruppennamen zu Ortsnamen bildet (Ortsbewohner), könnte es sich bei diesem von den Römern offensichtlich künstlich gebildeten «Stammesnamen» *Cornacates* (MÓCSY spricht von einer *civitas*, s. Anm. 642) um einen bewussten Rückgriff auf das nordalpine «Völkernamensuffix» *-ates* gehandelt haben. Daneben existiert ein weiteres, zur Bildung von Ethnika dienendes denominatives *-ti*-Suffix lat. *-āti- / -īti-*, welches insbesondere für die Bezeichnung Angehöriger von politischen oder sozialen Gemeinschaften zum Einsatz kam,[644] vgl. *Antemnātēs, Antiātēs, Arpīnātēs, Genuātēs* (mit der Variante *Genuēnsēs*) mit Vokallänge *ā*. Angesichts der schlechten Überlieferung des Ethnonyms *Caeracates* muss es bei diesen wenigen Bemerkungen bleiben. Der oben (S. 116) besprochene Grabstein des CIVES CAIRACAS ist sicherlich als latinisierende retrograde Bildung zu verstehen.

Ebenso unsicher zu werten ist das Suffix im Namen *Caero(e)si*. Es erscheint bei CAESAR, BG 2, 4 10, in der Form *Caerosos*, einige Handschriften überliefern *Cerosos* und *Caeroesos*; bei OROSIUS 6, 7, 14 (nach CAESAR) erscheint der Name als *Caerosi* mit den Lesarten *Cerosi* und *Caeresi*.[645] Während der Konsonantismus keine überlieferungsbedingten Probleme birgt, weist der Vokalismus einige Unsicherheiten auf, die vor allem in der Repräsentation des Suffixes liegen. Es lässt sich einzig annehmen, dass der Fugenvokal wohl lang war und *o*-Färbung aufwies. Es hat, wie auch immer man es ansetzt, insbesondere im Keltischen keinen Anschluss.[646] Ausgehend von den Überlieferungsvarianten mit *-o-* könnte man aber an das Suffix lat. *-ōsus* denken, das denominative Adjektive der Bedeutung 'reich an, versehen mit' bildet.[647] Auch fürs Germanische lässt sich keine annähernd sichere Lösung finden, da die einzige anklingende Bildung, germ. *-ōzan-*, als Superlativsuffix kaum in Frage kommt. Bleibt als Möglichkeit, ein *s*-Suffix unbestimmter Herkunft mit entweder agentivischer oder konkretisierender Funktion anzunehmen – oder aber doch mit einem keltischen Vertreter des durchaus produktiven lat. *-ōsus* zu rechnen. Eine Gruppe, die sich als 'die Schafreichen' bezeichnet, ist ja nicht undenkbar, nicht zuletzt vor dem Hintergrund des PN *Oviorix*.

---

[641] S. aber PEDERSEN II, S. 36; s. auch V. KIENLE 1932, S. 58. Eine Art «Ortsbewohnersuffix» für Bewohner eines ‹Einzugsbereichs› impliziert WEISGERBER 1969, S. 406, der aus den **Matronae Austriatium* einen Bewohnernamen *Austriates* erschliesst und diese den *Caeracates* und *Talliates* gegenüberstellt. S. zu den Matronennamen-Ableitungen dieses Typs aber o. S. 90 ff.

[642] Zu den *Cornacates* cf. MÓCSY in RE Suppl. XI, Stuttgart 1968, Sp. 373.

[643] Dazu cf. LEUMANN, LLF, S. 352 f.

[644] LEUMANN, LLF, S. 345.

[645] S. REICHERT 1987, S. 165.

[646] NEUMANN 1981, S. 309.

[647] LEUMANN, LLF, S. 341 f.; S. 342 auch Anmerkungen zur Herkunft, die jedoch als «umstritten und im Grunde unerkennbar» qualifiziert wird. S. auch STEINHAUSER 1954, S. 22.

Bedeutungsgeschichte

So dürfte man folglich bei allen drei Namen eine allgemeine Bedeutung 'Leute, die mit Schafen zu tun haben' annehmen, wobei aber der Name mit dem *k*-Element *Caruces* nicht ganz problemlos in dieses Schema passt. Man kann ihn dennoch zu der vorgeschlagenen Gruppe zählen, wenn man an die verschiedenen in der Forschungsgeschichte vorgeschlagenen semantischen Typen von theriophoren Völkernamen denkt. Man unternahm Deutungen im Sinne von Spottnamen, Prunknamen, Kosenamen, Tabunamen, Totemnamen usw.[648] und kümmerte sich selten um die Funktion der oft sehr unklaren Suffixe, was vor allem bei Namen der Fall war, die stark den Anschein eines Simplex hatten. Insofern liegt es nahe, wenn denn *Caruces* als das bare Tierappellativ mit Pluralmorphem aufgefasst werden darf, den Namen beispielsweise als 'die Schafe' aufzufassen, vielleicht auch als 'Schafleute' oder eben doch 'Leute, die mit Schafen zu tun haben', ohne dass aus dem Namen bereits eine kulturelle Wertung abzulesen wäre nach Art beispielsweise eines Spott- oder Totemnamens. Um konkreter werden, schlage ich vor, dass es sich um eigentliche Berufsnamen handelt, also 'Schafzüchter' oder 'Schafhirten' o. ä.; und zu diesem Schluss kam bereits V. KIENLE 1932, S. 58: «Der Name könnte dann einfach 'Schäfer' bedeuten.»[649]

Der Bezug dieser Ethnonyme zu **kapr-* liesse sich ferner dann rechtfertigen, wenn auch in ihnen die Wurzel idg. **keH₂p-* erkannt werden sollte. Was umso folgenreicher wäre, als damit, wie bereits oben S. 118 vorweggenommen, der kelt. «Nebenform» (bzw. dem ganz anderen Wort) **gabros* (zu idg. **ĝʰ/gʰeHb-*) eine frühe «Hauptform» gegenübergestellt werden könnte, wie sie den Normalfall in den übrigen idg. Sprachen darstellt (mit teils semantischen Abweichungen). Betrachtet man den semantischen Geltungsbereich beider Lexeme, so ist eine klare Distribution festzustellen: **gabros* bezeichnet die Ziege, den Bock und – später – andere Tiere aus dem Rehgeschlecht und in den rezenten romanischen Dialekten männliches Zuchtgeflügel (s. o. S. 39); *cáera* hat sich dagegen als Wort für das Schaf etabliert, wobei auch hier zunächst das männliche Tier, der Widder oder Hammel, Gegenstand der Bezeichnung gewesen sein könnte. Die Ausweitung auf das weibliche Geschlecht dürfte schliesslich eine Art suppletiver, alternativer Bezeichnung für den Widder, *moltos* resp. **molton-* (cf. frz. *mouton*), veranlasst haben, wenn letzteres nicht spezifischer mit 'Hammel' wiedergegeben werden sollte.[650] Bezeichnenderweise ist auch *moltinus* (*Moltin[i]us*) ein Göttername[651] und findet ein erstaunliches Pendant in **kamulos*, einem ausgezeichnet belegten Gott, den man mit einiger Vorsicht als 'Hammel'-Gottheit auffassen darf.[652]

Der Vollständigkeit halber muss hier auf eine Merkwürdigkeit im Hinblick auf die *Caeracates* hingewiesen werden: Im Inschriftenmaterial der Germania Superior und der Agri decumates erscheinen mehrfach Personennamen, die auf einen Zusammenhang mit dem zu besprechenden Ethnonym weisen, so *Caratacus* (CIL XIII 11669),[653] *Carataculus* (DAG, 1177), *Caratacul[* (CIL XIII

---

[648] Cf. die verschiedenen Typen bei V. KIENLE 1932.
[649] V. KIENLE 1932, S. 58.
[650] Cf. BIRKHAN 1970, S. 300. Zum Appellativ cf. DELAMARRE 2003, S. 228. Auch zum Wort für den 'Widder' ist ein keltischer Völkername belegt: *Moltrad*, mit dem Kollektivsuffix *-rad* (cf. WATSON 1926, S. 16, hier auch das analog gebildete *Torcrad* 'Ebervolk').
[651] Nach HEICHELHEIM 1933a, Sp. 29 die «[...] noch selbständige Spezialisierung eines der verschiedenen keltischen Numina, die in Begleitung eines Widders, einer Widderschlange oder mit Widderhörnern abgebildet werden und sonst in den Kult des galloromischen Mars und Mercurius eingeschmolzen sind.» Vgl. zu *Moltinus* ferner DELAMARRE 2003, S. 228, der für das Appellativ richtigerweise einen Stamm **molton-* ansetzt.
[652] BIRKHAN 1970, S. 336–343.
[653] Auch der berühmte Catuvellaunen-Prinz aus der Mitte des 1. Jahrhunderts trägt diesen Namen. Es reizt umso mehr, in *Caratacus* einen theriophoren Personennamen zu sehen, als auch dessen Vater *Cunobel(l)inos*

10010, 3199a) und vielleicht *Caratilia, Caratilla, Caratinus, Cardacanus* sowie eine Vielzahl von Namen, die mit einem Laut-/Schrift-Gebilde *Cara-* beginnen.[654] Es reizt, sie aus **kapr-* herzuleiten,[655] obwohl sie in der Regel zu *karos 'lieb, geliebt usw.' gestellt werden.[656] Für die *Caratac*-Namen könnte man die Herkunft < **kapr-* zwar ebenso voraussetzen, doch erweisen sie sich durch das sich der anlautenden Gruppe *Cara-* anschliessende Lautgebilde vielleicht auch der *Ca(e)racat*-Gruppe zugehörig – wenn man eine einfache Metathese von C und T voraussetzt, die sich durch uns unbekannt bleibende Ursachen fortgepflanzt haben könnte. Es sei auch erwähnt, dass das Ethnonym der *Caeracates* auch in der Form *Caracates*, also ohne den Diphthong, überliefert ist.[657] Die *Caratac*-Namen stellt man traditionell zur Wurzel keh_2- 'lieben, begehren' (**kā-*, kelt. *karā-*, sekundär reanalysiert <*kă-ro-s),[658] insofern man den Namen als ein mit dem PPP-Suffix *-to-* und um das Zugehörigkeitssuffix *-āko-* erweiterte Bildung analysiert.[659] Diese Lösung krankt einzig an der Kürze der Stammsilbe im Keltischen, die sich aber durch den Ansatz einer Reduktionsstufe und die flexible Handhabung des Laryngals aufrecht erhalten lässt, und die angesichts der inselkeltischen Fortsetzer viel Plausibilität besitzt. Wird also diese Erklärung die naheliegendere sein und von den Keltologen als die richtige erachtet werden, so mag man doch aus der bei WHATMOUGH gewonnenen Verortung der Namen in die ostgallischen Gegenden mit sehr viel Optimismus auch an gelegentliche Vermischung mit *ca(e)racat-* denken dürfen.

5.3. Der *pagus Carucum* und der *pagus carascus*

Im Zusammenhang mit den *Caruces* ist darauf hinzuweisen, dass die Grenze deren *pagus* bei Mürlenbach rund 65 km südlich von Bonn liegt, an der Römerstrasse von Trier nach Köln. Er dürfte mit dem mittelalterlichen «Carosgau» um Prüm zusammenfallen (Belege s. unten), der sich zwischen den Flüssen Kyll und Prüm in der Südwesteifel erstreckt hat. Wenn in dem Gaunamen das Ethnonym der *Caerosi* aufgegangen ist (CAESAR, BG II, 4, 10; VI, 2, 3), so dürfte man eine Gleichsetzung von *Caruces* und *Caerosi* voraussetzen, die freilich schwer nachzuweisen ist, wenngleich attraktiv und nicht uninteressant im Hinblick auf ihre bei CAESAR mögliche Lokalisierung und ethnographische Verortung an der mittleren und oberen Maas.[660] Die *Caerosi* werden zusammen mit den *Condrusi*,

---

('Hund des Belenos' [?]; zu *Belenos*, einem belgischen Hirtengott [cf. LINDSAY 1961, S. 739 f.; BIRKHAN 1970, S. 357–361]) einen solchen trägt. Die Residenz der catuvellaunischen Königsfamilie heisst signifikanterweise *Camulodunum* (Colchester) 'Befestigung des *Camulos*' (zu *camulos* 'ungehörnter Bock' [?]) oder, wie HOLDER, AcS I, Sp. 725 in Erwägung zieht 'Feste des (Mars) Camulos'. Wenn man den Faden weiterspinnen will, so sind in diesem Zusammenhang auch die Jupiter-Ammon-Münzen von *Camulodunum* anzuführen, die BIRKHAN 1970, S. 340 mit A. ROSS als Münzen identifiziert hat, die nach einheimischer Terminologie der *Mars Camulos*, also der Widderhorngott, ziert; nach traditionell-römischer Anschauung handelt es sich um Jupiter Ammon, den mit Widderhörnern versehenen Gott, der sich nach OVID, Metamorphosen V, 327f., in Libyen vor den Riesen verbirgt. Es scheint, um auch mit LINDSAY 1961 zu sprechen (der den Namen allerdings unbefriedigend erklärt, s. u.), dass unter den Catuvellaunen und anderen britischen Gruppierungen belgischer Herkunft ein dynastischer *Camulos*-Kult herrschte, der sich in zahlreichen Toponymen (vgl. z. B. *Camulosessa*) sowie auch in den signifikanten Personennamen *Camulogenus, Camulognata, Camuloriga* usw. niederschlägt.

[654] Bei WHATMOUGH, DAG, passim, allerdings wiederum hauptsächlich in der Belgia und den östlichen Provinzen, kaum in Zentralgallien.
[655] Cf. BIRKHAN 1970, S. 201, Anm. 352.
[656] Cf. DELAMARRE 2003, S. 107.
[657] Cf. IHM 1897, Sp. 1281.
[658] Cf. LIV, S. 306, POKORNY, IEW, S. 515; DELAMARRE 2003, S. 107; HOLDER, AcS I, Sp. 771 ff.
[659] Mit der Bedeutung 'aimable', cf. LAMBERT 2003, S. 28; 'plenus amoris' bei HOLDER, AcS I, Sp. 771.
[660] SCHMIDT II, S. 410.

Eburones und *Caemani* von CAESAR zu den *Germani cisrhenani* gerechnet, cf. BG II, 4, 10: *uno nomine Germani appellantur*. Wie die Condruser im *pagus Condrustis/Condrustense* (Condroz), die *Paemanen* (mit Lautersatz kelt. *p-* für germ. *f-*?) resp. *Caemanen* im *pagus Falmenne* (Faumenne, Provinz Namur) und die Texuandrer im Gau *Toxandria*[661] könnten die *Caerosi* somit auch in ‹ihrem› Gau, dem *pagus Carascus* aufgegangen sein (cf. auch die *Tungri* und *Tongern*).[662] Der frühmittelalterliche Gauname figuriert bei JUNGANDREAS 1962, S. 168, unter dem Stichwort CAROUUASCO[663] und hat folgende Belege: 762 *in pago charos; in carasco*; 762/804 *in pago carouuasco*; 777 *i. p. carasco* (2 x); 778 *i. p. carosco*; 801 *i. p. caroasco*; 831 u. 854 *i. p. carasco*; 943 *karasco, carrasco*; ca. 1103 *in Caresa*.

Gegen die Gleichsetzung von *pagus Carucum* und *pagus carascus* spricht sich BIRKHAN aus,[664] der mit JUNGANDREAS[665] die Überlieferungsvariante *in pago carouuasco* bevorzugt und von einer Ableitung von kelt. **karu̯os* 'Hirsch' (mit *u̯*-Ausfall in *carasco* oder gekürzt in *charos*) ausgeht, den Gebietsnamen in der Folge als 'hirschreiche Gegend' verstehen möchte. In jedem Fall hat man es jedoch mit einer Adjektivableitung von einem substantivischen Grundwort zu tun. Die Frage ist, ob man (1) ein adjektivierendes *-k-*Suffix, antretend an eine Grundform **karu̯os*, (2) ein *-sk-*Suffix zu **karo(s)* (oder ebenfalls **karu̯o-*)[666] oder aber (3) ein an das Bestimmungsglied *caros* antretendes Grundwort germ. **gawja* 'Gau' bevorzugt.

(1) Setzt man ein *k*-Suffix an, hat man von einem zugrunde liegenden Gebilde **karos* auszugehen, das als eine Nom. Sg.-Form anzusehen wäre. Das ist sehr unwahrscheinlich, da als Ableitungsbasen in der Regel nur Wortstämme oder um vokalische Elemente erweiterte Stämme in Frage kommen. Für ein *k*-Suffix spräche aber der alte Beleg *in pago charos*, das morphologisch durchsichtig gewesen sein könnte, da in derselben Quelle das Syntagma ohne das 'Gau'-Wort *pagus* erscheint. *in caras-co* wäre damit synonym mit *in pago charos* aufzufassen, *carasco* folglich als substantiviertes Adjektiv zu verstehen, *-co* nota bene als adjektivierendes Suffix.

(2) Nach den Belegen zu urteilen kann ein *sk*-Suffix an die Grundwörter *caro-, cara-, carouua-* oder *caroa-* angetreten sein. Damit verglich sich der Name strukturell mit dem Ethnonym der Cherusker, wenn die alte, von MUCH, SCHRÖDER,[667] HÖFLER[668] u. a. vertretene Deutung nach dem 'Hirsch'-Etymon **herut-* zutrifft (**herut-skōz*). Lässt man die Form *charos* beiseite, ergibt sich, dass bei *carasco* und *carouuasco* die Gruppe *-sk-* an einen Vokal *a* antritt, in der viersilbigen Variante mit einer bilabialen Erweiterung, die man jedoch als hiattilgenden Laut zwischen thematischem Stammauslaut und Suffix mit Bindevokal auffassen kann. Wenn man *carasco* als Haplologie aus *carouuasco* (< **karu̯o-sk-*) verstehen möchte, müsste man *carouuasco* aber insofern als falsche morphologische Rekomposition betrachten, als ein schwer zu deutender Sprossvokal eingeschoben worden sein müsste.[669] Dennoch bleibt die Deutung nach **karu̯os* nicht unplausibel. Allein: Betrachtet man den Vokal nach *car-* als stammbildend, so ergäbe sich hypothetisch die Schlussfolgerung, dass doch ein

---

[661] Cf. auch SCHWARZ 1956, S. 137.
[662] Dazu MUCH 1967, S. 62–65.
[663] JUNGANDREAS 1962, S. 168: «Name eines Gaues um Prüm (m. d. Orten Dingdorf, Büdesheim, Schwirzheim, Wetteldorf, Birresborn, Oos u. Wallersheim [...]).»
[664] BIRKHAN 1970, S. 200, Anm. 351.
[665] JUNGANDREAS 1962, S. 168.
[666] Cf. zu beidem KRAHE – MEID III, S. 188 ff u. 194 ff.
[667] Cf. MUCH 1967, S. 412, mit weiterer Literatur.
[668] HÖFLER 1961, S. 27–31.
[669] Also die Wiederherstellung eines falsch plazierten Stammvokals **carwo-* → **carow-*.

urkelt. *karos (oder *kāros) < *kaprós existiert haben könnte, wogegen lediglich der von THURNEYSEN (mit Vorbehalten) beobachtete Lautwandel idg. *pr, pl* > kelt. *br, bl* spräche.[670]

(3) Nach der dritten Möglichkeit wäre an den vollständigen Völkernamen das Grundwort germ. **gawja* angetreten und in der Überlieferung zu -co abgeschwächt. Dies ist aus statistischen (und politischen) Gründen jedoch unwahrscheinlich[671] und lässt sich auch wortbildungstechnisch kaum verstehen. Tatsächlich verraten die -co-«Gaunamen» starken latinisierenden Einfluss, wie die Beispiele *Julihgouwe* → *in pago Iullece*, *Zulpihgouwe* → *in pago Zulpiaco*, *Bliesahgouwe* → *in pago Blesiaco* usw. ergeben, aus denen leicht die Anlehnung an das -[i]acum-Suffix abgelesen werden kann.

Das Problem scheint, basierend auf diesen wenigen Tatsachen, kaum lösbar zu sein. Die Vernunft gebietet es m. E. allerdings, – umso mehr, als im antiken und in den frühmittelalterlichen Belegen jeweils von einem *pagus* die Rede ist und dieser aufgrund der räumlichen Übereinstimmung Kontinuität besessen zu haben scheint –, dass dem *pagus Carucum* bei der Deutungsarbeit Priorität beizumessen ist.

Kommen wir abschliessend noch zu einem weiteren Punkt, der hier allenfalls von Belang sein könnte: Der *pagus Carucum* liegt, so weit seine mittelalterlichen Grenzen in die Antike zurückprojiziert werden können, im Einsatzbereich bzw. im Bereich des Stützpunkts der *pia fidelis legio I Minervia*. Wenn man in den vorrömischen *Caruces* eine mehr oder minder mobile Gruppe erkennt, die man sicherlich keinem fixen Siedlungsraum im Rheinland zuordnen kann,[672] so dürften sie später doch fix lokalisierbar sein und reichlich Kontakt mit den Römern und Angehörigen der Minervier gehabt haben.[673] Wie sich Kontakt und gegenseitige Einflussnahme, insbesondere Rekrutierung, Wirtschaft, Religion und Alltag im Kontaktbereich ausgewirkt haben mögen, bleibe dahingestellt – eines aber fällt auf: Die Minervier treten stets mit dem Emblem des Widders (nebst dem der Göttin Minerva) auf. Mit Ausnahme eines kurzen, temporären Abzugs der Legion nach Dakien während Trajans Dakerkrieg zu Beginn des 2. Jahrhunderts, ist die Legio I Minervia während gut 200 Jahren in Bonn stationiert. Das Signum des Widders der Minervia ist ein Zodiakalzeichen,[674] wie auch die Tierbilder anderer Legionen diesen astrologischen Bezug aufweisen. Damit steht das Emblem zwar ausserhalb des Bedeutungsbereichs in dem engeren Sinne, den es bei der bodenständigen Bevölkerung eingenommen haben wird, hat mit letzterem jedoch strukturelle Ähnlichkeit, insofern es Identität stiftet und repräsentiert. Damit möchte ich es nicht ausschliessen, dass Symbole, Kennzeichen und Attributwesen, die den einheimischen Bewohnern des vorrömischen Rheinlands vertraut gewesen sind, in Emblemen römischer Truppen insofern aufgehen konnten, als die oben genannte strukturelle Ähnlichkeit eintreten konnte. Dies insbesondere dann, wenn sich die spätrömischen Truppen mehr und mehr aus zivilisierten Barbaren zusammenzusetzen begannen. Der berühmteste und eindeutigste Fall eines solchen Attributtransfers (wenngleich in umgekehrter Richtung) ist derjenige der *Cornuti*, Konstantins germanischer Leibgarde, die sich zeit ihres Bestehens mit dem Kennzeichen zweier sich entgegenwindender Ziegenböcke schmückten, welches Gegenstand des entsprechenden Kapitels sein soll (s. u. ab S. 178).

---

[670] THURNEYSEN 1921, S. 106.

[671] Cf. V. POLENZ 1961, S. 81 f., der angibt, der Namentypus «Personengruppenname» + -*gawja* komme hauptsächlich im östlichen Altsachsen und im bairischen Alpenland vor – Gebiete, in denen der staatlich-fränkische Einfluss am schwächsten und spätesten gewirkt hat (S. 82).

[672] Die Lokalisierung der *Caerosi/Caruces* leicht südlich des Ubiergebietes bei WEISGERBER 1968, S. 6, Abb. 1 ist die römerzeitliche, die sich an den epigraphischen Zeugnissen orientiert.

[673] Andernfalls wäre es nicht recht einzusehen, warum ein römischer Grenzstein den Stamm nennt und ihn wenigstens auf der Verwaltungsebene der territorialen Organisation einverleibt.

[674] In dem Monat, dessen Schutzgöttin Minerva ist, steht die Sonne im Zeichen des Widders; cf. DOMASZEWSKI 1909, S. 1 f.

5.4. Exkurs: *Camulos*

Verlockend ist es, um auch aus der Vorstellungswelt der belgischen Völker etwas zu erfahren, die beiden Namen *Camulos* und *Leucamulus* (inschr. *Leucamulo*; CIL III, 5329[675]) kurz anzusprechen. Der zweite wird hergeleitet aus einem Element **leuk-* 'glänzend, hell' (kymr. *llug*, air. *lúach* 'glänzend', ausserkelt. auch got. *liuhaþ* 'Licht', gr. λευκός 'weiss'), dem sich ein zweites Element angliedert, nämlich < **k̂em(H)-* 'hornlos, bei sonst gehörnten Tierarten',[676] dieses wiederum weitergebildet zu *k̂m̥ulos* (**k̂m̥Hulos*) > kelt. **kamulos*. Voraussetzung für diese Deutung ist, dass 1. das Kompositum haplologisch entstellt ist < **Leuco-camulus*[677] und dass 2. **kamulos* tatsächlich das 'hornlose Tier' meint, beispielsweise i. S. v. 'Schafbock, Hammel'.[678] Akzeptiert man diese Prämissen, lässt sich der Name als 'glänzender Hammel' oder 'weisser Hammel' deuten, womit entweder auf die Farbe des Fells (die Qualität der Wolle?) oder auch eine göttliche Leuchtkraft des Tieres (oder der theriomorphen Erscheinung) Bezug genommen worden sein könnte. Beides erscheint in je verschiedenem Kontext bedeutungsvoll, aber eine Entscheidung lässt sich nicht treffen. Das mag aber dahingestellt bleiben, zumal der Name ohnehin für einen Raum belegt ist, der hier weniger von Belang ist (Steiermark resp. Noricum). Wichtiger ist, dass *Camulos* überhaupt als belgischer «tribal god» angesehen wird, insbesondere unter den inselkeltischen Stämmen belgischer Herkunft.[679] Die jüngere *Camulos*-Namengebung (in der Toponymie wie in der Anthroponymie) weist den Gott als verhältnismässig kriegerischen Götzen aus (cf. *Mars Camulos*); seine Stellung als personaler oder dynastiebezogener 'Haus-Gott' der Catuvellaunen (soweit man das beurteilen kann) könnte ihn aber gut als Spitzenahn einer aus erfolgreicher Schafzucht erwachsenen Adelsdynastie ausweisen – ebenso wie sich der ursprünglich norische Fruchtbarkeits- und Hirtengott *Belenos* später zu einer dynastischen Gottheit der britannischen Belgen emanzipierte.[680] Die lautlichen und morphologischen Verhältnisse um *Belenus*, *Belinus* usw. sind aber keineswegs ganz klar, es kann hier nur auf die Überlegungen von H. BIRKHAN verwiesen werden.[681] Dasselbe gilt auch für *Camulos*, den BIRKHAN in einer alle Eventualitäten einberechnenden Überblicksdarstellung zu dem Wort für den 'Hammel' zu stellen geneigt ist.[682] BIRKHAN stützt sich dabei vorwiegend auf die Realienüberlieferung, kann jedoch auch die etymologischen Daten für seine Deutung nutzbar machen. Was den sachgeschichtlichen Hintergrund anbelangt, besteht jedoch insbesondere die Schwierigkeit, dass ein hornloser oder kastrierter, jedenfalls verstümmelter Gott schlecht zum Kriegsgott taugt. Schliesst man die auch von BIRKHAN in die Diskussion einbezogenen Jupiter-Ammon-Münzen aus Camulodunum mit ein, die den Gott mit mächtigen Widderhörnern wiedergeben, so fällt die Deutung nach dem 'hornlosen Tier' jedenfalls aus der Argumentation. Gleichwohl handelt es sich bei diesen Darstellungen aber um durchaus junge Bilddokumente. Und sollte mindestens die Interpretation des Namens nach einem Wort für das männliche Schaf zutreffen, so könnte man mit wenig Aufwand eine Funktionsverschiebung in der Auffassung dieses Gottes annehmen, die sich aus der jüngeren Geschichte der belgischen Stämme ergäbe: Stand

---

[675] Bei der Inschrift handelt es sich nota bene um eine Grabinschrift, sie lautet AELIO·LEVCAMVLO VETRANO [...], nennt folglich kein Theonym, sondern einen Personen- resp. Beinamen. Über die weiteren Implikationen dieses Cognomens können hier keine weiteren Überlegungen angestellt werden.

[676] Cf. POKORNY, IEW S. 556, auch in anderen idg. Sprachen häufig weitergebildet mittels -*ŭ*- und -*lo*-Formans. S. aber auch ebd., S. 929 u. OREL, HGE, S. 157, zum Wort für den 'Hammel'.

[677] Cf. DELAMARRE 2003, S. 200; WEISGERBER 1968, S. 73.

[678] Weitere Deutungen und ältere Deutungsvorschläge bei BIRKHAN 1970, S. 336 ff.

[679] Cf. LINDSAY 1961.

[680] LINDSAY 1961, S. 740 u. passim.

[681] BIRKHAN 1970, S. 357–361.

[682] BIRKHAN 1970, S. 336–343.

Camulos ehemals als theriomorphe Gottheit für den Beschützer und Anführer der Herde, der dessen Fortbestand sicherzustellen hatte, so verschob sich dessen Funktion mit der zunehmenden Militarisierung der Belgen infolge der römischen Invasion mehr und mehr zu einem Begriff von Stärke und Widerstand. In der spätesten Phase konnte *Camulos* sogar den Platz des römischen Mars einnehmen.

5.5. Folgerungen

Lässt man die sprachlichen Schwierigkeiten der oben besprochenen Völkernamen beiseite bzw. überlässt deren Entschlüsselung den Keltologen,[683] akzeptiert jedoch eine Deutung nach 'Schaf', so stellt sich die Frage nach der spezifischen Aussagekraft der Völkernamen *Caeracates*, *Caero(e)si* und *Caruces* und ihrer Einordnung in ethnologische Kategorien. Immer wieder wird argumentiert, theriophore Ethnonyme würden auf totemistische Vorstellungen verweisen (auch Tabu, Spott usw., s. o. S. 121), wobei BIRKHAN einschränkend feststellt, dass Namen, hinter denen k e i n e heroische, kriegerische Symbolik stehe, diesbezüglich noch am aussagekräftigsten seien.[684] Da der Widder bisweilen, und (wie am Beispiel *Camulos* wahrscheinlich gemacht) vor allem in der jüngeren Zeit, eine stark ausgeprägte kriegerisch-gewalttätige Symbolik aufweist,[685] könnte man Totemismus also ausschliessen. Diese Symbolik ist allerdings nicht so universal,[686] wie sie auf den ersten Blick erscheint, sondern macht nur einen kleinen Bereich der symbolischen Bezüge von Schaf und Ziege (resp. Böcken) aus. Wie in Kap. 11 dieser Arbeit gezeigt werden soll, ist es insbesondere das Spektrum von Leuchtkraft, Reichtum und Fruchtbarkeit, welches das Schaf symbolisch auszeichnet. Aggression, Stärke und Widerstandskraft zeichnet auch nur den Schafbock aus, weniger die ganze Gattung. Weiters problematisch ist, dass wir nicht wissen, ob das männliche (verschnittene oder unverschnittene) oder weibliche Tier Anlass für die Namengebung gewesen ist. Ist letzteres der Fall oder noch allgemeiner: liegt Genus- resp. Sexusindifferenz vor, so könnte man einfach an 'Schafzüchter' resp. 'Schäfer' denken, was, ist das Suffix *-ates* zutreffend interpretiert, auch sprachlich seine Berechtigung findet. Ich möchte in diesem Zusammenhang folgendes bemerken: Der Stellenwert der Schafzucht nördlich der Alpen erschien den antiken Beobachtern (cf. oben STRABO IV, 4, 3 und die anfangs des Kapitels zitierten Stellen) durchaus wert, als etwas sehr Aussergewöhnliches taxiert zu werden. Ich möchte es deshalb nicht ausschliessen, dass man in einem Namen 'Schafzüchter' oder auch 'Schäfer', den man somit nicht einmal a priori für ein Ethnonym i. e. S. nehmen muss, auch ein Sozionym oder auch einfach einen durch die Tätigkeit bestimmten Gruppennamen erkennen könnte, also gewissermassen einen Berufsnamen. Unter dem Blickwinkel der politischen Systeme und Wirtschaftsformen frühzeitlicher Gesellschaften dürften solche Gruppen als 'Schafzüchter' charakterisiert worden sein, die diese Wirtschaftsform vor allen anderen charakterisiert hat, das hiesse: Gesellschaften in den Küstengebieten der Nordsee, auf den britischen Inseln,[687] auch an der Atlantikküste

---

[683] Als geltende Zusammenfassung vgl. man nach wie vor die detaillierten Abwägungen bei BIRKHAN 1970, S. 201, Anm. 352.

[684] BIRKHAN 1999, S. 881.

[685] Man denke an den «Widder» als 'Rammbock, Mauerbrecher' in der älteren Terminologie der Kriegstechnik. Analog verhalten sich auch gr. κριός, lat. *aries* und frz. *mouton* mit derselben übertragenen Bedeutung.

[686] Die Bedeutung der widderköpfigen Feuerböcke, die in vielen Kulturen seit frühesten vorgeschichtlichen Epochen vorkommen, ist noch nicht restlos geklärt. Man dachte an ein den Hausgöttern gedachtes Tier (DÉCHELETTE 1898), zog aber auch viele andere Erklärungsmöglichkeiten in Betracht (cf. DEONNA 1959). S. dazu auch unten S. 229.

[687] Wiewohl hier vermutlich mit anderer Verarbeitungstechnik, cf. CAESAR BG V, 14: *lacte et carne vivunt pellibusque sunt vestiti* ('sie leben von Milch und Fleisch und kleiden sich in Felle' [sc. die Bewohner von *Cantium*]).

und, wie aus den Quellen hervorgeht, in der Gallia Belgica. Weiters wäre aber auch zu fragen, ob denn die besprochenen Völkernamen tatsächlich als Namen für einen 'Stamm' an sich zutreffen, oder ob nicht vielmehr die Namen sich auf das beziehen, was sie meinen: nämlich auf einen beruflich spezialisierten Bevölkerungsteil im Gefüge der belgisch-niederrheinischen Personengruppen, beispielsweise der Ubier, Treverer oder Nervier.

Dies alles widerspricht in gewissem Sinne der bisweilen geäusserten Ansicht, das Schaf sei bis zum Beginn der Römerzeit in Europa mehr zur Fleisch- und Milchnutzung denn zur Wollverarbeitung gehalten worden.[688] Da Wollverarbeitung in Mittel- und Nordeuropa in geringem Mass seit dem Neolithikum, besonders stark und überwiegend aber seit der Bronzezeit nachzuweisen ist und eine vergleichsweise sehr viel grössere Rolle gespielt hat als die Flachsverarbeitung,[689] möchte ich annehmen, dass STRABOs Angabe des Mäntel-Exports sicherlich zu trauen ist, wenngleich hier natürlich von verschiedenen Epochen die Rede ist. Die Spezialisierung auf einen «Industriezweig» dieser Grössenordnung kann kaum eine so schnelle Entwicklung zur Ursache haben. Die Herstellung von Wollprodukten in grösserem Ausmass kann also sicherlich bereits für die vorrömische Zeit vorausgesetzt werden. Ob dafür auch die Darstellungen der hallstattzeitlichen Situlenkunst des Ostalpenraums in Anspruch genommen werden dürfen, vermag ich nicht zu beurteilen. Tatsache ist jedoch, dass sich unter den auf den Situlen abgebildeten Tieren auffällig viele Schafe finden (im Stil des weit verbreiteten Motivs der «schreitenden Tiere»).[690]

Aber auch und gerade in römischer Zeit war die Wollverarbeitung nördlich der Alpen von grosser Bedeutung.[691] Der Bedarf an robuster Kleidung der römischen Truppen dürfte eine Art Textilindustrie am Leben erhalten haben, die auf der Kultivierung grösserer Schafbestände beruht haben muss. Wenn man an das Appellativ und den Beinamen *Caracalla* (M. Aurelius Antoninus Bassianus, reg. 211–217; bessere Form: *Caracallus*) denkt, so ist das Wort hier nicht nur sprachlich (< **karacat-la*?)[692] von Belang, sondern steht stellvertretend für ein identitätsstiftendes und charakteristisches Kleidungsstück der römischen Truppen nördlich der Alpen, den eng anliegenden keltischen (oder germanischen) Kapuzenmantel, den der Kaiser (anders als gewöhnlich beim *sagum*) bis zu den Knöcheln verlängert getragen haben soll.[693] Ebenso interessant wie der Beiname *Caracalla* ist der PN des usurpatorischen

---

[688] MAY 1969, S. 242.
[689] Cf. CLARK 1947, S. 134.
[690] Vgl. dazu die Situlen von Providence, Novo mesto (Nr. 3), Magdalenska gora und Vače. Zur Situlenkunst im Ostalpenraum cf. FREY 1962. O.-H. FREY erkennt in den Tieren Hirsche, Hirschkühe, Steinböcke und Antilopen, was seine Berechtigung sicherlich im Vergleich mit den etruskischen und griechischen Vorbildern findet. Dazu ist von – zwar fachfremder – Seite her aber zu bemerken, dass Schafe in prähistorischer Zeit nach Aussage der Archäozoologen ähnlich ausgesehen haben müssen wie Wild, cf. CLARK 1947, S. 133. Die Tierfriese weichen jedoch auch in vielen Punkten von den etruskischen und griechischen Darstellungen ab (FREY 1962, S. 38), was mindestens die Aussage zulässt, dass die Darstellungen auch einheimisches Bild- und Gedankengut einschliessen. Auf der Situla von Magdalenska gora scheint mir zudem eine Schafschurszene dargestellt zu sein, die FREY allerdings dahingehend deutet, dass es sich um einen an der Leine geführten Steinbock handelt (S. 38). Dies hat die Archäologie zu klären. Zur Schafschur in der Antike cf. jedenfalls PETERS (J.) 1998, S. 78.
[691] Cf. SCHLETTE 1976, S. 74.
[692] Äusserst unsicher. Vorliegen könnte der Stamm + bindevokalloses -*l*-Suffix, das im Nexus -*tl*- zu -*ll*- assimiliert wurde (das Wort hätte dann ev. ursprünglich adjektivische Bedeutung). Die Assimilation ist nicht zu verwechseln mit dem älteren Lautwandel idg. -*tlo*- > lat. *c(u)lo*- in Nomina instrumenti. S. LEUMANN, LLF, S. 312 ff.; zu *Caracalla* MUCH 1895, S. 21.
[693] Cf. DELAMARRE 2003, S. 105, wo allerdings nur die von DOTTIN 1918, S. 242, vorgeschlagene Herkunft referiert wird, nämlich zu einem provenzalischen Wort *cara* 'cilice (Büssergewand)'. S. auch WALDE – HOFMANN I, S. 164 f.: «vl. mit *caraca* 'vestis'». MEYER-LÜBKE, REW, S. 159 (Nr. 1672a) vergleicht sard. *gragalla* 'Löffelgans', wozu auch (cf. WALDE – HOFMANN I, S. 164) ngr. καρκάλλι 'Hahnenkamm' zu passen scheint. Daraus lässt sich schliessen, dass die Kapuze des Mantels das auffälligste Merkmal des

Kaisers *Carausius* (reg. 286–293). Von Geburt wohl Menapier[694] trägt er einen keltischen Namen, dessen lat. *-au-* vermutlich kelt. *-ou-* substituiert. Ihn (sprachlich) zu den *Caeroesi* zu stellen, hat MUCH unternommen, nämlich < **Carousios*: «sein name lässt uns also eine nebenform *Carousi* neben **Caerousi* > *Caerōsi* vermuten [...].»[695] Unabhängig aber von der Frage, welche ethnische Zuordnung bei *Carausius* zutrifft, trägt der Name das Gepräge eines Beinamens, der nicht einmal zwingend als ethnophore Bildung verstanden muss, sondern primär ein Element *car-* enthält, an welches sich eine Weiterbildung anschliesst, welche noch näher zu bestimmen bliebe.

Wenn fast alle der erhaltenen Gewebereste der Hallstattzeit Produkte aus Schafwolle sind,[696] so spricht dies wohl für den Stellenwert der Haltung dieser Tiere. Bereits die symbolisch stark verschlüsselte Bildersprache der etruskisch-hallstättischen Situlen kann für derartige Fragestellungen herangezogen werden: Mann könnte beispielsweise annehmen, dass die Schurszene auf der Situla von Magdalenska gora sehr gut einen Teilaspekt der ganzen prunkvollen Machtdemonstration auf diesem Gefäss darstellen könnte.[697] Nur müsste man, wenn man die These einer Verknüpfung von schafhaltender Gesellschaft[698] mit diesbezüglich theriophorem Ethnonym weiterverfolgen möchte, an wichtige diachrone Gesichtspunkte denken: Scheint die aristokratische Gesellschaftsstruktur der Hallstattzeit alle Voraussetzungen für DEHNs These aufzuweisen, so ist dies für die Latènezeit in ungleich geringerem Masse der Fall. Nicht nur fehlen für diese Zeit die charakteristischen (wenigen) Herrschaftsmittelpunkte, es mangelt auch an Bildzeugnissen, archäologischem Material und schriftlichen Quellen, die diese These zu stützen vermöchten. Man müsste folglich, wenn man an eine Kontinuität denken möchte, annehmen, dass die Namen von ausserordentlich hohem Alter sind, wogegen nicht zuletzt ihre (scheinbare?) Durchsichtigkeit spricht. Andererseits können die Namen auch durchaus jung (bzw. von ganz irrelevantem Alter sein) sein und genau das bezeichnen, was sie tatsächlich meinen: Bevölkerungsgruppen, die ihre Existenz vornehmlich auf Weidewirtschaft und Textilindustrie gründen. Dafür braucht es vergleichsweise unspektakuläre Argumente: Die Annahme einer direkten Kontinuität ist ja insofern nicht nötig, als sich die politischen Gegebenheiten seit der späten Hallstattzeit durchaus geändert haben mögen, nicht aber zwingend die landwirtschaftliche Ausrichtung der Bevölkerung, die ihre Existenzgrundlage weitgehend einer ausgedehnten Kleinviehhaltung verdankt.

Das Schaf erscheint in der keltischen und späterhin germanischen Kultur als das gewöhnliche Opfertier (cf. got *sauþs* 'Opfer' ↔ an. *sauðr* [< **sauþi-*] 'Schaf'), daneben wird es aber insbesondere auch in religiöser oder profaner Überhöhung in Gestalt seiner männlichen Vertreter zum Emblemtier

---

Mantels war. Daraus eine ‹Grundbedeutung› ableiten zu wollen, wäre aber falsch. Es spricht prinzipiell nichts dagegen, dass der Name des Kleidungsstücks vom Schafwort abgeleitet wurde. Ebenso wie noch heute bestimmte Schafrassen für die von ihnen gewonnene Wolle steht (Merino, Shetland, Kashmir usw.), könnte das festlandkeltische 'Schaf'-Wort den Ausgangspunkt für die Benennung des aus ihrer Wolle gefertigten Mantels gestanden haben.

[694] Ein belgischer Stamm; vgl. den hochmittelalterlichen *pagus Menapiscus*, *Mempiscus* westlich der Schelde. Cf. zu den Menapiern GRÜNEWALD 2001, S. 527 ff. Diese waren in der römischen Welt vor allem wegen ihres Schinkenexports berühmt (cf. z. B. MARTIAL XIII, 54 [*Perna*]: *Cerretana mihi fiat vel missa licebit | De Menapis: lauti de petasone vorent.*) und lebten insbesondere von Viehzucht und Salzgewinnung. Auch menapische Gänse wurden nach Rom exportiert, s. S. J. DE LAET in RGA 2, Berlin, New York 1976, S. 219.

[695] MUCH 1895, S. 21.

[696] DEHN 1974, S. 7 f., 14 f.

[697] S. aber einschränkend oben Anm. 690 (nach FREY 1962, S. 38, handelt es sich nicht um eine Schafschur, sondern um einen an einer Leine geführten Steinbock!).

[698] Cf. auch STEINHAUSER 1954, S. 23, wonach die *Caeracates* «die auf den Weideflächen des Hohen Venns und der anschliessenden nördlichen Eifel [...] unter der Eburonenherrschaft auf ihren unwirtlichen Heideböden unbehelligt weiterlebte». Den Namen der *Caeracates* deutet STEINHAUSER (1954, S. 22) als 'die Schafreichen' oder 'die mit Schafen Versehenen'.

stilisiert. Der Hammel und besonders der Widder sind, je nachdem, Zeichen für Fruchtbarkeit,[699] Stärke und Genügsamkeit. Die gallischen Widder- resp. Hammelgottheiten *Camulos* und *Moltinus* resultieren dabei möglicherweise aus dem Bedürfnis, dem Geschick überhaupt, der Gesundheit und dem prosperierenden Fortbestand der Schafherde eine göttliche Instanz überzuordnen (s. o. S. 126). Angesichts dessen rückt eine totemistische Deutung der fraglichen Völkernamen wieder in greifbare Nähe, wenn man der Vorstellung Raum geben möchte, dass dem Ahn der Gruppe, den man sich nunmehr in Tiergestalt denken mag, die Verfügungsgewalt über Wohl und Weh der Existenzgrundlage obliegt. Das kriegerische Element, welches für totemistische Vorstellungen ausschlaggebend zu sein scheint, mag dabei ebenso zum Zuge kommen, da ändernde ökonomische und politische Bedingungen im Gefüge der (späten?) Latènezeit eine Gesellschaft rasch zu einer militärisch ausgerichteten Gruppierung machen konnten, wie es die römische Invasion ja mit sich brachte. Dafür bietet sekundär die Kraft- und Kampfsymbolik des Widders eine passende Grundlage. Dennoch scheint mir die Vermutung naheliegender, dass in den Motiven der fraglichen Völkernamen weniger totemistische Vorstellungen wurzeln als der Ausdruck ökonomischer Spezialisierung. Die Benennung mag sich dabei vorzugsweise exogen vollzogen haben. Als mit dem allmählichen Ende der hallstattzeitlichen politischen Ordnung Mitteleuropas mit ihrer spitzen sozialen Hierarchiepyramide eine möglicherweise flachere gesellschaftliche Abstufung das Bild des frühzeitlichen Europa zu bestimmen begann, dürfte der Besitz von grossen Schafherden nicht mehr monopolistisch ausschliesslich bei politischen Potentaten gelegen haben, sondern könnte Charakteristikum bestimmter Gruppierungen geworden sein, die sich gegen aussen durch besondere Charakteristika der Schafhaltung oder -zucht ausgezeichnet haben. Ob dies mit bestimmten Eigentümlichkeiten der Herdenpflege, der Wollverarbeitung oder anderen Auffälligkeiten zu tun gehabt hat, muss freilich Gegenstand von Spekulationen bleiben. Ebenso spekulativ muss die in diesem Zusammenhang zugegebenermassen interessante Annahme bleiben, der Gott *Camulos*, den BIRKHAN, wie oben beschrieben, einleuchtend als Widder- oder Hammelgott aufzufassen geneigt ist, sei Stammesgott der *Belgae* gewesen.[700] Interessant ist diese Annahme aufgrund der Beobachtung, dass sich das Gebiet des Stammeskonglomerats der *Belgae* gerade über das Gebiet des östlichen resp. nordöstlichen Gallien erstreckt, in dem wir auch die *Caruces*, *Caerosi*, *Caeracates* usw. verorten können. Wenn hier ein vorsichtiger Zusammenhang formuliert werden soll, dann dahingehend, dass *Camulos* primär kein Kampfgott sein dürfte, sondern ein Gott der Schafzucht.

Ein letzter Punkt, der zu erwähnen bleibt, ist die Frage, welchen Platz die belgische Schafzucht zur Römerzeit (insbesondere vom 1. bis 3. Jh.) innerhalb des ökonomischen Systems des fraglichen Raums eingenommen hat. Auf den Export von Wolle und Fleisch wurde bereits hingewiesen. Daneben dürften diese Rohstoffe aber auch in den nordalpinen römischen Provinzen selbst Abnehmer gefunden haben, nämlich die römischen Truppen, das Verwaltungspersonal sowie die unter den Römern zu Kaufkraft gelangte einheimische Bevölkerung. Für die Versorgung von Tross und Truppe bedurfte es eines sehr differenzierten Systems von Nahrungsmittelproduktion, aber auch der Herstellung von militärischem Material, wozu Ausrüstungsgegenstände aller Art gehörten, darunter zu einem guten Teil Wollstoffe und Lederartikel. Grundlage dieses System waren die römischen Gutshöfe, spezialisierte Versorgungszentren, deren Betrieb eine kontinuierliche Sicherstellung der Ausrüstung und Lebensmit-

---

[699] Das Wort für ein verschnittenes Tier muss nicht zwingend für Unfruchtbarkeit gestanden haben, da die «Grundbedeutung» des Worts und dessen Etymologie (bzw. dessen engere, spezialisierte Bedeutung) nicht mit dem landläufig in Verwendung stehenden Begriff korrespondieren musste. Man vgl. dazu beispielsweise das Wort für den 'Hengst', salfrk. *changisto* (und Varianten) '*caballus spadus*, verschnittenes Pferd' (PLS, Tit. XVIII, § 3; s. auch HÖFINGHOFF 1987, S. 197–200). Während das Wort im engeren Sinn 'Wallach' bedeutet, wird es viel allgemeiner auch für 'männliches Pferd' verwendet.
[700] LINDSAY 1961, S. 732.

telversorgung gewährleisten musste.[701] Wie in allen Provinzen werden die Römer auch im belgischen Raum auf geschickte Weise das bestehende Wirtschaftssystem den eigenen Bedürfnissen dienstbar gemacht haben. Und da in den Quellen nach wie vor von einheimischen Produkten die Rede ist, liegt es nahe, dass die Römer diesen alten Wirtschaftszweig der Weidewirtschaft sorgfältig kultiviert, gefördert und genutzt haben – und zwar nicht ohne dass römisches Know-how in diese «Industrie» miteingeflossen wäre. Die agrarwirtschaftliche Fachliteratur eines VARRO oder COLUMELLA ist dabei Ausdruck eines technologischen Fortschrittsdenkens, das seit der Spätantike auch nördlich der Alpen auf fruchtbaren Boden fiel, insofern beispielsweise die Körpergrössen von Gross- und Kleinvieh seit jener Zeit stetig stiegen und Zuchtmethoden immer effizienter wurden.

---

[701] Cf. S. J. DE LAET in RGA 2, Berlin New York 1976, S. 219.

6. Lex Salica

In den folgenden Kapiteln sollen einige der sog. Malbergischen Glossen der Lex Salica (LS) resp. des Pactus Legis Salicae (PLS) behandelt werden, die Wortschatz aus dem Bereich der Ziegen- und Schafterminologie enthalten. Die Unterscheidung zwischen Pactus Legis Salicae und Lex Salica beruht auf der Rubrizierung in den ECKHARDTschen MGH-Editionen, die einen merowingischen 65-Titel-Text (PLS) von einem frühkarolingischen 100-Titel-Text trennen. Dazu wird eine noch jüngere Lex Salica Karolina mit 70 Titeln ausgegliedert. Im folgenden soll nur da, wo es zur Beurteilung der Glossen nötig ist, zwischen den Textklassen unterschieden werden.

In der Forschungsliteratur findet man gelegentlich die Meinung vertreten, ein appellativisches Simplex *haber* mit der Bedeutung 'Ziege, Bock' sei im Südgermanischen nicht belegt, müsse jedoch aufgrund der Bildungen *Habergeiss* oder *Haberling* sowie verschiedener dialektaler Formen wie *Hippe; Happel* usw. vorausgesetzt werden.[702] In der Tat bieten aber einige der Malbergischen Glossen Belege für dieses verloren geglaubte Simplex, womit ein terminus post quem für das Aussterben des Wortes gegeben wäre. Nichtsdestotrotz bergen die Glossen das Wort in einem etwas korrumpierten Zustand, so dass das Erkenntnisinteresse dieses Untersuchungsteils nicht zuletzt auch darin bestehen soll, Aufschlüsse über die Überlieferungstraditionen zu gewinnen. Ferner soll eine Anzahl weiterer Glossen behandelt werden. Zusätzlich werden die gewonnenen Erkenntnisse jeweils in einen etwas weiteren Kontext gestellt, um aus ihnen – wo dies möglich ist – kulturgeschichtliche Schlüsse ziehen zu können.

Die Entschlüsselung der Malbergischen Glossen bildet seit jeher ein Forschungsgebiet erster Güte – handelt es sich bei den volkssprachigen Eintragungen doch um ‹deutsches› Wortmaterial, welches mit wenigen anderen Quellengattungen den Anspruch höchster Altertümlichkeit behauptet. Infolgedessen wurde den Eintragungen sehr viel Aufmerksamkeit geschenkt – von der Rechtsgeschichte wie von der Sprachwissenschaft und all ihren Teildisziplinen. Die Glossen, die Tierwörter enthalten, erfuhren dabei zwei gesonderte Untersuchungen, zum einen durch A. QUAK, der 1983 mit einer Arbeitsgruppe die «salfränkischen Tierbezeichnungen» unter die Lupe nahm,[703] zum andern durch H. HÖFINGHOFF, der 1987 in seiner Dissertation zum Thema «Haustier und Herde. Die volkssprachigen Tierbezeichnungen in den frühmittelalterlichen Leges» die Tierbezeichnungen in einem weiteren sach- und textgeschichtlichen Zusammenhang erfasste. Hinsichtlich der hier vor allem interessierenden Titel 4 und 5 der Lex Salica ist mit den genannten Untersuchungen aber das letzte Wort noch nicht gesprochen, weswegen die Eintragungen hier erneut behandelt werden. Die umfangreiche weitere Literatur zum Problembereich kommt an Ort und Stelle zur Sprache.

Die Fassungen der Lex Salica überliefern verschiedene Malberg-Glossen, die zu unterschiedlichen Zeiten, wohl auch mit unterschiedlicher Funktion, eingetragen wurden.[704] Es ist sicherlich davon auszugehen, dass bereits die älteste Fassung der Lex Salica, der 65-Titel-Text aus den letzten Regierungsjahren Chlodwigs (507–511), salfränkische rechtssprachliche Einsprengsel enthalten hat (*Recensio Chlodovea*). Es handelt sich dabei um die Hss. der Gruppe A 1 – A 4. Die jüngeren Redaktionen, erweiterte 65-Titel-Fassungen (C-Fassung aus der ersten Hälfte des 7. Jahrhunderts), 70-Titel-Fassungen und 100-Titel-Fassungen überliefern ebenfalls noch Malbergische Glossen, während

---

[702] Zu letzterem s. v. a. REIN 1958, S. 260 ff. u. passim.
[703] Verantwortlich für Kap. 6: Ziegen (S. 38–42) ist THEA DALDRUP-VAN DORP.
[704] Es ist allerdings darauf hinzuweisen, dass es sich nicht um Glossen im eigentlichen Sinn handelt, sondern eher nach Form und Inhalt um Zitate mündlicher Rede im lateinischen Text bzw. um «Reste der Volkssprache, deren man sich vor Gericht bediente», cf. SCHMIDT-WIEGAND 1989, S. 158, SCHMIDT-WIEGAND 2001, S. 184.

die Hss.-Klassen E und K, karolingische Redaktionen, keine Glossen mehr enthalten.[705] Dazu kommt eine Textform H des PLS, die keine eigene Textklasse repräsentiert, sondern auf einem Druck des Johannes Basilius HEROLD aus dem Jahr 1557 beruht. HEROLD hat verschiedene Hss. exzerpiert, die verloren gegangen sind, aber wertvolle Ergänzungen zu den bekannten Hss. bieten. Unabhängig von der Überlieferung der einzelnen Handschriftenklassen nimmt man gemeinhin an, dass diejenigen Titel der Lex Salica, welche über Tierdiebstähle handeln, zum ältesten Kern des kodifizierten salfränkischen Rechts gehören.[706] Der hohe Stellenwert dieser Bestimmungen liegt sicherlich darin, dass es sich um die ganz zentralen Punkte des Wirtschaftslebens handelt. Die Tier-Titel sind zudem auffallend reich glossiert und lassen ein hochdifferenziertes Benennungssystem für Art und Alter der Tiere, ihre Nutzungsart, ihren Zuchtwert, ihre Haltung, Fütterung usw. erkennen.

Titel 4 der Lex Salica handelt vom Schafdiebstahl; der Absatz ist sehr kurz und birgt kaum Schwierigkeiten in bezug auf die volkssprachigen Glossierungen. § 1 behandelt den Diebstahl von Milchlämmern, § 2 den Diebstahl von ein- bis zweijährigen Hammeln, § 3 den Diebstahl von drei (oder mehr) Tieren, § 4 (wo vorhanden) den Diebstahl von (bis zu) 40 Hammeln, § 5 (nur Hs. A 2) den Diebstahl von mehr als 50 Hammeln.

In Titel 5 der Lex Salica wird jeweils der Diebstahl von Ziegen behandelt. Es ist im Vergleich mit anderen Titeln, die Tierdiebstähle behandeln, ein auffällig kurzes Kapitel, aus zwei resp. drei Teilen bestehend: § 1 handelt vom Diebstahl von drei Ziegen, § 2 vom Diebstahl von mehr als drei Ziegen. § 3, ein jüngerer Zusatz, den nur die K-Klasse überliefert, handelt vom Diebstahl eines Bockes.

Beide Titel (des PLS[707]) seien hier nach der MGH-Edition von K. A. ECKHARDT zitiert:[708]

IV. De furtis ouium

§ 1. Si quis agnem lactantem furauerit et ei fuerit adprobatum, mallobergo lammi hoc est, VII denarios <qui faciunt medio trianti> culpabilis iudicetur *ecxepto capitale et dilatura*.

§ 2. Si quis anniculum uel bimum ueruicem furauerit <et ei fuerit adprobatum>, mallobergo lamilam hoc est, CXX denarios qui faciunt solidos III culpabilis iudicetur excepto capitale et dilatura.

§ 3. Certe si tres <aut amplius> furauerit <cui fuerit adprobatum>, mallobergo lamp sunt, MCCCC denarios qui faciunt solidos XXXV culpabilis iudicetur excepto capitale et dilatura.

§ 4. Qui numerus usque ad XL ueruices conuenit obseruare.

§ 5. Si <quis> uero <XL> ueruices *aut* L <*siue LX*> aut amplius furauerit <et ei fuerit adprobatum>, mallobergo sonista hoc est, MMD denarios qui faciunt solidos LXII semis culpabilis iudicetur excepto capitale et dilatura.

V. De furtis caprarum

§ 1. Si quis tres capras furauerit et ei fuerit adprobatum, mallobergo lau s(ci)mada hoc est, CXX denarios qui faciunt solidos III culpabilis iudicetur excepto capitale et dilatura.

§ 2. Si <quis> *uero* super tres <capras> furauerit, mallobergo muro scimada hoc est, DC denarios qui faciunt solidos XV culpabilis iudicetur excepto capitale et dilatura.

§ 3. Si quis buccum furauerit, DC denariis qui faciunt solidos XV culpabilis iudicetur excepto capitale et dilatura.

---

[705] Zur Einteilung der Handschriften, der Textgeschichte u. ä. cf. ECKHARDT 1962, S. IX–XI, zu den Handschriften im einzelnen S. XI ff.

[706] Cf. SCHMIDT-WIEGAND 1975, S. 142.

[707] Der LS-Text ist nahezu identisch (cf. ECKHARDT 1969, S. 34–37), er sei hier deswegen nicht zitiert. Die abweichenden Glossen kommen an Ort und Stelle zur Sprache.

[708] ECKHARDT 1962, S. 34–37. Eine Übersetzung bei ECKHARDT 1955, S. 133.

Die Glossierungen, jeweils eingeleitet von *mallobergo* resp. *malb.* o. ä., variieren je nach Überlieferung und Handschriftenklasse.

Für die Tierwörter überliefern die Malbergischen Glossen nun verschiedene volkssprachige Bezeichnungen.[709] Im folgenden sei hauptsächlich von Titel 5 die Rede, da aus Titel 4 vor allem die Glossen *lamp, lammi, lamilam* usw. interessieren, die unten ab S. 137 zur Sprache kommen werden.

Die A-Fassungen verwenden für *tres capras* die Glossen *lauxmada* (A 1) bzw. *lausmata* (A 2), für *super tres capras* die Glossen *musci simada* (A 1) und *roscimada* (A 2).[710] Die Einzelheiten dieser Glossenwörter sind bisher nicht letztgültig geklärt,[711] einzig über ein als salfränkisch zu rekonstruierendes Wort **scimada* 'Ziege' herrscht angeblich Einigkeit, da es in einer altnordischen poetischen Bezeichnung für 'Ziege, Ziegenbock' *skimuðr* eine mögliche Entsprechung findet (dazu s. u. ab S. 143). Das altertümliche Wort wurde in den jüngeren C- und D-Redaktionen abgelöst durch das synonyme **hafra-*. C 6 bietet für *tres capras* die Glossierung *afrae siue lāphebrus mala uel pecti*, für *super tres capras*: *chene crudo*. Die D-Redaktionen haben für *tres capras*: *haper* (D 7), *aper* (D 8 u. D 9), für *super tres capras*: *chanchurda* (D 7), *chancus* (D 8), *chanchurda* (D 9). Auf zwei verlorenen Codices aus Fulda beruht der erwähnte Druck von HEROLD von 1557,[712] in denen für *tres capras*: *lamp* resp. *afres siue lāphebros, uel pectis* und für *super tres capras*: *chrenecruda* zu lesen ist.[713]

Eine Übersicht mag die Beleglage etwas veranschaulichen:[714]

§ 1 *tres capras*	
A 1 [PLS]	*lauxmada*
A 2 [PLS]	*lausmata*
C 6 [PLS]	*afrae siue lāphebrus mala uel pecti*
H 10 [Herold]	*lamp	afra siue lamphebru uel smalapecti	lau s(ci)mada*
D 7 [LS]	*haper* [aus *aper* verbessert]
D 8 [LS]	*aper*
D 9 [LS]	*aper*

§ 2 *super tres capras*	
A 1 [PLS]	*musci simada*
A 2 [PLS]	*roscimada*
C 6 [PLS]	*chene crudo*
H 10	*chrenecruda*
D 7 [LS]	*chanchurda*
D 8 [LS]	*chancus*
D 9 [LS]	*chanchurda*

---

[709] Dazu beiläufig auch REIN 1958, S. 262 [72].
[710] Die Lesarten sind allerdings umstritten, cf. HÖFINGHOFF 1987, S. 142 ff.
[711] Zu Einzelheiten s. HÖFINGHOFF 1987, S. 142–145 u. QUAK 1983 (verantwortlich: THEA DALDRUP-VAN DORP), S. 138 f.
[712] SCHMIDT-WIEGAND 1989, S. 160.
[713] Die hier angegebenen Lesarten mögen angefochten werden, sie beruhen jedoch auf der seriösen Untersuchung von QUAK 1983 (resp. DALDRUP-VAN DORP) mit einer übersichtlichen Zusammenstellung der Belege. Im einzelnen vergleiche man aber die massgeblichen Ausgaben der Lex Salica: MGH LL nat. Germ. IV/1–2, 1962–1969.
[714] Angelehnt an QUAK/DALDRUP-VAN DORP 1983, S. 38, und ergänzt.

6.1. *afra(e), aper, haper*

Die Glossierungen in § 2 sollen später betrachtet werden, zunächst sind die Bezeichnungen *afra(e)*, *aper*, *haper* sowie *lamphebru/os* zu behandeln. Es steht ausser Zweifel, dass für die erstere Gruppe das Simplex **hafra-* angesetzt werden muss.[715] Am nächsten bei der Basisform liegen *afra(e)*, *afres*. Ihnen ist in romanischem Umfeld das anlautende *h-* entfallen. Unter dem Einfluss von lat. *capra* soll in *aper*, *haper* <f> durch <p> ersetzt worden sein, so die communis opinio.[716] Dies scheint zwar auf den ersten Blick naheliegend, doch ist dann nicht einsichtig, weshalb unmittelbar nach der Einleitungsformel *mal.* oder auch *malb.* (für *mallobergo* 'vor Gericht, in der [volkssprachlichen] Gerichtssprache')[717] das so charakterisierte volkssprachige Wort latinisiert worden sein soll. Freilich liegen für uns die mannigfaltigen überlieferungsgeschichtlichen Prozesse nicht mehr offen, doch scheint eine Latinisierung gerade hier ungewöhnlich zu sein. Dies umso mehr, als das Wort *capra* ja im Text mehrfach vorkommt. *caper* kann ja gerade nicht der Anlass für die Schreibung *(h)aper* gewesen sein, weil die Rede von Ziegen, nicht von Böcken ist: den expliziten Gegensatz liefert die Hs. K in einem zusätzlichen § 3: *Si quis buccum furauerit* [...] (s. u. S. 141). Dazu kommt, dass die Hs. D 9 für regelmässiges *capras* in beiden Paragraphen die Schreibung *cabras* bietet. An eine romanisierte Form ist nur zu denken, wenn inlautendes *-p-* eine Hyperkorrektur von *-f-* darstellt, dieses wiederum spirantisches *-b-* wiedergibt.[718] Anlautendes *h-* wie in der Hs. D 7, welches ganz offensichtlich zusätzlich an das bestehende *aper* angefügt wurde,[719] verdankt sich entweder hyperurban-unrichtiger Aspiration[720] oder der Teil-Homophonie mit **hafra-*, das ja ursprünglich intendiert und, in diesem Fall, mindestens mitgemeint gewesen sein müsste. Das anlautende *h-* schliesst immerhin aus, dass damit ein Anklang an *caper* beabsichtigt war. Was die phonetische Qualität von *h* anbelangt, kann angenommen werden, dass es guttural spirantisch war. Merkwürdig ist auch – das gilt jedoch auch für mehrere andere Glossierungen –, dass das Wort nicht in der zu erwartenden Flexionsform Akk. Pl. erscheint, sondern in einer nicht weiter bestimmbaren Rectus-Form. Die Glossierung bleibt somit nicht letztgültig geklärt, weist aber zweifellos auf das alte Ziegenwort germ. **habraz* hin. Dieses Lexem selbst bezeugt fernerhin der nächste Absatz, wo in der HEROLDschen Ausgabe in der Glossierung von *tres capras* vor dem Kompositum *lamphebrus* (u. ä., s. u.) *afræ* resp. *afres* zu lesen ist.[721] Diese beiden Formen reflektieren romanische *h*-Aphärese und die sonst nur im Ags. und An. übliche Schreibung <f> für germ. /b/.[722]

---

[715] So auch REIN 1958, S. 262 [72].
[716] HÖFINGHOFF 1987, S. 146; QUAK/DALDRUP-VAN DORP 1983, S. 39.
[717] Cf. SCHMIDT-WIEGAND 1989, S. 157 f.
[718] Zu den Lautwandelerscheinungen im Lateinischen, die zu den romanischen Formen geführt haben, den vielfältigen Zwischenformen in Lautung und Graphie s. die Angaben in STOTZ, HLSMA 3, VII § 215, 218, 221, 232 usw.
[719] MGH LL nat. Germ. IV/II, S. 36.
[720] Cf. STOTZ, HLSMA 3, VII, § 119.
[721] Cf. ECKHARDT 1955, S. 132 im Apparat.
[722] NOREEN 1923, S. 179 (§ 240.1).

6.2. *lamphebru(s)*

Semantisch differenziert wird die Bezeichnung salfrk. **hafra-* in *lamphebru(s), -o(s)*. Man sieht darin gemeinhin ein Kompositum mit der Bedeutung 'Ziegen-Lamm', 'Haberlamm'[723] bzw. 'Lamm-Ziege', ohne dass dabei die morphologisch auffällige Kompositionsvariante (Karmadhāraya, Typus *mahārāja-*) betrachtet wird. Die Glosse steht in § 1 von Tit. 5; Hs. C 6 schreibt: *Si quis tres capras furauerit, malb. afræ siue lamphebrus mala uel pecti [...]*; H 10 bietet in einer Fussnote *afres siue lamphebros, uel pectis*. In der Edition liest man die Glosse als *afra siue lamphebru uel smalapecti*.[724] Die Glosse übersetzt also lat. *tres capras*. Es ist dabei anzunehmen, dass die volkssprachige Erläuterung mehr Information enthält als der lateinische Text. Hier dürfte nachträglich eine Differenzierung vorgenommen worden sein, die auf veränderten Rechtsgrundlagen beruht. Insofern dürfte die Einleitungsformel «malb.» an dieser Stelle vor den Glossen nicht eine genaue Übersetzung ankündigen, sondern eine Verdeutlichung der Sachlage, wie sie nur volkssprachig möglich (und nötig) war. Darüber hinaus wird man *siue* mit 'beziehungsweise' wiedergeben dürfen, während *uel* zwischen *lamphebru* und *smalapecti* gewöhnliches 'oder' bedeutet. Das heisst, *afra* bezieht sich auf *tres capras*, meint jedoch genauer *lamphebru*, welches seinerseits gleichbedeutend mit *smalapecti* ist. Im folgenden § 2 ist der Rechtsgegenstand *super tres capras*. Im lateinischen Text wird also nur in der Anzahl Tiere differenziert, was den nomenklatorischen Differenzierungen, wie sie in der Exekutive wohl nötig war, nicht genügen konnte, da auch in § 2 nicht nur in zahlenmässiger Hinsicht differenziert wird (man vgl. vor allem den zusätzlichen § 3 in K). Im volkssprachigen Text hingegen liegt der Differenzierungsmodus auf einer anderen Ebene. Worin die Differenzierung letztlich besteht, hängt ganz von der sprachlichen Beurteilung ab, aber es ist offensichtlich, dass sie das Alter der Tiere betrifft. Dies entspricht auch ganz den Gepflogenheiten in den anderen Titeln, die Tierdiebstähle behandeln.

Auffällig in *lamphebru(s)* ist vor allem der *e*-Vokalismus. Vielleicht ist darin ein (analogischer?) Reflex eines sonst nicht mehr belegten *-iz*-Stammes zu sehen, wie er in Jungtierbildungen (ahd. *lamb*, *kalb*)[725] und auch in der Dublette ahd. *hano – huon* erhalten ist,[726] wobei die Endung *-us* nicht zwingend eine Latinisierung darstellt (s. u.). Mit einiger Vorsicht könnte man aber auch an eine Deminuierung durch *-ī(n)* denken, wie sie REIN «nach KERNS überzeugender Darlegung» ebenfalls in Betracht zieht.[727] Gewisse lautliche Schwierigkeiten bleiben damit selbstverständlich bestehen, denn es bleibt vorderhand schwer nachvollziehbar, dass hier Primärumlaut angesetzt werden soll, dessen graphische Repräsentation <e> die allophonische Phase <a> bereits verlassen hat – vorausgesetzt, die Malb. Glosse repräsentiert hier die Schreibweise der zeitgenössischen Eintragung. C 6, die eine Hs., die *lāphebrus* überliefert, ist jedoch nach der Expertise von B. BISCHOFF im 2. Viertel des 9. Jahrhunderts entstanden.[728] Die andere, die HEROLDsche Kompilation H, die auf den verlorenen Fuldaer Hss. B 10 und C 10 sowie mehreren K-Hss. (also karolingischen Hss. des 9. Jhs.) beruht, macht chronologische Fragen schwierig.[729] Dürfte man dennoch annehmen, dass der Entstehungszeitraum der Hss. Rückschlüsse auf die Erklärung der vorliegenden *e*-Formen zulässt? Dies setzt bei allem Optimismus voraus, dass das Lexem *lamphebrus* in dieser Überlieferungsform transparent (und wohl

---

[723] ECKHARDT 1955, S. 133, übersetzt, wohl in Anlehnung an *Habergeiss* und nach GRIMM, JACOB: Vorrede zu Johannes Merkel, Lex Salica, Berlin 1850, S. XXII, 'Haberlamm' (cf. ECKHARDT 1962, S. 283). GRIMMs Ausgabe der LS war mir leider nicht zugänglich.
[724] ECKHARDT 1962, S. 34 ff.
[725] BRAUNE – EGGERS 1987, § 197 (S. 186 f.).
[726] SUOLAHTI 1909, S. 230 f. S. auch KLUGE 1926, S. 44 f.
[727] REIN 1958, S. 265 [75].
[728] Cf. die Beschreibung bei ECKHARDT 1962, S. XV.
[729] Zur Chronologie des Primärumlauts cf. BRAUNE – EGGERS 1987, § 27 u. Anmerkungen. (S. 27 f.).

auch ein gesprochenes Wort) war. Und diese Annahme fällt nicht zuletzt aufgrund der ungewöhnlichen Komposition und der fehlenden Überlieferung eines umlautbewirkenden Vokals in der Zweitsilbe von *-hebru(s)* schwer. Andererseits könnte auch das auslautende *-i* der Rectus-Form *lammi* progressiv assimilierend auf den Vokalismus der Stammsilbe von **haber* gewirkt haben. Auf jeden Fall liegt ein Kompositum aus den Elementen germ. **lambaz* und **habraz* vor. Die Bedeutung, die sich daraus ergibt, wäre mit 'Lämmchenziege(n)' am genauesten erfasst. Es läge, aus der Endung zu folgern, ein starkes Neutrum (*-iz*) im Nom./Akk. Pl. vor.

Zum Umlaut in *-hebrus* wäre noch anzufügen, dass möglicherweise ein alter Reflex eines stammbildenden *i* aus der Entlehnung von **habraz* in finn. *kauris* < **kapris* 'Ziegenbock' vorliegen könnte.[730] Dies soll hier aufgrund der dünnen Beweisgrundlage aber nicht weiterverfolgt werden, zumal nicht klar ist, worauf der Vokal der Zweitsilbe des von KOIVULEHTO rekonstruierten **kapris* beruht: Ist **kapris* ein finnisches Wort?

Der Form und Funktion nach muss es sich bei *lamphebru(s)* um eine Pluralbildung handeln,[731] der auch die Endung *-u(s)* und *-o(s)* entsprechen könnte,[732] wenn man, wie in der Edition, annimmt, dass das auslautende *-s* zum folgenden Wort gehört. Damit könnte *mala uel pecti* (C 6) als *smala pecti* (C;[733] entsprechend ahd. *smalez feho*) aufgefasst werden, wie es denn auch die bisher beste Lösung des Problems zu sein scheint.[734] Inhaltlich lässt sich diese Auffassung insofern gut vertreten, als die Einheit *tres capras*, die überdies in H durch den Zusatz *capram unam, duas vel tres*, in E durch *capritum sive capram aut duas capras vel tres* ergänzt wird, ein Kollektivum darstellen soll, dem rechtlich auch die zugehörigen Jungtiere zuzurechnen sind. Dass es sich dabei um Jungtiere handelt, wird ja bereits durch das vorangestellte *lamp* ausgedrückt. Zwar lassen die Einzelsprachen die Aussage nicht zu, dass 'Lamm' explizit auch für das Jungtier des Ziegengeschlechts verwendet wurde,[735] doch lässt sich auch das Gegenteil nicht beweisen. Einiges deutet allerdings darauf hin, dass mit *Lamm* primär das 'Junge von gehörnten Tieren' bezeichnet wird,[736] was auf sprachvergleichender Basis durch gr. ἔλαφος 'Hirsch' < **eln̥-bʰo-s* mit nota bene demselben Suffix wie in der germ. Ausprägung (< **l-on-bʰo-s*) nahegelegt wird.[737] Dazu dürfte nun die vorliegende Stelle aussagekräftig genug sein. Die Malbergischen Glossen überliefern überdies, wie unter 9.3 dargestellt, noch *lammi* 'Lamm' für das Jungtier des Schafes (Tit. 4 § 1[738]), was jedenfalls zeigt, dass das Wort in bezug auf Jungvieh keine gattungsspezifische Geltung hatte. Kaum vertretbar ist m. A. n. die Ansicht von HÖFINGHOFF, die Glosse *lamp* sei um *hebru/-o* erweitert worden, um eine Verwechslung mit *lamp* in der Bedeutung 'Schafjunges' zu vermeiden. Erstens ist Titel 5 eindeutig mit *De furtis caprarum* überschrieben, eine Verwechslung ist also unwahrscheinlich, zweitens handelt schon Titel 4 *De furtis ovium*, wo die Nomenklatur bzw. die Glossierung klar ist. Ich bin nun allerdings der Auffassung, dass *lamp* später in Titel 5 gelangt sein könnte. Und zwar wird ursprünglich die rechtliche Differenzierung (bzw. sachlich die Nicht-Differenzierung) zwischen *afrae/afras* und *hebru(s)/hebro(s)* intendiert gewesen sein. Später müssen die beiden Begriffe fälschlicherweise synonym verstanden worden sein, da die Bezeichnung

---

[730] Cf. KOIVULEHTO 1991, S. 28.
[731] QUAK/DALDRUP-VAN DORP 1983, S. 39.
[732] Maskuline *a*-Stämme haben im As. den Nom./Akk. Pl. auf *-os*, Neutra auf *-u*, wobei bei lang- und mehrsilbigen Neutra im Nom./Akk. Pl. die Endung *-u* später ausgefallen ist; cf. GALLÉE 1910, S. 195–199 (§ 297).
[733] ECKHARDT 1955, S. 132, mit der Lesart *smalapecti*. Übersetzt ebd., S. 133, als 'Schmalvieh'.
[734] Cf. HÖFINGHOFF 1987, S. 146 f.; QUAK/DALDRUP-VAN DORP 1983, S. 39 f.
[735] Cf. FEIST 1939, S. 321, wo für got. *lamb* als erste Bedeutung 'junges Kleinvieh' angegeben wird.
[736] Cf. PTATSCHECK 1957, S. 4; KROGMANN 1978, S. 157.
[737] Cf. POKORNY, IEW, S. 303 f.
[738] So jedenfalls die Hs. A 1, während A 2 um *-m-* (fehlender Nasalstrich?) zu *lap* verkürzt (wohl mit etymologisch richtigem hochdt. *-p* < germ. *-b-* < idg. *-bʰo-*).

des Jungtiers durch die altertümliche -*iz*-Stammbildung nicht mehr durchsichtig war. Dazu trat folglich eine externe, lexikalische Differenzierung durch das – wohl kaum der Sprachwirklichkeit entsprechende – *lamp*, die das auffällig appositionell bestimmte Kompositum gezeigt hat. VAN HELTENS bemühte Erklärung der Sachlage ändert daran nichts: «Nach *hafera ist *lāphafera 'junge ziegen' als prototypus anzusetzen; daraus durch frühzeitige entstellung, nämlich assimilierende schreibung von *e* für *a*, ausfall von *e*, substituierung von *b* für *f* und verlesung von *u* aus *a*, *lāphebru, das sich mit vom folgenden element der glosse *smala hierhin verirrtem *s* als *lāphebrus* in cod. 6 wiederfindet; *laphebros* der variante bei her., nach welchem *mala* ausgefallen ist, hat -*os* für -*us*; in Herolds texths. hat sich von der ganzen glosse nur noch *lamp* gerettet.»[739]

6.3. *lammi, lampse, lamilam, lem* usw.

Vorbemerkung: Tit. 4 überliefert in § 3 volkssprachige Wörter, die im Zusammenhang mit dem Diebstahl von drei oder mehr Tieren stehen. Es scheint, aus dem Kontext des Paragraphen zu schliessen, dass die Glossen das Delikt selbst bzw. das Wort für den spezifischen Diebstahl angeben. Die Hss. von LS und PLS bieten dafür *faisseth, feisfecho et fetischefo, fetus cheto, fretus chaeto* und *retus cetho*. Diese Glossengruppe ist sprachlich nicht restlos durchschaubar; die Glossen scheinen aber nach den nur leicht divergierenden Beurteilungen von JUNGANDREAS,[740] QUAK[741] und HÖFINGHOFF[742] tatsächlich das Delikt zu bezeichnen, wonach das Wort 'Viehdiebstahl' bedeutet. Damit fällt es aus der in dieser Arbeit zu untersuchenden Wörterklasse. Anstelle des Wortes für den 'Viehdiebstahl' hat Hs. A 2 in § 3 die Glosse *lampse*. Damit liegt entweder eine Fehlglossierung vor, die Glosse wurde fälschlicherweise aus einem anderen Paragraphen (§ 2) übernommen, oder aber sie stammt aus einem Paragraphen, der einer frühen Kürzung zum Opfer gefallen ist. Angesichts der Glosse *lampse* derselben Hs. in § 2 kommt wohl nur die falsche Übernahme aus diesem Paragraphen in Betracht. Das soll hier weiter nicht zur Diskussion stehen, sondern es soll auf die sprachlichen Probleme der einzelnen 'Lamm'-Glossen in § 2 Bezug genommen werden.

Dass ein Primärumlaut in der Tat möglich war – sei er bewirkt durch das Stammsuffix -*iz* oder das Deminutivsuffix -*ī(n)* – zeigt das Lexem germ. **lambaz/-iz* teilweise in den Varianten, die in den Hss. A 1 (*lammi*), A 2 (*lap*), C 6 (*leui*), D 7–9 (*leue*) und – deutlicher – H 10 (*lem*) in Tit. 5 § 1 überliefert sind. Da diese Formen lat. *agnum* glossieren und im folgenden § 2 lat. *anniculum uel bimum berbicem* (so Hs. A 1), d. i. *anniculum vel bimum vervicem* 'einen einjährigen oder einen zweijährigen Hammel', auf verschiedene Weise glossiert wird, fragt es sich, in welchem Titel tatsächlich das jüngere Tier gemeint ist. Aufschluss gibt selbstverständlich das Bussgeld, wenn man denn davon ausgehen darf, dass der geringere Betrag für das jüngere Tier gezahlt werden musste.[743] Für ein Lamm (*agnum*) sind 7 Denare, für den ein- oder zweijährigen Hammel 120 Denare zu entrichten. Dies ist solange problemlos, als die Glossatoren die Begrifflichkeiten tatsächlich verstanden haben. Dies scheint jedoch gerade in der Tradition der Hss. A 1 (*lamilam*) und A 2 (*lampse*) nicht der Fall zu sein, denn beide Formen sind einwandfrei identifizierbare Deminutive, die den Glossierungen in § 1 widersprechen (A 1: *lammi*; A 2: *lap*). Ich meine den Widerspruch in lat. *anniculum* orten zu können, welches wohl als *agnellus* missverstanden wurde – insofern die Gruppe lat. -*gn*- romanisch wohl mouilliert resp. palatalisiert ausgesprochen worden ist, wobei gerade die Graphemgruppe <-*nn*->

---

[739] VAN HELTEN 1900, S. 294.
[740] JUNGANDREAS 1955, S. 3.
[741] QUAK 1983, S. 36 f.
[742] HÖFINGHOFF 1987, S. 135 f.
[743] Cf. HÖFINGHOFF 1987, S. 134 f.

durchaus für /ñ/ stehen konnte.⁷⁴⁴ In *anniculum* konnte folglich ein Stamm *agn-* «gehört» worden sein, dem sich ein scheinbar deminutivisches Suffix *-iculu-* anschloss. Dem ist beizufügen, dass das Adjektiv *anniculum* kein seltenes und leicht misszuverstehendes Wort war, es ist seit COLUMELLA insbesondere für die junge Ziege durchaus gebräuchlich, so VII, 6, 8: *anniculae vel bimae capellae (nam utraque aetas partum edit) submitti haedum non oportet.*⁷⁴⁵ Es erscheint auch in Tit. 3 (*De furtis animalium*), wo es weniger um *animalia* im weiteren Sinne geht, sondern vielmehr um den Diebstahl von Rindern, Kühen, Stieren, Kälbern usw. Wie bei den Schafen werden auch bei Rindern die Jungtiere in ihrem Wert nach dem Alter eingestuft, und zwar nach den Merkmalen *lactans, anniculus* und *bimus*. Während *lactans* (§ 1) keine Probleme darstellt, erscheint das einjährige Kalb entweder als *anniculus vitulus* oder als *anniculatus*, welches dann seinerseits wiederum mit *ocsteorci* glossiert werden musste (C 6). Ebenso konnte *bimus* missverstanden werden und als *bonus* wiedergegeben werden (A 4), was jedenfalls zeigt, dass die Appositionen keineswegs immer eindeutig zu verstehen waren, wobei uns die Abschriften- und Fehlertraditionen aber nicht mehr in jedem Punkt offenbar sind.

lampse (Hs. A 2 der Recensio Chlodovea, entstanden zwischen 751 und 768)⁷⁴⁶ lässt sich formal nur bedingt, funktional jedoch eindeutig als Deminutiv erklären: Es liegt hier das bindevokallose Suffix *-san-/-sōn-* vor, das in sekundär gebildeten Tier- und Personenbezeichnungen mit affektivem Nebensinn auftritt.⁷⁴⁷ Es ist vor allem im Nordgermanischen sehr produktiv, vgl. an. *bersi* 'männlicher Bär', schwed. *fölse* 'kleines Fohlen', isl. *hrussi* 'kleiner Widder' usw. Auf hohes Alter der *s*-Suffigierung auch im südgermanischen Raum, aber geringe Produktivität (und funktional keine Beschränkung auf affektivische Nuancierung) weisen Tierbezeichnungen wie *Lachs*, *Luchs*, *Dachs* und *Fuchs* hin,⁷⁴⁸ die sekundär in die vokalische Deklination überführt worden sind und deren affektivisches *s*-Suffix im FMA synchron sicherlich bereits undurchsichtig war. Die Verortung der Glossierungstradition der Lex Salica hingegen in einen Sprachbereich, der auch in anderer Hinsicht Affinitäten zum Norden aufweist, lässt insofern eine Deminuierung *lampse* nicht weiter auffällig erscheinen. Ein merkwürdiger Anklang an *lampse* findet sich in den rezenten dialektalen Formen *Limmes* und *Lämmes*, die PTATSCHECK als auf lat. *-us* gebildete Formen von *Lamm* resp. wohl ahd. *lamb* erklären möchte.⁷⁴⁹ Dies scheint mir aus mehreren Gründen widersinnig zu sein, braucht aber hier nicht weiter erläutert zu werden. Ob den Formen eine Deminuierung des oben dargestellten Typs zugrundeliegt, ist dennoch unsicher, da die Wörter auch nach durchsichtigem Muster (doppelt) deminuiert auftreten: *Limmes-che*, *Limmesje*, *Lämmes-che*, *Lämmesje*. Angesichts der Verbreitung dieser Dialektwörter (nota bene für weibliche Jungtiere von Schaf und Ziege) im rechtsrheinischen Mfrk. und Rhfrk. einerseits und linksrheinisch in einem Gebiet um Daun – Andernach – Koblenz – Boppard mit weiteren Streuungen westlich und östlich dieser Zone,⁷⁵⁰ darf aber ein Zusammenhang mit der salfrk. Form *lampse* sicherlich in Erwägung gezogen werden.

Anders beurteilt den Sachverhalt allerdings QUAK, der in *lampse* eine Kontraktion aus *lamp* und *sunt* erkennen möchte. Letzteres fehlt in A 2 tatsächlich und wird in der Edition konjiziert.⁷⁵¹ Sein Argument, A 2 tradierte damit in § 1 und § 2 zweimal die Glosse *lamp*, ist jedoch insofern nicht

---

⁷⁴⁴ Cf. STOTZ, HLSMA 3, VII § 260.1.
⁷⁴⁵ Ed. FORSTER/HEFFNER 1954, S. 280.
⁷⁴⁶ MGH LL nat. Germ. IV/II, S. XIV.
⁷⁴⁷ KRAHE – MEID III, S. 136.
⁷⁴⁸ Cf. KRAHE – MEID III, S. 134 f.; KLUGE 1926, S. 16; KLUGE – SEEBOLD 2002, s. vv.
⁷⁴⁹ PTATSCHECK 1957, S. 6 nach BROCKMANS, ANNA LUISE: Untersuchungen zu den Haustiernamen des Rheinlands, Rhein. Archiv XXXIV, 1939, S. 75. Diese Schrift war mir nicht zugänglich.
⁷⁵⁰ PTATSCHECK 1957, S. 6.
⁷⁵¹ QUAK/DALDRUP-VAN DORP 1983, S. 35 f. ECKHARDT 1962, S. 34.

stichhaltig, als damit ja keinerlei Differenzierung zwischen *agnus* (§ 1) und *anniculus vel bimus vervex* (§ 2) mehr erreicht wäre, zumal die Malb. Glossierung ja gerade die nomenklatorische Differenz aufzuzeigen bezweckt. Dazu kommt, dass das Verbum substantivum auch anderswo fehlt, so beispielsweise auch in § 2 von C 6, wo nach *inzymis* <*sunt*> konjiziert wird. Da in jedem Fall mangelnde Übereinstimmungen und korrumpierte Überlieferungstraditionen in dem Schaf-Titel auszumachen sind, besteht die Frage vielmehr darin, an welcher Stelle man den Fehler mit besseren Argumenten lokalisieren darf. Ich meine, mit Verweis auf A 1, wo in § 2 *lamilam* steht, den Fehler, wie bereits vermerkt, im falschen Verständnis des lat. Adjektivs *anniculus* orten zu dürfen, nämlich als *a[g]n + [stammbildender Vokal] + [Deminutivsuffix]. HÖFINGHOFF, der QUAK ohnehin meistens zustimmt, vermag keine weiteren Impulse zur Klärung dieser Probleme beizutragen, wie denn auch seine sprachwissenschaftlichen Beiträge selten auf eigenen Beobachtungen beruhen. Dies gilt ebenso für seine Beurteilung der Glosse *lamilam*, die er, nach QUAK,[752] als «doppelte Diminutivform»[753] erkennen möchte bzw. als Doppelglossierung *lami* + *lam*:[754] «Dann hätte sich *lami* auf die jüngeren, also einjährigen Lämmer bezogen und *lam* auf die älteren Tiere.» Abgesehen davon, dass in § 2 ohnehin keine sachlich-juristische Unterscheidung zwischen *anniculus* und *bimus* vorgenommen wird (ebensowenig in § 3, hier für ein Kollektiv (*tres aut amplius*) ebenfalls *lampse* [A 2]), wäre noch zu fragen, wie das Wortgebilde in so etwas Unsinniges wie ein disjunktives Kompositum aufgespalten werden kann. Dabei ist die Sachlage verhältnismässig einfach, wie folgende Übersicht zeigt:

Tit. IV	A 1	A 2	Modifikation
§ 1: *agnus*	*Lammi*	*la[m]p*	– –
§ 2: *anniculus vel bimus vervex*	*Lamilam*	*lampse*	Deminutiv
§ 3: *tres* <*aut amplius*>	– –	*lampse*	Deminutiv

Etwas problematisch gestalten sich die Glossen *inzymis* und *in Zymis* der Hss. C 6 bzw. H 10 für *anniculus vel bimus vervex* in § 2 (§ 1 hat *leui* [C 6] und *lem* [H 10]). Diese bespricht QUAK im Zusammenhang mit analogen Glossierungen für Jungtiere (Schwein, Rind) und kommt mit KERN zu einer annehmbaren Deutung 'Jungtier im allgemeinen',[755] auf die hier nicht eingegangen werden kann. Die starke Abweichung von A 1 und A 2 dürfte umso mehr darauf zurückzuführen sein, dass *lamilam* und *lampse* tatsächlich missverständliche resp. missverstandene und jedenfalls falsche Glossierungen darstellen, wobei die hoffnungslos korrumpierte Glossengruppe um *inzymis* u. dgl. (vor allem in Tit. 2) die Sache nicht einfacher macht: Sie dürfte analog aus den entsprechenden Paragraphen über den Diebstahl von Jungtieren bei Schweinen (Tit. 2) und Rindern (Tit. 3) in den Schaf-Titel übernommen worden sein.

Zu besprechen bleiben nun noch die Malb. Glossen in § 1. Dabei sollen die Formen *lammi* / *lap* (A 1 / A 2) und *leui* / *lem* (C 6 / H 10) jeweils als eine in sich zusammengehörige Gruppe betrachtet, aber mit Rücksicht auf ihre gegenseitige sprachliche Abhängigkeit miteinander behandelt werden. BAESECKE erwägt, in der Form *lammi* eine deminutivische -*ī(n)*-Bildung zu sehen,[756] was im Hinblick auf die analoge Dublette ahd. *fulhī(n)* – *folo* vernünftig erscheint.[757] Andererseits ist doch auch ein -*iz*-Stamm denkbar (auf jeden Fall ein *s*-Stamm; s. auch o. S. 135), was angesichts der als solche erkannten Deminutive *lamila(m)* und *lampse* durchaus in Frage kommen mag; insbesondere da nicht einsichtig ist, weshalb gerade in der Hs. A 1 zwei Deminutiva (*lammi* und *lamila[m]*) mit offen-

---

[752] QUAK/DALDRUP-VAN DORP 1983, S. 36.
[753] HÖFINGHOFF 1987, S. 134.
[754] Was meines Erachtens aber zwei verschiedene Dinge sind!
[755] QUAK 1983, S. 14 f.
[756] BAESECKE 1935, S. 46.
[757] Dies referiert auch QUAK 1983, S. 36, kommentiert BAESECKE allerdings nicht.

sichtlich abweichender Funktion und Bedeutung vom Schreiber bzw. Glossator intendiert worden sein sollen (wenn die Abschnitte nicht separat glossiert worden sind).[758] Zunächst fällt auf, dass sowohl *lammi* als auch *lamilam* (letzteres in § 2) keinen graphisch repräsentierten Primärumlaut aufweisen, um den es in diesem Kapitel in erster Linie geht. Hier kommt als Erklärung wohl nur Allophonie der Stammsilbe *a* mit späterem *e* in Frage, wenn denn nicht der *i*-Umlaut hier überhaupt noch keine Rolle gespielt hat. Dies tut aber insofern wenig zur Sache, als für die Erklärung von *lamphebrus* (s. o.) ohnehin nur Vergleiche aus denselben Handschriften herangezogen werden sollten, in diesem Fall Formen aus den Gruppen C und H, eben *leui* und *lem*. Die Form *leui* erachte ich insofern als identisch mit *lem*, als die Wortform mit Sicherheit als Schreibfehler gewertet werden darf: Die drei Hasten eines Minuskel-*m* konnten nur allzu leicht in *u* + *i* aufgespalten werden, wobei sich also die HEROLDsche Textfassung mit ihren überlieferten Glossenformen einmal mehr als besonders aussagekräftig erweist. Wie nun in allen Hss. in § 1 von Tit. 4 der Wert eines *agnus lactans* bemessen wird, so dürfte auch allen Glossatoren klar gewesen sein, dass für den Begriff 'Milchlamm' nur ein entsprechendes 'Lamm'-Wort als Glosse in Frage kommen durfte. Die Glosse der Hs. A 1 wurde diesbezüglich bereits besprochen; *lem* dürfte also wie *lammi* das jüngste Tier bezeichnen. Probleme bereitet hier aber die sprachliche Form; dies umso mehr, als nach Ausweis von B. BISCHOFF die Hs. C 6 (mit der Originalüberlieferung *leui* < *lem*) ins 2. Viertel des 9. Jahrhunderts datiert werden muss[759] und also der phonologische *i*-Umlaut noch nicht in dieser Form erscheinen dürfte.[760] Ich meine dennoch, dass *lem* nur mit Rücksicht auf *lammi* besprochen werden darf, und nicht, wie VAN HELTEN dies tut, als eigenständiges Lexem: Dieser schliesst auf eine ablautende Variante zu an. *linr* 'schwach, weich' mit -*e* für -*i* und *m* für *ni*,[761] was jedoch, wie die Gegenüberstellung von *leui* und *lem* gezeigt hat, nicht sein kann. Ich möchte also wieder auf die bereits gelegentlich in Erwägung gezogene alternative Stammbildung zurückkommen und einen Stamm **lambi-* ansetzen, auf den auch northumbr. *lemb*[762] (Nom. Sg.) verweist,[763] und mit dem der idg. *-es*-Stamm erwiesen wird. Ungeachtet dessen bleibt der Umlaut problematisch, da ihm in der fraglichen Zeit an sich noch ein *i*-haltiges Element anzusehen sein müsste. Selbst bei Allophonie von *e* und *a* ist das palatale Element sichtbar, man vgl. *chanco* (§ 1) vs. *chengisto* (§ 2) 'Hengst' bei HEROLD in Tit. 38 (*De furtis caballorum*).[764] Bei Apokope der germ. Nom. Sg.-Endung dürfte man aber dennoch auch mit Ausfall des *i* rechnen. Zusätzlich lässt sich der Umlaut auch damit rechtfertigen, dass er innerhalb der nordseegermanisch-anglofriesischen Lautwandelchronologie und nicht der althochdeutschen betrachtet werden muss, was angesichts der Verortung der Malb. Glossen i. a. verständlich ist. Eine weitere Erklärungsoption wäre, ablautendes **limbez* < **lembez* anzusetzen, was von schwed. dial. *limb* indiziert wird.[765] Diese Erklärung steht jedoch auf etwas schwachen Beinen.

Es mag verwirrend erscheinen, dass unter den Glossen der Lex Salica für das 'Lamm'-Wort verschiedene Basen bzw. Varianten in der Stammbildung vorkommen, doch angesichts der weit-

---

[758] Es wäre hierzu allerdings zu überlegen, ob nicht allenfalls die -*īn*-Deminution relativ älteren Datums ist. Wenn dies der Fall ist, müsste man ihr das deminuierende Moment nicht mehr ansehen, und es müsste die Bildung nicht mehr durchsichtig sein.

[759] Bei ECKHARDT, MGH LL nat. Germ. IV/II, S. XV.

[760] Er erscheint dann jedenfalls im Spätahd. und Mhd. *lembichīn*, *lembeken* 'agniculus', cf. STARCK – WELLS 1990, S. 359, cf. hier auch s. v. 'lamb'.

[761] VAN HELTEN 1900, S. 289.

[762] Im Rituale Ecclesiae Dunelmensis; cf. CAMPBELL 1959, S. 258 (§ 635).

[763] Dafür setzt OREL, HGE, S. 234 eine wohl vorangelsächsische Form **lambez* an mit bewahrtem idg. *e*. Vgl. jedoch LEHMANN, GED, S. 226, wo für ebendieses northumbrische *lemb* eine Ausgangsform (Nom. Sg.) **lambiz* angegeben wird. Cf. des weiteren QUAK 1983, S. 36.

[764] Cf. auch JUNGANDREAS 1954, S. 127 f.

[765] Cf. KROGMANN 1978, S. 157.

verzweigten Überlieferungs- und Glossierungstradition darf man durchaus mit ganz verschiedenen Einflüssen rechnen. Wortschatzgeschichtlich darf festgestellt werden, dass mit *lem/leui* also eine eher nördliche Variante in der Überlieferung der Malb. Glossen überlebt hat, während die Formen mit *a*-haltigem Stammvokalismus den kontinental-südlichen Bereich repräsentieren.

6.4. Zwischenbemerkungen

Die Bemerkungen, die bisher über germ. *haƀraz* gemacht wurden, stehen im Widerspruch mit der von LOCHNER-HÜTTENBACH vertretenen Auffassung, bereits idg. *kapro-* (und damit germ. *haƀraz*) hätte speziell das Jungtier bezeichnet.[766] Bestimmte germanische Fortsetzer der idg. Basis (z. B. schwäb. *Häberling*) legen dies in der Tat nahe, aber es ist nicht ausgeschlossen, dass daraus einzelsprachlich nur eine Bedeutungsvariante erwachsen ist, die sich auch anders hat manifestieren können, beispielsweise durch alternative Stammbildung (*haƀriz*), Deminution (cf. die Simplizia *Hippe*, *Happel* usw.[767]), Komposition (mit lexikalischer Differenzierung *lamphebrus*) usw. Es ist vorderhand kaum möglich, ae. *hæfr*, an. *hafr* eine andere Bedeutung als 'Bock' zuzuordnen. Das besprochene salfrk. Simplex meint hier wohl tatsächlich auch nichts anderes als genusindifferentes 'Ziege', eventuell mit einem leichten Schwergewicht auf dem weiblichen Tier, was jedoch weniger auf sprachliche Spezifika des Wortes zurückzuführen ist denn auf die Tatsache, dass der Titel von weiblichen Herdentieren handelt und nicht von den im Wert niedriger einzustufenden Böcken.[768] Damit liegt also ein erschlossenes *haƀriz-* 'Ziegenjunges' weiterhin im Bereich des möglichen, wenngleich es auch lediglich eine adhoc-Bildung sein könnte.

Die Forschung um die Malbergischen Glossen macht immer wieder auf die disparate Überlieferungslage der volkssprachigen Bezeichnungen aufmerksam und stellt fest, dass in den Texten wohl rechtssprachliche Wörter tradiert werden, die synchron teils schon längst nicht mehr verstanden wurden. Dazu kommen veränderte Bedürfnisse in der legislativen Aufzeichnungspraxis, wie auch die lateinischen Begriffe zeigen: Die Handschriften der karolingischen E-Klasse fassen die Einheit *tres capras* der älteren Redaktionen neu in einen Begriff *capritum*, welcher offenbar 'eine, zwei oder drei Ziegen' bedeuten soll und insofern eine Art Kollektivum darstellt.[769] In § 2 wird der Ausdruck *super tres capras* beibehalten.[770] Auch neue Bussgelder werden in den jüngeren Fassungen festgelegt. Damit scheinen jedoch noch nicht alle Lösungsmöglichkeiten für die auffällige Mehrfachglossierung in Tit. 5 angesprochen zu sein. Prinzipiell ist es nämlich auch denkbar, dass der lateinische Text selbst lediglich in einer gekürzten Version vorliegt,[771] die aber noch die vollständige volkssprachige Glossierung enthält. Tatsächlich sind die Titel 4 und 5 so unwahrscheinlich knapp gehalten (die Bestimmungen über den Ziegendiebstahl sogar am auffälligsten), dass die reiche und verschiedenartige Glossierung ins Auge fällt. Dies könnte erklären, weshalb salfränkische Jungtierbenennungen vorliegen, die keine lateinische Entsprechung haben. Lediglich eine Handschrift der karolingischen Klasse K (K 28; in K 46 von junger Hand noch nachgetragen) hat einen einzigartigen § 3, wo zusätzlich der Diebstahl eines *buccus* berücksichtigt wird.[772] Mit diesem Wort, das im Lateinischen ein Lehnwort darstellen

---

[766] LOCHNER-HÜTTENBACH 1967, S. 53 u. passim.
[767] REIN 1958, S. 265 [75].
[768] Das Bedürfnis, auch über den Bock (*buccus*) zu handeln, reflektiert der textgeschichtlich jüngste Absatz (3), der nur in K überliefert ist.
[769] Freilich ist *capritum* als Wort selbst kein Kollektivum, sondern heisst nur 'Ziege'. Es ist dies die Grundform und der Ausgangspunkt beispielsweise für frz. *chevreau*.
[770] MGH LL Nat. Germ. IV/2, Hannover 1969, S. 36 f.
[771] Dazu SCHMIDT-WIEGAND 1975, S. 137, Anm. 71.
[772] ECKHARDT 1962, S. 37 u. Anm. S. 36.

dürfte (cf. ahd. *boc*, as. *boc, buc*, ae. *bukka*, an. *bukkr* < germ. **bukkaz*, scheinbar < idg. **bʰukkos*, der Koseform zu **bʰuĝ[n]os*),⁷⁷³ ist ganz offensichtlich das männliche Tier gemeint.⁷⁷⁴ Der Zusatz ist nicht zuletzt von wortgeschichtlicher Bedeutung, da mit dem Eintrag des *buccus* im lateinischen Kontext in alt-romanischem Umfeld ein fester Ort- und Zeitpunkt für die Entlehnung des germ. Wortes in die romanischen Sprachen gegeben sein könnte.⁷⁷⁵ Es handelt sich bei diesem Paragraphen um einen jüngeren Zusatz, der sich entweder einem veränderten Stellenwert des Ziegenbocks in Zucht und Fleischverwertung im späteren Frühmittelalter verdankt oder dem Vollständigkeitsanspruch des juristisch geschulten Redaktors oder Überarbeiters zuzuschreiben ist. Bis dahin war ja lediglich von Diebstählen die Rede, die die weiblichen Tiere betreffen. Dies lässt jedenfalls darauf schliessen, dass eine Herde hauptsächlich aus weiblichen Tieren bestanden hat, die Böcke also wohl separat (oder eben nur zur Zucht und frühen Schlachtung) gehalten wurden.

Konkrete Hinweise für eine tatsächlich reduzierte Fassung des Ziegen-Titels sind also nicht beizubringen. Nimmt man die objektiv feststellbare Kürze nun für sich und hält sie den anderen Nutztier-Titeln gegenüber, so sind daraus vielleicht Aussagen zum Stellenwert der Ziege in der merowingischen Zivilisation und Kultur abzuleiten, wie sie auch HÖFINGHOFF formuliert, sie jedoch aus der imaginären Kürzung abgeleitet hatte.⁷⁷⁶ Tatsache ist, dass die Ziegenhaltung und -zucht gegenüber der hochentwickelten Rinderzucht bei den Salfranken stark an Bedeutung zurücksteht, möglicherweise bis zum 6. Jahrhundert an Bedeutung eingebüsst hat; das geringe Bussgeld tut sein übriges.⁷⁷⁷ Die Reihenfolge der behandelten Tiere der Titel 2 bis 8 stellt die Ziege an die letzte Stelle der grösseren Nutztiere; an erster Stelle stehen Schweine, es folgen dann Rinder, Schafe, Ziegen, Hunde, Geflügel und Bienen, der Pferdediebstahl wird erst in Titel 38, also in der zweiten Hälfte der Lex Salica behandelt. Von Interesse wäre in diesem Zusammenhang allenfalls die Frage, welchen Einfluss die galloromanische Wirtschaftsweise im Bereich der Viehzucht auf die salfränkische gehabt haben könnte, da man annimmt, dass sich die Salfranken in bezug auf die Bodenbearbeitung an die einheimische Bevölkerung angepasst haben.⁷⁷⁸

Da in dem Titel immer die Rede von einem Kollektivbegriff ist (§ 1 eine bis drei Ziegen; § 2 über drei Ziegen), fällt zudem auf, dass der Herdenbegriff im Vergleich mit den anderen Nutztieren ein ganz anderer ist, ja dass die Ziegenhaltung – wie es nördlich der Alpen zu erwarten ist – unter anderen Voraussetzungen funktioniert als in den mediterranen Ländern. Schliesslich sei darauf hingewiesen,

---

⁷⁷³ Sc. aus dem Germanischen, obschon **bukkaz* früh aus dem Keltischen entlehnt zu sein scheint (cf. OREL, HGE, S. 61). Für die Entlehnung ins Romanische spricht sich auch PALANDER 1899, S. 119, aus, nicht jedoch für die Entlehnung aus dem Keltischen. Zur Beleglage im Romanischen cf. v. WARTBURG, FEW 1, S. 587–590. WHATMOUGH, DAG, S. 161 hält kelt. *bucca* 'Bock' (bei PETRONIUS 64, 13) für eine Entlehnung aus dem Germanischen. Cf. ferner KLUGE-SEEBOLD 2002, S. 136.

⁷⁷⁴ Cf. KASPERS 1948/50, S. 305 sowie JUNGANDREAS 1955, S. 2; ferner: POKORNY, IEW, S. 174; KROGMANN 1978, S. 157; PALANDER 1899, S. 119 ff.

⁷⁷⁵ Den Beleg wertet STOTZ, HLSMA 1, III § 22.4 (wo nur wesentlich jüngere Belege angeführt werden) nicht und vertritt überdies eine Entlehnung aus dem Keltischen.

⁷⁷⁶ HÖFINGHOFF 1987, S. 147 f., 149 f. Zusammenfassend S. 150: «Dies mag sich in dem fehlenden Interesse an der Ziegenzucht bei den Salfranken begründen, da die Ziege wenig landwirtschaftlichen Nutzen verspricht; dies besonders bei einem Volksstamm, der intensiv Schweine- und Rinderhaltung betreibt.»

⁷⁷⁷ Cf. HÄGERMANN – HÜNEMÖRDER 1998, Sp. 599.

⁷⁷⁸ Cf. SCHMIDT-WIEGAND 1975, S. 142. Die Antwort gibt die Autorin wie folgt (S. 143): «Der Überblick über die mehr oder weniger volkssprachlichen Bezeichnungen für Haustier und Herde, die im Text der Lex Salica und in den Malbergischen Glossen vorkommen, ergibt, daß diese Bezeichnungen fast ausnahmslos aus dem Germanischen abgeleitet werden können; daß sich hier anders wie auf dem Gebiet des Ackerbaus Lehnwörter aus dem Bereich des Galloromanischen nicht nachweisen lassen. Dazu paßt, daß die fränkischen Haustierbezeichnungen, die in der Lex Salica überliefert werden, nicht in das Französische eingegangen sind. Die fränkische Viehzucht dürfte auch von hier aus gesehen weitgehend eigenständig gewesen sein.»

dass der Herdenbegriff selbst – frk. *sonista* – in Tit. 5 fehlt. Daraus ist zu folgern, dass Ziegen nur einzeln oder in Kleingruppen und die Ziegenböcke überdies separat gehalten wurden. Wie heute dürften Ziegenböcke auch im früheren Mittelalter hauptsächlich als Zuchttiere gebraucht worden sein, wobei dafür in der Regel ein einzelnes Tier pro Siedlungseinheit (Dorf o. ä.) genügte, während die übrigen jungen männlichen Tiere gegessen wurden (s. zum Stellenwert von Kitzfleisch oben S. 18). Regionale Unterschiede in Art und Umfang von Ziegenhaltung sollten allerdings vorausgesetzt werden.

6.5. Salfrk. **scimada*, an. *skimuðr*, lat. *capritus*

Auffällig sind die Glossierungen *lauxmada* und *lausmada* (für *tres capras*) in der A-Klasse des PLS (§ 1) sowie *musci simada* und *roscimada* (für *super tres capras*; § 2), woraus in der Edition *lau s(ci)mada* resp. *muro scimada* wiederhergestellt werden.[779] Hier geht die Forschung davon aus, dass eine besonders archaische Bezeichnung vorliegt, da der einzige Anknüpfungspunkt, an. *skimuðr* (*skimuþr*),[780] ein Wort für den Ziegenbock aus der Dichtersprache mit bereits unsicherer Bedeutung ist. Feststeht, dass in dem einheitlich überlieferten Element *lau* ein attribuiertes Wort zu verstehen ist. Am ehesten kommt dafür eine Verschreibung für *fau*, ahd. *fōh*, *fōwer*, *fōher* 'vereinzelt, wenige', ae. *feáwa*, *feá* 'wenig' in Frage. Dies umso mehr, als § 1 von einer bis drei Ziegen handelt, in § 2 dann von mehr als dreien. In *roscimada* und *musci simada* sieht man dementsprechend ein Element, welches 'mehr' bedeuten soll. Man könnte dann also **mēro scimada* 'mehr Ziegen' rekonstruieren. So schlüssig diese Interpretation auch ist,[781] in den Glossen wären strenggenommen Zahlen zu erwarten. Eine endgültige Lösung des Problems ist nicht in Sicht. Ob in **scimada*, das sich in dieser Form jedenfalls gut vertreten lässt, die salfrk. Entsprechung von an. *skimuðr* vorliegt, ist im folgenden zu prüfen. Die fortgeschrittene Korrumpierung des Wortes in den Hss., die sich beispielsweise an <x> für *sc* in *lauxmada*[782] ablesen lässt, wirft Fragen auf, die geklärt werden wollen. Dabei soll nicht einfach eine scheinbare nordgermanisch-südgermanische Wortgleichung a priori akzeptiert werden und *skimuðr* als Explanans für **scimada* dienen, sondern es sollen die sprachlichen und überlieferungsgeschichtlichen Verhältnisse genauer unter die Lupe genommen und unter Berücksichtigung aussersprachlicher Daten weitere Aufschlüsse kulturgeschichtlicher Art ermöglicht werden.

Um frk. **scimada* und an. *skimuðr* vergleichen zu können, muss man sich über Wortbildung, Etymologie und Semantik im klaren sein. Zunächst ist zu erkennen, dass – wenigstens vordergründig – eine Pluralform vorliegen muss; **scimada* glossiert in jedem Fall einen lateinischen Akk. Pl.: in § 1 *tres capras*, in § 2 *super tres capras*. Man müsste also annehmen, dass die volkssprachige Glosse ebenfalls im Akk. stehen müsste. Dies ist jedoch mindestens für § 1 nicht nachweisbar, da Glossen, wenn sie nicht in den Lauftext integriert waren, nicht zwingend auch in der dem lateinischen Grundtext entsprechenden grammatischen Form stehen mussten. Da aber sowohl § 1 als auch § 2 ein volkssprachiges Element überliefern, welches **scimada* näher bestimmt, kann man annehmen, dass **scimada* in einer obliquen Kasusform steht. Für *lau* (§ 1) ist schon angegeben worden, dass es sich um *fau* in der Bedeutung 'wenige' handeln könnte, die Glosse *muro / ros / musci* wurde dementsprechend als korrumpierte Form eines **mēro* o. ä. in der Bedeutung 'mehr' angegeben; cf. VAN HELTEN: «Befriedigender dürfte darum etwa die annahme sein von **mero*, d. h. *mēr* + lat. *o*, woraus

---

[779] ECKHARDT 1962, S. 35 f.
[780] Snorra Edda 94; cf. EGILSSON – JÓNSSON 1966, S. 507: «*skimuðr*: skimuðr, m, buk (egl. 'som hyppig vender ojnene i alle retninger, ligesom for at spejde')», 'der häufig die Augen in alle Richtungen wendet, wie um zu spähen.'
[781] Cf. HÖFINGHOFF 1987, S. 145, mit der Auswertung der Literatur.
[782] Cf. VAN HELTEN 1900, S. 293.

durch Ausfall einerseits *mu* für *mo, andrerseits *ro*, und altem *scimado gen. pl., woraus *scimada* durch einwirkung voranstehender glosse *scimada.»[783] Als «befriedigender» hält VAN HELTEN diese Lösung deswegen, weil er aufgrund statistischer Evidenz in den Malbergischen Glossen den Verschrieb von Zahlen für recht aussergewöhnlich hält. Dem ist zuzustimmen, obwohl es gerade für die Kodifizierung von Rechtsangelegenheiten ungewöhnlich ist, dass man mit Begriffen wie 'mehr' oder 'weniger' operiert, während doch der lateinische Text die entsprechenden Angaben mit eindeutigen Zahlen macht. Für das Verständnis dieser relativen Angaben käme wohl wiederum nur die im Abnehmen begriffene Bedeutung der Ziege in Frage, für die man in der Glossierung eine genaue Bedeutungsangabe für nicht mehr so wichtig erachtet hat. VAN HELTEN und mit ihm HÖFINGHOFF und QUAK/DALDRUP-VAN DORP akzeptieren diese Deutung, und es wird mit ihr sicherlich eine gute Bewandtnis haben. Die Form *scimada stünde mit dieser Deutung im Akk. Pl. oder Gen. Pl., wobei VAN HELTEN für letzteres *scimado rekonstruiert.

Bevor darüber eine Entscheidung getroffen werden kann, sind Etymologie und Semantik zu betrachten. Dem Lexem liegt aller Wahrscheinlichkeit nach eine Verbalwurzel idg. **sk̑əH(i)-* 'leuchten' zugrunde,[784] wie sie in got. *skeima* 'Leuchte, Fackel', an. *skimi* m. *skim* n. 'Glanz', ahd. as. *scīmo* swm., ae. *scīma*, mhd. *scheim* 'Licht Glanz' zu Nomina weitergebildet ist; dazu die (denominativen?) Verben an. *skima* swv. 'hell werden, schauen, sich umsehen', ae. *scimian* 'dunkel sein, schimmern', mhd. *schimmen* 'schimmern'. Die Familie ist im Idg. gut belegt,[785] für die germanischen Fortsetzer nimmt man – im Gegensatz zu der verwandten Familie um *Schein, scheinen* < germ. *skīnanan[786] < **skei-na-* – ein idg. *-mo-*Formans zur Bezeichnung von Verbalabstrakta mit daraus hervorgegangenen Konkretbezeichnungen an.[787] Im Germanischen lautet das Suffix **-man-* und tritt vorzugsweise an wurzelhafte Elemente an.[788] Insofern lässt sich **skī-man-* als Ableitung von *skī-nanan auffassen.[789] Morphologisch und semantisch vergleicht sich damit interessanterweise *leuh-man resp. *leuhmōn*[790] 'Glanz' (cf. an. *ljómi*, ae. *lēoma*, as. *liomo*) zu urgerm. **leuh-*.

Wie nun *scimada zu beurteilen ist, hängt davon ab, ob man in an. *skimuðr* eine analoge Wortbildung erkennt. Tendenziell dürfte jedenfalls *scimada aufgrund des an die Wurzel anschliessenden Konsonanten eher eine denominale Ableitung sein. Belegt ist an. *skimuðr* in einer Strophe von Bocks-Heite der Skáldskaparmál (508 f.):[791]

---

[783] VAN HELTEN 1900, S. 293.
[784] LIV, S. 546; Cf. BAMMESBERGER 1990, S. 184: **sk-ī-*.
[785] Cf. LEHMANN, GED, S. 311.
[786] OREL, HGE, S. 341.
[787] KRAHE – MEID III, S. 124.
[788] BAMMESBERGER 1990, S. 183.
[789] Cf. OREL, HGE, S. 341.
[790] OREL, HGE, S. 242.
[791] Ed. JÓNSSON 1931, S. 211 (Akzentsetzung nachgetragen). Übersicht über die Varianten bei SIGURÐSSON 1848–87: *skimuðr*: I, S. 589; II, S. 626; *skaemotr*: II, S. 484 sowie *skemotr*: II, S. 567.

Hafr heitir grímnir	Bock heisst 'der Maskierte' [Odinsname]
ok geirǫlnir	und 'der mit dem Speer Vorwärtsstürmende' [Odinsname]
tanngjnóstr, kjappi	Zähneknirscher [Thors Bock], Ziegenbock,
ok tanngrisnir,	und Zähnefletscher (Grinser) [Thors Bock],
skimuðr ok brúsi,	Späher und Dahinstürmender [Beiname],
bokkr, rímr taliðr.	Bock, Gedichteerzähler
Heitir ok heiðrún,	Er heisst auch *Heiðrún*
haðna ok kiðlingr,	Ziege und Zicklein
er kolmúla	er ist 'der mit dem dunklen [oder glühenden?] Rachen'[792]
ok kið saman.	und Zicklein zusammen.

Die Form *skimuðr* zeigt das in der an. poetischen Sprache häufige Suffix *-uþr* (auch *-aþr*; idg. *-tu-*, germ. *-þu- / -ðu-*) zur Bildung von Nomina agentium aus schwachen Verben (ursprünglich ist es Abstraktsuffix),[793] cf. *vǫrþuþr* 'Verteidiger' (zu *varða* 'hüten, bewahren, schützen'), *rǫtuþr* 'Finder' (zu *rata* 'umherwandern, finden'), *beiguþr* (BN) einer, der Furcht einflösst', *hvǫtuþr* 'Anreizer' u. v. m.[794] Es findet sich in ganz besonderem Ausmass in Beinamen. Auch *skimuðr* ist ein Beiname und scheint eng mit Thors Böcken in Verbindung zu stehen, wie die obige Liste zeigt. Die beiden bekannten Beinamen *tanngjnóstr* 'Zähneknirscher' und *tanngrisnir* 'Zähnefletscher' bezeichnen Tätigkeitseigenschaften der Böcke mit symbolhaftem Charakter (Gewittersymbolik[795]); insofern dürfte man *skimuðr* analog – als Ableitung von *skima* – als 'Späher, Blicker' auffassen – als Tier, das häufig um sich blickt, um zu spähen, Ausschau zu halten.[796] Nun ist allerdings *skima* selbst ein sekundär gebildetes Verb, dessen konnotative Semantik 'schauen' man darauf zurückführen könnte, dass der Blick der Augen einem hellen, durchdringenden, materiell gedachten Strahl gleichzusetzen ist, wie ihn die antike Philosophie lehrt.[797] Sowohl *tanngjnóstr* als auch *tanngrisnir* sieht man allgemein als junge, z. B. als von Snorri erfundene Namen an,[798] was in der Tat naheliegend ist. Andererseits könnten ihre sprechenden Namen, die auf Gewittererscheinungen hinweisen,[799] mindestens der Funktion nach alt sein. Die Verbindung von Ziegenbock und Donnerphänomenen wird, wahrscheinlich aufgrund der gekrümmten Hörner, ebenfalls für sehr alt gehalten,[800] wie denn die prognostische Bedeutung der Ziege in vielerlei Hinsicht, insbesondere für das Wettergeschehen, bereits antik gut bezeugt ist (s. u. ab S. 239). Auf relativ hohes Alter der Gewittersymbolik weist *skimuðr* auch, wenn man annimmt, dass

---

[792] Nach EGILSSON – JÓNSSON 1966 «en med mörk mund, gab, gedenavn». Ob mit an. *kol* die glühende oder erloschene Kohle gemeint ist, kann auch DE VRIES, AEW, S. 324, nicht klären. Im vorliegenden Zusammenhang ist 'glühend' sicherlich wahrscheinlicher.

[793] Cf. KLUGE 1926, S. 17 sowie KRAHE – MEID III, S. 159.

[794] Eine vollständige, kommentierte Liste derartiger Bildungen findet sich bei FALK 1889, S. 23–36.

[795] Cf. Kapitel 11; des weiteren DE VRIES 1958, S. 61.

[796] So die allgemeine Auffassung.

[797] Cf. KONERSMANN 1995, Sp. 135: «Die griechischen Texte bezeichnen den Sehstrahl als ἀκτίς oder ὄψις, gelegentlich auch als ὁρατικὸν πνεῦμα («Seh-Hauch»). Ohne daß terminologisch immer strikt unterschieden würde, sind damit wohl eine Emission, bei der Strahlen (ἀκτῖνες. «Feuerpfeile») in gerader Linie aus den Augen austreten, als auch die Ansichten, die der Blick von einem Gegenstand auffängt, gemeint. Die naheliegende und in der Literatur auch häufig unterstellte Assoziation des Lichtstrahls ist problematisch, denn die bei den antiken Theoretikern, Philosophen und Dichtern verbreitete Hypothese faßt Leuchten und S[ehen], also die physikalische und mentale Dimension, noch als Zusammenhang […]. Die Diskrepanz zu späteren Auffassungen ist offenkundig: Der Blick emaniert in der Form eines Kegels oder einer Pyramide, um am Ort des Wahrgenommenen das S[ehen] zu realisieren.»

[798] SIMEK 1995, S. 416

[799] DE VRIES, ARG, § 418.

[800] Ebd.

skimuðr nicht von *skima* abgeleitet ist sondern von *skimi / skim*, also der Eigenschaft des Leuchtens,[801] wonach *skimuðr* als 'der Leuchter' oder besser: 'der Leuchtende' zu verstehen wäre. Diese Eigenschaft kann sich sehr wohl auf den scharfen Blick resp. die leuchtenden Augen beziehen, findet aber ebenso viele Anknüpfungspunkte in der Farbe des Fells. Darauf wird unten zurückzukommen sein. Da nun das Wortbildungselement *-uþr* in der an. Poesie synchron starke Produktivität in der Bildung von Nomina agentium besessen hat (sicherlich auch bei Spontanbildungen), muss nicht zwingend auf ein analoges Element in unserem salfrk. Wort *scimada* rückgeschlossen werden; zumal dieses im Ahd. in derselben Funktion kaum belegt ist, vgl. allenfalls ahd. *smid* 'Schmied'.[802] Interessant ist jedenfalls das inlautende *-d-* von *scimada*, das sehr wohl einen Reflex von *-þu-* darstellen könnte. Naheliegender wäre es jedoch, von einer anderen Ableitung mit Dental auszugehen, beispielsweise germ. *-iða-*, einer denominalen Ableitung zur Bildung von Adjektiven oder Konkretbezeichnungen bzw. vielmehr auch germ. *-iþō* (idg. *-ta*), einem Suffix zur Bildung von denominativen Abstrakta. Dieses war tendenziell auch in der Lage Kollektiva zu bilden. Damit erfasste *scimada* gerade das spezifische *tres capras* und könnte somit als okkasionelle Bildung aufgefasst werden. Der Stammauslaut *-a-* beruht wohl nicht auf einer phonologischen Regelmässigkeit, da das Suffix *-iþō* gewöhnlich an thematische Stämme antritt,[803] was bei schwachem *skim-* nicht der Fall ist, obschon das Suffix analog mit *-i-* auch an *u*-Stämme antritt (got. *tulgiþa, agliþa* usw.).[804] Insofern dürfte man an romanischen Einfluss oder Assimilation an das auslautende *-a* denken, welches seinerseits das Kasuskennzeichen Gen. Sg. repräsentiert.[805] Wenig einschränkend auf diese Deutung wirken **mer(o)* und **fau*, die ja **scimada* vorangestellt sind, wenn man versuchsweise übersetzen möchte 'mehr / weniger an ‹Geziege›'. Die Frage, die sich hier unmittelbar stellte, wäre dann: Wie sieht die salfränkische Form für 'Ziege' mit einem lexikalischen Kern **skim-* selbst aus? Eine Antwort darauf wäre allerdings ganz hypothetisch, und es sollen im folgenden Absatz vor allem die textinternen Hinweise für das soeben Besprochene behandelt werden. Den Ausgangspunkt für die Überlegungen bildet wiederum die Annahme, dass in **scimada* eine missverstandene Übersetzung von *capritus* vorliegt, wobei wie bei *anniculus* die Ursache des Missverständnisses bzw. der Fehlglossierung im Ableitungsmodus des lateinischen Lemmas liegt.

Auszugehen ist von dem *capritum* der karolingischen E-Klasse, das zusammen mit den weiteren Präzisierungen in Worte fasst, was zuvor nur ungenau ausgedrückt war: *capritum sive capram aut duas capras vel tres* (in Hs. K), also 'ein Zicklein oder eine Ziege oder auch zwei oder drei'. Da *sive* prinzipiell auch mit 'beziehungsweise, respektive, das heisst' übersetzt werden könnte, könnte der ganze Passus folgendermassen aufgefasst worden sein: '*capritus*, das heisst: eine, zwei oder drei Ziegen'. Sicher ist jedoch davon auszugehen, dass der solchermassen erweiterte und umgestaltete § 1 von Tit. 5 entstehungsgeschichtlich jünger ist und in neue Worte fasst, was zuvor unklar war bzw. nun rechtlich einer klareren Sprache und sachlich einer eindeutigeren Differenzierung bedurfte. Der karolingische Redaktor benutzte dazu ein Wort, welches in der romanischen Volkssprache den ganz offensichtlichen Ausgangspunkt von frz. *chevreau* bildete,[806] eben lat. *capritus*, der Intention nach formal eine Deminuierung von lat. *capra*. Dem Beleg in der Lex Salica kommt für diesen Belang die wichtigste Bedeutung überhaupt zu. Damit war erstmals auch im lateinischen Text der Begriff für das Jungtier abgedeckt (wenngleich sprachlich nicht ganz eindeutig) – mit der Konsequenz, dass durch die

---

[801] Cf. auch HOLTHAUSEN 1948, der *skimuþr* nicht zum Verb *skima*, sondern zum Substantiv *skimi* 'Glanz' stellt.
[802] KRAHE – MEID III, S. 159.
[803] KRAHE – MEID III, S. 145.
[804] KLUGE 1926, S. 64.
[805] Auf Gen. Pl. **scimado* kommt man nur, wenn man von einer Konkretbenennung ausgeht, cf. VAN HELTEN 1900, S. 293.
[806] Cf. DU CANGE II, S. 144a; cf. auch MWB I, Sp. 241 f. Zu *capritus* s. auch V. WARTBURG, FEW 2, S. 301 f.

Wahl des nicht-klassischen Wortes die Übersetzbarkeit ins Germanische eingeschränkt war, was Raum für Missverständnisse bot. Ein solches sehe ich darin, dass *capritus* morphologisch weniger als Deminutivbildung denn als Verbalabstraktum auf *-tus*[807] (oder auf das in der mlat. Wortbildung lautlich nahestehende Kollektivsuffix *-etus*/-ETU[M].[808]) aufgefasst worden sein könnte, semantisch jedoch als Kollektivbegriff. Das Suffix *-etus*/-ETU(M) fand vor allem als Ableitung zur Bezeichnung von Pflanzen- und Baumbeständen reichlich Verwendung und blieb in den romanischen Sprachen lange Zeit sehr produktiv, u. a. auch in Ortsnamen (cf. Frasnacht TG < *fraxinētum 'Eschengehölz'[809]). Das Lexem *capritus* der Lex Salica erscheint nun im MA häufig auch in den Formen *capret(t)us*, *capredus* und *cavredus* (vgl. ital. *caprétto*, afrz. *chevroi*),[810] dem weniger das Kollektivsuffix denn das Deminutivsuffix *-et(t)us* zugrundeliegt. Die *i*-haltige Ableitung ist belegt in aprov. *cabrit*, afrz. *chevri*, -ĒTUM in kollektiver Bedeutung in *cavroi*, das auch in oberitalienischen Dialekten wiederkehrt.[811] Die gegenseitige Abgrenzbarkeit der Suffixe ist nicht immer einfach, wobei im Fall von *capritus* tendenziell eher das Deminutivsuffix in Frage kommt, dessen Bedeutung hier demgemäss nicht 'Ziegenbock'[812] sein kann. Das Wort bezeichnet vielmehr das Jungtier, da ja in ebendieser karolingischen LS-Fassung der neue § 3 über den *buccus* handelt. Doch auch der Umstand der Deminuierung ist hier mit Vorsicht zu geniessen, da es sich bei dem Suffix um die «häufig, vermutlich vielhundertfach erscheinende Latinisierungsform eines rom. Wortbildungstypus»[813] handelt; und STOTZ weiter: «Hierzu paßt der Umstand, daß semasiologisch vielfach keine Deminution faßbar ist: Ins Lat. übergetreten sind anscheinend, wie es dem allgemeinen Befund entspricht [...], hauptsächlich Wörter terminologischen Charakters. Mitunter ist *-ettus* gar nur das Vehikel für das Zitat eines volkssprachlichen Terminus als solchen [...].»[814] Anders verfahren WALDE-HOFMANN, die *capritus* ansetzen,[815] und zwar, was das Suffix angeht, als Analogiebildung zu *marītus* 'verheiratet'.[816] Augenscheinlich gehen sie von einem *-to*-Suffix aus.[817] Die Etymologie von *marītus* ist jedoch verhältnismässig unsicher, und so vermag diese Lösung ebenfalls nicht ganz zu befriedigen, zumal eine solche Ableitung bei *capritus* semantisch nicht besonders einleuchtend wäre. Was nun unseren Textbeleg angeht, so kann bei *capritus* der Lex Salica die Deminuierung bei Kenntnis des zugrundeliegenden Lexems zwar erfasst werden, doch dürfte das nicht zwingend der Fall gewesen sein, zumal die jüngere Form mit *e*-haltiger Ableitungssilbe zu erwarten wäre, dazu allenfalls die Sonorisierung *t* > *d*. Letztere überliefert K 17, wo *capridum* aus *caprulum* verbessert wurde. Insofern wird das Wort für den Glossator vor allem beim Erfassen der Funktion der Ableitung eine Hürde dargestellt haben, und ich meine, dass hierin allenfalls eine Erklärung für *scimada gesucht werden darf: Wenn *capritus* als Kollektivbildung aufgefasst wurde, bedeutet *scimada nicht 'Ziege', sondern 'eine Gruppe von Ziegen, kleine Ziegenherde o. ä.' Auffällig bleibt trotz allem die *i*-Haltigkeit der Ableitung, die sich schlecht in die Gruppe der produktiven *-et(t)us*-Ableitungen einpassen lässt.[818] Sie vergleicht sich auch

---

[807] Cf. STOTZ, HLSMA 2, VI § 56.1.
[808] S. dazu und zum folgenden STOTZ, HLSMA 2, VI § 67-67.3 mit weiterer Literatur ebd.
[809] Cf. NYFFENEGGER – BANDLE, TNB 1.1, S. 491 f.
[810] STOTZ, HLSMA 2, VI § 95.2.
[811] Cf. v. WARTBURG, FEW 2, S. 302.
[812] So im MWB II, Sp. 244 und bei STOTZ, HLSMA 2, VI § 95.2.
[813] STOTZ, HLSMA 2, VI § 95.2.
[814] Ebd.
[815] WALDE – HOFMANN I, S. 157.
[816] WALDE – HOFMANN II, S. 40 f.
[817] So jedenfalls LEUMANN, LLF, S. 334.
[818] Das Argument einer Hebung *e* > *i* mag hier nicht allzu schwer wiegen, da die Produktivität der Ableitung sicherlich einen bestimmten Grad an «Lexikalisierung» i. w. S. mit sich gebracht hat.

kaum mit den *-ittu(s)/-itta*-Bildungen der Kaiserzeit,[819] die hauptsächlich bei Personennamen auftreten. Man darf also davon ausgehen, dass *capritus* nur teilweise als geläufiges Wort aufzufassen ist; vielmehr könnte es ein ebensolches «Vehikel» in der Terminologie-Praxis der legislativen Literatur sein, dem in einem solchen Fall umso mehr der Anschein einer adhoc-Bildung zukommt. In letzter Konsequenz bleibt das Wort jedoch weniger funktional denn formal widerspenstig und taugt zur Erhellung von *scimada nur unter einigem Vorbehalt. Es mag etwas zirkelschlüssig anmuten, doch scheint *scimada mit der *-m*-Erweiterung des wurzelhaften Elements einigermassen sicher eine denominale Bildung zu sein,[820] an die sich ein Suffix zur Kollektivierung angeschlossen hat. Damit könnte *capritus* also als Kollektivum aufgefasst worden sein, und *scimada bildete dazu die adäquate Übersetzung.

Eine weitere Schwierigkeit bilden die appositionellen Beigaben *fau* und *mer(o)*, die man zur Not zwar auch als jüngere Zusätze zu *scimada auffassen kann,[821] die jedoch, da nur im Ensemble mit *scimada überliefert, nicht einfach ausgeblendet werden dürfen. Wie oben angesprochen (s. S. 146), liesse sich das Syntagma so interpretieren, dass *scimada als partitiver Gen. abhängig vom Mengenwort zu verstehen wäre.

Der lexikalische Kern führt zu einer in der Motivik von Tierbezeichnungen gut bekannten Bildeweise, nämlich der Ableitung von Farbwörtern.[822] Somit wäre die Vergleichbarkeit von *skimuðr* und *scimada in bezug auf eine alte sprachliche Verwandtschaft im Konkretfall stark eingeschränkt, nicht aber hinsichtlich der Benennungsmotivik, welche ihrerseits sehr wohl einem alten, gemeinsamen Typus entsprechen kann. Man bedenke auch, dass zwischen der Aufzeichnung der salfränkischen und den altnordischen Quellen mehrere Jahrhunderte liegen, in denen sekundäre Einflüsse stattgefunden haben und in denen alte Wortbildungsmuster ihre Durchsichtigkeit verloren haben können und durch neue ersetzt wurden, eben das lokal und gattungsspezifisch einmalige *-uþr*-Suffix für sprechende Beinamen. Mehrere abschliessende Aussagen können damit getroffen werden: In *skimuðr* liegt möglicherweise eine junge, analog zu den übrigen Beinamen gebildete Agensform vor, die, scheinbar vom swv. *skima* abgeleitet, eine Charaktereigenschaft des Ziegenbocks ausdrückt, die sich sehr gut zu den Körpertätigkeiten von Thors Böcken, dem Zähneknirschen und Zähnefletschen fügt: dem stetigen aufmerksamen Um-sich-Blicken, Spähen. Dies schliesst aber nicht aus, dass ein älteres Bockwort, von *skīman- 'Licht, Glanz, Strahl' abgeleitet,[823] ebenso wie vermutlich im Salfränkischen eine ursprüngliche Farbableitung war. Somit könnte man *scimada auffassen als 'das mit hellem Glanz, Leuchtkraft

---

[819] STOTZ, HLSMA 2, VI § 95.1.
[820] Obschon nicht belegt, darf auch eine deverbale Bildung sicherlich nicht ausgeschlossen bleiben, vgl. mhd. *schimmen* swv. 'leuchten' (cf. LEXER II, Sp. 744, allerdings unsicher).
[821] In bezug auf die hier behandelten Probleme kann ich der Meinung von JUNGANDREAS 1954, S. 119 f., nicht beipflichten, wo es heisst: «Bei der Deutung der Mallobergischen Glossen muss man sich von der Vorstellung freimachen, dass die beigefügten Wörter [...] einigermassen genaue Übertragungen der wichtigsten Textwörter darstellen. Es sind vielmehr irgendwie inhaltliche Kennzeichnungen der betreffenden lateinischen Abschnitte, offenbar beigeschrieben zu dem Zweck, um bei der Jurisdiktion das Auffinden der einzelnen Rechtsparagraphen zu erleichtern [...].» Mit «irgendwie» ginge ja gerade der verbindliche Anspruch einer solchen Art von Jurisdiktion verloren; ausserdem dient das die meisten Glossen einleitende *mallobergo* (in all seinen Varianten) der erläuternden Übersetzung, wobei, wie SCHMIDT-WIEGAND 1982 gezeigt hat, auch der okkasionelle Charakter der merowingischen Rechtswörter berücksichtigt werden muss: Es ist immer auch mit Gelegenheitsbildungen zu rechnen, die in mehr oder weniger künstlicher Weise einen Sachverhalt auf einen prägnanten Begriff bringen. Damit ist gerade nicht mit «irgendwie» zu rechnen, sondern mit Intention. Selbstverständlich haben sich jedoch während der Überlieferung der Glossen zahlreiche Missverständnisse und Fehler eingestellt, die ihrerseits aber nichts mit der ursprünglichen Funktion der Glossen zu tun haben.
[822] Cf. PETERSSON 1915.
[823] Cf. OREL, HGE, S. 341 (s. v. *skīmōn); cf. auch BAMMESBERGER 1990, S. 184 (s. v. *skī-man-).

Ausgestattete' als kollektivierende Abstraktbildung. Ob dieses Attribut auf die Sehstärke oder den Glanz des Fells bezogen werden muss, ist ohne weitere Indizien für den einen oder anderen Fall nicht ganz sicher festzustellen. Sicher dürfte immerhin sein, dass das Wort als ganzes in der Zeit der überlieferten Glossierung weder semantisch-morphologisch durchsichtig war noch überhaupt verstanden wurde oder als lebendiges Wort dem synchronen Alltagswortschatz angehörte, was umso mehr zutreffen würde, wenn *fau* und *mer(o)* jüngere Zusätze darstellten. An. *skimuðr* (*skimuþr*) selbst steht in einer Tradition mit einer ganzen Anzahl weiterer poetischer -*uþr*-Tiernamen, die sich einer Verbalableitung verdanken:[824] *bautuþr* 'Pferd; Rind', *borupr* 'Rind', *hjǫlluþr* 'dass.', *hveþruþr* 'Widder', *jǫlfuþr* 'Bär; Odin (BN)', *skævuþr* 'Pferd', *svipuþr* (varia lectio *sveipuþr*) 'dass.; Schwert', *sveggjuþr* 'Pferd', *vinduþr* 'Schlange', *graf-vǫlluþr* 'dass.'. Angesichts dieser Reihe scheint es fraglich, dass *skimuþr* einen direkten Verwandten im Salfrk. hatte. Wenn man aber, wie oben gezeigt, davon ausgeht, dass *scimada* eine andere Ableitung zugrunde liegt, so darf doch mit einer gemeinsamen semantischen (und hier auch: lexikalischen) Basis gerechnet werden. Somit bilden *scimada* und *skimuðr* mehr als ein Zufallspaar. In beider Kern liegt ein alter gemeinsamer Ausgangspunkt, den man, möglichst weit gefasst, im Bereich von farblicher, optischer Helligkeit begreifen dürfte. Dieser Problembereich ist Gegenstand von Kap. 11, unten ab S. 225.

Es sei hier noch erwähnt, dass die Deutungen von W. KASPERS in diesem Zusammenhang völlig haltlos sind.[825] Der Forscher nimmt jede überlieferte Form für sich, ignoriert den lateinischen Kontext, die verschiedenen Überlieferungstraditionen und lässt der Assoziation freien Lauf. So verbessert er *lauxmada* in *lauhesmada* und übersetzt 'Waldwiese';[826] *roscimada* stellt er zu got. *raus* 'Rohr' mit im Westgerm. teilweise erhaltenem -*s* (mndl. *roesdomel* 'Rohrdommel'), *musi simada* verbessert er zu *musicmada* zu ahd. *mos* 'Moos' und übersetzt die eine Glosse als 'Rohrwiese', die andere als 'Mooswiese', also als 'feuchte Wiesen' im Gegensatz zur trockenen *lauxmada* 'Waldwiese' usw. Den durchaus ernst gemeinten Deutungen fehlt jede Spur von Seriosität, und man braucht nur darauf hinzuweisen, dass es sich um Glossen für lat. *capras* handelt, so erweist sich der ganze Spuk als ‹Kasperei›.

6.6. *chenecrudo* etc.

In den jüngeren Lex Salica-Redaktionen wird in § 2 *scimada* durch *chene crudo* (C 6) in den Varianten *chrenecruda* (H 10), *chanchurda* (D 7, D 9) und *chancus* (D 8) ersetzt. Das Wort glossiert lat. *super tres capras* und bezeichnet somit wiederum einen pluralischen oder kollektivischen Begriff. Auch *chanchurda* (dies die geläufige «Normalform») wurde ganz offensichtlich sehr korrumpiert und unverstanden überliefert, was beispielhaft die Glosse *chrenecruda* in der Heroldina verdeutlicht. Dasselbe Wort taucht in Tit. 58 (*De chrenecruda*) auf, wo es um die Haftung der Magen für das Wergeld eines zahlungsunfähigen Wergeldschuldners geht.[827] Dabei handelt es sich um einen bekannten Rechtsbegriff mit der (übertragenen) Bedeutung 'Erdwurf' (eine Form des Offenbarungseides eines Totschlägers[828]), der hier natürlich völlig fehl am Platze ist (salfrk. *chrēni* zu as. *hrēni*, ahd.

---

[824] Zu den Einzelheiten cf. FALK 1889, S. 35 f.
[825] KASPERS 1948/50, S. 304.
[826] Besser, wenngleich ebenso unwahrscheinlich, ist die Annahme von SCHMIDT-WIEGAND 1973, S. 529, *lauh-scimada* zu lesen und 'freiweidende Ziegen' zu übersetzen. Wie das vorausgesetzte frk. *lauh* 'Hain, Gehölz' mit 'freiweidend' in Übereinstimmung zu bringen sein soll, wird nicht ersichtlich. Ausserdem steht der lateinische Kontext für eine solche Glossierung zu fern.
[827] Zu dem Begriff im speziellen cf. SCHMIDT-WIEGAND 1980.
[828] Cf. HÖFINGHOFF 1987, S. 148.

hreini, reini 'rein'; as. *cruða 'Krume').[829] Dagegen ist es sicherlich statthaft, in den anderen Glossen ein intendiertes Wort für (*tres*) *capras* zu vermuten. KERN[830] sah darin ein Kompositum aus ae. *hrān* 'Rentier' und ae. *croda* 'crowd' oder *cruþ* 'dass.', ohne allerdings zu beachten, dass *hrān* im Ae. eine adhoc-Entlehnung aus an. *hreinn* 'dass.' darstellt[831] – was selbstverständlich nichts über den Zusammenhang mit der LS-Glosse aussagt. JUNGANDREAS nahm *chrenecruda* zum Ausgangspunkt und übersetzte 'reine Bedrängung'[832] zu as. *hrēni* 'rein' und ae. *croda* 'Gedränge', mnd. *kruden* 'belästigen'.[833] Da der Ausgangspunkt allerdings, wie gezeigt, falsch gewählt ist, muss man doch von einem anderen Wort ausgehen. Im zweiten Teil des Kompositums steht möglicherweise ein Wort, welches ahd. *chortar / cortir*[834] (ae. *cordor*) 'Herde' lautet. Die Deutung ist verhältnismässig unsicher, da die Form nur in den sonst unzuverlässigeren Hss. D 7 und D 9 belegt ist.[835] Eine Alternative bietet der Ansatz zu ae. *croda, cruþ* 'Menge' zu *creódan* 'to crowd, press, drive' mit der mnl. Entsprechung *cruden*, was angesichts der Herkunft der Glossen möglich erscheint. Das erste Glied scheint unklar zu sein, doch kann man es wohl zu *gait- stellen, wie VAN HELTEN gezeigt hat:[836] *ch* als häufige Schreibung für *g* und *ē* aus *ai* vor Muta. Der eingeschobene Nasal in *chenecrudo* ergibt sich, wenn das *t*-Zeichen (bzw. *ti* oder *it*) als Nasalkompendium verlesen wurde: Also salfrk. *chaiti- oder *chēt- > *chen(e)*-. -*r*- in *chren(e)(cruda)* ist übertragen aus dem bekannten *chrenecruda* aus Tit. 58. In der Tat ist jedoch das anlautende *ch*- erklärungsbedürftig, gerade weil dieses, statistisch betrachtet, häufig auftritt. Man muss annehmen, dass idg. *gʰ-, germ. *g im Salfrk. noch spirantischen Charakter besass und u. a. durch die Graphie <ch> realisiert werden konnte. Der Wechsel zwischen <g> und <ch> taucht allenthalben auf (*chamalta – gamalta, thunginum – tunchinium* usw.); man hat darin auch schon den Wechsel von «Mundart» und «Kanzlei» erkennen wollen.[837] Sicher ist jedoch, dass im Altniederfränkischen germ. *g* als stimmhafter Reibelaut gesprochen wurde, wobei sich ganz richtig die Frage stellt, ob dieser Wechsel nicht gerade den Laut germ. /g/, der phonetisch zwischen [ç] und [j] liegt, ausdrückt.[838] Die Graphie <g> wird überdies gelegentlich auch für /j/ verwendet.

Die Deutung des Zweitglieds nach ahd. *chortar* erfährt eine willkommene Stütze durch das bei WILLIRAM (also im 11. Jh.) belegte Kompositum *gêize córter* 'Ziegenherde'.[839] Insgesamt erscheint die Deutung mit einem Element [Herde] etwas plausibler als mit einem Element [Gedränge], da mir einerseits eine anzunehmende Umdeutung von [Gedränge] auf eine grössere Anzahl Tiere nicht bekannt ist und andererseits in einer Gruppe von *super tres capras* noch nicht zwingend ein Gedränge herrscht.

---

[829] Zur Deutung von *cruða s. SCHMIDT-WIEGAND 1980, S. 254 u. Anm. 16 (mit weiterer Lit.). In der althochdeutschen Übersetzung der Lex Salica aus dem 1. Viertel des 9. Jahrhunderts wird das nicht mehr verstandene *de chrenecruda* ersetzt durch die paraphrasierende Wendung *ðer scazloos man andran arslahit* 'wer als besitzloser Mann einen andern erschlägt'; s. dazu SONDEREGGER 1964, S. 119.

[830] Lex Salica. The Ten Texts with the Glosses and the Lex Emendata, synoptically edited by J. H. Hessels. With notes on the Frankish words in the Lex Salica by H. Kern, London 1880. Die Publikation war mir leider nicht zugänglich.

[831] QUAK 1983, S. 41.

[832] JUNGANDREAS 1954, S. 121.

[833] JUNGANDREAS 1955, S. 6.

[834] SCHÜTZEICHEL 1989, S. 159.

[835] QUAK/DALDRUP-VAN DORP 1983, S. 41.

[836] VAN HELTEN 1900, S. 295 f.

[837] JUNGANDREAS 1954, S. 116.

[838] Ebd., S. 116, Anm. 6.

[839] *DÎN VÂHS ist sámo gêizze córter*; zitiert nach SCHÜTZEICHEL, RUDOLF, MEINEKE, BIRGIT (Hg.): Die älteste Überlieferung von Williams Kommentar des Hohen Liedes. Edition, Übersetzung, Kommentar, Göttingen 2001 (Studien zum Althochdeutschen; Bd. 39), S. 107. Weitere Belege für *córter* S. 53 u. 55.

Die Schwierigkeiten bei der Deutung der besprochenen Lex-Salica-Wörter könnten letztlich darauf zurückzuführen sein, dass in ihnen nicht lebendiger Alltagswortschatz zu sehen ist. R. SCHMIDT-WIEGAND hat anhand des Begriffs *chrenecruda* gezeigt, dass viele der merowingischen Rechtswörter einem bestimmten nomenklatorischen Interesse zu verdanken sind: «Viele dieser typisch merowingerzeitlichen Wortbildungen sind möglicherweise Lehnformungen oder Lehnschöpfungen, auf jeden Fall okkasionelle Bildungen, vom Gesetzgeber für einen bestimmten Fall geschaffen und so auf das engste mit den königlichen Konstitutionen und der ihnen eigenen Situationskasuistik verbunden.»[840] In der Lex Salica trifft dies tendenziell stärker für komplizierte rechtliche Sachverhalte zu wie das *chrenecruda*-Ritual, und es dürfte nicht überraschen, dass für Wortschöpfungen oder Lehnbildungen Komposita gebildet werden mussten, da für den auszudrückenden Sachverhalt keine Simplicia zur Verfügung standen. Nun könnte man sagen, für den Begriff 'Ziegenherde' sei keine okkasionelle Bildung nötig. Der Titel 5 der Lex Salica handelt jedoch zuerst von *tres capras*, anschliessend von *super tres capras*. Dafür ist eine hochgradig spezifische Begrifflichkeit erforderlich, deren legislative Verbindlichkeit nicht mit einem Syntagma [Zahl] + [Substantiv] wiedergegeben werden konnte. Nötig war vielmehr ein eindeutiger Begriff, der diesen – und nur diesen – Sachverhalt erfassen musste. Die Auslegung der Begriffe in der juristischen Praxis gehört dabei einem anderen Bereich an (wie beispielsweise der Diebstahl von einer Ziege gehandhabt wurde, ist nicht bekannt).

6.7. *sonista*

Für den Begriff der 'Herde' überliefert der Pactus Legis Salicae in Tit. 4 § 4 (Diebstahl von mehr als 40 Schafen) die Glossen *sunista* (A 1), *feto* (A 2), *sonista* (C 5, C 6) und *sonischalt* (H 10). Während *feto* hier nicht zur Diskussion stehen soll,[841] gilt es im folgenden, die Wortgeschichte um *sunista/sonista* aufzurollen. Das heroldianische *sonischalt* soll zum Ende das Kapitels zur Sprache kommen.

Zugrunde liegt nach allgemeiner Auffassung ein altgerm. Wort für die Schweineherde, dessen Vergleichsmöglichkeiten in den altgermanischen Sprachen wie folgt belegt sind: an. *sonarblót* 'Herdenopfer (?)',[842] *sonargǫltr* 'Opferschwein', *sonardreyri* 'Schweineblut' (also nur in Erstgliedern von Komposita), ae. *sunor* 'Herde von mindestens 6 Wildschweinen', ne. *sounder*, mhd. *swaner*[843] sowie ahd. *swanur* in der Bedeutung 'Herde, Schweineherde',[844] spätahd. *suuanering* (NOTKER, Ps. 79, 14)[845] und lgb. (nur im Erstglied des Kompositums) *sonorpair*[846] (mit Varianten[847]) 'Herdeneber' resp. 'il verro più forte del branco'.[848] NOTKERS *suuanering* wird im Kontext erklärt durch ahd.

---

[840] SCHMIDT-WIEGAND 1980, S. 261.
[841] S. dazu HÖFINGHOFF 1987, S. 137 f.; QUAK 1983, S. 37.
[842] Der Begriff ist nicht ganz klar. Es könnte im Vorderglied auch *són* 'Opfer' stehen, ein Verbalabstraktum zu *sóa* 'opfern'. 'Opfer Opfer' ergäbe allerdings keinen Sinn, weswegen man eher an das Wort für die Herde denken mag – allenfalls auch an das aus der Herde herausragende Einzeltier, nämlich das Leittier oder Zuchttier.
[843] LEXER II, Sp. 1336.
[844] Es handelt sich bei dem Beleg um eine durch STARCK – WELLS 1990, S. 613b, ‹verbesserte› Form nach StSG II, 353, 32, wo jedoch *suanus* steht, das in der Lex Ripuariorum *sonestis* resp. *stuat rura* glossiert. Auf die Form *suanus* wird unten noch zurückzukommen sein (S. 157).
[845] *Vnde der éinluzzo uuílde bêr . der mit demo suáneringe ne gât . hábet in sús frézen?* (Notkers des Deutschen Werke nach den Hss. neu hg. v. E. H. SEHRT u. TAYLOR STARCK, 3. Bd., 2. Teil hg. v. E. H. SEHRT, Halle/Saale 1954, S. 568 f.)
[846] Edictus Rothari § 351.
[847] BEYERLE-SCHRÖBLER 1947, S. 506; VAN DER RHEE 1970, S. 121 f.
[848] VAN DER RHEE 1970, S. 121 f., FRANCOVICH ONESTI 1999, S. 120.

súndirébir u. lat. *singularis*,[849] woraus PALANDER richtig eine Zugehörigkeitsbildung mit individualisierendem *-ing*-Suffix ableitet: 'männliches Schwein in der Herde'.[850]

Die Etymologie ist jedoch verhältnismässig unsicher. Früh und ausführlich hat A. SCHMELLER über das Wort gehandelt, indem er den Artikel 'Sünheu' zu einer ausführlichen Abhandlung über *sonista* anschwellen liess.[851] Ausgehend von dem Wort *son*, das in der Lex Thuringorum, Tit. 8 § 2 *scrofas sex cum verre* glossiert (*quod dicunt son*), vermutete der Lexikograph eine Bildung *son + ist* analog *au + ist* und extrahierte «ein sich hieraus etwa ergebendes *suon*», ohne allerdings dafür eine Bedeutung anzugeben, sondern es gleich «symbolisch» mit *suonian* 'conciliare, pacisci' zu verknüpfen, was jedoch kaum angeht.[852] SCHMELLERs Form *son* findet sich darüber hinaus nur in einer Fussnote eines Drucks von HEROLD und lässt sich mit der fehlerhaften Segmentierung *son est* an derselben Stelle in einem Corveyer Codex aus dem 10. Jh. vergleichen.[853]

Am ausführlichsten haben TH. FRINGS und W. VON WARTBURG über das Wort gehandelt,[854] die mit Hilfe der romanisch-volkssprachigen Evidenz auf eine ursprüngliche Bedeutung 'Schweineherde' schliessen konnten.[855] Unter Berücksichtigung der romanischen Senkung von *u > o* sei von einer germ. Form mit dem Stamm *sun-* auszugehen, woran sich ein *-st*-Suffix anschliesse (so FRINGS – VON WARTBURG): «Auf jeden Fall ist eine Bildung aus *sun-*, demnach auch die Basis *sun-*, fränkisch, gleichviel wie man die *-st*-Bildung beurteilt.»[856] Diese Deutung befriedigt nicht ganz, da der Wortbildung zu wenig Beachtung geschenkt wird. Wenig hilfreich nimmt sich auch die Stellungnahme von QUAK aus, der konstatiert: «Vermutlich ist es [sc. *sonista*] zu der Wurzel **su-* gebildet, wie got. *awist-* 'Schafstall' zu idg. **oui-*.»[857]

Wie QUAK denkt auch HÖFINGHOFF in zu schematischen morphologischen Bahnen, wenn er eine mathematisierende, einfache Konglutinierung verschiedener Wortbestandteile vornimmt: «In der Bezeichnung *sonista* ist das Stammwort ahd. *su-* 'Sau', ags. *su* zu erkennen, zudem die Verbindung von *su-* und *-in*, die auf das Lexem *swin* führt. Die fränkische Schreibweise für *swin* kann *soin* ergeben, das ergänzt mit dem Suffix *-sta*, frk. *soinest* ergibt.»[858] Anders beurteilt *sonista* JUNGANDREAS, der germ. **sonaz* 'Eber' und dazu eine *-t*-Ableitung ansetzt, ohne für letztere allerdings eine rechtfertigende Erklärung zu geben.[859] Erwägenswert ist diese Überlegung immerhin wegen got. *aweþi* (resp. **aweiþi*) 'Schafherde', ae. *ēowd(e)*, ahd. *ewit*, *owiti*, an deren Stamm germ. **awi-* das Kollektivsuffix *-iþja* angetreten ist.[860] Im Altniederdeutschen entsprechen dem die *-iþi*-Suffixe (*-ithi*) vieler Toponyme. Der fehlende Frikativ bzw. der stimmlose Plosiv in *sonista* dürfte nach dieser

---

[849] Ed. E. H. SEHRT (s. Anm. 845), S. 569.
[850] PALANDER 1899, S. 162. Zum zugrunde liegenden *swaner* allerdings ebd.: «Die deutung von mhd. *swander* 'herde, meute' ist bis jetzt nicht gelungen.» Unmöglich scheint mir die bei SCHMELLER II, Sp. 296, referierte Verbindung von *suanering* mit dem GRIMM, DM I, S. 355, genannten Schwanring, einem Zauberring der Schwanjungfrauen der deutschen Heldensage.
[851] SCHMELLER II, Sp. 296.
[852] Immerhin ist nach KLUGE-SEEBOLD 2002, S. 898, «die Etymologie [sc. von *sühnen* und *Sühne*] unklar», so dass der wenigstens versuchsweise angeführte Ansatz *swō-* (cf. an. *sóa* 'opfern, töten') sich doch mit dem für *sonista* zu rekonstruierenden wurzelhaften Element *swan-* vergleichen liesse. Alles weitere bleibt allerdings unklar, vor allem der bei SCHMELLER vorgenommene Einbezug von an. *sauðr*, got. *sauþs*. S. für weiteres SIEVERS 1892, S. 540 ff.
[853] MGH LL 5, Hannover 1839 (Nachdruck Stuttgart, Vaduz 1965), S. 130.
[854] FRINGS – VON WARTBURG 1956, S. 286–288.
[855] So auch ChWdW8, S. 373.
[856] Ebd., S. 288.
[857] QUAK 1983, S. 25 f.
[858] HÖFINGHOFF 1987, S. 98.
[859] JUNGANDREAS 1955, S. 10.
[860] KLUGE 1926, S. 37; cf. auch FRINGS – VON WARTBURG 1956, S. 288.

Ansicht wohl ein Reflex des Suffixes sein, welches direkt an den Stamm (wohl ein -*es*/-*os*-Stamm) angetreten ist.

Zunächst hat man sich über die lautlichen bzw. graphematischen Tatbestände der Überlieferung Rechenschaft abzulegen. Hier fragt sich zuerst, ob in der ersten Silbe etymologisches *o* oder *u* vorliegt resp. in welcher Quantität dies der Fall ist. Nach Auskunft der Forschungsliteratur sind *o* für *u* und *u* für *o* in der merowingischen Verschriftungspraxis austauschbar in volkssprachigen Termini und selbst in lateinischem Wortgut, dessen Bedeutung nurmehr teilweise bekannt war. Doch fragt es sich, ob hier nicht bestimmte Regelhaftigkeiten auszumachen sind. So zeigt beispielsweise bereits das gesprochene Latein der Antike starke Affinität von langem, geschlossenem *ō* zu *u*, was sich bis ins Mittelalter fortsetzt. Auch in anderen Positionen ist dieser Wandel recht häufig.[861] Andererseits ist auch der umgekehrte Wandel (*o* für *u*), gerade in frühmittelalterlichen Texten und im Kontakt mit den Volkssprachen, nicht selten.[862] Was die Substitution von germanischen Lauten im Romanischen anbelangt, wird gerade germ. *u* häufig zu geschriebenem <o> (sc. in der LS), während der umgekehrte Fall insbesondere vor *r* zustande gekommen zu sein scheint,[863] was insofern auffällig ist, als damit eine Art umgekehrter Brechung vorliegt. Gerade im Lgb. wurde germ. *u* vor *r* und *h* + Konsonant ja bekanntlich zu *o* «gebrochen».[864] Da jedoch die textuelle Überlieferung allein und ihre statistische Verteilung der Laute nicht aufschlussreich genug sind, müssen doch etymologisch-lautgeschichtliche Überlegungen angestrengt werden, wenngleich diese bis zu einem gewissen Punkt zirkulär sein können. Germ. *u* erscheint im Ahd. i. a. als *o*, wenn in der folgenden Silbe *a*, *e* oder *o* folgten, es sei denn, eine Nasalverbindung verhinderte den Umlaut. Regelmässigen Wechsel von *u* und *o* zeigen hingegen die Flexionsparadigmen.[865] Germ. *o* gibt es nicht. Das ahd. *o* ist damit immer ein Produkt von kombinatorischen Lautwandelerscheinungen. Für das zu besprechende Lexem könnte man also versuchsweise eine Lautstruktur germ. **suna-* > ahd. *son-* ansetzen. Ferner fällt unter die Lautwandelerscheinungen aber auch *o* als Ergebnis einer Vokalisierung von halbvokalischem *w* im Anlaut von Zweitgliedern im Komposita (so besonders im Lgb.) bzw. als Hebung eines postkonsonantischen *a* nach *w* nach Ausfall des *w* bei dessen Vokalisierung, dies ebenfalls im Lgb. Das Langobardische dürfte bei der Erklärung salfränkischer Formen hilfreich sein, da hier wie dort starke romanische Interferenzen bei der Verschriftlichung der Laute (zumal bei fortschreitender Romanisierung der germanischen Sprachträger) zu erwarten ist. Man kann also folgenden Wandel ansetzen: K*wa*K > K*oa*K > K*o*K, dessen Teilwandel K*wa* > K*o* im Lateinischen resp. Romanischen allgegenwärtig ist.[866] Für das zu besprechende Lexem kann man im Germ. folglich von einem wurzelhaften Strukturwandel **swan-* > *son-* ausgehen. Die Variante *sun-* dürfte damit vielleicht sekundär sein, sei es als unmotivierte Hebung von *o* zu *u* (oder besser: fehlerhafte Überlieferung), sei es als falsche Auffassung des germ. Terminus als aus dem Romanischen stammend nach dem Typus der Lehnwörter ahd. *munizza*, *mulina*, *chuhhīna*, wo rom. *o* vor *i* der Folgesilbe zu *u* gehoben wurde.[867] Es stehen sich somit die Rekonstruktionsprodukte **son-* und *swan-* gegenüber. *son-* darf nun jedoch aufgrund vergleichender Evidenz nicht vorgängig ausscheiden: Zwar erscheint im Ahd. und Mhd. mehrfach ein

---

[861] STOTZ, HLSMA 3, VII § 39–42.
[862] STOTZ, HLSMA 3, VII § 49–52.
[863] JUNGANDREAS 1954, S. 131. Die Angaben von JUNGANDREAS sind immer mit Vorsicht zu geniessen, so veranschlagt er in der Fortsetzung seiner grösseren Studie (1955, das Wörterverzeichnis zu 1954), S. 10, germ. *sonaz 'Eber', aber *sunnista* 'Schweineherde', wobei die Methode der phonologischen Rekonstruktion nicht ganz durchsichtig ist: also **sona-* > **sun-* > **son-*?
[864] BRUCKNER 1895, S. 80.
[865] BRAUNE – EGGERS 1987, § 32 (S. 33 ff.).
[866] STOTZ, HLSMA 3, VII § 109 ff. Cf. auch FRANCOVICH ONESTI 1999, S. 148.
[867] BRAUNE – EGGERS 1987, § 32, Anm. 4. (S. 34).

Lexem *swaner*, *swanur* bzw. *swener*, welches die Schweineherde (und nicht den Eber[868]) bezeichnet; es steht dieses *swanur* jedoch insbesondere dem ae. *sunor*, *sonor*, möglicherweise auch dem lgb. *sonor* und sicher dem an. *sonar* gegenüber. FRINGS – VON WARTBURG erklären diese auffällige Scheidung der Anlautgruppe durch *u̯a*-Ablaut, was jedoch nicht ganz einleuchtet, da das abgelautete *o* lang sein müsste, was – mindestens im An. – nicht der Fall ist.[869] Auch SIEVERS rechnet mit «anderer ablautsstufe» bei mhd. *swaner* und sogar sekundärer Ableitung bei mhd. *swener*.[870] Damit erklären sich die verwandtschaftlichen Verhältnisse allerdings schlecht. Und solange verschiedene Lautwandelprozesse ausgehend von einer gemeinsamen Grundform plausibel gemacht werden können, brauchen keine Ablautrelationen bemüht zu werden, die umso schwerer zu erklären sind. Wir müssen folglich mit zwei verschiedenen Ursachen des *w*-Ausfalls im Lgb. und im An./Ae. rechnen: Der lgb. *w*-Schwund wurde bereits beschrieben, die an. Form erklärt sich aus vereinzeltem Schwund von *w* nach anlautendem Konsonanten unter Beeinflussung des nachfolgenden betonten Vokals (Typus urn. **kwam* > an. *kom* 'kam'; urn. **swefan* > an. *sofa* 'schlafen')[871], wobei beide Lautveränderungen natürlich strukturell verwandt sind. Der an. Form ginge somit ebenfalls eine Gruppe *swan*- voraus. Ähnlich verhalten sich an. *soppr* / *svǫppr* < urn. **swampu*- 'Ball', an. *sorg* < urn. **sworgō* 'Sorge, Trauer' usw.[872], vgl. auch bes. an. *sorta* 'schwarze Farbe' mit an. *svarta*. Allerdings ist zu bemerken, dass die lautlichen Bedingungen im An. nicht zwingend den Wandel *swan* > *son* in *sonista* beweisen, es sei denn, es liegt verstärkter *u*-Umlaut vor (verursacht durch *w* oder *n* der Nachbarschaft), der aufgrund der Homonymie mit *sónar* (Gen. Sg. von *són* 'Blut') wiederum zu kurzem *o* geführt haben könnte. Ae. *sunor* (mit *u*-Vokalismus in der Hauptsache überliefert) könnte wie im Lgb. auf Vokalisierung von *u̯* zurückgehen, wobei *a* in diesem Fall vollständig ausgefallen wäre. Anderseits scheint auch eine Entlehnung aus dem An. in Betracht zu kommen, da gleichermassen französische (und anglonormannische) Formen (cf. *sondre de porcs*, *cochons de sonre*[873]) aus dem Nordischen zu stammen scheinen wie es für *sunor* mit Lautsubstitution (bzw. auch Entfaltung *u̯a* > *úa* > *u*) ebenfalls möglich sein könnte.[874] Dafür spricht – wortschatzgeographisch – das Fehlen der *w*-losen Formen in den kontinentalgerm. *sonista*-Belegen, die sich unter diesen Voraussetzungen in den nordseegermanischen Dialektbereich eingliedern lassen.

Der Vokal des stammbildenden Elements ist, wenn man von einem -*es*/-*os*-Stamm ausgeht und die Ablautalternationen im Germanischen berücksichtigt, -*i*-, -*a*- oder -*u*-. Während -*u(z)*- < -*uR*- < -*øz*- < -*s*- für *swaner* (*swanur*, *swanus*) wahrscheinlich gemacht werden kann, ist -*i*- für *sonista* belegt und reflektiert damit den regelmässigen Vokal -*iz*- < -*es*-. Die -*i*- ↔ -*u*-Relation liegt letztlich im Suffixablaut begründet, wobei weiteres hier nicht besprochen werden muss.

Eine Zwischenstellung nimmt die Glosse *sonischalt* für *quinquaginta uerueces […] aut amplius* in Tit. 4 § 4 (H 10) ein. Das Wort ist daneben in Tit. 2 § 11 überliefert in der Glosse *suainechalte* und meint *porcellum deinter porcos*. Übertragen aus *sonista* meint *suainechalte* also nicht die Herde an sich, sondern wiederum 'das Tier aus der Herde', hier das 'Ferkel aus der Herde'. Die Bedeutung

---

[868] S. dazu FRINGS – VON WARTBURG 1956, S. 287.
[869] Dazu ausführlich SIEVERS 1892, S. 541.
[870] SIEVERS 1892, S. 542 f.
[871] NOREEN 1923, S. 37 f. (§ 77.10 f. [mit anderer Etymologie von *sofa*]); RANKE – HOFMANN 1988, § 19.
[872] DE VRIES, AEW s. vv.
[873] Cf. GAMILLSCHEG II, S. 185, Anm. 1. Noch mehr anglonormannische Formen listen FRINGS – VON WARTBURG 1956, S. 72, auf, wobei die Autoren nicht explizit von nordischem Einfluss ausgehen, sondern, wenn «kommt von» eine Lehnbeziehung ausdrücken soll, von angelsächsischem.
[874] Die Entlehnung von Termini aus dem Landwirtschaftsbereich wäre allerdings sehr auffällig, da die wenigen nordischen Lehnwörter im Ae. (man rechnet mit Zahlen von 80–150 Wörtern) eher aus dem bereich des Kriegswesens, der Schiffahrt usw. stammen. Cf. PETERS (H.) 1981a u. PETERS (H.) 1981b.

'Schafherde' dürfte jünger oder fälschlich in Tit. 4 übertragen worden sein – nota bene überliefert es nur die Heroldina. Das Wort ist jedoch in zweierlei Hinsicht in diesem Kontext von Interesse: erstens in bezug auf die Anlautproblematik, zweitens in bezug auf die Bedeutung. Auch *sonischalt* weist im Vergleich mit *suainechalte* den anlautenden Wandel *sua-* > *so-* auf, wobei man hier davon ausgehen muss, dass *suaine-* eine Hyperkorrektur (Vermischung mit *swīna-*) oder jedenfalls eine Fehlschreibung darstellt und nicht mit *swīna-* zu verbinden ist, sondern mit *swanuz-*. Insofern liegt HÖFINGHOFF wiederum falsch, wenn er für seine etymologischen Überlegungen an dem Diphthong anknüpft. Ebenso verfährt VAN HELTEN, der an dem Diphthong insbesondere aufgrund des *soagne* (mit -gn- für -in-) aus C 6 festhält.[875] Man wird den beiden Forschern keine naive Übertragung aus neuhochdeutschen Lautverhältnissen unterstellen wollen ([ai] < ī; vielleicht denken sie vielmehr an ae. *swān* 'Schweineherde' < germ. *swainaz*?),[876] und man hat sich jedenfalls mit KERN sicherlich für die Deutung 'a family of swine' resp. besser: 'a single member, especially a young one, of the family' zu entscheiden,[877] wofür ja der im Lat. zugrundeliegende Passus *porcellum deinter porcos* hinreichend aussagekräftig ist. Dazu passt, wie ich meine, das heroldianische *sonischalt* aus dem Schaf-Titel, welches salfrk. wohl *sonist-chalt-*[878] (*swan[u/i-stō?]-galtjōn*) o. ä. hätte lauten müssen. Ausschlaggebend ist das Zweitglied *chalte*, welches das 'verschnittene Muttertier' und hier insbesondere das 'Ferkel' bedeutet (ahd. *galza, gelza* stf. 'Gelze' < germ. *galtjōn* f. 'verschnittenes Schwein',[879] vgl. auch an. *gyltr* 'Sau'; daneben auch germ. *galtuz* 'Eber',[880] an. *gǫltr*), *chalt-* in der LS mit der üblichen Graphie <ch> für /g/. Ahd. *galze* meint bekanntlich auch das 'Ferkel'.[881] Zusammengefasst ergibt sich damit, dass *sonischalt* im Schaf-Titel bedeutungsmässig fehl am Platze ist, weil sich das Wort ursprünglich eher auf den Bereich der Schweinezucht erstreckt hat und hier nicht die Herde, sondern daraus ein einziges (junges) Tier gemeint hat. Der Beleg selbst in Tit. 4 ist jedoch hilfreich einerseits im Hinblick auf die Erläuterung der Form *suainechalte* von Tit. 2, andererseits im Hinblick auf das Problemfeld der anlautenden Gruppe *swan-* > *son-*. Darüber hinaus wäre *suainechalte* der einzige salfrk. Beleg, welcher altes *swan-* wenigstens trümmerhaft überliefert.

Nun ist weiter zu fragen, wie sich das Herdenwort mit der auf -r auslautenden Form und der auf -st auslautenden zu einander verhalten. Zu isolieren wäre vorerst m. E. ein s-Stamm *swanuz-* (cf. *kelb-/kalb-iz/uz-*[882]), der nach dem Muster altenglischer und gotischer s-Stämme ae. *sunor* (cf. got. *dōgs*, ae. *dogor*) gut zu erklären vermöchte. Auch die altnordische Form – man beachte, dass im Kompositum *sonargǫltr* ein Gen. Sg. vorliegt – lässt sich gut (als -uz-Stamm[883]) erklären. Ebenso setzt FALK – TORP den Stamm *swanura-* an.[884] *swanuz-* stünde somit in einem Ablautverhältnis zu *swīna-* oder wurde von diesem abgeleitet.[885] Die semantische Position von *swanuz-* erscheint jedoch nicht ganz durchsichtig. Man müsste von einer ursprünglichen Bedeutung 'Schweineherde, zum Schwein Gehöriges' ausgehen, weniger von 'Herde im allgemeinen'.[886] Dass der Herdenbegriff vorliegt, geht

---

[875] VAN HELTEN 1900, S. 272.
[876] Cf. OREL, HGE, S. 390; FALK – TORP, WGS, S. 543.
[877] Zit. nach HÖFINGHOFF 1987, S. 78; zu KERN s. Anm. 830.
[878] Ev. ᚱᛟᚾᛁᛊᚲ- < ᚱᛟᚾᛁᛊᛏ- mit verlesenem *c* < *t*.
[879] Cf. KLUGE-SEEBOLD 2002, S. 343.
[880] OREL, HGE, S. 125.
[881] Cf. AhdWB 4, Sp. 214; Etymologische und wortgeschichtliche Ausführungen und Belege bei PALANDER 1899, S. 158 f.
[882] BAMMESBERGER 1990, S. 211.
[883] VAN HELTEN 1900, S. 281.
[884] FALK – TORP, WGS, S. 546.
[885] OREL, HGE, S. 387.
[886] So VAN DER RHEE 1970, S. 122, HÖFINGHOFF 1987, S. 95.

auch aus dem Determinativkompositum lgb. *sonorpair* hervor,[887] dessen Zweitglied auch aus ae. *bar*, *baer*, as. *bēr*, ahd. *bēr* 'Zuchteber' bekannt ist.[888] Lgb. *sonor-* kann folglich nicht das Wort für den 'Eber' sein, wie VAN DER RHEE und FRANCOVICH ONESTI richtig erkannt haben (s. Anm. 848), was aber die Schwierigkeiten bei der Deutung der an. Belege deutlich macht: Diese wären nach dem Gesagten so aufzufassen, dass mit dem Erstglied *sonar-* zwar das Einzeltier gemeint ist, aber dieses nicht lexikalisch bedeutet, insofern die Grundwörter sich folglich auf 'ein Tier aus der Herde' oder besser: 'das Leittier in der Herde' beziehen müssen.

Die *-st*-Bildung von *sonista*, *sonist* usw. wirft nun in der Tat einige Fragen auf. Wenn im zweiten Wortteil das Suffix zur Bildung von Nomina instrumenti und Konkretbezeichnungen germ. *-þrō-*, *-drō-* steht (**swani-þrō-*), wäre der *r*-Ausfall erklärungsbedürftig. Neben den *r*-losen Formen ahd. *awist*, *ewist* 'Schafhürde, Schafstall' stehen jedoch ebenso *r*-haltige Bildungen wie got. **awistr*, ae. *ēowestre*, *ēwestre*,[889] ohne dass dabei jedoch die Mechanismen von *r*-Verlust und -Erhalt durchsichtig wären. LLOYD – LÜHR – SPRINGER setzen dagegen zwei bereits im Urgerm. verschiedene Bildungen an, einerseits ahd. *ewist* < urgerm. **awista-* und andererseits got. **awistr* (usw.) < urgerm. **awistra/an/ōn-*, beides Ableitungen von urgerm. **awi-* 'Schaf'.[890] Die Suffixe *-st-* und *-str-* haben dabei beide die Funktion, Örtlichkeiten zu bezeichnen. Dieser Sachverhalt lässt sich gut auch auf *swaner* und *sonista* übertragen.

W. VAN HELTEN denkt im Hinblick auf *sonista* andererseits an ein Kompositum mit einem Zweitelement *-sta* resp. *-stō*[891] (zu idg. *[s]tā-, **steh₂-* 'stehen'), wie es auch in an. *naust* 'Bootschuppen'[892] (cf. *Nóa-tún*) und an. *vǫst* < germ. **waða-stō* 'Fischplatz am Meer' erscheint[893] (informativ in diesem Zusammenhang auch ai. *gōṣṭhás* 'Kuhstall', zu **sthā-* 'stehen'). Mit letzterer Annahme liesse sich komfortabel das feminine Genus in der Überlieferung erklären (gegen ahd. *awist* m.), also suffixloses *-st*, wie *sonestem* (Lex Ribuaria 18, 1) nach dem Muster von *gregem*. Überdies stehen die Formen auf *-a* mit einer Ausnahme im Akk., was also gut für ursprüngliches *-stō* passen würde.[894] Diese Wörter (*naust*, *vǫst*) bezeichnen als Komposita allerdings Dinge, die funktional nur schwer mit der 'Schweineherde' zu vergleichen sind. VAN HELTEN führt in diesem Zusammenhang aber die «semantische entwickelung [...] als die folge einer bekannten metapher» lat. *stabulum* 'Stall' und 'Viehherde' an,[895] womit also *sonista* ursprünglich den Schweinestall bezeichnet haben soll. Genau dafür steht aber in der Lex Salica die Malbergische Glosse *hrann*;[896] *sonista* müsste folglich früh aus der schwankenden Doppelbedeutung den einfachen Wert 'Schweineherde' angenommen

---

[887] Cf. BRUCKNER 1895, S. 79.
[888] Cf. LLOYD – SPRINGER I, Sp. 542 ff.; ferner GRAFF III, Sp. 202. Zur Schweinezucht bei den Langobarden cf. HÖFINGHOFF 1987, S. 95: «Die Bedeutung der Tiergattung, für die langobardisch *sonorpair* exemplarisch, dabei aber recht ausführlich in der langobardischen Gesetzgebung abgehandelt ist, wird augenfällig, wenn man bedenkt, daß *sonorpair* die einzige volkssprachige Tierbezeichnung ist, die in den Leges langobardorum bezeugt ist. Daß im Geltungsbereich der langobardischen Leges Zucht und Haltung auch anderer Tierarten durchaus üblich waren, geht aus den Rechtstexten wiederholt hervor. Gleichwohl hatte die Schweinezucht eine deutliche Vorrangstellung. Besonders eindrucksvoll läßt sich dies auch an den Bußen erkennen, die für die Tötung von Hirten festgesetzt waren.»
[889] Beispiele bei KRAHE – MEID III, S. 182 ff.; KLUGE 1926, S. 50 ff., cf. auch FEIST 1939, S. 70 f., LEHMANN 1986, S. 53 (jeweils s. v. *awistr*).
[890] LLOYD – LÜHR – SPRINGER II, Sp. 1180 f.
[891] VAN HELTEN 1900, S. 281 f.; LEHMANN 1986, S. 53.
[892] Cf. DE VRIES AEW, S. 406.
[893] Ebd., S. 676.
[894] Cf. VAN HELTEN 1900, S. 282.
[895] VAN HELTEN 1900, S. 282. Es handelt sich um eine Metonymie, die wohl poetischen Ursprungs ist, cf. GEORGES, AH II, Sp. 2783.
[896] PLS Tit. 2 § 1.

haben. Diese Annahme dürfte insofern eine Berechtigung haben, als das salfrk. Lexem auf die merowingischen Rechtstexte beschränkt bleibt, während das Wort für die 'Schweineherde' in den übrigen germ. Sprachen lediglich in der besprochenen -r-Form auftritt. Die von VAN HELTEN für das Lat. angeführte semantische Übertragung von einer Ortsbezeichnung zu einer Sachbezeichnung kennt für *ewist* auch das Ahd. so bei ISIDOR 41, 4 *in dhes [Christi] œuuiste*, wo *ewist* 'die Gemeinschaft der Gläubigen' bezeichnet (allerdings nach *ovile* der lat. Vorlage.[897] Zu allem weiteren vgl. man die ausführlichen Erwägungen bei FEIST 1939, S. 70 f. und LLOYD – LÜHR – SPRINGER II, Sp. 1180–1183.

Wichtig in diesem Zusammenhang ist ferner eine Glossierung zu ausgangssprachlichem *sonesti* in der Lex Ribuaria Tit. 18 (*De sonesti*): *sonest* bezeichnet hier eine Herde von eher allgemeiner Bedeutung, nämlich eine Pferde-, Schweine- oder Rinderherde: *Quod si ingenuos sonesti, id est XII equas cum amassario, aut sex scruvas cum verre, vel XII vaccas cum tauro furaverit [...]*.[898] Dabei wird *sonesti* glossiert durch *stuat rura, suanus*,[899] wobei anscheinend auf die Pferdeherde Bezug genommen wird. Der erste Teil, *stuat rura*, ist einwandfrei identifizierbar: ahd. *stuot* stf. 'Pferdeherde, Gestüt' und ahd. *ruora* stf. 'Meute, Koppel', mhd. *ruore, ruor* 'Meute, Hundemeute'. Folglich müsste man *stuat* und *rura* als zwei synonyme Gattungswörter annehmen, denen *sonest* in etwa entspricht – allerdings nicht ganz vollständig. Beim zweiten Teil, *suanus*, scheint es sich jedoch nicht um ein Synonym zu handeln, sondern wohl um eine nähere Erklärung von *sonest* in bezug auf die Rinder- und/oder Schweineherde. Hier ist also die interessante Beobachtung zu machen, dass das salfränkische Lexem nicht mehr verstanden wurde und durch ein althochdeutsches i. w. S. erklärt wurde. STEINMEYER – SIEVERS verzichten auf eine Erklärung von *suanus*, FRINGS – VON WARTBURG gehen von einer Verschreibung für *suaner* aus, STARCK – WELLS verzeichnen es unter *swanur*.[900] Nun ist aber die Endung -*us* eindeutig, und es ist bekannt, dass die germanischen Stammbildungsmerkmale in den frühen Glossen der germanische Leges – jedenfalls in den Malbergischen Glossen der Lex Salica – teils noch erkennbar sind.[901] Da auch anderes auf eine *u*-haltige Ableitungssilbe hindeutet, wäre die Glosse *suanus* eine schöne Bestätigung für das für *sonest, sonista* usw. rekonstruierte germ. **suanu*-. Weiters scheinen -*s*-Stämme der -*es*-/-*os*-Reihe vorzugsweise für Tierbezeichnungen in Frage zu kommen, man vgl. *lambaz, kalƀaz, hrinƀaz, hōnaz, wilƀiz, farhaz*,[902] obschon hier keine Tierbezeichnung im engeren Sinne vorliegt, sondern wohl ein Kollektivbegriff. Einige Forscher setzen für ihre Rekonstrukte wie **sonaz* u. ä. allerdings eine Bedeutung 'Eber' an, was nur unter der Voraussetzung zu vertreten ist, dass das Wort von Fall zu Fall das Einzeltier aus der Herde (sc. das Leittier) oder aber die Herde selbst bedeutet, wenn man eben von einem Kollektivum ausgeht. Daneben ist -*s*- als Suffix für männliche Tiernamen hinlänglich bezeugt.[903] M. E. lassen sich ahd. *nihhus* 'Krokodil' – ae. *nicor* 'Wasseruntier' – an. *nykr* 'dass.' (diese allerdings stark flektierend)[904] unmittelbar mit **swanuz* vergleichen.

sonista[905] verhält sich zu *sonor* in einem interessanten semantischen Verhältnis. In der Hs. A 1 des PLS (Tit. 2 § 11) glossiert *sunnista* den Begriff *uerrem aut scrobam ducariam*, bezieht sich also auf eine die Herde führende Leitsau und nicht, wie HÖFINGHOFF angibt, die Herde, die von der Leitsau

---

[897] Zit. nach LLOYD – LÜHR – SPRINGER II, Sp. 1181.
[898] Lex Ribvaria, hg. v. K. A. Eckhardt, Hannover 1966, S. 35; MGH LL V, S. 277.
[899] StSG II, 353, 32. Bei STARCK – WELLS 1990, S. 613 normalisiert s. v. 'swaner, swanur'.
[900] StSG II, 353, 32; FRINGS – VON WARTBURG 1956, S. 288.
[901] QUAK 1983, S. 66.
[902] KLUGE 1926, § 84.
[903] Cf. HENZEN 1965, S. 118; KLUGE 1926, § 28.
[904] Cf. KLUGE 1926, § 28.
[905] Cf. dazu auch ChWdW8, S. 373 (unter den ‹Einsprengseln›).

geführt wird.⁹⁰⁶ Daraus folgt, dass auch hier *sonista* entweder falsch verstanden wurde oder aber konkret das Leittier der Herde meint – wobei der Begriff der Herde immer mitgemeint ist. An anderen Stellen glossiert es jeweils eine bestimmte Anzahl Schweine, nämlich *XXV porci* (PLS), *XXV porci* (LS), *L porci* (PLS). In Tit. 3 des PLS gilt *sonista* auch für eine Herde von zwölf Rindern, womit eine Bedeutungsübertragung des Wortes auf den eher allgemeinen Begriff 'Herde' stattgefunden hat, der jedoch nichts über den möglicherweise wechselnden Stellenwert von Rinder- vs. Schweinezucht aussagen dürfte, sondern nur besagt, dass die Tierzucht in der Herde für Schweine älteren Ursprungs ist als die Herdenaufzucht bei Rindern. In der Lex Ribuaria aus dem 7. Jahrhundert, die sich eng an die Lex Salica anlehnt, erscheint ein ganzer Titel *De sonesti*, der von Herden verschiedener Zusammensetzung handelt: *XVIII. De sonesti*.⁹⁰⁷ *Quod si ingenuus sonesti, id est XII equas cum amissario, aut sex scruvas cum verre, vel XII vaccas cum tauro furaverit, sex C solidus culpabilis iudicetur, et insuper capitale et dilatura restituat.*⁹⁰⁸ Auffällig ist, dass alle Herden nach weiblichen Tieren bemessen werden, aber von männlichen Tieren (dem Leittier) geführt werden. Schliesslich ist der Begriff auch in der Lex Thuringorum, Tit. 37 überliefert: *Qui scrofas sex cum verre, quod dicunt sonest, furatus est, in triplum conponat, et delaturam solidos 7 et in freda totidem*. Hier wird, deutlicher als in den übrigen Texten, der Begriff *sonista* als 'Herde + Leittier' erklärt.

Die Überlegungen zu *sonista* haben ergeben, dass dem Wort aller Wahrscheinlichkeit nach germ. *swanuz- resp. *swanura- zugrunde liegt (im Ablaut zu *swīna*- oder davon abgeleitet) und mit *swaner*, *sonar* usw. unmittelbar verwandt ist. *swaner* meint dabei die 'Herde', *sonista* die 'Herde' und insbesondere 'ein einzelnes Tier aus der Herde' bzw. das 'Leittier und die Herde', wobei der Kollektivbegriff immer präsent bleibt oder sich in den meisten Fällen wenigstens rekonstruieren lässt. Die Einzelheiten der Wortbildung von *sonista* bleiben dabei etwas unklar, doch kann man mit VAN HELTEN und LEHMANN (für got. *awistr) ein Zweitglied **-stō* 'Standort' ansetzen, wobei eine frühe Bedeutungseinengung oder metonymische Bedeutungsübertragung 'Standort von Schweinen' > 'Schweinestall' > 'Schweineherde' stattgefunden hat. Einen Sonderfall bildet spätahd. *swanering*, aus dem sich dank des individualisierenden Suffixes die Bedeutung 'Herde' von *swaner* gut ablesen lässt. Ferner wurde gezeigt, dass *sonista* nur auf das Salfränkische beschränkt bleibt, dem sich allenfalls das ribuarische *sonest(i)* sowie das thüringische *sonest* angliedern lassen. Die Formen weisen mit dem Anlaut *son-* in den im weitesten Sinne nordseegermanischen Bereich oder könnten gar – das sei hier noch angefügt – Entlehnungen aus diesem Raum darstellen (wohl aus dem Nordischen). Einen Ausreisser aus der *son*-Gruppe stellt einzig das lgb. *sonor*- dar, das sich vielleicht durch romanische Interferenz erklären lässt, womit es sich, schliesst man nordseegermanischen Einfluss bei *sonista* aus, wiederum mit dem ebenso unter romanischem Einfluss stehenden Salfränkischen vergleichen liesse. Von Interesse ist auch die Bedeutungsgeschichte: Durch die besondere Affinität von *sonista* zur 'Schwein'-Gruppe sowohl dank sprachlicher als auch dank überlieferungsgeschichtlicher Evidenz konnte argumentiert werden, dass sich die Begriffe *swanuz- und *sonista* ursprünglich nur auf die Schweineherde und Einzeltiere aus der Herde bezogen haben und erst in jüngerer Zeit auch auf andere Tiergruppen übertragen wurden.

---

⁹⁰⁶ HÖFINGHOFF 1987, S. 98.
⁹⁰⁷ Dazu die oben besprochene Glossierung *stuat rura. suanus*.
⁹⁰⁸ Zit. nach der Ausgabe v. K. A. ECKHARDT (Hg.): Lex Ribvaria II: Text und Lex Francorum Chamavorum, Hannover 1966 (Germanenrechte Neue Folge; Westgermanisches Recht), S. 35. Cf. auch MGH LL V, Hannover 1889, S. 218.

6.8. Ausblick

Mehrfach hat sich herausgestellt, dass in *sonista* ein Kollektivbegriff vorliegt. Dieses Kollektiv besteht in der Herde, und die Besonderheit der Herde liegt unter juristischen Gesichtspunkten vor allem in der Vorsteherschaft durch ein Leittier: die Leitsau, den Leiteber, den Leithengst usw. Über den Leiteber berichtet der Edictus Rothari § 351, dass dieser *omnis aliûs verres in grege battit et vincit*, und dass beim Diebstahl oder bei der vorsätzlichen oder mutwilligen Tötung des *sonorpair* der Verbrecher diesen durch einen gleichwertigen oder besseren ersetzen muss.[909] Über die besondere Grösse, Stärke und Schönheit des mit dem langobardischen *sonorpair* identischen nordischen *sonargǫltr* berichten altnordische Quellen.[910] Man wird nicht fehlgehen, wenn man in den entsprechenden Leittieren auch das Zuchtexemplar erkennt. Ein ebenso hoher Wert kommt neben dem Leittier auch dem geweihten männlichen Tier zu. Es erscheint im PLS in Tit. 2 § 16 f. unter der lat. Bezeichnung *maialis sacrivus* (oder *votivus*) und dient also Opferzwecken. Damit verbindet es sich im Hinblick auf *sonista*, *swaner* usw. wiederum mit den nordischen Begriffen *sonarblót* 'Herdenopfer (?)' und *sonardreyri* 'Schweineblut'. Über das Opferschwein und seinen Platz in der germanischen Religionsgeschichte wurde verschiedentlich gehandelt,[911] und es ist hier nicht der Platz, diesen Problembereich weiter zu strapazieren. Im Hinblick auf *sonista* ist nur zu bemerken, dass die Herde bei allen Haustieren einen sehr differenzierten Verband darstellt, worin jedes Tier nach Alter, Eigenschaft und Verwendungszweck gesondert bemessen wird. Die Differenzierung wird im Titel über den Schweinediebstahl mit – je nach Hs.-Klasse – bis zu 20 Paragraphen besonders detailliert vorgeführt. Ähnlich vielfältig erweist sich Tit. 3 über den Rinderdiebstahl. Dagegen fallen die Titel 4 und 5 über den Schaf- und Ziegendiebstahl durch eine eher spärliche Differenzierung auf. Trotzdem überliefern auch diese beiden Abschnitte eine Reihe interessanter Begriffe, die Aufschluss über den sprachlichen Niederschlag der Haustierzucht und -haltung bei den Salfranken und anderen Stämmen zu gewähren vermögen. Mit HÖFINGHOFF zu schliessen, die Schaf- und Ziegenzucht und -haltung sei bei den Salfranken unbedeutend gewesen,[912] ist wohl verfehlt. In der Tat bergen die Titel zur Rinder- und Schweinezucht ein vielfältigeres Vokabular und lassen eine sehr differenzierte und spezifizierte Terminologie erkennen. Ich meine jedoch, dass die salfränkischen Rechtskodifikationen den jeweiligen Stellenwert von Haustierzucht und -haltung nur verzerrt wiedergeben. Vielmehr dürften die knappen Angaben über Schafe und Ziegen darin begründet sein, dass die Tiere im Gegensatz zu Schweinen und Rindern erheblich problemloser zu halten waren, insofern beispielsweise keine abgestufte Aufzucht der Jungtiere in verschiedenen Gehegen nötig war. Die Anspruchslosigkeit der Schafe wurde in verschiedenen Zusammenhängen hervorgehoben, und zu den Ziegen ist zu bemerken, dass es die übliche Tötung der männlichen Tiere gar nicht nötig machte, über diese terminologisch zu handeln: Der junge Zusatz eines *buccus*-Paragraphen in der Karolina dürfte dazu aussagekräftig genug sein. Über den tatsächlichen Umfang und die hauptsächliche Ausrichtung der Nutztierzucht bei den Salfranken gäbe eher die Archäologie Auskunft.

---

[909] Cf. BEYERLE-SCHRÖBLER 1947, S. 139 ff.
[910] Bei SIEVERS 1892, S. 542.
[911] Cf. GUTENBRUNNER 1964, S. 303; zusammenfassender Bericht bei HÖFINGHOFF 1987, S. 87–92.
[912] HÖFINGHOFF 1987, S. 140 (Schafe) u. 150 (Ziegen).

7. Toponymie und Tierbezug – einige methodische Überlegungen

7.1. Problemstellung

Dass Tiere, die im Namenschatz aufscheinen, für die vergleichende Erforschung von Kultur-, Zivilisations-, Religions- und Sprachgeschichte von einiger Bedeutung sind, wurde verschiedentlich hervorgehoben, insbesondere von der Personennamenforschung und der Archäologie.[913] Tiere im Siedlungs-, Flur- und Gewässernamenschatz erfuhren dabei etwas geringeres Interesse, da nach den zahlreichen Arbeiten von EDWARD SCHRÖDER[914] und der zusammenfassenden Beurteilung durch ADOLF BACH[915] alle Fragen beantwortet schienen. Gerade BACH war es jedoch in der *Deutschen Namenkunde*, der der deutschsprachigen Namenforschung nach SCHRÖDER – allerdings nur mit dem Verweis auf die ältere Forschungsliteratur – wieder ins Bewusstsein rief, dass Orts- und Gewässernamen mit Tierbezug in tiefere, noch nicht explorierte Schichten der Namengebungsmotivation weisen können, wobei er sich insbesondere auf entsprechende Beobachtungen zur Gewässernamengebung bei den Griechen, Germanen und Slaven berief.[916] BACH operierte vor allem mit der These, dass vorchristliche Religionen in den mannigfaltigen Erscheinungen der Natur Dämonen erkannten, welche Tiergestalt annehmen konnten,[917] und durch deren eindeutige Benennbarkeit und den festen Ortsbezug eine «Namen»-Übertragung auf die jeweilige Naturerscheinung zu erwirken vermochten. Man würde also gemäss den Vertretern dieser These in einer derartigen Erscheinung, die lediglich durch ein Tierappellativ benannt aufträte, den ältest möglichen Typus einer solchen tiermythologischen Benennungspraxis erkennen – freilich mit dem Eingeständnis, dass das jeweils synchrone Verständnis des «Namens» bzw. der Bezeichnung bis in die jüngsten Sprachstufen hinab auffällig durchsichtig (und infolgedessen diachron wandlungsfähig) bleiben musste. Andernfalls wäre es schliesslich kaum wahrscheinlich, dass beispielsweise einem Typus *Eberbach*, dem ein älterer Name †*Eber* voraufgehen müsste, so durchsichtig bleiben konnte. Dass dieser These, die stets mit guten Beispielen verteidigt wurde, etwas Zirkuläres anhaftet, scheint offensichtlich. Dennoch hat sie die Plausibilität teilweise auf ihrer Seite. Allein, sie ist nicht in chronologischen Spekulationen zur Gewissheit zu befördern, sondern ihre Plausibilität wäre durch ein aufmerksames Durchmustern des Materialbestandes und das Aufdecken von Regelmässigkeiten abzuwägen. In diesem Zusammenhang ist zunächst vor allem auf TH. VENNEMANNs Studie über «Volksetymologie und Ortsnamenforschung» hinzuweisen, die – so polemisch und dogmatisch[918] die Argumentationsweise auch ist – pointiert ins Bewusstsein führt, mit welchen Problemen die Toponomastik in methodischer Hinsicht zu kämpfen hat.[919] Aus der Diskussion dieser Studie lassen sich, wie zu zeigen sein wird, hilfreiche Aufschlüsse zur Verfahrensweise mit Namen mit Tierbezug gewinnen. In bezug auf diesen Typus führt VENNEMANN die *Ur*- und *Auer*-Namen ins Feld und bemerkt dazu:

---

[913] Cf. SCHRÖDER (E.) 1944; WERNER 1963; WERNER 1966; MÜLLER 1967; MÜLLER 1968; MÜLLER 1970; SCHEIBELREITER 1992.
[914] Die einschlägigen Arbeiten SCHRÖDERs werden an den entsprechenden Stellen zitiert.
[915] BACH 1953, § 324–331 u. passim; BACH 1954, § 749 u. passim.
[916] BACH 1954, § 749 (S. 555).
[917] S. dazu nun auch PRÓSPER 2000.
[918] Im Hinblick auf die von VENNEMANN seit Jahren verfochtene Vaskonen-These, wonach überaus zahlreiche Hydro- und Toponyme insbesondere des mitteleuropäisch-alpinen Raums einer vaskonischen Sprachschicht zuzuweisen seien. Vgl. die verzeichneten Titel VENNEMANNs in der Bibliographie sowie die zugehörigen Anmerkungen in der vorliegenden Arbeit.
[919] VENNEMANN 1999, passim. Beispiele und genauere Referenzen im folgenden.

«Ebenso sind die zahlreichen Auerbäche zu verstehen, die als Namenkern dieselbe Wurzel enthalten wie die mehrfach vorkommenden *Aurach* und *Urach* und weitere Namen. Sie als Auerochsenbäche zu deuten, wie das die deutschen Toponomasten einschließlich W.-A. Frhr. v. Reitzenstein (und übrigens auch die britischen Toponomasten) tun, ist volksetymologisch, da es keinerlei Anhaltspunkte für einen solchen Sinnbezug gibt, die Assoziation vielmehr auf rein lautlicher Basis hergestellt worden ist. Auch *Auerbach* usw. sind nach meiner Deutung Bildungen vom Typus *Val d'Aran* [i. e. «volksetymologische Neuanbindung» resp. «verdeutlichende (tautologische) Zusammensetzung», «Kopferneuerung, Sonderfall Kopfhinzufügung», z. B. amerik. *Lake Chiemsee*, S. 288 f.; Anm. MHG], indem ⁺Ura bereits 'das Gewässer, der Bach' bedeutet, man vergleiche bask. *ur* 'Wasser'.»[920]

Tatsächlich kann VENNEMANN mit guten Gründen angeben, die Namen (sc. *Auernheim*, *Auerberg*, *Herzogenaurach*, *Bad Urach* usw.) seien eher mit einem Wort für 'Wasser' gebildet denn mit einem Tierappellativ, da die Siedlungen von Wasser- bzw. Quellreichtum geprägt seien oder an einem Gewässer lägen. Statistisch gesehen ist dem nicht zu widersprechen, da – einfach ausgedrückt – Gewässer häufiger sind als Auerochsen (und damit zusammenhängende Namengebungsmotive aus Jagdgeschichte und Ökologie/Tiergeographie usw.) und die Beweislast folglich bei den Vertretern der Deutung nach dem Tiernamen liegt. Dem sind jedoch mehrere Punkte entgegenzusetzen:

1. Geradezu dogmatisch verfolgt die moderne Onomastik eine Methode, wonach jeder Name zuallererst aus der Sprache der jüngsten Sprachträgerschicht zu deuten versucht werden muss. Hinsichtlich der Toponyme aus dem deutschen Sprachraum heisst das: Ein Name wird a priori nach den Sprachgesetzen der germanisch-deutschen Sprachgeschichte beurteilt, bevor man – so eine Deutung nicht gelingt – andere Sprachen und ihre Gesetzmässigkeiten in die Deutungsarbeit miteinbeziehen darf.[921] Diese Vorgehensweise erweist sich in der Regel zwar als die richtige, da sie mit nur wenigen Unbekannten operiert, das Resultat auf statistischer Evidenz beruht und objektivierbar bleibt, sich also nicht einer isoliert sach-immanenten Erklärbarkeit verpflichtet. Wie gefährlich dieses Vorgehen ist, zeigt VENNEMANN am Beispiel des Gewässernamens *Altmühl*.[922] Es zeigt aber nur, dass der Deutungsarbeit in einem ersten Schritt die exakte Beurteilung der ältesten Belege vorauszugehen hat.[923] Würden für *Altmühl* in der Belegreihe die Formen Ἀλκιμοεννίς, *Alcmona* und *Alchmuna* fehlen, würde niemand darauf verfallen, nicht primär an einen aus den Elementen *alt* und *Mühle* komponierten Namen zu denken. Wissenschaftsgeschichtlich verdankt sich die oben genannte methodische Regel insbesondere der Forderung nach einer wissenschaftlichen Onomastik in der zweiten Hälfte des 19. Jahrhunderts, insofern sich Wissenschaft dadurch auszeichnet, dass diese nach einer «intersubjektiv» nachvollziehbaren resp. objektivierbaren, durchgängigen Methode arbeitet, während die «Volksetymologie» assoziativ und sprunghaft, stets das Explanandum vor Augen, vorgeht. In diesem Sinne operiert die wissenschaftliche Onomastik nach heutiger Ansicht gewissermassen positivistisch. Bis zu einem bestimmten Punkt ist dies auch VENNEMANNs Vorgehen, selbst wenn er eine gegenteilige methodische Regel formuliert und

---

[920] VENNEMANN 1999, S. 291. S. zu diesem Namentyp auch VENNEMANN 1995b, S. 48 f.
[921] Bei KULLY, SONB I, S. 15, wird dieses «Gesetz» so formuliert: «Deshalb versucht die moderne Onomastik, unter strikter Anwendung der Sprachgesetze für jeden unserer Namen zuerst eine Erklärung aus der dt. Sprache zu finden und erst als ultima ratio auf frühere Sprachen zurückzugreifen.» Cf. VENNEMANN 1999, S. 304 u. Anm. 118.
[922] VENNEMANN 1999, S. 304.
[923] Obschon auch dieses Vorgehen seine Tücken hat, wie KULLY, SONB I, S. 14, zeigt.

fordert, bei der Ortsnamendeutung müssten ältere Sprachen prinzipiell stärker berücksichtigt werden.[924] VENNEMANNs Vorgehen unterscheidet sich jedoch von der gängigen onomastischen Methodik insbesondere darin, dass eine fertig formulierte Theorie den Ausgangspunkt bildet, in die sich die sie konstituierenden Elemente erst noch einfügen müssen. VENNEMANNs methodische Basis ist dabei nicht unwissenschaftlich, nur vermag sie denjenigen, der an die Macht der Fakten glaubt, nicht zu überzeugen, da sie, wo die Faktenlage ungünstig ist, nur mit Vermutungen und statistischen Argumenten operiert. Kaschiert wird diese methodische Schwäche durch die Ausstattung der vorindogermanischen, meist hydronymischen Basen mit Attributen wie «ganz gewöhnlich», «regelmässig», «hauptsächlich», «wohlbekannt» usw., ohne dass diese Basen selbst Gegenstand einer wissenschaftlichen Auseinandersetzung sind. Dem Vorwurf der Zirkularität entgeht VENNEMANN nur dadurch, dass er mit vaskonischem Sprachmaterial, das heisst Rekonstruktionen aus dem Baskischen, arbeitet. Das Problem ist dabei, dass die gängige onomastische Verfahrensweise immer Ansatzpunkte für Anfechtungen bietet. Die Ergebnisse können nach Massgabe ihrer faktischen Grundlagen problematisiert werden, während an VENNEMANNs Deutungsarbeit jede Kritik abprallen muss, da ihr mangels objektivierbarer Fakten (wenn man vom statistischen Argument absieht) jede Angriffsfläche fehlt. Die Beweislast liegt also, wie oben angedeutet, immer bei den Vertretern des, nach VENNEMANN, «volksetymologischen Wildwuchses».[925]

2. VENNEMANNs Arbeit fordert nicht ganz zu Unrecht zum Widerspruch heraus, da die hinsichtlich der *Auer*-Namen angezweifelten Anhaltspunkte für einen Sinnbezug zum Auerochsen tatsächlich erst gefunden werden müssen. Freilich ist das schwer möglich, und die Anhaltspunkte können auch in diesem Zusammenhang nicht restlos beigebracht werden, man nehme jedoch immerhin zur Kenntnis, dass der Auerochse (*Bos primigenius*) bis zu seiner Ausrottung 1627 und vor allem in der Frühgeschichte Europas eines der häufigsten wilden Tiere überhaupt war, das auch im Hinblick auf seine Domestizierung (zum *Bos taurus*) als eines der wichtigsten Tiere in Jagd und früher Landwirtschaft betrachtet werden muss.[926] Fokussiert auf die Gewässernamen mit Tierbezug mag man sich also fragen: Ist es wahrscheinlich, dass ein Bach nach den sich regelmässig hier zur Tränke aufhaltenden Auerochsen benannt wird, oder muss man davon ausgehen, dass der Bach ursprünglich einfach nur 'Wasser' hiess? Die Fragen müssen nicht beantwortet werden, aber immerhin könnte man die erste Frage insofern mit «ja» beantworten, als ein ähnlich gelagerter Fall wie *Wiesendangen* ZH < *Wisuntwangas* (809) doch sicherlich gedeutet werden kann als 'Gelände, wo sich

---

[924] VENNEMANN 1999, S. 304 f.: «Bei der Ortsnamendeutung müssen alle im Verlauf der Geschichte für die fragliche Örtlichkeit in Betracht kommenden Sprachen in gleichem Maße berücksichtigt werden, die ältesten wie die jüngsten. Eine frühe Bezeugung kann dabei eine jüngere Sprache als Quelle ausschließen, aber niemals eine erst spät einsetzende Bezeugung eine ältere Sprache. Insofern könnte man die methodische Regel geradezu umkehren und fordern, daß ältere Sprachen bei der Ortsnamendeutung prinzipiell stärker zu berücksichtigen sind, da sie als Quelle niemals allein durch die Beleglage auszuschließen sind. Tatsächlich müssen alle für die ursprüngliche Namengebung in Betracht kommenden Faktoren, sprachliche wie außersprachliche, berücksichtigt werden, um ohne Präjudiz die sprachliche Schicht zu bestimmen, auf der der Name vergeben wurde und aus der er somit auch gedeutet werden muß. Das Abweichen von dieser methodischen Regel hat den volksetymologischen Wildwuchs verursacht, an dem die Toponomastik des 20. Jahrhunderts krankt.»

[925] Damit gerät die moderne Onomastik zwingend in eine defensive Lage, da, sollte VENNEMANNs Beispiel Schule machen, erstere immer mit dem Anspruch konfrontiert wäre: «Beweise mir das Gegenteil, und ich werde dir glauben.»

[926] Cf. RUSSELL 2003, S. 214: «In contrast to sheep and goats, the aurochs [...] was widespread across the northern Old World, ranging across most of Europe and Asia as well as North Africa.»

Wisente aufhalten'[927] – wenn nicht ein Personenname zugrunde liegt.[928] E. SCHRÖDER führte dagegen ins Feld, dass gerade dieser ökographische Gesichtspunkt schlecht zu den Gewässernamen mit Tierwort passe (s. u. S. 169). Da aber auch SCHRÖDER vorwiegend statistisch argumentiert, mag man die ökographische Deutung doch nicht ganz ausschliessen. Geht man von einer «historischen» Deutung aus, wie sie SCHRÖDER, RUTISHAUSER u. a. später vertraten (s. u. S. 170), soll man also annehmen, dass ein Tier zu einem einzigen, bestimmten Zeitpunkt eine Rolle in der Geschichte des Baches gespielt hat, die so wichtig und einzigartig war, dass der Bach nach dem Tier und dem mit diesem zusammenhängenden Ereignis benannt wurde – dies ändert aber an der sprachlichen Grundlage selbst nichts. Die Frage lautet demnach: Welche Rolle können diese Tiere gespielt haben? Und sie stellt sich nicht nur in bezug auf den Auerochsen oder den Wisent, sondern auch in bezug auf die von VENNEMANN bereits 1994 zu hydronymischen Wurzeln gestellten «Tier»wörter *Fisch* (zu *fis-k-* «Naturwort unklarer Bedeutung»), *Fuchs* («hydronymische Wurzel *fos*, *fus*» mit der «hydronymischen Ablautvariante *fuk/fok* von *fak*»), *Hahn* («Indes ist *han* eine weit verbreitete hydronymische Wurzel»), *Hinde* und *Hund* (beide zu einer hydronymischen Base *hund*) in Gewässernamen.[929] Am Beispiel der Ziege soll diese Problematik unten weiterverfolgt werden.

3. VENNEMANNs Kritik an der etablierten Namenforschung nimmt ihren Ausgangspunkt in der von dem Forscher mehrfach vorgelegten Sichtweise der Frühgeschichte Europas, wonach Mittel-, West-, Nord- und Osteuropa nach der letzten Eiszeit ab 8000 v. Chr. von «Südwesteuropäisch» (Ligurisch, Iberisch, Alt-Baskisch) sprechenden halbnomadischen Hirten («Pastoralisten») besiedelt worden sei, denen die Schaffung «einer einheitlichen ‹alteuropäischen› topographischen Nomenklatur (einschließlich der Hydronymie)» zuzusprechen sei.[930] Über diese Sprachen legten sich im Verlauf der Jahrtausende mehrere Superstrate, zuletzt die germanischen Dialekte in der 1. Hälfte des 1. Jahrtausends n. Chr. Während das Konzept der «alteuropäischen Hydronymie» (nota bene auf westindogermanischer Grundlage) auf breiter Basis akzeptiert ist und man sich auch über Fragen der realgeschichtlichen Klassierung dieser Vorstellung einig zu sein scheint, hat VENNEMANNs Skizze insbesondere mit dem Problem der Kontinuität zu kämpfen. Ohne diesen Fragenkomplex breit aufzurollen, mag doch der Einwand genügen, dass viele Gebiete Mitteleuropas nachweislich von wiederholten, jahrhundertelangen Siedlungslücken geprägt sind und man sicher in Frage stellen darf, dass Klein- und Kleinstsiedlungen, nach heutigen Massstäben unbedeutende Kleinstgewässer und selbst Fluren der Vorstellung einer onymischen Kontinuität von 8000 bis 10000 Jahren gerecht werden. Auch in diesem Belang verschiebt sich die Beweislast also wieder auf die Vertreter der einzelsprachlich operierenden Namenforschung (und in diesem Fall auch auf Archäologie und Frühgeschichte). Im Rahmen dieser Arbeit erweist sich dieser Fragenkomplex aber als Herausforderung, die Problematik rund um die oft übergangene Erforschung der Benennungsmotivik am Beispiel von Schaf und Ziege anzugehen.

Da Wörter für Schaf und Ziege häufig in Gewässernamen anzutreffen sind – sei es als Simplizia oder als Bestimmungswörter von Komposita –, bietet es sich an, zunächst einen Blick auf die Frage nach dem Alter von Gewässernamen zu werfen.

---

[927] Cf. BANDLE 1954, S. 163. Daraus abzuleiten, dass auch andere Toponyme mit einem Bestimmungsglied *Wiese* das Tierwort enthalten, ist durchaus wahrscheinlich, kann aber bei mangelhafter Beleglage nicht weiter verifiziert werden.
[928] Cf. beispielsweise FÖRSTEMANN I, Sp. 1622 f.
[929] Cf. VENNEMANN 1994, S. 416 f. u. Anm. 42, 46, 47, 56, 60.
[930] VENNEMANN 1994, S. 422.

7.2. Zum Alter der Gewässernamen

Noch bevor HANS KRAHE in seinen ungezählten Beiträgen zur «Alteuropäischen Hydronymie» den Wert der Erforschung der Gewässernamen herausstellte und mit seinen bahnbrechenden – wenngleich nicht unwidersprochen gebliebenen und heute in vielem zurechtgerückten – Thesen die ältesten sprachlichen Zeugnisse europäischer Sprachen zu ordnen versuchte, behauptete E. SCHRÖDER in seinem berühmten RGA-Artikel 'Flußnamen' mit apodiktischer Bestimmtheit: «Die Erforschung der Flußnamen verdient innerhalb der germanischen Welt das meiste Interesse auf deutschem (und niederländischem) Boden.»[931] SCHRÖDER rechnete allerdings, wie auch zuvor MÜLLENHOFF,[932] mit fest bestimmbaren Sprachträgern, die die grossen Gewässer benannt hätten. Es waren nach SCHRÖDER vor allem die Kelten für die Benennung der überregionalen Gewässer verantwortlich, und ungern stimmt er H. D'ARBOIS DE JUBAINVILE zu, dass unter der gallischen noch mit einer ligurischen Flussnamenschicht zu rechnen sei.[933] Es ist heute allerdings common sense, dass man den oder die Sprachträger der «Alteuropäischen Hydronymie» nicht mit einer eindeutigen ethnisch-historischen Bezeichnung versehen kann. Einerseits fehlt tatsächlich jede Grundlage, das Netz der alteuropäischen Namen einem Volk bzw. einer ethnisch-sprachlichen Einheit von Menschen zuzuweisen, andererseits schliessen die strengen Bedingungen, dass ein Gewässername als «alteuropäisch» angesprochen werden kann, die Benennung der Sprachträger schlechterdings aus.[934] Was nun das Alter dieser Gewässernamen anbelangt, tappt die heutige Forschung ebenso im Dunkeln, wenngleich auch moderne, allerdings unkonventionelle, Bestrebungen bestehen, der alteuropäischen Hydronymie einen exakten Zeithorizont (ab 8000 v. Chr. bis 5500 v. Chr.) und eine Trägerkultur («Pastoralisten») zuzuschreiben, in der das Ligurische (nebst Iberisch und Alt-Baskisch) wieder eine Rolle spielt (s. oben).[935] Die Feststellung jedoch, dass ein alteuropäischer Gewässername in Skandinavien, der eine genaue Entsprechung in Italien hat, nicht zeitgleich mit jenem entstanden sein muss, ist selbstverständlich zutreffend.[936] Dass die Frage nach dem Alter eines ganz bestimmten Namens allerdings berechtigt ist, wird von der traditionellen Sprachwissenschaft als nicht massgeblich betrachtet, was insofern verständlich ist, als die Sammlung und wissenschaftliche Aufbereitung der *Hydronymia Germanica* resp. *Europaea* noch weit von ihrer Vollständigkeit entfernt ist und ihre Untersuchbarkeit auf Aussersprachliches noch nicht im zentralen Untersuchungsinteresse steht. In der VENNEMANNschen Sichtweise der alteuropäischen Hydronymie spielen nicht wenige hydronymische und toponymische Basen eine Rolle, die in der modernen toponymischen und hydronymischen Nomenklatur das Aussehen neuhochdeutscher Tierappellativa tragen. Es sind Namen mit Elementen wie *Eber-, Fisch-, Fuchs-, Hahn-, Hund-, Hinde-* usw., die in dieser Interpretation, wie oben gezeigt, lediglich zu Naturwörtern unklarer Bedeutung abstrahiert werden. Dies befriedigt selbst bei einer wohlwollenden Beurteilung letztlich nicht – darf man doch die Methode gelten lassen, dass bei der Namendeutung eine Problemlösung zulässig ist, die mit «einheimischem» Sprachmaterial im weitesten Sinne operiert, was heisst, dass man wohl mit westindogermanisch-alteuropäischem, keltischem, romanischem und germanischem Sprachmaterial arbeiten darf, das Vaskonische jedoch nur in letzter Instanz heranziehen sollte.

---

[931] SCHRÖDER (E.) 1915, S. 72.
[932] MÜLLENHOFF, DA 2, z. B. S. 219: «Ist also der Rhein von den Galliern benannt und sind die Germanen erst später an seinen ufern erschienen, so müssen ihn jene vor diesen, wie in seinem oberen, so auch in seinem unteren laufe unterhalb des Mains bis zum meere zu beiden seiten besessen haben, wo ihn die Germanen zuerst erreichten.»
[933] SCHRÖDER (E.) 1915, S. 73.
[934] Cf. SCHMID 1995, S. 756.
[935] VENNEMANN 1994, S. 422.
[936] SCHMID 1995, S. 759.

Kommen wir nun auf die in dieser Arbeit zu untersuchende Problematik zurück, die nota bene nur ein kleines Feld anrühren kann. Die Bedingungen, die SCHMID für die Taxierung eines Namens als ‹alteuropäisch› nennt, schliesst die Gewässernamen mit Tierbezeichnungen von vornherein aus, da die Semantik im Wortfeld «Wasser, Fliessen, Flüssigkeit» oder im Feld der Eigenschaften des Wassers liegen muss[937] – es sei denn, eine bestimmte Eigenschaft eines Tieres sei einerseits namengebend für das Tier selbst, andererseits für das bezeichnete Gewässer. Dieser Fall tritt auf, wo Tabuvorstellungen herrschen, das Tier folglich nicht mit seiner eigentlichen, volkstümlichen Bezeichnung benannt wird, sondern umschreibend oder charakterisierend mit Adjektiven o. ä. Wenn jedoch die Eigenschaft des Tieres mit derjenigen des Wassers übereinstimmt – wodurch immerhin im Fall des Wassers die oben genannte Bedingung erfüllt sein kann –, so ist die eigentliche Namengebungsmotivation innersprachlich nicht mehr zu entschlüsseln. Beispielhaft für dieses Problem ist die Diskussion um den Namen der süddeutschen *Mindel* in den 20er und 30er Jahren des letzten Jahrhunderts. Obgleich die methodischen Grundlagen zur Erforschung dessen, was KRAHE später als alteuropäische Hydronymie bezeichnen sollte, zu jener Zeit noch nicht ausgereift waren, wurde die Problemlage durchaus erkannt. Die Annahme, dass eine Identität von Gewässerbezeichnung und Tierappellativ einst weitere Geltung gehabt habe, wurde ja bereits von EDWARD SCHRÖDER in zahlreichen Artikeln vertreten[938] und dann in SCHNETZens «Zeitschrift für Ortsnamenforschung» am Namen der süddeutschen *Mindel* mit viel Polemik ausdiskutiert. Insbesondere der Keltologe POKORNY setzte sich für die Deutung der *Mindel* als 'Böcklein' ein (zu kelt. *mindo-/*mendo- 'Ziegenbock' mit deminuierendem indogermanischen *l*-Suffix), ohne jedoch eine konkrete Benennungsmotivation des Namens vorzuschlagen.[939] SCHNETZ hingegen kaprizierte sich auf eine Bedeutung 'hell, klar'. Er widersprach POKORNY demzufolge mehrfach,[940] teils aus linguistisch-formalen, teils aus sachlichen Gründen, wobei die etymologischen und morphologischen Gesichtspunkte jeweils überwogen. Die die Sache betreffenden Argumente SCHNETZ' bezogen sich stets auf die Meinung, dass bei Identität von Flussname und Tierappellativ nur eine Übertragung von bestimmten Wesensmerkmalen des Tieres auf die Benennung des Gewässers im Spiel sein könne: «Nun könnte man ja ein lebendiges Bergwasser, das von Fels zu Fels hüpft, so [sc. 'Ziegenböcklein'] heissen, aber niemals einen in der Ebene dahinfliessenden, ca. 80 km langen Fluss. Das Wasser der Mindel springt oder hüpft überhaupt nicht.»[941] Da POKORNY allerdings lediglich mit innersprachlichen Argumenten operierte und SCHNETZ polemisch replizierte, musste die Diskussion im Sande verlaufen und wurde erst 1965 mit leichten Vorteilen für POKORNY und damit für den Tiernamen wieder aufgenommen.[942] Damit wurde aber weder entschieden, welche Motivation einer solchen Benennung des Gewässers zugrundeliegen könnte, noch wurde überhaupt in Erwägung gezogen, dass eine alte Volksetymologie mit einer «ursprünglichen» und damit eher alteuropäischen Benennung konkurrieren könnte. J. UDOLPH meinte 1995 auf dem Hintergrund einer bereits fortgeschrittenen Erforschung der alteuropäischen Flussnamen: «Vor die Frage gestellt, ob ein auch morphologisch altertümlicher Name mit einer dieser Gewässerbezeichnungen [sc. Bezeichnungen für

---

[937] Ebd. S. 756.
[938] Z. B. SCHRÖDER (E.) 1937; SCHRÖDER (E.) 1944, S. 341–352; S. 356–367 u. passim. Cf. aber auch RITTER 1942, S. 131 ff., wo die Forschungsgeschichte zum Thema noch weiter zurückdatiert wird und SCHRÖDERs Ansichten korrigiert und modifiziert werden.
[939] POKORNY 1932; POKORNY 1933, S. 190: «Eine ‹mythologische Deutung› ist in den meisten Fällen unwahrscheinlich und unnötig.»
[940] SCHNETZ 1932a; 1932b; 1933.
[941] SCHNETZ 1932a, S. 58.
[942] SNYDER 1965, S. 190. SNYDER wendet zu Recht ein – und wird damit den Bedingungen der Alteuropa-Forschung gerecht – dass *Mindel* als Flussname «in weit auseinanderliegenden Gegenden dreimal bezeugt ist, als Tiername in den kelt. Sprachen dagegen nirgends vorkommt.»

fliessendes Wasser, Quelle, Bach, Fluss u. dgl.; Anm. MHG] oder z. B. einem Wort für 'Schwein', 'Eber' u. ä. verbunden werden kann (z. B. *Świna*, *Parsęta/Persante*, *Wieprz* in Polen), wird man sich fast immer für die erste Möglichkeit entscheiden können [...]. Volksetym. Umdeutungen sind ständig zu beobachten.»[943] Vorbildlich hat einen solchen Fall für die Frühzeit P. AEBISCHER untersucht, wie oben (s. S. 66) gezeigt wurde. Damit verschärft sich aber das Problem um die Frage nach dem Alter der Gewässernamen mit Tierbezeichnungen weiter, da Volksetymologien grundsätzlich nicht berechenbar sind.[944] Mit der Konstatierung einer Volksetymologie ist jedoch das Untersuchungsinteresse nicht im mindesten verringert, nur müssen die Ansatzpunkte anders gesetzt werden. Man muss beispielsweise fragen, ob der sekundärmotivierte Name grundsätzlich auch als ursprünglicher Name in Frage käme, ob er mindestens als Typus real sein könnte oder ob die sprachliche Umformung soweit eigene Wege gegangen ist, dass nur noch ein verballhorntes, ganz unverstandenes Gebilde vorliegt. Im Fall der Gewässernamen *Javroz* und *Javrex*, die auf vorkeltisches **Gabarus* und **Gabarascus* zurückgehen, konnte AEBISCHER nachweisen, dass die Namen sekundär an kelt. **gabros* angeglichen wurden und in die den rezenten Namen vorausgehenden Formen **Gabarus* resp. **Gabarascus* mündeten, woraus sich ergibt, dass der Typus 'Geissbach' durchaus möglich gewesen sein konnte – was natürlich nur auf statistischen Argumenten beruht, aber angesichts der Gewässernamen mit einer anderen lexikalischen Basis (einem anderen Ziegen-Wort) viel für sich hat.

Relativ gesehen lässt sich der Bestand an Gewässernamen mit Tierbezeichnung sicherlich vor die allerjüngste Phase der Gewässernamengebung setzen: Während die ältesten Namen nach der alteuropäischen Phase mit den Wasserwörtern hauptsächlich die Gegebenheiten der Natur widerspiegeln, wozu der Wortschatz aus Flora und Fauna gehört, beziehen sich die Namen der jüngsten Phase auf Siedlungen, Personen oder die menschliche Tätigkeit überhaupt.[945] Insofern ist es statthaft, die Gewässernamen mit Tierbezug einer verhältnismässig alten Schicht zuzuordnen. Die Deutungsarbeit muss sich jedoch weniger mit chronologischen Gesichtspunkten auseinandersetzen als mit den möglichen Interpretationsverfahren einer tierbezogenen Namenmotivik. Vorausgesetzt, im Flussnamen *Mindel* liegt tatsächlich kelt. **mendos* 'junger Bock' vor,[946] fällt der Name also aus der alteuropäischen Schicht und lässt sich der keltischen zuordnen, was historisch gesehen problemlos ist.

Im Hinblick auf das folgende Kapitel, das sich Toponymen mit Ziegenbezug in einem allgemeineren Sinne widmet, möchte ich die methodischen Überlegungen anhand der *Mindel* abschliessen. Die Deutungsvorschläge von SCHNETZ ('hell, klar') und POKORNY ('Böcklein') lassen sich nämlich durchaus vereinbaren, wenn man in Rechnung stellt, dass eine der zentralen Vorstellungen über die Ziege diejenige von Helligkeit und Leuchtkraft ist (s. Kapitel 11). Mag das ursprüngliche Benennungsmotiv klares, helles Wasser gewesen sein, so konnte eine Umdeutung nach einem ähnlich klingenden Wort, das die Bedeutung 'Bock, Böcklein' hatte, zu dem Zeitpunkt stattfinden, als ein Typus 'Geissbach' im allgemeinen Bewusstsein stand. Dieses Argument ist allerdings nicht zwingend, da die Volksetymologie bisweilen verschlungene Wege geht. Doch wo sich zwei bedeutungstragende

---

[943] UDOLPH 1995, S. 279.
[944] Eine frühe Volksetymologie eines Flussnamens mit Ziegenbezug bringt bereits ISIDOR XII, 1, 14, wo der Fluss *Cinyps* (heute *Cinifo* in Libyen) wie folgt gedeutet wird: *Maiores hirci Cinyphii dicuntur a fluuio Cinyphe in Libya, ubi grandes nascuntur* (Text nach ANDRÉ 1986, S. 47 mit Anm. 20 [S. 47 f.]). Der Bezug *Cinyphii* ↔ *hirci* erscheint aber bereits bei VERGIL, SERVIUS und in den diesbezüglichen Berner Scholien (*Ciniphs maior hircus*), s. dazu ANDRÉ 1986, S. 48, Anm. 20. Vermutlich bezieht sich die Volksetymologie auf die zum Topos gewordenen berühmten schönhaarigen Ziegen der Umgegend (cf. GEORGES, AH I, Sp. 1139). Zu Fragen der Volksetymologie und Sekundärmotivation bzw. -deutung («wissenschaftliche Volksetymologie») cf. VENNEMANN 1999 und meine Kritikpunkte unten.
[945] UDOLPH 1995, S. 278 f.
[946] Cf. POKORNY, AcS II, Sp. 547.

Elemente in einem Wort (resp. zwei ähnlich klingenden Wörtern) trafen, waren der Sekundärmotivation Grenzen gesetzt. Der Typus selbst ('Geissbach') ist damit freilich noch nicht erklärt.

7.3. Ziege

Geiss, Ziege und Bock sowie die zugehörigen Jungtiere finden sich in Orts-, Flur- und Gewässernamen verhältnismässig häufig. Die Tiere treten bereits in den frühesten Überlieferungsschichten zutage und sind in den meisten europäischen resp. indogermanischen Sprachen als namengebend bezeugt. Auch in Personen- und Völkernamen ist die Ziege[947] geläufig,[948] wenngleich nicht in demselben Ausmass wie in den übrigen Namentypen. Die prinzipielle kulturelle Bedeutung der Ziege für den Menschen ist unbestritten,[949] obschon hier zeitlich und regional stark differenziert werden muss (s. u. S. 172). Dies allein wäre bereits Rechtfertigung genug, um ihr auch in der Namenforschung Beachtung zu schenken. Allein die Bedeutung der Ziege in wirtschaftlicher und kultureller Hinsicht wird noch durch religionsgeschichtliche und mythologische Aspekte vermehrt, so dass eine Untersuchung der Ziege im Namenschatz recht vielversprechend erscheint. Obgleich die Ziege bisher wenig Diskussionsstoff lieferte, fallen doch die verschiedenen Gewichtungen in der Beurteilung der Namengebungsmotivation auf, und es soll hier insbesondere letztere zur Diskussion stehen. Es folgt zunächst ein Überblick über die bisherige Forschung.

1927 publizierte G. DOTTIN einen kurzen Aufsatz, in dem es um das Phänomen 'Tiere in Namen' ging.[950] Obwohl sich DOTTIN nur auf die gallische Onomastik beschränkte und hauptsächlich das Ziel verfolgte, festlandkeltische Tier-Appellativa aus Orts- und Personennamen herauszuschälen, ist der Beitrag doch sachlich und methodisch zentral für alle hier zu behandelnden Fragen. Zunächst stellt DOTTIN folgendes fest: «Parmi les mots que l'on peut s'attendre le plus souvent dans les composés et les dérivés gaulois, *les noms d'animaux tiennent la première place*. Qu'ils y figurent à titre de divinité, de totem ou de terme de comparaison plaisante pour les personnes, de détermination géographique pour les lieux, ils y sont vraisemblablement aussi nombreux que dans les autres langues indo-européennes.»[951] Aufgrund des reichhaltigeren Datenmaterials behandelt DOTTIN vor allem Personennamen und kommt nur gelegentlich auf Ortsnamen zu sprechen. Für letztere betont er jedoch die alte Faustregel, die es in unserem Zusammenhang immer zu berücksichtigen gilt: «Toutefois la dénomination d'un lieu inhabité par un nom d'animal n'est pas invraisemblable (*Gabro-magus* 'champ de la Chèvre', *Marco-magus* 'champ du Cheval'), bien que plus rare que la dénomination par un nom d'arbre. [...] Mais si nous nous fondons sur les analogies de l'époque moderne, il semble bien que seuls les lieux habités ont pris des noms de propriétaires, et que les lieux inhabités ont gardé des dénominations géographiques; les exceptions à cette règle sont très peu nombreuses.»[952] Die Ziege behandelt DOTTIN nur beiläufig und stellt fest, dass die wilde Ziege wohl oftmals mit der Gemse verwechselt worden sei, welche gelegentlich auf Münzen dargestellt erscheint. Für die wilde Ziege nimmt DOTTIN das Wort *gabr-* in Anspruch, welches oben behandelt worden ist.[953] Zur Benennungsmotivation bezieht der Autor kaum Stellung. Er weist (nebst Totem etc.) gelegentlich auf

---

[947] Im folgenden soll jeweils stellvertretend für alle hier in betracht kommenden Tiernamen nur der Begriff *Ziege* verwendet werden.
[948] MÜLLER 1970, S. 75–78.
[949] Cf. schon z. B. HAHN 1918–19.
[950] DOTTIN 1927.
[951] DOTTIN 1927, S. 92. Gesperrte Passage MHG.
[952] DOTTIN 1927, S. 96.
[953] DOTTIN 1927, S. 97.

die Möglichkeit von Tabubezeichnungen hin und streift die Tiersymbolik im Hinblick auf die bekannten Mythologeme.

Ein Gelehrter, der sich mehrfach und vertieft mit Tieren im Namenschatz auseinandergesetzt hat, war E. SCHRÖDER. Seine berühmte Aufsatzsammlung von 1944 verzeichnet zwei Titel, in denen es ausschliesslich um die Ziege resp. die Geiss geht.[954] Im Aufsatz «Ziegenhagen» vermerkt SCHRÖDER, dass die Ziege unter den Tierbezeichnungen in der siedlungsgeschichtlich jungen Gruppe der Ortsnamen auf -hagen ausserordentlich hervorsticht, während andere Haustiere (Pferd bzw. Ross, Esel, Kuh, Ochse, Stier, Schaf, Lamm, Widder und Schwein) gänzlich fehlen oder nur ausnahmsweise in jüngsten Kleinsiedlungen und Vorwerken des Ostens auftreten.[955] Dieser Sachverhalt ist in der Tat auffällig und er weist der Ziege a priori einen besonderen Stellenwert zu, den SCHRÖDER als Ausdruck des Spotts versteht: «Die Ziege ist ausgesprochen das Haustier des kleinen Mannes, und eine Hagen-Siedlung mit diesen Tiernamen [sc. *Ziegenhagen, Ziegenhahn, Ziegenhain, Zickenhain*] wird damit hinreichend charakterisiert.»[956] Die *Ziegenhagen* sind demzufolge Fremdbenennungen, was SCHRÖDER durch die Tatsache herausstreichen möchte, dass zweien der *Ziegenhagen*-Orte Sitze von herrschaftlichen Dynastien mit den Namen *Ziegenhain* und *Ziegenberg* benachbart sind, deren abhängigen Dörfern «ältere Siedler der Umgebung» den Spott angedeihen liessen. Diese Erklärung ist wohl nicht gänzlich stichhaltig, ja sie stellt sich dadurch in Frage, dass auch kaum nachbarlicher Spott für die Benennung der adligen Dynastien in Frage kommen mag, zumal der Titel «Grafen von Ziegenhain» bewusst den älteren «Grafen von Reichenbach» ersetzt. Wie stark gerade die Ziege bzw. Geiss an Namen auf -*berg* haftet, wird unten noch zu erörtern sein. Im zweiten Aufsatz, «Geißlede(n)», greift SCHRÖDER erheblich weiter aus. Ausgehend von dem nordwestthüringischen Flüsschen *Geißlede* und dem nach ihm benannten Dorf *Geißleden* wird überzeugend eine ursprüngliche Form *Geizla 'haedula' für das Flüsschen postuliert. Erweitert um das Kollektivsuffix ahd. -*ithi* (germ. -*iþia*) bezeichnet der Name nun das Revier des Flusses. SCHRÖDER stellt fest, dass es zu dem Vorgang einer sekundären Erweiterung eines ursprünglich einstämmigen Tierwortes für Gewässernamen zahlreiche Beispiele gebe, dass aber gleichzeitig auch unzählige einstämmig gebliebene Bildungen überlebt haben: «Die Erscheinung derartiger Flußnamen, die bei allen Völkern der Erde wiederkehren, sollte zum mindesten aus dem Griechischen so bekannt sein, daß man sie auch im Germanischen erwarten müßte und sie jedenfalls, wenn man sie nicht geradezu aufspüren will, da nicht ablehnen darf, wo sie einem aufdringlich entgegentreten.»[957] SCHRÖDER nennt weitere Gewässernamen, denen ein einziges Tierwort zugrundeliegt (mit besonderer Berücksichtigung der Geiss), und kommt unter anderem auf die umstrittene *Mindel* zu sprechen; er konstatiert schliesslich zweierlei Bedenkenswertes:

a) S. 344: «[…] was das Problem anbetrifft, so sehe ich selbst noch keineswegs klar. Diese Namengebung reicht weit über die Zeit hinaus, aus der wir eine urkundliche Überlieferung besitzen, sie hatte von vornherein etwas Geheimnisvolles,[958] ist wohl sehr früh unverständlich und in verschiedener Weise eingeengt oder ersetzt worden.»

b) S. 345: «Ein Überblick […] ergibt die eigentümliche Erscheinung, daß die im oder doch ausgesprochen am Wasser lebenden Tiere in diesen Listen entscheidend zurücktreten. […] Ein

---

[954] SCHRÖDER (E.) 1944, S. 282–285 («Ziegenhagen»); S. 341–352 («Geißlede[n]»). Zitiert wird hier nach der gut greifbaren *Deutschen Namenkunde*, da sie sachlich und bibliographisch ergänzte Arbeiten bietet (cf. ebd. S. 5*).
[955] SCHRÖDER (E.) 1944, S. 283.
[956] Ebd., S. 283.
[957] Ebd., S. 343.
[958] Cf. auch WATSON 1926, S. 453: «There is a distinct mythological flavour about all these names» und BACH § 749.

ökographischer Gesichtspunkt kommt also für diese Benennungsweise nicht in Frage. Aber [...]: das gleiche Bedenken bleibt, wenn auch abgeschwächt, für einen großen Teil der zusammengesetzten Flußnamen mit dem Tier an erster Stelle.»

Die Problemlage, die SCHRÖDER skizziert hat und die selbstverständlich weit über die *Ziegen*-Namen hinausgeht, wurde in der jüngeren Namenforschung kaum mehr aufgegriffen. J. U. HUBSCHMIED, der zwar in mehreren Aufsätzen das Thema für den keltischen Bereich diskutierte, schoss mit seinen esoterischen Deutungen jedoch deutlich über das Ziel hinaus und diskreditierte damit sowohl seine eigenen, in vielen Fällen durchaus richtigen Beobachtungen, als auch die Onomastik, die sich mindestens teilweise auch als Erforschung der Benennungsmotivik begreift.[959]

Nebst dem Aspekt des Spotts und der soeben besprochenen, eher dunklen Benennungsmotivik, die jedoch nicht nur die Ziegen-Namen umfasst, gibt es noch weitere Ansätze zur Deutung der Ziegen-Namen:

WILLIAM H. SNYDER wies auf einen eigentümlichen Aspekt der Benennungsmotivik hin. In seiner Zusammenstellung der rechten Nebenflüsse der Donau verzeichnet er in zahlreichen fliessenden Gewässern über 50 verschiedene Wild- und Haustiere, die als Erstglied in zweistämmigen Gewässernamen auftreten, darunter allein 10 Bäche, die mit dem Bestimmungswort *Geiss* gebildet sind. Pauschal deutet SNYDER diese Namen als unter ökologischen oder ökonomischen Umständen benannt: «Der Tiername als Bestimmungswort bezieht sich z. T. auf die in der Umgebung des Flusses befindlichen Tiere. Einige dieser Namen aber haben als Ausgangspunkt die alljährliche Zinsabgabe und gehören strenggenommen nicht hierher. So wird man unter *Wolfach* oder *Biberach* Flüsse, an deren Ufern diese Tiere sich aufhalten, verstehen, unter *Hühnerbach* oder *Gänsgraben* aber häufig ein Gewässer, dessen Benutzung alljährlich mit der Abgabe von Hühnern oder Gänsen bezahlt wird.»[960] Was die ökologische resp. ökographische Deutung anbelangt, vertritt SNYDER allerdings eine Meinung, die bereits seit SCHRÖDER kaum mehr vertreten wird;[961] allenfalls müsste zwischen «ökologisch» und «historisch» differenziert werden.[962] Das heisst, das Gewässer wäre nicht nach dem prinzipiellen Vorkommen einer Tierart in der betreffenden Gegend benannt, sondern nach einem einmaligen historischen Ereignis, beispielsweise der Sichtung eines Wolfs, des Erlegens eines Elchs o. ä.[963] Für die Ziege ist die Sachlage aber weder in ökologischer noch historischer Hinsicht ganz klar, die Einzelfälle bedürfen einer gesonderten Beurteilung. SNYDERs Bezugnahme auf die alljährliche Zinsabgabe ist bemerkenswert, doch dürfte auch diese Deutung vielfach an der Realität vorbeigehen, da die Benutzung von Gewässern in erster Linie den Mühlbetrieb betrifft und die betreffenden Bäche meist nach ihrem Verwendungszweck benannt sind. Grössere, schiffbare Gewässer, für deren regel-

---

[959] Cf. v. a. J. U. HUBSCHMIED 1947.
[960] SNYDER 1966, S. 53.
[961] Zum Biber cf. SCHRÖDER (E.) 1944, S. 345: «Und hat man nicht längst die Tatsache festgestellt, daß sehr zahlreiche, ja vielleicht die meisten alten 'Biberbäche' wegen ihres geringen Wasserbestandes, ihres starken Gefälles, ihres steinigen Untergrundes und der baumlosen Umgebung niemals von dem grossen Nager dauernd bewohnt gewesen sein können? Franz Jostes hat die Skepsis soweit getrieben, daß er den Biber hier ganz und gar ablehnte und einen 'Braunbach' ansetzte, der also nur die Farbenbezeichnung und ihre sprachliche Wurzel mit dem Wassertier gemein hätte.» Mit der Farbenbezeichnung ist ein durchaus bemerkenswerter Punkt angesprochen. In der Tat scheint das Wort nhd. *Biber* zu ai. *babhrú-* 'rotbraun' zu gehören (KLUGE-SEEBOLD 2002, S. 119 f.). Damit kann – wenngleich für den Biber nicht mehr transparent – eine Art Tabu angesprochen werden, wie es in der Beziehung Tierbezeichnung – Farbwort häufig vorkommt. Cf. auch TROST 1936, S. 90 u. Anm. 3; OTRĘBSKI 1959, S. 27; SCHEIBELREITER 1992, passim. In bezug auf die Gewässernamenmotivierung meine ich jedoch, dass nur die Farbe den Ausschlag gegeben hat.
[962] Cf. RUTISHAUSER 1967, S. 149 f.
[963] Cf. SONDEREGGER 1958a, S. 315, wo für *Bern* (AR) < *bërin* < *ze demo bërin* die Deutung 'Ort, wo ein Bär erlegt wurde' angegeben wird.

mässige, zinspflichtige Benutzung etwa der Fährbetrieb in Frage kommt, werden kaum nach dem Blutzins benannt sein. SNYDER gesteht in einem späteren Beitrag zu dieser Thematik ein, dass die Flussnamen mit Tierbezeichnungen im Bestimmungswort unter diesem Blickwinkel schwer zu deuten seien.⁹⁶⁴ Prinzipiell besteht jedoch nach Ausweis von Namen wie *Lichtmessgraben, Pfingstgraben* einerseits und *Milchbach, Käsebach* andererseits sehr wohl die Möglichkeit, dass bestimmte Gewässernamen in den Bereich der Benennung nach der alljährlichen Zinsabgabe gehören könnten, wobei grundsätzlich auch Namen mit Tierbezeichnungen in Frage kommen dürften.⁹⁶⁵ Die Ziege im speziellen ist hier jedoch ausgeschlossen, wie K. REIN in seiner grundlegenden Studie zur Ziege und ihren Bezeichnungen im germanischen Raum herausstellen konnte, da die Ziege in der Regel nicht als Abgabetier erscheint.⁹⁶⁶ REIN verfolgte seinerseits jedoch hauptsächlich wort- und dialektgeographische Ziele, was ihm die Freiheit erlaubte, die Frage nach dem Benennungsmotiv der *Ziegen*-Namen generell auszublenden – auch Umdeutungen von Appellativa und Namen anderer Sachbereiche zu *Ziegen*-Namen wurden nicht untersucht.⁹⁶⁷

Was REIN bereits 1958 am Rande feststellte, verwertete WERNER FLECHSIG 1980 zu einer weiteren wortgeographischen Arbeit zum Bereich der Ziegen-Bezeichnungen: Es fällt auf, dass seit dem Spätmittelalter zahlreiche landesherrliche Verordnungen erscheinen, die das Halten von Ziegen ausdrücklich verbieten. Unter Androhung von Bussen werden die Besitzer von Ziegen angehalten, ihre Tiere zu verkaufen, zu töten oder allenfalls im Hause zu behalten. Der Grund für diese restriktiven Massnahmen liegt darin, dass die Ziege oft in den Wäldern geweidet wurden, wo sie – trotz ihrer sprichwörtlichen Anspruchslosigkeit – die unteren Blätter und die jungen Triebe von den Bäumen frass. Es erstaunt darum, dass gerade in jener Zeit die Überlieferung tausender von Ziegen-Flurnamen einsetzt; ein gewisser Widerspruch tut sich hier also auf, wobei FLECHSIGs folgerichtige Auflösung des Widerspruchs natürlich auf der Hand liegt: «Im übrigen müssen die Ziegen-FLN ja gar nichts darüber aussagen, ob gerade zu der Zeit, aus der sie überliefert sind, in dem fraglichen Orte Ziegen gehalten wurden, denn viele FLN sind zweifellos lange vor ihrer schriftlichen Festlegung entstanden und beziehen sich auf frühere, vielleicht spätmittelalterliche oder gar noch frühere Zustände. Unsere Ziegen-FLN beweisen also zunächst nur, daß auf dem nach Ziegen benannten Gelände irgendwann einmal wohl längere Zeit hindurch Ziegen weideten.»⁹⁶⁸ Diese zwingende Rückdatierung der frühneuzeitlichen Flurnamen (s. auch SCHRÖDER, o. S. 169) spricht den an älteren Zuständen Interessierten unmittelbar an, und er sieht in ihr die Möglichkeit, Analogieschlüsse ziehen zu dürfen. Ein Blick in die Welt der wirtschaftlichen Realität des Altertums und des Mittelalters verrät jedoch, wie trügerisch möglicherweise FLECHSIGs Erklärung sein könnte. Die wirtschaftliche, insbesondere aber die zahlenmässige Bedeutung der Ziege ist nämlich gemessen an derjenigen des Schafes oder des

---

⁹⁶⁴ SNYDER 1969, S. 151 f.: «Schwierigkeiten bieten als Bestimmungswörter nur die Tiernamen, da diesen auch der Aufenthalt bestimmter Tiere als Benennungsmotiv zugrunde liegen kann, z. B. *Fischbach* (6 x), *Forellenbach, -graben, Gänsebach, Hühnerbach* (2 x), *Krebs(en)graben* (12 x), *-bach* (5 x), *Lambach* (= *Lamm*), *Schweinbach, -graben,* und dergleichen mehr. In diesen Fällen können wir unmöglich das ursprüngliche Benennungsmotiv erkennen.»
⁹⁶⁵ Ebd., S. 151.
⁹⁶⁶ REIN 1958, S. 213 f. [23 f.]. Zu der methodisch essentiellen Leistung REINs gehört auch, dass er die Ortsnamen, soweit er sie für die grossräumig angelegte Untersuchung verbuchen konnte, in die Überlegungen miteinbezog. Dies brachte insbesondere für chronologische und diachronische Aspekte der Wortgeographie erhebliche Vorteile.
⁹⁶⁷ Darunter fällt – nach REIN 1958, S. 214; BUCK 1931, S. 81 – beispielsweise kelt. *cais* 'Berg'. Vielleicht ist aber eher kelt. **kaito-, *kēto-, *kētion-* 'Wald' gemeint (cf. DELAMARRE 2003, S. 97 f.), aus dem nach der 2. LV durchaus ein Gebilde ***Caiss → Geiss* entstanden sein könnte.
⁹⁶⁸ FLECHSIG 1980, S. 200.

Rindes etwas geringer,⁹⁶⁹ so dass die Anzahl der Ziegen-Namen in der Tat auffällt. Dazu schreibt KURT REIN: «Die im Verhältnis zu ihrer zahlenmässigen Bedeutung auffallende Wirkung der Ziege beruht vor allem darauf, daß dies Tier nicht wie die Schafe in Herden gehalten wird, sondern als Einzeltier immer in nächster Umgebung der Menschen vorkommt.»⁹⁷⁰ Damit trifft REIN wohl das Richtige; wie diese Aussage im einzelnen zutrifft und in welcher Beziehung sie zu den Namen steht, soll Gegenstand der weiter unten folgenden Erörterungen sein.

Die ältere Schule der Wortgeographie stellte öfters auch die indogermanische Kulturgeschichte ins Zentrum ihres Interesses. Wie man mit guten Gründen angenommen hat, allen indogermanischen Völkern sei ein genetisch unmittelbar verwandtes Wort für die 'Buche' bekannt gewesen, so gebot es der Eifer der an realhistorischen Erkenntnissen orientierten Sprachforschung des frühen 20. Jahrhunderts, auch andere Wörter dem «Buchenargument» zur Seite zu stellen. Dies widerfuhr dem Wesen, welches wir heute als 'Ziege' bezeichnen, in besonderem Masse, wenngleich sich herausstellte, dass nicht das W o r t selbst, sondern die zu bezeichnende S a c h e die Basis für die linguistische Untersuchung abgeben musste. Damit rückten semantische und folglich psychologistische Gesichtspunkte in den Vordergrund, so dass ein «Ziegenargument» immer mehr ausser Reichweite rückte. Dies hatte durchaus sein Gutes, und auf der Überwindung der alten Versuche mit universalem Anspruch beruht auch REINS grosse Untersuchung, der die ältere Literatur ausführlich bespricht.⁹⁷¹ Dennoch möchte ich hier auf eine der älteren Untersuchungen ausdrücklich zurückkommen – es handelt sich um ASSAR JANZÉNs wortgeschichtliche Untersuchungen zu «Bock und Ziege» von 1938. JANZÉN führte einerseits sehr sorgfältige etymologische Untersuchungen anhand eines grossen Materialkorpus zahlreicher idg. Sprachen durch, andererseits stellte er explizit die Frage nach der Motivation der Bezeichnungen in den Vordergrund. JANZÉN stellte heraus, dass in allen Sprachen e i n Charakteristikum die Motivation der Bezeichnung der Ziege und ihrer Verwandten abgegeben habe – das Merkmal 's p i t z': 1. in bezug auf die Hörner, 2. in bezug auf die Ontogenese des Wesens mit den Merkmalen 'Spitze, Keim Spross, Sprössling' > 'Tierjunges, Kind' usw., 3. in bezug auf den Bart, 4. in bezug auf das männliche Geschlechtsteil und 5. in bezug auf den Geruch.⁹⁷² JANZÉNs etwas dogmatische Vorgehensweise rief in Einzelheiten berechtigten Widerspruch hervor,⁹⁷³ doch sind die grundsätzlichen Erkenntnisse nicht von der Hand zu weisen. Von Interesse ist hier zuallererst, was S. 5 festgestellt wird: «Anfänglich können wir konstatieren, dass lebendige Tiere sehr oft nach gewissen hervortretenden oder eigenartigen Körperteilen benannt worden sind, wie auch gewisse Teile von Pflanzen zu Namen der ganzen Pflanze geworden sind [...]. Die namengebenden Körperteile sind ihrerseits ursprünglich oft Benennungen für leblose Dinge, die auf ähnliche Teile lebendiger Geschöpfe übertragen worden sind. Wir treffen also in vielen Fällen Benennungen für leblose Gegenstände als Namen lebendiger Wesen.»⁹⁷⁴ Dieses Benennungsmuster ist allerdings reziprok – resp. mindestens sekundär reziprok; und wenn JANZÉN S. 47 f. Ortsnamenbelege für seinen Nachweis eines ō-stämmigen an. †hǫð zum üblichen an. haðna, germ. *haðīnōn 'Ziege' anführt, so werden eben die Ortsnamen nach den Charakteristika des Tieres benannt sein.⁹⁷⁵ Die jüngere Onomastik nennt diesen Typ Vergleichsnamen,⁹⁷⁶ und er kann bisweilen auch für die *Ziegen*-Namen von Bedeutung sein.

---

⁹⁶⁹ Für das Altertum cf. RICHTER 1972 passim, für das Mittelalter HÄGERMANN 1998, Sp. 599.
⁹⁷⁰ REIN 1958, S. 203.
⁹⁷¹ REIN 1958, S. 192 ff.
⁹⁷² JANZÉN 1938, zusammengefasst bereits in der Einleitung S. 5–8.
⁹⁷³ BRANDENSTEIN 1942, S. 308.
⁹⁷⁴ JANZÉN 1938, S. 5.
⁹⁷⁵ JANZÉN 1938, S. 48 schreibt denn auch, allerdings ohne explizit auf das Benennungsmotiv zu verweisen: «Hier will ich nur erwähnen, dass in vielen Namen für Berge und Anhöhen ein erstes Glied *Hane*- zu treffen

Wo ein *Geiss*-Name vorliegt, muss auch immer damit gerechnet werden, dass nicht das weibliche Tier der Hausziege gemeint ist, sondern die Rehkuh oder, wo die Tiergeographie und die topographische Situation diesen Schluss zulassen, die Gemse. Während dieses onomasiologische Problem aber kaum von grossem Belang ist und in den wenigsten Fällen auch selten schlüssig gelöst werden kann, stellt ein sprachliches den Bearbeiter von Namen mit Ziegenbezug vor eine schwierigere Frage: Gerade im alemannischen Raum[977] tendiert der Diphthong ahd. mhd. /ei/ hin zu einer verschieden realisierten monophthongischen Aussprache, die, wo sie durch den palatalen Reflex von /i/ eine nasale Nuancierung gewinnt, wiederum in eine Gruppe <ns> reanalysiert werden kann. Gemeint ist damit die Opposition der Tierappellativa *Gans* und *Geiss*, deren Verteilung im toponymischen Material sich so gestaltet, dass die rezenten Formen langen Monophthong oder Diphthong aufweisen, die historischen Belege jedoch vielfach -ns- zeigen.[978] Umgekehrt zeigt aber auch das Lexem *Gans* unterschiedliche lautliche Realisierungen der Stammsilbe.[979] Aus *Gans*-Belegen auf eine Deutung 'Gans' zu schliessen, wäre aber wohl in vielen Fällen ein falscher Schluss, da der Mechanismus der volksetymologischen Reanalyse auch bzw. gerade für frühere Epochen vorausgesetzt werden muss.[980] Wo beispielsweise in der Thurgauer Mundart etymologisch der Diphthong /ei/ vor Konsonant oder im absoluten Auslaut steht, wird dieser gewöhnlich als [aː] realisiert, vor Nasal als [ɔː],[981] wobei okkasionell (mit dem prominentesten Beispiel *Geiss*) die Zwischenstufe [ɛi] auftreten kann.[982] In jüngster Zeit wird aber ausschliesslich die dem Nhd. entsprechende diphthongische Variante verwendet [ai], die jedoch bisweilen ebenso als Reanalyse von /an/ aufgefasst werden kann. In der Schrift besteht dieses Problem mindestens seit dem Hochmittelalter, und es lässt sich auch bei grossflächiger Beurteilung des Urkundenmaterials nur bedingt nach geographisch-territorialen oder dialektgeographischen Merkmalen untersuchen,[983] was immerhin besagt, dass die Mechanismen von Volksetymologie und Sekundärmotivation keinen festen Regeln gehorchen. Ein Entscheid, ob in einem Namen das *Gans*- oder das *Geiss*-Wort vorliegt, lässt sich also nach den Belegen nur bedingt treffen. Tendenziell kann man aber davon ausgehen, dass die urkundlichen *Gans*-Belege für *Geiss*-Namen auf einer langmonophthongischen *ā*-Aussprache des *Geiss*-Worts beruhen und volksetymologisch in eine -*an*-Schreibung aufgespalten wurden. Die rezenten Namenformen führen in der Regel -*ei*- weiter, wobei auch die -*aa*- Formen nicht selten sind.[984] In diesem Belang hat das Urteil bisweilen also ebenfalls nach Massgabe aussersprachlicher Kriterien zu fallen.

---

ist. Dieses ist gewöhnlich als awnord. *hani* 'Hahn' aufgefasst worden. Hier ist gewiss oft ein Gen. Pl. *haðna* (von *haða* oder *haðna*), ev. Gen. Sg. (oder Pl.) *haðnu* (von *haðna*) zu suchen.»

[976] Cf. BANDLE 1998, der S. 612a auch den Typus mit Tieren hervorhebt und ihn als für Norwegen und Island besonders gut bezeugt anführt.

[977] Dieser Raum steht hier im Vordergrund, s. zur Begründung unten S. 174 u. Anm. 987.

[978] Cf. beispielsweise NYFFENEGGER – BANDLE, TNB 1.1., S. 512 s. v. 'Gaassbüel' mit zwei Belegen *Gannßbühel* (1679), die die ebd. angegebene Bedeutung 'Ziegenhügel' wohl als unsicher erweisen. Besser zum Appellativ *Gans* zu stellen ist jedoch der Gewässername *Geisslibach* (Diessenhofen TG; TNB DS Nr. 13699 u. 14106), dessen Belege *Genslin Bechlin* (1555) und *Gänslibach* (neben *Geislibach*, 1851) für Diessenhofen auch von Belegen in Willisdorf (z. B. *Genßlibach*, 1600) bestätigt werden. Freilich ist in einem solchen Fall aber nie letztgültige Klarheit zu gewinnen.

[979] Cf. FISCHER III, Sp. 46 f.; ID 2, Sp. 369.

[980] Vgl. des weiteren den Namen *Geissbüül* (Thundorf TG, TNB DS Nr. 17698) mit Belegen 1471 *Gansbüchel* und 1571 *Gainßbüchel*. Letzterer Beleg mit einer gewissermassen «hybriden» Realisierung der Stammsilbe zeigt die Unsicherheit in der schriftlichen Umsetzung dialektaler Namenformen.

[981] Cf. ENDERLIN 1911, S, 43.

[982] Ebd., S. 44.

[983] Cf. BOESCH 1946, S. 106–114.

[984] Das Material des TNB verzeichnet 43 *Geiss*-Namen, 40 *Gaass*-Namen, wobei für letztere in vielen Fällen eine *Geiss*-Variante mit aufgenommen wurde. Im Material des St. Galler Namenbuchs erscheinen 91 *Geiss*-

Wie FLECHSIG richtig festgestellt hat, erscheint das Schaf in den Toponymen und Hydronymen in erstaunlich geringem Umfang, und der Grund hierfür liegt sicherlich darin, dass Schafe hauptsächlich in Herden gehalten werden und diese häufig den Ort wechseln oder in Wanderweidewirtschaft nur in grossen zeitlichen Abständen wieder an denselben Ort zur Weide zurückkommen. Anders liegt der Fall, wo beispielsweise die männlichen und weiblichen oder die alten und jungen Tiere regelmässig getrennt gehalten wurden und sich die Benennung also auf das Spezielle, nicht den Normalfall bezog.[985] Da das Schaf im Gegensatz zur Ziege auch heute noch in respektablem Umfang zur Milch- und Wollproduktion gehalten wird, bewahren die *Schaf*-Namen bis zu einem gewissen Grad einen appellativischen oder teil-appellativischen Charakter, was insbesondere bei den *Schafbergen* der Fall ist.[986]

7.4. Fallbeispiel: *Geissberg* und *Geissbach*

Die folgenden Beispiele, die in keiner Weise repräsentativ sind, sollen die Varianten der mit einem Ziegen-Wort gebildeten Namen aufzeigen, wobei der Fokus aus sachlichen Gründen auf die älteren Sprachschichten (mit weiterem geographischem Radius), aus praktischen Gründen auf den schweizerischen Raum gerichtet wird. Sachlich, weil die vorliegende Arbeit in der Hauptsache die europäische Frühzeit behandelt, praktisch, weil mir der Zugang zu besonders reichhaltigem Datenmaterial aus dem schweizerischen Raum möglich ist.[987] Die Schweiz erweist sich zudem als für die hier zu verfolgenden Zwecke sehr günstig, da der Alpen- und Voralpenraum sowie das schweizerische Mittelland bekanntermassen eine siedlungs- und sprachgeschichtlich äusserst vielfältige Namenlandschaft abgeben.

Ein flüchtiger Blick auf die Landeskarte der Schweiz im Massstab 1:25'000 genügt, um einen Eindruck zu erhalten, wie viele Örtlichkeiten es gibt, die *Geissberg* (dies in der Hauptsache), *Geissbü(h)el*, *Geissbuck*, *Geisschopf* o. ä. heissen. Betrachtet man diese Örtlichkeiten etwas genauer, so ergibt sich ein verhältnismässig einheitliches Bild: Es handelt sich fast ausschliesslich um kleine bis mittelgrosse, buckelartige Erhöhungen, meist in der Nähe von Siedlungen, meist bewaldet, vielfach auch gerodet. Die Bedeutung dieser Namen erscheint nach Kenntnis der historischen Bedingungen recht klar – es muss sich um Gelände handeln, das den Ziegen als Waldweideland vorbehalten war. Die einst weitverbreitete Ziegenhaltung muss also in den Geländenamen diese Spuren hinterlassen haben. Während Rinder wechselnd auf einem Boden geweidet wurden, der mittelfristig nicht angepflanzt wurde, und auch Schafe wechselnd auf verschiedenem Grund geweidet wurden, musste man Ziegen in Gegenden weiden lassen, die einerseits für eine Bepflanzung nicht günstig gelegen waren, die andererseits aber in genügendem Abstand zu dem (nicht umzäunten) Kulturland lagen, dem die Ziegen gefährlich werden konnten. Auch durfte dieser Weidegrund nicht in landwirtschaftlich

---

    und lediglich 4 *Gaas*-Namen, wobei für die *Geiss*-Formen in der Regel eine überoffene Realisierung des Stammsilben-*e* auffällt. Bemerkenswerterweise erscheint für keinen der *Geiss*-Namen ein *Gans*-Beleg.

[985] Cf. KEINATH 1951, S. 107.

[986] Cf. ID 8, Sp. 285 ff.; WASER, LUNB 1.2, S. 865.

[987] Es handelt sich nebst der üblichen namenkundlichen Literatur der Schweiz insbesondere um die Daten aus der «Datenbank der Schweizer Namenbücher» (ein seit mehreren Jahren laufendes Projekt des SNF), die nebst publiziertem Material auch die bislang unpublizierten Daten der Kantone St. Gallen, Thurgau (publiziert sind die Ortsnamen) und Zürich enthält. Zusammen mit den vollständigen Daten aus dem Kanton Thurgau und dem in Arbeit befindlichen Kanton Schaffhausen bietet diese Datenbank eine bislang einzigartig breite Materialgrundlage für die gesamte Ostschweiz, der sich viele tausend Datensätze aus den Kantonen Luzern (noch nicht vollständig), Baselland (noch nicht vollständig), Uri (noch nicht vollständig), Zug (projektiert), Schwyz (projektiert), Nidwalden (projektiert), Solothurn (projektiert), Glarus (projektiert) und weiteren anschliessen.

genutztem Wald liegen, da dieser durch den Ziegenfrass innert kürzester Zeit schwer geschädigt worden wäre. Über das tatsächliche Alter dieser Namen herrscht Ungewissheit. Man ist geneigt, die *Geissberg*-Namen in eine relativ junge Zeit zu datieren, in der die strenge Reglementierung der Ziegenhaltung ein aktuelles Thema war, doch verbieten dies die viele Belege. So wird ein Geissberg TG bereits 1265 erstmals erwähnt,[988] wobei es sich um den Namen eines Hofes, wohl ein kleines adliges Gut handelt. Weiter zurück und geographisch nach Norden führt der englische Ortsname *Goathill* in Dorset, der bereits im Domesday Book von 1086 belegt ist.[989] Es liegt im Wesen der Flurnamen, dass diese in der Regel erst verhältnismässig spät den Weg in die schriftliche Überlieferung finden, so dass man sich diesbezüglich also auf die Überlieferung von Ortsnamen < Flurnamen verlassen muss.

Die Namen mit einem Wort für die Ziege blieben daher stärker an bestimmte Örtlichkeiten gebunden, während Kulturland wechselnden Bezeichnungen unterworfen ist, die ihrerseits zudem weniger an die Bewirtschaftungsart oder den Bewirtschaftungsträger als an Lage, Grösse, Qualität usw.[990] angelehnt sind – Merkmale, die ein Stück Kulturland dauerhafter zu charakterisieren geeignet sind. Das Bedürfnis, die Ziegen möglichst von Gärten, Hauswiesen, Wäldern und Ackerland fernzuhalten, verdeutlicht der FlN *Geisshöll* bei Zurzach AG an steiler Lage in abgelegenem Gelände. Das Grundwort *-höll* bedeutet hier 'abgelegene Stelle, ev. Steinplatte' < germ. *hal(l)jō(n)*.[991] Der Typus [Ziegenwort] + Grundwort *Höll/Hell* (*Held*) ist im gesamten alemannischen Raum (aber auch isl. *Geithella*) durchaus geläufig,[992] die Bedeutung ist etwa mit 'felsiger Grund, auf dem sich Ziegen gerne aufhalten' zu umreissen.[993] Gewissermassen als Gegenstück erscheint gelegentlich auch der FlN *Geisshimmel*, so beispielsweise in der Gem. Walenstadtberg SG. Die Benennung setzt wohl ein umgedeutetes benachbartes *Geisshöll* voraus.

Ziegen können sich in steilem Gelände sehr gut bewegen; bewaldete Hügel dürften für Ziegen daher die beste Weidegegend abgegeben haben. Während die Ziegenhaltung heute weit hinter die Haltung von Rindern und Schafen zurückgetreten ist, erscheinen letztere nicht nur in Flurnamen, sondern auch in appellativischen oder halbappellativischen Stellenbezeichnungen, die mit den heute nicht mehr appellativischen Geissbergen durchaus verwandt sind. Da Schafe nicht in Ställen gehalten werden können und aufgrund der Transhumanz auch an Orten geweidet werden müssen, die für andere Bewirtschaftungs- und Beweidungsarten nicht gut in Frage kommen, haften diesen Örtlichkeiten Namen mit Bestimmungswort *Schaf-* an. So werden im Luzernischen Entlebuch steile Weidhänge für Schafe sehr häufig *Schafberg* genannt, wobei der appellativische Charakter der Bezeichnungen offenkundig ist.[994] Die Namen mit *Geiss-* sind charakteristisch für eine Kleinhoflandschaft, eine Siedlungsstruktur, die nicht durch Dörfer, sondern vielmehr durch Weiler, Hofgruppen und Einzelhöfe charak-

---

[988] 1265 *Cûnradus de Geisberc* (TUB 3, S. 291); cf. Nyffenegger – Bandle, TNB 1.1, S. 524.
[989] Ekwall 1951, S. 190: 'Goat hill'.
[990] Den besten Eindruck über Typen von Flurnamen vermittelt nach wie vor Keinath 1951.
[991] Cf. Szadrowsky 1950. Vgl. aber auch Meineke in RGA 14, S. 314.
[992] Cf. ebd., S. 232, mit Belegen *Gitzi-Stein*, *Geiss-Stein*, *Gitzi-Flua*, *Geiss-Platte*.
[993] Also wohl nicht nach Stricker *et al.*, FLNB 2, S. 94 f. (s. v. 'Gitzihöl', Triesenberg) 'Hölle der junge [sic] Ziegen'. Hier wird weiter ausgeführt: «Sachlich hängen alle Fluren mit der Sage vom Gitziteufel zusammen. Es ist anzunehmen, dass die Triesenberger sich ihre *Gitzihöl* aufgrund der allgemein bekannten Sage auch auf ihr Gemeindegebiet ‹geholt› haben. […] Mit mda. *Gitzihöl* […] wird ein Tobel bezeichnet, in welchen nach der Sage vom ‹Gitziteufel› der Teufel hier die verendeten Ziegen wäscht und frisst […]. Das eigentliche Benennungsmotiv ist möglicherweise in häufigeren Abstürzen von Ziegen in diesem Gebiet zu sehen.» Zwar gibt der Artikel an, dass in dem Wort Lenisierung von auslautendem *-ll > -l* stattgefunden habe (also *Höll ~ Hell* vorliegt), doch wird eine Deutung nach 'Steinplatte' nicht in Erwägung gezogen.
[994] Cf. Waser, LUNB 1.2, S. 865; Waser 1998, S. 53.

terisiert ist. Die voralpine *Geiss*-Landschaft steht so möglicherweise der mittelländischen *Schweikhof*-Landschaft gegenüber, die von reichem Vieh-, Schweine- und Pferdebestand zeugt.[995]

Hydronyme mit einem Ziegenbezug sind nun m. E. anders zu beurteilen. Wenn man nicht bei jedem fliessenden Gewässer mit einem Tierbezug davon ausgehen möchte, dass es als Tränke für die durstigen Tiere gedient hat, oder dass es nach einer nahegelegenen Weide bezeichnet wurde – ich weise auf die äusserst häufigen Katzenbäche hin, auf die beides kaum zutrifft –,[996] so hat man das Benennungsmotiv nicht so sehr im Tier an sich zu suchen, sondern im Wesen desselben. Da es sich um ein Argument ex negativo handelt, können diese Fragen nicht abschliessend beantwortet werden, doch möchte ich angesichts der immer wieder angesprochenen Sinnbildhaftigkeit der Ziege zwei Benennungsmotive in den Vordergrund stellen. Es handelt sich erstens um die stark ausgeprägte Helligkeitssymbolik, zweitens um «[d]as frischfröhliche Drauflosgehen der Gais».[997] Beide Motive übertragen damit Eigenschaften der Ziege auf Eigenschaften des fliessenden Wassers. Für die *Mindel* wurde ersteres Motiv bereits angesprochen. Es findet weiters eine Stütze in den statistisch häufigen Farb- und Qualitätsbezeichnungen in Gewässernamen ('hell', 'weiss', 'rein' usw.), sei es in voreinzelsprachlichen, sei es in jüngeren Namen. Wie die Ziege – nicht zuletzt im Zusammenhang mit dem Wasser (s. u. S. 246) – immer wieder als besonders helles und weisses Tier erscheint, das strahlen und leuchten kann, so mag diese Eigenschaft ebenso auf diejenige des Wassers übertragen worden sein, genauso wie auch Eigenschaften der Katze auf diejenigen des Wassers in den *Katzenbächen* übertragen wurden, und wie die Farbe des Bibers in der Benennung des *Biberbachs* resultierte, an dem zu keiner Zeit Biber lebten (s. Anm. 961). Der zweite Motivbereich findet gleichfalls Berechtigung, wenn man eine bereits frühe Volksetymologie im Griechischen in Rechnung stellt, nämlich αἴξ zu ἀίσσω 'dahinstürmen, sich schnell bewegen': *quod est 'impetu ferri'; sic enim currit sicut et aqua*.[998] Dass die Ziege der Inbegriff von Vorwitz und Wildheit ist, insbesondere aber von Lebhaftigkeit, wurde immer wieder angesprochen und geht v. a. auch aus dem Komplex der Fruchtbarkeitsvorstellungen hervor. Ein wild dahinsprudelnder Bach und die ungestüme Ziege finden ihr tertium comparationis demnach gut in schneller, nur beschränkt berechenbarer Fortbewegung. Diese Probleme können hier nicht weiter verfolgt werden; es sei aber darauf hingewiesen, dass, wie U. SPRENGER gezeigt hat, auch der Hirsch als Vergleichswesen für die Geschwindigkeit des fliessenden Gewässers gestanden hat.[999]

Anfangs des Kapitels wurde die Problematik des Realbezugs von Gewässername und Tier eingeführt. Dabei wurde insbesondere nach einer tiermythologischen Benennungspraxis gefragt. Aus der Antike ist mir nun wenigstens ein einziges Beispiel bekannt, wo die Benennung eines Gewässers im Zusammenhang mit einem Bocksdämon explizit geschildert wird. Bei AELIAN, einem griechischen Schriftsteller aus dem 2. nachchristlichen Jahrhundert, wird hist. an. VI, 42 eine Begebenheit aus der lukanischen Ortschaft Sybaris erzählt, wo ein Ziegenhirt namens Krathis lebte. Dieser verliebte sich in eine seiner Ziegen und vollzog mit dieser mehrmals den Geschlechtsakt. Aus Eifersucht tötete ein Bock aus der Herde Krathis. Aus der Vereinigung mit der Ziege erwuchs aber ein Jüngling mit Ziegenfüssen und Menschenantlitz, der fortan als Gottheit der Wälder und Täler verehrt wurde (καὶ θεὸν ὑλαῖόν τε καὶ ναπαῖον νομισθῆναι τὸν αὐτόν). Gleichzeitig wurde der nahe Fluss selbst *Krathis* getauft. Dass Ziegenböcke in der mittelmeerischen Mythologie mit Göttern assoziiert wurden,

---

[995] SONDEREGGER 1958c, S. 18.
[996] Vgl. die umfangreiche Literatur zu der Frage in TNB1.1, S. 374. In der Regel geht man beim Katzenwort in Toponymen und Hydronymen von Eigenschaften der Katze aus (sc. 'klein, schmal, gering, leicht, wendig' usw.).
[997] KELLER 1909, S. 308.
[998] ThLL 3, Sp. 306. S. auch u. S. 242.
[999] SPRENGER 1986, S. 168.

betont insbesondere BLOK 1983, S. 166 f., der darauf hinweist, dass es sich bei diesen Wesen um «Naturgötter» handle, «deren ungezähmtes Verhalten berüchtigt» sei. Aus der kurzen Erzählung geht nicht explizit hervor, dass das Mischwesen auch in einem Bezug zum Gewässer gestanden hat. Die Benennung des Gewässers durch die Bevölkerung, die eben jene Begebenheit zum Anlass hatte, ist jedoch auffällig genug, da der Fluss im Verlauf der kurzen Erzählung keine Rolle spielt und erst mit dem Tod des Krathis und dem Erscheinen des Naturdämons in den Blickpunkt rückt. Natürlich handelt es sich bei der Geschichte um eine legendenhafte Erzählung, in der die ungezähmte Natur lediglich mythologisch gedeutet wird, indem eine Geschichte mit handelndem Personal über das undurchschaubare Walten der Natur gelegt wird. Und mit ebendieser mythologischen Erklärungspraxis eröffnet sich für uns wenigstens in Umrissen die Möglichkeit einer ebensolchen Benennungspraxis: Eigenschaften des Tieres werden auf die Eigenschaften der Natur übertragen, da das Tier nach der alltäglichen Erfahrung einerseits berechenbarer ist, andererseits jedoch selbst Teil der Natur bleibt.[1000]

[1000] Es wäre reizvoll zu untersuchen, in welcher Beziehung Wassernumina, Flussopfer und Gewässernamen allenfalls zu einander stehen könnten. Einen ersten Einstig in diese Thematik bietet TORBRÜGGE 1960, S. 41 ff. u. passim.

8. Die germanischen *Cornuti*

Von den römischen Auxiliartruppen barbarischer Herkunft haben die *Cornuti* in der Forschung immer besondere Aufmerksamkeit auf sich gelenkt, insbesondere dank der glücklichen Fügungen, dass sie in der spätantiken Militärgeschichte im 4. Jh. erstaunlich oft erscheinen, ihr Emblem (oder Truppenwappen) dank verschiedener Quellengattungen gut bekannt ist und ihr sprechender Name Anlass für eine Reihe interessanter Quervergleiche und Ausdeutungen bot. In der Forschungsgeschichte über die *Cornuti* war es in erster Linie A. ALFÖLDI, der sie mit zwei grundlegenden Studien bedachte, zunächst 1935 nach der Entdeckung eines Offiziersschilds vom Sockelrelief des Konstantinsbogens in Rom, das ganz offensichtlich das Emblem der *Cornuti* – zwei sich einander zuneigende Bocksköpfe – zeigt (*Abb. 11*),[1001] sodann 1959 mit einer ausführlicheren Studie, in der die *Cornuti* und ihr Insigne den Ausgangspunkt für eine vertiefte Untersuchung des Bocksymbols in der Frühgeschichte bildeten.[1002] Dazwischen steht die grosse Studie von H. P. L'ORANGE über den spätantiken Bildschmuck des Konstantinsbogens in Rom, auf dem Soldaten der *Cornuti* im zeitgenössischen Relief in grösserer Anzahl dargestellt sind und so einen guten Ausgangspunkt für bild- und sachgeschichtliche Überlegungen bieten.[1003] ALFÖLDIs zweite Auseinandersetzung mit den *Cornuti* hat wiederum einen Neufund zur Ursache: eine zeitgenössische bronzene Statuette Konstantins d. Gr., die einen Schild mit dem Emblem der *Cornuti* hält und die wohl als Gewicht diente. Sie gelangte auf verschlungenen Wegen ins Art Museum der Princeton University und erfuhr in ALFÖLDIs Untersuchung zum erstenmal eine wissenschaftliche Würdigung. Das Zeichen auf dem Schild zeigt wie der Schild des Konstantinsbogens zwei gut erkennbare Ziegenböcke, allerdings etwas stilisiert, und es entspricht vollkommen den Schild-Signa der *Cornuti*, die in den illuminierten Hss. der Notitia Dignitatum vorkommen. Der ALFÖLDI-Schüler D. HOFFMANN erweiterte das Bild über die *Cornuti* im Rahmen seiner grossen Arbeit über das spätrömische Bewegungsheer und die Notitia Dignitatum 1969/70. In der Folge spielten die *Cornuti* lediglich noch in der historischen Forschung[1004] und der Kunstgeschichte[1005] eine Rolle.

ALFÖLDI konnte den *Cornuti* bereits für die Schlacht an der Milvischen Brücke 312 n. Chr. eine bedeutende Rolle zuweisen, indem er sie als Leibgarde Konstantins d. Gr. erwies, ohne dass die *Cornuti* freilich bis zu diesem Zeitpunkt bereits in den Schriftquellen erschienen wären.[1006] Konstantin verdankte den *Cornuti* und *Petulantes* grösstenteils diesen Sieg, und dem Gedächtnis der Schlacht ist auch der Konstantinsbogen in Rom gewidmet, auf dem die *Cornuti* grosszügig Platz erhielten. Sicherere Hinweise auf den Aktionsradius der *Cornuti* bietet erst die literarische Überlieferung für die Zeit um 350, in der die Abteilung der Gallienarmee Silvans und Julians angehörte; 377 kommen *Cornuti* beim Gotenaufstand in Thrakien zum Einsatz, und aus dem frühen 5. Jh. sind noch eine Reihe von Inschriften bezeugt, die die *Cornuti* nennen.[1007] Die Infanterieeinheit teilte sich in eine im Westen und eine im Osten operierende Truppe, wobei sich die westlichen *Cornuti* in die *seniores* (Not. Dign.

[1001] ALFÖLDI 1935. SPEIDEL 2004, S. 48, argumentiert, es handle sich bei den Figuren auf dem Schild um das germanische Doppeldrachen-Symbol, stellt jedoch fest, dass das Symbol «[...] is here rigged with goat horns to adapt it to buck-warriors.»
[1002] ALFÖLDI 1959.
[1003] L'ORANGE 1939, S. 42 f.
[1004] Cf. z. B. GRIGG 1983 mit kritischen Anmerkungen zu HOFFMANN und ALFÖLDI; ferner WOODS 1998.
[1005] Cf. BERGER 1981, S. 45–48 u. passim.
[1006] Die schriftliche Überlieferung weiss nota bene nichts von den *Cornuti* als Beteiligte an dieser Schlacht. Zum erstenmal tauchen sie in der Schlacht von Strassburg 357 auf.
[1007] Cf. LANGNICKEL 1984; NEUMANN 1965.

Abb. 11.

Occ. V 158 = VII 9)[1008] und *iuniores* (Not. Dign. Occ. V 169 = VII 18)[1009] gliederten, im Osten jedoch ungeteilt blieben (Not. Dign. Or. V 9).[1010] Daneben sind auch berittene Einheiten von *equites cornuti*

[1008] Ed. SEECK 1876, S. 122, 133.
[1009] Ed. SEECK 1876, S. 122, 133.

seniores und *iuniores* (Not. Dign. Occ. VI 48/49 = VII 162/168)[1011] nachgewiesen,[1012] während die *Cornuti* des Konstantinsbogens nach L'ORANGE ausdrücklich immer zu Fuss erscheinen.[1013] Wie andere Truppenkörper operierten auch die *Cornuti* in einem Auxiliar-Doppelverband, wobei nicht die Gliederung in *seniores* und *iuniores* ausschlaggebend ist, sondern das im Westen wie im Osten stationierte Paar der *Cornuti* und *Bracchiati*. Letztere,[1014] ebenfalls eine Einheit germanischer Herkunft, benannte sich nach den charakteristischen Armringen, die sie trugen (φελιοφόροι[1015]) und teilten mit den *Cornuti* überdies den berüchtigten germanischen *barditus* resp. *barritus* (so in der Schlacht von Strassburg 357, cf. AMM. MARC. 16,12,43). Der Stellenwert von Arm- und Halsringen (Torques i. w. S.) ist vor allem für die Goten von grosser Bedeutung. Doch auch bei anderen Völkern werden immer wieder Armringe erwähnt, deren Funktion allerdings nicht immer ganz eindeutig zu bezeichnen ist.[1016] In erster Linie handelt es sich um ein Symbol der Bindung. Es genügt hier festzuhalten, dass es sich bei den *Bracchiati* ebenso wie bei den *Cornuti* um germanische Auxiliarverbände handelte, deren unrömische Emblematik zu einer in verschiedenerlei Hinsicht vielversprechenden Auseinandersetzung lädt.

Unmittelbar auf die *Cornuti* und *Bracchiati* folgt in der Auxiliarliste des westlichen *magister peditum* in der Not. Dign. die Doppeltruppe der *Celtae* und *Petulantes*. Während der Name der *Celtae* nicht recht einzuordnen ist, bilden die *Petulantes* (eigtl. 'die Ausgelassenen') ein bemerkenswertes Gegenstück zu den *Cornuti*, insofern sie in der Not. Dign. Occ. V 16/17 ebenfalls das Wappen mit den zwei Tierköpfen zeigt (s. *Abb. 12*).[1017] ALFÖLDI konnte nachweisen, dass die Begriffe *cornutus* und *petulantia* in der römischen Tierzucht geläufige Termini hinsichtlich der Haltung von Schaf- und Ziegenböcken war, wenn COLUMELLA VII, 3, 4 angibt, ein gehörnter Bock sei kampfeslustiger und gegenüber den weiblichen Tieren aggressiver: *[...] cum sentiat se armatum, frequenter in pugnam occurrit, et fit in feminas quoque procacior.*[1018] ('[...] weil der gehörnte [sc. Bock] im Bewusstsein seiner Waffe häufig den Kampf sucht und auch gegen die Weibchen allzu frech wird').[1019] Ebenso sind gehörnte Böcke schädlich aufgrund ihrer Ausgelassenheit (*cornuti fere perniciosi [...] propter petulantiam* [VII, 6, 4])[1020] und daher als Leittiere weniger geeignet als die hornlosen.[1021] Für die kriegerische *petulantia* der Germanen gibt ferner SAXO GRAMMATICUS einen Beleg (*Mixtam petulantiae rabiem duplex furoris species agitabat*: V, 1, 11 ['Eine doppelte Art Raserei spornte die

---

[1010] Ed. SEECK 1876, S. 15.
[1011] Ed. SEECK 1876, S. 130, 139 f.
[1012] Zum Problem der *Iouiani Cornuti* cf. WOODS 1998.
[1013] L'ORANGE 1939, S. 42.
[1014] Z. B. Not. Dign. Occ. V 159 = VII 10 (ed. SEECK 1876, S. 122, 133), *Equites brachiati seniores* z. B. Not. Dign. Occ. VII 161, unmittelbar vor den *Equites cornuti seniores* (Ed. SEECK 1876, S. 139).
[1015] Cf. HOFFMANN 1970, S. 46, Anm. 29.
[1016] Cf. zu diesem Themenkomplex insbesondere RÜBEKEIL 2002, S. 139 ff. u. passim.
[1017] Ed. SEECK 1876, S. 115.
[1018] Ed. FORSTER/HEFFNER 1954, S. 238 ff.
[1019] Übersetzung nach W. RICHTER.
[1020] Ed. FORSTER/HEFFNER 1954, S. 278.
[1021] Cf. ALFÖLDI 1935, S. 326: «Diese Gleichsetzung des mit Bocksköpfen verzierten Schildzeichens mit den Wappen der *cornuti* und *petulantes* kann durch zwei Argumente sichergestellt werden. Einmal sind diese beiden Regimenter berühmte gallische Kerntruppen gewesen, und wir wissen, daß Konstantin den Sieg, dessen Andenken sein Bogen bewahrt, eben durch die *virtus exercitus Galliciani* erzwang. Dann ergibt sich eine Gegenprobe daraus, daß die in der Notitia abgebildeten Schildzeichen der *petulantes* und *Celtae* wie der *brachiati* und *cornuti* und anderer Truppenteile tatsächlich solche Halstiere aufweisen.» Mit «Halstier» ist die Eigenart der auf den Schild- und Feldzeichen dargestellten Tierfiguren gemeint, die aus einer gemeinsamen Stange in zwei antithetische Tierköpfe mit langen Hälsen auslaufen. Cf. ferner HOFFMANN 1969, S. 134.

mit Wildheit verbundene Ausgelassenheit noch an.'), den ALFÖLDI für eine Art Schwerttanz hält:[1022] «the wild dance that preceded battle and produced the desired emotional frenzy». Hier ist allerdings einzuwenden, dass ALFÖLDI den Satz aus dem Zusammenhang bei SAXO entfernt hat und dass *petulantia* bei SAXO überdies ein aussergewöhnlich häufig verwendetes Wort ist, wie eine Durchsicht der *Gesta Danorum* schnell ergibt. Eine mehr als zufällige Übereinstimmung sehe ich in diesen Belegen für *petulantia* nicht, während allerdings die offensichtliche Bedeutsamkeit in der Gegenüberstellung von *Cornuti* und *Petulantes* in der Truppengliederung keinen Zufall darstellt.[1023] Zweifellos sind in diesem Kontext aber die völkerwanderungszeitlichen Bilddenkmäler, die ALFÖLDI heranzieht, wesentlich aufschlussreicher; auf sie wird unten ausführlicher zurückzukommen sein.

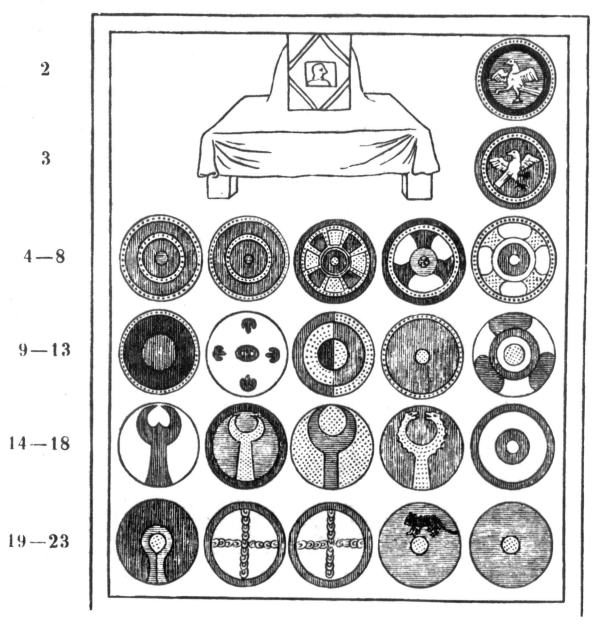

Abb. 12.

[1022] ALFÖLDI 1959, S. 177.
[1023] Vgl. zu den *Petulantes* neuerdings WAGNER 2006, S. 191 ff.

Cornuti und *Petulantes* zeichnen sich also durch gemeinsame Schildzeichen sowie eine gemeinsame Begrifflichkeit aus, die in den Bereich der Bockssymbolik weist.[1024] An dieser Stelle ist nun zu fragen, wie sich diese Begrifflichkeiten und Symbole in die Realität der spätantiken Bildersprache fügen. Die Notitia Dignitatum zeigt lediglich bemalte Schilde, und der Offiziersschild vom Konstantinsbogen weist in dieselbe Richtung. Solange keine weiteren zeitgenössischen Bild- oder Schriftdenkmäler für die *Cornuti* auftauchen, bleibt diese Schildbemalung das einzige objektive Charakteristikum, auch wenn ALFÖLDI mit Recht darauf hinweist, dass die auf einem Stiel aufsitzenden Tierprotomen, wie sie die Schilde der Not. Dign. zeigen, Stangenbekrönungen und damit der Einheit vorangetragene Feldzeichen sein könnten[1025] und – nach ALFÖLDI – eindeutig kein Helmschmuck.[1026] Feldzeichen mit Tierköpfen sind bei Römern wie Germanen bekannt und haben durchweg sakrale Bedeutung[1027] – man denke beispielsweise an die in der Varus-Schlacht abhanden gekommenen römischen Legionsadler, die Vexilla und Drachenfahnen oder die häufig in militärischem Kontext verwendeten Zodiakalzeichen.[1028] Letztere sind, um eine methodische Basis für die folgenden Ausführungen formulieren zu können, von grundsätzlichem Interesse, insofern sie die Weihung eines Truppenkörpers an eine transzendente Wesenheit implizieren oder zumindest angeben, dass die Truppe sich unter dem Schutz eines Sternzeichens verstand. Das führt zu der Frage: Lässt sich das Feldzeichen der *Cornuti* ebenfalls als Signum einer Weihung auffassen? – Darauf wird jedenfalls unten zurückzukommen sein.

Das berühmteste germanische Feldzeichen ist sicherlich die Hirsch-Standarte von Sutton Hoo, die K. HAUCK seinerzeit als «Herrschaftszeichen eines wodanistischen Königtums» gedeutet hatte.[1029] Bei den *Cornuti* scheint es sich, nach den Bildzeugnissen zu urteilen und um mit ALFÖLDI zu sprechen, so zu verhalten, dass die Standarte selbst verbildlicht wurde und fortan auf dem Schild weiterlebte, während die Standarte jedoch durchaus auch real weiterverwendet worden sein könnte. Klarheit ist in diesem Belang nicht zu erreichen. Nun deutet aber der Name *Cornuti* 'die Gehörnten' weniger auf ein einzelnes Feldzeichen (im Sinne von 'die mit der Bock-Standarte'), sondern eher auf individuellen Hornschmuck, und in dieser Hinsicht kommen nur Hörnerhelme in Frage, wie sie im Kulturbereich nördlich der Alpen direkt und indirekt gut bezeugt sind. Nach ALFÖLDIs Identifizierung der *Cornuti* auf dem Konstantinsbogen aufgrund des Schilds konnte L'ORANGE in der Folge insbesondere auch die meisten der mit einem Hörnerhelm bedachten Soldaten als *Cornuti* identifizieren, wobei der Hörnerschmuck nicht auf ein einzelnes Regiment beschränkt ist und für die Identifizierung der Truppen mit der Formation der *Cornuti* nicht ohne weiteres ausreichte.[1030] Wo die Hörnerhelm-Träger keine

---

[1024] Cf. HOFFMANN 1969, S. 134.
[1025] ALFÖLDI 1935, S. 327.
[1026] ALFÖLDI 1935, S. 326, Anm. 14.
[1027] Cf. SCHEIBELREITER 1992, S. 59–69. Manchmal haben die Schildbemalungen aber auch apotropäischen Charakter, cf. CICERO, de or. 2, 266 (Text und Übersetzung bei HERRMANN I, S. 80 f.): *Valde autem ridentur etiam imagines, quae fere in deformitatem aut in aliquod vitium corporis ducuntur cum similitudine turpioris: ut meum illud in Helvium Manciam «iam ostendam cuius modi sis,» cum ille «ostende, quaeso»; demonstravi digito pictum Gallum in Marian scuto Cimbrico sub Novis distortum, eiecta lingua, buccis fluentibus; risus est commotus; nihil tam Manciae simile visum est [...].* ('Sehr lacht man aber auch über Bilder, die meist zur Verdeutlichung einer Mißbildung oder eines einzelnen körperlichen Gebrechens herangezogen werden, wobei eine recht häßliche Darstellung (eine bestimmte) Ähnlichkeit zeigt. So habe ich bekanntlich einmal Helvius Mancia erwidert: «Ich werde gleich zeigen, von welcher Art Du bist.» Als er sagte: «So zeig es doch», wies ich mit dem Finger auf das Bild eines Galliers auf einem kimbrischen Schild aus der Mariusschlacht, der an den Neuen Läden aufgehängt war, mit verzerrtem Gesicht, ausgestreckter Zunge und aufgeschwemmten Backen. Es erhob sich ein Gelächter; nichts schien dem Mancia ähnlicher.')
[1028] Cf. DOMASZEWKSI 1909, passim.
[1029] HAUCK 1954 mit der Besprechung weiterer Zeugnisse der schriftlichen und Realienüberlieferung.
[1030] L'ORANGE 1939, S. 43.

Cornuti sind, handelt es sich allerdings auch um Auxiliarsoldaten, die sich von den von L'ORANGE als ‹Reguläre› bezeichneten Soldaten auch hinsichtlich der Kleidung und Bewaffnung deutlich abheben. Vielleicht sind es *Bracchiati*, da im Kontext des Ingressus mehrere Torquesträger erscheinen.[1031]

Zum Namen der *Cornuti* ist zu sagen, dass es sich um eine durchsichtige Bildung lat. *cornū* n. 'Horn' mit *-to*-Suffix der Bedeutung 'versehen mit' handelt,[1032] mit zusätzlich präsuffixaler Dehnung des *u*;[1033] als *cornūtus* auch lexikalisiert Pl. *cornūtī* 'Stiere', Pl. tant. *cornūtae* 'Hornvieh', Sg. *cornūta* 'Hornfisch'.[1034] Semantisch und morphologisch analog gebildet, wenngleich selbst in voreinzelsprachlicher Zeit kaum mehr durchsichtig, ist germ. *wisundaz (vgl. ahd. *wisant*, *wisunt*, an. *visundr*, ae. *wesend* usw.) 'Wisent, Bison,[1035] Auerochse i. S. v. mit Hörnern versehenes Tier' < idg. *u̯isonto-, *u̯isn̥to- zu idg. *u̯ison- 'Horn' (vgl. ai *viṣāṇa-* 'Horn').[1036] Wenngleich man geneigt sein könnte, für den Namen *Cornuti* eine der appellativischen Bedeutungen ('Stiere' oder 'Hornvieh') heranzuziehen,[1037] so geht man wohl fehl, da der Abteilungsname beispielsweise der *equites cornuti seniores* (Not. Dign. Occ. VI 48 = VII 162) noch den appositionell-beinamenhaften Charakter verrät. Man hat den Namen *Cornuti* also zu verstehen als 'die Gehörnten [sc. Soldaten]'. Als mindestens bemerkenswert hat man in diesem Zusammenhang die mehrfache Bezeugung des Namens CORNUTUS, CORNUTOS von Töpfern von La Graufesenque (Aquitania) und von gallischen Steininschriften zu verbuchen.[1038] Er könnte vielleicht als auszeichnendes Cognomen aufgefasst werden. Da er aus dem 1. Jahrhundert stammt, ist sein Wert im hier zu besprechenden Sachzusammenhang allerdings zweifelhaft, wenngleich er sprachlich einwandfrei zum Wort für 'Horn' gehört – unentschieden, ob es sich in den gallischen Belegen um Entlehnungen aus dem Lateinischen handelt.[1039]

Wird allgemein angenommen, dass Tierfiguren auf Helmen als Übernahmen von den Standarten anzusprechen sind,[1040] so verhält es sich bei den *Cornuti* ganz offensichtlich anders. Mag deren Standarte auch ein Halstier in der Gestalt eines Bocks oder zweier Böcke getragen haben, so dürfte dieses Symbol aber erst später zum Wappentier geworden sein. Dabei ist von Bedeutung, dass die

---

[1031] Zur genaueren Differenzierung s. L'ORANGE 1939, S. 43.
[1032] Cf. LEUMANN, LLF, S. 333. Zur Vertretung im Germ. s. KRAHE – MEID III, S. 141.
[1033] LEUMANN, LLF, S. 261.
[1034] GEORGES, AH I, Sp. 1701.
[1035] Rückentlehnung aus dem Lat., cf. STOTZ, HLSMA 1, III § 5.7, IV § 52.7.
[1036] PETERSSON 1915, S. 90, vorsichtiger KLUGE – SEEBOLD 2002, S. 993. Die Etymologie ist gleichwohl, wie leicht zu ersehen, nicht unumstritten, cf. OREL, HGE, S. 463, auch POKORNY, IEW, S. 1134, DE VRIES, AEW, S. 669; FALK – TORP, WGS, S. 413. Des weiteren cf. MÜLLER 1970, S. 23 f. mit weiterer Lit. Erwogen wird insbesondere ein Zusammenhang mit lat. *vīrus* 'Schleim, Gestank' (cf. germ. *waisōn resp. an. *veisa*, ahd. *wisa* usw.), morphologisch aber eine Verbalableitung mit *-nt*-Suffix (PPA). Auf jeden Fall ist eine etymologische Deutung allein auf germanischer Grundlage nicht möglich. Vom semantisch-naturkundlichen Gesichtspunkt aus ist die Deutung auf verbaler Grundlage 'der Stinkende' (nach dem charakteristischen Geruch des männlichen Tiers) genauso gut nachzuvollziehen.
[1037] ALTHEIM 1938, S. 53, argumentiert jedoch in diese Richtung: «Das Hörnerwappen der Auxilien entstammt demnach dem germanischen Norden. Es ist als Formtypus nicht von anderer, keltischer oder nordasiatischer Seite übernommen, sondern eigen-germanischen Ursprungs. Und es sind nicht Bocksköpfe oder Bockshörner, die auf den Schildzeichen der *Cornuti*, *Bracchiati* und *Petulantes* erscheinen, sondern das Hörnerpaar des Stiers.» Nimmt man allerdings nicht die im Verhältnis jungen Darstellungen der Not. Dign. zum Ausgangspunkt der Untersuchung, sondern die zeitgenössischen römischen Darstellungen, so erweist sich ALTHEIMS Deutung als hinfällig – umso mehr, als ALTHEIMS zur Stütze angeführte Beispiele, Felszeichnungen der nordischen Bronzezeit und der Val Camonica, aus diesem Bereich sicherlich fernzuhalten sind. S. dazu auch unten.
[1038] WHATMOUGH, DAG, S. 321. S. auch ebd., S. 292, 306 (*Jnutos*), 309, 312, 318 (die Namen in den Inschriften selbst).
[1039] Cf. EVANS 1967, S. 338 mit weiteren Belegen und Literatur.
[1040] Cf. SCHEIBELREITER 1992, S. 69.

Halstiere (resp. Rolltiere, wie sie die Kunstgeschichte nennt) selbst nicht aus der Tradition römischer Bildgebung zu erklären sind,[1041] sondern einer eigentlich gallischen ikonographischen Tradition (nach pontisch-skythischem Vorbild) entstammen und dass auch die Art von Helmschmuck primär keltischer Herkunft ist.[1042] Das in einem weiteren Sinne heraldische Emblem der sich zuneigenden Tierköpfe erscheint überdies auch chronologisch gesehen relativ früher im keltischen Raum.[1043] Wenn von Hörnerhelmen die Rede ist, führt die Deutung natürlich in den kriegerischen Bereich, und sie erhält gleichsam einen Überbau durch die zahlreichen gehörnten keltischen Gottheiten, die, wenn sie Widder-, Bocks- oder Stierhörner tragen (also kein Geweih), BIRKHAN samt und sonders als Kriegsgottheiten identifiziert.[1044] Daran ändert auch die Tatsache nichts, dass man bei den *Cornuti*, nach den Bildzeugnissen zu urteilen, an Ziegen- resp. Bockshörner zu denken hat, das heisst: Hörner, die nicht seitlich am Helm angebracht waren, sondern frontal an der Stirnseite hinter dem Stirnschirm. Beispiele für solche Helme (in einem allgemeineren Kontext) gibt ALFÖLDI; er weist auf die Darstellung von Soldaten mit Bockshorn-Helm auf dem Konstantinsbogen in Rom (*Abb. 13*) und auf den letzten der vier hintereinander abgebildeten Reiter auf dem Gundestrupkessel.[1045] Während ich bei der Deutung des Gundestrup-Reiters meine Bedenken habe, ist doch das römische Beispiel eindeutig: die Hörnerhelm-Träger stellen zweifellos *Cornuti* oder *Petulantes* dar. Damit sind die zweifelhaften Argumente ALTHEIMs, der in bezug auf die *Cornuti* für Stierhorn-Träger plädiert, hinfällig.[1046] Aus der schriftlichen Überlieferung vgl. man DIODOR 5, 30, 2, wo die gallischen Hörnerhelme näher charakterisiert werden:[1047]

Abb. 13.

[1041] ALFÖLDI 1935, S. 327.
[1042] Es sei daran erinnert, dass auch die *Celtae*, die Partnertruppe der *Petulantes*, das Hals- oder Rolltier im Wappen führen; es ist demjenigen der *Cornuti* sehr ähnlich.
[1043] Cf. MACMULLEN 1965, S. 97.
[1044] BIRKHAN 1999, S. 637. Dass diese Gottheiten auch Fruchtbarkeitsfunktion innehaben konnten, wird in der einschlägigen Literatur meist nur in den Fussnoten eingeräumt.
[1045] ALFÖLDI 1959, fig. 4 u. 10.
[1046] Cf. Anm. 1037.
[1047] Text und Übersetzung nach HERRMANN I, S. 176 f.

τινες δὲ καὶ ζῴων χαλκῶν ἐξοχὰς ἔχουσιν, οὐ μόνον πρὸς κόσμον, ἀλλὰ καὶ πρὸς ἀσφάλειαν εὖ δεδημιουργημένας. κράνη δὲ χαλκᾶ περιτίθενται μεγάλας ἐξοχὰς ἐξ ἑαυτῶν ἔχοντα παμμεγέθη φαντασίαν ἐπιφέροντα τοῖς χρωμένοις· τοῖς μὲν γὰρ πρόσκειται συμφυῆ κέρατα, τοῖς δὲ ὀρνέων ἢ τετραπόδων ζῴων ἐκτετυπωμέναι προτομαί.

Einige haben auch aufgesetzte bronzene Tierfiguren in guter Ausführung, nicht nur als Schmuck, sondern auch zum Schutz. Sie tragen Bronzehelme mit hoch emporragenden Aufsätzen, die ihren Trägern ein sehr grosses Aussehen geben; einige Helme haben nämlich angeschmiedete Hörner, andere Darstellungen der Köpfe von Vögeln oder vierfüssigen Tieren.

Zu klären ist im folgenden das Halstier der Notitia-Wappen und des Offizierssschilds, das ganz offensichtlich wenig mit den «klassischen» Hörnerhelmen gemein hat, im Hinblick auf seinen Realitätsgrad und seinen religions-, militär- und kulturgeschichtlichen Zusammenhang mit den völkerwanderungszeitlichen Darstellungen, die bereits angesprochen wurden.[1048] Und es ist auch auf die richtige Beobachtung ALTHEIMs einzugehen, wonach die Wappen der Not. Dign., soweit auf ihnen Tierköpfe zu erkennen sind (und nicht nur das halbmondförmige Hörnersymbol, wie es für die *Cornuti* in anderen Abbildungen der Not. Dign. vorkommt), gar keine Bocksköpfe zeigen.[1049] Zuallererst unterliegt es keinem Zweifel, dass die römischen Soldaten auf dem Konstantinsbogen mit den Bockshorn-Helmen zwar zumeist *Cornuti* darstellen, dass jedoch deren Helmzier (es sind nota bene Bockshörner, die frontal am Helm angebracht sind) nur noch einen ganz entfernten Reflex jenes Halstiers darstellt, das die Not. Dign. wiedergibt. Man kann als erstes, nachdem wir dank des römischen Schildwappens wissen,[1050] dass die Tierprotome der *Cornuti* wirklich Ziegenböcke zeigt, mangels anderweitiger Evidenz von folgender Entwicklung der *Cornuti*-Emblematik ausgehen: Die germanischen Söldner werden *Cornuti* genannt, weil ein charakteristischer hornartiger Helmaufsatz einen ursprünglichen und einheimischen Trachtbestandteil bildet, der möglicherweise im Kult Verwendung fand,[1051] sicher jedoch massgebliches Erkennungszeichen von kampfbegleitenden Gottheiten war. Das Zeichen selbst bleibt auf den Schilden präsent und markiert, analog den üblichen römischen Zodiakalzeichen-Schilden, eine bestimmte Weihung der Truppe an eine Instanz, auf die ebenfalls unten eingegangen werden soll. Vielleicht findet das Zeichen auch Anwendung als Standarte, was angesichts dieses römischen Brauchs durchaus passend wäre. Stilisiert oder substituiert lebt das Zeichen allerdings als Hörnertracht auf den Helmen weiter, denn diese sind es, die der Abteilung ihren Namen verliehen haben. Diese Entwicklung könnte auch dadurch gefördert worden sein, dass Hörnerhelme ohnehin auch von gallisch geprägten Truppenteilen her bekannt waren (die *Cornuti* und ihre Schwestertruppen waren nota bene Teil der Gallienarmee), die vielleicht die «klassischeren» Hörnerhelme mit seitlich angebrachten Hörnern trugen.

[1048] Hier ist auch die Frage nach dem Realitätsgrad der Helme an sich relevant. Sind Helme bei den Germanen bis zur Wikingerzeit allgemein eine Seltenheit (vgl. auch Kap. 6 in TACITUS' Germania), so sind es die Hörnerhelme noch viel mehr. Da sie nur bildlich erscheinen, erwägt BUCHHOLZ (in: RGA 2. A. Bd. 2, Berlin, New York 1976, S. 481), sie als nur im Kult getragene Standesabzeichen zu betrachten. Cf. auf neuester archäologischer und philologischer Grundlage WESTER 2000 mit reichem Bildmaterial.

[1049] ALTHEIM 1938, S. 52 u. passim.

[1050] Dieses lässt sich seinerseits als eindeutige Darstellung von zwei Ziegenböcken erweisen, wenn man zum Vergleich andere Darstellungen solcher Tiere heranzieht: ich verweise auf den bei WERNER 1966, Taf. 10, 1 abgebildeten spätrömischen Capricorn einer Deckenplatte aus Dura Europos. Das Tier trägt zwei nach hinten gebogene Hörner, einen deutlich ausgebildeten Bart, spitze Ohren und einen langgestreckten Kopf – ganz analog zu den Ziegenböcken auf dem *Cornuti*-Schild.

[1051] Cf. oben Anm. 1048.

Kehren wir zurück in den germanischen Bereich und suchen nach nicht-römischer Evidenz für die ursprüngliche Helmtracht, so werden wir vor allem in nicht einmal wesentlich jüngeren völkerwanderungszeitlichen Darstellungen fündig, auf die sogleich eingegangen werden soll. Zunächst soll jedoch ein kurzes Schriftzeugnis zur Sprache kommen. SAXO GRAMMATICUS, der im 13. Jh. schreibt, jedoch aus sehr viel älteren Überlieferungen schöpft, berichtet in den *Gesta Danorum* vom legendären dänischen König Gram. Dieser soll sich im Krieg zwecks Vermehrung des Schreckens in ein Bocksfell und andere Tierfelle gehüllt haben und mit einer schrecklichen Waffe in seiner rechten Hand das Aussehen von Giganten nachgeahmt haben: *Inita Gothia cum deturbandorum obviorum gratia caprinis tergoribus amictus incederet ac variis ferarum pellibus circumactus horrificumque dextra gestamen complexus giganteas simularet exuvias [...]*.[1052] Gro, die Tochter des schwedischen Königs Sigtruk beginnt beim Anblick Grams ein Lied in ihrer Sprache zu singen, worin sie bemerkt, dass sich mutige Männer oftmals in Tierfelle kleiden: *nam tegmine saepe ferino contigit audaces delituisse viros*.[1053] Die Beschreibung Grams, der ein Bocksfell trägt und eine grosse Waffe schwingt, erinnert stark an die im folgenden zu besprechenden Darstellungen von Gestalten, die sich fast alle durch «Bockshelme» und eine auffällige Bewaffnung auszeichnen. Letztere besteht in der Regel in zwei Speeren sowie einem Schwert. Der Doppel-Speer, teils in einer Hand gehalten, ist dabei das auffälligste Bewaffnungsmerkmal.

Die auf den Notitia-Wappen abgebildeten gegenläufigen Halstiere finden insbesondere auf Helmen, jedoch auch auf anderem Untergrund, erstaunliche Gegenstücke. Die bemerkenswerten Zeugnisse sollen im folgenden kurz vorgestellt werden: Zunächst ist eines der Helmbleche auf dem Kammhelm von Sutton Hoo[1054] zu nennen (*Abb. 14*), sodann eines der Pressbleche von Torslunda.[1055] Auf dem ersteren sind zwei – wohl tanzende – Gestalten eingeprägt, die nebst der erwähnten Bewaffnung als Kopfbedeckung exakt ein wie in der Not. Dign. abgebildetes Halstier tragen, auf dem zweiten ein Krieger in Wolfsmaske sowie ein das Halstier tragender Wodansdarsteller,[1056] ebenfalls in tanzender Stellung und schwer bewaffnet. Ferner kommen hinzu die alemannische Phalera von Seengen aus dem 7. Jh., auf der der Drachentöter ebenfalls einen Helm mit hörnerartigem Aufsatz trägt (*Abb. 15*); das Pressblech von Obrigheim mit behorntem und bewaffnetem Tänzer (*Abb. 16*);[1057] der vendelzeitliche Kammhelm Valsgärde 7, auf dem mehrfach der «göttliche Sieghelfer», eine kleine tanzende Gestalt mit Speer über einem Reiter, zu erkennen ist (*Abb. 17*) sowie eine fast identische Darstellung mit der von Sutton Hoo: zwei speer- und schwerttragende Gestalten mit mächtigem Hörneraufsatz;[1058] ähnliche Darstellungen auf dem Helm Valsgärde 8, auf denen der Hörneraufsatz jedoch nicht durchgehend in Tierköpfen endet; der Waffentänzer der Gürtelschnalle von Finglesham, Kent, mit zwei Speeren und einem Helm mit gegenläufigem, in stilisierte Tierköpfe auslaufendem Hornaufsatz (*Abb. 18*); die Bronze mit dem dreifach bewaffneten und behornten «Einzeldioskur» aus Ekhammar (*Abb. 19*),[1059] die ebenfalls ganz in diese Tradition gehört; schliesslich die beiden behornten (tanzenden?) Gestalten auf dem ersten Ring des Runenhorns von Gallehus (frühes

---

[1052] *Saxonis Gesta Danorum* 1.4.2, ed. OLRIK – RÆDER 1931, S. 13.

[1053] *Saxonis Gesta Danorum* 1.4.3, ed. OLRIK – RÆDER 1931, S. 14.

[1054] S. die Nachzeichnung bei HAUCK 1954, Figur 6.

[1055] S. JANKUHN 1957, Tafel. 80, Abb. 86.

[1056] Cf. RÜBEKEIL 2002, S. 113 mit weiterer Literatur.

[1057] Kommentar bei HAUCK 1957a, S. 12: «Bei der Neuuntersuchung des Blechs von Obrigheim mit den Methoden der Spurenforschung stellte sich nun heraus, daß der Tänzer des deutschen Denkmals den gleichen Helm trägt mit denselben geschwungenen Aufsätzen, welche man bisher allein von der Torslundaplatte kannte und ähnlich auch von den Waffentänzerpaaren des Königshelms von Sutto Hoo und des Fürstenhelms von Valsgärde 7.»

[1058] Cf. HAUCK 1978a, S. 41.

[1059] Cf. HAUCK 1983, S. 453 f. mit Abb. S. 454 (14).

5. Jh.):[1060] die eine mit Speer und Torques, die zweite mit zwei Schwertern oder schwertähnlichen Waffen (*Abb. 20*).[1061] K. HAUCK kam im Rahmen verschiedener Arbeiten mittels komplexer Deutungsverfahren zu dem Schluss, dass es sich bei den tanzenden Gestalten wie auch beim «Sieghelfer» um eine «Waffentanz-Epiphanie der germanischen Dioskuren, die in den Verwandtenkreis des einäugigen Gottes gehören»,[1062] handle, folglich Wodansdarsteller oder Begleitgötter des Kriegs- und Himmelsgottes, deutete die Helme damit als «Helme des Kriegsgottes» oder «Gotteshelme»: hornförmige Aufsätze mit Vogelköpfen, die Lappen, die den Tänzern seitlich über die Schultern hängen, folgerichtig als Schwingen.[1063] Verfeinert und in einen grösseren Zusammenhang eingeordnet wertete HAUCK diese Darstellungen als «Theophanie Wodan-Odins in gefiederter Gestalt», die Helmträger in der Folge als «Vogelhelmträger».[1064] Im Zusammenhang mit der Dioskuren-Problematik[1065] ist man geneigt, das Phänomen auch auf die Doppeltruppen der spätrömischen Armee zu übertragen, worauf aber erst unten zurückzukommen sein wird.[1066] Bleiben wir zunächst bei den Helmen: Zugrunde liegt der Vogel- und Dioskuren-These die von HAUCK bei früherer Gelegenheit zum Ausdruck gebrachte Meinung, die Vogelhelmträger seien die «Heermannen des Totenheeres»,[1067] die der Forscher zudem als das Brüderpaar der Harlungen zu identifizieren

---

[1060] Zu den tanzenden, behornten Gestalten auf dem Gallus-Horn cf. SPEIDEL 2004, S. 50: «The shorter Gallehus gold horn [...] depicts two naked gods with buck horns, war-dancing. Since gods gods wore such horns, buck-warriors may have felt themselves repeating the primordial deeds of gods, enacting the worldwide myth of the eternal return.»

[1061] Die Hörner der Gallehus-Gestalten unterscheiden sich in einem wesentlichen Punkt von den anderen Darstellungen: Sie bilden keine oben zulaufende, halbrunde Form, sondern laufen auseinander und enden auch nicht in Tierköpfen. Folgende Punkte zeichnen sie jedoch als der hier besprochenen Gruppe zugehörig aus: die überdimensionale Grösse der Hörner, die tanzende Haltung der sie tragenden menschlichen Gestalten und die Tatsache, dass die Figuren immer mehrere Waffen halten. Man hat in beiden Figuren Odin sehen wollen, was jedoch nicht gesichert ist. Tatsächlich ist aber auf Reif 2 eine dreiköpfige Figur sichtbar, die in der rechten Hand eine Axt hält und an der linken einen Ziegenbock führt. Ob es sich dabei, wie man angenommen hat, um Thor handelt, bleibe dahingestellt – Tatsache ist, dass der Ziegenbock Hörner (resp., da nur eine Seitenansicht wiedergegeben ist, ein Horn) hat, die genau der Form und Abmessung des Hornträgers auf Reif 1 entsprechen – soweit die auf uns gekommenen Darstellungen zuverlässig genug sind, um dies angemessen beurteilen zu können. Zur Identifizierung der beiden horntragenden Figuren als Dioskuren s. weiter unten (cf. z. B. HAUCK 1981, S. 197f. u. passim, wo aber die beiden neben den Hörnergestalten stehenden Figuren als Dioskuren aufgefasst werden, Begleiter des behornten Wodan-Odin).

[1062] HAUCK 1978a, S. 50.

[1063] So HAUCK 1954, S. 48 f., Anm. 212; ähnlich auch HAUCK 1957a, S. 8. Dies scheint mir allerdings, nach der Form dieser Zipfel zu urteilen, gar nicht zuzutreffen. Den tierkopfförmigen Hornenden kann man in der Tat eine bestimmte Ähnlichkeit mit Vogelköpfen nicht absprechen, und auch die verschiedenen Halstiere der Notitia-Wappen weisen vielfach in diese Richtung – jedoch zeigt der Offiziersschild vom Konstantinsbogen nur allzu deutlich, dass es sich um Ziegenköpfe handelt, woraus folgt, dass die seitlichen Lappen der Helme genauso gut etwas überdimensionierte «Troddeln» («Wattles») sein könnten oder auch allgemeiner der (wie recht häufig) Bocksbart oder auch lediglich, wenn es sich um Helme mit einer gewissen Schutzfunktion handelt, Lederlappen, die sich – nota bene beim (Schwert-)Tanz – gegenläufig mitbewegen. Hier vermag die Interpretation wohl nicht weiter zu greifen. (Bei den «Troddeln» handelt es sich um die kleinen, mit Haar bedeckten Hautlappen am Hals der Ziege und des Bocks – wohl verkümmerte Organe, die keine biologische Funktion mehr haben. Bei PLINIUS, nat. hist. 8, 202 heissen sie *laciniae*, also 'Zipfel'; bei VINZENZ V. BEAUVAIS, SN 18, 33 [Duaci 1624, Nachdruck Graz 1964, Sp. 1345] ist von *duæ verruculae*, also 'zwei kleinen Warzen', die Rede. Die Angabe dürfte übernommen sein aus COLUMELLA VII, 6, 2: *Caper, cui sub maxillis binae verruculae collo dependent [...]* (ed. FORSTER/HEFFNER 1954, S. 276).

[1064] HAUCK 1978a, S. 47.

[1065] Dazu HAUCK 1983.

[1066] Trotz einer langen Forschungstradition wird die Existenz germanischer Zwillingsgottheiten bisweilen jedoch überhaupt in Frage gestellt, cf. BIEZAIS 1969.

[1067] HAUCK 1957b, S. 360f.

geneigt war. In der Helmzier selbst sah HAUCK «hörnerartige Aufsätze, die in Vogel- oder Schlangenköpfen enden» resp. Schlangenkörper mit Vogelköpfen; die Schlange verkörpere dabei das Seelentier, was folglich in den Bereich des Toten- und Kriegsgottes führe. Trotz der im ganzen überzeugenden Assoziationen gelangte HAUCK zu keinem auch nur annähernd sicheren Schluss. Zusätzliches Unbehagen verursachte dabei auch HAUCKs knappe Notiz, es sei «unmöglich, die ganze Beweisführung mit allen Argumenten auszubreiten».[1068] Den richtigen Weg wiesen in der Folge erst die oben zitierten jüngeren Publikationen HAUCKs.

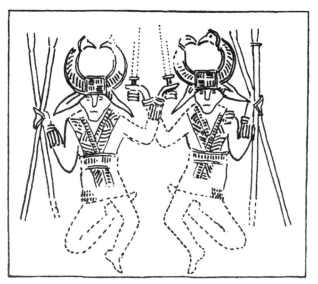

Abb. 14.

Abb. 15.

Abb. 16.

[1068] HAUCK 1957b, S. 360.

Abb. 17.

Abb. 18.

Abb. 19.

Abb. 20.

Trotz seiner diesbezüglichen Ankündigung[1069] bezog HAUCK die Abbildungen der Notitia Dignitatum nie in seine Beweisführung mit ein und tat dies m. W. auch fortan nicht. Da in diesem Kapitel jedoch die *Cornuti* im Vordergrund stehen, stellt gerade dieses Problem die wichtigste Aufgabe dar: Welche Beziehungen lassen sich zwischen der Emblematik der spätantiken römisch-germanischen Auxiliartruppen und den völkerwanderungszeitlichen Waffentanzdarstellungen herstellen? – Sie führen, nach HAUCKs Ergebnissen, wohl unweigerlich in einen Bereich von religiös determinierten Kampfvorstellungen, dem sich auch ALTHEIM,[1070] ALFÖLDI,[1071] HOFFMANN,[1072] BIRKHAN[1073] und andere nicht verschliessen konnten. In der Tat sind alle Darstellungen der *Cornuti* (in einem weiteren Sinn, d. h. die völkerwanderungszeitlichen Darstellungen inbegriffen) von einem erstaunlich kriegerischen Ausdruck geprägt und sie weisen mit dem Waffentanz offensichtlich in die Sphäre ritueller Kampfhandlungen oder Kampfinszenierungen. Möchte man an der Verbindung mit Wodan-Odin festhalten – etwa im Sinne einer Truppe, die sich dem Gott weiht (man vgl. die Ring-Symbolik der *Bracchiati*) –, so bieten sich zur Verdeutlichung dieses Zusammenhangs allenfalls Odin-Beinamen an, die das Bockswort enthalten, so an. *Grímr* oder *Grímnir*, die, ausgehend von der primären Bedeutung 'Gesichtsmaske' (vgl. auch ae *gríma* 'Maske, Helm', ahd. *grímo* 'Maske' usw.) auch 'Bock' bedeuten

---

[1069] HAUCK 1954, S. 49.
[1070] ALTHEIM 1938, S. 53: «[…] die Truppe, die sich danach nannte, dieses stärkste und kämpferischste Tier sich erwählt hat, wenn diese *Cornuti* selbst ‹Stiere› haben sein wollen, so fügt sich das in eine weitverbreitete Vorstellungswelt ein.»
[1071] ALFÖLDI 1959, S. 178: «Survivals of such warrior groups have been discovered by anthropologists in the traditional revenant gatherings of masked village youths […]» und anderes mehr, vornehmlich unter Bezugnahme auf OTTO HÖFLER.
[1072] HOFFMANN 1969, S. 134: «Die Benennung der Cornuti und der Petulantes weist mithin offenkundig in denselben barbarisch-wilden Kultbereich, in dessen Bräuchen und Sitten sich die Eigenarten des Ziegenbockes widerspiegeln, und daraus darf mit Sicherheit geschlossen werden, daß die beiden vornehmsten Auxiliarpaare mit ihren seltsamen Namen jedenfalls eine zusammengehörige Truppe bildeten, die als Kernstück der fremdländischen Elitetruppen Constantins ihre Wurzeln in der kampflustigen Sphäre barbarischer Männerbünde oder ähnlicher Kultgemeinschaften hatte.»
[1073] BIRKHAN 1970, S. 465: «Die Bedeutung 'Ziegenkämpfer' [sc. der Γαβραντουίκων (PTOLEMAIOS 2,3,4)] paßt ausgezeichnet zu den germanischen *Cornuti* und dürfte wohl das ‹Bockskriegertum› für das Akelt. sichern.»

können.¹⁰⁷⁴ Ebensowohl muss man hier aber auch den Odin-Beinamen *arnhǫfði* 'Adlerkopf' erwähnen, der sich der Vorstellung von «Raubvogelhelmen» assoziiert, was wenigstens zeigt, dass die Tierepiphanien Wodans, die sich in den Beinamen niederzuschlagen scheinen, eine unsichere Beweisgrundlage bilden. Damit sind auch die (zu Recht umstrittenen) Verwandlungskulte angesprochen, über die insbesondere OTTO HÖFLER gehandelt hat, und in denen die Bocksmaskierung einen nicht unerheblichen Stellenwert einnimmt. Die Grundlage, sie auf eine Odinsweihung zurückzuführen, ist somit reichlich dünn, und es mag genügen, diese wenigen Hinweise als wenigstens bemerkenswert zu registrieren. Vielleicht darf man aber mit chronologischen und geographischen Überlegungen operieren und in Betracht ziehen, dass sich die Bildersprache vom 4. Jh. (dem ersten Auftreten der *Cornuti* in römischem Dienst) über das 5. (Gallehus) und bis ins 6. und 7. Jh. (die nordischen und alemannischen Denkmäler) beträchtlich gewandelt hat¹⁰⁷⁵ und dass die Reflexe von Bocksmaskierung und Bockskriegertum keine einheitlichen Rückschlüsse mehr erlauben, da sie im Verlaufe der Zeit regional verschiedene Ausprägungen erfahren haben. In diesen Zusammenhang gehört beispielsweise, dass im Westgermanischen kaum theriophore Personennamen mit einem ein Bocks- oder Ziegenwort enthaltenden Erstglied überliefert sind,¹⁰⁷⁶ was ganz offensichtlich mit christlichen Tabuvorstellungen zu tun hat.¹⁰⁷⁷ Was nun allerdings die «frühen» *Cornuti* anbelangt, so dürfen sie wohl als die institutionalisierte Form jener einem sakralen Zusammenhang entnommenen Kriegergattung angesehen werden. Und hier ist nun wieder auf die Dioskurenproblematik zurückzukommen, deren Erforschung HAUCK so detailliert vorangetrieben und zu ungemein differenzierten Ergebnissen geführt hat,¹⁰⁷⁸ wenngleich man ihr mit gesunder Skepsis zu begegnen hat. Es ist hier nicht möglich und auch nicht notwendig, die Stationen von HAUCKs Deutungsarbeit zu rekapitulieren, es seien bloss die Resultate, soweit sie in unserem Zusammenhang von Belang sind, kurz präsentiert, bevor auf ihnen aufbauend die abschliessenden Aussagen zu den *Cornuti* zu treffen sind. HAUCK erkannte die mit dem Halstier-Helm ausgerüsteten Kriegerdarstellungen (nebst vielen anderen Darstellungstypen) als Dioskuren-Epiphanien, denen folgende Merkmale («Leitelemente der indoeuropäischen Zwillingsgötter-Vorstellungen») eigen sind:¹⁰⁷⁹

a) Das herrscherliche Erscheinungsbild: Damit ist der Auftritt der Figuren mit Helm in Tanz- und Reitszenen gemeint sowie, wie ich meine, auch der Überlieferungsträger und der Überlieferungskontext dieser Darstellungen selbst: auf Materialien, die nur einer sehr kleinen, herausragenden Schicht vorbehalten waren.

b) Das Auftreten in Tiergestalt: Vor allem in Pferdegestalt, womit sich die germanischen Dioskuren mit den Vorstellungen anderer indogermanischer Kulturen treffen.

c) Die Helfer-, Heiler- und Retterfunktion der Dioskuren in der Schlacht und auf See.¹⁰⁸⁰ Im Ai. erscheinen sie als *nāsatyau* 'Retter', im Gr. als σωτῆρες 'Retter, Heilande'. Im germ. Raum ist die Retter-Funktion insbesondere aus den Darstellungen von Valsgärde 7 und 8 ersichtlich,

---

¹⁰⁷⁴ Cf. DE VRIES, AEW, S. 188 («Die Odinsnamen sind zu erklären durch die verwandlungskulte, in denen tiermasken getragen wurden.»); dazu auch Ders., AGR I, § 384; MÜLLER 1970, S. 205.
¹⁰⁷⁵ Beispielsweise im Übergang von der figuralen zur ornamentalen Darstellungsform.
¹⁰⁷⁶ Cf. MÜLLER 1970, S. 77 f.
¹⁰⁷⁷ Cf. BIRKHAN 1970, S. 463.
¹⁰⁷⁸ Vor allem bei HAUCK 1981 und 1983 (zusammenfassend 1984). Es sei aber angemerkt, dass manche der (bisweilen reichlich hermetischen) Argumentation HAUCKs, soweit sie für den Fachfremden noch verständlich sind, den Anschein von Zirkularität aufweisen, dort nämlich, wo mittels willkürlicher Prämissen auf scheinbar «gesicherte Ergebnisse» verwiesen wird, die jedoch nur einem anderen Argumetationszusammenhang desselben Autors an anderer Stelle entsprechen.
¹⁰⁷⁹ Nach HAUCK 1983, S. 437 und der Zusammenfassung ebd., S. 462 f.
¹⁰⁸⁰ Cf. WAGNER 1960, S. 7.

in denen ein behornter Einzeldioskur jeweils als Sieghelfer (beim Schleudern des «Heldenspeers») über dem gepanzerten Reiter fungiert.
d) Die kennzeichnende Zweizahl, die für die meisten der Darstellungen charakteristisch ist.
e) Das Erscheinen im Waffentanz, das gleichsam durchgängigste aller Elemente.
f) Die Gegensätzlichkeit ihres Wesens.

HAUCK spannte den Bogen weiter in die durch Konstantin d. Gr. intensivierte römisch-germanische Symbiose, die sich in einer fruchtbaren Wechselbeziehung auch in der religiösen Bilderwelt spiegle. Er wies insbesondere auf die Rolle des Kaisers als *secundus Castor* hin, womit wenigstens Konstantins Affinität zum Dioskurenglauben einigermassen gesichert erscheint, wenngleich dies nicht von grosser Bedeutung sein muss. Wichtiger ist nun, wenn man die Notitia-Wappen, die *Cornuti*-Schilde und die völkerwanderungszeitlichen Darstellungen in eine Beziehung zueinander bringen will (und hier können HAUCKs Erkenntnisse also noch um einige Punkte ergänzt werden), dass die *Cornuti* unter dem Zeichen der Dioskuren auftraten und als ebensolche agierten: als Sieghelfer (wie in der Schlacht an der Milvischen Brücke) und Konstantins treueste Leibgarde. Dessen tiefe Beziehung zu den *Cornuti* und die Dankbarkeit diesen gegenüber manifestiert sich am eindrücklichsten in der kleinen Bronzestatuette Konstantins, die gerade den Schild der *Cornuti* hält,[1081] der seinerseits aufs beste die jüngeren Notitia-Illuminationen bestätigt. Über diesem Signum ist auf dem Schild etwas kleiner, aber deutlich sichtbar das Christusmonogramm eingraviert, das jedoch bedeutend jüngeren Datums ist.[1082] Massgeblich ist, dass unter den Germanen «die Zwillingsgötter in der Vendelzeit als die wichtigsten Repräsentanten des Götterbeistands in der Schlacht angesehen wurden.»[1083] Festzuhalten bleibt daher vorderhand, dass die *Cornuti* sich offensichtlich als eine den Dioskuren geweihte Truppe betrachteten, gleich wie sich die Minervier als eine der Minerva geweihte Truppe verstanden[1084] und sich unter diesem Zeichen in einer Wesensbeziehung zur numinosen Instanz dachten.[1085] Inwieweit dieser Glaube in seiner realen Ausprägung innerhalb der römischen Truppenverbände mehr von mediterranen denn von germanischen Vorstellungen genährt war, lässt sich nicht sicher ermitteln; Fakt ist aber, dass die einheimische Bildersprache und einheimisches Gedankengut eine tragende Rolle gespielt haben muss – und dies unterscheidet das Halstier-Wappen ganz eindeutig von der römischen Zodiakalemblematik. Was es mit letzterer verbindet, ist jedoch die Weihung an eine überirdische Instanz, und so können wir für die *Cornuti*, wenn schon der Konnex zu Wodan unsicher bleibt,[1086] immerhin die Verbindung mit den gleichwohl nicht weniger diffusen Dioskuren postulieren, und es mag sein, dass die Dioskuren-Ideologie auch einen Reflex im stets paarweisen Erscheinen dieser Auxiliartruppenverbände findet. Wenn wir zur Sicherheit allerdings umgekehrt fragen: Welchen Platz nimmt ein Truppenwappen ein, wenn nicht einen, der Legitimität, Schutz und Erfolg garantiert? – so ist mit dem Hinweis auf den «barbarisch-wilden Kultbereich»[1087] das Problem nur banalisiert und offensichtlich in falsche Bahnen gelenkt. Erinnern wir uns, dass Konstantin vor der Schlacht an der Milvischen Brücke seine Legitimität durch ein *signum* von göttlicher Seite verliehen wird (welches nota bene fortan für viele Jahrhunderte über die Spätantike hinaus als Schildzeichen diente), so ergibt sich fraglos eine ganz eindeutige Satzbetonung des

---

[1081] Cf. ALFÖLDI 1959, passim u. Abb. 1–2.
[1082] Ebd., S. 171.
[1083] HAUCK 1984, S. 485.
[1084] Cf. oben Anm. 674.
[1085] Cf. auch SCHEIBELREITER 1992, S. 72.
[1086] Sc. der Konnex zwischen Wodan und den *Cornuti*. Es wäre vermessen, die Verbindung zwischen Wodan und den Dioskuren, die für HAUCK über allem steht, auf unseren Untersuchungsgegenstand zu übertragen.
[1087] HOFFMANN 1969, S. 134. S. auch Anm. 1072.

legendären *In hoc signo vinces*. Und so erhält unsere Deutung des *Cornuti*-Signums eine Stütze auch von einer anderen Seite.

Damit ist nun zugegebenermassen noch wenig über den Stellenwert des Ziegenbocks in bezug auf die Dioskuren und *Cornuti* gesagt. Abschliessend lässt sich dazu folgendes bemerken:

1. Im altindischen Mythos werden die üblicherweise pferdegestaltigen Dioskuren (Aśvinau) gelegentlich als Ziegenböcke mit zwei Hörnern vorgestellt und mit zwei schnellen Hunden verglichen.[1088] Damit ist wenigstens aus einem weiteren indogermanischen Raum ein Bezug der Dioskuren zur Ziegengestaltigkeit nachgewiesen. Dabei ist von Belang, dass Böcke bisweilen als 'allgestaltig' ausgewiesen werden, so, wenn der Sühnebock anstelle des Pferdes geopfert wird oder aber der allgestaltige Bock dem Pferd vorausgeht.[1089]

2. Nach den völkerwanderungszeitlichen. Darstellungen zu urteilen sind in den Hörnerhelmen in der Tat keine Böcke zu erkennen, sondern, wenn man HAUCKs Deutungen Glauben schenken will, allenfalls Raubvögel, deren Stilisierung diesen Schluss jedoch m. E. nur bedingt zulässt. Die Existenz der Böcke als identitätsstiftendes Zeichen ergibt sich einzig aus den spätantiken römischen Darstellungen, die die *Cornuti* als diesem Signum zugehörig ausweisen. Lässt man den naturalistischen Offiziersschild des Konstantinsbogens einmal beiseite und orientiert sich in bezug auf das *Cornuti*-Signum am Schild der bei ALFÖLDI behandelten Konstantinsstatuette,[1090] so bleibt das Bockszeichen auch in seiner Stilisiertheit noch eindeutig identifizierbar: es zeigt zwei Ziegenböcke, deren charakteristische Hörner (nebst den Ohren) und Bärte nur allzu deutlich sind.[1091] Die Form des Zeichens stimmt hinwiederum ganz mit den Abbildungen aus der Not. Dign. überein und mündet, ohne dass eine Veränderung der formalen Struktur zu erkennen wäre, in die vwz. Darstellungen. Der Unterschied zwischen den spätantiken und völkerwanderungszeitlichen Darstellungen liegt darin, dass die älteren Denkmäler das Zeichen losgelöst vom Helm zeigen, während die jüngeren immer den Helm wiedergeben. Dies mag an der oben bereits angesprochenen Institutionalisierung des Sachverhalts liegen: Während die jüngeren germanischen Darstellungen also die Dioskuren selbst abbilden, agieren die *Cornuti* lediglich unter ihrem Zeichen: Dieses findet Platz auf den Schilden und erscheint substituiert als Bockshornzeichen an den Helmen.

3. Zum Element des Waffentanzes – (der für die Germanen bei TACITUS, Germ. Kap. 24 bezeugt wird) resp. des Tanzes allgemein ist zu sagen, dass hier der Bock in den idg. Kulturen eine bedeutende Rolle spielt: Aus dem vorgeschichtlichen und antiken Griechenland (später auch aus Rom) sind rituelle Bockstänze bestens bezeugt, die nur zum Teil mit Fruchtbarkeitsvorstellungen zu vereinbaren sind; des weiteren scheinen auch halbtierische Wesen mit Bockszügen göttliche Verehrung genossen zu haben,[1092] die sich später vornehmlich in der Gestalt des Pan (auch er als Sieghelfer verehrt[1093])

[1088] DE GUBERNATIS 1874, S. 314 (cf. auch ebd., S. 328).
[1089] Ebd., S. 324.
[1090] ALFÖLDI 1959, S. 171 ff.
[1091] Daneben lassen sich die beiden sich einander zuneigenden Hälse selbst wiederum als Hörner deuten, insofern sie die charakteristische Oberflächenstruktur eines krummen, gewundenen Horns zeigen.
[1092] Cf. RICHTER 1972, Sp. 421 f. Des weiteren s. ALFÖLDI 1959, S. 177 f.: «The cult-dance of the he-goats was a highly serious act among the eary Greeks. Horned or animal-shaped helmets suggest that even the Greeks once used in battle the symbols of their zoomorphic ancestors.» Ein Beispiel eines halbtierischen Bocksdämons, der bei AELIAN geschildert wird, ist oben S. 176 zur Sprache gekommen. S. zu griechischen Bocksdämonen BURKERT 1990, S. 15.
[1093] Cf. BROMMER in RE Suppl. VIII, Stuttgart 1956, Sp. 954; DKP 4, Sp. 446; des weiteren s. VOLLMER, WILHELM: Wörterbuch der Mythologie aller Völker, neu bearbeitet v. Dr. W. Binder, Stuttgart ³1874, S. 367.

konkretisieren.¹⁰⁹⁴ Die indischen *ajas* ('Ziegen') des Rgveda entlarven sich nach ALFÖLDI wohl als Krieger mit Bocksmasken.¹⁰⁹⁵ Tanzende Dioskuren erscheinen insbesondere im Rgveda,¹⁰⁹⁶ ja sie galten bei den Spartanern sogar als Erfinder des Waffentanzes. Inwiefern in diesem Zusammenhang die durchweg jüngeren Volksbräuche von Ziegen- und Bocksmaskierungen, Umzügen und Tänzen zu werten sind, bleibe dahingestellt.

4. Wenn wir so das Bockssignum mit einiger Vorsicht als die ältere Variante des Dioskurensymbols erkannt haben, so fragt es sich, ob es dafür nicht zusätzliche positive Evidenz aus dem germanischen Bereich selbst geben könnte. Einen ersten Anhaltspunkt bietet dabei die «Götterbildzone» des kurzen Horns von Gallehus, auf dem die beiden Gestalten mit den langen Bockshörnern dioskurisch gewertet werden können.¹⁰⁹⁷ Ferner muss man sich fragen, welchen Wert man den Hörnern der (mutmasslichen) Pferde auf dem Kessel von Gundestrup sowie auf den zahlreichen ‹dioskurischen› Brakteaten zumessen soll. Während die Pferdegestalt der Dioskuren zu den ältesten Vorstellungen des idg. Dioskurenglaubens überhaupt gehört, scheint die 'Behornung' ein hauptsächlich germanisches Phänomen zu sein, worunter Elche und Hirsche einen besonders gut bekannten Spezialfall bilden. Auf die taciteischen *Alces* kann hier freilich nicht eingegangen werden, ich verweise lediglich auf die sicherlich etwas zu optimistische Darstellung bei ROSENFELD¹⁰⁹⁸ und die wohl nicht ganz gerechtfertigte vollständige Ablehnung von germanischen Dioskuren bei BIEZAIS.¹⁰⁹⁹ Ebensowenig kann auf die gehörnten Pferde auf den völkerwanderungszeitlichen Brakteaten eingegangen werden; die ältere Forschung sah in ihnen keine Pferde, sondern Thors Bock, wofür auch der Bart der Pferde zu sprechen schien.¹¹⁰⁰ HAUCK lehnte dies mit der Begründung ab, es handle sich bei Hörnerschmuck und Bart lediglich um Traditions- und Werkstatt-Varianten:

> «Der ursprünglichen Konzeption nach, die sich mit der gesamten Brakteaten-Verbreitung durchsetzte, war ein Pferd gemeint. Daran ändern weder die Spielarten mit dem stierhaften Hörnerschmuck noch mit dem Bart etwas. Pferde mit aufgesteckten Hörnern begegnen auch auf gleichzeitigen Bildsteinen [...] und auf gotländischen Pferdchenfibeln. Bärtige Pferde spielen bei älteren Pferderassen eine grössere Rolle als heute und sind auch durch altnordische Pferdenamen wie Grani bezeugt.»¹¹⁰¹

---

¹⁰⁹⁴ Dieser erscheint überdies in einer (einzigen) Stelle der antiken Literatur in Zusammenhang mit den Dioskuren, nämlich bei ARISTOPHANES, Ekklesiazusai, V. 1069 («Oh Pane, oh Korybanten, oh Dioskuren!»), wo, nach der Aufzählung zu urteilen, ein direkter Zusammenhang nicht offensichtlich erscheint (cf. aber RE Suppl. VIII, Sp. 1002). Mit den Korybanten, Priestern, Flötenspielern und Kulttänzern der kleinasiatischen Erd- und Muttergottheit Kybele, wird jedoch eine Brücke geschlagen zu anderen «artverwandten mythisch-dämonischen Gruppen» wie Kureten, Daktylen, Kabiren und Dioskuren (so DKP 3, Sp. 375), in deren Sphäre ALFÖLDI die rituellen Bocksmaskierungen der griechischen Frühzeit ortet. Auf diesen Sachzusammenhang macht mich auch lic. phil. Andreas Külling (Basel) aufmerksam. Mit der Nennung dieser «Gruppen» bei ARISTOPHANES (insbesondere der pluralischen Pane) sind offenbar weniger die Einzelgottheiten angesprochen denn ihre Priester. Insbesondere bei den Kureten ('Jünglinge, Jungkrieger'), einem männerbündischen, dämonisierten Kollektiv (DKP 3, Sp. 378), dem Gefolge verschiedener Muttergöttinnen, dürfte man den «cult-dance of the he-goats» (ALFÖLDI 1959, S. 177) erwarten. Ihnen werden in der antiken Literatur mehrfach a p o t r o p ä i s c h e r i t u e l l e W a f f e n t ä n z e zugeschrieben, wie wir sie auch bei den *Cornuti* belegt finden.
¹⁰⁹⁵ ALFÖLDI 1959, S. 178.
¹⁰⁹⁶ Cf. WAGNER 1960, S. 225.
¹⁰⁹⁷ S. o. Anm. 1061.
¹⁰⁹⁸ ROSENFELD 1940 u. 1984 (hier mit weiterer Literatur).
¹⁰⁹⁹ BIEZAIS 1969.
¹¹⁰⁰ WERNER 1966, S. 25; weitere Lit. bei HAUCK 1978b, S. 368. Dazu kann man problemlos auch Ziegenhufe erkennen. Abb. bei WERNER 1966, Taf. 11.2 (Gerete), MÜLLER-WILLE 1999, S. 65 (Fardhem).
¹¹⁰¹ HAUCK 1978b, S. 369.

HAUCK blieb jedoch bei der dioskurischen Deutung der Brakteatenpferde, indem er auf ihre häufige Doppelheit, ihre Retter- und Helferrolle als Ärzte und Wundertäter und ihre Position im Bereich ‹Dioskuren und Jungmannschaft› aufmerksam machte.[1102] Gerade der Hörnerschmuck der Pferde verlangt aber nach einer Deutung. Mögen es auch keine Bockshörner gewesen sein, es sind Hörner, und sie lassen sich nicht wegdiskutieren. Ihre spezifische Position im Dioskurenglauben ist, wie gezeigt, schwer zu ermitteln, doch kann man ins Feld führen, dass Bockshörner ganz generell ein Sinnbild für Leuchtkraft sind (im astralen wie «meteorologischen» Sinn, vgl. u. ab S. 230), wie denn auch die Dioskuren in allen Kulturen astrale Bezüge aufweisen und für Helligkeit und Leuchtkraft stehen. Dass Hörnerschmuck für Pferde auch in der Realität ihren Platz hatte, zeigen die von HAUCK angeführten Bilddenkmäler für den Norden sowie die mit grossen Bockshörnern ausgestattete Maske für ein Pony aus Torrs aus dem 3. Jh. v. Chr.[1103] Sie entstammt aber dem keltischen Raum und gehört strenggenommen nicht hierher.

5. In verschiedenen altnordischen Texten erscheinen zwei mythische Seekönige, die die Namen *Geitill* und *Geitir* tragen.[1104] Deren Beurteilung differiert relativ stark. So liest man bei SIMEK,[1105] der Name *Geitir* bedeute etwa 'Ziegenhirt', DE VRIES schlägt die Deutungen 'der in ziegenfell gekleidete' oder 'der sich wie eine ziege gebärdende' vor.[1106] Betrachtet man den Dioskurenglauben unter der Voraussetzung, dass er auch im Germanischen einen Bezug zur Seefahrt aufwies, so hat man zu schliessen, dass der Name eines Seekönigs mit Ziegen- resp. Bocksbezug gut in diese Sphäre passen würde. Offensichtlich betritt man hier aber unweigerlich das weite Feld der Spekulation.[1107]

6. Im Jahr 553/4 führte das alemannische Brüderpaar Buccillin und Leuthari ein fränkisches Heer gegen den Feldherrn Narses nach Italien bis zur Meerenge von Messina.[1108] Als Herzöge standen die Brüder an der Spitze des Heeres und gelten gemeinhin als Vertreter des völkerwanderungszeitlichen Doppelherzogtums, wie es auch in anderen Fällen bezeugt ist. Der gut überlieferte Name des Herzogs *Buccillin*, auch *Buccellin*, *Butilin*, *Butilinus*, *Buccellenus* usw. geschrieben,[1109] ist problemlos zu deuten als 'Böcklein'.[1110] Das Doppelherzogtum wurde verschiedentlich mit dem Dioskurenglauben in Zusammenhang gebracht.[1111] Der Bocksname des einen Herzogs lässt sich unter dieser Voraussetzung gut in die behandelte Szenerie einpassen. Er könnte, als Vertreter des Adels, seinen Namen bereits im Hinblick auf eine militärische Karriere erhalten oder ihn im Laufe des Feldzugs als Übername bekommen haben. In jedem Fall ist hier die Namengebung noch weit von christlicher Vereinnahmung

---

[1102] HAUCK 1978b, S. 388 f.
[1103] Cf. KLINGENDER 1971, S. 101; vgl. dazu auch unten S. 236, Anm. 1339.
[1104] *Geitill* mit *-l*-Suffix, *Geitir* mit *-ja*-Suffix zum Stamm **gait-*, der nicht primär die weiblichen Tiere benannt hat, sondern (nebst aussergermanischer, aber nur italischer Evidenz – vgl. lat. *haedus*, *haedīnus*, sabinisch *faedus* 'Bock', cf. LEHMANN, GED, S. 140; KRAHE 1954, S. 76) nach Ausweis weiterer germanischer Sprachen auch die männlichen Tiere mit einschloss, vgl. got. *gaitein* 'Böcklein, Zicklein', ahd. *gheizssīn* 'junger Ziegenbock' (bei ISIDOR; cf. SCHÜTZEICHEL 1989, S. 127), ae. *gǣten* 'Böckchen'. Cf. MÜLLER 1970, S. 76 f. Es scheint allerdings, dass mit dem Wortstamm v. a. Jungtiere benannt wurden, weswegen OREL, HGE, S. 123 auch ein urgerm. Lemma **gaitīnaz* ansetzt, strukturell eine Deminutivbildung. Zur ganzen Wortfamilie cf. insbesondere JANZÉN 1938, S. 32–40.
[1105] SIMEK 1995, S. 129 (Name eines Riesen).
[1106] DE VRIES, AEW, S. 162.
[1107] Weitere Angaben bei MÜLLER 1970, S. 76 f. u. Anm. 13.
[1108] Cf. GEUENICH 1997, S. 93 f.
[1109] Cf. REICHERT 1987, S.155 u. 164; FÖRSTEMANN I, Sp. 344.
[1110] Der Name erscheint nicht in der Sammlung theriophorer Personennamen bei MÜLLER 1970 (§ 81, S. 77 f.). Freilich ist die Vorsicht, mit der MÜLLER die Personennamen mit einem Element germ. **bukkaz* behandelt, angebracht, da es tatsächlich wahrscheinlich ist, «dass der genannte Name zum größten Teil auf die Kürzung zweistämmiger Bildungen mit dem Erstglied *Burg-* zurückgeht.» (S. 77 f.).
[1111] Cf. WAGNER 1960.

entfernt, die die 'Bock'-Namen vor dem Hintergrund der ‹Verteufelung› später nicht mehr erlaubte. Könnte es also sein, dass hinter *Buccillin* ein später dioskurischer *Cornutus* steckt?

7. Bei der Suche nach einem Ausgleich zwischen der von der älteren Forschung erkannten himmlischen und irdischen Funktion der Dioskuren etablierte sich unter einigen Altertumswissenschaftlern die Ansicht, die dioskurischen Brüder entsprächen dem aufsteigenden Morgen- und dem sinkenden Abendstern.[1112] Dies ist deshalb von Interesse, weil Gestirne, Kometen und eine grosse Anzahl weiterer astronomischer und meteorologischer Phänomene als Ziegenböcke gedacht wurden – wobei, wie unten noch zu zeigen sein wird, die helle, weiss glänzende Erscheinung das tertium comparationis bildete. Die indogermanischen Dioskuren weisen, ihrer himmlischen Herkunft gemäss, in allen Kulturen starke Beziehungen zu Licht und Feuer auf.[1113]

8. Abschliessend ist auf einige Namen aus dem keltischen Raum hinzuweisen, die mindestens eine strukturelle Ähnlichkeit mit den germanischen *Cornuti* aufweisen. So hat BIRKHAN auf die bei PTOLEMAIOS erscheinenden Γαβραντουίκων (2,3,4) (Gen. Pl.) hingewiesen und sie unter Beizug von weiteren *-vices*-Völkernamen wie *Brannovices* 'Rabenkämpfer' und *Eburovices* 'Eibenkämpfer'[1114] als 'Ziegenkämpfer' identifizieren wollen, womit, dank der germanischen *Cornuti*, auch das altkeltische «Bockskriegertum» gesichert sei.[1115] Da man bei den *Cornuti* jedoch nicht generell von «Bockskriegertum» sprechen sollte, wie gezeigt wurde, bleibt diese Verwandtschaft eher oberflächlich.[1116] Ähnlich sind vielleicht die Völkernamen *Cornavii* in Caithness (Κορναούιοι bei PTOLEMAIOS 2,3,8–9) und auch die *Cornavii* / *Cornovii* in Südwestengland zu verstehen. BIRKHAN beurteilt sie zusammen mit ähnlich gearteten Ethnonymen im Hinblick auf Kriegermagie und Tiermaskierung, um nicht totemistische Reflexe in den Namen sehen zu müssen.[1117] Vorausgesetzt, die Namen in der Liste bei PTOLEMAIOS sind keltisch, so ist immer auch ein Blick auf das belgisch-nordwesteuropäische Festland zu werfen. So fällt beispielsweise auf, dass die nordschottischen *Caereni* (Καιρηνοι) ein sprachliches Gegenstück in den *Caerosi* finden, ebenso wie möglicherweise die den Κορναούιοι vorausgehenden Λοῦγοι den taciteischen *Lugii* möglicherweise entsprechen.[1118] Des weiteren sind noch die irischen (mythologischen) Völkernamen *Goborchind* (*gabro-k^wennī*)[1119] 'Ziegenköpfe' und *Bocc-ainich* 'Bocksgesichter' zu nennen,[1120] die man jedoch ebensowohl als profane Spottnamen auffassen kann.

[1112] Literatur bei WAGNER 1960, S. 9 u. 17 (Anm. 76).
[1113] Cf. WAGNER 1960, S. 227 f.
[1114] BIRKHAN 1970, S. 362.
[1115] BIRKHAN 1970, S. 465.
[1116] Wie oben S. 92 im Zusammenhang mit den Kurien unter Berufung auf C. B. RÜGER dargelegt wurde, dürfte es sich bei den Gabrantovices um einen sozial oder religiös determinierten Personenverband nach Art der gallisch-germanischen Kurien gehandelt haben.
[1117] BIRKHAN 1999, S. 880 f.
[1118] Man bemerke aber die unterschiedliche Stammbildung -o- : -i̯o- bei letzteren beiden Namen. Zu diesen beiden Namen cf. RÜBEKEIL 2004, S. 243–247 u. passim.
[1119] DELAMARRE 2003, S. 173.
[1120] VENDRYES 1997, S. 53: «Ces motifs d'animaux traduisent certainement des mythes.»

9. Habergeiss

Mit der *Habergeiss* ist ein Wesen angesprochen, welches in erster Linie in der Volkskunde Beachtung fand und findet,[1121] aber auch unter sprach-, sach- und kulturgeschichtlichen Gesichtspunkten von Interesse ist. Es handelt sich dabei um ein Spukwesen, welches man sich in sehr unterschiedlicher Gestalt und Funktion vor allem als «Korndämon» (nach der MANNHARDTschen Nomenklatur[1122]) vorstellt. Es tritt in Ernte- und Fastnachtsbräuchen auf und ist über den gesamten bayrisch-österreichen Alpenraum verbreitet, aber auch in der Schweiz, in weiteren Teilen Deutschlands und bis nach Böhmen bekannt. Nebst ihrem Erscheinen in Sagen, volkstümlichen Vorstellungen und Erzählungen kann die *Habergeiss* auch ganz real dargestellt werden, insbesondere in Form der letzten Garbe bei der Ernte (auch *Haberwolf* genannt[1123]), vgl. z. B. SCHMELLER I, Sp. 1034: «Figur von Stroh (einen Reiter auf einer Geiß vorstellend), welche die Bursche [sic] in der Nacht dem Bauern, der mit dem Einführen des Getreides, besonders des letzten, des Habers, zuletzt fertig geworden, auf die Dachfirst pflanzen» oder in Umzügen um die Weihnachtszeit, vgl. ID 2, Sp. 463: «In Süddeutschland ist die mit StNiklaus umziehende 'Habergeiss' mit einem künstlichen Ziegenkopfe, dessen Kinnlade beweglich ist, versehen.» Daneben gibt es eine Reihe von Äquivalenten, die hier nicht weiter zur Diskussion stehen sollen.

Man geht davon aus, dass der Name dieser Figur von einem gleichnamigen Vogel übertragen wurde,[1124] aller Wahrscheinlichkeit nach der Bekassine oder Sumpfschnepfe (Gallinago scolopacina), auch der Wachtelkönig[1125] (Crex pratensis) wird in diesem Zusammenhang genannt. Hintergrund der volkssprachigen Benennung des Vogels sind die charakteristischen meckernden Geräusche, die die Bekassine beim Balzflug hoch in der Luft durch Vibrieren der Schwanzfedern erzeugt,[1126] und die zu gleichgerichteten Benennungen in anderen Sprachen geführt haben, man vgl. z. B. ae. *hæferblǣte* (Zweitglied zu ae. *blǣtan* 'blöken'), mecklenburgisch *Hawerblarr*, *Hawerblâr* (zu *blarren* 'meckern, blöken') sowie die Namen *Himmelgeiss* und *Himmelsziege* mit der Latinisierung *capella coelestis* (wegen des hoch in der Luft stattfindenden Balzverhaltens). Daneben sind vielgestaltige weitere dialektale Wörter bezeugt, die alle einen Bezug zur Ziege aufweisen: *Haberbock*, *Hudergeiß*, *Huidergeiß* (zu *hudern* 'wiehern'), *Haberbock*, *Haowrbuck*, *Bäferbuk*, *Riedgaiß*, *Mosbock* usw.,[1127] auch im Nordgerm. schwed. dial. *himmelsget*.[1128] Deminutiv abgeleitet erscheint darüber hinaus der Name in der Bezeichnung *Bocker(lein)* und *Bockerl* in Österreich für die Kleine Schnepfe (Scolopax gallinula).[1129] Der Name *Habergeiss* für die Bekassine scheint dabei die weiteste Verbreitung zu haben, wobei er in südostösterreichischen Gegenden auch verschiedene Eulenarten bezeichnen

---

[1121] Zu nennen sind die einschlägigen Publikationen von W. MANNHARDT (z. B. Korndämonen, Berlin 1868; WuF I–II, Berlin ²1905), man vgl. dazu auch den Artikel s. v. in HDA 3, Sp. 1291–1294.

[1122] Die eminente Bedeutung dieses volkskundlichen Phänomens dokumentiert allein der 66-spaltige Artikel in HDA 5, Sp. 249–314, mit der Begriffsdefinition Sp. 249 f.: «Unter dem besonders seit Wilhelm Mannhardts Forschungen allgemein eingebürgerten Begriff K[orndämon] versteht man ein mythisches Wesen, das sich als Fruchtbarkeitsgeist im Getreidefeld, seltener in anderen Anpflanzungen [...] zeitweise oder dauernd aufhält.»

[1123] Cf. GRIMM, DWB 10, Sp. 89.

[1124] Cf. HDA 3, Sp. 1292; LOCHNER-HÜTTENBACH 1967, S. 51.

[1125] FISCHER III, Sp. 998.

[1126] S. dazu und auch zum folgenden SUOLAHTI 1909, S. 276 ff.

[1127] Nähere Angaben bei SUOLAHTI 1909, S. 276 ff. Weitere Wörter auch bei GRIMM, DWB 10, Sp. 80 s. v. 'Haberbock'.

[1128] JANZÉN 1938, S. 17.

[1129] SUOLAHTI 1909, S. 279.

kann;[1130] ferner bezeichnet der Name gelegentlich auch die Heerschnepfe, den Ziegenmelker, den Wachtelkönig und den Wiedehopf. Der erste Beleg für das Wort erscheint 1482 in Nürnberg, wo *onocratulus* (eigtl. 'Kropfgans') mit 'habergeiß' übersetzt wird.[1131] Vom Vogelwort übertragen nennt man in der Schweiz und in österreichischen Dialekten auch den Brummkreisel (ein Spielzeug) aufgrund seiner Geräusche *Habergeiss*.[1132] *Habergeiss* wird im Schwäbischen ferner eine magere Frau sowie die magere Wiese genannt,[1133] überregional und ausserordentlich früh belegt ist dagegen der Name *Habergeiss* für die Kornspinne,[1134] den 'Weberknecht' oder 'Zimmermann' (Phalangium opilio L.), das langbeinige spinnenartige Tier, welches zur Zeit der Heuernte in grosser Anzahl auf den Feldern zu sehen ist,[1135] auch *Haberhauer* genannt.[1136] Auch an regionalen Namen für die *Habergeiss* als Dämon bzw. volkstümliche Spukgestalt mangelt es nicht, wie die Belege aus dem Schweizerdeutschen Wörterbuch zeigen: *Habergeiss*,[1137] *Hobelgeiss*,[1138] *Schnabelgeiss*,[1139] *Mordsgeiss*,[1140] *Schnädergeiss*[1141] usw.

Um die Namen, Wörter und Begriffe nicht zu vermischen, hat man zu differenzieren: Ausgangspunkt für die Benennung des Vogels ist, wie bemerkt, die Ähnlichkeit der Balzgeräusche des Vogels mit dem Meckern einer Ziege. Mit der Gleichsetzung des Vogels mit einer fliegenden Ziege kommen nun weitere Konzepte ins Spiel, die einerseits in die religiöse Sphäre führen (s. u.), andererseits weitere Vergleiche nach sich ziehen. Zu letzterem Bereich gehört die Benennung weiterer Wesen mit dem Namen *Habergeiss*, wobei teils die magere, «klapprige» Gestalt «wie eine Ziege», teils das Bestimmungswort *Haber-*, verstanden als 'Hafer', ausschlaggebend gewesen sein dürften. Es ist deshalb unklar, ob die *Habergeiss* ein Korndämon ist, weil das Bestimmungsglied *Haber-* auf ein Kornfeld weist, oder weil es ohnehin einen Korndämon in Ziegengestalt gibt, der sein (neues?) Wort dem Namen des Vogels entlehnt hat.

Die Übertragung des Vogelnamens auf den Korndämon ist allerdings umstritten, und der Primat der Benennung ist mangels alter Belege in der Tat schwer zu beurteilen. Für den Korndämon spricht dessen bocksgestaltiges Auftreten auch in aussergermanischen Kulturen,[1142] für den Vogel dessen

---

[1130] Cf. z. B. JUTZ I, Sp. 1285.
[1131] Cf. SUOLAHTI 1909, S. 277.
[1132] Cf. STALDER/BIGLER 1994, S. 292; ID 2, Sp. 462; JUTZ I, Sp. 1285.
[1133] KEINATH 1951, S. 98; ID 2, Sp. 462. Hier mag auf den ersten Blick eine Übertragung aus dem Wort für den Korndämon vorliegen, da die Habergeiss im Volksbrauch eine zentrale Stellung in Ernte- und Ernteschlusszeremonien einnimmt und auch allerlei Spuk um die letzte Garbe überliefert ist. Andererseits kann man sich auch vorstellen, dass man die magere Wiese nach den sie abweidenden Tieren benannt hat, wobei dann auch eine querlaufende Benennung nach dem bekannten Volksbrauch eingetreten sein könnte. Insgesamt wird man diese Bezeichnung aber nicht zu hoch werten wollen. S. auch JUTZ I, Sp. 1285.
[1134] Bei FISCHER III, Sp. 998, 1594 in der Übersetzungsgleichung «Aranea HaberGaiss»; ebd. aber auch = Holosteum umbellatum, also 'Spurre' (cf. MARZELL II, Sp. 880 ff., wo: «Die unscheinbare Pfl[anze] hat nur Büchernamen»).
[1135] In diesem Fall dürfte die Übertragung vom Korndämon eindeutig sein, insofern man sich diesen meist als lang- und mehrbeiniges Wesen vorstellt. Cf. HDA 3, Sp. 1293; ferner: GRIMM, DWB 10, Sp. 82.
[1136] GRIMM, DWB 10, Sp. 83; FISCHER III, Sp. 999.
[1137] ID 2, Sp. 462 ff.
[1138] Ebd. Sp. 462: «gespenstisches Wesen, das seine Stimme weithin hören lässt», allerdings als «verderbt aus H[abergeiss]» qualifiziert, was lautlich nicht befriedigt.
[1139] ID 2, Sp. 463, mit aufschlussreicher Beschreibung: «weiss vermummte Figur, welche in Begleitung der Dorfjugend je an den zwei der Weihnacht vorangehenden Freitagen Abends mit Spektakel herumzieht und Besuche macht. Die Figur gipfelt entweder in einem aus einem Laken und 2 Stäbchen gebildeten Vogelschnabel oder in einem geschnitzten Ziegenkopfe, dessen Hals der unter dem Tuche Verborgene, um die Leute zu erschrecken, nach belieben verlängert. Beide Köpfe sind mit Stecknadeln bespickt […].»
[1140] ID 2, Sp. 463, Name für einen Vogel (Nachteule, Uhu).
[1141] ID 2, Sp. 464.
[1142] Cf. MANNHARDT, WuF II, S. 155–200.

Bezeichnungsvielfalt, die sich immer im Spektrum von Ziegenwörtern bewegt. MANNHARDT spricht sich in diesem Zusammenhang deutlich für eine Trennung von Korndämon und Vogelname aus:

> «Sicher aber ist, dass diese Benennung für die beiden Vögel [sc. die Schnepfe und die kleine Eule] mißverständlich sehr leicht sowol etymologisch mit der Getreideart in Zusammenhang gebracht, als auch mit dem Glauben an den Getreidebock zusammengebracht werden konnte. Hiezu lud einmal der Umstand ein, daß ja auch der Kornbock, die Habergeiß z. T. in Wind und Wetter, speziell in *dem Gewitter vorhergehenden* Wirbelwinde sein Leben kundgebend gedacht wurde, mithin außer dem Einklang der Namen zwei verwandte Vorstellungen von vornherein sich anzogen, anderseits mußte die Verbindung um so gewisser zu Stande kommen, wenn die Volksphantasie schon vorher ohnedies geschäftig gewesen war, den wirklichen Vogel in ein geisterhaftes Wesen umzuschaffen.»[1143]

Dabei ist der sprachliche Befund selbst unklar: Während das Zweitglied keine Probleme bietet, erkennt man im Bestimmungsglied im allgemeinen, und daran kann wohl nicht gezweifelt werden, das abgegangene Wort für den Ziegenbock resp. die Ziege germ. *haƀraz, obschon man gelegentlich auch anderes lesen kann.[1144] Jedenfalls ist für die Sumpfschnepfe kein Bezug zu einem Haferfeld bekannt. Unbehagen verursacht der Kompositionstyp, den man als Determinativkompositum im Sinne einer «Zugehörigkeitsbildung»[1145] oder aber als Kopulativkompositum auffasst. Letzteres ist auf jeden Fall wahrscheinlicher, wenn man als statistisches Argument die gleichgearteten tautologischen oder selbstverdeutlichenden Komposita ins Feld führt, die gerade im Bereich der Tierappellativa ausserordentlich häufig erscheinen, man vgl. *Damhirsch, Turteltaube, Lindwurm, Schmeissfliege* usw.[1146] Danach wäre die *Habergeiss* also nicht die 'Ziegengeiss', sondern die 'Geiss' an sich. Diese Lösung liesse sich insbesondere dann befürworten, wenn man in Rechnung stellte, dass das Zweitglied das Erstglied übersetzt. Diesen Vorgang müsste man allerdings weit über den Zeitpunkt des Erstbelegs hinaus zurückdatieren, mindestens in vor- oder frühalthochdeutsche Zeit, in der der Homonymenkonflikt mit dem Getreidewort virulent wurde. Ein späterer Zeitpunkt käme nur in Frage, wenn man ein dialektales Weiterleben von *haƀraz in Betracht zöge – begünstigt allenfalls durch die abgeleiteten Bildungen wie *Haberling, Häberling* oder auch die hypokoristischen Kurzformen wie *Hippe, Heppe* usw., vorausgesetzt, diese blieben bis zu einem gewissen Grad noch durchsichtig.

Zum Bestimmungswort ist zu bemerken, dass es kaum nur das Jungtier bezeichnet, wie dies LOCHNER-HÜTTENBACH in dem bislang einzigen Forschungsbeitrag zur *Habergeiss* aus linguistischer Perspektive hatte plausibel machen wollen. LOCHNER-HÜTTENBACHs Annahme scheint wenigstens für den griechischen Bereich zuzutreffen, wo χίμαιρα (vgl. gr. χειμα, χειμών 'Winter' [lat. *hiems*] < idg. ĝʰei̯-/ĝʰi- 'Winter';[1147] χίμαιρα: + -αρ-jα) die einjährige Ziege bezeichnet und gleichzeitig das aus Löwe, Ziege und Drache zusammengesetzte feuerspeiende Ungeheuer. Auch aus dem germanischen Bereich lassen sich verschiedene Bezeichnungen anführen, die explizit das einjährige Tier bezeichnen, und tatsächlich ist auch in Märchen und Sagen immer wieder von der jungen Ziege die Rede. Um auch *haƀraz als die 'einjährige Ziege' resp. den 'einjährigen Bock' zu erweisen, ver-

---

[1143] MANNHARDT, WuF II, S. 180f.
[1144] Zu den vorschnellen Etymologien nach *Haber* 'Hafer' cf. LOCHNER-HÜTTENBACH 1967, S. 52. Die Unterscheidung von *Weizen-, Korn-* und *Habergeiss* (Kanton Thurgau, cf. HDA 5, Sp. 299) dürfte eine jüngere Aufsplitterung des ziegengestaltigen Korndämons sein, unterstützt durch das fehlgedeutete Bestimmungswort in *Habergeiss*.
[1145] So KLUGE-SEEBOLD 2002, S. 380.
[1146] HENZEN 1965, S. 63.
[1147] Cf. POKORNY, IEW, S. 425.

wendet LOCHNER-HÜTTENBACH als «missing link» den fränkischen *Haberling*, wobei er übergeht, dass das Suffixkonglomerat *-(i)ling* nebst allgemein deminuierender und semantisch modifizierender Funktion insbesondere als Ableitung für Jungtiere Verwendung fand, man vgl. *Sperling, Engerling, Schmetterling* usw.,[1148] wobei die Ableitungsbasis nicht mehr durchsichtig als Tierwort zu erkennen ist und der Prozess der Lexikalisierung das zugrundeliegende Wort hat abhanden kommen lassen (so jedenfalls bei *Sperling* < **sparwaz/sparwōn* 'Sperling' [cf. got. *sparwa*, ae. *spearwa* usw., auch noch neuengl. *sparrow*][1149] und *Engerling* < **angaraz* 'Made, Kornwurm' [cf. ahd. *angar* 'Made'][1150]). Ebendies dürfte mit *Haberling* und *Häberling* der Fall sein, denen sich noch *Frühling* 'frühes Lamm' und *Frischling* 'junges Wildschwein, Ferkel; Lamm; Zicklein' zur Seite stellen.[1151] Die Bestätigung hierfür bieten ferner die in der Lex Salica (s. u. ab S. 131) überlieferten Fortsetzer von **haḅraz*, aus denen sich überdies einzelne spezifische Jungtierbenennungen auf dieser Grundlage festmachen lassen. Daraus ergibt sich, dass **haḅraz* nicht das Jungtier (speziell das einjährige), sondern nur generisch die Ziege und den Bock bezeichnet. Auch lassen sich *Häberling* und *Haberling* nicht in Verbindung mit volkstümlichem Erzählgut oder Volksbräuchen bringen, so dass das «missing link» auch von dieser Seite her ausfällt.[1152] Die Frage nach der akkuraten Interpretation des Kompositionstyps entscheidet sich somit am ehesten für die tautologische Kopulation, die unter diachronem Gesichtspunkt eine einfache (allenfalls genusneutrale) Benennung 'Ziege' ergibt. Dies scheint eine zunächst wenig aussagekräftige Erkenntnis zu sein, doch erweist sie sich als umso interessanter, wenn man die weiteren Implikationen der Deutung betrachtet.

Hinsichtlich der Frage nach den Beziehungen zwischen Vogel- und Dämonenwort bleiben diese Überlegungen aber immer noch problematisch, was sich daraus ergibt, dass zahlreiche dialektale Wörter für die Bekassine das Lexem **haḅraz* nicht enthalten, sondern entweder ein zweites Ziegen-Wort oder aber ein Lautwort. Letztere erscheinen im Hinblick auf die Wortbildung fast ebenso merkwürdig, da sie keine durchsichtigen Nomina agentis darzustellen scheinen und obendrein die Funktion des Ziegenworts jeweils unklar ist (so beispielsweise *Hawerblar*). Da in diesem Belang also kaum Klarheit zu erlangen ist, könnten allenfalls aussersprachliche Indizien weiterführen, wobei hier erschwerend hinzukommt, dass der Volksglaube dem Vogel selbst, ähnlich wie dem Ziegenmelker, eine ausgeprägt dämonische Natur zuschreibt.[1153] Hier ist jedenfalls von besonderer Wichtigkeit, dass der Korndämon nebst manchen Attributen der Ziege meist auch in Vogelgestalt auftritt (man vgl. etwa auch die schweizerische *Schnabelgeiss*). Ich möchte es daher nicht ausschliessen, dass der Name des

---

[1148] Cf. HENZEN 1965, S. 166 f.
[1149] Cf. OREL, HGE, S. 363; KLUGE-SEEBOLD 2002, S. 864. Ähnlich verhält sich auch *Spatz* < **sparwaz* + hypokoristisches *-z*-Suffix.
[1150] Cf. OREL, HGE, S. 19; KLUGE-SEEBOLD 2002, S. 245.
[1151] Cf. STOTZ, HLSMA 1, III § 5.2.
[1152] Es ist ganz offensichtlich, dass die von LOCHNER-HÜTTENBACH vorgestellte Lösung auch im Hinblick auf die merkwürdige Komposition nicht stichhält: Wenn **haḅraz* das einjährige Zicklein bezeichnen soll, bliebe die Erweiterung um *Geiss* immer noch ungeklärt. Eine Stütze gibt auch salfrk. *lamphebru* kaum ab (obschon es rein formal die von LOCHNER-HÜTTENBACH vorgetragene Sichtweise stützte), da hier das Lexem **haḅraz* nur durch die Erweiterung um **lambaz* das Jungtier bezeichnen kann – nota bene zu einem Zeitpunkt, zu dem **haḅraz* noch transparent war und kein Grund zu einer tautologischen Komposition vorliegt.
[1153] Seit ARISTOTELES, cf. Hist. an. IX 30 (in der deutschen Übersetzung v. Aubert/Wimmer, s. die Angaben in Anm. 43): «Der sogenannte Ziegenmelker ist ein Bergvogel, etwas grösser als die Amsel, aber kleiner als der Kuckuk [sic]. Er legt zwei oder höchstens drei Eier und hat ein scheues Wesen. Er setzt sich an die Ziegen und saugt an ihren Zitzen, wovon er auch seinen Namen bekommen hat. Man behauptet aber, dass wenn er an dem Euter gesogen hat, die Milch vergeht und die Ziege erblindet. Er sieht bei Tage nicht scharf, wohl aber des Nachts.» S. dazu auch den Kommentar von ALBERTUS MAGNUS, De animalibus VIII, 95; XXIII, 128 (ed. STADLER 1916, S. 611; 1920, S. 1503).

Vogels verhältnismässig alt ist. Man wird allerdings dieser Frage nicht gerecht, wenn man nicht auch immer wieder von querlaufenden Beeinflussungen ausgeht. Die Vorstellung von ziegen- oder bocksgestaltigen Korn- und Fruchtbarkeitsdämonen ist fraglos von sehr hohem Alter;[1154] ebenso alt ist aber auch der Aberglaube in bezug auf die Eigenheiten bestimmter Vögel, der sich in vielen Fällen bis auf aristotelisches naturkundliches Gedankengut zurückverfolgen lässt, das z. T. über römische Vermittlung (v. a. PLINIUS, COLUMELLA, VARRO, AELIAN) im Mittelalter von ISIDOR V. SEVILLA über THOMAS V. CANTIMPRÉ, VINZENZ V. BEAUVAIS und ALBERTUS MAGNUS bis in die Frühe Neuzeit (insbesondere CONRAD GESSNER) weitergegeben wurde, wobei auffällt, dass die «gelehrte Tradition» so gelehrt nicht war und sich allenthalben in volkstümlicher Zoologie niederschlagen konnte. Da wäre es also nicht erstaunlich, wenn phantastisch-ornithologische Vorstellungen auf den Korndämon übergesprungen sind und parallel dazu Eigenschaften der Spukgestalt auf den Vogel übertragen wurden.

RANKE unternimmt im HDA eine andere Trennung zwischen den Erscheinungsweisen der als *Habergeiss* benannten Wesen:[1155] Der Vogel wird hier von vornherein als gespenstisches, dreibeinig gedachtes Mischwesen aus Vogel und Ziege erklärt (ohne jedoch auf die Sumpfschnepfe als möglichen Namengeber zu verweisen), der Korndämon dabei als älter eingestuft und ohne Affinität zum Vogel: «Der Name H[abergeiß] galt ursprünglich allein dem Vegetationsdämon und bedarf da keiner weiteren Erklärung.[1156] Er wurde auf den unheimlichen Vogel übertragen, weil auch der Korndämon gelegentlich in Vogelgestalt gedacht war: in Tirol wird die H[abergeiß] (als Korndämon im Fruchtbarkeitsumzug) einem Vogel ähnlich mit Storchschnabel und Strohschwanz dargestellt; ähnlich in Böhmen [...].»[1157] Dies impliziert also eine Dreigliederung des Sachverhalts, die nicht befriedigen mag, da man die in Umzügen mitgeführte Gestalt nicht vom Korndämon trennen will – wie denn RANKE diese Trennung auch nicht sinnvoll durchführen kann.[1158] Dieses Problemfeld kann nun an der Stelle nicht erschöpfend diskutiert werden, und es mag genügen, wenn man vorderhand einfach mit gegenseitigen Beeinflussungen, die aus ganz verschiedenen Sphären des volkstümlichen Tier- und Aberglaubens stammen, rechnen darf.[1159] Möchte man die gegenseitigen Beeinflussungen in eine relative Ordnung bringen, so ist in jedem Fall davon auszugehen, dass dem Vegetationsdämon in Ziegen- oder Bocksgestalt das höchste Alter zukommt. Der Volksglaube, der der Bekassine und ihren auffälligen Verhaltensweisen dämonischen Ursprung zuschreibt, hat sich den Vogel in der Folge in der Gestalt des Korndämons gedacht oder mindestens Elemente davon auf den Vogel übertragen. Erst in einem dritten Schritt dachte man sich den Korndämon halb vogel-, halb ziegengestaltig, indem der Vogel Elemente seiner Gestalt an den Korndämon abgab.

Abschliessend sind einige wenige Überlegungen zum Vegetationsdämon in Ziegengestalt anzustellen. In Gestalt der *Habergeiss* ist dieser fest mit dem Kornfeld verbunden, haust im Feld und wird bei der Ernte mit der letzten Garbe gefangengenommen, woraus aller Wahrscheinlichkeit auch der Name *Habermichel* für die letzte Garbe stammt (Schweiz; cf. ID 4, Sp. 61). Die *Habergeiss* wird in jüngerer Zeit durchwegs negativ bewertet und scheint vordergründig überhaupt eines der negativen

---

[1154] S. unten S. 176.
[1155] HDA 3, Sp. 1291–1294.
[1156] Damit ist auf die vermeintlich «künstlichen Etymologien» angespielt (ebd., Sp. 1294, Anm. 30), was folglich heissen soll, dass im Bestimmungsglied das Wort für den 'Hafer', obdt. *Haber* vorliegen soll.
[1157] HDA 9, Sp. 1293.
[1158] Man vgl. besser MANNHARDT, WuF II, der S. 183–200 die «dramatischen Darstellungen des Vegetationsbocks» behandelt und S. 199 zu dem Schluss kommt, dass es die Gestalt des Getreidebockes «ganz unwillkürlich und aus sich heruas [...] zur dramatischen Darstellung hindrängte» – «dramatisch» selbstverständlich im Sinne der physischen Repräsentation des Wesens in Bräuchen verschiedener Art.
[1159] Eine willkommene, wenn auch ungegliederte und daher schwer zu beurteilende Übersicht über die verschiedenen Erscheinungsformen der *Habergeiss* gibt eine dieser Gestalt gewidmete Internetseite eines Damenzirkels in Österreich: http://www.habergeiss.at.

Prinzipien im agrarischen Volksglauben darzustellen (was übrigens auch für den Vogel gilt[1160]), dem es auf verschiedene Weise beizukommen gilt. Anders – und sehr luzide – urteilt jedoch MANNHARDT, der den Korndämon «nicht als furchtbares, im Zorne schadendes Ungeheuer» beurteilt, «sondern als segnenden, den Menschen und den Tieren Gedeihen, Wachstum, Vermehrung verleihenden Dämon zur Zeit seiner Wiederkehr ins Land mit der Wintersonnenwende».[1161] Im Grunde handle es sich bei dem Kornbock um «die Seele, das Numen der Pflanze und kann deshalb, wie die Dryas, bald in und mit derselben lebend, bald aus ihr heraus und neben sie hin heraustretend vorgestellt werden.»[1162] Damit ist sicherlich das wesentliche getroffen. Auf das Kornfeld und Ernteceremonien deuten ferner die Bräuche um den *Habermann* und die *Haberfrau*, die *Haferbraut* und den *Haferbräutigam*, den *Haferkönig* usw., die immer im Zusammenhang mit der Kornernte auftreten, aber wenig mit der Gestalt der *Habergeiss* gemein haben. In der Tat scheint die theriomorphe Ausprägung des Korndämons nur eine von verschiedenen Verkörperungen zu sein,[1163] die ihren Ursprung in Vegetationsgottheiten haben, denen es Ehre zu erweisen und die es zu besänftigen gilt: bei der symbolischen Befruchtung der Felder, beim Stehenlassen der letzten Garbe, bei Opfergaben an das Feld usw.[1164] Auf eine Art Bewacher des Kornfelds deutet dabei die Gestalt des *Habermanns*, der, mit grossem schwarzem Hut und einem gewaltigen Stock bewaffnet, im Kornfeld umgeht,[1165] in Württemberg auch als kinderhütender Hauskobold mit buntem Schellenrock gedacht wird.[1166] Alle Formen dieser seit dem Altertum (besonders aber in den letzten 150 Jahren) vielhundertfach belegten Bräuche, ihre Namen und regionale Verteilung hat MANNHARDT gesammelt, beschrieben und historisch-mythologisch zu deuten versucht; Kontrollumfragen wurden von der Arbeitsstelle des Atlas der deutschen Volkskunde durchgeführt. Bei aller Vorsicht, die man der MANNHARDTschen Schule entgegenzubringen hat, unterliegt es aber nicht dem geringsten Zweifel, dass ackerbautreibende Kulturen verwandte religiöse Vorstellungen in bezug auf die Fruchtbarkeit der Felder besitzen. Es ist hier aber nicht der Ort, dies weiter zu vertiefen, sondern es ist nur zu fragen, welche Rolle dabei die Ziege spielt. Es wird unten zu zeigen sein, dass sich Ziege und Bock sowohl in der sprachlichen Analyse als auch in der Betrachtung sach- und vorstellungsgeschichtlicher Zeugnisse als sehr stark mit Konzepten von Fruchtbarkeit, Wachstum und Reichtum behaftet erweisen: die Ziege als das nährende, der Bock als das befruchtende Prinzip. In diesem Bereich wird auch die *Habergeiss* zu verorten sein, das heisst: nicht, wie es scheint, als bereits ursprünglich negativ konnotiertes Wesen, sondern als e i n e mögliche theriomorphe Verkörperung einer weiblichen Vegetationsgottheit (wie der Demeter) oder eines Vegetationsdämons bzw. der Seele oder des Numens der Pflanze. Hier sei beispielsweise auf den von AELIAN hist. an. VI, 42 beschriebenen Vegetationsdämon in halb Bocks-, halb Menschengestalt verwiesen (s. o. S. 176). Die volkstümliche Spukgestalt, die sich weitgehend von ihrer Funktion als Korndämon gelöst hat, verkörpert dabei wohl die Umkehrung der Werte, sei es aufgrund der scheuen Verehrung und Besänftigung seitens der bäuerlichen Bevölkerung, sei es durch eine neue Bewertung

---

[1160] Cf. FISCHER III, Sp. 998: «Fleisch von diesem Vogel [sc. von der *Habergeiss* 'Wachtelkönig'] macht wahnsinnig, man hält diesen Vogel für den Teufel selbst.»
[1161] MANNHARDT, WuF II, S. 198.
[1162] MANNHARDT, WuF II, S. 166.
[1163] Hier sei bemerkt, dass Ziege und Bock nur einen kleinen Teil der in Tiergestalt gedachten Korndämonen ausmachen. Am häufigsten kommen nach MANNHARDTs Befragungen Eber und Sau vor, danach folgen Wolf, Hund, Fuchs, Schaf, Bock, Hase und Hirsch. Man gewinnt somit den Eindruck, dass die *Habergeiss* ihre ursprüngliche Funktion zugunsten der fastnächtlichen Spukgestalt mehrheitlich eingebüsst hat.
[1164] Zu allen Punkten Belege in HDA 5, Sp. 249–314.
[1165] Cf. FISCHER III, Sp. 1000; RÖHRICH I, S. 611; GRIMM, DWB 10, Sp. 84.
[1166] HDA 3, Sp. 1294.

der Figur seitens der amtlichen Kirche.[1167] Beeinflussung ist jedoch auch von seiten volkstümlichen Tieraberglaubens anzunehmen, wie sich denn beispielsweise die unheimlichen nächtlichen Aktivitäten des Ziegenmelkers erstaunlich gut mit dem Glauben an die *Habergeiss* vergleichen lassen.

[1167] Cf. z. B. BOUDRIOT 1928, S. 38–45 u. passim, besonders S. 61: «Wir haben [...] ersehen, daß die heidnischen Langobarden die Gewohnheit besaßen, zu bestimmter Zeit das Haupt einer Ziege in einem Prozessionslauf herumzutragen, was nach Analogie ähnlicher Bräuche nicht anders gedeutet werden kann, als daß es sich um einen Fruchtbarkeitsritus handelt, bei dem ein Vegetationsdämon unter der Gestalt einer Ziege getötet wurde, dessen Lebenskraft so eingefangen und den allgemeinen Interessen dienstbar gemacht werden konnte. Übrigens kann nach Mannhardts Untersuchungen kein Zweifel darüber bestehen, daß auch Menschenleben nicht zu kostbar waren, wenn die Fruchtbarkeit und Segen spendenden Mächte nach wirksamer Stärkung verlangten.»

10. Haberfeldtreiben

10.1. Einführung und Problemlage

In ähnlicher Weise wie bei der Diskussion um die *Habergeiss* wird auch im Wort des oberbayrischen Brauchs des *Haberfeldtreibens* ein Fortleben von germ. **haƀraz* vermutet.[1168] Bei dem Brauch, der ungefähr 1905 verschwunden zu sein scheint,[1169] handelt es sich um ein im Volksglauben auf Karl den Grossen zurückgehendes[1170] nächtliches Rügegericht gegen Personen, deren Vergehen (hauptsächlich sexuelle Ausschreitungen unverheirateter oder verwitweter Frauen nach den Sittenbegriffen Oberbayerns) nicht vor Gericht gezogen werden konnten. Unter dem Vorsitz eines Haberfeldmeisters versammeln sich bewaffnete und maskierte oder vermummte junge (unverheiratete) Männer in der Nacht vor dem Haus der oder des zu Rügenden, verursachen einen tumultuösen Lärm und verlesen ihm sein Sündenregister in Spottversen, ohne dass dabei aber dem Missetäter Leid angetan oder sonstiger Schaden verursacht wird.[1171] Das Haberfeldtreiben ist erst seit dem 18. Jahrhundert in schriftlichen Dokumenten bezeugt. Seine lückenlose Aufarbeitung nach Gerichtsprotokollen hat F. W. ZIPPERER 1938 unternommen.[1172] Es hat sich dabei herausgestellt, dass ein zentraler Punkt, der für die etymologische Deutung des Begriffs im allgemeinen als ausschlaggebend betrachtet wird, eigentlich keine Rolle zu spielen scheint:[1173] Die Rede ist von dem noch bei JAEKEL genannten Hemd, in welches der Delinquent gezwungen worden sein soll, um ihm seine Vergehen vorzulesen:[1174] Das Lexem *-feld* sei, so die traditionelle Interpretation, eine volksetymologische Umdeutung von *-fell*, das *Haberfeldtreiben* demnach eigentlich ein *Haberfelltreiben* und bedeute, dass man den Beschuldigten ursprünglich in ein Bocksfell 'getrieben' habe.[1175] Im Vorderglied sieht man also einen Reflex des vorahd. abgegangenen Lexems germ. **haƀraz*, wogegen aus sprachlicher Sicht nichts einzuwenden ist. Im Zweitglied erkennt man das Wort *Fell*, vgl. beispielsweise ahd. *fel* stn. 'Fell'. Damit verbindet sich die auf ähnlichem Grund beruhende Deutung der Wendung «ins Bockshorn jagen», der nicht das

---

[1168] So beispielsweise bei JAEKEL 1904, S. 121 u. Anm. 1 mit Verweis auf ältere Literatur; cf. ferner RÖHRICH I, S. 610 f.; KLUGE-SEEBOLD 2002, S. 380; ZIPPERER 1938, S. 150 f. nur mit Vorsicht.

[1169] FARR 1981, S. 286.

[1170] Cf. ZIPPERER 1938, S. 115 u. passim sowie GRIMM, DWB 10, Sp. 82, wo folgender Vers zitiert wird: «kaiser Karl musz noch kommen und 's protocoll unterschreiben, / dasz wir das nächstmal im Attel und Altenhochenau haberfeldtreiben.»

[1171] Nach ZIPPERERs statistischer Auswertung nahmen an den Treiben jeweils zwischen 12 und 300 Treiber teil. Zum körperlichen Schaden cf. aber SCHMELLER I, Sp. 1033 f.: «Es war an vielen Orten Bayerns die Gewohnheit, daß, wenn ein Mädchen zum Fall kam, sie des Abends von den Burschen des Dorfs unter unzähligen Geiselhieben [sic] in ein Haberfeld und von da wieder nach Haus getrieben wurde. Der Verführer mußte selbst mitmachen.» Eine kurze Beschreibung des typischen Ablaufs eines Haberfeldtreibens bietet auch FARR 1981, S. 286 f. Der Forscher arbeitet die sozialgeschichtlichen Bedingungen für das Haberfeldtreiben heraus, und es liegt ihm infolgedessen wenig an der etymologischen Deutung des Begriffs, den er unreflektiert mit 'champ d'avoine' erklärt (S. 288).

[1172] Das Abhalten von Haberfeldtreiben war bei Bussen und teils hohen Freiheitsstrafen verboten. Die grosse Zahl dieser Treiben (136 konnte ZIPPERER seit 1717 nachweisen) dokumentiert jedoch den festen Sitz dieses Brauchs im volkstümlichen Leben.

[1173] ZIPPERER weist allerdings nicht darauf hin und versäumt somit die kritische Beurteilung der sprachlichen Belange.

[1174] JAEKEL 1904, S. 121.

[1175] Der Grundstein dieser Deutung, die noch bei HEINERMANN 1945, S. 260, allein JAEKEL zugeschrieben wird und deren Nicht-Beachtung von HEINERMANN sehr beklagt wird (obwohl sie von «durchschlagender Überzeugungskraft» sei), findet sich in der grundsätzlichen Anlage allerdings bereits rund 75 Jahre früher bei PHILLIPS 1860 (die Schrift erschien ursprünglich 1849). Auch PHILLIPS wurde aber m. W. kaum rezipiert.

nhd. Kompositum *Bockshorn*, sondern ein älteres *Booksham < ahd. *bokkes-hamo 'Bockshaut' zugrunde liege, also eine Umdeutung des Wortmaterials, wie sie bereits HEINERMANN und andere erkennen wollten.[1176] Nun ist es um die sachgeschichtliche Grundlage dieses Problemkomplexes allerdings verhältnismässig schlecht bestellt. Auch die Auflistung der literarischen Belege bei HEINERMANN bietet keine wirklich überzeugende Datenbasis,[1177] auf der sich die Fragen nach Alter, Funktion, Verbreitung usw. eines Phänomens wie dem des Haberfeldtreibens beantworten liessen. Im folgenden soll – bei aller Vorsicht – an der alten Deutung festgehalten werden, und dazu sollen verschiedene sprach- und sachgeschichtliche Argumente angeführt werden, die dabei gleichzeitig tiefer in unser Untersuchungsthema, die Frage nach dem Stellenwert von Kleinvieh in der Frühzeit Europas, führen sollen. Vorauszuschicken ist, dass, bedingt durch die disparate Quellenlage, in der Argumentation oft zwischen verschiedenen Kulturzuständen gewechselt werden muss, dass verschiedene Quellengattungen betrachtet und bisweilen kleinere Exkurse eingefügt werden müssen. Dies verfeinert jedoch gleichzeitig auch die Fragestellung, die so formuliert werden soll: Lässt sich aus den folgenden Phänomenen, nämlich dem Haberfeldtreiben, den verschiedenen Spielarten des Charivari, den frühgeschichtlichen und auch heute noch vielerorts geübten Hirschmaskeraden, den Perchtabräuchen sowie allerlei kleineren Erscheinungen eine Aussage über die spezifische Funktion von gehörnten Tieren (des Ziegen- und Schafbocks im speziellen) in Religion und volkstümlichem Rechtsbewusstsein treffen?

10.2. Die Sache

Zunächst ist zu bemerken, dass die Sache 'Bockshaut' durchaus in der sprachlichen Realität verankert ist, man denke an ahd. *bukkeshūt*, das in einem Beleg aus dem Summarium Heinrici lat. *aluta* 'bearbeitetes Leder, Alaunleder' glossiert.[1178] Ebenso glossiert ahd. *irah* 'Bock' (und graph. Varianten) lat. *aluta* (StSG III, 664, 33), *aluta pellis caprae* (StSG III, 218, 28), *pellis fracta* (StSG III, 662, 27). AhdWB 4, Sp. 1706, gibt als Bedeutung dieser Glossenbelege '(mit Alaun) weißgegerbtes, feines (Ziegen-)Leder' an, wonach augenscheinlich das alte Lehnwort (< lat. *hircus*) für den 'Bock' auf die Sache 'Ziegenleder' übertragen wurde.[1179] Die Doppelbedeutung führt auch noch das Mhd. weiter, cf. mhd. *irch*, *irh* 'Bock; weissgegerbtes (Bocks)-Leder, bes. von Gemsen, Hirschen, Rehen',[1180] nhd. (veraltet) *Irch* (auch schwäb. *Irch*, bayr. *Ir(i)ch*) nur noch in der Bed. 'weissgegerbtes Leder'.[1181] Die zugehörige Adjektivableitung lautet ahd. *irahīn*, mhd. *irhîn* 'aus (weissgegerbtem) Ziegenleder gefertigt'. Von sachgeschichtlicher Seite ist hier insbesondere darauf hinzuweisen, dass Ziegenleder das vermutlich am besten geeignete Material für Verpackungen, Überzüge, Futterale usw. überhaupt war. Es diente, wie im sachgeschichtlichen Kapitel erwähnt, auch zur Herstellung von Schläuchen und Kleidern – letzteres besonders auch im nordalpinen, kontinentalgermanischen und skandinavischen Raum. Aus Irch fertigte man hauptsächlich wertvolle Besatzstücke an Kleidern, auch

---

[1176] Auf die jungen und örtlich so isolierten Belege für das Haberfeldtreiben ist jedoch kein allzu grosses Gewicht zu legen, und wenn man die bei RÖHRICH gebotene Gesamtschau für die *Bockshorn*-Wendung betrachtet, so deutet die disparate Quellenlage, die nota bene erst im 16. Jh. einsetzt, ganz auf eine frühe Verschleierung der alten Bedeutung. Cf. RÖHRICH I, S. 228 f.: «Die frühesten lit. und hist. Belege gehören in das 16. Jh. und lassen erkennen, daß das Bewußtsein für eine alte Bdtg. schon damals verlorengegangen war.»

[1177] HEINERMANN 1945, S. 263 ff.

[1178] StSG III, 349, 18: *Aluta leder l bukkes hut*.

[1179] Cf. auch GRAFF I, Sp. 461, wo nur *aluta, pellis caprina* als Übersetzung angegeben ist (nebst *ervum, erva*).

[1180] LEXER I, Sp. 1449.

[1181] GRIMM, DWB 10, Sp. 2154; FISCHER IV, Sp. 48; SCHMELLER I, Sp. 130 f.

Hosen, Handschuhe usw. Ahd. *fel* stn. 'Fell' < germ. **fellan* bezeichnete, aus got. *filleins* 'ledern' zu schliessen, ursprünglich eher die Haut und das Tierleder, weniger das behaarte Fell, so wie lat. *pellīnus* auch 'ledern' bedeuten konnte. Es ist bemerkenswert, dass bereits lateinische Redewendungen mit dem Wort *pellis* auf Strafreden hindeuten, vgl. *detrahere alicui pellem* 'die Fehler aufdecken' (wörtlich: 'jemandem das Fell abziehen'), *caninam pellem radere* (var. *rodere*, cf. ThLL X.1, Sp. 1003) 'lästern, schmähen' (wörtlich: 'das Hundefell scheren');[1182] weitere Wendungen, die das Wort *pellis* im Zusammenhang mit zu Strafzwecken angewendeten Schlägen aufweisen, listet ThLL X.1, Sp. 1006, auf. Mit einem Ziegenfell (*Amiculum Iunonis* 'Mantel der Juno') schlugen ferner die Luperci an den Lupercalia die Frauen, um ihnen Fruchtbarkeit zu verleihen.[1183] Juno, die selbst in einem Ziegenfell auftritt und einen Ziegenkopf als Kopfbedeckung trägt, fungiert einerseits als Wächterin über die Keuschheit der Frauen, andererseits als Ehe- und Fruchtbarkeitsgöttin. Im Zusammenhang mit Strafen ist auch das deutsche «jemandem das Fell über die Ohren ziehen» zu nennen, das u. a. 'jemanden scharf tadeln' bedeutet. Die Redensart stammt nota bene nicht aus der Jägersprache – allenfalls aus der landwirtschaftlichen Tierhaltung, deutet auf jeden Fall auf sehr hohes Alter, wofür ihre weite mundartliche Verbreitung spricht.[1184] Angesichts von *Bockshorn* und *Haberfeld* hat man aus den Redensarten vielleicht sogar zu schliessen, dass die 'Fell'-Redewendungen Vorgänge wie 'das Fell abziehen' und 'ein Fell überziehen' vermischen. Zu beachten ist immerhin, dass die durchgängige Bedeutung 'schmähend tadeln' sehr spezifisch ist, wobei dem wörtlichen wie dem übertragenen Verständnis der Wendungen eine Grundbedeutung 'lächerlich machen, blossstellen' anzusehen ist.

10.3. Das Wort

Kommen wir von der Sache zum Wort. Das Schweizerdeutsche bezeugt ein Wort *Haberfëll*, ohne dass es dazu einer Rekonstruktion bedürfte. Allerdings bedeutet es hier 'Haferspreuer, als Füllsel für Kissen verwendet'. ID 1, Sp. 771 gibt dazu an, schwzdt. *Fëll* bedeute 'Hülle, Hülse'. Dabei scheint es sich aber um eine ad-hoc-Erklärung zu handeln, denn im Art. 'Fëll' (ID 1, S. 770 f.) wird diese Bedeutung nicht eigens angeführt. Auch GRIMM, DWB 3, Sp. 1494–1498, bringt keine Stellen, die diese Bedeutung nahelegen könnten. So darf man wenigstens mutmassen, dass es sich bei schwzdt. *Haberfëll* um eine sprach- wie sachgeschichtliche Umdeutung handelt, ausgelöst durch die vorahd. Paronymie der germanischen Wörter für das Getreide und den Ziegenbock. Näher zu unserem Problem hin führen weitere schwzdt. Zeugnisse: zunächst das swv. *habern* (auch *ab-*, *erhabern*) mit der Bedeutung 'züchtigen, zähmen, mit Worten oder Schlägen',[1185] das durchaus zu *haberfeldtreiben* passen könnte, wenn es nicht aus der Sprache der Getreideernte (i. S. v. 'dreschen' usw.) stammt (aber wohl sekundär aus «jem. Haberfeld treiben/haberfeldtreiben» → «jem. habern»); sodann *haberniggeln* (auch *erhaberniggeln*) 'sich mit einer Weibsperson leichtfertig benehmen'[1186] i. S. v. 'jem. zu Unanständigem verführen' o. ä., was die Strafe durch *habern* zur Folge haben könnte. Die beiden Verben bezeugten damit jedenfalls möglicherweise den Brauch, jemanden zur Strafe für unanständiges

---

[1182] Belege im ThLL X.1, Sp. 1003 f., 1006; OLD, Sp. 1320c; GEORGES, AH II, Sp. 1543.
[1183] Cf. THULIN in RE 19, Stuttgart 1918, Sp. 1117.
[1184] RÖHRICH I, S. 431 f.
[1185] STALDER/BIGLER 1994, S. 293; ID 2, Sp. 935. Die Erklärung dieser Bedeutung bei GRIMM, DWB 10, Sp. 85 vermag nicht zu überzeugen: «aus einer andern bedeutung des verbums: *habern, häbern*, den pferden haber geben [...], erwächst die bedeutung prügeln, schlagen.» Des weiteren cf. FISCHER III, Sp. 997, wo die Bedeutung ebenfalls nur ungenau expliziert wird.
[1186] STALDER/BIGLER 1994, S. 293; ID 4, Sp. 709.

Treiben in ein Bocksfell zu zwingen. Man ist geneigt, vom rein sprachlichen Standpunkt aus auch schwzdt. *Haber-Hömmeli* (d. i. *-Hemdlein*)[1187] 'Haferkleie, Hülse der Haferrispe' hierhin zu stellen, wenn denn auch hier der Homonymenkonflikt zugunsten des Getreidewortes ausgegangen ist.[1188] Ähnlich dürfte auch zu werten sein, was FISCHER s. v. *Haber-gaⁿs -gãõs* anführt: 'Person, der man das Hemd über dem Kopf zusammengebunden hat'; gemeint ist ein «roher Scherz, auch Lynchakt an gemeinen Weibsbildern [...]. Man zieht dem Mädchen den Rock über den Kopf und bindet ihn oben zusammen.»[1189] Lautlich liegt dem schwäb. Dialektausdruck ein zweites Kompositionsglied *-gans* zugrunde, das vielleicht auch aus *-geiss* entstellt sein mag, dessen Stammvokalismus schwäb. «gebrochen» diphthongisch *õə*, aber auch monophthongisch *ǫ* lauten kann[1190] und damit einer Reanalyse als *-gans* Tür und Tor öffnen konnte (womit sich das Wort in die *Habergeiss*-Problematik einreihte,[1191] s. oben; zur *Geiss* ↔ *Gans*-Problematik im toponymischen Material s. oben S. 173). Lässt man diese Schwierigkeit beiseite, so zeigt sich immerhin, dass auch hier ein Element *Haber* im Bereich volkstümlicher Strafjustiz gegen Frauen erscheint, und dass dabei ein ungewolltes Einkleiden oder Verhüllen eine Rolle spielt.

Des weiteren bieten auch syntaktisch-semantische Gesichtspunkte einzelner Wendungen Hinweise auf die Bockshaut-Interpretation: So heisst die Tätigkeit beim Haberfeldtreiben «einem ins Haberfeld treiben», «einem oder einer Haberfeld treiben oder spielen»[1192] oder auch nur «haberfeldtreiben».[1193] Die Konstruktion mit indirektem Objekt erinnert hier stark an den sog. *Dativus incommodi* und liesse sich abstrahiert etwa mit 'jemandem eine Strafe angedeihen lassen' erklären. Freilich ist die syntaktische Konstruktion in diesem Fall jünger, da *treiben* und *spielen* in der Regel direkte Objekte regieren (im Bairischen ist teils auch das indirekte Objekt unmarkiert). Für das Bockshorn ist mehrfach, und durchweg in den ältesten Belegen, die Wendung «jemanden in ein Bockshorn zwingen» bezeugt.[1194] Der unbestimmte Artikel deutet dabei auf einen konkreten Gegenstand (der bestimmte hätte eher generische Funktion). Und die ausführliche Übersicht über die Deutungs- und Bedeutungsgeschichte der *Bockshorn*-Redensart bei RÖHRICH zeigt, dass ihr Sinngehalt – nämlich 'jemanden verblüffen, in Verlegenheit bringen' – auch gut zu der konkreten Tätigkeit des Haberfeldtreibens passt, insofern dieses als 'jemanden blossstellen und mit Schmähreden bestrafen' aufgefasst werden darf.[1195] Dies wiederum entspricht der von JAEKEL vorgeführten Deutung des altfriesischen (d. h. hochmittel-

---

[1187] Cf. STALDER/BIGLER 1994, S. 292 f.; ID 2, Sp. 1299.

[1188] Man vgl. dazu die kulturgeschichtlich interessante Tatsache, dass Kleidungsstücke, die Kopf und Schultern bedecken, in früherer Zeit oftmals aus Ziegenfell gefertigt wurden. Cf. KLUGE-SEEBOLD 2002, S. 428 f. s. v. 'Hut'. Aufschlussreich ist weiters an. *heðinn* 'kurzes Kleidungsstück mit Kapuze, von Fell gemacht', Zugehörigkeitsbildung zu an. *haðna* 'Ziege'; cf. DE VRIES, AEW, S. 215.

[1189] FISCHER III, Sp. 998.

[1190] Cf. JUTZ 1931, S. 115 ff.

[1191] Auch *Habergeiss* kann als Scheltwort verwendet werden i. S. v. «dürres Weibsbild», cf. FISCHER III, Sp. 998.

[1192] HDA 3, Sp. 1291; durchweg auch in den Gerichtsprotokollen bei ZIPPERER 1938. Etwas anders bei SCHMELLER I, Sp. 1033, wo die Rede ist von «Eine ins Haberfeld treiben», «Menscher, gebts acht, daß ihr nicht mit der Zeit mit dem Strohkränzl vor meinem Pfarrhofe vorbeyspazieren müßt, oder daß euch Bueba ins Haberfeld treiben». Danach wäre übrigens mit dem «ins Haberfeld treiben» die verlorene Jungfräulichkeit gemeint, deren Symbol traditionell der Strohkranz ist. Nach GRIMM, DWB 10, Sp. 82, soll in einigen Gegenden Ostpreussens eine Krone von Haferstroh das Symbol der eingebüssten Jungfräulichkeit sein.

[1193] Cf. GRIMM, DWB 10, Sp. 82.

[1194] HEINERMANN 1945, S. 260; RÖHRICH I, S. 229 ff., passim.

[1195] Dazu HEINERMANN 1945, S. 260 f.: «[...] wenn über jemand die Friedlosigkeit verhängt wird und er bei der Prozedur in ein Bocksfell getrieben wird (hineinkriechen muß), so wird er in eine arge Verlegenheit gebracht und in Angst gejagt. Als mit dem Wandel der Rechtsprechung im Laufe der Zeit das Ganze in einen Schabernack ausartete, konnte sich anstandslos die allgemeinere Bedeutung 'verblüffen' (zumeist in dem Sinne, daß an sich gar kein Anlaß zur Verblüffung vorhanden ist) einstellen.»

alterlichen) *Abba*, eines «vom Volke gewählten Beamten des alten Regnum Fresoniae [...], der richterliche und militärische Gewalt besaß und als Amtsabzeichen den Hut, das Abzeichen des Heerführers, trug».[1196] Die Tätigkeit dieses *Abba* heisst afries. *gabbia*, was JAEKEL in *gi-abbia segmentiert; dazu gehöre ahd. *abahōn* 'verabscheuen'[1197] (auch ae. *gabban* 'verspotten, verhöhnen', an. *gabba* 'höhnen, prahlen'), ursprünglich aber *'verrufen, in Verruf erklären' – was allerdings morphologisch und etymologisch falsch ist.[1198] Rechtsgeschichtlich verbucht JAEKEL das Treiben des friesischen *Abba* und seines Gefolges als Reflex der «germanischen Friedloslegung» und stellt in diesen Bereich eben auch das Haberfeldtreiben, womit ihm zufolge dieser Brauch «einst in ganz Deutschland verbreitet» gewesen sei.[1199] Nun sind aber nicht nur die Etymologien JAEKELs durchaus anfechtbar,[1200] auch die geographische, historische und sachgeschichtliche Beurteilung erscheint verzerrt und überspannt, so dass man besser daran tut, diese rechtsgeschichtlichen Belange ganz auszuklammern. ZIPPERER seinerseits führt – bei allen Vorzügen des empirischen Teils seiner Arbeit – seine Deutung in den Bereich der «altgermanischen Geheimbünde» und verficht eine religionsgeschichtlich-mythologische Interpretation des Haberfeldtreibens, wobei ihm die diesbezüglichen Untersuchungen seiner umstrittenen Kolleginnen und Kollegen[1201] sehr gut zupass gekommen sein dürften: am Schluss von ZIPPERERs Argumentation steht die These, bei den Haberfeldtreibern (die sich auch *Haberer* nannten), handle es sich um ein Fortleben uralter germanischer Männerbünde, insbesondere von Burschenschaften und religiös gebundenen Jungmannschaften usw.[1202] Auf solche überholten Vorstellungen, die ganz auf romantischen und vor allem zeitgeistgeladenen Prämissen beruhen, muss hier nicht eingegangen werden. Vielmehr soll die Frage gestellt werden, inwiefern sich Ziege und Bock in das Phänomen des Haberfeldtreibens einreihen lassen – vorausgesetzt, das Bocksfell hat in diesem oder einem verwandten Brauch wirklich einst eine Rolle gespielt.

In der Tat kann ZIPPERER eine Reihe von Fällen anführen, in denen Rügegericht und Bocksmaskierung lose zusammenhängen: So wird in verschiedenen Fastnachts- und Gerichtsspielen über sittliche Verfehlungen gerichtet, und in zugehörigen Umzügen und anderen Maskentreiben erscheint immer wieder die Bocksmaskierung.[1203] Es drängt sich hier das Phänomen der ebenfalls als nächtliche

---

[1196] JAEKEL 1904, S. 118.
[1197] 'ablehnen, verschmähen' bei SCHÜTZEICHEL 1989 s. v.
[1198] Cf. LLOYD – SPRINGER I, S. 26 (*abahōn*), 33–36 (*abuh*); s. auch OREL, HGE, S. 2.
[1199] JAEKEL 1904, S. 121, Anm. 1.
[1200] Cf. z. B. POKORNY, IEW, S. 422, DE VRIES, AEW, S. 151 (*gabba*).
[1201] Im besonderen sein Auftraggeber K. A. ECKHARDT, daneben R. STUMPFL, L. WEISER und O. HÖFLER.
[1202] Dazu vgl. man allenfalls folgendes Werk, das mir leider nicht zugänglich war: KALTENSTADLER, WILHELM: Das Haberfeldtreiben. Brauch, Kult, Geheimbund. Volksjustiz im 19. Jahrhundert, München 1971. In der Tat gibt es kaum Hinweise, die auf einen Geheimbund oder dgl. schliessen lassen könnten. Der sog. ‹Habererbund› umfasste zwar zu seinen besten Zeiten bis zu 2000 Mitglieder, es sind jedoch keine schriftlichen Dokumente des Bunds überliefert, die über Initiationsriten u. ä Auskunft geben könnten. Cf. FARR 1981, S. 291: «En revanche, on peut penser qu'il existait un noyau d'hommes qui se consacraient au maintien de la tradition et à sa transmission orale à leurs fils. Au cœur de *Bund* on trouvait un maître (*Meister*) qui prétendait remonter à Charlemagne. Il était responsable à chaque *Haberfeldtreiben*, bien qu'il ne voulût pas nécessairement prendre le risque d'être présent à l'évènement lui-même.»
[1203] Ausserhalb der bei ZIPPERER genannten Maskentreiben vgl. als besonders aufschlussreiches Beispiel OLAUS MAGNUS, De gentium septentrionalium variis conditionibus, lib. XIII, cap. 42 (De personatis seu Mascharis):

Rügegerichte (gegen die zweite Ehe) organisierten Katzenmusiken oder sog. *Charivari*[1204] auf, in denen wie beim *Haberfeldtreiben* vermummte junge Leute ihr Unwesen trieben. Nach JOHANNES DE GARRONIBUS, einem Autor des 15. Jh.s, ist *Charivari* < *capramaritum* herzuleiten, bedeute also 'Bockshochzeit' (eine Humanistenetymologie?).[1205]

Fatuorum turba diversitate formarum furit et insanit, praecipue tempore Bachanalium societatum, quo unicuique juxta suam conditionem pulchrius fore videtur in suo genere in saniendum: ut laniones in cornutis bovum, caprarumque capitibus voce eorum simulata, vel suillo grunnitu. [gesperrte Passage MHG]	Die Menge der Narren tobt und rast in grosser Verschiedenheit der Erscheinung, vor allem zur Zeit der bacchanalischen Gesellschaften, in der es jedem nach seiner Art schöner zu sein scheint, auf seine Weise zu toben, sei es als Metzger mit Stierhörnern, mit Ziegenköpfen und nachgeahmter Ziegenstimme, oder auch mit Schweinegrunzen.

[1204] Weitere Beispiele bei PHILLIPS 1860, S. 72 u. Anmerkungen. ZIPPERER 1938, S. 2. *Charivari* gibt es in ganz Europa, so in Spanien (*Cencerrada*), England (*Marrowbones and cleavers*), Italien, Deutschland und der Schweiz.

[1205] Bei DU CANGE II, S. 284b (s. v. 'Charavaritum'; das Wort erscheint in einer Rubrik der Schrift ‹De secundis nuptiis› von JOHANNES DE GARRONIBUS, zit. nach DU CANGE: *Secundo nubentibus fit Charavaritum seu Capramaritum, nisi se redimant et componant cum abbate juvenum; et primo nubentibus non fit Charavaritum.* [Den sich zum zweitenmal Vermählenden geschehe ein *Charavaritum* beziehungsweise *Capramaritum* – es sei denn, sie kaufen sich frei oder einigen sich mit dem Haberfeldmeister (dies die Übersetzung für *abbas iuvenum* in DRW 4, Sp. 1373!); den sich zum erstenmal Vermählenden geschehe kein *Charavaritum*.]); cf. PHILLIPS 1860, S. 32; s. aber MEYER-LÜBKE, REW, S. 796 (unter Nr. 9524a), KLUGE-SEEBOLD 2002, S. 169. Ältere Belege ab dem 14. Jh. führt REY-FLAUD 1985, S. 82, an, die ich allerdings nicht zu verifizieren vermochte (*javramaritum, chevramariti, capramarito, chiabra dei mariti*). Das Wort ist letztlich immer noch nicht befriedigend gedeutet, und eine Lösung des Problems steht nicht in Aussicht, wenngleich die Annahme eines unetymologischen Worts (vgl. den Anklang an das onomatopoetische *Larifari*) sicher nicht auszuschliessen ist. Zur Deutung nach *capra* ist zu bemerken, dass, wie die bei PHILLIPS 1860 beigebrachten sprachlichen Formen wie *Chavarium, Chanavari, Charavaria* u. v. m. nahelegen, auch lat. *varius* zugrundeliegen könnte: also *capra varia* im Sinne von 'bunt gescheckte Ziege'. Lat. *capra* im Bestimmungswort bietet sich ev. auch nach Kenntnis der lautgesetzlichen Entwicklung des Lexems im Französischen an, insofern die inlautende Gruppe *-pr-* über *-br-* nicht wie zu erwarten das bilabial-plosive Element frikativiert hat, sondern (vielleicht in analogischem Ausgleich?) ganz ausfallen liess. Setzt man für das Grundwort eine ursprünglich *l*-haltige Form an (wie sie die Liste bei PHILLIPS 1860, S. 84 ebenfalls häufig bezeugt), erhält man vielleicht lat. *vellus* 'Fell'. Doch auch dies bleibt alles im Reich der Spekulation. Ich führe wenigstens noch ein schwzdt. Wort an, welches in diesen Bereich (sc. das bunte, gefleckte Fell) passen könnte: schwzdt. e^n *Tschëgger* 'in buntes Schaf- oder Ziegenfell gehüllter Maskierter mit Tiermaske' (ID 8, Sp. 426), zu g^e*schëgget* '*varius* (bunt)'. Folgende (wohl noch nicht erschienene) italienische Publikation war mir leider nicht zugänglich: Charivari. Mascherate di vivi e di morti, Atti del Convegno omonimo (7–8 ottobre 2000), Alessandria, mit einem Beitrag, der allenfalls aufschlussreich sein könnte: Giuliano Gasca Queirazza: Tra *ciabra* e *Charivari*: Testimonianze antiche e ipotesi etimologiche.

Dem Bereich der *Charivari* ordnet PHILLIPS 1860, S. 62–65, auch die Beschreibung eines siebenbürgischen Hochzeitsfestes zu, wo beim Maskenumzug folgender Passus bemerkenswert ist (S. 63): «Nach den Kindern kamen schweigend und ernst ältliche Männer, umschwärmt und geneckt von einigen Thiermasken, insoferne man nämlich Gestalten, die den Kopf mit den Hörnern eines Ochsen oder Bockes geschmückt und den Leib mit einer Kuhhaut oder mit Schaaffellen, oft auch mit Pelzen, deren rauhe Seite nach außen gekehrt war, Thiermasken nennen kann.» [gesperrte Passage MHG]

10.4. Deutungsversuch

10.4.1. *Cervulum facere*

Will man tiefer in die Vergangenheit vordringen – und dies ist m. E. aus methodischen Gründen notwendig, um der Behauptung *Haber-* < **haƀraz* beizukommen –, so wird die Beweislage erheblich prekärer, und man sieht sich genötigt, weiter über das enge Territorium Oberbayerns nach Quellen Ausschau zu halten,[1206] die in irgendeiner Weise die freiwillige oder erzwungene Tierverkleidung als Akt der Belustigung, Verhöhnung oder Bestrafung zum Thema haben. Hier geben seit dem 6. Jh. insbesondere die amtlichen kirchlichen Dokumente Auskunft, die gegen volkstümliche Verkleidungen, Karnevalismus und Tänze Front machen;[1207] bekannt ist das oft behandelte ‹in cervulo/cervulum facere›, das in Bussbüchern ab dem 6. Jh. und anderswo verurteilt wird.[1208] In Resten kann es gar bis ins 4. Jh. zurückverfolgt werden, wenn dem bei PACIANUS, Bischof von Barcelona († 370), belegten Passus tatsächlich ein so hohes Alter zukommt:[1209]

Hoc enim, puto, proxime Cervulus ille profecit, ut eo diligentior fieret, quo impressius notabatur. Et tota illa reprehensio dedecoris expressi ac saepe repetiti, non compressisse videatur, sed erudisse luxuriam. Me miserum! Quid ego facinoris admisi? Puto, nescierant Cervulum facere, nisi illis reprehendendo monstrassem.	Das nämlich, glaube ich: jenes Hirschlein[-Treiben] hat sich sogleich ausgebreitet, dass es umso eifriger [betrieben] wurde, je ausdrücklicher es [vorher] gerügt wurde. Und dieser ganze Tadel des wiederholt behandelten schändlichen Treibens scheint dieses nicht unterdrückt zu haben, sondern die Zügellosigkeit geradezu noch gefördert zu haben. Ich Nichtswürdiger! Weshalb habe ich das Verbrechen zugelassen! Ich meine, sie kennten das *Cervulum facere* gar nicht, wenn ich es ihnen nicht durch meinen Tadel gezeigt hätte.

Es wird neuerdings damit gerechnet, dass auf der 1992 gefundenen Runeninschrift der Gürtelschnalle von Pforzen (letztes Drittel des 6. Jahrhunderts) eine Abschwörung gegen das ‹cervulum facere› aufgezeichnet ist, wenn die Inschrift (I *aigil · andi · aïlrun'*, II *ltahu · gasokun*)[1210] korrekt als 'Aigil und Ailrun haben die Hirsche (= Hirschmaskeraden) verdammt' übersetzt wird.[1211] Worin das ‹cervulum facere› im einzelnen bestand, ist nicht ganz klar, obschon Hirschmaskierungen in allen Teilen Europas seit dem Altertum und bis in jüngste Zeit gut bezeugt sind. Die Spiele (Maskeraden, Umzüge), die um die Zeit von Neujahr (Januarkalenden) stattfanden, beinhalteten eine Maskierung in Hirschfelle und hatten teils erotischen Charakter. Bei CAESARIUS V. ARLES, Serm. 13, 5 beispielsweise wird das ‹cervulum facere› als *sordidissima turpitudo* 'eine sehr unflätige Unsitte' gebrand-

---

[1206] Vgl. zunächst aber noch die bei SCHMELLER I, Sp. 205 verbuchten Wendungen für, wie es scheint, allgemeine fastnächtliche Maskierungen *Bocken antlit anlegen* 'larvare'; *Der Fasnacht=Böck* 'der ein Böcken=Antlitz oder Schönbart an hat, larvatus'.

[1207] Cf. KLINGENDER 1971, S. 117: «The most interesting pre-heroic animal associations vouched for by ecclesiastical authorities relate to the masked dances which were performed as ineradicable survivals of the old peasant rites at the Kalends of January.»

[1208] Belege bei BOUDRIOT 1928, S. 74–79 u. passim, PHILLIPS 1860, S. 66 u. passim (u. Anmerkungen.), SCHWAB 1992, NICHOLSON 1986. S. ferner DE VRIES, AGR I, § 257 (S. 364 u. Anm. 1 f.). Zur Sitte, bei Umzügen in Masken von Göttern geweihten Tieren herumzuziehen, cf. ID 2, Sp. 765.

[1209] MIGNE, PL 13, Sp. 1081.

[1210] Emendiert (man beachte Metrik und Stabreim): *Áigil andi Áilrun élahu[n] gasókun*.

[1211] Cf. DÜWEL 1999, S. 49 ff.

markt; man vgl. dazu auch das ahd. Versfragment von «Hirsch und Hinde», das in der Regel als erotisch-anzügliche Spielerei gedeutet wird.[1212]

Weniger bekannt, aber für unseren Fall von besonderem Interesse ist die vermutlich von CAESARIUS V. ARLES (469–542) verfasste pseudo-augustinische Predigt 130, wo es heisst:[1213]

Quid enim tam demens est, quam virilem sexum in formam mulieris, turpi habitu commutare? Quid tam demens quam deformare faciem, et vultus induere, quos ipsi etiam dæmones expavescunt? Quid tam demens, quam incompositis motibus et impudicis carminibus vitiorum laudes inverecunda delectatione cantare? indui ferino habitu et capreae aut cervo similem fieri, ut homo ad imaginem Dei et similitudinem factus sacrificium daemonum fiat?	Denn was ist so unsinnig wie das männliche Geschlecht in das weibliche zu verwandeln, dazu noch mit hässlicher Verkleidung? Was so unsinnig wie das Gesicht zu entstellen, die äussere Erscheinung zu verhüllen, vor der sich sogar Dämonen entsetzen [würden]? Was ist so schändlich wie mit plumpen Bewegungen und schamlosen Gesängen in unverhüllter Freude das Lob der Laster zu besingen? Sich in die Gestalt wilder Tiere zu verkleiden, sich einer Wildziege oder einem Hirsch ähnlich zu machen, um den Dämonen ein Opfer darzubringen, obwohl doch der Mensch nach dem Bild und der Ähnlichkeit Gottes erschaffen wurde?

Hier wird zunächst das Umgehen von Männern in hässlichen Frauenkleidern genannt, womit die in den gleichgearteten Texten ebenfalls häufig verurteilte *vetula* gemeint sein dürfte, danach ist von ungelenken Tänzen und schamlosen Liedern die Rede und schliesslich von Verkleidungen in der Gestalt wilder Tiere, insbesondere der wilden Ziege oder Rehgeiss[1214] und des Hirsches. Einen ganz ähnlichen Sachverhalt beschreibt eine weitere pseudo-augustinische Homilie aus dem 7. oder 8. Jahrhundert, die KOEGEL zitiert[1215] und aus der hervorgeht, dass *miseri homines cervolo facientes* sich obendrein in *pellibus pecodum* hüllten oder Frauenkleider anlegten.[1216] Von Verkleidungen in Viehfellen spricht bereits SEVERIAN in der *Homilia de Pythonibus et Maleficis* im frühen 5. Jh.:[1217]

[...] vestiuntur homines in pecudes, et in feminas viros vertunt, honestatem rident, violant iudicia, censuram publicam rident, inludunt saeculo teste, et dicunt se facientes ista iocari [...].	[…] Die Menschen kleiden sich in Viehfelle, die Männer verwandeln sich in Frauen, sie verlachen den Anstand, sie entweihen die Gerichte, verspotten die öffentliche Aufsicht, mit der Welt als Zeugin spotten sie und behaupten, sie würden dies nur zum Scherz tun […].

Ferner MAXIMUS V. TURIN (5. Jh.):[1218]

An non omnia quae a ministris daemonum illis aguntur diebus falsa sunt et insana, cum vir, virium suarum vigore mollito, totum se frangit in	Ist denn nicht alles, was diese Dämonendiener in jenen Tagen treiben, falsch und widersinnig? Wenn ein Mann, in der Frische seiner Körperkräfte verweichlicht, sich demütigt und vollständig in eine Frau

---

[1212] Anders aber SCHWAB 1992; s. zum neuesten Forschungsstand den zusammenfassenden Bericht in RGA 14 (1999), S. 598 ff.

[1213] MIGNE, PL 39, Sp. 2003.

[1214] *caprea* kann auch 'Reh' bedeuten, s. zu den nomenklatorischen Schwierigkeiten von *caprea* und verwandten Ausdrücken unten ab S. 232.

[1215] KOEGEL 1894, S. 30, Anm. 1.

[1216] Weitere Belege in chronologischer Reihenfolge bei NICHOLSON 1986, S. 666–669. Jüngere nordische Parallelen zum ‹cervulum facere› zitiert und kommentiert SCHWAB 1992, S. 98 ff. u. passim.

[1217] Zit. nach NICHOLSON 1986, S. 642.

[1218] MIGNE, PL 57, Sp. 257.

feminam, tantoque illud ambitu atque arte agit, quasi poenitat illum esse, quod vir est? Nunquid non universa ibi falsa sunt et insana, cum se a Deo formati homines, aut in pecudes, aut in feras, aut in portenta transformant? Nunquid non omnem excedit insaniam, cum decorem vultus humani Dei specialiter manibus in omnem pulchritudinem figuratum, squalore sordium et adulterina foeditate deturpant?	verwandelt und dies beim Herumziehen mit einer solchen Kunstfertigkeit betreibt, als würde er dafür büssen wollen, dass er ein Mann ist? Sind denn diese Dinge wohl nicht gänzlich falsch und widersinnig, wenn sich die von Gott geschaffenen Menschen in Vieh, wilde Tiere oder Missgestalten verwandeln? Übersteigt es denn nicht jeden Wahnsinn, wenn sie sich die Schönheit des von Gottes Händen mit allen Kräften zu umfassender Schönheit geformten Angesichts mit elendem Schmutz und unechter Hässlichkeit entstellen?

Auch CAESARIUS V. ARLES in der bereits zitierten pseudo-augustinischen Homilie referiert denselben Tatbestand:[1219]

[...] alii vestiuntur pellibus pecudum; alii assumunt capita bestiarum, gaudentes et exsultantes, si taliter se in ferinas species transformaverint, ut homines non esse videantur.	[...] die einen bekleiden sich mit Viehfellen, die anderen setzen sich Tierköpfe auf, sind froh und ausgelassen, als ob sie, wenn sie sich so als Wildtiere verkleidet haben, nicht mehr als Menschen erkannt würden.

Die Stellen belegen, dass das ‹cervulum facere› sicherlich einen Teil der Maskeraden ausmachte, dass daneben aber ebenso das Umgehen in Viehfellen eine wichtige Rolle spielte. Dabei hat man, ausgehend von jüngeren Maskenbräuchen, eher an Schafs- und Ziegenfelle denn an Rinder- oder Schweinshäute zu denken.[1220] Problematisch bleibt angesichts dieser Stellen – und darauf wies ja im Hinblick auf CAESARIUS insbesondere BOUDRIOT hin – die kulturell-geographische Verortung dieser Bräuche zum Jahresbeginn. KOEGEL wollte ihren Ursprung in Italien lokalisieren,[1221] BOUDRIOT dachte an griechische Herkunft,[1222] WEISWEILER zog angesichts der keltischen Ausprägungen vorindogermanisches Kultursubstrat in Betracht.[1223] Es ist in diesen Fragen offensichtlich keine Klarheit zu erlangen, und wir müssen uns damit begnügen, dass die Tiermaskeraden der genannten Art ebenso wie die weitverbreiteten Charivari-Bräuche alteuropäisches Kulturgut darstellen in dem Sinne, dass sich die Tatbestände zwar vergleichen lassen, dass Ursprungs- und Verbreitungsfragen aber zu keiner befriedigenden Lösung führen. Betrachten wir jedoch weiters einige Einzelheiten der Maskeraden, so dürften sich die Hintergründe wenigstens in Umrissen zu klären beginnen.

Auf den ersten Blick ist man mit den oben zitierten Quellen immer noch verhältnismässig weit von unserem Untersuchungsgegenstand, dem *Haberfeldtreiben*, entfernt. Dennoch zeigen die Texte deutlich das Zusammengehören von Spottgesang, Bestrafung und Tiermaskierung, wie es für das Haberfeldtreiben charakteristisch ist resp. vorausgesetzt werden muss. Ein wesentlicher Bestandteil der in den frühmittelalterlichen Bussbüchern beschriebenen Bräuchen war es, wie gezeigt, eine Art ‹Geschlechtertausch› zu unternehmen, der in allen Berichten zum Ausdruck kommt und aus dem vielleicht zu schliessen ist, dass mit dem drastischen Gestaltwechsel und Rollentausch in hässliche alte

---

[1219] MIGNE, PL 39, Sp. 2001 f.
[1220] S. auch die Schilderung des siebenbürgischen Hochzeitsfestes o. Anm. 1205.
[1221] KOEGEL 1894, S. 30, Anm. 1.
[1222] BOUDRIOT 1928, S. 74 f.
[1223] Cf. SCHWAB 1992, S. 113 (Lit. S. 96, Anm. 69).

Frauen ebenso ein juristisches Moment ins Spiel kommt – jedenfalls scherzhaft, wie der Passus *violant iudicia* bei SEVERIAN bezeugt. Die Bestrafung ist ja integraler Bestandteil des Charivari, worin, wie H. REY-FLAUD gezeigt hat,[1224] das gehörnte Tier entweder in Gestalt des strafenden, rächenden gehörnten Jägers selbst auftritt, oder aber als gejagtes Tier. Darüber wird sogleich noch zu sprechen sein.

Ähnliche Zusammenhänge von Vermummung, Bestrafung und Bocksmaskierung weisen auch die skandinavischen Brauchtümer zur Julzeit auf, besonders augenfällig ist der Stephansritt, bei dem vermummte und maskierte junge Männer in strafender Absicht ihr Unwesen treiben und dabei Frauen und Mädchen erschrecken.[1225] Damit drängt sich auch der Brauch vom *julbukk* auf, den BIRKHAN in eine Relation mit der *Habergeiss* und dem *Haberfeldtreiben* gebracht hat.[1226] Der schwedische *julbukk* (oder die *julgeit*) wird im allgemeinen als Reflex von Thors Böcken aufgefasst, er erscheint ja auch in der Funktion als Zugtier des Weihnachtselfen. Frau Luz oder Lucia im Böhmerwald und auch die schwedische Lucia (oder Lussi) erscheinen gelegentlich als Ziege mit übergebreitetem Bettuch und durchstechenden Hörnern, sie tragen Ziegenfelle usw.[1227] Diese Punkte hat ZIPPERER zwar übersehen, aber er schliesst den Kreis, indem er Thor als den Schutzgott dieser bäuerlichen Sittengerichte ansieht und seiner Deutung folgenden Abschluss gibt: «Er [sc. der Name *Haberfeldtreiben*] dürfte dann wohl herrühren von den dereinst in Bocksfelle, in die Haut des dem Gotte heiligen Tieres gehüllten Rügerichtern, die damit gleichsam den sittenrichtenden Donar selbst vertraten.»[1228] Hier fragt es sich aber rückblickend auf die Problematik des ‹cervulum facere›, ob die nordischen Hirschtanz-Spiele, die U. SCHWAB auf ihren Untersuchungsgegenstand projiziert, tatsächlich «domestizierte» Varianten der frühmittelalterlichen Bräuche sind,[1229] und ob der *julbukk*-Komplex ebenfalls in diesen Fragenbereich gehört. Damit stellt sich ferner die Frage, ob das Haberfeldtreiben, das ja unschwer als Variante des Charivari erkannt werden kann, überhaupt mit den Hirschmaskentreiben verbunden werden darf. Auf jeden Fall handelt es sich bei allen Formen dieser Spiele und Bräuche um in nuce fruchtbarkeitsrituelle Institutionen, die infolge starker regionaler Differenzierungen kaum mehr unter einen einzigen und einfachen Nenner zu bringen sind. Hirsch und Hindin, Rehbock und Rehgeiss sowie Bock und Ziege fügen sich als theriomorphe Sublimierungen der Fruchtbarkeitsspiele gut in diesen Sach- und Sinnzusammenhang. Zur Diskussion fordert dabei zunächst die Bestimmung der Tierart heraus, die sich als schwierig erweist, zumal mit dem runischen *elahu[n]* der Pforzener Schnalle ein neues Tierappellativ zutage tritt. DÜWEL setzt dafür ahd. *elahho* voraus, wofür dessen Bedeutungsangaben 1. 'Elch', 2. 'Hirschart mit einem Bocksbart', 'Bockshirsch', 'Brandhirsch' oder 3. 'Auerochs' eine ziemliche Bandbreite aufzeigen.[1230] Dabei erinnere man sich, dass CAESAR (BG 6, 27) die germanischen Elche mit Ziegen verglichen hat (*Sunt item, quae appellantur alces. harum est consimilis capris figura et varietas pellium [...]*. 'Ebenso gibt es solche die *alces* genannt werden. Deren Gestalt und Fellzeichnung ist derjenigen der Ziege ähnlich.'). Auch in dieser Hinsicht sind also regionale Variationen anzunehmen, vor deren Hintergrund die *cervuli* der frühmittelalterlichen Bussbücher umso mehr als mechanische Weitergabe eines einmaligen, bei CAESARIUS V. ARLES vorgeprägten Typus erscheinen.[1231]

[1224] REY-FLAUD 1985, S. 79 ff.
[1225] Cf. DE VRIES, AGR I, § 335.
[1226] BIRKHAN 1970, S. 463, Anm. 1314.
[1227] Weiteres bei SCHRÖDER (F. R.) 1941, S. 43 f.
[1228] ZIPPERER 1938, S. 151.
[1229] SCHWAB 1992, S. 103.
[1230] DÜWEL 1999, S. 48.
[1231] Im allgemeinen wird immer wieder darauf hingewiesen, wie sehr sich die Formulierungen von CAESARIUS VON ARLES (6. Jh.) bis BURCHARD V. WORMS (11. Jh.) oder gar GEILER VON KAISERSBERG

Was in dem Komplex der frühmittelalterlichen Maskeraden zum Jahresbeginn zugegebenermassen etwas unklar bleibt, ist der Aspekt der Strafe. Die in sämtlichen Belegstellen für das ‹cervulum facere› erwähnte *vetula*, deren Gestalt die Männer annehmen und schändliche Lieder singen, muss wahrscheinlich in dem Sinne interpretiert werden, dass es sich um zu bestrafende oder strafende Frauen handelt – übrigens im Gegensatz zu NICHOLSON, der in seiner verdienstvollen Sammlung sämtlicher diesbezüglichen Texte[1232] *vetula* durchweg falsch mit 'calf' oder 'cart' (für in der Überlieferung manchmal entstelltes *vetula* → *vehicula*) übersetzt.[1233] REY-FLAUD führt in dem Zusammenhang allerdings ein sehr aufschlussreiches Beispiel aus Frankreich im 19. Jahrhundert an, das ganz den Anschein einer in die Neuzeit transponierten Form des ‹cervulum facere› macht: Nachdem ein Mann seine Frau geschlagen hatte, trieb man alle Ziegen der Umgebung zusammen, band ihnen Schellen um, färbte ihnen die Hörner rot und spannte sie vor einen Wagen, auf dem zwei Knaben Platz nehmen mussten, von denen einer Frauenkleider tragen musste. Es wurde misstönender Lärm veranstaltet, und die beiden Knaben spielten in verhöhnender Art und Weise und mit eindeutigen Attributen ausstaffiert das konfliktreiche Eheleben nach.[1234] Für ähnliche, spätere Veranstaltungen, in denen Ziegen eine tragende Rolle zu spielen hatten, führt REY-FLAUD auch ausdrücklich verlumpte Kleidung an, mit der offensichtlich die *vetulae* zu symbolisieren waren.[1235] In den jüngeren alemannischen und bayrischen Fastnachtsbräuchen sind es bekanntlich die ‹Alten› selbst, die nebst den gehörnten Figuren strafend auftreten;[1236] hierin dürfte die ambivalente Position der ‹alten Jungfer› zu lokalisieren sein: Sie ist Anlass für Tadel, tadelt aber gleichzeitig selbst, indem sie abschreckt – drastisch verstärkt noch durch den Geschlechtertausch. Dieses Element aber fehlt in den von SCHWAB besprochenen Hirsch-und-Hinde-Bräuchen (insbesondere des Nordens) ganz, wenn die *vetula* nicht durch die sog. ‹Hindenmutter› repräsentiert wird.[1237]

Ein vorläufiges Fazit kann man nun so formulieren: Die ‹Hirsch-und-Hinde›-Maskeraden sind Reflexe eines positiven Fruchtbarkeitsritus im Sinne eines Regenerationskultus. Das Haberfeldtreiben-Charivari mit der ursprünglichen Bocks- oder Ziegenmaskierung ist ein negativer Fruchtbarkeitsritus im Sinne einer Veranschaulichung von falscher, ungenügender oder übertriebener Fruchtbarkeit. Beide Bräuche treffen sich in dem strafenden Aspekt, wonach die *vetula* im ‹Hirsch-und-Hinde›-Spiel die zu verurteilende Unfruchtbarkeit oder aber die Kupplerin markiert, der Bock oder die Ziege im Charivari den falschen oder übertriebenen Reproduktionstrieb. F. KLINGENDER ging noch einen Schritt weiter und sah in den Januarkalenden-Maskeraden «survivals of the ritual death and resurrection of a

---

(16. Jh.) gleichen, doch wurde m. W. bisher noch nie in Erwägung gezogen, dass sich hinter den angeprangerten Tatbeständen auch ort- und zeitbedingt variierende In h a l t e verbergen könnten. Während die Realität der Maskeraden nicht angezweifelt wird und man es auch kaum wagt, hinter der Fortpflanzung der Formulierungen eine der Realität enthobene Mechanik zu sehen, klammert man sich umso mehr an die *cervuli*: mit dem Argument, dass sie – Trug- und Zirkelschluss – in rezenten Bräuchen auch vorkommen. Dass dafür kein ausreichender Grund besteht, zeigt neben den Maskeraden in Gestalt anderer Tiere ja schon der Begriff der *vetula*, für den sich die Forschung kaum interessiert, da er in der Überlieferung variiert, ja er wird teils sogar sträflich falsch übersetzt; s. aber SCHWAB 1992, S. 108 (mit Lit.). Infolgedessen nehme ich mir die interpretatorische Freiheit, es mit den *cervuli* auch nicht so zwingend wörtlich zu nehmen, und mit BOUDRIOT, einem umgekehrt vielleicht etwas zu kritischen Geist, die wortwörtliche Glaubwürdigkeit der Quellenbelege in Frage zu stellen.

[1232] NICHOLSON 1986, S. 666–669.
[1233] Hier ist zu betonen, dass das Demonstrandum in der Forschung ja darin besteht, aus den ‹cervulum-facere›-Belegen auf die ‹Hirsch-und-Hindin›-Traditionen zu schliessen, worin ein Kalb jedenfalls keinen Platz findet – auch nicht ein Hirschkalb und schon gar nicht ein 'Gefährt' (*vehiculum*).
[1234] REY-FLAUD 1985, S. 82.
[1235] REY-FLAUD 1985, S. 83.
[1236] S. die Beispiele bei SCHRÖDER (F. R.) 1941, S. 128 f.
[1237] SCHWAB 1992, S. 108.

zoomorphic fertility spirit»[1238] – dies vermutlich in Anlehnung an die Schulen MANNHARDTs oder FRAZERs. Es kann dem nur bedingt zugestimmt werden, insofern nie von einer Tötung oder Opferung einer Ziege die Rede ist, jedoch die Bestrafung der Ziege vielfach der äussere Anlass für ihre Opferung ist. Bestrafung und Opfer fallen vor allem in den ältesten orientalisch-griechischen Bocksopfern zusammen: Die Ziege hat den Weinstock angefressen und muss deswegen sterben (s. auch oben S. 86, Anm. 416). Ein solcher oder ähnlicher Fall tritt in den bisher besprochenen Dokumenten nie zutage, weswegen hier dieser Aspekt ausgeklammert bleiben soll.

Ein weiterer Berührungspunkt zwischen Haberfeldtreiben und ‹cervulum facere› ergibt sich allenfalls aus der ungenügenden «zoologischen» Identifizierbarkeit des *cervulus* (s. Anm. 1231), wonach anstelle von Hirsch und Hindin ebensowohl Bock und Ziege stehen könnten (sie sind ja ebenso ein Teil alter Maskierungstraditionen), die m. A. aus den *pelles pecudum* hervorsprechen. Wichtigster Berührungspunkt ist aber in jedem Falle die Maskierung, die die menschlichen Fortpflanzungsangelegenheiten in der Form des Tierischen versinnbildlicht. In seiner Sammlung der verschiedenen Formen von Charivari-Bräuchen in Europa richtet H. REY-FLAUD sein Augenmerk auch auf den Stellenwert der Ziege, und er kann eine ganze Reihe von Belegen anführen, die die Ziege als wichtiges Element bei der Verhöhnung unverheirateter Frauen während der Verheiratung von deren jüngeren Schwestern erweisen.[1239] Die durchwegs sehr rohen Bräuche bestehen darin, der nicht verheirateten Frau (also gewissermassen der ‹alten Jungfer›) die Fruchtbarkeit der Ziege vor Augen zu halten, indem diese symbolisch verheiratet wird. Bei der Wiederverheiratung spielt die Ziege ebenfalls eine Rolle, und in diesem Belang führt REY-FLAUD Beispiele an, wonach im frühen 11. Jahrhundert Frauen, die zum zweitenmal zu heiraten gedachten, der Obrigkeit einen bestimmten Betrag zu entrichten hatten, nämlich in einem Beutel aus Ziegenleder.[1240] Es hat den Anschein, als handelte es sich dabei um eine Art «Schutzgeld», das zur Vermeidung grösseren Ungemachs abzugeben war, welches der Frau andernfalls in der Form eines Haberfeldtreibens drohen konnte. Man kann hier bereits vorwegnehmen, dass Bock und Ziege in solchen Bräuchen ursprünglich als Gegenstück zu Schaf und Widder zu verstehen waren. Während der Widder realiter keine Nebenbuhler duldet und es die Schafe einer Herde in der Regel mit einem einzigen Widder zu tun haben, sind in einer Ziegenherde mehrere Böcke zur Deckung der weiblichen Tiere möglich, denen es ihrerseits einerlei ist, von welchem Bock sie begattet werden. Dieser fundamentale Verhaltensunterschied in der Tierwelt bildet nach jüngeren Erkenntnissen die Basis eines mediterranen Ehrenkodex, wie er aus Redewendungen und Vokabular in den romanischen Sprachen erschlossen werden kann.[1241] Übertragen auf unsere Volksbräuche heisst dies somit, dass der Einbezug von Böcken und Ziegen nichts weiter denn die Missbilligung einer sexuell promiskuitiven Lebensführung darstellt, wie sie die Kirche bekanntlich bereits in Zweitehen zu sehen gewohnt ist.

Von anderen Voraussetzungen ausgehend rekonstruiert H. REY-FLAUD ferner zwei Spielarten des Charivari, die die oben vorgenommene Einteilung in positive und negative Fruchtbarkeitsriten ergänzen.[1242] Unter dem «charivari positif» versteht REY-FLAUD die Bestrafung sexueller Ausschweifungen durch den gehörnten Jäger, wie er vor allem in der englischen Tradition erscheint. Unter den Begriff «charivari inversé» fasst der Forscher die Hirsch- und Bocksmaskierung, zu der er nebst den ‹cervulum-facere›-Spielen auch das Haberfeldtreiben zählt. Beim «charivari inversé» ist demnach das gehörnte Tier das Objekt der Jagd und, führt man den Gedanken weiter: die Bestrafung besteht in

---

[1238] KLINGENDER 1971, S. 117.
[1239] REY-FLAUD 1985, S. 209 ff.
[1240] REY-FLAUD 1985, S. 140.
[1241] BLOK 1983, passim.
[1242] REY-FLAUD 1985, S. 79 u. passim.

der Gleichsetzung von zu Bestrafendem und Tier, indem, wie beim Haberfeldtreiben, die betreffende Person in ein Tierfell gehüllt oder gezwängt wird: eben ins Bockshorn gejagt. Auch für REY-FLAUD bilden die *cervuli* der frühmittelalterlichen Bussbücher den eigentlichen Ausgangspunkt, was ihn zu der fragwürdigen Chronologie führt, dass beim «charivari inversé» die Einführung der Ziege einen relativ jüngeren Zeitpunkt markiert.[1243] Ich meine aber, angesichts der *pelles pecudum* der ältesten Quellen, dass das ‹Treiben ins Bocksfell› einen durchaus ebenso alten Brauch anzeigt. Die verschiedenen Formen und Ausprägungen des Charivari sowie die kulturhistorische Einordnung der einzelnen Spielarten hat aber die Volkskunde zu beurteilen; hier ging es lediglich darum zu zeigen, dass die strafende und rügende Bocksfell-Maskierung auf eine alte Tradition zurückblicken darf.

In Form eines kommentierten Ausblicks soll hier noch ein literarisches Dokument zur Sprache kommen. Es handelt sich um die ca. 1150 entstandene Vita Merlini des GEOFFREY V. MONMOUTH, in der V. 451–470 geschildert wird,[1244] wie sich Merlin zum Herrn über die Tiere des Waldes macht, um, auf einem Hirsch reitend, als Anführer einer grossen Herde von Hirschen Guendoloena zu ihrer zweiten Hochzeit zu besuchen. Unter dem Vorwand, Guendoloena ein Geschenk zu überbringen, ruft er sie herbei, und auch ihr Bräutigam betrachtet neugierig die merkwürdige Szene. Merlin reisst dem Hirsch das Geweih vom Kopf, schlägt es dem Bräutigam über den Kopf und tötet ihn, indem er ihn mit dem Geweih malträtiert:

[1243] REY-FLAUD 1985, S. 79.
[1244] Ed. FARAL 1929, S. 320 f.

[...] silvas et saltus circuit omnes,
Cervorumque greges agmen collegit in unum,
Et damas capreasque simul, cervoque resedit,
Et, veniente die, compellens agmina prae se,
455 *Festinans vadit quo nubit Guendoloena.*
Postquam venit eo, patienter stare coegit
Cervos ante foras, proclamans: «Guendoloena,
Guendoloena, veni: te talia munera spectant.»
Ocius ergo venit subridens Guendoloena,
460 *Gestarique virum cervo miratur, et illum*
Sic parere viro, tantum quoque posse ferarum
Uniri numerum, quas prae se solus agebat,
Sicut pastor oves, quas ducere suevit ad herbas.
Stabat ab excelsa sponsus spectando fenestra,
465 *In solio mirans equitem, risumque movebat.*
Ast, ubi vidit eum vates animoque quis esset
Calluit, exemplo divulsit cornua cervo,
Quo gestabatur, vibrataque jecit in illum,
Et caput illius penitus contrivit, eumque
470 *Reddidit exanimem, vitamque fugavit in auras.*

Er begann Wälder und Weideplätze zu durchstreifen auf der Suche nach Hirschrudeln und trieb die Tiere zu einer Schar zusammen. Ebenso Rehe und Bergziegen; er selbst setzte sich auf einen Hirsch. Als der Tag anbrach, trieb er das ganze Rudel vor sich her und eilte dorthin, wo Guendoloenas Hochzeit sein sollte. Als er angelangt war, hiess er die Hirsche geduldig warten vor den Toren, während er mit lauter Stimme rief: «Guendoloena, Guendoloena, komm herab! Deine Geschenke warten auf Dich!» Da kam Guendoloena schnell herbeigeeilt, und als sie den Mann auf einem Hirsch reiten sah, lächelte sie und verwunderte sich sehr, dass das Tier ihm gehorchte und dass er überhaupt eine so grosse Menge Wild um sich gesammelt und allein vor sich hergetrieben hatte, wie ein Schäfer seine Schafe auf die Weide führt. Der Bräutigam schaute hoch oben aus einem Fenster und musste plötzlich lachen, als er den Reiter auf seinem wunderlichen Sitz gewahrte. Sobald aber der Seher ihn erblickte und begriff, wer er war, riss er dem Hirsch, der ihn trug, das Geweih ab, schleuderte es nach dem Manne und zerschmetterte ihm das Haupt. So tötete ihn Merlin und versetzte seine Seele ins Jenseits.[1245]

Aus der Szene geht im Hinblick auf unser Thema zweierlei hervor: Zunächst erscheint Merlin als Herr der Tiere, wie 450 Jahre später Shakespeares *Herne, the Hunter*, der gehörnte Jäger, der als strafende Instanz bei sittlichen Verfehlungen auftritt. In diesem Fall besteht die Verfehlung in der zweiten Vermählung, dem zentralen und universalen Thema aller Spielarten des Charivari. Sodann zeichnet GEOFFREY ein anschauliches Bild dessen, was man unter ‹Ins-Bockshorn-jagen› verstehen könnte. Unter gewissen Bedingungen kann man die Szene, wenn man den Vergleich mit Shakespeare weiter verfolgen will, auch zu der Redensart des ‹jemandem Hörner aufsetzen› zählen, insofern nämlich Braut und Bräutigam durch die Intervention einer dritten Person getrennt werden. Was die Szene mit dem Haberfeldtreiben verbindet, ist die Verhöhnung, die wenigstens angetönt ist, die verurteilte zweite Hochzeit und letztlich der Aspekt der Bestrafung durch das ‹Ins-Bockshorn-jagen› resp. das ‹Hörner-Aufsetzen›. Die Kulturgeschichte dieser letzteren Wendung lässt sich bis ins Altertum zurückverfolgen, und sie bezieht sich nach neueren Untersuchungen ausschliesslich auf die symbolische Bedeutung des Ziegenbocks im Gegensatz zum Widder:[1246] Während der Widder keine

---

[1245] Übersetzung in Anlehnung an VIELHAUER, INGE (Hg.): Das Leben des Zauberers Merlin. Geoffrey von Monmouth: Vita Merlini, erstmalig in deutscher Übertragung mit anderen Überlieferungen, Amsterdam 1964, S. 55.

[1246] RÖHRICH II und BLOK 1983.

Rivalen duldet, akzeptiert der Ziegenbock weitere Böcke neben sich. Die Symbolik des Hörner-Aufsetzens lässt sich unter diesen Voraussetzungen so verstehen, dass der ursprüngliche Vergleich mit dem Tier früh auf dessen charakteristisches Merkmal, die Hörner, übertragen wurde. Gleichzeitig entwickelte sich eine Gebärdensprache (das Hörnerzeichen mit einer Hand) mit spöttischem Teilsinn und sexueller Komponente. Diese Erklärung legen vor allem Wendungen in den romanischen Sprachen nahe, wo ein und dasselbe Wort gleichzeitig den 'Ziegenbock' und den 'betrogenen Ehemann' bezeichnet. Letztlich geht nach dieser Ansicht der Symbolwert des Horns und dessen schmähende Bedeutung auf den Ehrenkodex mediterraner Hirtenvölker zurück, der Männlichkeit und körperliche Stärke betont und der auf dem Gegensatz von Böcken und Widdern beruht: Böcke dulden ebenso wie betrogene Ehemänner, dass andere männliche Artgenossen über die Weibchen in ihrem Bereich sexuell verfügen.[1247] Damit lässt sich das Bockshorn umso mehr als ein Symbol der Scham erkennen und es würde sich, übertragen auf die *Haberfeld*-Problematik, auch die Deutung nach dem 'Hemd' erübrigen. Letzte Sicherheit lässt sich darüber nicht gewinnen. Mit der vorausgesetzten Übertragung des Symbolwerts des ganzen Tieres auf einzelne Elemente würde sich jedenfalls eine Übertragung auf das Ziegenfell vereinbaren lassen. Wie sich das Hornsymbol früh auch auf das Hirschgeweih übertragen hat,[1248] so könnte gleichermassen das Bocksfell ebenso die Projektionsfläche der sexuellen Gleichgültigkeit von Ziegenböcken gebildet haben. Ein letzter Punkt scheint mir aber bedenkenswert: Die *Charivari*-Bräuche enthalten im Kern die Anprangerung zweiter Verheiratungen von Frauen, und auch beim Haberfeldtreiben steht die Frau – als Alte Jungfer, leichtlebige Witwe, Ehebrecherin, Unverheiratete – im Zentrum. Es ist durchaus richtig, dass RÖHRICH zur Ermittlung der Sinnzusammenhänge von Redensarten die Realität sprechen lässt. Wenn er im Hinblick auf den Symbolgehalt des ‹Hörner-Aufsetzens› darauf hinweist, dass zwei Ziegenböcke nötig sind, um fünfzig Ziegen zu decken, umgekehrt aber nur ein Widder für dieselbe Anzahl Schafe,[1249] so sagt dieser Tatbestand gleichermassen etwas über den Charakter von Ziegen aus: dass es ihnen nämlich einerlei ist, von wem sie gedeckt werden. ‹Charakter› steht hier natürlich nicht biologisch für die ‹Wesensart› der Ziege, sondern meint erst in der Übertragung auf den Menschen einen nach europäischen Sittenbegriffen moralischen Defekt. Wie der Ziegenbock also für den betrogenen, i. e. schwachen Mann steht, steht die Ziege analog für die betrügende Ehefrau – nicht das Schaf, denn dieses ist seit ältester Zeit Inbegriff des Gehorsams unter dem Widder, Symbol von Macht und Königtum (s. auch oben S. 112 f.). Nach A. BLOK stellt der Widder als ein Symbol der Ehre und Macht das Gegenstück zum Ziegenbock dar, der seinerseits ein Symbol der Scham ist: «Dieser Gegensatz ist homolog zu den komplementären Oppositionen zwischen Schafen und Ziegen, rechts und links, gut und schlecht»,[1250] wie er ebenso in der Bibel allenthalben erscheint. Ähnlich verhält es sich mit dem Symbolwert der

---

[1247] BLOK 1983, S. 166; Übersicht bei RÖHRICH II, S. 741 ff. (mit Referat älterer Deutungen S. 738 ff.).
[1248] Belege bei RÖHRICH II, S. 738 ff.
[1249] RÖHRICH II, S. 742; s. zu diesem Punkt auch KELLER 1909, S. 308, 319; BLOK 1983, S. 166.
[1250] BLOK 1983, S. 167. BLOKs ethnographisches Beweismaterial zeigt folgendes symbolische Muster, wonach Schafe und Männer eine binäre Opposition mit Ziegen und Frauen bilden (S. 169):

Widder	↔	Böcke
Schafe	↔	Ziegen
Ehre	↔	Scham
Männer	↔	Frauen
potente Männer	↔	gehörnte Männer
Männlichkeit	↔	Weiblichkeit
Stark	↔	Schwach
Gut	↔	Schlecht
Schweigen	↔	Lärm
Rein	↔	Unrein

Ziege in der römischen Religion, in der es Jupiter-Priestern streng verboten war, eine Ziege zu berühren oder zu nennen, während sie umgekehrt der Juno heilig war und sich ganz auf die Fruchtbarkeit der Frau bezog.[1251]

Wenn in Fragen dieser Art überhaupt etwas zu erreichen ist, so dürfte mit diesen kurzen Abschnitten die Erklärung des Begriffs *Haberfeldtreiben* nach germ. **habraz* auch dank aussersprachlicher Hinweise einige Wahrscheinlichkeit für sich gewonnen haben. Im Innersten bleibt die Symbolik von Bock und Ziege in diesem Zusammenhang jedoch nicht mehr restlos zu entschlüsseln. Die religions- und rechtsgeschichtlichen sowie die volkskundlichen Implikationen haben andere zu beurteilen. Es kann hier abschliessend nur noch eine Vermutung ausgesprochen werden: Will man den Zusammenhang von Rügegericht und Thorsreligion mangels wirklich überzeugender Evidenz ausblenden, so ist zu fragen, worin denn der Sinn liegen könnte, jemanden zur Strafe in ein Bocks- oder Ziegenfell zu zwingen. – Der Sinn könnte darin liegen, dass der oder die Betreffende blossgestellt werden soll, indem man ihn oder sie dem Tier ähnlich macht, das wegen seiner Ausschweifigkeit und Unzähmbarkeit trotz seines hohen landwirtschaftlichen Werts stets auch negativ konnotiert wird. Erinnern wir uns, dass es fast immer Frauen sind, denen man eine ungehörige geschlechtliche Beziehung nachsagt, so könnte die öffentliche Verspottung dadurch erreicht worden sein, dass man die Person dem Tier anzunähern versuchte, das durch seine aussergewöhnliche Fruchtbarkeit ohnehin einen bestimmten, je nach Fall positiven oder negativen Gesamt-Stellenwert besass. Analog könnte man sich auch das 'Ins-Bockshemd-Jagen' als Brandmarkung des übertriebenen Geschlechtstriebs bei Männern denken. Es ist dabei von Bedeutung, dass man Bräuche wie das Haberfeldtreiben nicht in einem isoliert germanischen Kontext betrachtet, sondern unter einem räumlich wie zeitlich erweiterten Horizont. Der Vergleich mit der oben S. 209 beiläufig angesprochenen römischen Juno-Religion beispielsweise macht deutlich, dass die Elemente Ziege – Ziegenfell – Keuschheit – Fruchtbarkeit – Strafe untrennbar miteinander verbunden sind.

10.4.2. *Perchta*

Ein Reflex der *vetula* scheint in der oberdeutschen *Perchta* vorzuliegen, da diese gelegentlich in Ziegengestalt auftritt[1252] – sie ist in Kärnten identisch mit der Habergeiss! –, deren Feiertag die Januarkalenden sind und die auch als hässliche Dämonengestalt, als Kinderschreck oder als putzsüchtiges verführerisches Weib vorgestellt wird.[1253] Unter das Stichwort 'Perchten'[1254] fasst KLUGE-SEEBOLD 2002, S. 690, «volkstümliche Masken an Fasching und Neujahr», und zur Etymologie heisst es ebd. «Alles weitere ist unklar». Während die volkskundlichen und literarischen Belange der Perchten und der Perchta – so verlockend es erscheint – hier nicht weiter verfolgt werden können, ist jedoch kurz auf das Wort selbst hinzuweisen. KLUGE-SEEBOLD vermeidet es offensichtlich, das Naheliegendste anzusprechen und das Wort zu germ. **berhtaz* Adj. 'hell, klar' zu stellen, vgl. got. *bairhts*, ahd. *beraht, peraht*, an. *bjartr* usw. 'dass.'. Und es bestünde zu dieser Deutung – die bereits J. GRIMM vorgeschlagen hatte[1255] – auch kein zwingender Anlass, wenn sie nicht auch in Relikten von den volkskundlich-sachgeschichtlichen Daten nahegelegt würde. Es soll unten ausführlich (Kap. 11) gezeigt werden, dass einer der zentralen symbolischen Werte der Ziege im Bereich der Helligkeit, der Leucht- und Sehkraft liegt. Insofern lässt sich eine Deutung des Namens *Perchta* nach **berhtaz*

[1251] THULIN in RE 19, Stuttgart 1918, Sp. 1117.
[1252] Cf. MANNHARDT, WuF II, S. 191.
[1253] Cf. RUMPF in LexMA 1, Sp. 1931.
[1254] Der Plural rührt nach HDA 6, Sp. 1478 f., aus der die Frau «Perhta» begleitenden «Dämonenhorde» («dämonische Begleitwesen», «Dämonenschar» usw.) her
[1255] GRIMM, DM 1, S. 232 [258].

durchaus rechtfertigen, und man hat damit die Gestalt selbst als 'die Leuchtende' aufzufassen. Dazu passt, dass die Perchta in einigen Fällen als «die Strahlende», «die Glänzende», auch «die Weisse Frau» auftritt.[1256] SCHWARZ in HDA 6, Sp. 1479, sieht darin jedoch lediglich eine Umtaufung und beharrt auf einer sprachlichen Herleitung zu *pergan* 'verhehlen'. Diese Deutung ist problematisch genug, und es besteht allein aufgrund der *lectio difficilior* und weit hergeholter Vergleiche mit der an. *Hel* noch kein Grund, *berhtaz* auszuschliessen, man vgl. dazu auch die gut bezeugte Wortsippe um *berhtaz* mit substantivischen und verbalen Ableitungen.[1257] In die Licht- und Helligkeitssymbolik führt ferner, dass die Perchta mit ihrem Hauch zu blenden und umgekehrt auch wiederum das Augenlicht zu verleihen vermag; genauso, wie der Blick der Ziege in der Mythologie Menschen erblinden lässt. Perchta tritt als zottiges Ungeheuer auf, als Kinderschreck, Hexe, Teufelin, Frau mit hohlem Rücken, eiserner Nase, verunstaltet und absonderlich hässlich. Sie straft, empfängt Opfer, zieht mit Pflug und Wagen durch die Gegend und trägt auch sonst manche Züge von strafenden, richtenden und belohnenden Fruchtbarkeitsgottheiten.[1258] Angesichts dessen muss auch SCHWARZ, HDA 6, Sp. 1485, feststellen: «Wie immer sie [sc. *Perhta* und *Frau Holle*] vorher hießen, ob ihre Namen zu 'verbergen' und 'verhüllen' gehörten: P[erhta] wird in sehr anschaulicher Weise die deutsche Verkörperung des Epiphaniastages,[1259] die 'strahlende Erscheinung'.» Worin diese Leuchtkraft besteht und vor welchem Hintergrund sie verstanden werden muss, bleibt späteren, ausführlichen Erörterungen vorbehalten. Neben der weiblichen *Perchta* tritt auch ein männlicher *Bercht* auf, teils in Bocksgestalt gedacht,[1260] teils mit dem gehörnten Jäger, dem Führer des Wilden Heeres identifiziert.[1261] In der schwäbischen Sage heisst er *Berchtolt* und wird das *weisse Männchen* genannt.

Die Anknüpfungspunkte an das Phänomen des Haberfeldtreibens und die Charivari-Bräuche sind offensichtlich, doch lassen sie sich infolge der starken regionalen Abweichungen der Perchta- und Frau-Holle-Vorstellungen nicht auf einen einzigen schlüssigen Nenner bringen. Insbesondere lässt sich die Funktion von Ziege und Bock im Perchta-Aberglauben nur unscharf fassen. Es muss hier immerhin noch zusätzlich erwähnt werden, dass Perchta im Zusammenhang mit einem Bocksopfer gesehen werden könnte, wenn sich die von GRIMM aufgezählten Speiseopfer allesamt tatsächlich auf die Frauenfiguren der Perchta, Frau Holle, Holda, Huldra usw. beziehen: Im Norden, wo das Analogon der Perchta als *Hulla, Huldra, Huldre* erscheint, steht die Gestalt dem Hirtenvolk nahe, man sieht sie auch mit einer eigenen Herde, grau gekleidet und mit dem Melkeimer in der Hand. Ihre Gestalt ist durch einen Schwanz entstellt, den sie aber im Kontakt mit Menschen zu verbergen sucht.[1262] Ihr Fest, das meist auf den 6. Januar angesetzt ist, wird mit bestimmten Speisen begangen. GRIMM stellt das Sæm. 75a genannte Nachtessen Thors *síldr ok hafra* in eine Reihe anderer, ähnlicher für das Perchta-Fest genannter Speisen und übersetzt *hafra* mit 'Haber' (wohl = 'Hafer'). Übersetzt man jedoch 'Bock' resp. 'Böcke', wie das sehr wohl möglich ist (Akk. Pl.), so ergäbe sich allenfalls ein Bocksopfer an Thor. Ferner führt GRIMM an, die *weisse Frau* habe dem Landvolk einst auf ewige Zeiten ein Gericht *Fische und Habergrütze* verordnet.[1263] Dies liesse etwa darauf schliessen, dass auch

---

[1256] Cf. GRIMM, DM 1, S. 232 ff. [258 ff.].
[1257] Cf. OREL, HGE, S. 42.
[1258] HDA 6 1480 ff. u. passim präsentiert eine unüberschaubar grosse Menge an volkstümlichen Vorstellungen für die *Per(c)hta*. S. bes. Sp. 1483: «[…] kaum eine mythische Funktion, die von [Frau] H[olle] oder P[erhta] nicht erfüllt würde!» Sp. 1485: «Es zeigt sich bei ihnen in merkwürdiger Häufung Lohn und Strafe, Segen und Fluch, Tod und Leben.»
[1259] Dazu siehe insbesondere MANNHARDT, WuF II, S. 185, Anm. 2.
[1260] Cf. GRIMM, DWB 1, Sp. 1491: «Bercht: Pan der gott, der die leut förchtig macht, den die Kinder Bokelman oder Bercht nennen.» S. dazu auch MANNHARDT, WuF II, S. 158, Anm. 1.
[1261] HDA 6, Sp. 1486.
[1262] Cf. GRIMM, DM 1, S. 225 [250].
[1263] GRIMM, DM 1, S. 226 [251].

der Perchta eine Ziege als Attributtier beigesellt war (resp. selbst in der Gestalt einer Ziege aufgetreten sein könnte), welches anfangs Jahr geopfert werden musste.

10.4.3. Synthese

Das Wort *Haberfeldtreiben* enthält im ersten Kompositionsglied, wie bereits in der älteren Forschungsliteratur gemutmasst, den Begriff 'Bocksfell', nämlich aufgrund des Homonymenkonflikts mit dem Getreidewort entstelltes germ. **haƀra-fella-*. Es konnte in den obigen Abschnitten wahrscheinlich gemacht werden, dass sich hinter dem *Haberfell* die S a c h e verbirgt, die seit ältester Zeit je nach Verwendung Symbol der Zuchtlosigkeit und Mittel der Strafe ist. Bocks- und Ziegenfell sowie Bockshörner machen auf prekäre Weise deutlich, dass der Träger dieser Attribute (real oder in sprachlicher Substitution) sexuell unvermögend ist, worunter auch ein promiskuitiver Lebenswandel gefasst wird. Institutionalisiert findet sich diese Symbolik in den europäischen Charivari-Bräuchen wieder, die ihrerseits Züge der ‹cervulum-facere›-Spiele aufweisen, die als Fastnachtsbräuche während der ersten Januartage fruchtbarkeitsrituelle Traditionen anzeigen. Die regional stark ausgeprägten Unterschiede, die in den behandelten Zeugnissen zutage treten, machen eine einheitliche Beurteilung schwierig. Während im bayrischen Haberfeldtreiben der strafende Aspekt stark in den Vordergrund tritt, ist es in den ‹cervulum-facere›-Spielen der scherzhafte. Wo der institutionalisierte Hintergrund fehlt, hat Sprachgut überlebt, so in festen Wendungen (‹jemanden ins Bockshorn jagen›, ‹jemandem Hörner aufsetzen› usw.) oder in dialektalen Relikten. Hinter alledem steht das gehörnte Tier, insbesondere die Ziege, tertium comparationis für alle denkbaren Aspekte von Fruchtbarkeit, Reichtum und Regeneration; daneben auch Allegorie oder Personifikation bzw. Gestalt gewordenes Konzept dieser abstrakten Vorstellungen.

11. Ziege und Schaf in der Farb-, Licht- und Wettersymbolik

Das folgende Kapitel geht der Beobachtung nach, dass Schafe und Ziegen in Mythologie, Volkskunde, Naturkunde und Literatur immer wieder und mit einer auffallenden Beharrlichkeit seit dem Altertum und bis in die Neuzeit einer ganz ausserordentlichen Licht- und Helligkeitssymbolik verpflichtet sind. Es gilt hier, die Belege zunächst zu sichten, zu kategorisieren und schliesslich einer Deutung zuzuführen. Die einzelnen Phänomene gehen ständig in einander über, vermischen sich, trennen sich wiederum usw., weswegen die Unterteilung der folgenden Ausführungen in einzelne kleine Kapitel lediglich einer ungefähren Orientierung dienen soll.

11.1. Farbsymbolik

Dass Tiernamen sehr häufig aus Farbenbezeichnungen abgeleitet sind, ist ein bekanntes Phänomen.[1264] Die Motivation dieses Namengebungstypus mag in einigen Fällen bestimmten Tabuvorstellungen entsprungen sein; meist jedoch hat die Farbe des Fells oder ein ganz allgemeiner optischer Eindruck den Farbnamen des Tiers veranlasst. 1915 widmete H. PETERSSON diesem Gegenstand eine eigene, längere Untersuchung und führte jeweils schwed. *sarf* 'Rotauge, leuciscus/cyprinus erytrophthalmus', an. *arfr* 'Ochse', nhd. *Reh*, nhd. *Hering*, an. *hafr* 'Ziegenbock', schwed. dial. *brind* 'Elentier', ahd. *alant* 'Fisch der Cyprinusgattung' und unzählige mit den genannten Tiernamen in irgendeiner Weise zusammenhängende Wörter und Namen auf ein ursprüngliches idg. Farbadjektiv zurück. Es kann hier zu PETERSSONs Etymologien im einzelnen nicht Stellung bezogen werden, doch zeigt die statistische Evidenz, dass in der Tat die Herleitung indogermanischer Tierwörter aus Farbbezeichnungen eine erfolgversprechende Methode ist und ein kulturell interessantes Namengebungs- und Bezeichnungsprinzip verrät. Bei an. *hafr* 'Bock' jedoch bewegt sich PETERSSON in der Welt der Assoziation, wenn er lat. *caper* und den übrigen, altsprachlich bezeugten Ziegenwörtern ai. *kapila-, kapica-* 'bräunlich, rötlich' zugrundelegt,[1265] eine Ableitung aus einer «uralte[n] farbenbezeichnung» *kapí-* 'braun, bräunlich'.[1266] Wo die sprachlichwissenschaftlichen Mittel versagen, um die Tierwörter in einem weiteren kultur- und mentalitätsgeschichtlichen Rahmen betrachten zu können, ist es jedoch angebracht, den Bogen etwas weiter zu spannen und Beobachtungen aus benachbarten Disziplinen in die Argumentation miteinzubeziehen. Dazu gehören insbesondere Sachverhalte, die aus der Ethnologie, der vergleichenden Religionsgeschichte und der Archäologie zutage gefördert worden sind und die hier in die historische wort- und sachgeschichtliche Untersuchung einfliessen sollen.

Wie bei *skimuðr* und **scimada* gezeigt kann die Ziege resp. der Bock namenmässig trotz der missglückten Etymologie PETERSSONs mit Eigenschaften des Leuchtens resp. der hellen Farbe in Verbindung gebracht werden – und diese äussere Eigenschaft der Ziege (und auch des Schafes) gilt es im folgenden unter Bezugnahme auf hauptsächlich aussersprachliche Beobachtungen in einen grösseren Kontext zu stellen. Die gewonnenen Erkenntnisse werden dabei nicht für sich stehen, sondern sollen sich auch im Hinblick auf die früheren Kapitel dieser Arbeit als begleitende Stützen erweisen und von Fall zu Fall sprachhistorische Gesichtspunkte um Aussersprachliches bereichern können.

[1264] S. die umfangreiche Liste bei TISCHLER in RGA 8 (1994), S. 212 f.
[1265] PETERSSON 1915, S. 105.
[1266] Cf. MAYRHOFER I, S. 156, wonach *kapí-, kapica-* usw. keine primären Farbbezeichnungen sind, sondern aus dem Wort für den Affen, *kapi-* m., abgeleitet sind. S. dazu auch POKORNY, IEW I, S. 596.

Es ist anzunehmen, dass für *skimuðr* die Bedeutung 'Späher, Blicker' sekundär von der ursprünglichen Bedeutung von *skima* swv. 'hell werden, schauen' übertragen ist, während salfrk. **scimada* wohl den alten semantischen Kern von **skīman-* 'Licht, Glanz, Strahl' enthält (vgl. ahd. *skīmo* swm. 'Schein, Glanz, Strahl'), was aber letztlich in bezug auf die Namen- oder Benennungsmotivik keinen Unterschied macht, da die Sehkraft und Schärfe der Ziegenaugen und das Leuchten derselben in einem engen Verhältnis stehen. Fraglich ist dabei jedoch, welche Anschauungen im weitesten Sinn diesen Charakterisierungen zugrunde liegen. In der folgenden Übersicht werden nun besonders aus der antiken und mittelalterlichen Überlieferung, aber auch aus jüngeren volkskundlichen Sammlungen Belege angeführt, die die Ziege resp. den Bock als Tier kennzeichnen, das in ganz verschiedenen Zusammenhängen als 'leuchtend' oder zumindest farblich auffällig erscheint. Die Zusammenstellung wird jedoch auch deutlich machen, dass ein beträchtliches historisches Kontinuitätsproblem besteht, welches einesteils durch die Überlieferung bedingt sein mag, anderenteils aber gerade wegen der «missing links» alternativer Lösungsansätze (als der kulturell-religiös-mythologischen Kontinuität vom indogermanischen Altertum bis ins vorindustrielle Zeitalter) bedarf. Als zusätzlich problematisch erweist sich auch die Zuverlässigkeit der volkskundlichen Belege, die ich zum überwiegenden Teil dem HDA entnehme: Die dort teils etwas unkritische Auswertung der Belege entlarvt sich vielfach als Fortsetzung der MANNHARDTschen naturmythologischen Schule, die sich bis zu einem gewissen Punkt zwar als gewinnbringend erwiesen hat, in vielen Punkten jedoch von Prämissen ausgeht, die als überholt gelten dürfen.[1267] Wenn im folgenden gelegentlich Interpretationen des Materials erscheinen, so sind es Vorgriffe auf die Gesamtdeutung, die am Ende des Kapitels vorzunehmen sein wird.

Die reichhaltige naturkundliche Literatur der Antike bezieht sich bei Charakterisierungen der Ziege resp. des Bocks im Hinblick auf die optischen Eindrücke einerseits auf die Farbe des Fells, andererseits die Leuchtkraft und die Schärfe der Augen. Jünger und vorwiegend der Dichtung verpflichtet sind Charakterisierungen der ersten Art, wenn beispielsweise in der spätgriechisch-hellenistischen Literatur der Bock gelegentlich κνηκός bzw. κνάκων 'lohfarben' oder aber μαλός 'weiss' genannt wird.[1268] Von Bedeutung wird die Farbe gewesen sein, wenn speziell angegeben wird, dass bei einem Dionysos-Opfer in Thorikos in Attika ein roter und ein schwarzer Bock geopfert worden seien,[1269] eine weisse Ziege bei einer Versöhnungszeremonie mit einer benachbarten Polis im sizilischen Nakone.[1270] Eine ausdrücklich weisse Ziege wird auch der Aphrodite, der *epitragia* 'Bockreiterin' geopfert, cf. SAPPHO 7: σοὶ δ' ἔγω λεύκας ἐπὶ δᾶμον αἶγος <πίονα καύσω> [...][1271] 'und ich werde Dir das reichhaltige Fett einer weissen Ziege opfern'. Von weissen Schafen ist hinwiederum die Rede, wenn die Jungfrau Aurora bei Sonnenaufgang ihre glänzende Herde aus dem Stall führt, in der sich weisse Lämmer, weisse Böcke und glänzende Schafe befinden.[1272] Erinnern wir uns aus dem keltischen Bereich auch an das haplologisch entstellte Cognomen *Leucamulus* von CIL III, 5329, das oben als 'weisser Hammel' oder 'glänzender Hammel' gedeutet wurde (s. oben ab S. 125). Es zeigt, dass man sich unter bestimmten Umständen auch den Schafbock als weiss, hell oder glänzend vorstellen konnte. Etwas weniger sicher, jedoch äusserst verlockend ist es, auch die

---

[1267] Cf. zu MANNHARDT und seiner Schule HAID 2001.
[1268] Cf. RICHTER 1972, Sp. 399.
[1269] In der Opferpraxis hat die Farbe oder die Färbung des Tiers eine ganz besondere Rolle gespielt, deren Veranlassung nicht immer eindeutig ist. Meist ist jedoch mit der hellen Färbung auch die erforderliche Reinheit des Opfers gewährleistet; cf. GRIMM, DM I, S. 44. Generell galt, dass Opfertiere fehlerfrei und gesund sein mussten, cf. PETERS (J.) 1998, S. 93.
[1270] DNP 12/2, Sp. 797.
[1271] Ed. EDMONDS (Lyra Graeca, Vol. I, London 1963), S. 190.
[1272] Cf. DE GUBERNATIS 1874, S. 312. Eine Reihe von weiteren Beispielen ebd., passim.

beiden ausserordentlich schön gearbeiteten spätlatènezeitlichen Ziegenbock-Figuren von Fellbach-Schmiden (*Abb. 21* u. *22*) in diesem Zusammenhang zu nennen (s. auch oben S. 67 u. Anm. 333): Gemäss archäologischem und chemischem Befund waren beide Skulpturen einst mit Arsentrisulfid («gelbe Arsenblende», «Auripigment» oder «Rauschgelb»), einer hellen, leuchtend gelben Farbe angemalt,[1273] was sie farblich besonders ausgezeichnet haben muss. Ganz offensichtlich sind aber die verschiedenen Zeugnisse, die den Wert der Leuchtkraft und Helligkeit von Schaf und Ziege betonen, nicht alle über einen Kamm zu scheren, denn es ist zunächst von vier verhältnismässig verschieden gearteten Motiven auszugehen:

Abb. 21.   *Abb. 22.*

(a) Ausgangspunkt ist die Farbe des Fells, die, je markanter und reiner sie ist, nebst anderen Merkmalen den Wert eines Tieres bestimmt.[1274]

(b) Mit der Reinheit des Fells ist gleichzeitig die Würde des Tiers gewährleistet, die es zum Opfertier befähigt.[1275] Mit dieser Vorrangstellung des Opfertiers vor der übrigen Herde geht in

---

[1273] Cf. PLANCK 1982, S. 142 u. Anm. 51; zusammenfassend PLANCK 1994, S. 330 f.

[1274] Cf. VARRO, rust. 2, 1, 6, wo der Wert von Vieh in einer Redewendung folgendermassen charakterisiert wird. *[veteres poetae] pecudes propter caritatem aureas habuisse pelles tradiderunt.* Ähnlich, aber wohl nicht in übertragenem Sinne HYG. astr. 2, 20, 1: *[Phrixi arietem] habuisse auream pellem.* Beide Stellen zit. nach ThLL X.1, Sp. 1003. Belege zum goldenen Vlies ebd., Sp. 1007.

[1275] Cf. zum Bocksopfer und zum Opfer allgemein BURKERT 1990. Zur Frage nach dem Grund für die Opferung gerade von Böcken äussert sich BURKERT verschieden. Den sachlichen bzw. landwirtschaftlichen Hintergrund bildet die Tatsache, dass ein Bock nach COLUMELLA (7, 6, 3) nach fünf Jahren als Zuchttier nicht mehr zu gebrauchen sei, daher mindestens jedes vierte Jahr der alte Bock beseitigt werden muss. Eine mythische Begründung liegt in der uralten Geschichte, wonach der Bock den Weinstock angefressen habe und er darum sterben muss. S. 26 f. heisst es jedoch: «Im Vergleich mit dem Stier und dem Widder scheint der Bock am wenigsten attraktiv zu sein. Doch daran könnte es liegen: Das Opfer hat nur stellvertretende Funktion, es geht um Ausbruch und Entladung einer unaustilgbaren Drohung im seelischen Bereich, die eigentlich auf Menschen zielt. Im Bocksopfer werden solche Impulse am wenigsten von dem Symbol, auf das sie sich richten, absorbiert; Gehalt und Form kommen

der Folge eine Verselbständigung des Merkmals einher, das wiederum in anderem Zusammenhang auf die Gattung allgemein übertragen wird.

(c) Unabhängig davon ist das Phänomen der Theriomorphie von Wettererscheinungen im Auge zu behalten, nach der besonders markante Tiere an den Sternenhimmel oder in die Atmosphäre versetzt werden.[1276]

(d) Wie bei verschiedenen anderen Tierappellativa (Biber, Bär, Hase, Elch, Reh usw.) könnte ein altes Appellativ für die 'Ziege' (das wir nicht kennen) auch aus dem reinen Farbwort bestanden haben (‹Farbe› freilich in einem allgemeineren Sinne). Die Ziege wäre damit in tabuisierender Umschreibung als 'die Weisse, Helle' aufgefasst worden wie der Hase als 'der Graue' usw. Es sei dabei an die oben ab S. 222 behandelte *Perchta* erinnert. Alles weitere entzieht sich jedoch vorderhand einer Deutung. – Es sei denn, die Ursache der Tabuisierung liegt in der Scheu vor dem prodigiösen Opfertier und seinem reinen weissen Fell.

Aus jüngeren Quellen, die die Volkskunde zusammengetragen hat, stammt die weitverbreitete Ansicht, schneeweisse oder auch feurige Ziegen führten die Menschen in die Irre, zeigten den Tod oder Unwetter an, so die vogtländische *Winselmutter* oder die schweizerische *Plöhligeiss*.[1277] Golden ist die schatzhütende Ziege,[1278] die (nebst Belegen aus Tirol, Franken und Vogtland) in der Schweiz auch mit feurigen Augen auftritt.[1279] Bekannt wurde sie insbesondere durch das Märchen «Tischlein deck dich, Goldesel und Knüppel aus dem Sack» in den von den Brüdern GRIMM gesammelten Hausmärchen, wo die eine Höhle bewachende Ziege feurige Augen hat.[1280] Im Hinblick auf die Bewachungsfunktion sind auch die von F. R. SCHRÖDER gesammelten Beispiele von Interesse:[1281]

«Wie nicht anders zu erwarten, lebt die urzeitliche Ziegengöttin noch in vielen heutigen Sagen, Volksbräuchen und Umzügen fort. Namentlich in der Schweiz und Frankreich begegnet uns die Ziege in der Rolle des die Geschicke des Hauses und der Familie bewachenden Hausgeistes. So erscheint am Fenster des Schlosses Gümoens im Kanton Waadt jedesmal eine weiße Ziege, so oft den Bewohnern der Landschaft ein freudiges Ereignis bevorsteht. Zwischen Sissach und Thürnen (Kanton Baselland) reitet eine weißgekleidete Jungfrau auf einem Ziegenbocke den Bach entlang mit fliegenden Haaren im Mondschein, oder im Hügel bei Zunzgen (im gleichen Kanton) hält sich eine goldene Jungfrau mit einem Ziegenbock auf [...].»

In einem von DE GUBERNATIS wiedergegebenen russischen Märchen werden die Ziege und ihre Jungen als die gehörnte und mit Strahlen versehene Sonne dargestellt, wie sie glänzend aus der Wolke oder dem Dunkel oder dem Ozean der Nacht hervortritt.[1282] Was also die Fellfarbe anbelangt, gehen die symbolischen Muster auseinander. Gemessen an den konkreten Beispielen ist jedoch anzunehmen,

---

nicht zur Deckung, und so entsteht das Bedürfnis nach neuen Ausdrucksformen.» [Gesperrte Passage MHG]

[1276] S. dazu DE GUBERNATIS 1874, S. 312: «[...] am wichtigsten und interessantesten ist die Erscheinung der Sonne, welche von der Dunkelheit oder der Wolke verschleiert wird; die Wolke hat dabei oft eine dämonische Gestalt [...]; zweitens ist auszugehen von dem weissgrauen, später goldenen Morgenhimmel, resp. dem goldenen und dann erst weissgrauen Abendhimmel, welcher, als glänzend, deshalb gewöhnlich eine göttliche Erscheinungsform des Bockes ist; an dritter Stelle kommt der Mond in Betracht.»

[1277] HDA 9, Sp. 911.

[1278] Ebd., Sp. 911.

[1279] Ebd., Sp. 921. Zu den schatzhütenden Böcken, die besonders im Bereich des Teufelsaberglaubens zu verorten sind, ist zu bemerken, dass deren Farbe eine wichtige Rolle spielt (HDA 9, Sp. 921).

[1280] Der Fuchs spricht hier: «Ein grimmig Tier sitzt in meiner Höhle und hat mich mit feurigen Augen angeglotzt.»

[1281] SCHRÖDER (F. R.) 1941, S. 43. S. dazu auch MANNHARDT, WuF II, S. 176.

[1282] DE GUBERNATIS 1874, S. 317.

dass die helle, weisse Farbe wohl zuallererst im Kontext von Reinheitsvorstellungen bei Opferzeremonien betrachtet werden muss.[1283]

Das Alter dieser Vorstellungen muss als sehr hoch eingeschätzt werden, denn es gehört wohl ursprünglich noch einem weiteren Bereich an resp. könnte sich mit diesem früh vermischt haben: dem Brandopfer. Zeugen für diese Vermischung bieten die seit ältesten Zeiten insbesondere mit Widderköpfen ausgestatteten Feuerböcke der antiken Hausaltäre, die besonders im oberitalienischen und nordalpinen Bereich ausserordentlich häufig bezeugt sind und in römischer Zeit geradezu den Haupttypus von Hausaltären im gallischen Raum bilden. Das Bild des Widders ist einerseits eng mit dem Totenkult, andererseits mit den Hausgöttern verbunden, wobei sich diese beiden Bereiche selbstverständlich überschneiden, insofern die Hausgötter über die Toten der Familie wachen und am Hausaltar verehrt werden. J. DÉCHELETTE fasst so zusammen: «Le bélier nous apparaît sur les chenets céramiques des Gaulois comme le symbole du sacrifice offert aux âmes des ancêtres sur l'autel du foyer. Son image est, croyons-nous, consacrée aux dieux domestiques des Gaulois, à ces génies familiers, tour à tour divinités tutélaires ou revenants malfaisants, suivant que sont accomplies ou négligées les pratiques qu'ils réclament des vivants.»[1284] Der Widder wird damit als Tier des Feuers par excellence: «[...] le bélier, auprès des premières tribus pastorales, incarnait le mystérieux principe de la fécondité qui préside au renouvellement des êtres. C'est pourquoi on l'associa, à l'origine, au culte du feu céleste, de l'astre dont les rayons fertilisent la terre au printemps et déterminent la renaissance de la vie végétale.»[1285] Der Widder, ursprünglich Opfertier am Hausaltar[1286] wurde als Symbol desselben, am Feuerbock verbildlicht, damit aber gleichzeitig auch Teil einer differenzierten Grabemblematik.[1287] Die Komplexität dieser Sachbereiche reicht aller Wahrscheinlichkeit nach in sehr viel ältere Zeiten hinauf, wenn die religionsgeschichtlichen Analogien aus dem griechischen und römischen Altertum ebenso hierher zu stellen sind: Merkur, Vater der Laren und Gott des Sonnenaufgangs tritt meist in Begleitung eines Widders auf (s. auch die Ausführungen zu den Begleittieren des *Mercurius Gebrinius* o. S. 94 u. passim); der Sonnenaufgang ist der Zeitpunkt des Opfers, und der Widder steht fortan stellvertretend für die ersten Strahlen der Sonne. Damit übernimmt das Tier aber ebenso bestimmte Funktionen in fruchtbarkeits- und regenerationssymbolischer Hinsicht. Unter sprachlichen Gesichtspunkten ist man versucht, im Hinblick auf die widderköpfigen Feuerböcke die Inschrift an die LARIBVS CAIRIESIBVS aus Zebreira (Almeida, ES) zu nennen. BIRKHAN nannte sie im Zusammenhang mit den *Caeroesi*, sah aber aufgrund wortbildungstechnischer Schwierigkeiten davon ab, sie direkt mit dem Ethnonym zu verbinden.[1288] Lässt man die morphologischen Zusammenhänge des Beinamens beiseite, zieht aber einen Zusammenhang mit kelt.

[1283] In diesem Zusammenhang sei auf die berühmte Schilderung bei PLINIUS, nat. hist. XVI, 250 f. verwiesen, wo von der Opferung zweier schneeweisser Stiere bei den Galliern die Rede ist und die helle weisse Farbe (*candidus*) insgesamt ausserordentlich wichtig ist: (250) *Sacrificio epulisque rite sub arbore conparatis duos admovent candidi colores tauros, quorum cornua tum primum vinciantur.* (251) *Sacerdos candida veste cultus arborem scandit, falce aurea demetit, candido id excipitur sago.* ('Zur Bereitung des Opfers und des Festmahls unter dem Baum werden nach herkömmlicher Art und Weise zwei schneeweisse Stiere herangeführt, deren Hörner sodann zusammengebunden werden. Der Priester, der in ein weisses Gewand gekleidet ist, besteigt den Baum, schneidet mit einer goldenen Sichel [die Mistel] ab, die von einem [Priester] in einem weissen Sagum-Mantel empfangen wird.') Text nach ZWICKER 1934, S. 55.

[1284] DÉCHELETTE 1898, S. 252 f.

[1285] Ebd., S. 253.

[1286] Cf. CICERO, De Leg. II, 22: *Neque necesse est edisseri a nobis, quae finis funestae familiae, quod genus sacrificii Lari vervecibus fiat [...]* ('Und es ist unnötig, ausführlich zu erörtern, welches das Ende der Familientrauer ist, nach welcher Art das Hammel-Opfer an die Laren geschehe [...]'). Text nach CICÉRON: Traité des lois, texte établi et traduit par G. de Plinval, Paris ²1968, S. 71.

[1287] Dazu DÉCHELETTE 1898, S. 255 f.

[1288] BIRKHAN 1970, S. 201, Anm. 351.

kaerak- oder *kaer-* 'Schaf/Widder' in Betracht, so liesse sich die Inschrift immerhin als interessantes sprachliches ‹missing link› verstehen im Sinne einer Weihung an die 'widdergestaltigen Hausgötter' (vgl. auch die Ausführungen zum DEUS CAPRIO oben S. 102 ff.).

11.2. Lichtsymbolik: leuchtende Augen, Sehkraft, goldene Hörner

Von grösserer Bedeutung und weiterer Verbreitung sind die Charakterisierungen der zweiten Art, die im ganzen weiter verbreitet, älter und eindeutiger sind: die leuchtenden Augen. So ist in einer Beschreibung einer Wildziegenjagd in Libyen bei AELIAN (hist. an. XIV, 16; aus unbekannter Quelle) die Bemerkung auf uns gekommen, diese Ziegenart hätte funkelnde Augen ($ὄμματα\ χαροποί$); hist. an. I, 53 heisst es, die Ziege hätte die schärfste Wahrnehmung unter allen Huftieren. PLINIUS bemerkt, die Augen der Ziege würden in der Nacht wie die des Wolfes leuchten;[1289] ferner galt die Ziege, wie bei ARISTOTELES, VARRO COLUMELLA und PLINIUS nachzulesen ist, als nachtsichtig,[1290] und ARISTOTELES schreibt den Augen der Ziege insgesamt einen besonderen Charakter ($αἰγωπόν$) zu.[1291] Beruhen diese Beschreibungen noch auf einer mehr oder weniger exakten Beobachtung, so gehört die Meinung, Ziegen und Böcke könnten sich die Operation gegen den Star selbst beibringen, ins Reich der Mirabilia (PLINIUS, GALEN, AELIAN [hist. an. VII, 14]);[1292] der Aberglaube bezeugt sehr aufschlussreich die unerhörte Bedeutung, die man den Augen der Ziege beimass. Die indischen Dioskuren, die *Aśvinau*, die gelegentlich in Bocksgestalt erscheinen, vermögen sogar Augenleiden zu heilen.[1293] Zu den Wundergeschichten mit einem besonderen Bezug zu den Augen gehört auch der Bericht von AELIAN (hist. an. V, 27), die auf dem Berg Mimas geborenen Ziegen würden sechs Monate lang nichts trinken, stattdessen würden sie konstant aufs Meer blicken und mit offenem Maul aus dem Wind Feuchtigkeit beziehen. Eine bemerkenswerte Bekräftigung des hohen Stellenwerts von Ziegenaugen, die sozusagen ex negativo geschieht, bergen die Überlieferungen zur Nachtschwalbe resp. zum Ziegenmelker (*caprimulgus*, $αἰγοθήλας$), der den Ziegen zwar Schaden zufüge, indem er sie beim nächtlichen Melken erblinden lasse, wie diese aber des Nachts ausgezeichnet sehen soll (ganz im Gegensatz zum Tag).[1294] Dieser Sachverhalt ist deswegen von Interesse, weil sich die Begriffe *Ziegenmelker*, *caprimulgus* usw. wohl einer bereits im Griechischen eingetretenen volksetymologischen Umdeutung von $αἰγίθαλλος$ 'Meise' verdanken,[1295] einer Erweiterung zu $αἴγιθος$ 'Hänfling', wozu später sekundärmotiviertes gr. $αἰγοθήλας$ 'Ziegenmelker' getreten ist. Der Aberglaube, der Vogel melke das Vieh, beruht also wohl nur zu einem kleinen Teil auf Naturbeobachtung

---

[1289] Nat. hist 11; derselbe Tatbestand bei VINZENZ V. BEAUVAIS, Speculum naturale 18, 27 (Duaci 1624, Nachdruck Graz 1964, Sp. 1341): *Oculi capre de nocte splendent lucemque iaculantur*.

[1290] Z. B. PLINIUS, nat. hist. VIII, 202 (ed. KÖNIG, S. 146): *Tradunt et noctu non minus cernere interdiu*.

[1291] RICHTER 1972, Sp. 402.

[1292] Cf. RICHTER 1972, Sp. 403. Von Interesse ist diesbezüglich die Weiterführung dieses Gedankens in der Volksmedizin, cf. HDA 9, Sp. 928: «Bocksgalle wird verwendet als Augenheilmittel (im 16. Jh. i. d. Schweiz). Man zerrieb sie und salbte, nachdem man sie durch ein Tuch gedrückt hatte, die Augen gegen ‹negel in den augen›; […].»

[1293] DE GUBERNATIS 1874, S. 324.

[1294] Cf. oben Anm. 1153 mit der ausführlichen Schilderung von ARISTOTELES, des weiteren PLINIUS, nat. hist. X, 40; AELIAN, hist. an. III, 39. Vgl. dazu SUOLAHTI 1909, S. 17 f.: «Auf welche Weise die Vorstellung von dem nächtlichen Übeltäter sich unter den verschiedenen Völkern verbreitet hat, muß hier dahingestellt bleiben. Jedenfalls darf man ziemlich sicher behaupten, daß sie in Deutschland auf gelehrten lateinischen Einfluß zurückzuführen ist.» Dies gilt jedoch weniger für die Mythisierung des Vogels. Diese beruht auf guter Naturbeobachtung (man vgl. die Nachtaktivität des Vogels, sein unheimliches Geschrei und auch sonst auffälliges Gebaren) und daraus hervorgegangenem Aberglauben, dem sich erst später die antiken Erzählungen beigesellt und zugemischt haben dürften.

[1295] Cf. KLUGE-SEEBOLD 2002, S. 1010.

(cf. Anm. 1294), während der grössere einem Gedankengebäude verpflichtet ist, das gelehrt-etymologischen Charakters ist. Überhaupt ist der Aberglaube ja vielfach erst mit dem Wort in Schwung gekommen resp. die Verbreitung des Worts war gleichzeitig ein Vehikel für die Verbreitung des Aberglaubens; das dürfte auch für ital. *succiacapre*, frz. *tette-chèvre* gelten, die sich auch als junge Übersetzungen ebenso junger Entlehnungen des ornithologischen Terminus verstehen lassen, so vermutlich bei frz. *caprimulgue*.[1296] Auch bei der oben behandelten Sumpfschnepfe dürften der deutsche Name *Himmelsziege* und der französische *chèvre céleste* junge Übersetzungen aus *capra coelestis* darstellen. Andererseits erscheint auch die Ziege selbst bisweilen als das Tier, das mit seinen Hörnern die Augen der Menschen verwundet, so in italienischen Märchen,[1297] was DE GUBERNATIS damit zu erklären sucht, dass die Ziege «die in der Wolke oder der finsteren Nacht eingeschlossene Sonne» sei, die Geheimnisse der Hölle sehe und als Mond oder Sternenhimmel der Spion des Himmels sei.[1298] Das entbehrt m. E. einer guten Grundlage, da wohl nicht für jeden Aberglauben eine mythologische Basis vorausgesetzt werden muss. Vielmehr dürfte aber der Volksglaube eine indogermanische Grundlage haben oder mindestens als «mobiles» Gedankengut aufgefasst werden, wenn aus weit voneinander entfernten Räumen passende Gegenstücke und Analoga angeführt werden können. DE GUBERNATIS führt hauptsächlich russische Märchen an, in denen die besondere Sehkraft von Ziegen und Schafen zum Ausdruck kommt, so beispielsweise im Märchen vom Bauern und dem Bock mit den sieben Augen oder auch in Varianten, in denen zehn-, elf- zwölfäugige Ziegen auftreten usw.[1299] Hier tritt augenscheinlich das Phänomen der ausserordentlichen Sehkraft vor allem hinsichtlich einer Bewachungsfunktion auf, die den intelligenten Tieren obliegt, weniger einer Spionagefunktion. Auf jeden Fall hängt dieses Merkmal mit der Intelligenz der Tiere zusammen, die von Fall zu Fall als Bauernschläue, als Verantwortung, als Wachsamkeit, als Allwissenheit fungiert oder auch nur dem Selbstschutz dient.

Wenn ISIDOR V. SEVILLA (Etym. XII, 1, 15) angibt, die Griechen hätten die Wildziegen aufgrund ihrer hohen Sehkraft δορκάς 'Reh, Gazelle' genannt (dies ist vielmehr für die Antilope der Fall),[1300] so liegt er etymologisch wohl richtig,[1301] steht aber mit seiner Meinung ganz in einer Tradition, die aus der orientalischen Frühzeit über die griechische Spätantike bis ins Mittelalter fortdauert. Auf die ausserordentlichen Sehfähigkeiten der Ziege weist auch ALBERTUS MAGNUS hin, der angibt, dass Ziegen, die auf die Weide geführt werden, tagsüber ihre ganze Aufmerksamkeit auf weit am Horizont gelegene Objekte richten. Wenn sie jedoch am Abend heimgeführt werden, würden sie ihre Aufmerksamkeit wieder den nähergelegenen Dingen widmen: *In die cum pascuntur, dicuntur respicere ea*

[1296] Dieses ist doppelt entlehnt, einmal durch Rabelais und einmal durch die modernen Zoologen, cf. v. WARTBURG, FEW 2, S. 309.

[1297] DE GUBERNATIS 1874, S. 326.

[1298] DE GUBERNATIS 1874, S. 326.

[1299] DE GUBERNATIS 1874, S. 327.

[1300] *Capros et capras a carpendis virgultis quidam dixerunt. Alii quod captent aspera. Nonnulli a crepitu crurum, unde eas crepas vocitatas; quae sunt agrestes caprae, quas Graeci pro eo quod acutissime videant, id est ὀξυδερκέστερον, δορκάς appellaverunt. Morantur enim in excelsis montibus, et quamvis de longinquo, vident tamen omnes qui veniunt.* ('Ziegenböcke und Ziegen werden so genannt, weil sie Zweige abrupfen. Andere behaupten, sie heissen so, weil sie nach den schwer zu erreichenden Dingen greifen; andere wiederum nennen sie aufgrund des Klapperns ihrer Unterschenkel so, weswegen man sie also *crepas* nenne; das sind die Wildziegen, die die Griechen δερκέστερον, δορκάς nannten, weil sie äusserst scharf sehen. Denn sie leben in hohen Gebirgsgegenden und sehen alle Menschen, die sich ihnen nähern, schon von weitem.') Ed. LINDSAY, Tom. II, XII, 1, 15 resp. ed. ANDRÉ 1986, S. 47–49 mit reicher Dokumentation.

[1301] ANDRÉ 1986, S. 49, Anm. 49: zu δέρκομαι 'sehen'.

quae e regione sunt opposita. In sero autem respiciunt ea quae iuxta sunt posita.[1302] Ziegen, die in der Regel in Herden auf die Weide geführt werden, haben nach ALBERTUS auch ein ausgeprägtes Bewusstsein für die Grösse und den Bestand der Gruppe und würden, entfernt sich eines der Tiere von der Herde, nach ihm Ausschau halten: *Hoc autem gregatim vadit, et si quod de grege attractum fuerit, alia quasi in stuporem versa eminus aspiciunt.*[1303] Auch dem Rehbock (*capreolus*) attestiert ALBERTUS aussergewöhnliche Scharfsicht, die hauptsächlich als Schutzmechanismus zu verstehen sei.[1304] Zwar beruht ALBERTUS' naturkundliches Wissen zu guten Teilen ebenso auf antiken Vorlagen (ARISTOTELES), doch dürfte gerade bei Tieren, die dem Gelehrten aus eigener Anschauung bekannt sind, auch Eigenes in die Darstellung miteingeflossen sein.[1305] Ein anschauliches Beispiel für die Sehkraft von Rehtieren bietet ferner der Physiologus, wo es in der frühmittelhochdeutschen Fassung der Millstätter Hs. unter dem Kapitel *Die Steingeisz* heisst:[1306]

[...]
101   Da si uf den bergen gent,   unde si diu liute in dem tale gesent,
      so bechennent si wol, ob ez sint   jegir liute oder niht.
[...]
104   Diu telir, diu in den bergen sint,   die heiligen christenheit si bezeichint.
      diu in mislichen steten ist: d i u C a p r e a s o h e i t i r e r o u g e n i s t,
      daz si di jegir verre sehen mach,   daz bezeichet unsiren herren den liehten tach.
[...]

Die Ausdeutung der «Tatsachen» geschieht dabei nach dem Prinzip der Allegorese, wobei das Designat die biblische Weit- und Voraussicht Gottes ist und das Tier auf die Heilsgeschichte und den menschlichen Heilsweg hin ausgelegt wird.[1307] Die etwas ausführlichere lateinische Fassung, in der insbesondere der allegoretische Teil umfangreicher gehalten ist, bietet einen ebenso aufschlussreichen Text:[1308] *Est autem satis preciosum animal p r e v i d e n s o m n i a a l o n g e n i m i s b e n e, ita ut si in alia regione homines viderit ambulantes, mox recognoscit, si sint venatores vel viatores. [...] Quoniam igitur a c u t i s s i m a m a c i e m o c u l o r u m h a b e t caprea prospiciensque a longe venatorum insidias.* ('[Die Ziege] ist ein ziemlich kostbares Tier, welches alles schon von weit her vorauserkennt. So beispielsweise, wenn es Menschen in einer entfernten Gegend gehen sieht, erkennt es schnell, ob es Jäger oder Wanderer sind. [...] Darum also hat die Wildziege einen ungemein scharfen Blick und gewahrt vor sich schon von weitem die Nachstellungen der Jäger.') Gegenstand des Textes ist nicht die Hausziege, sondern wohl eine Wildziegenart,[1309] die im lat. Text *caprea*, im deutschen *Steingeisz* heisst. Zugrunde liegt beiden Traditionen das im deutschen wie im lateinischen Text genannte *dorcon* (aus der griechischen Vorlage), womit ursprünglich wohl ebenfalls das Reh oder eine Wildziegenart gemeint sein wird (resp. die Gazelle). Ob bei den nomenklatorischen

---

[1302] De animalibus XXII, 38 (ed. STADLER 1920, S. 1369). S. auch den Kommentar bei SCANLAN 1987, S. 88 ff.
[1303] De animalibus XXII, 38 (ed. STADLER 1920, S. 1369). Dasselbe behauptet ALBERTUS freilich auch für die Kühe (De animalibus VIII, 35, ed. STADLER 1916, S. 585).
[1304] De animalibus XXII, 39 (ed. STADLER, S. 1370).
[1305] SCANLAN 1987, S. 88, Anm. 37.2, führt dabei ins Feld, dass «Albert's boyhood spent near the Algauer Alps and his frequent travels through the Swiss Alps gave him ample opportunity to observe goat-herding in alpine meadows.»
[1306] Ed. MAURER 1967, S. 41. Gesperrte Passage MHG.
[1307] Cf. Zum exegetischen Verfahren des Physiologus MICHEL 1979, S. 52 ff.
[1308] Ed. MAURER 1967, S. 83. Gesperrte Passage MHG.
[1309] Cf. GEORGES, AH I, Sp. 983 (s. v. 'caprea': «eine Art wilder Ziegen, wahrsch. das R e h»).

Ungewissheiten ISIDOR mit im Spiel war, steht dabei nicht zur Diskussion;[1310] wichtiger ist, dass der Topos offenbar stark genug war, um bis ins Mittelalter lebendig zu bleiben, was, nicht nur durch den gleichsam universal verbreiteten (da auf exakter Naturbeobachtung beruhenden) Augen-Topos unterstützt worden sein mag,[1311] sondern bis zu einem gewissen Grad auch auf guter Beobachtung der Realien beruht haben wird, insofern Gemsen tatsächlich ein Leittier im Rudel führen, welches bei Gefahr frühzeitig warnt.[1312] PLINIUS liefert für die Gattung der *capra silvestris* wiederum eine Begründung für die gute Sehkraft, indem er der Wildziege unterstellt, sie fresse *propter visum* die Raute, ein bitteres Kraut (nat. hist. XX, 134). Die Verwandtschaft der Hausziege mit Wildziegenarten, Steinböcken und wohl auch Antilopenarten war für die Menschen der Antike und des Mittelalters wohl nur allzu augenfällig, wozu kommt, dass die domestizierten Arten biologisch teils noch näher bei den wildlebenden Ziegenarten standen. Diese Vermutung wird durch die Benennung der Tiere bestätigt, wenn man etwa an kelt. **gabros* denkt, das sich auf wildlebende (Gemse [s. o. S. 168], Steinbock) ebenso wie auf domestizierte Tiere (Ziegenbock/Widder) bezieht. Nomenklatorische Unsicherheiten und Übertragungen sind im lateinischen Altertum auch für die alpinen Gemsen bezeugt. So wird in der Dichtung statt des alten Begriffs *rupicapra* (eigtl. 'Steingeiss') in der Regel das Fremdwort *damma* (HORAZ, VERGIL, OVID[1313]) verwendet, welches nach PLINIUS (nat. hist. VIII, 214)[1314] jedoch 'Antilope mit vorwärtsgebogenem Gehörn' bedeutet, in Glossen wiederum mit *capra agrestis* erklärt wird. Im Mittelalter geraten die Begriffe vollends durcheinander, wobei man sich ohnehin meist auf PLINIUS beruft.[1315]

Aus dem Physiologus-Beispiel geht hervor, dass die 'Helligkeit' und das 'Leuchten' der Ziegenaugen insbesondere auf die Sehkraft im allgemeinen bezogen wurden. Die hellen, wachen und aufmerksamen Augen sehen nicht nur ausserordentlich weit (*previdens omnia a longe nimis bene*) und

---

[1310] Cf. auch THOMAS V. CANTIMPRÉ, NR 4, 18 (ed. BOESE, S. 118 f.), der als Gewährsleute neben ISIDOR, PLINIUS und ARISTOTELES auch den sog. *Experimentator* und den *liber Kyrannidarum* (cf. LexMA 9, Sp. 599) angibt. Die fragliche Stelle lautet bei THOMAS: *Caper silvestris animal sagacissimum est, altos montes amat, delonge positos homines agnoscit ambulantes, si venatores aut viatores sint* (S. 118 f.). ('Die Waldziege ist ein sehr scharfsinniges Tier, es liebt die hohen Berge, und es erkennt sich bewegende Menschen schon von weitem her als Jäger oder Wanderer.')

[1311] Man vgl. überdies KONRAD V. MEGENBERG, Buch der Natur (ed. PFEIFFER 1962, S. 128), wo exakt die selben Sachverhalte erscheinen: *Diu wild gaiz ist gar ain weis tier, dem liebent hôch perge. ez erkennet gênde läut gar verr, ob si jäger sein oder ander läut. [...] die pök verkêrent ir augen in dem haupt durch irs unkäuschen gelustes willen. si sehent gleich wol des nahtes sam des tages [...]. des poks gall gelegt auf die augenprâwe vertreibt der augen nebel und hilft zuo der augen clârheit. [...] Aristotiles spricht, daz die pök oft verplinden des tages, alsô daz si niht wol gesehen, aber ir gesiht wirt des nahtes scharpf.*

[1312] S. oben S. 20 die Anm. 46.

[1313] Stellen und Übersetzungsvorschläge bei GEORGES, AH I, Sp. 1874.

[1314] Ed. KÖNIG, S. 154 ff., hier mit 'Riedbock' übersetzt, vgl. die Erläuterung S. 253: «*Riedböcke*, auch Grasantilopen, Redunca eleotragus, haben ein mit der Spitze nach vorn gebogenes Gehörn.» Sie werden nat. hist XI, 124 noch einmal erwähnt.

[1315] Cf. THOMAS V. CANTIMPRÉ, Liber de natura rerum 4, 19 (ed. BOESE, S. 120): *Capra silvestris, que et capreola dicitur vel rupicapra, ut eam nominat Plinius, bestia est seva in compare generis sui, ad alias vero bestias timida et mansueta nimis.* ('Die Waldziege, die auch Reh oder Steingeiss heisst, wie sie Plinius nennt, ist, verglichen mit Artverwandten, ein wildes Tier, im Vergleich mit anderen Tieren jedoch furchtsam und sanft.') Ganz ähnlich auch bei VINZENZ V. BEAUVAIS, Speculum naturale 18, 32 (Duaci 1624, Nachdruck Graz 1964, Sp. 1344): *Capreæ tran[s]figurantur in plurimas similitudines. Sunt enim capreæ, sunt ibices, sunt & origes soli a quibusdam dicti contrario vestiti pilo, & ad caput verso. Sunt & damæ & pygargi, & strepsicerotes, multaque alia et dissimilia.* Dazu eine geographische Differenzierung: *Sed illa alpes, hęc transmarini situs mittunt.* ('Ziegenartige erscheinen in verschiedenen Ähnlichkeitsstufen. Es gibt nämlich Rehe, Steinböcke, die Oryges [eine Gazellenart], von denen manche sagen, sie seien von Kopf bis Fuss mit einem widerspenstigen Haarkleid versehen. Ferner gibt es Gazellen und die Pygargi [eine grosse Gazellenart], die Strepsicerotes [die *Capra Cervicapra*] und viele weitere verschiedene.')

scharf (*acutissima acies*), sondern auch in die Zukunft, was hier auf eine Eigenschaft des christlichen Gottes (die Allwissenheit i. e. S.) bezogen wird. Die Bezugnahme geht hier jedoch augenscheinlich von der Ziege aus, nicht umgekehrt, was der Allegorese etwas Ungelenkes und Weithergeholtes, dem Stellenwert des Augen-Motivs aber umso mehr Gewicht verleiht. Es mag dabei sein, dass die Gestalt des christlichen Teufels unter anderem auch aufgrund der 'wissenden' Augen mit der des Ziegenbocks in Verbindung gebracht wurde: Einem Tier, dessen Augen zu 'durchdringen', zu 'wissen' und auch zu 'begehren'[1316] scheinen (*oculos caprinos libidini esse deditos*),[1317] haftet etwas Übernatürliches an, weshalb es auch in der nordischen Mythologie so eng an Thor geknüpft wird.[1318] Hier trifft sich möglicherweise auch die Augentopik mit dem von JANZÉN isolierten Merkmal 'spitz' (in bezug auf die Hörner, den Bart, das Geschlechtsteil und den Geruch; s. o. S. 172), insofern die Schärfe der Augen auch ein Wesensmerkmal für den dem Ziegenbock zugeschriebenen übermässigen Sexualtrieb sein könnte.[1319] Freilich dürfen solche Verallgemeinerungen nicht zu sehr strapaziert werden. Thors zentrale (wenngleich wohl erst später in den Vordergrund gelangte) Fruchtbarkeitsfunktion (DUMÉZILs dritte Funktion), seine spätere Identifizierung mit dem christlichen Teufel[1320] und eben auch seine Begleittiere *Tanngrísnir* und *Tanngnjóstr* sowie nicht zuletzt seine Epitheta *hafra dróttin* 'Herr der Böcke' (Hymiskviða 20, 31) und *hafra njótr* 'Bockgeniesser' (Húsdrápa 3) rücken ihn jedoch wie den christlichen Gott sehr augenfällig in die Nähe der Ziegen, wobei, wie oben gesagt, die

---

[1316] Cf. RICHTER 1972, Sp. 429: «Das ziegenartige Aussehen eines Menschen, insbesondere ‹Ziegenaugen›, werteten Physiognomiker als Zeichen geiler Veranlagung.» Auf den Teufel wurden ferner auch die Hörner bezogen, insbesondere bei sog. ‹Vierhornziegen›: Ziegen, denen aufgrund eines seltenen genetischen Defekts zwei zusätzliche Hörner gewachsen sind. Vierhörnige Schafe sind auch bekannt, doch handelt es sich dabei um eine alte englische Zuchtrasse (‹Jakob-Schaf›).

[1317] ThLL 3, S. 306.

[1318] Darauf weisen zahlreiche volkstümliche Bräuche, in denen an Donnerstagen Böcke bestimmter (meist weisser) Farbe geopfert werden. Auch andere Donnerstagsbräuche, in denen Ziegenböcke und Böcklein eine Rolle spielen, werden gelegentlich genannt (teils aber auch für aussergermanische Gegenden, so HDA 9, Sp. 922). Zum Wert dieser von der Volkskunde meist sehr unkritisch zusammengetragenen Donnerstagsbräuche im Hinblick auf alten Thorskult vgl. HELM 1953, S. 248 ff. Zum Thorskult cf. auch HDA 9, Sp. 924: «Soviel Wahres an diesen Erklärungen sein mag [sc. bez. der abwehrenden Kraft von Ziegenböcken], der Zusammenhang mit dem Donarkult läßt sich nicht leugnen, da vieles keine andere Erklärung findet.»

[1319] Diesen Sachverhalt bietet in nuce jedenfalls ISIDOR, Etym. XII, 1, 14, wo dem Bock ein ob der *libido* schräger Blick zugeschrieben wird: *Hircus lasciuum animal et petulcum et feruens semper ad coitum, cuius oculi ob libidinem in transuersum aspiciunt, unde et nomen traxit.* ('Der Bock ist ein zügelloses und ausgelassenes Tier, das stets auf den Geschlechtsakt brennt und dessen Augen vor Lüsternheit schräg blicken – und daher hat es auch seinen Namen.') Text nach ANDRÉ 1986, S. 47, mit textgeschichtlicher Dokumentation des Ausdrucks.

[1320] Cf. HDA 9, Sp. 917: «Da das meiste von Donar auf den Teufel überging – in der Schweiz heißt es beim Donner: ‹Der Teufel schlägt Feuer an› – so wurde D o n a r s B o c k z u m w i c h t i g s t e n T e u f e l s t i e r , d a s d i e A u g e n d e s T e u f e l s t r ä g t . » [gesperrte Passage MHG]
Freilich steht an vorderster Stelle der Teufelsidentifikation Wodan, für den ebenso Ziegenopfer bezeugt sind (vgl. HDA 9, Sp. 900, Anm. 24, wobei hier einiges sehr ungenau zu sein scheint – wie denn im HDA sehr oft unreflektiert kompiliert wird.). HDA 9, Sp. 900 heisst es: «Da später unter christlichem Einfluß der Teufel seine [sc. Wodans] Stelle einnahm, so wurde das Opfertier zum T e u f e l s t i e r u n d T e u f e l s g e s c h ö p f , d a s s e i n e A u g e n t r ä g t […] . » [gesperrte Passage MHG] Hier ist jedoch übersehen worden, dass Wodan im allgemeinen einäugig ist (und auch bildlich so dargestellt wird) und seine Augen resp. sein Auge kaum auf die Ziege übertragen wurde. Auch sind mir keine einäugigen Teufel bekannt. So liegt es doch näher, bei der Dämonisierung germanischer Göttergestalten hinsichtlich des Teufels – wenn denn überhaupt die Übertragung so eindimensional sein soll – an Thor zu denken. Auch hier mag aber die Übertragungsreihe vom Opfertier zum Teufelstier nur eine bequeme, willkürliche sein, da doch wohl der Bock, das sündige Tier par excellence, als Gestalt des Bösen schon frühchristlich ist. Cf. auch GRIMM, DM II, S. 831.

christliche Allegorese andersherum verläuft. Das Bindeglied zu den Augen bildet in diesem Zusammenhang der unmittelbar auf *Tanngrísnir* und *Tanngnjóstr* folgende Thor-Beiname *skimuðr*, der 'Späher, Blicker'. Weiter geht der volkstümliche Aberglaube, der spukenden Böcken feurige Augen zuweist, und im «Tischlein-deck-dich»-Märchen versetzt die Ziege mit ihren feurig glotzenden Augen den Bär und den Fuchs in Angst und Schrecken.[1321] Weitergedacht dürfte die Leuchtkraft der Augen auch sein, wenn es heisst, dass ein Ziegenbock mit Laterne den nächtlich irrenden Wanderer heimgeleitet; bisweilen erscheinen auch Irrlichter in Gestalt eines Ziegenbocks.[1322] Darüber hinaus ist von Schatzgräbern die Rede, die einen schwarzen Bock mit einem Licht unter dem Schwanz zum Leuchten benutzen.[1323] In deutschen Sagen steht der armen Prinzessin, die mit ihrem Sohn im Wald verfolgt wird, eine Ziege bei; den Prinzen begleitet die Ziege als Führer und bringt ihn zur verlorenen Braut.[1324] Auch diese Vorstellungen haben Parallelen in der Antike, und man hat dabei zwei Erklärungen für diese Leit- und Schutzfunktion der Ziege in Betracht zu ziehen.

a) Einerseits wurden wohl aus der Eingeweideschau des Opfertiers diesem selbst prognostische und wahrsagende Eigenschaften zugeschrieben, woraus auch der Glaube an Ziegen als wunderwirkende Wegführer erwachsen sein dürfte;[1325] dabei ist insbesondere auch an die Ziege zu erinnern, der eine wichtige Funktion bei der Entdeckung des delphischen Orakels zukam.

b) Andererseits sind ziegengestaltige Gestirne, Kometen und Sternschnuppen (s. u. S. 239 ff.) als Navigationshilfen vorauszusetzen, und der Volksglaube übernahm sowohl die Lichtsymbolik als auch die Schutz- und Geleitfunktion der Ziege in seine Erzählungen.

In bezug auf das Leuchten sei noch ein drittes wesentliches Merkmal angefügt, das wohl alten Ursprungs sein mag, aber hauptsächlich aus jüngeren Volksbräuchen auf uns gekommen ist: die goldenen Hörner des Ziegenbocks. Sie begegnen im antiken Opferritus,[1326] vor allem aber später in Rechtsbräuchen, so bei Abgaben eines Bockes mit vergoldeten Hörnern und bei Erntedankfesten, bei denen ein mit bunten Bändern geschmückter Bock, der vergoldete Hörner trug, in einer aufwendigen Zeremonie getötet wurde.[1327] In Fienstedt (bei Halle a. d. Saale) war nebst einem schwarzen Rind mit weisser Blässe und weissen Füssen auch ein Ziegenbock mit vergoldeten Hörnern zur Entrichtung auferlegt.[1328] H. REY-FLAUD berichtet im Zusammenhang mit einem französischen Charivari-Umzug, dass man den Ziegenböcken, die den Wagen zogen, die Hörner rot angemalt habe.[1329] Auf feurige Hörner weist der Name *Bockshorn* für das Osterfeuer, so nach Ausweis des HDA in Braunschweig, Lüneburg, im Harz und in Niedersachsen.[1330] Mit germanischen Frühlingsbräuchen wurde auch der Name der «Bockshornschanze», einer von der prähistorischen Zeit bis zu den Osterfeuern des 19. Jahrhunderts benutzten Kultstätte bei Quedlinburg, in Verbindung gebracht.[1331] Den Stellenwert von

---

[1321] S. oben Anm. 1280.
[1322] HDA 9, Sp. 919.
[1323] Ebd., Sp. 921.
[1324] DE GUBERNATIS 1874, S. 329.
[1325] Weitere Beispiele bei RICHTER 1972, Sp. 430.
[1326] Cf. BURKERT 1990, S. 21.
[1327] Beispiele in HDA 9, Sp. 912 f.
[1328] GRIMM, DM I, S. 45.
[1329] REY-FLAUD 1985, S. 82. S. auch oben S. 217.
[1330] HDA 9, Sp. 912; hier mit der Anmerkung, dass «wahrscheinlich die Hörner des Opferbockes» ins Feuer geworfen wurden.
[1331] Cf. STEUER in RGA 2 (1978), S. 104.

Bockshörnern verdeutlichen ferner antike Opferdepots und Hörneraltäre in Delos,[1332] Dreros, Halieis und Ephesos sowie überhaupt die Häufung von Hörnern geopferter Ziegen,[1333] ohne dass dabei aber ein «Glanz» oder die Goldfarbe der Hörner erwähnt würden.[1334] Die Hornsymbolik weicht in diesen Zusammenhängen augenscheinlich von der üblichen Aggressivitäts- und Kampfesmotivik ab, in deren Kontext die Ziegenhörner in der Regel genannt werden.[1335] Zum Stellenwert der Hörner ist übrigens zu bemerken, dass Hornlosigkeit bei vor- und frühgeschichtlichen Ziegen viel seltener vorkam als bei rezenten Rassen. Umgekehrt ist Hornlosigkeit bei vor- und frühgeschichtlichen Schafen viel häufiger als bei Ziegen:[1336] Ziegenhörner sind folglich der Normalfall, Schafhörner die Ausnahme, weswegen in bezug auf das Leuchten bei Schafen tendenziell stärker die Fellfarbe, bei der Ziege die Augen und Hörner im Vordergrund stehen. Gerade die Ausnahmestellung gehörnter Schafe – besonders des Widders – lässt diese jedoch in anderem Licht erscheinen, insofern die antike Naturkunde gehörnte Tiere als besser gegen rauhes Wetter geschützt ansieht.[1337]

In diesem Zusammenhang lässt sich die Bemerkung anfügen, dass der keltische «gehörnte Gott» (s. dazu oben ab S. 100) oft mit Torques auftritt, nämlich gelegentlich mit über das Geweih resp. die Hörner gestülpten Torques (so der «Cernunnos» mit Ziegenhörnern resp. Hornmaske auf dem *pilier des nautes* in Paris). Aus dem keltischen Bereich vgl. man zudem auch den Helm mit den goldenen Hörnern aus der Themse von Waterloo Bridge, der «seinen Träger zum behornten Gott» macht,[1338] sowie verschiedene behornte Bronzemasken,[1339] deren Zweck nicht einwandfrei zu bestimmen ist,[1340] und metallene Masken mit einsetzbaren Hörnern. Ohne diesen Sachzusammenhang zu vertiefen oder voreilige Schlüsse zu ziehen, mag man jedenfalls zur Kenntnis nehmen, dass das Horn-Symbol, dessen Hirschgeweih-Ausprägung bei Cernunnos nur e i n e Variante ist, mehrere zentrale Werte besitzt, dessen wichtigsten man im Bereich von Fruchtbarkeit und Regeneration[1341] zu lokalisieren hat. Übertragen auf das hier zu besprechende Phänomen der goldenen oder vergoldeten Hörner lässt sich ohne Aufwand folgern, dass die Auszeichnung des zentralen Symbols mit Gold ein Reflex von älteren Fruchtbarkeitsvorstellungen sein muss, deren spezifische Ausprägungen aber ganz verschiedene Wege gehen konnten: Begriffe wie Reichtum, Segen, agrarische wie menschliche Fruchtbarkeit, Stärke,

---

[1332] Cf. SCHRÖDER (F. R.) 1941, S. 51 f.: «Die höchste Berühmtheit aber genoß im ganzen Altertum ein Altar, der am Letoon gestanden hat, der sog. ‹H ö r n e r a l t a r ›, ὁ κεράτινος βωμός, ἁ κερατών, ein wunderbar künstliches Geflecht aus den Hörnern der W i l d z i e g e n , die unzählig die steile Gebirgswelt des Ägäischen Meeres bevölkern. Artemis war es, so erzählt nach delischer Legende Kallimachos Hym. 2, 60, die die Wildziegen am Kynthos, dem die Insel beherrschenden Berge, jagte und die Köpfe ihrem jungen Brüderchen Apoll zum Spielen gegeben, der aus den Hörnern den Altar geflochten und Hürden um ihn herum. [...]. Dieser Hörneraltar lehrt, daß auch Leto einst gleich ihrer Tochter Artemis als ‹Herrin der Tiere›, insbesondere als Z i e g e n g ö t t i n , verehrt worden sein muß.» [gesperrte Stellen F. R. S.]

[1333] DNP 12/2, Sp. 797 f.

[1334] Es könnte allerdings Usus gewesen sein, dass man vom Opferbock die Hörner in die heilige Flamme geworfen hat, cf. HEINERMANN 1945, S. 255.

[1335] So bei ALBERTUS MAGNUS, De animalibus XXII, 37 (ed. STADLER 1920, S. 1369): *Est autem animal hoc discens percutere cornibus forti ictu ita quod quicumque sibi asserem vel scutum exhibuerit, statim percutit et aliquando scutum scindens hominem prosternit.*

[1336] Cf. PETERS (J.) 1998, S. 92.

[1337] PETERS (J.) 1998, S. 78. In der Tat bieten die sog. *sinus frontales* aber keinen Wetterschutz, sondern einen Wärmeschutz für das Hirn, was Widder letztlich tatsächlich widerstandsfähiger macht.

[1338] BIRKHAN 1999b, S. 269.

[1339] Cf. BIRKHAN 1999a, S. 425, wo die «Petrie Crown» als königlicher oder priesterlicher Ritualschmuck gewertet wird, dessen Träger in ein behorntes Wesen (oder sogar eine «behornte Gottheit», so S. 637) verwandelt wird; BIRKHAN 1999b, S. 332 («Petrie Crown»), S. 291 (Hörnermaske für ein Pony aus Torrs); DE VRIES 1961, S. 106; ALFÖLDI 1959, S. 176 (mit Abb.); JANKUHN 1957, S. 46 f. u. Tafel 36.

[1340] Aber cf. JACOBSTHAL 1941, S. 317; BERGER 1981, S. 47.

[1341] Cf. auch DE VRIES 1961, S. 106.

Erhabenheit usw. liessen sich problemlos unter dem Symbol des Horns vereinen. Doch die Weite dieses Begriffsfeldes verwischt wiederum dessen exakte Position. Man tut also vielleicht gut daran, den Stellenwert der Goldhörner nicht allzu hoch einzuschätzen bzw. deren Funktion nicht auf einen einzigen Begriff zu verengen. Wie die Torques an den kurzen Hörnern des Pariser Cernunnos zu werten sind, ist schwer einzuschätzen: Gewöhnlich als Zeichen von Göttlichkeit,[1342] von (magischer oder apotropäischer[1343]) Macht oder auch als gesellschaftliche Rangabzeichen[1344] und Ehrenzeichen verstanden, könnte man sie hier entfunktionalisiert auch lediglich als Auszeichnung in der Art einer Inszenierung der Hörner verstehen: Einem plastischen Kultbild des Cernunnos stülpt man Torques über die Hörner, nicht um seine Göttlichkeit zu verdeutlichen – denn dies wäre unnötig –, sondern um das Symbol selbst in den Vordergrund zu rücken, wobei die eigentliche Funktion des Torques ganz unwichtig wird.[1345] Dazu kommt, dass Cernunnos ohnehin üblicherweise mit dem Torques ausgerüstet abgebildet ist; insofern ist auf dem *pilier des nautes* nur die Position der beiden Torques über den Hörnern ausschlaggebend.

Zu den Hörnern ist weiter zu bemerken, dass sie wie kaum ein anderes Symbol Fruchtbarkeit und allgemein die regenerative Kraft der Natur versinnbildlichen – wenn nicht im Zusammenhang mit horntragenden Tieren wie der Ziege, dem Schaf, dem Hirsch und dem Stier,[1346] so von diesen losgelöst und sogar noch verstärkt im Bild des Füllhorns. Jenes interessiert vor allem im Hinblick auf die Darstellungen der nordalpinen Muttergottheiten, in deren mehr oder weniger festem Bildprogramm das Füllhorn integraler Bestandteil fruchtbarkeitsikonographischer Konzepte ist. Nach bisherigem Kenntnisstand sind Füllhörner 55mal auf Matronensteinen dargestellt.[1347] Dieses Symbol ist hier schon relativ weit von seinem ursprünglichen Funktionszusammenhang entfernt; dennoch gehört es insofern in den hier zu besprechenden Kontext, als es sich beim Füllhorn letztlich um das abgebrochene Horn der Ziege Amaltheia handelt, welches diese zur Stillung des kleinen Zeus verwendete.[1348] Zeus machte es später zum Füllhorn und versetzte Amaltheia zum Dank für ihre Hilfe als $αἴξ\ οὐρανία$, als Stern *Capella* an den Himmel (cf. Anm. 1364). Die strukturelle Verwandtschaft Amaltheias mit der nordischen Heiðrún (s. u. ab S. 243) wurde längst erkannt: Wie jener wohnt dieser die Kraft inne, unerschöpflich (Speis und) Trank zu spenden. Ferner erscheint das Füllhorn als Beigabe zu ithyphallisch dargestellten Ziegenmännern in Form von böotischen Terrakotta-Statuetten, die BURKERT im Zusammenhang mit der Frage um die Herkunft der Tragödie behandelt.[1349]

[1342] HEICHELHEIM 1933b, Sp. 949.
[1343] DKP 5, Sp. 890.
[1344] Cf. MAIER 1994, S. 317 f.
[1345] Man kann allerdings bei der Gesamt-Interpretation des Pfeilers nicht ganz umhin, die Darstellung als Versinnbildlichung von Fruchtbarkeit zu interpretieren.
[1346] Zum Stier, der im keltischen Raum in ca. 40, meist bronzenen Darstellungen mit drei Hörnern auftritt (cf. MAIER 1994, S. 298 f.), cf. DE VRIES 1961, S. 179: «Seine Fruchtbarkeit, seine gewaltige Erscheinungsform, seine Kraft und ungestüme Wildheit, sein weitdröhnendes Brüllen haben zur Symbolbildung Anlaß gegeben.» Und ferner, S. 180: «Wenn Deonna sagt, der Stier sei ein himmlisches Tier, und zwar ein solares und ein lunares, aber ebenfalls mit den Gewässern verbunden, und er trete endlich, z. B. auf dem Altar von Reims, auch als Symbol des Überflusses auf, so besagt gerade diese Vielseitigkeit, wie schwankend diese Begriffsbestimmung des Stiersymbols ist.»
[1347] HORN 1987, S. 46, Anm. 62.
[1348] Aufschlussreiche lat. Belege in ThLL 3, Sp. 305 u. 308 f.
[1349] BURKERT 1990, S. 15.

11.3. Wettersymbolik

Einen ganz besonderen Platz nehmen die Ziege und der Ziegenbock im Hinblick auf das Wettergeschehen ein. Oben wurde bereits auf die prognostische Bedeutung der Ziege im allgemeinen hingewiesen (s. S. 145); hier sollen nun die einzelnen Phänomene im Überblick behandelt werden, wobei zunächst darauf hingewiesen sein soll, dass die Ziege und der Bock als Bildspender oft gerade aufgrund farblicher Auffälligkeiten in Erscheinung treten. Dies dürfte auch einer der entscheidenden Gründe sein, warum man es hier nicht mit einem individuell-kulturell determinierten Phänomen zu tun hat, sondern mit einem universalen oder jedenfalls mehrfach wiederkehrenden: Wie im nordgermanischen Mythos Thors Bocksgespann Sinnbild des Gewitters ist und im indogermanischen Mythos überhaupt der Regen- und Donnergott auf einem Bocksgespann einherfährt, so tritt der Ziegenbock ganz analog auch im alten baltischen,[1350] altaischen, chinesischen und tibetanischen Glauben als Sinnbild des Gewitter- und insbesondere Blitz-Gottes auf.[1351] Daneben ist besonders der Glaube ausgeprägt, dass vom Blitz getötete Ziegen nicht verspeist werden dürfen, da sie durch den Blitzschlag gleichsam als Opfer «heimgeholt» worden seien; und in einem ähnlichen Bedeutungskontext wird wohl auch der bei den antiken Osseten geübte Brauch zu sehen sein, dass man an der Stelle, wo ein Mensch vom Blitz getroffen wurde, eine Ziege opferte.[1352] Der von Ziegen gezogene Götterwagen hat eine Parallele im indischen R̥gveda, wo eine Ziege den Wagen des Herden-, Schäfer- und Reisegottes Pūṣan zieht;[1353] der Regen- und Donnergott Indra wird in einem vedischen Hymnus selbst als Widder dargestellt.[1354] In diesen Zusammenhang von Blitz, Donner und Gewitter fügen sich auch die bereits oben im Zusammenhang mit der *Habergeiss* angesprochenen «capriphoren» Bezeichnungen für die Schnepfe, nämlich *Donnerziege*, vielleicht auch *Himmelsziege*, sicher jedoch die lettischen Bezeichnungen *pehrkona kasa* 'Donnerziege' und *pehrkona ahsis* 'Donnerbock' sowie die litauische *Perkuno ožýs* 'Himmelsziege, Donnerziege'.[1355] Letztere vergleichen sich insofern mit Thors Bocksgespann, als der baltische Pērkons das strukturell exakte Analogon zu Thor bildet. Da die Schnepfe auch im Aberglauben Islands und anderer Gegenden eine wichtige Rolle spielt (als prognostisches Tier), ist die Identifikation des Vogels mit dem am Himmel ziehenden Bocksgespann Thors durchaus von Belang. Dazu kommt, dass die baltischen Namen für die Schnepfe sprachlich genaue Entsprechungen im Altenglischen finden, hier aber nicht die Schnepfe, sondern die Gemse oder den Steinbock bezeichnen, nämlich ae. *firgengæt* 'montana vel saltuensis capra; rupicapra' und *firginbucca* 'montanus vel saltuensis caper; capricornus',[1356] wobei hier *firgen-* synchron weniger den Donnergott bezeichnet denn das Appellativ germ. **fergunja-* (got. *fairguni* 'Berg, Gebirge', ae. *fiergen, fyrgen* 'Berg')[1357] im Sinne des über Felsen springenden oder im Bergwald lebenden Tiers. Auf die etymologisch identische an. *Fjǫrgyn* 'Thors Mutter, Mutter Erde' (mit der männlichen Nebenform *Fjǫrgynn* 'Vater von Frigg; Donnergott?'),[1358] die sach- und religionsgeschichtlichen Implikationen wurde bereits hingewiesen.[1359] An dieser Stelle lässt sich das Phänomen jedenfalls

---

[1350] Dazu insbesondere GRIMM, DM I, S. 153.
[1351] Cf. Lexikon Alte Kulturen, Bd. 3, Mannheim u. a. 1993, S. 687. S. auch DE VRIES, AGR II, § 418.
[1352] Dazu GRIMM, DM I, S. 154.
[1353] Die Vorstellung eines von Ziegen gezogenen Wagens beruht dabei nicht nur auf der Einbildungskraft des religiösen Menschen, sondern dürfte mindestens zum Teil auf realem Brauch beruhen, vgl. ob. S. 20.
[1354] Cf. DE GUBERNATIS 1874, S. 313.
[1355] SUOLAHTI 1909, S. 276.
[1356] *Firginbucca dæt ys wudubucca*, cf. BOSWORTH – TOLLER I, S. 288 f.; BOSWORTH – TOLLER II, S. 221.
[1357] Zu diesem Komplex cf. RÜBEKEIL 1992, S. 64–69. Die jüngste Übersicht bei OREL, HGE, S. 99 f.
[1358] Cf. DE VRIES, AEW, S. 126.
[1359] S. oben S. 97 f.

bereits so charakterisieren, dass die Ziege als eng mit dem Wettergeschehen verknüpftes Tier auch in sprachlicher Hinsicht eine breite Grundlage findet.[1360] Die sich hier unmittelbar anschliessende Frage, ob man es wirklich mit Universalien und nicht doch einer Art Kulturdiffusion zu tun hat, lässt sich freilich nicht letztgültig beantworten. Ersteres liegt aber insofern näher, als man für Epochen, in denen der Mensch in einem engeren Verhältnis zur Natur lebte als heute, auch eine exaktere Naturbeobachtung voraussetzen darf. Diese wiederum lässt sich bis zu einem gewissen Grad als Vorstufe des Mythos verstehen, insofern dieser nichts weiter denn die 'Erzählung' der Welt ist,[1361] in der die nicht durchschaubaren Mechanismen von Wind und Wetter, von Geburt und Tod bei Mensch, Tier und Pflanze usw. nach einer Erklärung verlangen.[1362] Die Personalisierung der Natur, das An-den-Himmel-Setzen wirkungsmächtiger Gestalten in der Form von Menschen (i. e. Göttern), Tieren und Pflanzen ist dabei vielen Völkern gemeinsam, und die Grundlage der jeweiligen Mythisierung hängt einerseits stark vom kulturellen Stellenwert eines Wesens ab, ist dabei aber andererseits ebenso stark eingeschränkt, als das Naturell eines Wesens nur einen eingeschränkten «Code» aufweist. Im Hinblick auf die Ziege ist es deren ungestümes Gemüt, deren Unberechenbarkeit und vieles mehr, das sie mit Wettervorstellungen in Zusammenhang bringt. Die folgenden Beispiele sind demnach immer auch unter diesen Voraussetzungen zu verstehen. Und wenn dabei in den seltensten Fällen auf bekannte Mythen rückgeschlossen werden kann, so ist dies Berechtigung genug, diesen ganzen Problemkreis unter dem Begriff der «niederen Mythologie» zusammenzunehmen. Wie es zu einer so gearteten «Erzählung» der Welt kommt, lässt sich anhand der Habergeiss als des volkstümlichen Namens der Sumpfschnepfe erklären: Das Tier bekommt seinen Namen aufgrund der meckernden Geräusche; und weil es sich gleichzeitig «als Erforscher der höchsten Regionen»[1363] näher bei Regen und nahendem Unwetter aufhält, werden im Mythos das Verhalten des Tieres und das Wettergeschehen miteinander verknüpft. Die weitere Entwicklung der Erzählung verläuft unkontrolliert und schlägt sich in den hunderten sich ähnelnden, jedoch nie deckungsgleichen «Mythen» der Volksüberlieferung nieder.

Als prognostisches, wetterverkündendes Tier tritt die Ziege besonders in Gebirgsgegenden auf; in ähnlichem Sinn gilt die auf einem Hügel sitzende Ziege (insbesondere wenn sie sich stark schüttelt,[1364] so in der Schweiz) als Vorzeichen für schlechtes Wetter.[1365] Auch für sich selbst weiss die Ziege einiges im voraus, so wird bei AELIAN, hist. an. VII, 26, geschildert, eine Ziege merke es zeitig, wenn sie zum Metzger geführt werden soll, und sie wolle dann nichts mehr essen.

Aus dem klassischen Altertum stammt die Auffassung, das Gestirn der Ziege (Capella, α Aurigae; cf. Anm. 1364) im Sternbild des Fuhrmanns bringe Sturm und Regen.[1366] Nach AELIAN wissen die

---

[1360] Mit der Ziege natürlich auch der Vogel, wie denn Wind- und Luftdämonen sehr verbreitet in Vogelgestalt begegnen, cf. HELM 1913, S. 205, mit Beispielen.

[1361] G. MOST spricht im Vorwort zu BURKERT 1990, S. 7, treffend von der «sinnstiftende[n] Erklärung der menschlichen Lebensbedingungen».

[1362] S. dazu auch HELM 1913, S. 206, der die Vorstellung von Pferd, Stier, Rind, Kuh, Eber, Bock, Wolf und Hund als «Gestalten dämonischer Sturm-, Wolken- und Wasserwesen» in «prähistorische Zeit» zurückdatiert.

[1363] MANNHARDT, WuF II, S. 180.

[1364] Das Schütteln erinnert an das oben Anm. 1366 beschriebene Schütteln der Aigis des Zeus, das Regen verspricht. Zeus trägt die Aigis als unverwundbaren Panzer und wird dadurch auch zum Wettergott. Freilich ist die Herleitung $Aἰγίς < αἴξ$ gelehrte Spekulation. Dieser antiken Volksetymologie verdankt sich wohl auch die Auffassung, die Ziege sei «um ihrer Verdienste um Zeus willen als Sternbild an den Himmel versetzt worden [...].» (RICHTER 1972, Sp. 425). Cf. DKP 1, Sp. 164 f.

[1365] Cf. MANNHARDT, WuF II, S. 156, Anm. 1.

[1366] Belege in ThLL 3, Sp. 309; s. auch KELLER 1909, S. 297; RICHTER 1972, Sp. 429 f.: «[...] zu allen Zeiten galten die Sternbilder der Ziege und der Hyaden als die Regengestirne [...], und das Fell der Z[iege], das man irrig, aber begreiflicherweise mit der Aigis des Zeus [...] gleichsetzte, galt als stellvertretendes Symbol der Regenwolke; ihr Schütteln zaubert nach altem Glauben Regen herbei. Dabei ist wichtig, daß jede

Ziegen zuerst, wann der Sirius aufgeht.[1367] Bei COLUMELLA ist zu erfahren, dass die Böcke im Himmel gegen Ende September erscheinen, wenn West- und Südwind wehen und Regen bringen.[1368] SERVIUS schliesslich identifiziert in Analogie zur gängigen griechischen Auffassung das Sternbild der Ziege mit Amaltheia, der Amme des Zeus, Inbegriff des lebensspendenden Prinzips. All dies ist leicht verständlich, da der Auriga als eines der markantesten Spätherbst- und Wintersternbilder als Vorbote der Regenerationsphase aufgefasst werden musste, wie denn auch OVID,[1369] VERGIL[1370] und HORAZ[1371] in der Dichtung die Ziege und die Zicklein des Himmels als herbstlichen Regenbringer feiern. Weitergedacht erscheinen die Milchstrasse, der gehörnte Mond und die weisse Dämmerung in Gestalt einer wohltätigen Ziege, die den Helden und den Wanderer leiten. Dabei denkt man als zugrundeliegende Bilder zunächst an die freundliche Lichtquelle, wie sie die Vorstellung von der leuchtenden Ziege und vom glänzenden Schaf abgibt, dann aber besonders auch an die aus dem Füllhorn fliessende Milch.[1372]

Die mittelalterliche Überlieferung kennt sodann *diu springend gaiz* (*sô dunkt uns denne, daz ain flamm spring in dem lufte sam ain gaiz. dar umb haizt daz feur diu springend gaiz*) bei KONRAD V. MEGENBERG,[1373] womit eine Art Sternschnuppe oder Komet gemeint ist. Diese Schilderung scheint in der mittelalterlichen Naturkunde einzigartig zu sein. Sie ist, wie ich meine, auf antikes Gedankengut zurückzuführen. Damit ist unmittelbar die oben (S. 100) bereits angesprochene SENECA-Stelle zu vergleichen (*Naturales quaestiones* 1, 1, 2 f.):

Zeugnis über eine tatsächliche Verwendung des Felles zu diesem Zweck fehlt; wir haben es sonach mit rein spekulativen Vorstellungen zu tun. Sie werden gestützt durch den verbreiteten Glauben, daß die Z[iegen], ähnlich wie der Hund, das Rind, das Schwein und die Schlange, ganz allgemein ein prodigiöses Tier sei, das allerlei Unbill, wie Hunger, Pest, Erdbeben, aber auch Günstiges wie gutes Wetter und Fruchtbarkeit des Bodens vorauserkennt und dem Kundigen anzeigt [...].» Die Vorstellung der Wolke als Ziegeneuter ist dabei schon beträchtlich älter und ist auch altindisches Gedankengut.

[1367] AELIAN, hist. an. VII, 8 (in der ital. Übersetzung v. F. Maspero [CLAUDIO ELIANO: La natura degli animali, Bd. 1, Milano 1998, S. 427]: Gli Egiziani affermano (lo so per sentito dire) che l'antilope, prima di ogni altro essere, capisce quando sorgerà Sirio e ne dà testimonianza. Ma i Libici mostrano analoga sicurezza nell'affermare baldanzosamente che anche le capre del loro paese prevedono esattamente questo avvenimento e sanno preannunziare l'arrivo imminente della pioggia.».

[1368] Cf. RICHTER 1972, Sp. 429.

[1369] OVID, Ars amatoria I, 409 f.

| *Differ opus, tunc tristis hiems, tunc pleiades instant* | Dann verschiebe dein Werk; dann ist Winter, dann |
| *Tunc et in aequora mergitur haedus aqua.* | drohn die Plejaden, dann in das Wasser des Meers senkt sich das Böcklein hinab. |

Übersetzung: Niklas Holzberg. Cf. des weiteren OVID, Met. 3, 594: *Oleniae sidus pluviale capellae*; Fasti V, 113: *Nascitur Oleanae signum pluviale capellae*; Trist. I, 11, 13: *Saepe ego nimbosis dubius jactabar ab haedis*.

[1370] VERGIL, Aeneis IX, 668 f.

| *[...] Quantus ab occasu veniens pluvialibus haedis* | [...] Wie wenn im regenbringenden Sternbild der |
| *Verberat humum.* | Böcke von Westen kommend ein Unwetter die Erde peitscht. |

Übersetzung: Volker Ebersbach.

[1371] HORAZ, Odae III, VII

[...] Ille nothis actus ad Oricum	Er, den der Süd wogte gen Orikum,
Post insana caprae sidera, frigidas	Als der Ziege Gestirn rasete, schmachtet dort
Noctes non sine multis	Mit nicht mässigen Thränen
Insomnis lachrymis agit.	Schlaflos frostige Nächte hin.

Übersetzung: Johann Heinrich Voß.

[1372] Cf. DE GUBERNATIS 1874, S. 329: «Doch gerade die Milchstrasse des Himmels [...] ist die Milch, die aus der Ziege des Himmels fliesst; der weisse Morgenhimmel ist ebenfalls die Milch dieser selben Ziege.»

[1373] Ed. PFEIFFER, S. 78, Z. 2 ff.

1, 1, 2: Ignium multae variaeque facies sunt. Aristoteles quoddam horum capram vocat. Si me interrogaveris quare, prior mihi rationem reddas opportet quare haedi vocentur. [...] [S]atius erit de re ipsa quaerere quam mirari quid ita Aristoteles globum ignis appellaverit capram. Talis fuit enim forma eius qui bellum adversus Persen Paulo gerente lunari magnitudine apparuit. 1, 1, 3: Vidimus nos quoque non semel flammam ingentis pilae specie, quae tamen in ipso cursu suo dissipata est. Vidimus circa divi Augusti excessum simile prodigium. Vidimus eo tempore quo de Seiano actum est nec Germanici mors sine denuntiatione tali fuit.

1, 1, 2: Es gibt viele verschiedene Erscheinungsformen von Feuer. Eine bestimmte Art nennt Aristoteles capra. Wenn Du mich fragst, warum, so hast Du mir darüber zunächst Rechenschaft abzulegen, warum [diese Feuer] ‹Böcke› genannt werden. [...] Es wird besser sein, sich über diese Sache Gedanken zu machen als sich nur zu wundern, welchen Feuerball Aristoteles capra genannt hat. Denn ein solches Gebilde von der Grösse des Mondes erschien, als Paulus gegen Perseus Krieg führte. 1, 1, 3: Wir haben nicht nur einmal eine Flamme von der Gestalt eines ungeheuren Balles gesehen, der sich dennoch auf seiner Bahn zerstreut hat. Um die Zeit des Todes des göttlichen Augustus haben wir ein ähnliches Vorzeichen gesehen. Und wir sahen, als [oben] über Seianus gehandelt wurde, dass der Tod des Germanicus nicht ohne eine solche Ankündigung eintrat.

SENECAs Schilderung macht primär deutlich, dass Himmelserscheinungen als Vorzeichen verstanden wurden, wie dies noch bis in die Neuzeit der Fall war.[1374] Aus dem Passus geht nicht hervor, ob hier von einem bestimmten Kometen namens *capra* 'Ziege' die Rede ist, oder ob prinzipiell alle Kometen (oder ähnliche Himmelserscheinungen) *capra* genannt werden. Für SENECA selbst scheint ja die aristotelische Nomenklatur erklärungsbedürftig gewesen zu sein.[1375] Sicher ist jedenfalls, dass die Feuererscheinung in der Gestalt einer Ziege gedacht wurde. Ob dabei an das springende und flinke Wesen ähnlich wie bei KONRAD V. MEGENBERG gedacht wurde, oder ob der Eindruck eines feurigen Tieres den Ausschlag gegeben hat, lässt sich nicht sicher ausmachen. Allein die Vorstellung der feuergestaltigen Ziege ist von Belang. Vielleicht darf man KONRAD hier sogar höher werten und dahingehend interpretieren, dass *springend* den Unterschied zur im Sternbild f i x e n *Capella* markiert? Immerhin ist die *Capella* der hellste Stern im Auriga (daher α) und fungiert ebenso als immer wiederkehrendes Vorzeichen (s. die Belege oben Anm. 1369 ff.). *Springend* passt auch besser zu der Erscheinung von Sternschnuppen als zu der von Kometen; so werden Meteore in der antiken Naturkunde gelegentlich τράγοι oder *hirci* 'Böcke' genannt. Bemerkenswert ist auch, dass man sich Kometen als wetterwirksam vorgestellt hat.[1376] Für Stürme, Regengüsse, Trockenheit, Springfluten usw. wurden oft Kometen verantwortlich gemacht.[1377] Es ist denkbar, dass für die Benennung der Himmelserscheinung auch in dieser Hinsicht die Vorstellung einer Ziege den Ausschlag gegeben hat.

In tiefere atmosphärische Schichten führen dann die unzähligen Personifikationen von Wettererscheinungen in Ziegengestalt. Hier ist die Scheidung von Bock und Ziege jedoch schwierig,

---

[1374] Cf. GUNDEL in RE 21, Stuttgart 1921, Sp. 1143 u. passim (s. v. 'Kometen'); für die jüngere Zeit cf. DELUMEAU, JEAN: Angst im Abendland. Die Geschichte kollektiver Ängste im Europa des 14. bis 18. Jahrhunderts, Reinbek bei Hamburg 1985, S. 99 ff.

[1375] SENECA bezieht sich auf ARISTOTELES, Meteorologica I, 4 (hier in der engl. Übersetzung v. H. D. P. Lee, Aristotle: Meteorologica, with an english translation, London 1962, S. 29 ff.): «Having laid down these principles let us now explain what is the cause of the appearance of burning flames in the sky, of what some people call ‹torches› and ‹goats› [δαλοὶ καὶ αἶγες]. [...] we often see a burning flame of the kind one sees when stubble is being burnt on ploughland: if it extends lengthwise only, then we see the so called torches and goats and shooting stars [δαλοὶ καὶ αἶγες καὶ ἀστέρες].»

[1376] RE 21, Sp. 1179 (s. Anm. 1374).

[1377] RE 21, Sp. 1146 (s. Anm. 1374).

weshalb beide Geschlechtsvertreter hier zusammengefasst werden sollen. In Ziegengestalt dachte man sich insbesondere regenspendende Gewitter- und Sturmwolken, Luft- und Dunsterscheinungen heisser Sommertage sowie Wasserhosen, die man «springende», «brüllende Geiss» oder «Gewittergeiss» hiess.[1378] Ob hier, wie im HDA ohne einschlägige Belege suggeriert,[1379] die schwarze Ziege eine besondere Stellung einnimmt, möchte ich bezweifeln, da vermutlich andere Bildspenderbereiche für diese Art der Personifikation ausschlaggebend gewesen sein dürften. Das hohe Alter dieser Vorstellung belegt jedenfalls der Kult des *Zeus Aktaios* mit dem Bock als Symbol der Wolke; auch den römischen *Jupiter Pluvius* wird man diesem Bereich zuordnen dürfen. Wie es zu der Assoziation von Ziege und Regen gekommen ist, ist nicht ganz klar; RICHTER nimmt an, sie sei phönizischen Ursprungs und gehe auf die Ähnlichkeit der phönizischen Ausdrücke für 'Ziege' und 'Regenfälle' zurück;[1380] in der Tat begegnen jüngere griechisch-lateinische Volksetymologien, die diesen Zusammenhang herbeiführen möchten (nämlich $\alpha\ddot{\iota}\xi$ zu $\dot{\alpha}\acute{\iota}\sigma\sigma\omega$ 'dahinstürmen, sich schnell bewegen': *quod est 'impetu ferri'; sic enim currit sicut et aqua*,[1381] doch dürften m. A. n. eher ganz allgemeine, auf Naturbeobachtung beruhende Eigenschaften der Ziege und des Bocks diese Vorstellungen (die ja im einzelnen differieren) begründet haben.

Von Gewittergestalten treten die Ziege und der Bock (man vgl. auch den «Gewitterbock» oder den «Bock im Turm») auch in Windpersonifizierungen über, zunächst als Gestalten des Wirbelwinds, dann des Winds im allgemeinen und schliesslich in der bekanntesten Ausprägung: des leichten Winds, der über die Kornfelder streicht, was zu der äusserst verbreiteten und vielfältigen Vorstellung von bocksgestaltigen wachstumsfördernden Vegetationsgeistern geführt hat, denen sich insbesondere der deutsche Mythologe und Volkskundler WILHELM MANNHARDT gewidmet hat.[1382] Wo nicht vom Korndämon die Rede ist, der oben im Zusammenhang mit der *Habergeiss* behandelt wurde, sondern von einfacheren Windpersonifikationen, hat vermutlich die Vorstellung der Wilden Jagd, in der Böcke als Reittiere mitziehen, eine Rolle gespielt. Ob dieser Glaube ein direkter Reflex von Thors Bocksgespann ist, ist zweifelhaft, da die Identifikation des Wilden Jägers mit Wodan oder mit Thor in den Quellen differiert; in späterer Zeit legt sich die Identifikation fast ausschliesslich auf Wodan fest, wobei Rückschlüsse auf altertümliche Zustände in diesen Belangen natürlich heikel sind.[1383] Hier haben sich, wohl besonders in späterer Zeit, verschiedene Vorstellungsebenen miteinander vermischt, wobei die Vorstellungen vom göttlichen Bocksgespann einerseits, das ja weit über den germanischen Bereich hinausweist, vom Bock als Reittier andererseits, zusammengefallen sind. Belegt ist auch der Glaube an den auf einem feurigen Bock reitenden Wilden Jäger.[1384] Von hier ist auch die Vorstellung der auf Böcken reitenden Wetterhexen nicht mehr weit entfernt (s. Anm. 1384).

Als ein nächster Aspekt soll die Ziegenfüssigkeit mancher wetterzauberischen Gestalten genannt werden, die im HDA aufgeführt werden.[1385] Darunter fallen die drei Schicksalsschwestern (Schicksalsfrauen) Süddeutschlands, die sich als Wasser- und Wolkenfrauen denken lassen, die Urschel (Ursula, ein Nebelgeist), Nebelzwerge, Elben, die schweizerisch-elsässischen Heidenleute, «die als Wolken-

---

[1378] Falls nicht anders vermerkt, stammen die hier und ferner angeführten Beispiele aus HDA 9, Sp. 898–930. Bei genauer zu betrachtenden Beispielen wird die Stelle angegeben.
[1379] HDA 9, Sp. 898.
[1380] RICHTER 1972, Sp. 429 mit weiterer Literatur.
[1381] ThLL 3, Sp. 306.
[1382] Cf. MANNHARDT, WuF II, S. 155–200, sowie MANNHARDT 1868, passim.
[1383] SIMEK 1995, S. 478 f.
[1384] HDA 9, Sp. 916. Zum Bock als Reittier cf. ebd., Sp. 920: «Er erscheint als Reittier gespenstiger, ungerechter Gerichtsherren, kopfloser Gespenster, einer weißen oder goldenen Jungfrau (Schweiz), vor allem der Hexen (allgemein), die **auf schwarzen Böcken sitzend Wetter machen** [...].» [gesperrte Passagen MHG]
[1385] HDA 9, Sp. 931 f.

wesen das Abzeichen ihrer ehemaligen Geißgestalt tragen, deren Z[iegenfüsse] wohl auf ihre geisterhafte Geschwindigkeit deuten» u. v. m. Sie haben vielleicht einst ganz Ziegengestalt gehabt. Dazu heisst es zusammenfassend: «[...] auch alle dämonischen Wesen eines Zwischenreiches, die ihrem Wesen nach mit Donar als Vertreter des Gewitters und seiner Begleiterscheinungen verwandt sind, sind ziegen(bocks)füßig, entweder durchaus oder doch wenigstens mit einem Ziegenfuß versehen.»[1386] Aus moderner Sicht dürfen solche Materialsammlungen, wie sie das HDA zur Verfügung stellt, natürlich nicht mehr so linear im Hinblick auf ein in sich geschlossenes «germanisches» mythologisches System hin interpretiert werden. Die Menge an gleichgerichteten Belegen erlaubt es jedoch, mindestens mit statistischer Evidenz zu operieren. Und diese besagt, dass das sichtbare Wettergeschehen zum Teil als Werk von Geisterhand betrachtet wurde – wobei die Geisterhand häufig Ziegenfüsse hatte. Ziegen- und Bocksfüssigkeit gilt dabei im allgemeinen als Kennzeichen des Teufels, doch wird man hier nicht so weit gehen wollen, sondern eher an das *impetu ferri* '(etwa:) mit Schwung dahinfahren' (s. unten S. 257) denken, eines der zentralen Merkmale des Charakters der Ziege.

Heiðrún

Einen eigenen kurzen Absatz verdient die altnordische *Heiðrún*, die Ziege, die in Grimnismál 25 auf dem Dach von *Valhǫll* steht, die Blätter von *Læraðr* frisst und aus ihrem Euter den Einherjern Met spendet. Ihr zur Seite steht in Grm. 26 der Hirsch *Eikþyrnir*, dessen Geweih die Quelle *Hvergelmir* und damit alle Gewässer der Welt speist. Beide Tiere verweisen in mythologischen Zusammenhängen auf nahrungsspendende Urwesen wie die Urkuh *Auðumla* im germanischen,[1387] die Ziege *Amaltheia* im griechischen Bereich.[1388] Dem Namen *Heiðrún* ist aber insbesondere auch sprachliches Interesse entgegenzubringen, da dessen Bestimmungsglied je nach Deutung in die Farb-, Wetter- oder Fruchtbarkeitssymbolik weist. Den ersten Bereich deckt das Adjektiv an. *heiðr* 'hell, klar, strahlend' ab (cf. ahd. *heitar*,[1389] ae. *hādor*, as. *hēdar* usw.). Auf den zweiten Bereich weist das zugehörige Substantiv an. *heið* n. 'heiterer Himmel, klares Wetter' cf. germ. **haiduz ~ haidiz* 'Art und Weise'.[1390] Während *heitar*, *hādor* und *hēdar* allerdings -r-abgeleitete Weiterbildungen von *haidaz* sind (strukturell ähnlich gebaut wie ai. *citrá-* 'hell, leuchtend'), ist das an. Adjektiv mit letzterem identisch, wozu auch ai. *ketú-* 'Lichterscheinung, Helle, Bild' passt.[1391] Alle gehören zu der Wurzel idg. **keit-* 'hell sein, glänzen, leuchten'.[1392] Der sprachliche Befund fördert also eine ausgesprochene Mehrdeutigkeit zutage, aber die Zuweisung zu einem der beiden Bereiche ist m. E. von sekundärem Interesse, da die beiden Anknüpfungspunkte im Hinblick auf die in diesem Kapitel besprochene Thematik schon aussagekräftig genug sind – das heisst: es sind beide Problembereiche, das 'Leuchten' und der Wetterbezug abgedeckt, was den Namen *Heiðrún* im Hinblick auf das Bestimmungsglied gut in den behandelten Fragenkreis einreiht. Bereits bei **scimada* und *skimuðr* konnte ja eine der charakteristischen doppelten Bezugsmöglichkeiten festgestellt werden, die, wie auch bei *Heiðrún*, aus einem diachronen Blickwinkel betrachtet werden müssen, insofern das etymologisch-semantische Zentrum zwar gleichbleibt, aber das Konnotat abhängig von Ort, Zeit und Kontext schwanken kann. Problematisch ist lediglich, dass, worauf auch LIBERMAN hinweist, der 'wolkenlose, heitere Himmel' schlecht in den

---

[1386] HDA 9, Sp. 932.
[1387] SIMEK 1995, S. 83, 169.
[1388] Literatur bei LIBERMAN 1988.
[1389] Ursprünglich im Sinne von 'wolkenloser Himmel'.
[1390] Cf. OREL, HGE, S. 151; DE VRIES, AEW, S. 217.
[1391] Cf. OREL, HGE, S. 150 f.; POKORNY, IEW I, S. 916 f.
[1392] LIV, S. 347 u. Anm. 1.

Bereich von regenspendenden Erscheinungen passt, in den MANNHARDT *Eikþyrnir* und *Heiðrún* verlegte.[1393] Der Zwiespalt liesse sich allenfalls beseitigen, wenn man in bezug auf die Helligkeit und Klarheit an den Met denkt. So ist auch nach DE VRIES' Hypothese das Vorderglied ein «rituelles Wort für den Opfermet».[1394] Die Etymologie von *Heiðrún* hat allerdings auch das Zweitglied zu berücksichtigen. LIBERMANs strenge Argumentation, die Zufälle, späte Umbildungen und Volksetymologien («chance coincidences and parallel development»[1395]) ebenso berücksichtigt wie wortgeschichtlich-etymologische Grundsätze, führt zu dem Schluss, dass das Glied *-rún* in Analogie zu Valkyrennamen und profanen Personennamen wie frk. *Chaideruna* gebildet worden sein könnte,[1396] während doch das norw. dial. Adj. *heidrun* mit kurzvokalischer Zweitsilbe einen Begriff bezeichnet, der vor allem für Vieh verwendet wird und auch für eine Ziege nicht unpassend wäre i. S. v. «slightly unwell from eating too much grass; eager for salt»,[1397] «an ideal name for an insatiable browser»,[1398] wobei die Etymologie jedoch nicht gesichert ist. Tatsache dürfte jedoch sein, dass das Zweitglied später in Analogie, Volksetymologie oder freier Kombination angetreten ist resp. angehängt wurde, was LIBERMAN plausibel auch für *Eikþyrnir* nachweist. Insofern erweisen sich beide Namen als junge, bedeutungslose Komposita, deren beider Kerne allerdings durchaus als alte Benennungen für mythische Tiere in Frage kommen (weniger in diesem Kontext allerdings der Hirsch), zumal die Ziege am Weltbaum ein geläufiges Motiv der indogermanischen Mythologie ist. Als Resümee mag es genügen, hier noch einmal LIBERMAN zu zitieren: «*Heiðrún* and *Eikþyrnir* must have been thought of as connected with the sky, but they were not too high up, for both stood on the roof of Valhalla. It will be recalled that Scandinavian mythology distinguished nine heavens.»[1399]

Heimdall

Während in der germanischen Mythologie der Ziegenbock in erster Linie als Attributtier Thors auftritt, erscheint der Gott Heimdall (*Heimdallr, Heimdalr, Heimdali*) auch in der Gestalt eines Schafbockes – so jedenfalls die Deutung R. MUCHs,[1400] die in den Grundzügen zu überzeugen vermag, obschon der Gott Heimdall als ganzes gesehen eine rätselhafte Gestalt bleibt.[1401] Ein Beiname des Gottes lautet *Hallinskiði*, eine poetische Bezeichnung für den Widder.[1402] Nach MUCHs Deutung ist im Bestimmungswort des Namens eine adjektivische Ableitung **hallinn* zu *hallr* 'Stein' zu sehen, im Grundwort eine ablautende Variante zu ae. *sceáda* 'vertex, Scheitel' (mit einigen Verwandten auch im Nordischen).[1403] Der Name bedeutet somit 'der mit steinernem Scheitel oder Schädel',[1404] ein Name, der im Hinblick auf die Kampfweise des Widders sehr gut passt. Ungleich interessanter erscheint jedoch der Beiname *Gullintanni* 'der mit den goldenen Zähnen', für den MUCH, sicherlich weitestgehend zutreffend, parallele Vorstellungen aus aller Welt beibringt, nach denen es immer wieder vor-

---

[1393] Cf. LIBERMAN 1988, S. 34.
[1394] DE VRIES, AEW, § 586.
[1395] LIBERMAN 1988, S. 41.
[1396] Bei FÖRSTEMANN I, Sp. 726.
[1397] LIBERMAN 1988, S. 41.
[1398] Ebd., S. 42.
[1399] Ebd., S. 40.
[1400] Dazu s. v. a. MUCH 1930. Zum Forschungsstand cf. SIMEK 1995, S. 170–172; der beste Überblick bei DE VRIES, ARG II, § 491–495.
[1401] Cf. auch DE VRIES, AGR, §§ 491–495.
[1402] Cf. SIMEK 1995, S. 171.
[1403] Wortbildungsmässig analog *gullin* zu *gull* 'Gold', man vgl. *Gullinkambi* 'der mit dem goldenen Kamm', ein Hahn bei den Asen, *Gullinborsti* 'der mit den goldenen Borsten', der Name von Freyrs Eber, cf. BECK 1965, S. 119 u. Anm. 43, S. 125.
[1404] MUCH 1930, S. 63.

kommen soll, dass man Schafe mit goldenen Zähnen antreffe. SNORRIS Angabe (Gylf. 26), Heimdall habe goldene Zähne (*tennr hans váru af gulli*), ist diesbezüglich aussagekräftig genug. Der Goldglanz der Schafzähne beruht nach MUCH bzw. dessen Gewährsperson «auf Interferenzerscheinungen [...], bedingt durch die Übereinanderschichtung scharf geschiedener Lagen von verkalkten Bakterienmassen und nekrotischen Epithelien, die zu gelben, spröden, ungemein dünnen Blättchen geworden sind.»[1405] Eine solche Deutung wurzelt wohl tatsächlich in der Realität, und sie steht stellvertretend für eine ganze Reihe von naturkundlich erhobenen Phänomenen, die in der volkstümlichen Umformulierung den Ansatzpunkt für die Mythologisierung geboten haben. Freilich sind die goldenen Zähne noch ein zu schwaches Argument, um argumentieren zu können, Heimdall sei gerade deswegen ein Gott der Sonne, des Tages oder der Morgenröte.[1406] SNORRIS Angabe, Heimdall sei *hvíti áss* oder *hvítastr ása* 'der weisseste der Götter', führt bereits weiter. Der Göttername selbst als 'der über die Welt Leuchtende' passt ebenfalls sehr gut in diese Begriffssphäre. Insofern ist die lichtsymbolische Ausdeutung Heimdalls nicht unwahrscheinlich. Die goldenen Zähne wären demnach sehr wohl als eines der leuchtenden, lichtspendenden Attribute des Gottes zu verstehen – genauso, wie die Erhellung von Tag und Nacht durch die goldenen Borsten Gullinborsts das Tier Freyrs als mit übernatürlichen Kräften ausgestattet erweist. Die goldenen Zähne müssen dabei wohl als Teil eines im ganzen mit den Merkmalen 'hell, leuchtend, glänzend' verstandenen Wesens aufgefasst werden. Unterstrichen wird dieses Merkmal durch einige weitere Punkte:[1407] Heimdall kann bei Tag und bei Nacht hundert Meilen weit sehen, und er hört das Gras auf dem Boden und die Wolle auf den Schafen wachsen, sein Pferd heisst *Gulltoppr* 'Goldspitze',[1408] er sitzt als Wächter bei der Brücke *Bilrǫst* oder *Bifrǫst*, die wohl die Milchstrasse meint, und er ist der Späher, der am Welthorizont den Feinden auflauert.[1409] *Bilrǫst* heisst Grm. 29 auch *ásbrú*, die in Flammen stehende Regenbogenbrücke zu den Göttern.

Die Lichtsymbolik Heimdalls hat man bereits früher ausführlich diskutiert und Parallelen zu weiteren indogermanischen Licht- und Sonnengottheiten gesucht (z. B. zum ai. Feuergott Agni, der auf einem feurigen Bock reitet).[1410] Sie steht wohl ausser Frage. Dabei ist man jedoch ausschliesslich von den erzählenden Quellen ausgegangen oder hat Namen etymologisch gedeutet. Ich meine jedoch, dass man umgekehrt die spezifische Symbolik des Widders ins Zentrum stellen muss. Sie erweist sich nämlich als aussagekräftig genug, um annehmen zu können, dass die Licht- und Feuersymbolik des Tiers auf den Gott übertragen wurde. Insofern kann man mit MUCH doch von einer ursprünglich theriomorphen Gottheit ausgehen und Heimdall als alte Widdergottheit betrachten.

[1405] MUCH 1930, S. 65 nach TH. KITT.
[1406] Cf. SIMEK 1995, S. 153.
[1407] Cf. zu Heimdall v. a. DE VRIES, AGR, §§ 491–495.
[1408] Nach MEYER, RICHARD MOSES: Altgermanische Religionsgeschichte, Leipzig 1910, S. 359: 'mit goldenem Stirnhaar'.
[1409] Gylf. 26: *Hann er kallaðr hvíti áss. Hann er mikill ok heilagr. Hann báru at syni meyjar níu ok allar systr. Hann heitir ok Hallinskiði ok Gullintanni, tennr hans váru af gulli. Hestr hans heitir Gulltoppr. Hann býr þar, er heita Himinbjǫrg við Bifrǫst. Hann er vǫrðr goða ok sitr þar við himins enda at gæta brúarinnar fyrir bergrisum. Hann þarf minna svefn en fugl. Hann sér jafnt nótt sem dag hundrað rasta frá sér. Hann heyrir ok þat, er gras vex á jǫrðu eða ull á sauðum, ok allt þat er hæra lætr. Hann hefir lúðr þann, er Gjallarhorn heitir, ok heyrir blástr hans í alla heima. Heimdallar sverð er kallat hǫfuð manns.* Übersetzung nach SIMEK 1995, S. 170: 'Er wird der ‹weiße Ase› genannt, und er ist groß und heilig; er wurde von neun Schwestern geboren. Er heißt auch Hallinskiði und Gullintanni, denn seine Zähne waren aus Gold; sein Pferd heißt Gulltoppr. Er wohnt auf Himinbjǫrg bei (der Brücke) Bifröst; er ist der Wächter der Götter und sitzt da am Ende des Himmels und bewacht die Brücke vor den Bergriesen. Er braucht weniger Schlaf als ein Vogel und sieht bei Tag wie bei Nacht 100 Meilen weit. Er hört das Gras auf der Erde und die Wolle auf den Schafen wachsen und alles, was lauter ist. Er besitzt das Horn, das Gjallarhorn heißt, und das man auf der ganzen Welt hören kann. Heimdalls Schwert wird höfuð (‹Menschenkopf›) genannt.'
[1410] S. die Literatur bei SIMEK 1995, S. 171.

11.4. Abschluss

Zuletzt soll kurz erwähnt werden, was weniger in den Bereich der Farb- und Lichtsymbolik gehört, sondern mehr zu den Vorstellungen von der Wetterwirksamkeit der Ziege: diese ist im höchsten Grad auch dem Wasser verbunden: zum einen in der Gestalt der bocksfüssigen Wasserfrauen,[1411] zum andern als Opfertier, das gelegentlich Quellen,[1412] Brunnen,[1413] Wasserfällen[1414] oder auch dem Meer[1415] dargebracht wird.[1416] Ferner sei an die vielen «theriophoren» Gewässernamen erinnert, unter denen die Ziege resp. die Geiss eine hervorragende Stelle einnimmt. Gerade in letzterem Bereich ist die Namenmotivik allerdings verhältnismässig undurchsichtig; es sei hier auf die obigen Ausführungen und die Diskussion des Phänomens bei POKORNY, AEBISCHER, SCHNETZ usw. verwiesen.

Möchte man diesen kommentierten Überblick über die der Ziege zugeschriebenen Eigenschaften, die sie im Hinblick auf das 'Leuchten' u. ä. besitzt, zusammenfassen, so sind alle Bereiche kurz einzeln anzusprechen:

Die Sehkraft der Augen: Diesem Motiv liegt die Tatsache zugrunde, dass die Ziege auffällige Querpupillen mit gelber Iris besitzt, die sich auch bei wechselndem Tageslicht nicht weiten. Der schmale Schlitz erweckt den Eindruck eines angestrengten, aufmerksamen Schauens. Insofern ähnelt die Ziege der Schlange, die ebenfalls Schlitzpupillen besitzt und wohl nicht zuletzt aufgrund dieses Kennzeichens eines der wichtigsten mantischen und prodigiösen Tiere überhaupt ist.

Das Leuchten der Augen hängt mit der Sehkraft zusammen, insofern diese als materieller Strahl gedacht wurde (cf. Anm. 797). Die Ziege steht damit in einer Reihe mit verschiedenen Raubtieren, denen der Volksglaube ebenso Leuchtkraft und Nachtsicht attestiert, wobei die Leuchtkraft bei der Ziege weniger auf reflektierende Augen zurückzuführen ist als auf die soeben angesprochene Querpupille und die meist gelbe Iris (nach ALBERTUS MAGNUS, De animalibus XIX, 9: *croceus* 'safrangelb').[1417] Das Leuchten der Augen wurde im Verlaufe der Zeit allmählich auf andere Körperteile übertragen und fand schliesslich solch merkwürdige Ausprägungen wie die Lampe unter dem Schwanz. Als eine Kombination von Sehkraft und Augenleuchten verstehen sich nun Motive wie die Ziege als Leittier, Wegbegleiter, als Schatzhüter und die Ziege als Wetterprognostikerin bzw. -macherin.

Das Leuchten und die Farbe des Fells resp. des Tiers überhaupt: Dieses Motiv hat seinen Ursprung wohl darin, dass nur speziell gekennzeichnete Tiere für Opfer in Frage kommen durften. Hier spielt der Begriff der 'Reinheit' eine wichtige Rolle, der seinerseits durch die weisse Farbe markiert sein konnte. Daneben dürften aber auch Übertragungen aus dem Motivbereich der leuchtenden Augen auf das Leuchten des Fells, das im ganzen keine so bedeutende Rolle spielt, stattgefunden haben. Wenn von «feurigen Ziegen» die Rede ist, so darf man von Übertragungen von den Augen oder den Hörnern ausgehen.

Die goldenen Hörner: Hier vereinigt sich die Eigenschaft der Leuchtkraft mit dem von JANZÉN postulierten Hauptmerkmal 'spitz' (s. o. S. 172). Die Hörner waren, wie antike Opferdepots zeigen,

---

[1411] Cf. HDA 9, Sp. 932.
[1412] Cf. TOYNBEE 1983, S. 150; WEINHOLD 1898, S. 52.
[1413] Cf. ZIMMERMANN 1970, S. 75 u. passim.
[1414] Ebd., S. 52.
[1415] Cf. RUNGE 1859, S. 30 f.
[1416] Überstrapaziert wird dieser Sachverhalt in der sachlich wie philologisch mangelhaften populären Darstellung von AMSTADT 1991, der sich insbesondere auf die mit Tierappellativa gebildeten Furtnamen bezieht. Vgl. dazu die Rez. von. V. PADBERG 1993. Zum Tier–Wasser-Bezug vgl. man vorzugsweise die Artikel 'Heilige Tiere' und 'Heiligtümer. Heilige Orte' von E. MOGK in der 1. Auflage des RGA.
[1417] Ed. STADLER 1920, S. 1250.

ein wichtiger Bestandteil von Opferzeremonien. Wie es zu dem Goldglanz kam, lässt sich nicht sicher in Erfahrung bringen. Mit der farblichen oder jedenfalls optischen Auszeichnung dessen, was den höchsten Wert besitzt (und dabei selbst wieder mannigfaltige Symbolkraft besitzt), kumulieren mehrere herausragende Merkmale in einem in der Vergoldung verfeinerten Hauptsymbol.[1418] Man vgl. den oben S. 101 u. 236 besprochenen Cernunnos vom Pariser *pilier des nautes* mit den Torques.

Die prognostischen Fähigkeiten beruhen auf der kombinatorischen Ausdeutung der besprochenen Symbole und Attribute und werden verstärkt durch natürliche Eigenschaften der Ziege wie der Leittierfunktion, der Bescheidenheit und Selbstgenügsamkeit, aber auch der vorwitzigen Gefrässigkeit usw. Eine entscheidende Rolle spielt jedoch die Eingeweideschau im Opferritus, nach der die prognostischen und prodigiösen Eigenschaften auf das lebende Tier übertragen wurden.

Die Ziege und das Wetter: Dieser Motivbereich setzt sich aus den oben besprochenen zusammen und dürfte sich in den einzelnen Ausprägungen in den wenigsten Fällen auf eine gemeinsame Wurzel zurückführen lassen. Es wurde oben bereits darauf hingewiesen, dass die Ziege resp. der Bock als Wetter- und insbesondere Gewittertier ein Phänomen ist, das sich nicht nur auf Griechenland, das Baltikum und die übrige Westindogermania beschränkt, sondern ganz erstaunliche Verwandte im alten China und Tibet sowie bei altaischen Völkern hat. Insofern darf man von einem bis zu einem gewissen Grad universalen Motivbereich sprechen.

Alle in diesem Kapitel besprochenen Phänomene lassen sich auf die eine oder andere Art mit Fruchtbarkeitsvorstellungen verbinden, die aber verschieden motiviert sein können. Aus der Ziege wie aus dem Bock spricht gleichermassen die zeugungsstarke Natur, in frühgeschichtlichen religiösen Vorstellungen und mythologischen Zusammenhängen wie in rezenten Volksbräuchen. Wenn letztere nicht alten Ursprungs sind, so reflektieren sie doch gewissermassen allgemeingültige Konzepte, spinnen sie weiter oder kombinieren sie, wodurch eine gewisse Kontinuität der Vorstellungen erzielt wird. Zum Schluss sei auch noch einmal auf die Polyvalenz der Symbole hingewiesen: Die spezifische Bedeutsamkeit eines Elements wie der Helligkeit, des Leuchtens oder Blickens ist ganz vom jeweiligen Kontext abhängig; das beste Beispiel bildet sicher die Bedeutung der Ziege und des Bocks für das Wetter: Ursprünglich mit Fruchtbarkeitskonzepten behaftet – mit dem wetterzauberischen Schütteln der Aigis, der Versetzung Amaltheias und ihres Füllhorns an den Himmel oder auch der metspendenden Heiðrún – dominieren in den naturmythologischen Vorstellungen des Volksglaubens eher Elemente wie Schnelligkeit, Wendigkeit, Unvorhersehbarkeit usw., die in den Bewegungen, die Wasser und Wind hervorrufen, ihren Ursprung haben. Wenn ein Bock für Donner und Blitz steht, so steht dahinter die Personifikation von Aggression und Zerstörungskraft. Umgekehrt gilt auch, dass Tiere allgemein als Wetterhypostasen gedacht werden konnten, und angesichts des so komplexen Charakters der Ziege im weiteren Sinne sind die in diesem Kapitel gemachten Beobachtungen auch nicht weiter auffällig.

[1418] Ich möchte hier anfügen, dass für Opfer durchaus nicht immer lebende Tiere verwendet wurden, sondern dass auch das sog. ‹Ersatzopfer› gebräuchlich war, indem Tierfiguren einer Gottheit dargebracht wurden. In diesem Zusammenhang verweise ich auf die beiden bronzenen Ziegenfiguren vom Hof Vestby (N) aus der späten nordischen Bronzezeit, die wohl nicht nur ehemals hell glänzten, sondern auch kräftige, völlig überdimensionierte Hörner tragen (Abb. bei FRANZ 1969, S. 149; zur Widderfigur von Jordansmühl cf. ebd. sowie DE VRIES, AGR I, § 71, Anm. 1).

12. Zusammenfassung und Schlussbetrachtung

Vorbemerkungen

Vorrangiges Ziel dieser Arbeit war es, den Stellenwert von Schaf und Ziege in der Frühzeit nördlich der Alpen zu bemessen. Es standen insbesondere philologisch zu bewertende Daten im Vordergrund, worunter germ. *haƀraz und kelt. *gabros den Mittelpunkt bildeten. An die sprachwissenschaftliche Analyse der beiden Lexeme knüpften sich verschiedene sachgeschichtliche Untersuchungsbereiche an, deren Resultate im weitesten Sinne mit der Methode der ‹Wörter und Sachen› zu ermitteln waren. Dabei wurde jeweils nach Massgabe der sprachgeschichtlichen Erkenntnisse zu einem ‹Wort› auf dessen ‹Begriff› geschlossen, um damit auch die ‹Sache› selbst bewerten zu können. Unter ‹Begriff› wurde im wesentlichen 'Bedeutung', 'Vorstellung', 'Sinn', 'Motivik' usw. verstanden. Dass sich dabei die einzelnen Untersuchungsschritte in vielfacher Weise durchdringen mussten, liegt in der Tatsache begründet, dass ein Vorwärtsschreiten der Arbeit nur in kleinen Schritten und unter ständiger Bezugnahme auf bereits gewonnene Erkenntnisse möglich war. Die Gefahr der Zirkularität vor Augen, musste jeweils weit ausgegriffen werden, um im Sinne einer Beweisführung mittels Indizien zu möglichst starken Plausibilitäten zu gelangen. Die folgenden Abschnitte sollen die wichtigsten Ergebnisse kommentieren, zusammenfassen und deren Position und Wert im Rahmen der gesamten Arbeit bestimmen.

Etymologie und Wortgeschichte

Die Etymologie von germ. *haƀra- ist verhältnismässig problemlos. Sie setzt zusammen mit lat. *caper* und gr. κάπρος idg. *kaprós voraus. Nach allgemeinem Kenntnisstand handelt es sich bei dem idg. Wort um eine agentivische primäre -r-Adjektivableitung von einer Verbalwurzel idg. *kap- resp. *keH₂p- mit der Bedeutung 'fassen, schnappen'. Für das Substantiv erweist sich somit eine ursprüngliche Bedeutung 'Fasser, Schnapper'. Im Zuge der Lexikalisierung des Wortes entstanden mit den einzelsprachlichen Ausprägungen verschiedene Begrifflichkeiten, die unter bestimmten Umständen wiederum die ‹Ur-Bedeutung› des Substantivs schärfer fassen lassen. Geht man vom Germanischen und Lateinischen aus, wo das Wort im allgemeinen den 'Ziegenbock' meint, könnte man angesichts der Bedeutung der Verbalwurzel davon ausgehen, dass idg. *kaprós das Tier bezeichnet, welches vorzugsweise die frischen Triebe der Bäume frisst oder ganz allgemein beim Fressen rupft und zupft: also den Bock und die Ziege. Diese Bedeutung wurde denn von der älteren Forschung auch für das keltische *gabros angesetzt, wo man sich nach ir. *ga(i)bid* 'takes, seizes' die Ziege «als eine Art 'Rupfer'» vorgestellt hat.[1419] Dieselbe Bedeutung ergäbe sich auch, wenn man die semantischen Verhältnisse von hinten aufrollt und aus der Rückbildung rtr. *caprire* 'aufrechte Baumstämme schälen, damit sie verdorren' von der charakteristischen Tätigkeit der Ziege auf die Etymologie ihres ‹Namens› schliesst.[1420] Von dieser Art der Bedeutungsermittlung ist freilich wenig zu erwarten. Im Hinblick auf Fragen der Benennungsmotivation in Toponymen sind solche Feststellungen aber aufschlussreich, denn sie zeigen jedenfalls, dass das Tier nicht zwingend ausschliesslich als friedlich grasendes Wesen Eingang in die Toponymie gefunden hat, sondern dass auch besondere Eigenschaften und Merkmale der Tiere die Benennung einer Örtlichkeit oder eines Gewässers veranlasst haben können.

[1419] S. oben S. 26 und Anm. 72.
[1420] S. oben S. 26.

Die weiteren Analysen, auch der Probleme im Keltischen, haben den Schluss zugelassen, dass die zentrale Bedeutung von *kaprós ursprünglich 'männliches Zuchttier von Kleinvieh' war, da für Grossvieh und wilde Tiere jeweils andere Wörter vorliegen. Vielfältige Bedeutungsüberlagerungen, die durch Entlehnung oder anderweitige sekundäre Beeinflussung zustande gekommen sein mögen, machen die diachrone Differenzierung der Wortfamilie in bezug auf die verschiedenen Bedeutungsspektren verhältnismässig schwierig. Und selbst bei synchroner Sprachbetrachtung ist es nicht immer möglich, eine eindeutige Bedeutungsangabe zu machen, da insbesondere in der Personennamengebung nicht der zoologische Aspekt eines Tierappellativs ausschlaggebend war, sondern vielmehr die spezifischen Eigenschaften eines Tiers, die ihrerseits nicht auf ein einziges Tier allein zutreffen mussten. Die Bedeutung und Eigenschaft 'Bock' trifft auf die männlichen Vertreter von Schaf, Ziege und Reh zu, weshalb man denn zumindest in der keltischen *gabros-Personennamengebung kaum zwischen 'Ziegenbock', 'Schafbock' und 'Rehbock' unterscheiden kann. Die Differenzierung lässt sich allenfalls von sachkundlicher Seite aus vornehmen, wenn man in Betracht zieht, dass sich die *gabros-Personennamen hauptsächlich auf den belgisch-niederrheinischen Bereich konzentrieren, wo von alters her der Schafzucht eine zentrale Bedeutung zukam und wo infolgedessen eine möglicherweise mythische Überhöhung der Tiere zu einer diesbezüglichen Namengebung geführt haben kann: *gabros bedeutete dann möglicherweise 'Widder', und man rufe sich auch den niederrheinischen PN Oviorix (mit Bestimmungsglied kelt. *ou̯i- 'Schaf') in Erinnerung. Zum Rehbock ist zu bemerken, dass Wild ebenso gezüchtet wurde wie Schaf und Ziege und dass die Appellativa für das Rehwild (vgl. lat. capreolus, caprea) vielleicht auf dem Weg der Zucht oder in der vergleichenden Naturbeobachtung entstanden sind.

Nicht ganz einwandfrei lässt sich der Zusammenhang des Getreideworts germ. *haḃrōn 'Hafer' mit *haḃraz herstellen.[1421] Am naheliegendsten scheint es, bei germ. *haḃrōn von einer Zugehörigkeitsbildung zu germ. *haḃraz auszugehen, wobei die Ähnlichkeit der Rispen über dem Haferhalm mit dem Bart des Ziegenbocks als Vergleich dienten. Wenn dies auf den ersten Blick etwas weithergeholt erscheint, so sei auf den analogen Benennungsmechanismus bei ahd. habarwurz, nhd. Habermalch, Bocksbart ('Tragopogon pratensis L.') hingewiesen. Daneben könnte das Wort für den 'Hafer' auch direkt aus einem Wort für 'Haar' abgeleitet sein, wozu man die Analogien bei Haar 'Flachs' und Hede 'Werg' vergleiche, die wohl beide auf die strähnigen Fasern des gekämmten oder ungekämmten Flachses zurückgehen mögen (cf. idg. *kes- 'kämmen'). Der Ansatz eines voridg. Substratwortes vermag nur unter der Prämisse der statistischen Häufigkeit substrathafter Getreidewörter im Germ. zu überzeugen. Mag die Etymologie des Getreidewortes auch ungeklärt bleiben, so ist dieses doch verantwortlich für den Untergang von *haḃraz im Kontinentalgermanischen infolge des Homonymenkonflikts im Vor- oder Frühalthochdeutschen.

gabros-Toponymie und -Anthroponymie

Die sprachwissenschaftlichen Hintergründe des Lexems kelt. *gabros wurden bereits geschildert. In Kap. 3 ging es nebst der forschungsgeschichtlichen Darstellung nicht zuletzt darum, den Bezug zur Germania herzustellen, indem (1) exemplarisch zwei schweizerische Toponyme untersucht wurden, die man traditionell mit einer Ableitung von *gabros verbindet.[1422] Des weiteren wurden (2) der festlandkeltische Personennamenbestand nach den DAG und den Indices von CIL XIII ausgewertet und die *gabros-Anthroponyme im Hinblick auf ihre geographische Verteilung und historisch-sachkundliche Aussagekraft hin interpretiert.[1423] Prinzipiell gilt, dass nach Massgabe der antiken

---

[1421] S. oben ab S. 33.
[1422] S. oben ab S. 53.
[1423] S. oben ab S. 40.

gabros-Belege – es handelt sich nota bene ausschliesslich um Namen – dieses Wort nur an der Peripherie des festlandkeltischen Bereichs erscheint. Die östliche Grenze des Beleghorizonts bildet einerseits das oberösterreichische *Gabromagus* (Windischgarsten), andererseits die bei PTOLEMAIOS und STRABO genannte Γάβρητα ὕλη, worunter nach allgemeiner Ansicht das Bergland am südlichsten Rand Böhmens (Novohradské hory) mit dem anschliessenden Weinsberger Wald zu verstehen ist.[1424] Die nördliche Grenze markiert das römische Kastell *Gabrosentum* in Britannien. Im Westen erscheint im heutigen Frankreich eine Reihe von Siedlungsnamen, denen mehrheitlich ein Gentiliz *Gabrius* zugrundeliegt. Ihre historische und philologische Bewertung ist unsicher, vor allem im Hinblick auf die Massierung der *Gabr*-Personennamen in der Gallia Belgica und der Germania Inferior, wo sich eine regelrechte Namenmode dieses Typs verbreitet haben muss – soweit dies anhand der inschriftlichen Namenbelege beurteilt werden kann. Innerhalb dieses *gabros*-Raums finden sich die beiden schweizerischen Namen *Gabris* und *Gäbris*, wobei der erste ein Siedlungs- und Geländename, der zweite ein Bergname ist. Für die Deutung der Namen, bei der man traditionell von kelt. *gabrēta* (analog der Γάβρητα ὕλη) ausgeht, galt es zu prüfen, wie eine solche Herleitung sprachlich und historisch zu rechtfertigen ist. Ausgehend von G. HILTYs Postulat einer «Namenübertragung» wurde eine erste Erklärungshypothese vorgebracht: Danach handelt es sich bei ahd. *gabrīʒʒa* < kelt. *gabrēta* um ein Lehnwort oder Lehntoponym, welches von den frühesten einwandernden Alemannen aus Gebieten nördlich des Bodenseeraums in den östlichen Voralpenraum importiert wurde. Die semantische Durchsichtigkeit des Lehnworts war dabei aller Wahrscheinlichkeit nach gewährleistet. Als Bedeutung (allenfalls ‹Funktion›) liesse sich 'Bergweide für Ziegen' angeben. Das Wort könnte über die Markomannen, die es im keltisch-germanischen Kontaktraum in Osteuropa kennengelernt haben, und über frühe alemannische Gruppierungen in die Schweiz importiert worden sein, wobei Stationen dieses Imports vermutlich an den süddeutschen *Gabel*- und *Gaber*-Namen festzumachen sind. – Eine zweite Erklärungshypothese geht von einem vorgermanischen Raumnamen aus, dessen letzte Reflexe anhand der beiden Namen abzulesen sind, und dessen Geltungsbereich einst den nordostschweizerischen Voralpenraum mit dem Alpsteinmassiv im Zentrum umfasste. Diese Annahme beruht darauf, dass im allgemeinen schlecht erschlossene, grössere Waldgebiete Europas über das Altertum hinaus ihre vorgermanischen Namen bewahrt haben. Als Seitenstück dieser Hypothese steht insbesondere der zürcherische Albis, dessen Name ebenfalls einen einst gewiss grösseren Voralpenbereich abdeckte. Die sprachliche Deutung eines vorgermanischen, wohl keltischen *Gabris* beruht im wesentlichen auf denselben Voraussetzungen wie die Erklärungshypothese 1. Probleme bereitet jedoch insbesondere der *-is*-Auslaut, der unter diesen Voraussetzungen kaum ein Produkt der 2. Lautverschiebung sein darf. Er vergleicht sich allenfalls mit dem *-is*-Auslaut weiterer in der Schweiz bezeugter keltischer oder galloromanischer Toponyme (*Galmis*, *Galmiz*, *Ulmiz*) und geht möglicherweise auf einen obliquen Kasus, eine latinisierende Kanzleiform o. ä. zurück. In einem Ausgleich beider Hypothesen wurde in Betracht gezogen, dass ein vordeutscher Raumname mit einer zugrunde liegenden Struktur *Gabr*- von den einwandernden Alemannen, die das Wort vielleicht als Lehnappellativ oder -toponym kannten, durchaus weiter tradiert werden konnte, insofern es auf jeden Fall als landwirtschaftlicher Terminus zur Bezeichnung einer (hochgelegenen?) (Wald-?)Weide für Ziegen diente.

Die anschliessende Behandlung der spätantiken «capriphoren» inschriftlichen Personennamenbelege anhand der DAG ergab, dass Namen mit einem Element *Gabr*- besonders häufig im belgisch-niedergermanischen Raum auftreten und dass es sich ausschliesslich um monothematische Bildungen handelt, die gelegentlich ein Deminutivsuffix aufweisen. Die Namen leiteten die Untersuchung der

---

[1424] S. oben S. 38 u. Anm. 141.

caer- und car-Völkernamen ein und dienten der Arbeitshypothese, das Rheinland und die Belgica prägte eine ausgedehnte Kleinviehzucht, deren Reflexe sprachlich auch im Personennamenschatz zu lokalisieren seien. Natürlich ist dieser Zusammenhang alles andere als zwingend. Ähnlich wie zu allen Zeiten der Personennamenmotivik handelt es sich auch bei frühzeitlichen hypokoristischen und deminuierten Personennamen um Spitznamen, die auf oberflächlicher Ähnlichkeit zwischen appellativischem Denotat des Namens und Namenträger beruhen. Nach G. MÜLLERs grundlegender Untersuchung der germanischen theriophoren Personennamen und der dahinterstehenden «gestaltenden Kräfte» darf man bis zu einem bestimmten Grad von stärkeren Motiven ausgehen und Anteile von Religiösem und anderweitig Identifikativem vermuten. Über Personennamen wie *Oviorix* könnte man Ähnliches auch für *Gabrilla* usw. voraussetzen, dabei jedoch weniger religiöse denn affektivische Identifikation und Affinität annehmen – nota bene bei einer Bevölkerung, deren ökonomische Basis die Kleinviehzucht und Textilherstellung war.[1425]

Gebrinius

Einen besonderen Platz in der Arbeit nimmt die Behandlung des Merkurbeinamens *Gebrinius* ein, der aus insgesamt elf inschriftlichen Belegen aus dem frühen 3. Jahrhundert in Bonn bekannt ist. Die Weihaltäre mit den *Gebrinius*-Inschriften gehören zu einem eigenen Tempel dieses Gottes, der seinerseits in einem engen Verhältnis mit dem unmittelbar benachbarten Aufanienheiligtum steht. Die sprachliche Beurteilung des Namens hat ergeben, dass es sich aufgrund des *-e*-Vokalismus kaum um einen keltischen Namen handelt, sondern vielmehr um einen germanischen, wofür ebenso die für den ubischen Raum charakteristisch germanische *-inius*-Derivation spricht. Im Hinblick auf die Semantik könnte ein Wort für den 'Bock' vorliegen, wie es aus den keltischen **gabros*-Namen bekannt ist, wobei der wie im Verb ahd. *geban* entgleiste Vokalismus aber auf das Germanische deutet. Die Sachlage erweist sich allerdings als zu unsicher, um aus sprachlich-formaler Perspektive weiteren Aufschluss zu verlangen.

Die ausführliche Erörterung verschiedener aussersprachlicher Gesichtspunkte hat dagegen gezeigt, dass *Gebrinius* als männliches Gegenstück zu den Aufanien betrachtet werden kann. Ausgehend von C. B. RÜGERs Forschungen und unter Berücksichtigung verschiedener religionstypologischer Gesichtspunkte konnte darauf geschlossen werden, dass es sich bei der rückseitigen Darstellung eines im Bonner Heiligtum gefundenen Aufanienaltars (Nr. 7 bei LEHNER 1930) um die theriomorphe Verkörperung der Aufanien selbst handelt. Ihnen gegenüber steht der bocksgestaltige *Gebrinius*, der als Begleiter von Fruchtbarkeits- oder Muttergottheiten auftritt und wohl zeugende Funktion hat. Die Auftraggeberschaft der Aufanien- und der Gebrinius-Altäre bestand aller Wahrscheinlichkeit nach aus einer Gruppe sozial gehobener Intellektueller, die das Spiel mit archaischen Symbolen in die Bildersprache der Aufaniensteine übertrug. Ein zweiter, weniger gut erhaltener Aufanienaltar, könnte ebenfalls eine ähnliche Ziegendarstellung tragen. Die Gruppe der Gebrinius- und Aufanienverehrer lässt sich unter Vorbehalten weiter charakterisieren als sogenannte Kurie, eine über der Organisationsform der Familie stehende Gruppierung, die sich vor allem über ihre Religionsausübung als Gruppe identifiziert hat.[1426]

Über alle weiteren Details eines solchen Kultes bleiben wir im unklaren. Was einzig als gesichert gelten kann, ist die Fruchtbarkeitsfunktion der Aufanien selbst. Angesichts der im ganzen klassisch-römischen Vorbildern verpflichteten Bildersprache der Matronensteine ist es immer noch ein Desiderat der Forschung, die einheimischen Elemente der Matronenreligion zu isolieren. Die Sprach-

---

[1425] Cf. BLOK 1983, S. 170: «Wie schon lange bekannt ist, machen Menschen von Vergleichen mit Tieren Gebrauch, um Unterschiede innerhalb ihrer Gesellschaft zum Ausdruck zu bringen.»
[1426] S. oben ab S. 90.

wissenschaft ist in dieser Hinsicht in einem klaren Vorteil, doch darf sie nicht die einzige Grundlage der Interpretation bilden.[1427] Die vorliegende Untersuchung hat anhand des *Gebrinius*-Beispiels gezeigt, dass gegen alle Schwierigkeiten auch Möglichkeiten bestehen, hinter die Fassaden der Steine zu blicken.

Eine erstaunliche Stütze erhalten die Schlussfolgerungen in dem inschriftlichen *Deus Caprio*, dessen ‹Name› in der Grundstruktur lateinisches Gepräge zeigt, der mit dem Ableitungsmorphem *-ion-* aber ebenso einen ubischen Zug aufweist. Wenn die Position des *Caprio* im rheinischen Göttergefüge auch nur schwer bestimmbar ist, so deutet doch wenigstens der Name auf einen Gott in Bocksgestalt.

Schafzucht, Transhumanz und Völkernamen im belgisch-niedergermanischen Raum

Wie verschiedene antike Berichte mitteilen, prägte den belgisch-niedergermanischen Raum über Jahrhunderte eine ausgedehnte Schafzucht, die einer mindestens teilweise auf Exportwirtschaft beruhenden Textilindustrie diente. Damit scheint der immense Reichtum der Fürstensitze der Späthallstattkultur und die Textilindustrie der Spätantike in einem strukturellen Zusammenhang zu stehen. Hier wie da verdankt sich ökonomischer Aufschwung dem mediterran-mitteleuropäischen Austausch. Der hallstattzeitliche Güteraustausch beruhte aller Wahrscheinlichkeit nach auf diplomatischem Respekt, gegenseitigem Wohlwollen und einer zunehmenden Internationalisierung auf kulturellem Gebiet. Letztere beruht im Osten auf etruskisch-osthallstättischem Kontakt, im Westen auf dem Kontakt zwischen dem frühkeltischen Mitteleuropa und der phokäischen Kolonie Massilia, welche ihrerseits griechisches, italisches und etruskisches Gedankengut sowie materielle Kultur rhoneaufwärts vermittelte. Die spätere Textilindustrie des belgisch-rheinischen Raumes dürfte ihre Wurzeln, wenn man den archäozoologischen Befunden und ihrer interpretatorischen Auswertung durch G. CLARK glauben darf, in einer Art Kontinuität dieses kulturell-ökonomischen Austausches haben. Problematisch ist dabei die latènezeitliche Lücke, die es verbietet, der angenommenen Kontinuität allzu viel Gewicht zu verleihen. Gewiss ist jedoch, dass die Spätzeit stärker von einem politischen Ungleichgewicht geprägt war, indem die einheimische Textilproduktion primär der Ausstattung der Besatzertruppen diente und die Ausfuhr von Luxusprodukten eher einen Nebeneffekt darstellte.

Zur Debatte standen vor diesem Hintergrund die Völkernamen *Caeracates*, *Caruces* und *Caeroesi*. Sie lassen sich, was die Semantik ihres Wortstammes angeht, auf festlandkelt. **kaeraks* resp. **kaeros* 'Schaf' zurückführen. Der *k*-Stamm, der sich in *Caerac-ates* identifizieren lässt, entspricht air. *caera*, Gen. *caerach*; er dürfte sekundär sein. Voraus geht aller Wahrscheinlichkeit nach zunächst **kaeros* < **kap[e]ros*, wobei *-e-* als Anaptyxe zu gelten hätte oder Infektionsmarker des nachfolgenden *r* ist. Das Suffix *-ates* vergleicht sich mit identischen Bildungen in den Ethnonymen Γαλάται, Γαισάται, *Nantuates*, *Atrebates*; es entspricht dem kelt. Zugehörigkeitssuffix *-iati-*.[1428] Zunächst lässt *-uc-* in *Carucum* ebenso auf eine *k*-Stammbildung schliessen, doch fällt die Ähnlichkeit mit germanischen Bildeweisen auf, in denen *-k*-Suffixe zur Bildung von Jungtierbenennungen dienen. Das Suffix des unregelmässig überlieferten *Caero(e)si* gibt Probleme auf. Es wurde im Hinblick auf die Semantik mit lat. *-ōsus-* verglichen, das denominative Adjektive der Bedeutung 'reich an, versehen mit' bildet, doch findet es im Keltischen wie im Germanischen keinen Anschluss. Die Namen lassen sich trotz der erheblichen Probleme in dem Sinne verstehen, dass sie Bevölkerungsgruppen bezeichnen, die durch Schafzucht oder Reichtum an Schafen auffallen. – Und noch einmal ist auf die diesbezügliche Signifikanz des Andernacher Personennamens *Oviorix* hinzuweisen.

[1427] Sollte die oben Anm. 397 vorgestellte Deutung des Namens *Aufaniae* von NEUMANN 1987 zutreffen, so ist damit im Hinblick auf die Funktion der Aufanien noch wenig gewonnen.
[1428] S. oben S. 120.

Die historischen Implikationen sind im Hinblick auf das Gesamtthema folgenreicher. Aus der historiographischen Literatur sind uns einige in der Forschung traditionell als Völkernamen etikettierte Gruppennamen überliefert, die nach onomastischen Kriterien jedoch eher den Charakter von Sozionymen haben (vgl. die *Canninefates*, *Usipetes*). Neuere Erkenntnisse lassen mehr und mehr ein soziales Gefüge im antiken Mitteleuropa anhand der Namen hervortreten, wenngleich die linguistische Entschlüsselung nicht in jedem Fall den Schluss auf synchrone Transparenz zulässt. Ebenso verhält es sich mit den *Caeracates* usw., die sich sehr wohl als 'Schäfer, Schafzüchter o. ä' deuten lassen – also gewissermassen Berufsnamen darstellen –, die aber zur Zeit ihrer Aufzeichnung realiter nicht mehr das bezeichnen mussten, was sie einstmals taten: eine Gruppe, die sich durch Schafzucht vor anderen Gruppen auszeichnete (nicht weniger und nicht mehr, denn wir wissen über Benennungsrichtung, -ursprung und -motivik gar nichts). Die antike Literatur berichtet zwar in Glücksfällen von Eigenschaften, die die Gruppen kennzeichneten, sie spricht jedoch in der Regel von *gentes* und differenziert nicht weiter. Projiziert man die Namen allerdings in eine Zeit, in der das Denotat des Namens lebendig war, so stellt sich die Frage nach seiner sozialhistorischen Einordnung. Handelte es sich um eine Selbst- oder um eine Fremdbenennung? Steht hinter dem Namen eine sozial abgesetzte oder beruflich spezialisierte Gruppe? – Fragen, die selbstverständlich keine Antwort finden. Nur vor dem skizzierten historischen Hintergrund, der traditionsreichen Schafzucht, finden sie einen aussersprachlichen Rahmen, in den sie sich gut einpassen lassen.

Einen frühmittelalterlichen Fortsetzer finden die *Caeroesi* in dem *pagus carascus*, einem Gau um Prüm. Die lokale Koinzidenz mit dem antiken *pagus Carucum* ist verblüffend, sprachlich lassen sich die beiden Namen jedoch nicht vollständig zur Deckung bringen.[1429]

Lex Salica

Germanisch-romanische Beziehungen scheinen erneut in merowingischer Zeit auf, und es galt in diesem Untersuchungsteil wieder vermehrt auf Sprachliches einzugehen. In den sog. Malbergischen Glossen des Pactus Legis Salicae und der Lex Salica werden in den Titeln 4 und 5 über den Schaf- und Ziegendiebstahl verschiedene volkssprachige Wörter für das Schaf und die Ziege und deren Jungtiere sowie die Herde tradiert. Sie sind weniger in bezug auf den Stellenwert der Kleinviehzucht bei den Salfranken als vielmehr in bezug auf Zucht und Haltung der Tiere im merowingischen Frühmittelalter von Interesse. Daneben sind sie aufgrund ihres hohen Alters von grosser sprachgeschichtlicher Bedeutung. Die text- und überlieferungsgeschichtlich problematische Position der Glossen macht deren Auswertung vielfach schwierig, da lateinischer Kontext und vielfache romanisch-germanische Interferenz die Glossen bisweilen stark entstellt haben.[1430]

Im Zentrum der Auswertung stand zunächst eine Gruppe von Glossen, die Rückschlüsse auf germ. *habraz* zulassen: *afra(e)*, *aper* und *haper*, dazu das Kompositum *lamphebru(s)*. Während die Simplizia lediglich überlieferungsgeschichtliche Schwierigkeiten aufgaben, galt es bei *lamphebru(s)*, die Kompositions-, Wortbildungs- und Flexionsmorphologie sowie den semantischen Differenzierungsmodus in Relation zum Lemma *tres capras* zu beurteilen. Es stellte sich heraus, dass es sich wohl um ein Karmadhāraya-Kompositum handelt, dessen Bedeutung am ehesten mit 'Lämmchenziege(n)' zu erfassen ist. Der *e*-Vokalismus und die Flexionsendung lassen auf einen starken, neutralen *-iz*-Stamm im Nom./Akk. Pl. schliessen.[1431] Der Umlaut bleibt dennoch auffällig.

Die Glossierungen für lat. *agnis* in § 3 von Tit. 4 bieten insbesondere Aufschluss über die Deminutionsmodi, worunter die -*elo*- (*lamilam*) und die -*san*-/-*sōn*-Deminution (*lampse*) als alterna-

---

[1429] S. oben ab S. 122.
[1430] S. die einleitenden Bemerkungen zu dem Kapitel S. 131 bis S. 133.
[1431] S. oben S. 134 bis S. 137.

tive Bildungsmuster erkannt wurden. Beide Glossen dürfen jedoch als Fehlglossierungen angesehen werden, da sie offenkundig lat. *anniculus* 'einjährig' zu übersetzen versuchen. Es konnte gezeigt werden, dass die volkssprachigen Wörter als Übersetzungen von lat. *agnellus* 'Lämmchen' angesehen werden müssen und *anniculus* somit falsch verstanden wurde. Die Graphemgruppe <-nn-> steht dabei für /ñ/, ein üblicher zeitgenössischer Vulgärlatinismus.[1432] Treffender erklärt *inzymis* 'Jungtier im allgemeinen' den Ausgangstext *anniculus uel bimus ueruex* 'ein- bis zweijähriger Hammel'. Die Glossen *lem*, *leue*, *leui* setzen einen idg. *-es*-Stamm voraus, wie er in northumbr. *lemb* vorliegt. Die Umlautproblematik ist damit jedoch nicht letztgültig gelöst. Viele der phonologischen Schwierigkeiten müssen allerdings im Kontext nordseegermanischer Lautwandelchronologien verstanden werden und nicht im Rahmen der altniederdeutschen oder althochdeutschen.[1433]

Eine überaus interessante Glosse ist *scimada*,[1434] die aus den Überlieferungsvarianten *lauxmada* und *lausmada* (für *tres capras*) in der A-Klasse des PLS (§ 1) sowie aus *musci simada* und *roscimada* (für *super tres capras*; § 2) gewonnen wird. Sie vergleicht sich insbesondere mit an. *skimuðr*, wobei es sich gezeigt hat, dass die Übereinstimmung lediglich eine oberflächliche ist und offenbar nur im lexikalischen Kern idg. *skʲəH(i̯)-* 'leuchten' besteht. Wiederum scheint es sich bei *scimada* um eine teilweise Fehlglossierung zu handeln, insofern es falsch verstandenes *capritum* der E-Klasse als Kollektiv auffasst. Der lat. Ausgangstext heisst: *capritum sive capram aut duas capras vel tres* (in Hs. K), also 'ein Zicklein oder eine Ziege oder auch zwei oder drei'. Mit Vorbehalten konnte *scimada* als Kollektivbildung betrachtet werden, nämlich mit dem Suffix germ. *-iþō* (idg. *-ta*), einem Suffix zur Bildung von denominativen Abstrakta, welches tendenziell auch in der Lage war, Kollektiva zu bilden. In an. *skimuðr* liegt wohl ein vom swv. *skima* abgeleitetes Nomen agentis auf *-uðr* vor, wie es im An. recht produktiv war, unter anderem auch zur Bildung von poetischen Tierappellativa der Skaldensprache – alle von Verben abgeleitet (vgl. *bautuðr* 'Pferd; Rind', *boruðr* 'Rind', *hjǫlluðr* 'dass.', *hveþruðr* 'Widder', *jǫlfuðr* 'Bär; Odin (BN)', *skævuðr* 'Pferd' usw.). Als zentrales Ergebnis dieses Absatzes kann angegeben werden, dass die lexikalisch-semantische Grundlage von *scimada* und *skimuðr* auf eine relativ alte Bezeichnung des Ziegenbocks schliessen lässt, wonach dieser nach der hellen Farbe seines Fells oder nach dem aufmerksamen, spähenden Blick benannt wurde. Dieses Phänomen stand im Zentrum von Kap. 11. und wurde nach Massgabe der naturkundlichen, literarischen und mythologischen Quellen weiter expliziert.

Tit. 4, § 4 des PLS bietet mit *sonista* (und Varianten) einen Terminus, der auf breiterer Grundlage besprochen werden musste.[1435] Grundsätzlich benennt das Wort in der Lex Salica und verwandten frühmittelalterlichen Leges allgemein die Herde, nämlich die Kleinviehherde im Gegensatz zu ahd. *swaiga*, welches die Rinderherde bezeichnet. Im vorliegenden Zusammenhang heisst *sonista* 'Schafherde von über 40 Tieren'. Während *swaiga* nicht zur Diskussion stand, musste für *sonista* eine Übertragung aus der ursprünglichen Bedeutung 'Schweineherde' angenommen werden. Dem Wort liegt ein *s*-Stamm *swanuz-* zugrunde, der mhd. *swaner*, lgb. *sonor-* usw. 'Schweineherde' lautgesetzlich vollständig entspricht. Vor diesem Hintergrund erweist sich *sonista* als lexikalisiertes Kompositum mit Zweitglied *-stō* (zu idg. *[s]tā-*, *steH₂-* 'stehen'), einem Element, welches eine Stellenbezeichnung angibt, wie sie in an. *naust* < germ. *nawa-stō* 'Bootschuppen' oder an. *vǫst* < germ. *waða-stō* 'Fischplatz am Meer' erkannt werden muss. Vorausgesetzt wird dabei eine metonymische Bedeutungsübertragung 'Schweinestall' → 'Schweineherde', wie sie auch bei lat. *stabulum* bezeugt ist. Das Wort *sonista* selbst erweist sich damit als Kollektivbegriff. Im Hinblick auf die spezifische

---

[1432] S. oben S. 137 bis S. 139.
[1433] S. oben S. 141.
[1434] S. oben S. 143 bis S. 149.
[1435] S. oben ab S. 151.

Semantik sowohl von *swaner* als auch von *sonista* konnte festgestellt werden, dass in der legislativen Praxis wie in der spezifischen Nomenklatur die Herde immer zusammen mit dem vorstehenden Leittier gemeint ist. So nennen die LS-Paragraphen meist im Zusammenhang mit der Herde ebenso das Leittier. Ausserhalb der juristischen Texte ist diesbezüglich vor allem ahd. *swanering* 'Herdeneber' aufschlussreich – das Wort bezeichnet den Leiteber, also nicht jedes männliche Schwein. Er zeichnet sich durch ein besonders hohes Bussgeld aus und dürfte auf einer Stufe mit dem Zuchttier und dem geweihten Tier, dem *maialis sacrivus* stehen.

Toponymie

Ein weitgehend unbefriedigend erforschtes Problemfeld bildet die Toponymie mit Tierbezug, das heisst: Siedlungs- und Flurnamen, die ein Tierappellativ im Namen tragen, sei es als Simplex, sei es im Grund- oder Bestimmungswort von Komposita. Über die Auseinandersetzung mit einigen Zugangsmethoden zu diesem Namentyp (VENNEMANN, SCHNETZ, POKORNY, AEBISCHER, SCHRÖDER, FLECHSIG usw.)[1436] konnte festgestellt werden, dass zwar die meisten Namen je für sich beurteilt werden müssen, dass jedoch äusserst häufig mit sekundärmotivierender Volksetymologie und Vergleichsnamen gerechnet werden muss. Für den süddeutschen Gewässernamen *Mindel*, der einst Gegenstand erbittert geführter Diskussionen war, konnte ein Ausgleich zwischen SCHNETZ und POKORNY erzielt werden, indem auf einen ähnlichen Fall bei den von P. AEBISCHER untersuchten Fribourger Bachnamen *Javroz* und *Javrex* hingewiesen wurde: Den Namen scheint eine voreinzelsprachliche hydronymische Basis zugrunde zu liegen. Im Zuge früher Volksetymologie wurden sie jedoch sekundärmotiviert zu einem jeweiligen Wort für die Ziege resp. den Bock, was – vorsichtig formuliert – einen Typus 'Geissbach' bereits in der Frühzeit denkbar erscheinen lässt, ohne dass dieser jedoch realhistorisch motiviert sein musste.

Die folgenden Fallbeispiele (Typus *Geissberg* und *Geissbach*) wurden auf dem Hintergrund der in der Arbeit gewonnenen Erkenntnisse vorgeführt und zeigten, dass Mikrotoponyme und Hydronyme mit Ziegenbezug wohl zu einem guten Teil Vergleichsnamen sind oder landwirtschaftliche Gegebenheiten reflektieren. Für den *Geissberg*, einen vielhundertfach bezeugten Namentyp, konnte wahrscheinlich gemacht werden, dass es sich um von der unmittelbar siedlungsnahen Anbau- und Weidezone getrennte Gebiete handelt, die der Waldweide für Ziegen vorbehalten waren. Im Zuge der in ganz Europa immer wieder ausgesprochenen Verbote der Waldweide für Ziegen ist die Transparenz der Namengebung überall geschwunden, während dagegen der analoge Typ *Schafberg* sogar noch in appellativischer Verwendung steht. *Geissberge* sind also wenig zugängliche, nicht allzu weit abseits gelegene, meist bewaldete Anhöhen, auf die die Ziegen zur Weide getrieben wurden. *Geissbäche* hingegen dürfen als eine besondere Art der Vergleichsnamen aufgefasst werden. Die Namengebung bezieht sich weniger auf Bäche oder Ziegenweiden, die an zur Tränke dienenden Gewässern liegen, sondern auf Bäche, deren spezielle Eigenschaften denen der Ziege ähneln. Es sind dies ungestüme, springende Bäche oder aber helle, klare Gewässer, wobei letzteres Benennungsmotiv aus der früheren Zeiten eigenen Symbolkraft erwachsen ist. Sie hat sich aus der Betrachtung verschiedener antiker und mittelalterlicher Quellenstellen des folgenden Kapitels ergeben, in denen die Ziege zu Vergleichen beigezogen wurde, die uns heute nicht mehr unmittelbar einsichtig sind. Dies könnte ebenso für die süddeutsche *Mindel* gelten, wenn das von POKORNY vorausgesetzte festlandkelt. *mendos* 'Bock' + Deminutivsuffix die (primäre oder sekundärmotivierte) Benennungsgrundlage bildet. Besonderes Augenmerk war auf den Vergleich mit dem Wasser zu legen, wie eine bereits antike Volksetymologie von gr. *αἴξ* zeigt: Das Wort wurde zu *ἀίσσω* 'dahinstürmen, sich schnell bewegen' gestellt, nämlich:

[1436] S. oben S. 161 bis 164.

quod est 'impetu ferri'; sic enim currit sicut et aqua. Die Ziege ist das «Symbol der ungezähmten Natur»,[1437] das Motiv ist «[d]as frischfröhliche Drauflosgehen der Gais».[1438]

Cornuti

Unter den germanischen Hilfstruppen im spätrömischen Heer bilden die *Cornuti* unter anderem die Leibgarde Konstantins des Grossen und erscheinen bis ins frühe 5. Jahrhundert regelmässig als Truppeneinheit. Konstantin hat seine Leibgarde, die ihm augenscheinlich in der Schlacht an der Milvischen Brücke 312 den Sieg gebracht hat, auf seinem Triumphbogen mit mehreren Darstellungen bedacht. Darunter ist das Emblem der *Cornuti* auf einigen Offiziersschilden zu sehen. Es entspricht dem Schildschmuck an einer von A. ALFÖLDI besprochenen zeitgenössischen Konstantinsstatuette und dem *Cornuti*-Emblem in illuminierten Hss. der Notitia Dignitatum. Letztere geben das Emblem – zwei sich einander zuneigende Bocksköpfe – in stilisierter Form wieder. Mit dem Ausklingen der römischen Bildüberlieferung setzt gleichzeitig eine einheimisch germanische Bildüberlieferung in der Völkerwanderungszeit ein, die ein dem *Cornuti*-Emblem sehr ähnliches Signum zeigt: meist zu zweit auftretende, tanzende Figuren, die einen Kopf- bzw. Helmschmuck tragen, der Hörnern ähnelt, die ihrerseits in einem Tierkopf enden. Dabei handelt es sich um kleine Metallarbeiten auf Helmblechen, Gürtelschnallen, Phalerae, Schwertscheidenbeschlägen usw. aus dem angelsächsischen, skandinavischen und alemannischen Raum. Ausgehend von der ikonographischen Einordnung der Darstellungen durch K. HAUCK, der die Figuren als Dioskuren deutete, wurde gefragt, ob diese Deutung in irgendeiner Weise mit dem Selbstverständnis der *Cornuti* in Einklang zu bringen ist. Umgekehrt wurde vor dem Hintergrund des allgemeinen Usus, dass jeder römische Truppenkörper einer transzendenten Wesenheit geweiht war, gefragt, ob dies auch bei den *Cornuti* der Fall war, und wie eine allfällige Weihung an die Dioskuren mit dem Emblem der doppelten Ziegenböcke zu tun haben könnte.[1439]

Zunächst ist festzustellen, dass der Name *Cornuti* 'die Gehörnten' offenbar auf einen charakteristischen Helmschmuck zurückzuführen ist, der barbarischen Truppen und Truppenteilen eigen ist. Es sind Helme, aus denen an der Stirnseite Bockshörner herausragen. Daraus ergibt sich, dass die Darstellungen auf den Schilden sekundär sind. Die Hörnerhelme selbst finden sich auf Reliefdarstellungen des Konstantinsbogens wieder. Sie haben weder Ähnlichkeit mit den mächtigen Tierprotomen der germanischen Darstellungen noch mit den genannten römischen Bildzeugnissen. Gründe für diese Unterschiede sind nicht leicht beizubringen. Angesichts der Tanzstellung der abgebildeten germanischen *Cornuti* ist davon auszugehen, dass es sich um einen in zeremoniellen Zusammenhängen getragenen Schmuck handelt, der in Kampfsituationen gewiss hinderlich gewesen wäre.

Die Dioskuren-Weihung ist in der Tat nicht beweisbar. Sie lässt sich nach den Forschungen von K. HAUCK an den germanischen Bildzeugnissen aber wahrscheinlich machen: Wie die germanischen Darstellungen als dioskurische Sieghelfer zu interpretieren sind, so erscheinen die *Cornuti* realiter als Sieghelfer im römischen Heer, wobei Konstantins Affinität zum Dioskurenglauben einigermassen gesichert ist. Ferner ist der Waffentanz der germanischen Dioskuren mit der *petulantia*, dem *barritus* und den sonstigen schlachtvorbereitenden Eigentümlichkeiten der *Cornuti* und ihrer Partnertruppen zu vergleichen. Über den Stellenwert des Ziegenbocks in bezug auf die Dioskuren-*Cornuti* ist damit wenig gewonnen. Er scheint in einer Art Kampfsymbolik verstanden worden zu sein, wie er an sich eher für den Widder charakteristisch ist. Daneben deutet der Ziegenbock mit seinen ausgeprägten

---

[1437] BLOK 1983, S. 166.
[1438] KELLER 1909, S. 308.
[1439] S. oben S. 183.

astralen Bezügen im Mythos in die Sphäre der Dioskuren, wozu verschiedene Seitenstücke angeführt werden konnten.[1440]

Habergeiss

Aufschlussreich gestaltete sich die Behandlung des Worts *Habergeiss*,[1441] welches in deutschen Dialekten zur Bezeichnung eines Vogels (der Sumpfschnepfe) einerseits und eines in Ernte- und Fastnachtsbräuchen erscheinenden Spukwesens andererseits dient. Es wurde erörtert, in welchem Verhältnis das Wort für den Vogel und dasjenige für den Korndämon zueinander stehen: Ausgehend von den charakteristisch meckernden Geräuschen, die der Vogel beim Balzflug erzeugt, erstaunt eine Übertragung des Tierappellativs *Geiss* auf den Vogel nicht weiter. Daneben ist von alters her mit einem Vegetationsdämon in Ziegengestalt zu rechnen, wie ihn nach W. MANNHARDT der Volksglaube in weiten Teilen der Indogermania kennt, wobei die Ziege als das nährende, der Bock als das befruchtende Prinzip gelten. Die seit ARISTOTELES weitverbreitete Ansicht, die bestimmten Vögeln aufgrund ihres merkwürdigen Verhaltens unheimliches Treiben und übersinnliche Kraft zuschreibt, hat dazu geführt, dass die Gestalt des Korndämons auf den Vogel übertragen wurde. Erst in der relativ jüngsten Phase wurden einzelne Elemente der Vogelgestalt auf diejenige des Dämons übertragen, weshalb dieser fortan als vogel- und ziegengestaltiges Zwitterwesen gedacht wurde. Die schweizerische *Schnabelgeiss* legt dafür beredtes Zeugnis ab.[1442] Das Wort *Habergeiss* selbst erweist sich als selbstverdeutlichendes Kompositum, dessen Grundwort das Bestimmungswort übersetzt. Wichtig erscheint in diesem Zusammenhang, dass das Wort an sich noch kein Beweis für die Existenz eines solchen gedachten Vegetationswesens ist, sondern lediglich ein Appellativ darstellt, das ganz allgemein zur Bezeichnung der Ziege dient. In der Tat kennen wir den Namen des Dämons gar nicht, sondern besitzen von dessen Niederschlag im Volksglauben nur ein schwaches Abbild. Angesichts des frühen Aussterbens von *Haber* 'Ziege' ist anzunehmen, dass dessen Übersetzung *Geiss* entweder verdeutlichend an das absterbende *Haber* antrat, oder aber dass es – was wahrscheinlicher erscheint – ein abgegangenes Erst- oder Zweitglied ersetzte. Letzterer Gedankengang verpflichtet sich insbesondere weiteren *Haber*-Komposita, die die letzte Garbe bei der Ernte, im Kornfeld hausende Spukgestalten oder im Erntebrauch vorkommende Übernamen bezeichnen: *Habermann*, *Haberfrau*, *Haberbräutigam* usw. Es ist wohl davon auszugehen, dass auch diese Komposita sekundär sind und als Wort für den Korndämon am ehesten ein Kompositum mit Zweitglied *haƀraz* zu denken ist.

Haberfeldtreiben

Sodann war als ein weiterer Reflex von germ. *haƀraz* das Wort und Phänomen *Haberfeldtreiben* zu untersuchen. Der in Oberbayern ab dem 18. Jahrhundert und bis ins frühe 20. Jahrhundert belegte Brauch ist eine Erscheinungsform des gesamteuropäischen Phänomens des *Charivari*. Dieses versteht sich als volkstümliches Rügegericht gegen die Zweitehe oder gegen sexuelle Ausschreitungen nach den jeweiligen Sittenbegriffen. Es wurde argumentiert, dass im Wort *Haberfeld* ursprünglich weder das Getreidewort noch das Wort *Feld* standen, sondern, wie bereits in der frühen Forschung gemutmasst wurde, germ. *haƀraz* sowie *Fell*, z. B. ahd. *fel* stn. 'Fell, Leder'. Dazu passen mehrere Redewendungen, die den Vorgang des Enthäutens oder (wenigstens in Resten) Überstreifens eines Fells als Schmähung, Bestrafung und Blossstellung erkennen lassen. Die spezifische Position der Ziege in diesem Zusammenhang ist nicht leicht festzustellen. Unter Bezugnahme auf das seit dem 4. Jahrhundert bezeugte ‹cervulum facere›, worunter in der kirchlichen Bussliteratur eine Art von Umzug

---
[1440] S. oben S. 194 bis 196.
[1441] S. oben ab S. 198.
[1442] S. oben S. 200.

in Hirschmaskerade zu Jahresbeginn gemeint ist, darf man davon ausgehen, dass Schmähreden, Volksjustiz und Tierverkleidung in einem engen Verhältnis zueinander stehen. Insbesondere mit dem mehrfachen Aufscheinen der *pelles pecudum* und ähnlicher Formulierungen sowie der *vetulae* dringt man tiefer in die Sinnzusammenhänge der Maskeraden ein, wonach mit dem Geschlechtertausch, der schmähenden Bestrafung von Unfruchtbarkeit oder übertriebener Sexualität ein Bereich angesprochen ist, in welchem auch die Ziege und der Bock einen Platz finden: Sie sind je für sich Verkörperungen des nährenden und des befruchtenden Prinzips. Als Hornträger führen sie die Symbole der Regeneration mit sich, wie auch der Hirsch, Inbegriff von Würde und Lebenskraft, als strafende und regulierende Instanz auftritt (vgl. Merlin als Hirschreiter und Herr über Rehe und Hirsche bei GEOFFREY V. MONMOUTH, der die sich wiederverheiratende Guendoloena straft). Unter diesen Voraussetzungen sind *Charivari* und *Haberfeldtreiben* jüngere Zeugnisse für die nunmehr mit negativen Vorzeichen behaftete Tiersymbolik, in der die erzwungene Verwandlung in das hörnertragende Tier den zu strafenden Menschen der allgemeinen Lächerlichkeit preisgibt. Die beiden zentralen Komponenten der Tierverwandlung sind Hörner resp. Geweih und Tierfell. Das Tierfell spricht aus *Haberfeld* und *Bockshorn*, die Hörner sprechen aus der Wendung 'jemandem Hörner aufsetzen'.

Ein leicht verändertes Bild ergäbe sich unter der Prämisse, dass die ursprünglich mediterrane Vorstellung des ‹jemandem Hörner aufsetzen›, das auf der Gegensätzlichkeit von Bock und Widder beruht, auch für *Haberfeldtreiben* und *Charivari* zuträfe.[1443] Während es sich beim ‹Hörner-Aufsetzen› jedoch ‹nur› um ein weitverbreitetes Symbol handelt, sind die *Charivari*-Bräuche institutionalisiert und tradieren ein Rügegericht, in dem Bocksfell und Bockshorn als Symbole der Scham realiter vorkommen bzw. ‹verliehen› werden.

Freilich wandelt man mit Synthesen und Vereinfachungen dieser Art auf unsicheren Pfaden. Die Forschungsgeschichte hat jedoch gezeigt, mit welch ungesicherten Prämissen man arbeiten muss, um überhaupt Synthesen herstellen zu können. Es erweist sich in diesen Belangen wie in anderen Bereichen, in denen ein Phänomen in räumlicher wie zeitlicher Dimension eine so grosse Verbreitung aufweist, dass die alten Fragen nach Ursprung, Herkunft und Verbreitungsregularitäten (Monogenese oder Polygenese?) kaum ohne Mühe zu beantworten sind. In mancherlei Hinsicht haben die vorliegenden Studien jedenfalls ergeben, dass Bock, Ziege und Schaf regelmässig im Zusammenhang mit Vorstellungen von Fruchtbarkeit, Regeneration und Reichtum auftreten. – Damit ist in bezug auf die gewählte Methode der Bereich der Sinnzusammenhänge und Motive, letztlich der Bedeutungen im weitesten Sinne betreten worden, womit Wort und Sache eine Beziehung eingegangen sind. Nicht bis in letzte Tiefen ausgelotet ist der weitere Bereich der tiersymbolischen Bezüge, bei denen, wie H. BECK seinerzeit festgestellt hatte, zu unterscheiden sei zwischen symbolischer Manifestation, allegorischer und metaphorischer Sprache und den rhetorischen Figuren der Tiervergleiche.[1444] Die Forderung nach methodischer Differenzierung ist gerade hier von besonderem Interesse, da sich die *Charivari*-Bräuche aufgrund ihrer weiten Verbreitung einer kulturspezifischen Deutung entziehen. BECK seinerseits ist die Differenzierung nur durch die isolierte Betrachtung des Germanischen gelungen. Es scheint, dass die Ziegen- und Bocksbezüge eher auf den mediterranen oder jedenfalls älteren westindogermanischen Vorstellungsbereich verweisen, während im jüngeren germanisch-keltischen Kulturkreis sich die diesbezüglichen tiersymbolischen Verweisstrukturen auf den Hirsch verlagert haben. Unter diesem Gesichtspunkt erweist sich das *Haberfeldtreiben* als Kuriosum innerhalb der Germania. Die Untersuchung hat an zwei sehr verschiedenen Punkten anzusetzen: einerseits im Bereich des frühmediterranen Ehrenkodex, wie ihn A. BLOK voraussetzte, andererseits in dessen

---

[1443] S. oben S. 220.
[1444] BECK 1965, S. 1.

Neuinterpretation in der Germania unter dem Einfluss einheimischer symbolischer Bezüge. In diesem Einzelfall heisst dies, dass die Grundlagen des Haberfeldtreibens sehr wohl im Umkreis der mediterranen Charivari liegen. Und hier war, wie oben dargelegt wurde, die Wendung des ‹jemandem Hörner aufsetzen› von zentralem Interesse, insofern Bockshörner das zentrale Symbol der Scham darstellen. Die germanische Neuinterpretation weist jedoch starke Bezüge zum ‹Wilden Heer›, zum ‹Wilden Jäger› u. dgl. auf, deutet somit in das im Volksglauben weitergesponnene germanische Pantheon samt der abergläubischen Verklärung Karls des Grossen und stellt mit der Bockssymbolik einen Bezug zu Thor her. All diese Punkte bleiben jedoch zu unklar, als dass weitere Schlüsse daraus gezogen werden könnten.

Farb-, Licht- und Wettersymbolik

Die vergleichende Betrachtung von literarischen, mythologischen und volkskundlichen Quellen ergab, dass sich das Schaf und die Ziege durch eine im gelehrten, naturkundlichen Diskurs des Mittelalters und der Antike wie auch im volkstümlichen Glauben ausgeprägte Farb- und Lichtsymbolik auszeichnen. Im Vordergrund steht dabei insbesondere das 'Leuchten', welches vom Fell wie auch von den Augen und den Hörnern ausgeht. Helles, strahlend weisses Fell ist der Inbegriff der Reinheit, welche ihrerseits Voraussetzung für Opferbarkeit des Tieres ist. Über das Opfer und den wachsenden Stellenwert des Tiers insbesondere in prognostischen Zeremonien (so in der etruskisch-römischen Eingeweideschau) wurde vor allem der Ziege eine ausserordentliche Befähigung zur Mantik und Prognostik zugesprochen. Den Augen der Ziege attestiert man Leuchtkraft, was in der auffälligen Querpupille und der meist gelben Iris begründet liegt. Über diese auf Interpretation der Naturbeobachtung beruhende Ansicht geht der Volksglaube hinaus und schreibt der Ziege auch eine ausserordentliche Sehstärke und selbst die Fähigkeit zur Nachtsicht zu. Es ist nicht in jedem Fall klar, woraus der jeweilige Volksglaube gespeist wird. Ein wichtiger Punkt dürfte sein, dass dem Ziegenbock aufgrund seiner Intelligenz und Aufmerksamkeit Bewachungsfunktionen aufgetragen waren, woraus dem Tier später nachtsehende Augen angedichtet wurden. Merkwürdigerweise gilt diese Ansicht ebenso für das Schaf, wobei dieses eher in einem astralen Kontext steht und mit Fell und Augen die aufgehende Sonne symbolisiert. Prominentes Beispiel dafür ist der nordische Gott Heimdallr, ein den antik-mediterranen Sonnenwiddern vergleichbare Verkörperung einer einst theriomorphen Gottheit. In denselben Kontext gehören auch die vor- und frühgeschichtlichen widdergestaltigen Feuerböcke des Hausaltars, die einerseits im Totenkult verwurzelt sind, andererseits das himmlische Feuer versinnbildlichten. Der Widder gilt insgesamt als das Tier des Feuers par excellence.[1445] Nebst den Augen weisen sich auch die Hörner von Kleinvieh als wichtige Symbolträger aus. Da hornlose Schafe in früheren Epochen die Regel waren, galt die Aufmerksamkeit verstärkt den hörnertragenden Widdern. Sie sind Ausdruck von Widerstandskraft und Aggression, fallen aber sonst nicht weiter auf. Anders verhält es sich mit den Hörnern der Ziege resp. des Ziegenbocks, die angesichts grosser antiker Hörnerdepots sowie separater Opferung und Verehrung eine eigenständige Symbolik besassen. Sie erscheinen vielfach leuchtend oder golden, in jedem Fall optisch ausgezeichnet und markieren somit ihren hervorgehobenen Stellenwert in der Gesamtsymbolik des horntragenden Wesens. Indirekt erweisen Bockshörner ihren Wert auch durch ihre Übertragung auf Masken und Helme.[1446] Das Symbol wird damit verpflanzt und vermag so dem Masken- oder Helmträger selbst die Eigenschaften der Hörner zu übertragen. Worin diese bestehen, ist nicht immer eindeutig, zumal, wie auch im Zusammenhang mit den *Cornuti* gesehen, unterschieden werden muss

---

[1445] S. oben S. 229.
[1446] S. oben S. 236.

zwischen Stierhörnern, Widderhörnern und Ziegenbockshörnern. Sicherlich spielen die Hörner eine Rolle im Rahmen von Fruchtbarkeits- und Regenerationsvorstellungen. Auf die Masken und Helme übertragen dürfte dies weniger der Fall sein. In diesem Zusammenhang ist vermehrt auch mit Stärkeübertragung zu rechnen.

In kaum einem Symbolbereich ist die Ziege so stark vertreten wie in der Wetter- und besonders der Gewittersymbolik.[1447] Die prognostischen Fähigkeiten, die man der Ziege zugeschrieben hat, wurden bereits angesprochen. Dazu kommt nun die Ziege als Verkörperung von Wettererscheinungen selbst. Sie steht für Unberechenbarkeit, Ungestüm usw. Es ist jedoch zu unterscheiden, ob eine sichtbare Wetterscheinung lediglich verglichen wird mit der äusseren Gestalt der Ziege, ob diese also beispielsweise als Wolke erscheint (ebenso wie Schäfchenwolken auf den Vergleich des weissen Schafs mit der Form der Wolke zurückgehen), oder ob eine stärkere Verbindung von Ziege und Wettererscheinung besteht. Letztere stellt sich zweifellos bei der Verbindung von Gewittergottheiten mit Ziegenböcken heraus. Es scheint sich um eine Universalie zu handeln, denn der Gewittergott bewegt sich in indogermanischen wie in ausserindogermanischen Kulturen jeweils mit einem am Himmel ziehenden Gespann von zwei Böcken fort. Im vorliegenden Zusammenhang ist vor allem die Gewittersymbolik um Thors Böcke von Interesse. Es scheint, dass selbst junge Aufzeichnungen, in denen von Gewittererscheinungen und Bock oder Ziege die Rede ist, Reflexe dieser alten Bocksaffinität des Gewittergottes bezeugen. Einer dieser Reflexe ist die Gleichsetzung von Vögeln mit Thors Böcken. Besonders die Schnepfe tritt in verschiedenen Kulturen unter dem Namen *Donnerziege* u. ä. auf, so im germanischen und baltischen Volksglauben. Dem Vogel werden beispielsweise in Island prognostische Fähigkeiten nachgesagt. Auch hier dürfte exakte Naturbeobachtung diese Übertragung veranlasst haben, insofern der meckernde Laut des Vogels und vielleicht auch sein Erscheinen im Vorfeld von Wetterumschwüngen mit dem Auftritt von Thors Gespann verbunden wurde. Schliesslich erscheint die Ziege auch in der Gestalt von Sternbildern. Es ist Zeus' Amme, die lebensspendende Amaltheia, die als Zentralstern des Auriga (*Capella*) an den Himmel versetzt wurde und fortan als eines der markantesten Spätherbst- und Wintersternbilder als Vorbote der Regenerationsphase und herbstlicher Regenbringer verehrt wurde. Klare Zeugnisse dieser letzteren Art fehlen aus der Germania, doch weist die metspendende Ziege Heiðrún eindeutige Bezüge zu Amaltheia einerseits, zur Wettersymbolik andererseits auf. In die Sphäre der Wetter- und Himmelssymbolik deutet auch die sprachliche Analyse von *Heiðrún*.

Schlussbetrachtung

Im Gegensatz zu so prominenten und symbolträchtigen Tieren wie dem Adler, dem Bär, dem Eber usw. stehen das Schaf und die Ziege in der Vorstellungswelt alter Kulturen weit abseits dessen, was H. BECK für den Eber als Untersuchungsberechtigung formulierte: «signum, das der Interpretation bedarf».[1448] Dennoch scheinen schlaglichtartig immer wieder Phänomene auf, die auch für Schaf und Ziege der Interpretation bedürfen. Anders als in BECKs Untersuchung ging es in dieser Arbeit nicht primär darum, die Sinnbildhaftigkeit der Tiere zu vergegenwärtigen und die ausserhalb der logisch-rationalen Erfassbarkeit liegende Erfahrungswelt des Menschen zu entschlüsseln, sondern die Stellung der Tiere im alltäglichen Erfahrungsbereich des Menschen aufzudecken, ohne die Kategorie des Sakralen und des Symbols aus den Augen zu verlieren. Den Ausgangspunkt aller Untersuchungsteile bildeten Wörter; demgemäss galt es anders als bei BECK, vom Wort zur Sache zu gelangen und die Sache vor dem Hintergrund synchroner Vorstellungs- und Denkstrukturen zu erklären. Diese

---

[1447] S. oben ab S. 238.
[1448] BECK 1965, S. 1.

Strukturen sind uns weitgehend fremd, ja sie bedürfen selbst allenthalben der Interpretation und der mentalitätsgeschichtlichen Einordnung. Anders als Adler, Bär, Löwe oder (wilder) Eber machen es einem Schaf und Ziege jedoch auch in einem gewissen Sinne leichter. Sie sind im Gegensatz zu wilden Tieren ständig in der Umgebung des Menschen, ihr Wesen und ihr Charakter offenbaren sich dem Menschen unmittelbarer, sie haben zudem eine ganz bestimmte Funktion zu erfüllen: Sie sind Zudiener des Menschen, haben sich fortzupflanzen, Milch, Fleisch und Wolle zu geben, müssen gesund sein usw. Sie erschliessen sich somit Vorstellungsbereichen, die dem Menschen und seinem täglichen Umgang mit Tieren bekannt sind. Doch gerade in der Spannung zwischen Mensch und Tier entfaltet sich ein merkwürdiges Verhältnis. J. DE VRIES betonte,[1449] dass der Mensch sich selbst als komplexes Wesen fühle, während ihm die instinktsicheren Tiere als Wesen mit einheitlichem, scharfgeprägtem Charakter erscheinen und infolgedessen Sinnbilder abgeben, die ihm dazu verhelfen, die so schwer deutbaren übersinnlichen Mächte in einfacher Weise abzubilden. Mit dem Verlust der Notwendigkeit, das Walten der Natur in Tiergestalt abzubilden (um es beeinflussen zu können), ist für den modernen Menschen aber auch die Fähigkeit verloren gegangen, diese Abbilder zu kategorisieren und vor dem Hintergrund einer ganz auf Fertilität ausgerichteten Lebensweise einzuordnen. Freilich wäre es falsch, jedes Erscheinen eines Tieres im Zusammenhang mit menschlichem Handeln in der Frühgeschichte als Sinnbilder zu interpretieren, und dies lag weder in DE VRIES' Interesse, noch war es die Aufgabe dieser Untersuchung. Die Arbeit an den Inschriften und den Bilddenkmälern verlangte es jedoch, diesen Bereich nicht vollständig auszuklammern. Ein Bereich rückte ausgehend von den etymologischen Analysen im Verlaufe der Untersuchung stärker in den Vordergrund und verband sprachliche Realität mit sinnbildhaften Bezügen: das grosse Spektrum von Reproduktion und Regeneration. Von der Fruchtbarkeit der Tiere, der Grösse der Herden, der landwirtschaftlichen Spezialisierung usw. hingen Wohl und Weh einer Gesellschaft hab, deren Basis Viehzucht und Ackerbau war. Am deutlichsten zeigen dies die sieben resp. acht einleitenden Titel der Lex Salica (und anderer Gesetzessammlungen), die – mit Ausnahme des ersten – alle von der Viehzucht handeln. Deren komplexes volkssprachiges Fachvokabular sowie der Platz der Titel zu Beginn der grossen Sammlung erweisen, dass die Sorge um die Tiere einen Platz in der Lebensrealität des Menschen eingenommen hat, die angesichts heutiger Gesetzestexte nurmehr schwer nachzuvollziehen ist. Etwas weniger deutlich spricht der Stellenwert der Viehzucht aus der Toponymie; doch auch aus ihr geht die Sorge des Menschen um das Tier hervor. Wenn die Bedeutung von Schaf und Ziege im Laufe der Zeit stark abgenommen hat, so blieben doch die ehemaligen Bezeichnungen als Namen am Gelände haften und geben dem heutigen Betrachter Fragen auf. Es hat sich auch erwiesen, dass Stellenbezeichnungen mit Tierbezug nicht immer nur vom ehemaligen Aufenthalt der Tiere an der jeweiligen Stelle zeugen. Vielmehr scheint es, dass das Tier und sein Wesen und Charakter, sein äusserliches Erscheinen mit dem Ort und seiner topographischen Struktur verglichen wurde und dem Ort oder dem Gewässer einiges davon im Namen überlassen hat. Ferner wurden Wesen und Charakter der Tiere versuchsweise auch auf den Menschen übertragen, indem der Mensch nach dem Tier benannt wurde – sei es als Kose- oder Spitzname, sei es in Übertragung tierischer Eigenschaften auf den Menschen, sei es in temporärer Angleichung durch Maskierung, Attribuierung von Merkmalen usw. So spricht aus Name und Geweihtheit der *Cornuti*, dass der Mensch gewillt war, sich dem Wesen des Ziegenbockes durch emblematische Behornung und Weihung an möglicherweise bocksgestaltige Doppelgötter anzugleichen, um nach dem Instinkt des Tieres zu handeln. Zudem konnte mehrmals festgestellt werden, dass das natürliche Prinzip von Fruchtbarkeit und Reproduktionstrieb selbst in der Gestalt von Tieren gedacht wurde.

[1449] DE VRIES 1958, S. 62. S. auch oben S. 100.

13. Bibliographie

AEBISCHER, PAUL
- 1927 MINNODUNUM, *MOUDON* et EBURODUNUM, *YVERDON*, in: Revue Celtique 44 (1927), S. 320–335.
- 1928 Les noms de quelques Cours d'eau Fribourgeois. Troisième série, in: Annales Fribourgeoises 16 (1928), S. 121–136.
- 1929 A propos de deux noms de rivière catalans «Gavarra» et «Gavarresa», in: Butlletí de dialectologia catalana 17 (1929), S. 66–78.

ALFÖLDI, ANDREAS
- 1935 Ein spätrömisches Schildzeichen keltischer oder germanischer Herkunft, in: Germania 19 (1935), S. 324–328.
- 1959 Cornuti: A Teutonic Contingent in the Service of Constantine the Great and its decisive Role in the Battle at the Milvian Bridge. With a Discussion of Bronze Statuettes of Constantin the Great by MARVIN C. ROSS, in: Dumbarton Oaks Papers 13 (1959), S. 169–183.

ALFÖLDY, GÉZA
- 1967 Epigraphisches aus dem Rheinland II, in: Epigraphische Studien 4, Köln 1967, S. 143.

ALTHEIM, FRANZ
- 1938 Runen als Schildzeichen, in: Klio 31 (1938), S. 51–59.

AMSTADT, JAKOB
- 1991 Südgermanische Religion seit der Völkerwanderungszeit, Stuttgart, Berlin, Köln 1991.

ANDRÉ, JACQUES
- 1986 Isidore de Séville. Étymologies Livre XII: Des animaux. Texte établi, traduit et commenté par J. André, Paris 1986.

ANON.
- 1954 Vocabulaire Vieux-Celtique (G) (suite), in: OGAM 6 (1954), S. 140–144.

BACH, ADOLF
- 1953 Deutsche Namenkunde, Bd. II: Die deutschen Ortsnamen 1, Heidelberg 1953.
- 1954 Deutsche Namenkunde, Bd. II: Die deutschen Ortsnamen 2, Heidelberg 1954.

BAESECKE, GEORG
- 1935 Die deutschen Worte der germanischen Gesetze, in: PBB 59 (1935), S. 1–101.

BAMMESBERGER, ALFRED
- 1990 Die Morphologie des urgermanischen Nomens, Heidelberg 1990 (Untersuchungen zur vergleichenden Grammatik der germanischen Sprachen; Bd. 2).

BANDLE, OSKAR
- 1954 Die Naturlandschaft im Lichte der Flur- und Ortsnamen, in: Mitteilungen der Thurgauischen Naturforschenden Gesellschaft; Heft 37 (1954), S. 133–166.
- 1959 Von thurgauischen Orts- und Flurnamen, besonders in der Unterseegegend, Steckborn 1959 (Veröffentlichungen der Heimatvereinigung am Untersee; Heft 14).
- 1963 Zur Schichtung der Thurgauischen Ortsnamen, in: Sprachleben der Schweiz. Sprachwissenschaft, Namenforschung, Volkskunde, Bern 1963, S. 261–288.

1998 Art. 'Geländenamen', in: RGA 2. A., Bd. 10, Berlin, New York 1998, S. 605–615.
2003 Ortsname und Siedlungsgeschichte. Zur Schichtung der thurgauischen Ortsnamen, in: E. Nyffenegger; O. Bandle: Thurgauer Namenbuch I: Die Siedlungsnamen des Kantons Thurgau, 1. Halbband, Frauenfeld, Stuttgart, Wien 2003, S. 101–126.

BARTOSIEWICZ, LÁSZLÓ
2003 Animal Husbandry, in: Ancient Europe 8000 b.c. – a.d. 1000, Vol. II, hg. v. P. Bogucki u. P. J. Crabtree, New York u.a. 2003, S. 366–370.

BECK, HEINRICH
1965 Das Ebersignum im Germanischen. Ein Beitrag zur germanischen Tier-Symbolik, Berlin 1965 (Quellen und Forschungen zur Sprach- und Kulturgeschichte der germanischen Völker NF 16 [140]).

BERCHTOLD, SIMONE MARIA
1998 ‹Tierisches› im Namengut von Feldkirch, in: Rheticus. Vierteljahrsschrift der Rheticus-Gesellschaft 20 (1998), S. 39–49.

BERGER, PAMELA C.
1981 The Insignia of the *Notitia Dignitatum*. A Contribution to the Study of Late Antique Illustrated Manuscripts, New York, London 1981.

BERTOLDI, VITTORIO
1930 Gallico *CABROSTOS 'Ligustro' (da *CABROS, il correspondente gallico del greco κάπρος, ecc.), in: Revue Celtique 47 (1930), S. 184–196.

BEUERMANN, ARNOLD
1967 Fernweidewirtschaft in Südosteuropa. Ein Beitrag zur Kulturgeographie des östlichen Mittelmeergebietes, Braunschweig 1967.

BEYERLE, FRANZ
1947 Die Gesetze der Langobarden, übertragen u. bearb. v. Franz Beyerle. Mit einem Glossar v. Ingeborg Schröbler, Weimar 1947. [zitiert als: BEYERLE-SCHRÖBLER 1947]

BIEZAIS, HARALDS
1969 Die vermeintlichen germanischen Zwillingsgötter, in: Temenos 5 (1969), S. 22–36.

BILLY, PIERRE-HENRY
ALG Atlas Linguae Gallicae, Hildesheim, Zürich, New York 1995 (ALPHA-OMEGA Reihe A: Lexika, Indizes, Konkordanzen zur klassischen Philologie; CLXI).
ThLG Thesaurus Linguae Gallicae, Hildesheim, Zürich, New York 1993 (ALPHA-OMEGA Reihe A: Lexika, Indizes, Konkordanzen zur klassischen Philologie; CXLIV).

BIRKHAN, HELMUT
1968 Rez. v. BECK 1965, in: PBB 90 (1968), S. 138–143.
1970 Germanen und Kelten bis zum Ausgang der Römerzeit. Der Aussagewert von Wörtern und Sachen für die frühesten keltisch-germanischen Kulturbeziehungen, Wien 1970 (Österreichische Akademie der Wissenschaften, Philosophisch-historische Klasse, 272. Band).
1999a Kelten. Versuch einer Gesamtdarstellung ihrer Kultur, Wien ³1999.
1999b Kelten. Bilder ihrer Kultur, Wien 1999.

BLOK, ANTON
    1983   Widder und Böcke – Ein Schlüssel zum mediterranen Ehrenkodex, in: Europäische Ethnologie. Theorie- und Methodendiskussion aus ethnologischer und volkskundlicher Sicht, hg. v. H. Nixdorff u. Th. Hauschild, Berlin 1983, S. 165–183.

BOBER, PHYLLIS FRAY
    1951   Cernunnos: Origin and transformation of a Celtic divinity, in: American Journal of Archaeology 55 (1951), S. 13–51.

BOESCH, BRUNO
    1946   Untersuchungen zur alemannischen Urkundensprache des 13. Jahrhunderts. Laut- und Formenlehre. Bern 1946.
    1981/82 Die Orts- und Gewässernamen der Bodenseelandschaft, in: Der Bodensee. Landschaft – Geschichte – Kultur, Friedrichshafen 1981/82 (Schriften des Vereins für Geschichte des Bodensees und seiner Umgebung, 99./100. Heft), S. 233–280.

BOESE, H. (ed.)
    1973   Thomas v. Cantimpré: Liber de natura rerum. Editio princeps secundum codices manuscriptos (ed. H. BOESE). Teil I: Text, Berlin, New York 1973.

BOSWORTH, JOSEPH – TOLLER, T. NORTHCOTE
    I–II   An Anglo-Saxon Dictionary, Oxford 1898; II = Supplement, Oxford 1955.

BOUDRIOT, WILHELM
    1928   Die altgermanische Religion in der amtlichen kirchlichen Literatur des Abendlandes vom 5. bis 11. Jahrhundert, Bonn 1928 (Nachdruck Darmstadt o. J.).

BOXLER, HEINRICH
    1976   Die Burgnamengebung in der Nordostschweiz und in Graubünden (Studia Linguistica Alemannica; Bd. 6), Frauenfeld 1976.

BRANDENSTEIN, WILHELM
    1942   Rez. v. JANZÉN 1938, in: Indogermanische Forschungen 58 (1942), S. 308.

BRAUNE, WILHELM – EGGERS, HANS
    1987   Althochdeutsche Grammatik, Tübingen ¹⁴1987 (Sammlung kurzer Grammatiken germanischer Dialekte; A. Hauptreihe Nr. 5). [zitiert als: BRAUNE – EGGERS]

BREUER, GÜNTER
    1992   Volkssprachliche Elemente in einem lateinisch-althochdeutschen Glossar aus der Mitte des 9. Jahrhunderts, in: Zeitschrift für romanische Philologie 108 (1992), S. 219–227.

BRUCKNER, WILHELM
    1895   Die Sprache der Langobarden, Strassburg 1895 (Quellen und Forschungen zur Sprach- und Culturgeschichte der germanischen Völker 75).

BROGGI, MARIO F.
    1973   Die freilebende Fauna im Lichte der liechtensteinischen Flurnamen, in: Jahrbuch des historischen Vereins für das Fürstentum Liechtenstein 73 (1973), S. 255–280.

BROGIATO, HEINZ-PETER
    1989   Birgisburias in Carasco. Ortsname und Siedlungsanfänge von Birresborn, in: Heimatjahrbuch Landkreis Daun 1989, S. 112.

BUCK, M. R.
　1931　Oberdeutsches Flurnamenbuch. Ein alphabetisch geordneter Handweiser für Freunde deutscher Sprach- und Kulturgeschichte, Bayreuth ²1931.

BURKERT, WALTER
　1990　Griechische Tragödie und Opferritual (deutsche Fassung von: «Greek Tragedy and sacrificial Ritual», in: Greek, Roman and Byzantine Studies 7 [1966], S. 87–121), in: Ders.: Wilder Ursprung. Opferritual und Mythos bei den Griechen, Berlin 1990, S. 13–39.

CAMPBELL, A[LISTAIR]
　1959　Old English Grammar, Oxford 1959.

CASARETTO, ANTJE
　2004　Nominale Wortbildung der gotischen Sprache. Die Derivation der Substantive, Heidelberg 2004.

CAUVIN, JACQUES
　1997　Naissance des divinités. Naissance de l'agriculture. La Révolution des Symboles au Néolithique, Paris 1997.

CLARK, GRAHAME
　1947　Sheep and Swine in the Husbandry of Prehistoric Europe, in: Antiquity 21 (1947), S. 122–136.

CRAMER, FRANZ
　1901　Rheinische Ortsnamen aus vorrömischer und römischer Zeit, o. O. 1901 (Nachdruck Wiesbaden 1970).

DAUZAT, A. – ROSTAING, CH.
　1984　Dictionnaire étymologique des noms de lieux en France. 2ᵉ édition revue et complétée par Ch. Rostaing, Paris 1984.

DÉCHELETTE, JOSEPH
　1898　Le bélier consacré aux divinités domestiques sur les chenets gaulois, in: Revue archéologique, troisième série, Bd. 33/II (1898), S. 63–81, 245–262.

DE GUBERNATIS, ANGELO
　1874　Die Thiere in der indogermanischen Mythologie, Leipzig 1874.

DEHN, WOLFGANG
　1957　Die Heuneburg beim Talhof, in: Fundberichte aus Schwaben NF 14 (1957), S. 78–99.
　1974　Einige Bemerkungen zu Gesellschaft und Wirtschaft der Späthallstattzeit. «Transhumance» in der westlichen Späthallstattkultur? in: Historische Forschungen für Walter Schlesinger, hg. v. Helmut Beumann, Köln, Wien 1974, S. 1–18.

DELAMARRE, XAVIER
　1984　Le vocabulaire indo-européen. Lexique étymologique thématique, Paris 1984.
　2003　Dictionnaire de la langue gauloise. Une approche linguistique du vieux-celtique continental, 2ᵉ édition revue et augmentée Paris 2003.

DEMAN, ALBERT – RAEPSAET-CHARLIER
　ILB²　Nouveau recueil des Inscriptions latines de Belgique, Bruxelles 2002 (Collection Latomus; vol. 264).

DEONNA, WALDEMAR
- 1930 Êtres monstrueux à organes communs, in: Revue archéologique, cinquième série, tome 31 (1930), S. 28–73.
- 1959 Chenets a tête animales et chenets-navires. Le sens de leur décor, in: Revue archéologique de l'Est et du Centre-Est 10 (1959), S. 24–37, 81–93, 177–191, 278–290.

DOMASZEWSKI, ALFRED V.
- 1909 Die Tierbilder der Signa, in: Abhandlungen zur Römischen Religion, Leipzig, Berlin 1909, S. 1–15.

DOTTIN, GEORGES
- 1918 La langue gauloise. Grammaire, textes et glossaire, Paris 1918 (Collection pour l'étude des antiquités nationales II).
- 1927 Sur les noms d'animaux dans l'onomastique gauloise, in: Annales de Bretagne 37 [bis] (1927), S. 92–98.

DREXEL, FRIEDRICH
- 1923 Die Götterverehrung im römischen Germanien, in: Berichte der Römisch-Germanischen Kommission, vierzehnter Bericht 1922, S. 1–68.

DU CANGE, CHARLES DU FRESNE
- I–V Glossarium mediae et infimae Latinitatis conditum a Carolo du Fresne Domino Du Cange, auctum a monachis ordinis s. Benedicti cum supplementis integris P[etri] Carpenterii, Adelungii aliorum suisque digessit G. A. L. Henschel […] Editio nova aucta pluribus verbis aliorum scriptorum a Léopold Favre, 10 tomi, Niort 1883–87 (Nachdruck in 5 Bänden, Graz 1954).

DÜWEL, KLAUS
- 1999 Die Runenschnalle von Pforzen (Allgäu) – Aspekte der Deutung. 3. Lesung und Deutung, in: Pforzen und Bergakker. Neue Untersuchungen zu Runeninschriften, hg. v. A. Bammesberger, Göttingen 1999 (Historische Sprachforschung; Ergänzungsheft 41), S. 36–54.

ECKHARDT, KARL AUGUST
- 1955 Pactus Legis Salicae, hg. v. K. A. Eckhardt, II 1: 65 Titel-Text, Göttingen 1955 (Germanenrechte NF; Westgermanisches Recht 2.1).
- 1962 Pactus Legis Salicae, hg. v. K. A. Eckhardt, Hannover 1962 (MGH LL IV/I).

EGILSSON, SVEINBJÖRN – JÓNSSON, FINNUR
- 1966 Lexicon poeticum antiquæ linguæ septentrionalis. Ordbog over det norsk-islandske skjaldesprog. Oprindelig forfattet af S. Egilsson, forøget og påny udgivet for det Kongelige Nordiske Oldskriftselskab, 2. udgave ved F. Jónsson, København 1966.

EKWALL, EILERT
- 1951 The Concise Dictionary of English Place-names, Oxford ³1951.

ELIADE, MIRCEA
- 1970 Patterns in Comparative Religion, Cleveland, New York 1970.

ENDERLIN, FRITZ
- 1911 Die Mundart von Kesswil im Oberthurgau. Mit einem Beitrage zur Frage des Sprachlebens (Beiträge zur Schweizerdeutschen Grammatik; Bd. 5), Frauenfeld o. J. [1911].

ESPÉRANDIEU, ÉMILE
- RG Recueil général des bas-reliefs, statues et bustes de la Gaule Romaine, 14 Bde., Paris 1907–1955.

EVANS, DAVID ELLIS
- 1967 Gaulish Personal Names. A Study of Some Continental Celtic Formations, Oxford 1967.

EWIG, EUGEN
- 1954 Die Civitas Ubiorum, die Francia Rinensis und das Land Ribuarien, in: Rheinische Vierteljahrsblätter 19 (1954), S. 1–28.

FALC'HUN, FRANÇOIS
- 1979 Les noms de lieux celtiques, troisième série: Nouvelle méthode de recherche en toponymie celtique, Bourg-Blanc 1979.

FALK, HJALMAR
- 1889 Die nomina agentis der altnordischen Sprache, in: PBB 14 (1889), S. 1–52.

FALK, HJALMAR – TORP, ALF
- 1909 Wortschatz der germanischen Spracheinheit. Göttingen 1909. [zitiert als: FALK – TORP, WGS]

FARAL, EDMOND (Hg.)
- 1929 La légende Arthurienne – études et documents, première partie: les plus anciens textes, tome III: documents (darin S. 306–352: Geoffrey de Monmouth: Vita Merlini), Paris 1929.

FARR, IAN
- 1981 «Haberfeldtreiben» et société rurale dans l'Oberland bavarois à la fin du XIXe siècle: quelques réflexions provisoires, in: Le Charivari. Actes de la table ronde organisée à Paris (25–27 avril 1977) par l'École des Hautes Études en Sciences Sociales et le Centre National de la Recherche Scientifique, publiés par J. Le Goff et J.-C. Schmitt, Paris, La Haye, New York 1981, S. 285–295.

FAUTH, WOLFGANG
- 1970 Zum Motivbestand der platonischen Gygeslegende, in: Rheinisches Museum für Philologie NF 113 (1970), S. 1–42.

FEIST, SIGMUND
- 1939 Vergleichendes Wörterbuch der gotischen Sprache. Mit Einschluss des Krimgotischen und sonstiger zerstreuter Überreste des Gotischen, Leiden ³1939.

FISCHER, HERMANN
- I–VI Schwäbisches Wörterbuch. Auf Grund der von A. v. Keller begonnenen Sammlungen und mit Unterstützung des Württembergischen Staates bearb. v. H. Fischer, zu Ende geführt v. W. Pfleiderer, 6 Bde., Tübingen 1904–1936.

FLECHSIG, WERNER
- 1980 Die Ziege in der Volkssprache und in den Orts- und Flurnamen Ostfalens, in: Sprache und Brauchtum, B. Martin zum 90. Geburtstag, hg. v. R. Hildebrandt u. H. Friebertshäuser, Marburg 1980 (Deutsche Dialektgeographie; Bd. 100), S. 194–218.

FÖRSTEMANN, ERNST
- 1900　Altdeutsches Namenbuch I: Personennamen, Bonn ²1900 (Nachdruck München 1966). [zitiert als: FÖRSTEMANN I]
- 1913–16 Altdeutsches Namenbuch II: Orts- und sonstige geographische Namen. Dritte, völlig neu bearbeitete, um 100 Jahre (1100–1200) erweiterte A., hg. v. H. Jellinghaus. 1: Erste Hälfte (A-K), Bonn ³1913; 2. Hälfte (L-Z u. Register) Bonn ³1916 (Nachdruck München 1967). [zitiert als: FÖRSTEMANN II.1–2]

FRANCOVICH ONESTI, NICOLETTA
- 1999　Vestigia longobarde in Italia (568–774). Lessico e antroponimia, Rom 1999 (Proteo 6).

FRANZ, LEONHARD
- 1969　Die Kultur der Urzeit Europas (Handbuch der Kulturgeschichte; zweite Abt.: Kulturen der Völker), Frankfurt/Main 1969.

FREY, OTTO-HERMAN (Hg.)
- 1962　Die Situla in Providence (Rhode Island). Ein Beitrag zur Situlenkunst des Osthallstattkreises. Aus dem Nachlass von W. Lucke hg. v. O. H. Frey, mit einem Beitrag v. K. Olzscha, Berlin 1962 (Römisch-Germanische Forschungen; Bd. 26).

FRINGS, THEODOR – V. WARTBURG, WALTHER
- 1956　Französisch-Fränkisches. Drei Wörter der Lex Salica, in: Zeitschrift für Romanische Philologie 72 (1956), S. 283–288.

FRISK, HJALMAR
- I–III　Etymologisches Wörterbuch des Griechischen, 3 Bde., Heidelberg ²1973 (I), ³1991 (II), 1972 (III). [zitiert als: FRISK I–III]

GALLÉE, JOHAN HENDRIK
- 1910　Altsächsische Grammatik. Erste Hälfte: Laut- und Formenlehre. Zweite, völlig umgearbeitete Auflage Halle 1910.

GAMILLSCHEG, ERNST
- I–III　Romania Germanica. Sprach- und Siedlungsgeschichte der Germanen auf dem Boden des alten Römerreichs. Bd. I: Zu den ältesten Berührungen zwischen Römern und Germanen. Die Franken. Die Westgoten. Berlin, Leipzig 1934. Bd. II: Die Ostgoten. Die Langobarden. Die altgermanischen Bestandteile des Ostromanischen. Altgermanisches im Alpenromanischen. Berlin, Leipzig 1936. Bd. III: Die Burgunder. Schlusswort. Berlin, Leipzig 1936 (Grundriss der Germanischen Philologie 11/1–3). [zitiert als: GAMILLSCHEG I–III]

GEIGER, THEODORA
- 1963　Die ältesten Gewässernamenschichten im Gebiet des Hoch- und Oberrheins, in: BNF 14 (1963), S. 213–229.
- 1964a　Die ältesten Gewässernamenschichten im Gebiet des Hoch- und Oberrheins (Fortsetzung), in: BNF 15 (1964), S. 26–54.
- 1964b　Die ältesten Gewässernamenschichten im Gebiet des Hoch- und Oberrheins (Fortsetzung), in: BNF 15 (1964), S. 123–141.
- 1965a　Die ältesten Gewässernamenschichten im Gebiet des Hoch- und Oberrheins (Fortsetzung), in: BNF 16 (1965), S. 113–136.
- 1965b　Die ältesten Gewässernamenschichten im Gebiet des Hoch- und Oberrheins (Fortsetzung), in: BNF 16 (1965), S. 233–263.

GEORGES, KARL ERNST
   AH   Ausführliches lateinisch-deutsches Handwörterbuch [...] ausgearbeitet v. Karl Ernst Georges, 2 Bde., Hannover 1913–1919 (Nachdruck Darmstadt 1995).

GEUENICH, DIETER
   1997   Geschichte der Alemannen, Stuttgart 1997.

GLARE, P. G. W. (ed.)
   OLD   Oxford Latin dictionary, Oxford 1992. [zitiert als: OLD]

GLATTHARD, PETER
   1977   Ortsnamen zwischen Aare und Saane. Namengeographische und siedlungsgeschichtliche Untersuchungen im westschweizerdeutschen Sprachgrenzraum, Bern, Stuttgart 1977 (Sprache und Dichtung; NF Bd. 22).

GRAFF, EBERHARD GOTTLIEB
   I–VII   Althochdeutscher Sprachschatz oder Wörterbuch der althochdeutschen Sprache [...], Berlin 1834–46 (Nachdruck Hildesheim 1963).

GREEN, MIRANDA
   1992   Animals in Celtic Life and Myth, London, New York 1992.

GREULE, ALBRECHT
   1973   Vor- und frühgermanische Flußnamen am Oberrhein. Ein Beitrag zur Gewässernamengebung des Elsaß, der Nordschweiz und Südbadens, Heidelberg 1973 (BNF NF; Beiheft 10).

GRIGG, ROBERT
   1983   Inconsistency and Lassitude: The Shield Emblems of the Notitia Dignitatum, in: The Journal of Roman Studies 73 (1983), S. 132–142.

GRIMM, JACOB
   DM   Deutsche Mythologie, 3 Bde., Berlin ⁴1875–1878. [zitiert als: GRIMM, DM I–III]

GRIMM, JACOB und WILHELM
   DWB   Deutsches Wörterbuch. Nachdruck der Erstausgabe 1854 ff. (Bd. 1–32; Bd. 33: Quellenverzeichnis), München 1991. [zitiert als: GRIMM, DWB 1–33]

GRÖHLER, HERMANN
   1913   Über Ursprung und Bedeutung der französischen Ortsnamen. I. Teil: Ligurische, iberische, phönizische, griechische, gallische, lateinische Namen, Heidelberg 1913.

GRÜNEWALD, THOMAS
   2001   Art. 'Menapier', in: RGA 2. A. Bd. 19, Berlin, New York 2001, S. 527–529.
   2002   Art. 'Nervier', in: RGA 2. A. Bd. 21, Berlin, New York 2002, S. 91 ff.

GRZEGA, JOACHIM
   2001   Romania Gallica Cisalpina. Etymologisch-geolinguistische Studien zu den oberitalienisch-rätoromanischen Keltizismen (Beihefte zur Zeitschrift für romanische Philologie; Bd. 311), Tübingen 2001.

GUTENBRUNNER, SIEGFRIED
   1936a   Die germanischen Götternamen der antiken Inschriften (Rheinische Beiträge und Hülfsbücher zur germanischen Philologie und Volkskunde; Bd. 24), Halle a. d. Saale 1936.

1936b   Gallisches, in: ZcPh 20 (1936), S. 391–399 (I. Mercurius Gebrinius: S. 391–394).

1964   Studia Mallobergica, in: Zeitschrift der Savigny-Stiftung für Rechtsgeschichte (Germanistische Abteilung) 81 (1964), S. 298–305.

GYSSELING, MAURITS

1987   Nordostgallische Götternamen, in: Althochdeutsch. Band II: Wörter und Namen, Forschungsgeschichte, in Verbindung mit H. Kolb, K. Matzel, L. Voetz, hg. v. R. Bergmann, H. Tiefenbach, L. Voetz, Heidelberg 1987, S. 1296–1304.

HÄGERMANN, D. – HÜNEMÖRDER, CH.

1998   Art. 'Ziege', in: Lexikon des Mittelalters, Bd. 9, München 1998, Sp. 598 f.

HÄNSE, GÜNTHER

1970   Die Flurnamen des Stadt- und Landkreises Weimar, Berlin 1970 (Deutsch–slawische Forschungen zur Namenkunde und Siedlungsgeschichte; Bd. 24).

HAHN, EDUARD

1918–19 Art. 'Ziege', in: RGA Bd. 4, S. 589 f.

HAID, OLIVER

2001   Art. 'Mannhardt', in: RGA 2. A. Bd. 19, Berlin, New York 2001, S. 225–228.

HAUCK, KARL

1954   Herrschaftszeichen eines wodanistischen Königtums, in: Jahrbuch für fränkische Landesforschung 14 (1954) (Festgabe Anton Ernstberger), S. 9–66.

1957a   Alemannische Denkmäler der vorchristlichen Adelskultur, in: Zeitschrift für württembergische Landesgeschichte 14 (1957), S. 1–40.

1957b   Germanische Bilddenkmäler des früheren Mittelalters, in: Deutsche Vierteljahrsschrift für Literaturwissenschaft und Geistesgeschichte 31 (1957), S. 349–379.

1978a   Bildforschung als historische Sachforschung. Zur vorchristlichen Ikonographie der figuralen Helmprogramme aus der Vendelzeit, in: Geschichtsschreibung und geistiges Leben im Mittelalter. FS für H. Löwe zum 65. Geburtstag, hg. v. K. Hauck u. H. Mordek, Köln, Wien 1978, S. 27–70.

1978b   Art. 'Brakteatenikonologie', in: RGA 2. A. Bd. 3, Berlin, New York 1978, S. 361–401.

1981   Die bildliche Wiedergabe von Götter- und Heldenwaffen im Norden seit der Völkerwanderungszeit (Zur Ikonologie der Goldbrakteaten, XVIII), in: Wörter und Sachen im Lichte der Bezeichnungsforschung, hg. v. R. Schmidt-Wiegand (Arbeiten zur Frühmittelalterforschung; Bd. 1), Berlin, New York 1981, S. 168–269.

1983   Dioskuren in Bildzeugnissen des Nordens vom 5. bis zum 7. Jahrhundert. Zur Ikonologie der Goldbrakteaten, XXVIII, in: Jahrbuch des Römisch-Germanischen Zentralmuseums Mainz 30 (1983), S. 435–464.

1984   Art. 'Dioskuren' §§ 4–6, in: RGA 2. A. Bd. 5, Berlin, New York 1984, S. 484–494.

HEICHELHEIM, FRITZ

1931   Art. 'Mercurius', in: RE 29, Stuttgart 1931, Sp. 975–1016.

1933a   Art. 'Moltinus', in: RE 31, Stuttgart 1933, Sp. 29.

1933b   Art. 'Muttergottheiten', in: RE 31, Stuttgart 1933, Sp. 946–978.

1936   Art. 'Tierdämonen', in: RE II/11, Stuttgart 1936, Sp. 862–931.

HEINERMANN, THEODOR

1945   Bockshorn, in: PBB 67 (1945), S. 248–269.

HELM, KARL
- 1913 Altgermanische Religionsgeschichte. Erster Band, Heidelberg 1913.
- 1937 Altgermanische Religionsgeschichte. Zweiter Band: Die nachrömische Zeit, Teil I: Die Ostgermanen, Heidelberg 1937.
- 1953 Altgermanische Religionsgeschichte. Zweiter Band: Die nachrömische Zeit, Teil II: Die Westgermanen, Heidelberg 1953.

HENZEN, WALTER
- 1965 Deutsche Wortbildung. Tübingen ³1965.

HERRMANN, JOACHIM
- I–IV Griechische und lateinische Quellen zur Frühgeschichte Mitteleuropas bis zur Mitte des 1. Jahrtausends u. Z., hg. v. Joachim Herrmann, Berlin 1988–1992 (Schriften und Quellen der Alten Welt, hg. vom Zentralinstitut für Alte Geschichte und Archäologie; Bd. 37, 1–4).

HERZ, PETER
- 1989 Einheimische Kulte und einheimische Strukturen. Methodische Überlegungen am Beispiel der Provinzen Germania Inferior und Belgica, in: Labor omnibus unus. Gerold Walser zum 70. Geburtstag dargebracht von Freunden, Kollegen und Schülern, hg. v. H. E. Herzig u. R. Frei-Stolba, Wiesbaden 1989 (Historia, Einzelschriften; Heft 60).

HILTY, GEROLD
- 1986 Gallus am Bodensee. Die Kontakte des Glaubensboten mit Germanen und Romanen in der Nordostschweiz des 7. Jahrhunderts, in: Vox Romanica 45 (1986), S. 83–115.
- 2001 Gallus und die Sprachgeschichte der Nordostschweiz, St. Gallen 2001.

HIRT, HERMANN
- I–III Handbuch des Urgermanischen, 3 Bde. Heidelberg 1931–1934.

HÖFINGHOFF, HANS
- 1987 Haustier und Herde. Die volkssprachigen Tierbezeichnungen in den frühmittelalterlichen Leges, Diss. phil. Münster (masch.) 1987.

HÖFLER, OTTO
- 1961 Siegfried, Arminius und die Symbolik. Mit einem historischen Anhang über die Varusschlacht, Heidelberg 1961.

HOFFMANN, DIETRICH
- 1969–1970 Das spätrömische Bewegungsheer und die Notitia Dignitatum (Epigraphische Studien; Bd. 7/I–II), 2 Bde., Düsseldorf 1969–1970.

HOFMANN, E.
- 1965 Rez. von REIN 1958, in: Zeitschrift für vergleichende Sprachforschung auf dem Gebiete der indogermanischen Sprachen 79 (1965), S. 309–310.

HOLTHAUSEN, FERDINAND
- 1948 Vergleichendes und etymologisches Wörterbuch des Altwestnordischen, Göttingen 1948.

HOLDER, ALFRED
- AcS Alt-Celtischer Sprachschatz, 3 Bde. Leipzig 1896–1907 (Nachdruck Graz 1961 f.). [zitiert als: AcS I–III]

HOMANN, H.
 1984 Art. 'Dämonen', in: RGA 2. A. Bd. 5, Berlin, New York 1984, S. 137–141.

HORN, HEINZ GÜNTER
 1987 Bilddenkmäler des Matronenkultes im Ubiergebiet, in: Matronen und verwandte Gottheiten. Ergebnisse eines Kolloquiums veranstaltet von der Göttinger Akademiekommission für die Altertumskunde Mittel- und Nordeuropas (Beihefte der Bonner Jahrbücher; Bd. 44), Köln 1987, S. 31–54.

HUBSCHMID, JOHANNES
 1954/5 Haustiernamen und Lockrufe als Zeugen vorhistorischer Sprach- und Kulturbewegungen, in: Vox Romanica 14 (1954/55), S. 184–203.
 1960 Substratprobleme. Eine neue iberoromanisch-alpinlombardische Wortgleichung vorindogermanischen Ursprungs und die vorindogermanischen Suffixe -ano- und -s(s)-, in: Vox Romanica 19 (1960), S. 245–299.

HUBSCHMIED, J. U.
 1938 Sprachliche Zeugen für das späte Aussterben des Gallischen, in: Vox Romanica 3 (1938), S. 48–155.
 1947 Bezeichnungen von Göttern und Dämonen als Flussnamen. Antrittsrede gehalten am 1. Dezember 1945, Bern 1947.

HÜBNER, EMIL
 1910 Art. 'Gabrosentum', in: RE 13/I, Stuttgart 1910, Sp. 433.

IHM, MAXIMILIAN
 1897a Art. 'Caeracates', in: RE 5, Stuttgart 1897, Sp. 1281.
 1897b Art. 'Caerosi', in: RE 5, Stuttgart 1897, Sp. 1285.
 1910a Art. 'Gabreta', in: RE 13/I, Stuttgart 1910, Sp. 432.
 1910b Art. 'Gabris 1', in: RE 13/I, Stuttgart 1910, Sp. 433.
 1910c Art. 'Gabromagus', in: RE 13/I, Stuttgart 1910, Sp. 433.
 1910d Art. 'Gabrus', in: RE 13/I, Stuttgart 1910, Sp. 433.

INSTINSKY, HANS ULRICH
 1972 CIVES CAIRACAS, in: Germania 50 (1972) S. 133–136.

JACKSON, PETER
 2001 Der Name des Donners. Zum sprach- und religionsgeschichtlichen Hintergrund zweier altskandinavischer Theonyme, in: Kontinuitäten und Brüche in der Religionsgeschichte. FS für. Anders Hultgård, hg. v. M. Stausberg, Berlin, New York 2001, S. 436–441.

JACOBS, EDUARD
 1880 Vogelsang. Ein cultur- und ortsgeschichtlicher Versuch, in: Beiträge zur deutschen Philologie. Julius Zacher dargebracht als Festgabe zum 28. October 1879, Halle a. S. 1880, S. 203–242.

JACOBSTHAL, PAUL
 1941 Imagery in Early Celtic Art, in: Proceedings of the British Academy 1941, London 1941, S. 301–319.
 1944 Early Celtic Art, Oxford 1944.

JAEKEL, HUGO
    1904   Abba, Âsega und Rêdjeva, in: Zeitschrift der Savigny-Stiftung für Rechtsgeschichte (Germanistische Abteilung) 27 (1904), S. 114–151.

JANKUHN, HERBERT
    1957   Denkmäler der Vorzeit zwischen Nord- und Ostsee. Kulturströmungen und Völkerbewegungen im alten Norden, Schleswig 1957.

JANZÉN, ASSAR
    1938   Bock und Ziege. Wortgeschichtliche Untersuchungen, Göteborg 1938 (Acta Universitatis Gotoburgensis: Göteborgs Högskolas Årsskrift XLIII; 1937:5).

JÓNSSON, FINNUR (Hg.)
    1931   Edda Snorra Sturlusonar. Udgivet efter håndskrifterne af Kommissionen for det Arnamagnæanske legat ved F. Jónsson, Kopenhagen 1931.

JUNGANDREAS, WOLFGANG
    1954   Vom Merowingischen zum Französischen. Die Sprache der Franken Chlodwigs, in: Leuvense Bijdragen 44 (1954), S. 115–133.
    1955   Vom Merowingischen zum Französischen. Die Sprache der Franken Chlodwigs (Schluss), in: Leuvense Bijdragen 45 (1955), S. 1–19.
    1962   Historisches Lexikon der Siedlungs- und Flurnamen des Mosellandes, Trier 1962 (Schriftenreihe zur Trierer Landesgeschichte und Volkskunde; Bd. 8).

JUTZ, LEO
    1931   Die alemannischen Mundarten (Abriss der Lautverhältnisse), Halle (Saale) 1931.
    I–II   Vorarlbergisches Wörterbuch mit Einschluss des Fürstentums Liechtenstein [...], bearb. v. Leo Jutz, 2 Bde., Wien 1960–1965.

KAISER, REINHOLD
    1976   Rez. v. DEHN 1974, in: Francia 4 (1976), S. 811–823.

KALTENSTADLER, WILHELM
    1999   Das Haberfeldtreiben. Theorie, Entwicklung, Sexualität und Moral, sozialer Wandel und soziale Konflikte, staatliche Bürokratie, Niedergang, Organisation, o. O. u. J. [München 1999].

KARG-GASTERSTÄDT – FRINGS, THEODOR
    AhdWB   Althochdeutsches Wörterbuch. Aufgrund der von E. v. Steinmeyer hinterlassenen Sammlungen im Auftrag der sächsischen Akademie der Wissenschaften zu Leipzig begr. v. E. Karg-Gasterstädt u. Th. Frings, hg. v. R. Grosse, Bde. 1–5 [inkl. 4. Lieferung bis *koppodi*], Berlin 1968 ff. [zitiert als: AhdWB 1–5]

KASPERS, WILHELM
    1948/50 Wort- und Namenstudien zur Lex Salica, in: ZfdA 82 (1948/50), S. 291–335.

KEINATH, WALTHER
    1951   Orts- und Flurnamen in Württemberg, hg. v. Schwäbischen Albverein e. V., Stuttgart 1951.

KELLER, OTTO
    1909   Die antike Tierwelt, Bd. 1: Säugetiere, Leipzig 1909 (Nachdruck Hildesheim 1963).

KIENLE, RICHARD VON
- 1932 Tier-Völkernamen bei indogermanischen Stämmen, in: Wörter und Sachen 14 (1932), S. 25–67.
- 1969 Historische Laut- und Formenlehre des Deutschen. 2., durchges. Auflage Tübingen 1969.

KIESSLING, MAX
- 1910 Art. 'Gabri', in: RE 13/I, Stuttgart 1910, Sp. 432.

KLINGENDER, FRANCIS
- 1971 Animals in art and thought to the end of the Middle Ages, ed. by A. Antal and J. Harthan, Cambridge, Massachusetts 1971.

KLUGE, FRIEDRICH
- 1913 Urgermanisch. Vorgeschichte der altgermanischen Dialekte, Strassburg ³1913 (Grundriss der germanischen Philologie, hg. v. H. Paul; Bd. 2).
- 1926 Nominale Stammbildungslehre der altgermanischen Dialekte, Halle (Saale) ³1926.
- 2002 Etymologisches Wörterbuch der deutschen Sprache, 24., durchgesehene u. erweiterte Auflage, bearb. v. Elmar Seebold, Berlin, New York 2002. [zitiert als: KLUGE-SEEBOLD 2002]

KEOGEL, RUDOLF
- 1894 Geschichte der deutschen Litteratur bis zum Ausgange des Mittelalters, Bd. 1.1, Strassburg 1894.

KOIVULEHTO, JORMA
- 1971 'Jäten' in deutschen Mundarten. Wortgeographisch-etymologische Untersuchungen, Helsinki 1971 (Annales Academiæ Scientiarum Fennicæ, Ser. B, Tom. 170).
- 1991 Uralische Evidenz für die Laryngaltheorie, Wien 1991 (Österreichische Akademie der Wissenschaften, Philosophisch-Historische Klasse, Sitzungsberichte, 566. Band; Veröffentlichungen der Kommission für Linguistik und Kommunikationsforschung Nr. 24).

KONERSMANN, RALF
- 1995 Art. 'Sehen', in: Historisches Wörterbuch der Philosophie, Bd. 9, Basel 1995, Sp. 121–161.

KRAHE, HANS
- 1962 Zu einigen Namen westgermanischer Göttinnen, in: BNF 13 (1962), S. 268–276.
- 1954 Sprache und Vorzeit. Europäische Vorgeschichte nach dem Zeugnis der Sprache, Heidelberg 1954.

KRAHE, HANS – MEID, WOLFGANG
- III Germanische Sprachwissenschaft, III: Wortbildungslehre, Berlin, New York ⁷1969. [zitiert als: KRAHE – MEID III]

KREUZ, ANGELA
- 2002 Landwirtschaft und Umwelt im keltischen Hessen, in: Das Rätsel der Kelten vom Glauberg, Stuttgart 2002, S. 75–81.

KRIEGER, ALBERT
- 1898 Wörterbuch von Baden, hg. v. d. badischen historischen Kommission, Heidelberg 1898.

KROGMANN, WILLY
  1978   Die Kultur der alten Germanen. Teil I: Die materiellen Voraussetzungen (Handbuch der Kulturgeschichte; Erste Abteilung: Zeitalter deutscher Kultur), Wiesbaden 1978.

KRÜGER, BRUNO (Hg.)
  1983–1988 Die Germanen. Geschichte und Kultur der germanischen Stämme in Mitteleuropa. Ein Handbuch. Band 1: Von den Anfängen bis zum 2. Jahrhundert unserer Zeitrechnung, hg. v. Bruno Krüger, Berlin ⁵1988. Band 2: Die Stämme und Stammesverbände in der Zeit vom 3. Jahrhundert bis zur Herausbildung der politischen Vorherrschaft der Franken, hg. v. Bruno Krüger, Berlin 1983 (Veröffentlichungen des Zentralinstituts für Alte Geschichte und Archäologie der Akademie der Wissenschaften der DDR 4/I–II).

KUHN, JULIA
  2002   Die romanischen Orts- und Flurnamen von Walenstadt und Quarten / St. Gallen / Schweiz, Innsbruck 2002 (Romanica Ænipontana; Bd. 18).

KULLY, ROLF MAX
  SONB   Solothurnische Ortsnamen. Die Namen des Kantons, der Bezirke und der Gemeinden. Gesammelt und bearbeitet von Rolf Max Kully unter Mitarbeit v. M. Gasser, B. Grossenbacher Künzler u. a., Solothurn 2003 (Solothurner Namenbuch; Bd. 1).

KURATH, HANS – KUHN, SHERMAN M. (EDS.)
  MED   Middle English Dictionary, Part B.2, Ann Arbor 1957. [zitiert als: KURATH – KUHN, MED]

LAMBERT, PIERRE-YVES
  2003   La langue gauloise. Description linguistique, commentaire d'inscriptions choisies, édition revue et augmentée Paris 2003.

LANGNICKEL, H.
  1984   Art. 'Cornuti', in: RGA 2. A. Bd. 5, Berlin, New York 1984, S. 98 f.

LAUFFER, SIEGFRIED (Hg.)
  1971   Diokletians Preisedikt, hg. v. Siegfried Lauffer, Berlin 1971 (Texte und Kommentare; Bd. 5).

LEHMANN, WINFRED P.
  GED   A Gothic Etymological Dictionary. Based on the third edition of *Vergleichendes Wörterbuch der Gotischen Sprache* by Sigmund FEIST, Leiden 1986. [zitiert als: LEHMANN, GED]

LEHNER, HANS
  1918   Die antiken Steindenkmäler des Provinzialmuseums in Bonn, Bonn 1918.
  1929   Bericht über die Tätigkeit des Provinzialmuseums in Bonn in der Zeit vom 1.4. 1928 bis 31. 3. 1929, in: Bonner Jahrbücher 134 (1929), S. 134–181.
  1930   Römische Steindenkmäler von der Bonner Münsterkirche, in: Bonner Jahrbücher 135 (1930), S. 1–48.
  1931   Zu den römischen Zollstationen im Rheinlande, in: Germania 15 (1931), S. 104–108.
  1932   Baugeschichtliche Untersuchungen am Bonner Münster, in: Bonner Jahrbücher 136 (1932), S. 1–216.

LEUMANN, MANU
LLF Lateinische Laut- und Formenlehre, München ⁵1977 (= ⁵1926–1928) (Handbuch der Altertumswissenschaft, 2. Abt., 2. Teil, 1. Band). [zitiert als: LEUMANN, LLF]

LEWIS, HENRY – PEDERSEN, HOLGER
1989 A Concise Comparative Celtic Grammar, third edition, second impression with the supplement of 1961 by Henry Lewis, Göttingen ³1961 (1989). [zitiert als: LEWIS – PEDERSEN, CCCG]

LEXER, MATTHIAS
I–III Mittelhochdeutsches Handwörterbuch. Reprographischer Nachdruck der Ausgabe Leipzig 1872–1878, Stuttgart 1979. [zitiert als: LEXER I–III]

LIBERMAN, ANATOLY
1988 The Origin of the Eddic Animal Names *Heiðrun* and *Eikþyrnir*, in: General Linguistics 28 (1988), S. 32–48.

LINDBERG, CARL
1950 Havsto, in: Namn och bygd 38 (1950), S. 58–66.

LINDSAY, JACK
1961 *Camulos* and *Belenos*. A note to the Pro-Conquest [sic, Anm. MHG] Expansion of Celtic Cults, in: Latomus 20 (1961), S. 731–743.

LLOYD, ALBERT L. – LÜHR, ROSEMARIE (AB BD. II) – SPRINGER, OTTO
I–II Etymologisches Wörterbuch des Althochdeutschen, Göttingen, Zürich 1988 ff. (bisher 2 Bde. erschienen).

LOCHNER-HÜTTENBACH, FRITZ
1967 Zum Namen der Habergeiß, in: Beiträge zur Indogermanistik und Keltologie. Julius Pokorny zum 80. Geburtstag gewidmet, hg. v. W. Meid (Innsbrucker Beiträge zur Kulturwissenschaft; Bd. 13), Innsbruck 1967 (Innsbrucker Beiträge zur Kulturwissenschaft; Bd. 13), S. 51–55.

L'ORANGE, HANS PETER
1939 Der spätantike Bildschmuck des Konstantinsbogens (unter Mitarbeit v. A. v. Gerkan), Berlin 1939 (Studien zur spätantiken Kunstgeschichte; Bd. 10).

LORENZ, GÜNTHER
2000 Tiere im Leben der alten Kulturen. Schriftlose Kulturen, Alter Orient, Ägypten, Griechenland und Rom (Alltag und Kultur im Altertum; Bd. 5), Wien, Köln, Weimar 2000.

LÜHR, ROSEMARIE
1988 Expressivität und Lautgesetz im Germanischen (Monographien zur Sprachwissenschaft; Bd. 15), Heidelberg 1988.

MACMULLEN, RAMSAY
1965 The Celtic Renaissance, in: Historia 14 (1965), S. 93–104.

MAIER, BERNHARD
1994 Lexikon der keltischen Religion und Kultur, Stuttgart 1994.

MALLORY, J. P. – ADAMS, D. Q. (Ed.)
1997 Encyclopedia of Indo-European Culture, London, Chicago 1997.

MANNHARDT, WILHELM
    1868   Die Korndämonen. Beitrag zur germanischen Sittenkunde, Berlin 1868 (Nachdruck Langen 2000).
    WuF   Wald- und Feldkulte. Bd. 1: Der Baumkultus der Germanen und ihrer Nachbarstämme. Mythologische Untersuchungen, Berlin ²1905; Bd. 2: Antike Wald- und Feldkulte aus nordeuropäischer Überlieferung erläutert, Berlin ²1905. [zitiert als: MANNHARDT, WuF I–II]

MARICHAL, ROBERT
    1988   Les Graffites de La Graufesenque (XLVIIe supplément à «Gallia»), Paris 1988.

MARKEY, T. L.
    1986   Social Spheres and National Groups in Germania, in: Germanenprobleme in heutiger Sicht, hg. v. H. Beck, Berlin, New York 1986 (Ergänzungsbände zum RGA; Bd. 1), S. 248–266.

MARSTRANDER, CARL J. S.
    1910   Hibernica, in: ZcPh 7 (1910), S. 357–418.
    1934   Celtic river-names and river-goddesses, in: Norsk Tidsskrift for Sprogvidenskap 7 (1934), S. 344–346.

MARZELL, HEINRICH
    I–V   Wörterbuch der deutschen Pflanzennamen. Mit Unterstützung der preussischen Akademie der Wissenschaften bearbeitet v. Heinrich Marzell. Unter Mitwirkung v. W. Wissmann, 5 Bde., Leipzig 1943–1958..

MAURER, FRIEDRICH
    1967   Der altdeutsche Physiologus. Die Millstätter Reimfassung und die Wiener Prosa (nebst dem lateinischen Text und dem althochdeutschen Physiologus) hg. v. Friedrich Maurer, Tübingen 1967 (ATB, Bd. 67).

MAY, EBERHARD
    1969   Ursprung und Entwicklung der frühesten Haustiere, in: HERBERT JANKUHN: Deutsche Agrargeschichte, Bd. I: Vor- und Frühgeschichte vom Neolithikum bis zur Völkerwanderungszeit, Stuttgart 1969, S. 234–262.

MAYRHOFER, MANFRED
    I–III   Kurzgefaßtes etymologisches Wörterbuch des Altindischen, 3 Bde., Heidelberg 1956–1976. [zitiert als: MAYRHOFER I–III]

MCCONE, KIM
    1996   Towards a relative chronology of ancient and medieval celtic sound change (Maynooth Studies in Celtic Linguistics; Bd. I), Maynooth 1996.

MERINGER, RUDOLF
    1911   Zur Aufgabe und zum Namen unserer Zeitschrift, in: Wörter und Sachen 3 (1911), S. 22–56.

MEID, WOLFGANG
    1980   Gallisch oder Lateinisch? Soziolinguistische und andere Bemerkungen zu populären gallo-lateinischen Inschriften, Innsbruck 1980 (Innsbrucker Beiträge zur Sprachwissenschaft, Vorträge und Kleinere Schriften; Bd. 24).

1997 Hoffnung oder Resignation? Vom Umgang mit Texten aus «Trümmersprachen», in: ZcPh 49–50 (1997), S. 591–602.

MEIER-BRÜGGER, MICHAEL
1998 Zum urindogermanischen Sachgebiet der Rindviehhaltung (Resümee), in: Sprache und Kultur der Indogermanen. Akten der X. Fachtagung der Indogermanischen Gesellschaft, Innsbruck, 22.–28. September 1996, hg. v. W. Meid, Innsbruck 1998 (IBS; Bd. 93), S. 521–522.

MEYER-LÜBKE, WILHELM
REW Romanisches etymologisches Wörterbuch, Heidelberg ^{6}1992 (= unveränd. Nachdr. der 3., vollst. neubearb. Aufl. Heidelberg 1935). [zitiert als: MEYER-LÜBKE, REW]

MICHEL, PAUL
1979 Tiere als Symbol und Ornament. Möglichkeiten und Grenzen der ikonographischen Deutung, gezeigt am Beispiel des Zürcher Grossmünsterkreuzgangs, Wiesbaden 1979.

MIGNE, JACQUES-PAUL
PL Patrologiae cursus completus […] Accurante J.-P. Migne. Series Latina, 221 Bde., Paris 1841–1864.

MILLER, KONRAD
1916 Itineraria Romana. Römische Reisewege an der Hand der Tabula Peutingeriana, dargestellt v. K. Miller, Stuttgart 1916.

MITTELLATEINISCHES WÖRTERBUCH
MLW Mittellateinisches Wörterbuch bis zum ausgehenden 13. Jahrhundert. In Gemeinschaft mit den Akademien der Wissenschaften zu Göttingen […] hg. von der Bayerischen Akademie der Wissenschaften und der Akademie der Wissenschaften in Berlin. München 1976 ff. [erschienen bis Bd. III, Lfg. 5 (dissertatio)].

MÖLLER, HERMANN
1879 Epenthese vor *k*-lauten im germanischen als wirkung des velaren oder palatalen charakters des wurzelauslauts, in: Zeitschrift für vergleichende Sprachforschung auf dem Gebiete der indogermanischen Sprachen 24 (NF 4) (1879), S. 427–522.

MOMMSEN, THEODOR – BLÜMNER, HUGO
1958 Edictum Diocletiani de pretiis rerum venalium, hg. v. Th. Mommsen. Der Maximaltarif des Diocletian, erläutert v. H. Blümner, Berlin ^{2}1958.

MUCH, RUDOLF
1888 SALTUS HIRCANUS, in: ZfdA 32 (1888), S. 410–412.
1895 Germanische Völkernamen, in: ZfdA 39 (1895), S. 20–52.
1913–15 Art. 'Γαβρέτα ὕλη', in: RGA Bd. 2, Strassburg 1913–15, S. 109.
1918–19 Art. 'Σούδητα ὄρη', in: RGA Bd. 4, Strassburg 1913–15, S. 204.
1925 Widsith. Beiträge zu einem Kommentar, in: ZfdA 62 (1925), S. 113–150.
1930 Der nordische Widdergott, in: Deutsche Islandforschung Bd. I, hg. v. W. H. Vogt, Breslau 1930 (Veröffentlichungen der Schleswig-Holsteinischen Universitätsgesellschaft; Bd. 28, 1), S. 63–67.
1967 Die Germania des Tacitus. Erläutert von Rudolf Much. Dritte, beträchtlich erweiterte Auflage, unter Mitarbeit v. Herbert Jankuhn hg. v. Wolfgang Lange, Heidelberg 1967.

MÜLLER, GERTRAUD – FRINGS, THEODOR
    1968   Germania Romana, Bd. 2, Halle (Saale) 1968 (Mitteldeutsche Studien; Bd. 19/2).

MÜLLER, GUNTER
    1967   Zum Namen *Wolfhetan* und seinen Verwandten, in: Frühmittelalterliche Studien 1 (1967), S. 200–212.
    1968   Germanische Tiersymbolik und Namengebung, in: Frühmittelalterliche Studien 2 (1968), S. 202–217.
    1970   Studien zu den theriophoren Personennamen der Germanen, Köln, Wien 1970 (Niederdeutsche Studien 14).

MÜLLER, JOACHIM
    1985/86 Müllers grosses deutsches Ortsbuch. Bundesrepublik Deutschland. Vollständiges Gemeindelexikon, 22., überarbeitete und erweiterte A. Wuppertal 1985/86.

MÜLLER-WILLE, MICHAEL
    1999   Opferkulte der Germanen und Slawen, Darmstadt 1999.

NAUMANN, HANS
    1921   Der grosse Eber, in: PBB 45 (1921), S. 473–477.

NEDOMA, ROBERT
    1989   Matronae Amfratninae, in: BNF NF 24 (1989), S. 292–294.

NESSELHAUF, HERBERT
    1939   Neue Inschriften aus dem römischen Germanien und den angrenzenden Gebieten, in: 27. Bericht der römisch-germanischen Kommission 1937, Berlin 1939, S. 51–134.

NESSELHAUF, HERBERT – LIEB, HANS
    1959   Dritter Nachtrag zu CIL XIII. Inschriften aus den germanischen Provinzen und dem Trevererbegiet, in: 40. Bericht der römisch-germanischen Kommission 1958, Berlin 1959, S. 120–229.

NEUMANN, ALFRED
    1965   Art. 'Cornuti', in: RE Suppl. 10, Stuttgart 1965, Sp. 133–134.

NEUMANN, GÜNTER
    1981   Art. 'Caeroesi', in: RGA 2. A. Bd. 4, Berlin, New York 1981, S. 309 f.
    1987   Die germanischen Matronen-Beinamen, in: Matronen und verwandte Gottheiten. Ergebnisse eines Kolloquiums veranstaltet von der Göttinger Akademiekommission für die Altertumskunde Mittel- und Nordeuropas (Beihefte der Bonner Jahrbücher; Bd. 44), Köln 1987, S. 103–132.

NICHOLSON, LEWIS E.
    1986   «Beowulf» and the Pagan Cult of the Stag, in: Studi Medievali 27 (1986), S. 637–669.

NICKEL, GERHARD (Hg.)
    I–III   Beowulf und die kleineren Denkmäler der altenglischen Heldensage Waldere und Finnsburg. Mit Text und Übersetzung, Einleitung und Kommentar. In drei Teilen hg. v. G. Nickel. Heidelberg 1967 (I: Text, Übersetzung, Namenverzeichnis und Stammtafeln); 1976 (II: Einleitung, Kommentar, Sachregister u. Literaturverzeichnis); 1982 (III: Konkordanz und Glossar).

NORDEN, EDUARD
    1934   Alt-Germanien. Völker- und namengeschichtliche Untersuchungen, Leipzig 1934 (2. A.: Unveränderter photomechanischer Nachdruck Darmstadt 1962).

NOREEN, ADOLF
    1923   Altnordische Grammatik I: Altisländische und altnorwegische Grammatik (Laut- und Flexionslehre) unter Berücksichtigung des Urnordischen, 4. vollst. umgearb. A. 1923.

NYFFENEGGER, EUGEN – BANDLE, OSKAR
    TNB 1   Thurgauer Namenbuch, Bd. 1.1–1.2: Die Siedlungsnamen des Kantons Thurgau. Herkunft und Bedeutung der Namen der Ortschaften, Weiler und Höfe im Kanton Thurgau, Frauenfeld, Stuttgart, Wien 2003.

NYFFENEGGER, EUGEN – GRAF, MARTIN
    TNB 2   Thurgauer Namenbuch, Bd. 2: Die Flurnamen des Kantons Thurgau. Ein etymologisches Lexikon zu den Flurnamen des Kantons Thurgau, Frauenfeld, Stuttgart, Wien 2007 [im Entstehen].

NYFFENEGGER, EUGEN
    2004   Die Beggeligrenze in einer Zeit des Sprachwandels. Beobachtungen mit dem Material des Thurgauer Namenbuches [im Druck].

OLRIK, JØRGEN – RÆDER, HANS (Hg.)
    1931   Saxonis Gesta Danorum, Kopenhagen 1931.

ONIONS, C. T.
    ODEE   The Oxford Dictionary of English Etymology. ed. by C. T. Onions, with assistance of. G. W. S. Friedrichsen and R. W. Burchfield, Oxford 1967. [zitiert als: ODEE]

OREL, VLADIMIR
    2003   A Handbook of Germanic Etymology, Leiden, Boston 2003. [zitiert als: OREL, HGE]

ORTH, FERDINAND
    1921   Art. 'Schaf', in: RE II/3, Stuttgart 1921, Sp. 373–399.

ORTMANN, WOLF DIETER
    1967   Historisches Ortsnamenbuch von Bayern: Mittelfranken; Bd. 3: Landkreis Scheinfeld, München 1967.

OTRĘBSKI, JAN
    1959   Tiernamen als Gewässernamen in Litauen, in: BNF 10 (1959), S. 24–27.

V. PADBERG, LUTZ E.
    1993   Rez. v. AMSTADT 1991, in: Zeitschrift für bayerische Landesgeschichte 56 (1993), S. 188–190.

PALANDER, HUGO [= SUOLAHTI, HUGO]
    1899   Die althochdeutschen Tiernamen. I. Die Namen der Säugetiere. Diss. Helsingfors, Darmstadt 1899.

PEDERSEN, HOLGER
    I–II   Vergleichende Grammatik der keltischen Sprachen. 2 Bde. Göttingen 1909–1913.

PETERS, HANS
    1981a   Onomasiologische Untersuchungen zum skandinavischen Lehngut im Altenglischen, in: Sprachwissenschaft 6 (1981), S. 169–185.

1981b   Zum skandinavischen Lehngut im Altenglischen, in: 6 (1981), S. 85–124.

PETERS, JORIS
1998   Römische Tierhaltung und Tierzucht. Eine Synthese aus archäozoologischer Untersuchung und schriftlich-bildlicher Überlieferung (Passauer Universitätsschriften zur Archäologie; Bd. 5), Rahden/Westf. 1998.

PETERSSON, HERBERT
1915   Einige Tiernamen aus alten Farbenbezeichnungen, in: PBB 40 (1915), S. 81–111.

V. PETRIKOVITS, HARALD
1963   Aus rheinischer Kunst und Kultur. Auswahlkatalog des Rheinischen Landesmuseums Bonn, Düsseldorf 1963 (Kunst und Altertum am Rhein; Bd. 9).

PFEIFFER, FRANZ (Hg.)
1962   KONRAD V. MEGENBERG: Das Buch der Natur, hg. v. Franz Pfeiffer, Hildesheim 1962.

PHILLIPS, GEORGE
1860   Ueber den Ursprung der Katzenmusiken. Eine canonistisch-mythologische Abhandlung, in: Vermischte Schriften, Bd. 3, Wien 1860, S. 26–92.

PIRSON, JULES
1901   La langue des inscriptions latines de la Gaule, Bruxelles 1901.

PLANCK, DIETER
1982   Eine neuentdeckte keltische Viereckschanze in Fellbach-Schmiden, Rems-Murr-Kreis. Vorbericht der Grabungen 1977–1980, in: Germania 60 (1982), S. 105–172.
1994   Art. 'Fellbach-Schmiden', in: RGA 2. A. Bd. 8, Berlin New York 1994, S. 327–331.

POKORNY, JULIUS
1932   Zum Namen der Mindel, in: ZONF 8 (1932), S. 56–57.
1933   Tiernamen in Flussbezeichnungen, in; ZcPh 19 (1933), S. 190.
1936   Zur Urgeschichte der Kelten und Illyrier, in: ZcPh 20 (1936), S. 315–352, 489–522.
1948–49 Zur keltischen Namenkunde und Etymologie, in: Vox Romanica 10 (1948–49), S. 220–267.
1959   Indogermanisches etymologisches Wörterbuch, 2 Bde. Bern 1959. [zitiert als: POKORNY, IEW]

POLENZ, PETER V.
1961   Landschafts- und Bezirksnamen im frühmittelalterlichen Deutschland. Untersuchungen zur sprachlichen Raumerschliessung. Bd. 1: Namentypen und Grundwortschatz, Marburg 1961.

POLOMÉ, EDGAR C[HARLES]
1954   A propos de la déesse Nerthus, in: Latomus 13 (1954), S. 167–200.
1979   Some aspects of the cult of the mother goddess in western Europe, in: Vistas and Vectors. Essays Honoring the Memory of Helmut Rehder, hg. v. L. B. Jennings u. G. Schulz-Behrend, Austin 1979, S. 193–208.
1987   Muttergottheiten im alten Westeuropa, in: Matronen und verwandte Gottheiten. Ergebnisse eines Kolloquiums veranstaltet von der Göttinger Akademiekommission für die Altertumskunde Mittel- und Nordeuropas (Beihefte der Bonner Jahrbücher; Bd. 44), Köln 1987, S. 201–212.

1997 Etymologische Anmerkungen zu keltischen Götternamen, in: ZcPh 49–50 (1997), S. 737–748.

PRÓSPER, BLANCA
2000 Ein Beitrag zur Vergöttlichung der Flüsse in der Antike: *Arentiā, Arantiā*, in: BNF NF 35 (2000), S. 41–65.

PTATSCHECK, MARIA
1957 Lamm und Kalb. Bezeichnungen weiblicher Jungtiere in deutscher Wortgeographie (Beiträge zur deutschen Philologie; Bd. 13), Giessen 1957.

QUAK, AREND
1983 Zu den salfränkischen Tierbezeichnungen. Von einer Arbeitsgruppe unter der Leitung von Arend Quak, in: Amsterdamer Beiträge zur älteren Germanistik 19 (1983), S. 7–67.

RANKE, FRIEDRICH – HOFMANN, DIETRICH
1988 Altnordisches Elementarbuch. Einführung, Grammatik, Texte (zum Teil mit Übersetzung) und Wörterbuch, 5., durchgesehene Auflage Berlin New York 1988.
[zitiert als: RANKE – HOFMANN 1988]

REICHERT, HERMANN
1987 Lexikon der altgermanischen Namen, 1. Teil: Text (Thesaurus Palaeogermanicus; Bd. 1), Wien 1987.
1997 Art. 'Gabreta', in: RGA 2. A. Bd. 10, Berlin, New York 1998, S. 311 f.
2001 Art. 'Linksrheinische Germanen', in: RGA 2. A. Bd. 18, Berlin, New York 2001, S. 483–494.

REIN, KURT
1958 Die Bedeutung von Tierzucht und Affekt für die Haustierbenennung, untersucht an der deutschen Synonymik für *capra domestica*, in: Deutsche Wortforschung in europäischen Bezügen. Untersuchungen zum Deutschen Wortatlas, Bd. I, hg. v. L. E. Schmitt, Giessen 1958, S. 191–295.

REY-FLAUD, HENRI
1985 Le Charivari. Les rituels fondamentaux de la sexualité, Paris 1985.

RICHTER, WILL
1972 Art. 'Ziege', in: RE II/19, München 1972, Sp. 398–433.

RIG
1–4 Recueil des inscriptions gauloises, sous la direction de Paul-Marie Duval, vols. 1–4, Paris 1985–2002.

RITTER, O.
1942 Anglistische Notizen zur deutschen Namenkunde, in: PBB 65 (1942), S. 120–133.

RIECKHOFF, SABINE – BIEL, JÖRG
2001 Die Kelten in Deutschland. Stuttgart 2001.

RIX, HELMUT
1950/51 Picentes – Picenum, in: BNF 2 (1950–51), S. 237–247.
1995 Römische Personennamen, in: HSK Namenforschung Bd. 1, Berlin, New York 1995, S. 724–732.

2001   Lexikon der indogermanischen Verben. Die Wurzeln und ihre Primärstammbildungen, Wiesbaden ²2001. [zitiert als: LIV]

RÖHRICH, LUTZ
- I–III   Das große Lexikon der sprichwörtlichen Redensarten, 3 Bde., Freiburg, Basel, Wien 1991–1992.

ROSENFELD, HELLMUT
- 1940   Die vandalischen Alkes «Elchreiter», der ostgermanische Hirschkult und die Dioskuren, in: Germanisch-Romanische Monatsschrift 28 (1940), S. 245–258.
- 1984   Art. 'Dioskuren' §§ 1–3, in: RGA 2. A. Bd. 5, Berlin, New York 1984, S. 482 ff.

ROSS, ANNE
- 1986   The Pagan Celts. Updated, expanded and reillustrated edition, London 1986.
- 1992   Pagan Celtic Britain. Studies in Iconography and Tradition. London 1967 (revised edition 1992).

RÜBEKEIL, LUDWIG
- 1992   Suebica. Völkernamen und Ethnos, Innsbruck 1992 (Innsbrucker Beiträge zur Sprachwissenschaft; Bd. 68).
- 1996   Völkernamen Europas [= Germanische Völkernamen], in: HSK Namenforschung, 2. Teilband, hg. v. E. Eichler u. a., Berlin, New York 1996, S. 1330–1343.
- 2002   Diachrone Studien zur Kontaktzone zwischen Kelten und Germanen, Wien 2002 (SBph 699).
- 2002a   *Canninefates. Nomen* und *Gens* in der keltisch-germanischen Kontaktzone, in: Actas do XX. congreso internacional de ciencias onomásticas, Santiago, 1999. A Coruña 2002, S. 1237–1247.
- 2004   *Lugii* und *Tungri* – Soziale Typik und ethnische Labels, in: Völkernamen – Ländernamen – Landschaftsnamen. Protokoll einer gleichnamigen Tagung im Herbst 2003 in Leipzig, hg. v. E. Eichler, H. Tiefenbach u. J. Udolph, Leipzig 2004, S. 243–264.

RÜGER, CHRISTOPH BERNHARD
- 1972   Gallisch-germanische Kurien, in: Epigraphische Studien 9 (1972), S. 251–260.
- 1983   A Husband for the Mother Goddesses – Some Observations on the *Matronae Aufaniae*, in: Rome and her Northern Provinces. Papers presented to Sheppard Frere in honour of his retirement from the Chair of the Archaeology of the Roman Empire, University of Oxford, 1983, hg. v. B. Hartley u. J. Wacher, Oxford 1983, S. 210–219.
- 1987   Beobachtungen zu den epigraphischen Belegen der Muttergottheiten in den lateinischen Provinzen des Imperium Romanum, in: Matronen und verwandte Gottheiten. Ergebnisse eines Kolloquiums veranstaltet von der Göttinger Akademiekommission für die Altertumskunde Mittel- und Nordeuropas (Beihefte der Bonner Jahrbücher; Bd. 44), Köln 1987, S. 1–30.

RUNGE, HEINRICH
- 1859   Der Quellkultus in der Schweiz, Zürich 1859.

RUSSELL, NERISSA
- 2003   Livestock of the Early Farmers, in: Ancient Europe 8000 b.c. – a.d. 1000, Vol. I, hg. v. P. Bogucki u. P. J. Crabtree, New York u.a. 2003, S. 211–217.

RUTISHAUSER, JÖRG
 1967 Die Namen der laufenden Gewässer im Bezirk Winterthur, Winterthur 1967 (298. Neujahrsblatt der Stadtbibliothek Winterthur).

SANTESSON, LILLEMOR
 1993 Eine Blutopferinschrift aus dem südschwedischen Blekinge. Eine Neudeutung der einleitenden Zeilen des Stentoftener Steines, in: Frühmittelalterliche Studien 27 (1993), S. 241–252.

SCANLAN, JAMES J.
 1987 Albert the Great: Man and the Beasts – de animalibus (Books 22–26), translated by J. J. Scanlan (Medieval and Renaissance Texts and Studies; vol. 47), New York 1987.

SCARDIGLI, PIERGIUSEPPE
 1989 Sprache im Umkreis der Matroneninschriften, in: Germanische Rest- und Trümmersprachen, hg. v. H. Beck, Berlin, New York 1989 (Ergänzungsbände zum RGA; Bd. 3), S. 143–156.

SCHAUERTE, GÜNTHER:
 1987 Darstellungen mütterlicher Gottheiten in den römischen Nordwestprovinzen, in: Matronen und verwandte Gottheiten. Ergebnisse eines Kolloquiums veranstaltet von der Göttinger Akademiekommission für die Altertumskunde Mittel- und Nordeuropas (Beihefte der Bonner Jahrbücher; Bd. 44), Köln 1987, S. 55–102.

SCHEIBELREITER, GEORG
 1992 Tiernamen und Wappenwesen, Wien, Köln, Weimar ²1992 (Veröffentlichungen des Instituts für Österreichische Geschichtsforschung; Bd. 24).

SCHLETTE, FRIEDRICH
 1976 Kelten zwischen Alesia und Pergamon, Leipzig u. a. 1976.

SCHMELLER, J. ANDREAS – FROMMANN G. KARL
 I–II Bayerisches Wörterbuch. Sammlung von Wörtern und Ausdrücken [...] mit urkundlichen Belegen, nach den Stammsylben etymologisch-alphabetisch geordnet. 4 T./2 Bde., München 1872–1877.

SCHMID, WOLFGANG P.
 1995 Alteuropäische Gewässernamen, in: HSK Namenforschung Bd. 1, Berlin, New York 1995, S. 756–762.

SCHMIDT, KARL HORST
 1957 Die Komposition in gallischen Personennamen, in: ZcPh 26 (1957), S. 33–301.
 1987 Die keltischen Matronennamen, in: Matronen und verwandte Gottheiten. Ergebnisse eines Kolloquiums veranstaltet von der Göttinger Akademiekommission für die Altertumskunde Mittel- und Nordeuropas (Beihefte der Bonner Jahrbücher; Bd. 44), Köln 1987, S. 133–154.

SCHMIDT, LUDWIG
 I–II Geschichte der deutschen Stämme bis zum Ausgang der Völkerwanderung. I (1941): Die Ostgermanen. II.1 (1938) – II.2 (1940): Die Westgermanen, München (Nachdruck München 1969–1970).

SCHMIDT-WIEGAND, RUTH
　1973　　SALI. Die Malbergischen Glossen der Lex Salica und die Ausbreitung der Franken, in: Siedlung, Sprache und Bevölkerungsstruktur im Frankenreich, hg. v. F. Petri, Darmstadt 1973 (Wege der Forschung; Bd. IL), S. 490–530. [ursprünglich in: Rheinische Vierteljahrsblätter 32 (1968), S. 140–166]
　1975　　Der «Bauer» in der Lex Salica, in: Wort und Begriff «Bauer». Zusammenfassender Bericht über die Kolloquien der Kommission für Altertumskunde Nord- und Mitteleuropas, hg. v. R. Wenskus u. a. (Abhandlungen der Akademie der Wissenschaften in Göttingen, Phil.-Hist. Klasse; Dritte Folge Nr. 89), Göttingen 1975, S. 128–152.
　1980　　Chrenecruda. Rechtswort und Formalakt der Merowingerzeit, in: Karlsruher kulturwissenschaftliche Arbeiten Bd. 2: Arbeiten zur Rechtsgeschichte. FS für G. K. Schmelzeisen, hg. v. H.-W. Thümmel, Stuttgart 1980, S. 252–273.
　1989　　Die Malbergischen Glossen, eine frühe Überlieferung germanischer Rechtssprache, in: Germanische Rest- und Trümmersprachen, hg. v. H. Beck, Berlin, New York 1989, S. 157–174.
　1999　　Einleitung, in: Wörter und Sachen als methodisches Prinzip und Forschungsrichtung, hg. v. R. Schmidt-Wiegand, 2 Teile, Hildesheim, Zürich, New York 1999 (Germanistische Linguistik; Hefte 145–148), S. 7–36.
　2001　　Art. 'Malbergische Glossen', in: RGA 2. A. Bd. 19, Berlin, New York 2001, S. 184–186.

SCHMITT, RÜDIGER
　1967　　Dichtung und Dichtersprache in indogermanischer Zeit, Wiesbaden 1967.

SCHNETZ, JOSEPH
　1928　　Untersuchungen zu Flussnamen Deutschlands. 4. Die Mindel, in: ZONF 4 (1928), S. 131–135.
　1929　　Untersuchungen zu Flussnamen Deutschlands. 4a. Nochmals die Mindel, in: ZONF 5 (1929), S. 52–56.
　1932a　Bemerkung der Schriftleitung, in: ZONF 8 (1932), S. 57–58. [unmittelbare Replik auf J. POKORNY, ebd.]
　1932b　Ist *Mindel* ein Tiername, in: ZONF 8 (1932), S. 161–162.
　1933　　Und wieder die *Mindel*, in: ZONF 9 (1933), S. 180–183.
　1952　　Flurnamenkunde, München 1952 (Bayerische Heimatforschung, i. A. des Generaldirektors der staatlichen Archive Bayerns hg. v. Dr. K. Puchner; Heft 5 in Verbindung mit Dr. L. F. Barthel).

SCHORTA, ANDREA
　RNB　　Rätisches Namenbuch, Bd. II: Etymologien, bearb. u. hg. v. Andrea Schorta, Bern ²1985 (Romanica Helvetica; Vol. 63). [zitiert als: RNB II/1]

SCHRÖDER, EDWARD
　1915　　Art. 'Flußnamen', in: RGA Bd. 2, Strassburg 1913–15, S. 72–77.
　1937　　Zum Thema: Tiernamen als Flussnamen, in: ZONF 13 (1937), S. 63–68.
　1944　　Deutsche Namenkunde. Gesammelte Aufsätze zur Kunde deutscher Personen- und Ortsnamen, Göttingen ²1944.

SCHRÖDER, FRANZ ROLF
　1941　　Skadi und die Götter Skandinaviens, Tübingen 1941 (Untersuchungen zur germanischen und vergleichenden Religionsgeschichte; Bd. 2).

SCHÜTZEICHEL, RUDOLF
    1989   Althochdeutsches Wörterbuch, 4., überarbeitete und ergänzte Auflage, Tübingen 1989.

SCHWAB, UTE
    1970   Das Tier in der Dichtung, hg. u. eingel. v. U. Schwab, Heidelberg 1970.
    1992   Das althochdeutsche Lied ›Hirsch und Hinde‹ in seiner lateinischen Umgebung, in: Latein und Volkssprache im deutschen Mittelalter 1100–1500. Regensburger Colloquium 1988, hg. v. N. Henkel u. N. F. Palmer, Tübingen 1992, S. 74–122.

SCHWAPPACH, FRANK
    1974   Zu einigen Tierdarstellungen der Frühlatènekunst, in: Hamburger Beiträge zur Archäologie 4 (1974), S. 103–140.

SCHWARZ, ERNST
    1956   Germanische Stammeskunde, Heidelberg 1956.

SCHWEIZERDEUTSCHES WÖRTERBUCH
    ID   Schweizerisches Idiotikon: Wörterbuch der schweizerdeutschen Sprache […], Bd. 1 ff. Frauenfeld 1881 ff. [zit. als ID 1–15]

SCHWENTNER, ERNST
    1924   Grammatisches und Etymologisches, in: PBB 48 (1924), S. 302–306.

SEEBOLD, ELMAR
    1970   Vergleichendes und etymologisches Wörterbuch der germanischen starken Verben, Den Haag, Paris 1970 (Janua Linguarum, Series Practica; Bd. 85).
    2000   Nachwort, in: SUOLAHTI 1909 (Nachdruck 2000), S. 541–549.
    2001   Chronologisches Wörterbuch des deutschen Wortschatzes. Der Wortschatz des 8. Jahrhunderts (und früherer Quellen), bearb. v. E. Seebold unter Mitarbeit v. B. Bulitta, J. Stieglbauer-Schwarz u. Ch. Wanzeck, Berlin, New York 2001. [zitiert als: ChWdW8]

SEECK, OTTO
    1876   Notitia Dignitatum. Accedunt notitia urbis Constantinopolitanae et latercula prouinciarum, hg. v. O. Seeck, Berlin 1876.

SEIBERT, ILSE
    1969   Hirt – Herde – König. Zur Herausbildung des Königtums in Mesopotamien, Berlin 1969.

SIEVERS, EDUARD
    1892   Sonargǫltr, in: PBB 16 (1892), S. 540–544.

SIGAUT, FRANÇOIS
    2004   L'évolution des techniques, in: The Making of Feudal Agricultures? ed. by M. Barqueló and F. Sigaut (The Transformation of the Roman World; vol. 14), Leiden 2004, S. 1–31.

SIGURÐSSON, JÓN et al., (Hg.)
    1848–87 Edda Snorra Sturlusonar. Edda Snorronis Sturlæi, 3 Bde., Reproductio phototypica editionis 1848–87, Osnabrück 1966.

SIMEK, RUDOLF
    1995   Lexikon der germanischen Mythologie, Stuttgart ²1995.
    2003   Religion und Mythologie der Germanen, Darmstadt 2003.

SNYDER, WILLIAM H.
- 1965 Zur ältesten Namenschicht der rechten Nebenflüsse der Donau (Von der Quelle bis zur Mündung des Inns), in: BNF 16 (1965), S. 176–203.
- 1966 Zur ältesten Namenschicht der rechten Nebenflüsse der Donau: Die zusammengesetzten Namen, in: BNF NF 1 (1966), S. 43–66.
- 1967 Zum Zeugnis der Flusznamen für die Vor- und Frühgeschichte, in: BNF NF 2 (1967), S. 146–164.

SONDEREGGER, STEFAN
- 1957 Die Erforschung der Orts- und Flurnamen des Kantons Appenzell, in: Schweiz. Archiv für Volkskunde 53 (1957), S. 1–30.
- 1958a Die Orts- und Flurnamen des Landes Appenzell, Band I: Grammatische Darstellung, Frauenfeld 1958.
- 1958b Grundlegung einer Siedlungsgeschichte des Landes Appenzell anhand der Orts- und Flurnamen, Trogen 1958.
- 1958c Volkskundliche Aspekte einer Namensammlung, in: Schweizerdeutsches Wörterbuch, Bericht über das Jahr 1958, S. 11–27.
- 1960 Das Alter der Flurnamen und die germanische Überlieferung, in: Jahrbuch für fränkische Landesforschung 20 (1960) (FS E. Schwarz), S. 181–201.
- 1963 Die althochdeutsche Schweiz. Zur Sprach- und Siedlungsgeschichte der deutschen Schweiz bis 1100, in: Sprachleben der Schweiz. Sprachwissenschaft, Namenforschung, Volkskunde, Bern 1963, S. 23–55.
- 1964 Die althochdeutsche Lex Salica-Übersetzung, in: Festgabe für Wolfgang Jungandreas zum 70. Geburtstag am 9. Dezember 1964, Beiträge zur deutschen Sprachgeschichte, Landes-, Volks- und Altertumskunde, Trier 1964 (Schriftenreihe zur Trierischen Landesgeschichte und Volkskunde; Bd. 13), S. 113–122.
- 1967 Der Alpstein im Lichte der Bergnamengebung, Herisau 1967.
- 1990 Die frühmittelalterliche Ortsnamenüberlieferung aus den St. Galler Quellen, in: Ortsname und Urkunde. Frühmittelalterliche Ortsnamenüberlieferung. Münchner Symposion 10. bis 12.Oktober 1988, hg. v. Rudolf Schützeichel, Heidelberg 1990 (BNF Beiheft 29), S. 200–215.

SPEIDEL, MICHAEL P.
- 2004 Ancient Germanic Warriors. Warrior Styles from Trajan's Column to Icelandic Sagas, New York, London 2004.

SPINDLER, KONRAD
- 1996 Die frühen Kelten, Stuttgart ³1996.

SPRENGER, ULRIKE
- 1986 Hirschvergleich und Totenpreis in der altnordischen Literatur, in: Festschrift für Oskar Bandle zum 60. Geburtstag am 11. Januar 1986, hg. v. H.-P. Naumann, Basel, Frankfurt am Main 1986 (BNPh 15), S. 167–174.

STAEHELIN, FELIX
- 1948 Die Schweiz in römischer Zeit, Basel ³1948.

STADLER, HERMANN
    1916–20 Albertus Magnus: De animalibus libri XXVI, nach der Cölner Urschrift [...] hg. v. H. Stadler, 2 Bde. Münster i. W. 1916–1920 (Beiträge zur Geschichte der Philosophie des Mittelalters; Bd. 15–16).

STALDER, FRANZ JOSEPH
    1994 (1806–1832) Schweizerisches Idiotikon. Mit etymologischen Bemerkungen untermischt, samt einem Anhange der verkürzten Taufnahmen. Hg. v. Niklaus Bigler, Aarau u. a. 1994. [zitiert als: STALDER/BIGLER 1994]

STARCK, TAYLOR – WELLS, JOHN C[ORSON]
    1990 Althochdeutsches Glossenwörterbuch. Mit Stellennachweisen zu sämtlichen gedruckten althochdeutschen und verwandten Glossen, Heidelberg 1990. [zitiert als: STARCK – WELLS 1990]

STEINHAUSER, WALTER
    1954 Herkunft, Anwendung und Bedeutung des Namens «Germani», in: Festschrift für Dietrich Kralik. Dargebracht von Freunden, Kollegen und Schülern, Horn 1954, S. 9–25.

STEINMEYER, ELIAS – SIEVERS, EDUARD
    I–V Die althochdeutschen Glossen, 5 Bde. 1879–1922 (Nachdruck Dublin, Zürich 1968 f.). [zitiert als: StSG I–V]

STEUER, HEIKO
    1978 Art. 'Bockshornschanze', in: RGA 2. A. Bd. 3, Berlin, New York 1978, S. 104 f.

STICHTENOTH, DIETRICH (Hg.)
    1968 Rufus Festus Avienus: Ora Maritima. Lat. u. dt., hg., übers. u. mit Anmerkungen versehen v. D. Stichtenoth, Darmstadt 1968.

STOTZ, PETER
    HLSMA Handbuch zur lateinischen Sprache des Mittelalters, 5 Bde. München 1996–2004 (Handbuch der Altertumswissenschaft II 5, 1–5).

STRICKER, HANS – BANZER, TONI – HILBE, HERBERT
    FLNB Liechtensteiner Namenbuch. I: Ortsnamen: B. Namendeutungen in 6 Bänden: Die Orts- und Flurnamen des Fürstentums Liechtenstein, Vaduz 1999.

STRÖM, ÅKE V. – BIEZAIS, HARALDS
    1975 Germanische und Baltische Religion, Stuttgart, Berlin u. a. 1975 (Die Religionen der Menschheit; Bd. 19, 1).

SUNDQVIST, OLOF – HULTGÅRD, ANDERS
    2004 The Lycophoric Names of the 6th to 7th Century Blekinge Rune Stones and the Problem of their Ideological Background, in: Namenwelten. Orts- und Personennamen in historischer Sicht, hg. v. A. van Nahl, L. Elmevik u. St. Brink, Berlin, New York 2004 (Ergänzungsbände zum RGA; Bd. 44), S. 583–602.

SUOLAHTI, HUGO [s. auch PALANDER, HUGO]
    1909 Die deutschen Vogelnamen. Eine wortgeschichtliche Untersuchung. 2., unveränderte Auflage (= Nachdruck der Ausgabe Strassburg 1909), mit einem Nachwort von ELMAR SEEBOLD, Berlin, New York 2000.

SZADROWSKY, MANFRED
- 1933 Abstrakta des Schweizerdeutschen in ihrer Sinnentfaltung, Frauenfeld 1933 (Beiträge zur Schweizerdeutschen Grammatik; Bd. 18).
- 1950 Germanisch *halljō(n)-* im Deutschen, in: PBB 72 (1950), S. 221–235.

THURNEYSEN, RUDOLF
- 1921 Grammatisches und Etymologisches, in: ZcPh 13 (1921), S. 101–108 [8. *pr, pl* im Keltischen: S. 106 f.].

TIEFENBACH, HEINRICH
- 1980 Bezeichnungen für Fluren im Althochdeutschen, Altsächsischen und Altniederfränkischen, in: Untersuchungen zur eisenzeitlichen und frühmittelalterlichen Flur in Mitteleuropa und ihrer Nutzung. Teil II, Göttingen 1980, S. 287–322.

TOLLENAERE, F. DE
- 1982/83 Notizen zu germanischen Etymologien, in: Zeitschrift für vergleichende Sprachforschung auf dem Gebiete der indogermanischen Sprachen 96 (1982/83), S. 141–145.

TORBRÜGGE, WALTER
- 1960 Die bayerischen Inn-Funde, in: Bayerische Vorgeschichtsblätter 25 (1960), S. 16–69.

TOVAR, ANTONIO
- 1975 Keltisch und Germanisch in Baden-Württemberg, in: ZcPh 34 (1975), S. 30–42.

TOYNBEE, JOCELYN M. C.
- 1983 Tierwelt der Antike (Kulturgeschichte der antiken Welt; Bd. 17), Mainz 1983.

TROST, PAUL
- 1936 Der blosse Tiername als Gewässerbezeichnung, in: ZONF 12 (1936), S. 89–90.

UDOLPH, JÜRGEN
- 1995 Art. 'Flußnamen', in: RGA 2. A. Bd. 9, Berlin, New York 1995, S. 276–284.

UNTERMANN, JÜRGEN
- 1989 Sprachvergleichung und Sprachidentität: methodische Fragen im Zwischenfeld von Keltisch und Germanisch, in: Germanische Rest- und Trümmersprachen, hg. v. H. Beck, Berlin, New York 1989 (Ergänzungsbände zum RGA; Bd. 3), S. 211–239.

VAN DER RHEE, FLORUS
- 1970 Die germanischen Wörter in den langobardischen Gesetzen, Rotterdam 1970.

VAN HELTEN, WILLEM LODEWIJK
- 1900 Zu den malbergischen Glossen und den salfränkischen Formeln und Lehnwörtern in der Lex Salica, in: PBB 25 (1900), S. 225–524.

VENDRYES, JOSEPH
- 1987 Lexique étymologique de l'irlandais ancien de J. Vendryes. Par les soins de E. Bachellery et P.-Y. Lambert, Paris, Dublin 1959 ff. [zitiert als: LEIA]
- 1997 La religion des Celtes. Préface, notes et compléments bibliographiques de P.-Y. Lambert, Spézet 1997.

VENNEMANN, THEO (gen. Nierfeld)
- 1993 Ein ubisches Lautgesetz, in: PBB 115 (1993), S. 367–399.
- 1994 Die mitteleuropäischen Orts- und Matronennamen mit *f, þ, h* und die Spätphase der Indogermania, in: Früh-, Mittel-, Spätindogermanisch. Akten der IX. Fachtagung der

Indogermanischen Gesellschaft vom 5. bis 9. Oktober 1992 in Zürich, hg. v. G. E. Dunkel u.a., Wiesbaden 1994, S. 403–426.

1995a   Morphologie der niederrheinischen Matronennamen, in: Nordwestgermanisch, hg. v. E. Marold u. Ch. Zimmermann, Berlin, New York 1995 (Ergänzungsbände zum RGA; Bd. 13), S. 271–299.

1995b   Etymologische Beziehungen im Alten Europa, in: Der GinkgoBaum. Germanistisches Jahrbuch für Nordeuropa, 13. Folge, Helsinki 1995, S. 39–115.

1998   Basken, Semiten, Indogermanen. Urheimatfragen in linguistischer und anthropologischer Sicht, in: Sprache und Kultur der Indogermanen. Akten der X. Fachtagung der Indogermanischen Gesellschaft, Innsbruck, 22.–28. September 1996, hg. v. W. Meid, Innsbruck 1998 (IBS; Bd. 93), S. 119–138.

1999   Volksetymologie und Ortsnamenforschung. Begriffsbestimmung und Anwendung auf ausgewählte, überwiegend bayerische Toponyme, in: BNF NF 34 (1999), S. 269–322.

VINCENZ, VALENTIN

1992   Die romanischen Orts- und Flurnamen von Gams bis zum Hirschensprung, o. O. 1992 (St. Galler Namenbuch, Romanistische Reihe; hg. von der Arbeitsgemeinschaft für ein St. Galler Namenbuch; Bd. 4).

VINZENZ V. BEAUVAIS

SN   Speculum naturale, Duaci 1624 (Nachdruck Graz 1964).

VRIES, JAN DE

1958   Die «Tierverehrung» in Gallien, in: Saga och sed, Jg. 1958, S. 48–62.

1961   Keltische Religion, Stuttgart 1961 (Die Religionen der Menschheit; Bd. 18).

AGR   Altgermanische Religionsgeschichte, 2. A. Berlin 1956 f.

AEW   Altnordisches etymologisches Wörterbuch, Leiden, Boston, Köln ^{4}2000 (= 2. verbesserte Auflage 1962). [zitiert als: AEW]

WAGNER, NORBERT

1959   Dioskuren, Jungmannschaften und Doppelkönigtum, in: Zeitschrift für deutsche Philologie 79 (1960), S. 1–17, 225–247.

2006   Zu einigen althochdeutschen Kurzformen und anderen einfachen Personennamen, in: BNF NF 41 (2006), S. 159–221.

WALCH, GERTRUD

1996   Orts- und Flurnamen des Kantons Glarus. Bausteine zu einem Glarner Namenbuch, Schaffhausen 1996.

WALDE, ALOIS

1930–31 Vergleichendes Wörterbuch der indogermanischen Sprachen, hg. u. bearb. v. JULIUS POKORNY, 3 Bde., Leipzig 1931 f. [zitiert als: WALDE-POKORNY I–III]

I–III   Lateinisches etymologisches Wörterbuch, 3. Bde., Heidelberg, neubearbeitete Auflage v. J. B. Hofmann, ^{4}1965 (I), ^{5}1982 (II), ^{4}1965 (III). [zitiert als: WALDE-HOFMANN I–III]

V. WARTBURG, WALTHER

FEW   Französisches Etymologisches Wörterbuch. Eine Darstellung des galloromanischen Wortschatzes, 23 Bde., Registerbd., ab Bd. 24 Neuaufl., Bonn (später Zürich) 1928 ff.

WARTMANN, HERMANN
- UBSG Urkundenbuch der Abtei Sanct Gallen. Auf Veranlassung der Antiquarischen Gesellschaft in Zürich bearb. v. H. Wartmann, 6 Bde. (mit wechselnden Hgg. u. Bearb.), Bd. 1–2 Zürich 1863–1866, Bd. 4–6 St. Gallen 1882–1955.

WASER, ERIKA
- LUNB Luzerner Namenbuch 1: Die Orts- und Flurnamen des Amtes Entlebuch, 2 Teile, Hitzkirch 1996. [zitiert als: WASER, LUNB 1.1–1.2]
- 1998 Der wilde Hengst und der zahme Ochse. Tiernamen in Flurnamen, in: Entlebucher Brattig 16 (1998), S. 53–56.
- 2002 Zeugnis von Ackerbau in der Viehwirtschaftszone des südlichen Kantons Luzern, in: Ortsnamen und Siedlungsgeschichte. Akten des Symposiums in Wien vom 28. bis 30. September 2000, hg. v. P. Ernst, I. Hausner u. a., Heidelberg 2002, S. 51–68.

WATSON, WILLIAM E.
- 1926 The History of the Celtic place-names of Scotland, Edinburgh 1926 (Nachdruck Dublin 1986).

WEINHOLD, KARL
- 1898 Die Verehrung der Quellen in Deutschland, Berlin 1898.

WEISGERBER, LEO
- 1965 Homographe Namensuffixe, in: Namenforschung. Festschrift für Adolf Bach zum 75. Geburtstag am 31. Januar 1965, hg. v. R. Schützeichel u. M. Zender, Heidelberg 1965, S. 32–37.
- 1968 Die Namen der Ubier (Wissenschaftliche Abhandlungen der Arbeitsgemeinschaft für Forschung des Landes Nordrhein-Westfalen; Bd. 34), Köln, Opladen 1968.
- 1969 Rhenania Germano-Celtica. Gesammelte Abhandlungen, Bonn 1969.
- 1972 Zu den rheinischen *-inius*-Bildungen, in: Festschrift Matthias Zender. Studien zu Volkskultur, Sprache und Landesgeschichte, in Verbindung mit B. Bratanić u. a. hg. v. E. Ennen u. G. Wiegelmann, 2. Band, Bonn 1972, S. 931–948.

WEISSBACH, FRANZ HEINRICH
- 1910 Art. 'Gabris 2', in: RE 13/I, Stuttgart 1910, Sp. 433.

WERNER, JOACHIM
- 1963 Tiergestaltige Heilsbilder und germanische Personennamen, in: Deutsche Vierteljahrsschrift für Literaturwissenschaft und Geistesgeschichte 37 (1963), S. 377–383.
- 1966 Das Aufkommen von Schrift und Bild in Nordeuropa (Sitzungsberichte der Bayerischen Akademie der Wissenschaften, philosophisch-historische Klasse, Sitzungsberichte, 4, 1966), München 1966.

WESTER, KNUT
- 2000 The Mystery of the Missing Viking Helmets, in: Neurosurgery 47 (2000), Sp. 1216–1229.

WHATMOUGH, JOSHUA
- DAG The Dialects of Ancient Gaul, Cambridge (Massachusetts) 1970. [Seitenzählung nach der gedruckten Ausgabe, nicht der ursprünglichen Mikrofilm-Publikation]

WIDMANN, HANS
- 1956 Schwäbische Alb – Geschichte eines Namens (Forts.), in: BNF 7 (1956), S. 27–53.

WINDL, HELMUT J.
    1976   Ein verzierter Schwertscheidenbeschlag aus dem Gräberfeld von Mihovo, Unterkrain (Dolejnsko), in: Mitteilungen der Anthropologischen Gesellschaft in Wien 106 (1976), S. 42–47.

WOODS, DAVID
    1998   Valens, Valentinian I, and the *Iouiani Cornuti*, in: Studies in Latin Literature and Roman History IX (Collection Latomus; Bd. 244), hg. v. C. Deroux, Bruxelles 1998, S. 462–486.

ZEUSS, KASPAR
    1837   Die Deutschen und die Nachbarstämme, München 1837 [Nachdruck der Erstausgabe von 1837, Heidelberg 1925 (Germanische Bibliothek, 2. Abteilung: Untersuchungen und Texte; Bd. 18)].

ZIEGLER, SABINE
    2003   Bemerkungen zum keltischen Toponym *Abnova* / *Abnoba*, in: Historische Sprachforschung 116 (2003), S. 290–294.

ZIMMERMANN, W. HAIO
    1970   Urgeschichtliche Opferfunde aus Flüssen, Mooren, Quellen und Brunnen Südwestdeutschlands. Ein Beitrag zu den in Opferfunden vorherrschenden Fundkategorien, in: Neue Ausgrabungen und Forschungen in Niedersachsen 6 (1970), S. 53–92.

ZIPPERER, FALK W.
    1938   Das Haberfeldtreiben. Seine Geschichte und seine Deutung, Weimar 1938.

ZUPITZA, ERNST
    1904   Miscellen, in: Zeitschrift für vergleichende Sprachforschung auf dem Gebiete der indogermanischen Sprachen 37, NF Bd. 17 (1904), S. 387–406.

ZWICKER, JOHANNES (Hg.)
    1934   Fontes historiae religionis Celticae (Fontes historiae religionum ex auctoribus Graecis et Latinis collectos edidit Carolus Clemen; Fasciculi V, pars I), Berlin 1934.

14. Wörter-, Namen- und Sachindex

afrae, afres: 133–136
Agni: 245
Aigis: 239, 247
Agri decumates, Dekumatland: 41, 43, 72, 121
Alagabiae: 71, 79, 94
Albis: 56, 58, 62–64, 251
Alemannen: 57 f., 64, 251
Algonquin: 92
Alpenraum: 59, 127, 174, 199, 251
Alpstein: 58, 62, 251
alteuropäisch: 54, 102, 164–167, 215
Amaltheia: 237, 240, 243, 247
Ambianer: 108
aper: 133 f., 254
Aquitania/Aquitanien: 38, 41, 43 f., 184
Ardennen: 58, 62
Atrebaten: 108, 120, 253
Aufaniae/Aufanien: 19, 39, 69, 75, 80–83, 87–93, 100–102, 252
Auriga: 239–241, 261
Belenos: 122, 125
Belgien, Belgica, Belgae usw.: 41, 43, 79, 127, 129, 251 f.
Bischofszell: 61
Bituriger: 38, 108
Bocksberg: 65
Bockshorn (s. auch Horn): 185 f., 194, 207–210, 219–221, 224, 235, 259
Bocksleder (s. Leder)
Bocksopfer: 96, 218 f.
Böhmen: 38, 45, 199, 203, 251
Böhmischer Wald: 60, 62
Bonn: 13, 39, 51, 69, 80–82, 86 f., 89–94, 122, 124, 252
Brannovices: 41
Britannien: 20, 22, 38, 45 f., 109, 117, 251

buccus, bucca, bucc-: 42–44, 46, 141 f., 147, 159
Buccillin: 196 f.
Budapest: 101
*bukkaz: 46, 142, 196
Butilin s. Buccillin
cabros: 48, 66, 68
*Cabrostos: 66
Caeracates: 108, 115–118, 120–122, 126, 129, 253 f.
Caero(e)si: 108, 115–120, 122 f., 126, 128 f., 197, 229, 253 f.
Cairacas (s. *Caeracates*)
Caittne: 78
camul-: 42 f., 52
Camulodunum (Colchester): 99, 109, 125
Camulos: 52, 99, 103, 109, 119, 125 f., 129
Cantexta: 50
Cantrusteihiae: 50
Capella: 237, 239, 241, 261
caper: 13, 15, 19, 25, 27, 29 f., 40, 43 f., 49–51, 74 f., 103 f., 117 f., 134, 225, 238, 249
caprea: 30, 105, 232, 250
caprimulgus: 230
Caprio (s. *Deus Caprio*)
*caprita: 26 f.
*capritu: 26
*capritura: 26
capritus: 143, 146–148
Carausius: 128
Caruces: 108, 115, 116–122, 124, 126, 129, 253
Catt: 78
Catuvellaunen: 52, 109, 113, 118, 121 f., 125
Cernenus (s. *Cernunnos*)
Cernunnos: 100–102, 236, 237, 247

Cervulum facere: 213, 215–218, 224, 258
Cevennen: 58, 62
Chaideruna (s. *Heiðrún*): (244)
chanchurda: 133, 149
chancus: 133, 149
Chantrumanehis: 50
Charivari: 208, 212, 215–221, 223 f., 235, 258–260
chenecrudo: 133, 149, 150
χίμαιρα: 201
chevron: 74, 103
chrenecruda: 133, 149–151
Colchester (s. Camulodunum)
Condrusi: 50, 116, 122
Cornuti: 15, 39, 41, 124, 179–186, 191–194, 197, 257, 260, 262
Curia: 91 f., 116
Daktylen: 195
Damhirsch: 201
damma: 47, 233
Deaspiration: 50
Deus Caprio: 102, 104 f., 115, 230, 253
Dioskuren: 188, 192–197, 230, 257 f.
Donar (s. auch Thor): 216, 234, 243
Donnerziege: 98, 238, 261
Eber: 25, 37, 52, 103, 121, 151–153, 155–158, 162, 165, 167, 204, 239, 244, 256, 261f.
Eburonen: 37, 107, 116, 122, 128
Eburovices: 41, 197
Eikþyrnir: 243 f.
Ekhammar: 187
Engerling: 202
Etrahenae: 90–92
Fellbach-Schmiden: 67, 227
*fergunja-: 238
Feuerbock: 99, 106, 126, 229, 260
Fibel: 195
Finglesham: 187

Fjǫrgyn(n): 97 f.
Frau Holle (*hulla, huldra, huldre*): 223
Freyr: 244 f.
Friagabis: 79
Frischling: 202
Fruchtbarkeit: 17, 19, 40, 80, 85–87, 89, 92–99, 101, 102, 125 f., 129, 176, 194, 203 f., 209, 216–218, 222–224, 229, 234, 236 f., 243, 247, 252, 259, 261 f.
Frühling: 202
Füllhorn: 18, 89, 94, 237, 240, 247
furno uogebrico: 79
Gabermühle: 59
Gabersberg: 59
Gabersee: 59
Gabershof: 59
Gabel-Namen: 59, 251
Gābher: 59
Gabiae: 70, 76, 79, 94
Gabisreuth: 59
gabr-: 38–44, 46, 52, 70 f., 74, 79, 168, 251
Gabrantovices (Γαβραντουίκων): 39, 41, 92, 191, 197
*gabraz: 45 f.
Gabregabalio: 38
Gabreta, Γάβρητα ὕλη: 30, 38, 45, 53 f., 59 f., 62, 251
Gabris: 38, 53 f., 56–58, 60–65, 67, 251
Gäbris: 38, 53 f., 56–58, 60–62, 65, 67, 251
Gabrius: 38, 43, 251
*gabrīʒʒa: 55, 58–61, 251
Gabro: 43, 71
Gabromagus: 37, 65, 168, 251
*gabros: 13 f., 25 f., 37–41, 44–52, 54, 65 f., 68, 70, 74–76, 88, 103, 115, 118 f., 121, 124, 167, 233, 249, 252
Gabrosentum: 38, 65, 251

Gabrus: 40, 43, 48, 50, 66, 68, 79
Gafadura: 26
Gagersbach: 59
Gagersberg: 59
Gallehus: 97, 187 f., 192, 195
Gallien: 18, 41, 45, 46, 78, 99, 105, 110, 129
Galmiz: 56, 251
Gappah: 38
Garmangabis: 79
Gavadiae: 50
gebr-: 70, 74–76, 79
Gebrinius: 13, 27, 43, 46, 51, 69–71, 73–76, 79–81, 88 f., 91–94, 100, 102–104, 229, 252, 253
Gebrinnius: 43, 71
Geich: 79
Geissbach: 66 f., 167 f., 174, 256
Geissberg: 32, 53, 58 f., 61, 65, 174 f., 256
Geisshimmel: 175
Geisshöll: 175
Geißlede: 169
Gemse: 20, 46 f., 60, 65, 168, 173, 208, 233, 238
Germani Cisrhenani: 116 f., 122
Germania inferior: 41 f., 69, 251
Germania superior: 42, 116, 119, 121
Gesahenae: 90 f.
Gevenich: 79
g^hab^h-: 71, 74 f.
g^heb^h-: 74
$\hat{g}^h/g^heH_2b$-: 26, 51, 74 f., 79, 121
Glastonbury: 109
Glattburg: 61
Gloten: 61
Goathill: 175
Gotland: 195
Guendoloena: 219 f., 259
Gullintanni: 244
Gundestrup: 101, 185, 195

*Haber: 30 f., 46, 49, 131, 136, 213, 258
Häber: 29
haber[e]: 30 f., 34
Haberfeldtreiben: 13, 32, 102, 207–212, 215–224, 258–260
Haberfëll: 209
Haberfrau: 204, 258
Habergeiss: 13, 29, 32, 131, 199–201, 203–205, 207, 210, 216, 222, 238 f., 242, 258
Haberhauer: 200
Haberling: 25, 29, 32, 131, 201, 202
Häberling: 29, 32, 141, 201 f.
Habermalch: 29 f., 34, 250.
Habermann: 204, 258
Habermichel: 203
Haberschlacht: 31 f.
*haƀran: 13, 33
*haƀraz: 13, 29 f., 34, 44 f., 49, 75, 79, 115, 134, 136, 141, 201 f., 207, 213, 222, 249 f., 254, 258
*haƀrōn: 31, 34, 250
haðna: 172
hæfer: 29
Hafer: 13, 31–35, 200, 250
Haferbraut: 204
Haferbräutigam: 204
Haferkönig: 204
hafr: 29, 141, 225
*hafra-: 133–135
Hahn: 94 f., 164 f., 173, 244
Hallinskiði: 244
hallr: 244
Hammel: 42, 52, 119, 121, 125, 129, 132, 137, 226, 255
Hap: 29, 49, 115
haper: 133 f., 254
Häper: 29
Häppersprung: 30

Happl: 29, 115
Hebber: 29
Heiðrún: 142, 237, 243 f., 247, 261
Heimdall(r): 244 f., 260
heppe: 29, 32, 49, 201
Heppenbart: 29
Heppes: 29
Hercynia silva: 60, 62
Herde: 15, 18–20, 23, 52, 58, 65, 71, 89, 111–113, 118, 126, 131, 142, 150 f., 154–159, 172, 174, 176, 218 f., 223, 226 f., 232, 254–256, 262
Herne: 220
Himmelsziege: 98, 199, 231, 238
hippe: 32, 49, 131, 141, 201
Hircanum nemus: 60, 62, 65
Hirsch: 47, 81, 101 f., 106, 123, 136, 176, 183, 195, 208, 213 f., 216–221, 237, 243 f., 259
Hirte: 18–20, 58, 86, 111–113, 164
Hispanien: 46
Hlóðyn: 97
Hobelgeiss: 200
Horn, Hörner: 18, 20, 22, 40, 46, 71, 89, 94, 96 f., 99–102, 105 f., 112, 121 f., 125, 136, 145, 172, 179, 181, 183–189, 193–196, 207–210, 212, 216–221, 223 f., 228–231, 233–240, 245–247, 257, 259–262
Hydronymie: 54, 66–69, 79, 91, 163–166, 174, 176, 256
illyrisch: 47 f.
inzymis: 139, 255
Irch: 208
Jagersberg, Jägersberg: 59
Javrex: 66, 167, 256
Javroz: 66, 167, 256

Jǫrð: 97
Julbock: 96
julbukk: 216
julgeit: 216
Jupiter Pluvius: 242
Jupiter–Ammon: 99, 125
Jura: 62
Kabiren: 195
*kaeraks: 25, 115, 117, 119, 253
*kap-: 25, 48, 74, 118, 249
Kapfer: 105
Käpfer: 102, 104 f.
*kapr-: 43 f., 115, 118, 121 f.
*kápr̥-: 26
*kapro-: 26, 47 f., 141
κάπρος: 25, 44, 52, 249
*kaprós: 13, 25–27, 29, 52, 115, 118, 123, 249 f.
kaprum: 25
Keffer: 105
*keH₂p-: 25–27, 51, 74 f., 118, 121, 249
Komet: 100, 197, 235, 240 f.
Kornbock: 96, 201, 204
Korndämon: 199–204, 242, 258
Kornspinne: 200
Korybanten: 195
Krathis: 176 f.
Kureten: 195
Kurien: 90–93, 252
Kybele: 195
la(m)phebru/os: 134–137, 140 f., 254
lamilam: 132 f., 137, 139 f., 254
Lämmes: 138
lammi: 132 f., 136 f., 139 f.
lamp: 132–139
lampse: 137–139, 254
lausmata: 139
lauxmada: 133, 143, 149, 255

Leder: 18, 22, 30, 129, 188, 208 f., 218, 258

lem: 137, 139–141, 255

Lemovices: 41

Lenition, keltisch: 48

Leuberg: 61

Leucamulus: 125, 226

Leudiacanus: 91

Leukonen: 108

Leuktra: 20

Leuthari: 196

limb: 140

Limmes: 138

Lindwurm: 201

Lugdunensis: 41, 43 f.

Malbergische Glossen: 14, 131, 133, 135, 141, 145, 156 f., 254

Mandubier: 107

Markomannen: 59 f., 251

Marseille: 110 f.

Matronen: 19, 85–92, 94 f.

Matronenkult: 13, 85–88, 95

Menapier: 107

*mendos: 119, 167, 256

Mercurius Gabrus (s. *Gabrus*)

Mercurius Gebrinius (s. *Gebrinius*)

Merkur: 27, 71 f., 79 f., 89–92, 94 f., 102, 229, 252

Merlin: 102, 219 f., 259

Milvische Brücke: 179, 193, 257

Mindel: 66, 166 f., 169, 176, 256

Moltinus: 41, 103, 121, 129

*moltos: 119, 121

Montagnac: 101

Moorleichen: 18

Mordsgeiss: 200

Moriner: 91, 107

musci simada: 133, 143, 255

Muttergottheiten: 19, 81, 93, 95 f., 98, 237, 252

Mythos, Mythologie: 15 f., 19, 67, 93, 96–102, 112, 161, 166, 168 f., 176 f., 194, 197, 204, 211, 223, 225 f., 231, 234, 238 f., 243–245, 247, 255, 258, 260

Narbonensis: 41, 43 f.

Nerthus: 96, 99

Nervier: 91 f., 107 f., 127

Nieselberg: 61

Njǫrðr: 96

Noricum: 45 f., 125

Novohradské hory: 38, 251

Obrigheim: 187

Odin (s. Wodan)

Ollogabiae: 71, 79, 94

onocratulus: 200

Opfertier: 93–95, 128, 227–229, 235, 246

Orléans: 111

pagus carascus: 122 f., 254

pagus Carucum: 115, 122–124, 254

Pan: 96, 194

Paris: 101, 112, 236 f., 247

pehrkona ahsis: 238

pehrkona kasa: 238

Per(c)hta: 208, 222–224, 228

Pērkons: 238

perkuno ożys: 238

Petulantes: 179, 181–185, 191

Plejaden: 240

Plöhligeiss: 228

Reh: 15 f., 45–47, 60, 105, 119, 121, 173, 208, 214, 216, 220, 225, 228, 231 f., 250, 259

Rigacambeda: 50

roscimada: 133, 143, 149, 255

Rövenich: 79

Salfranken: 142, 159, 254

saltus hircanus: 60

Schafzucht: 52, 107–110, 112, 125 f., 129, 250, 253 f.
Schälebni: 26
Schildkröte: 94
Schmeissfliege: 201
Schmetterling: 202
Schnabelgeiss: 200, 258
Schnädergeiss: 200
Schnepfe (Sumpfschnepfe u. ä.): 40, 98, 199–201, 203, 231, 238 f., 258, 261
Schwäbische Alb: 58, 111
Schwarzwald: 62
Schweikhof: 176
scimada: 132 f., 143–149, 225 f., 243, 255
Seengen: 187
Seife: 18
Sekundärmotivation: 49, 168, 173
Sexualität: 27, 51, 207, 218, 221, 224, 234, 258 f.
Sion: 111
Sirius: 240
Sirnach: 61
Sitter: 63
Skaði: 96, 98 f., 101
skimuðr: 133, 143–145, 148 f., 225 f., 235, 243, 255
sonest (s. *sonista*)
sonischalt: 151, 153, 155
sonista: 132, 143, 151 f., 154, 156–159, 255 f.
Sperling: 202
Sprachkontakt: 47, 49 f., 70
Steinbock: 30, 40, 46, 65, 233, 238
Stentofte(n): 29
Stephansritt: 216
Stier: 101, 138, 169, 184 f., 191, 195, 212, 227, 229, 237, 239, 261
Substrat: 35, 47, 49, 64, 67, 215, 250
Sueben: 59, 61

sunista (s. *sonista*)
Superstrat: 47, 64, 163
Sutton Hoo: 183, 187
swaiga: 255
*swanuz-: 154 f., 157 f., 255
Tabu: 95, 121, 126, 166, 169, 192, 225, 228
Tanngnjóstr: 96, 145, 234 f.
Tanngrísnir: 96, 145, 234 f.
Tarvos Trigaranus: 101
Textil, Textilindustrie u. ä. (s. auch Wolle): 22, 27, 109, 127 f., 252 f.
Thor: 94, 96–99, 144 f., 148, 165, 195, 216, 222 f., 226, 234 f., 238, 242, 244 f., 260 f.
Thur: 58, 61, 63
Thurgau: 54, 56, 61, 173 f., 201
Tiergötter: 100, 102
Toggenburg: 58, 63
Torslunda: 187
Totem: 121, 126, 129, 168, 197
Totenkult: 229, 260
Transhumanz, Wanderweidewirtschaft: 14, 19, 22, 107, 110 f., 118, 174, 253
Treverer: 40, 43, 78, 91, 107, 115 f., 127
Truthahn: 40
Trutzbock: 40
Turteltaube: 201
Týr: 100
Ubier: 70, 78, 81, 91, 124, 127
Ulmiz: 56, 251
Uz-Memmingen: 80
Uzwil: 61
Valsgärde: 187, 192
Valkenburg: 18
Vaskonen, vaskonisch: 161, 163, 165
vetula: 214, 217, 222, 259
Vogesen: 58, 62

Volksetymologie: 19, 27, 59, 66–68, 79, 161–163, 166 f., 173, 176, 207, 230, 239, 242, 244, 256

Volkskunde: 13, 15 f., 29, 199, 204, 219, 222, 225 f., 228, 234, 242, 260

Walhusen: 61

Walzenhausen: 62

Wanderweidewirtschaft (s. Transhumanz)

Wappentier: 184

Weberknecht: 200

Wetter, Wettersymbolik: 15, 19, 67, 145, 201, 225, 228, 236, 238–247, 260 f.

Widder: 25, 40 f., 52 f., 70 f., 94 f, 99, 113, 118 f., 121, 124–126, 129, 138, 149, 169, 185, 218, 220 f., 229 f., 233, 236, 238, 244 f., 250, 256 f., 259–261

Widderkopfschlange: 94 f., 99

Wil: 61

Windischgarsten: 37, 65, 251

Winselmutter: 228

Wodan: 70, 80, 97, 144, 149, 183, 187 f., 191–193, 234, 242, 255

Wolle: 18, 21 f., 29, 107–110, 112, 114, 125, 127–129, 174, 245, 262

Zeus Aktaios: 242

Ziegenfell: 17 f., 34, 196, 209 f., 212, 215 f., 221 f., 224

Zickenhain: 169

Ziegenhagen: 169

Ziegenhahn: 169

Ziegenhain: 169

Ziegenleder (s. Leder)

Ziegenmelker: 105, 200, 202, 205, 230

Zimmermann: 200

ARCHAEOLINGUA

Herausgegeben von
ERZSÉBET JEREM und WOLFGANG MEID

Hauptreihe

1. **Cultural and Landscape Changes in South-East Hungary. I: Reports on the Gyomaendrőd Project.** Edited by Sándor Bökönyi. 1992. 384 pp., with numerous maps, diagrams and illustrations. € 36.-. ISBN 963 7391 60 6.
2. Stefan Schumacher: **Die rätischen Inschriften. Geschichte und heutiger Stand der Forschung.** 1992. 373 pp., ISBN 963 7391 61 4; 2., erweiterte Auflage 2004. € 62.-. ISBN 963 8046 53 8.
3. **Onomasticon Provinciarum Europae Latinarum.** Herausgegeben von Barnabás Lőrincz und Ferenc Redő. Vol. I. 1994. XIV, 364 pp., mit Karten und Abbildungen. € 50.-. ISBN 963 8046 01 5 Ö. ISBN 963 8046 02 3 I.K.
4. **Die Indogermanen und das Pferd. Akten des Internationalen interdisziplinären Kolloquiums, Freie Universität Berlin, 1.-3. Juli 1992. Bernfried Schlerath zum 70. Geburtstag gewidmet.** Herausgegeben von Bernhard Hänsel und Stefan Zimmer. 1994. 272 pp., mit zahlreichen Abbildungen. € 72.-. ISBN 963 8046 03 1.
5. **Cultural and Landscape Changes in South-East Hungary. II.** Edited by Sándor Bökönyi. 1996. 453 pp., with numerous maps, diagrams and illustrations. € 36.-. ISBN 963 8046 04 X.
6. Garrett S. Olmsted: **The Gods of the Celts and the Indo-Europeans.** 1994. XVI, 493 pp., € 98.-. ISBN 963 8046 07 4.
7. **Die Osthallstattkultur. Akten des Internationalen Symposiums, Sopron, 10. – 14. Mai 1994.** Herausgegeben von Erzsébet Jerem und Andreas Lippert. 1996. 588 pp., mit zahlreichen Abbildungen. € 88.-. ISBN 963 8046 10 4.
8. **Man and the Animal World. Studies in Archaeozoology, Archaeology, Anthropology and Palaeolinguistics in memoriam Sándor Bökönyi.** Edited by Peter Anreiter, László Bartosiewicz, Erzsébet Jerem and Wolfgang Meid. 1998. 720 pp., with numerous maps, diagrams and illustrations. € 92.-. ISBN 963 8046 15 5.
9. **Archaeology of the Bronze and Iron Age – Environmental Archaeology, Experimental Archaeology, Archaeological Parks. Proceedings of the International Archaeological Conference, Százhalombatta, 3–7 October, 1996.** Edited by Erzsébet Jerem and Ildikó Poroszlai. 1999. 488 pp., with numerous illustrations. € 68.-. ISBN 963 8046 25 2.
10. **Studia Celtica et Indogermanica.** Festschrift für Wolfgang Meid. Herausgegeben von Peter Anreiter und Erzsébet Jerem. 1999. 572 pp., € 78.-. ISBN 963 8046 28 7.
11. **From the Mesolithic to the Neolithic. Proceedings of the International Archaeological Conference held in the Damjanich Museum of Szolnok, September 22–27, 1996.** Edited by Róbert Kertész and János Makkay. 2001. 461 pp., with numerous maps and illustrations. € 72.-. ISBN 963 8046 35 X.

12. Garrett Olmsted: **Celtic Art in Transition during the First Century BC. An Examination of the Creations of Mint Masters and Metal Smiths, and an Analysis of Stylistic Development during the Phase between La Tène and Provincial Roman.** 2001. 340 pp., with 142 plates. € 72.-. ISBN 963 8046 37 6.
13. **The Archaeology of Cult and Religion.** Edited by Peter F. Biehl and François Bertemes with Harald Meller. 2001. 288 pp., with numerous illustrations. € 68.-. ISBN 963 8046 38 4.
14. Gerhard Tomedi: **Das hallstattzeitliche Gräberfeld von Frög. Die Altgrabungen von 1883 bis 1892.** 2002. 706 S., mit 118 Karten, € 76.- ISBN 963 8046 42 2.
15. **Morgenrot der Kulturen. Frühe Etappen der Menschheitsgeschichte in Mittel- und Südosteuropa. Festschrift für Nándor Kalicz zum 75. Geburtstag.** Herausgegeben von Erzsébet Jerem und Pál Raczky. 2003. 570 pp., mit zahlreichen Abbildungen. € 78.-. ISBN 963 8046 46 5.
16. **The Geohistory of Bátorliget Marshland.** Edited by Pál Sümegi and Sándor Gulyás. 2004. 360 S. with numerous illustrations. € 66.-. ISBN 963 8046 47 3.
17. **Nord-Süd, Ost-West. Kontakte während der Eisenzeit in Europa. Akten der Internationalen Tagungen der AG Eisenzeit in Hamburg und Sopron 2002.** Herausgegeben von Erzsébet Jerem, Martin Schönfelder und Günther Wieland. 2006. ca. 320 pp., mit zahlreichen Abbildungen. € 84.-. ISBN 963 8046 57 0.
18. Raimund Karl: **Altkeltische Sozialstrukturen.** 2006. 609 pp., € 78.-. ISBN 963 8046 69 4.
19. Martin Hannes Graf: **Schaf und Ziege im frühgeschichtlichen Mitteleuropa. Sprach- und kulturgeschichtliche Studien.** 2006. ca. 320 pp., € 60.-. ISBN 963 8046 70 8.

Series Minor

3. Sándor Bökönyi: **Pferdedomestikation, Haustierhaltung und Ernährung. Archäozoologische Beiträge zu historisch-ethnologischen Problemen.** 1993. 61 pp., mit Abbildungen. € 18.-. ISBN 963 7391 65 7.
4. Ferenc Gyulai: **Environment and Agriculture in Bronze Age Hungary.** 1993. 59 pp., with illustrations and diagrams. € 18.-. ISBN 963 7391 66 5.
5. Wolfgang Meid: **Celtiberian Inscriptions.** 1994. 62 pp., with illustrations. € 20.-. ISBN 963 8046 08 2
6. Marija Gimbutas: **Das Ende Alteuropas. Der Einfall von Steppennomaden aus Südrußland und die Indogermanisierung Mitteleuropas.** 1994. 2. Aufl. 2000. 135 pp., mit zahlreichen Abbildungen. € 32.-. ISBN 963 8046 09 0.
7. Eszter Bánffy: **Cult Objects of the Neolithic Lengyel Culture. Connections and Interpretation.** 1997. 131 pp., with illustrations. € 26.-. ISBN 963 8046 16 3.
8. Wolfgang Meid: **Die keltischen Sprachen und Literaturen. Ein Überblick.** 1997. 2. Aufl. 2005. 94 pp., mit Illustrationen. € 20.-. ISBN 963 8046 65 1.
9. Peter Anreiter: **Breonen, Genaunen und Fokunaten. Vorrömisches Namengut in den Tiroler Alpen.** 1997. 173 pp., mit Farbabbildungen. € 30.-. ISBN 963 8046 18 X.
10. Nándor Kalicz: **Figürliche Kunst und bemalte Keramik aus dem Neolithikum Westungarns.** 1998. 156 pp., mit zahlreichen Abbildungen. € 30.-. ISBN 963 8046 19 8.
11. **Transhumant Pastoralism in Southern Europe. Recent Perspectives from Archaeology, History and Ethnology.** Edited by H. J. Greenfield and L. Bartosiewicz. 1999. 245 pp., with illustrations. € 36.-. ISBN 963 8046 11 2.

12. Francisco Marco Simón: **Die Religion im keltischen Hispanien**. 1998. 168 pp., mit Abbildungen. € 32.-. ISBN 963 8046 24 4.
13. Peter Raulwing: **Horses, Chariots and Indo-Europeans. Problems of Chariotry Research from the Viewpoint of Indo-European Linguistics**. 2000. 210 pp., with numerous illustrations. € 36.-. ISBN 963 8046 26 0.
14. John Chapman: **Tension at Funerals – Micro-Tradition Analysis in Later Hungarian Prehistory**. 2000. 184 pp., with illustrations. € 32.-. ISBN 963 8046 29 5.
15. Eszter Bánffy: **A Unique Prehistoric Figurine of the Near East**. 2001. 106 pp., with illustrations. € 24.-. ISBN 963 8046 36 8.
16. Peter Anreiter: **Die vorrömischen Namen Pannoniens**. 2001. 316 pp., € 36.-. ISBN 963 8046 39 2.
17. Paul Gaechter: **Die Gedächtniskultur in Irland**. 2003. 116 pp., € 20.-. ISBN 963 8046 45 7.
18. **The Geoarchaeology of River Valleys.** Edited by Halina Dobrzańska, Erzsébet Jerem and Tomasz Kalicki. 2004. 214 pp. € 38.-. ISBN 963 8046 48 1.
19. Karin Stüber: **Schmied und Frau. Studien zur gallischen Epigraphik und Onomastik**. 2005. 125 pp., mit Abbildungen. € 24. ISBN 963 8046 55 4.
20. Wolfgang Meid: **Keltische Personennamen in Pannonien**. 2005. 350 pp., € 40.- ISBN 963 8046 56 2.
21. **The Archaeology of Cult and Death. Proceedings of the Session "The Archaeology of Cult and Death" Organized for the 9th Annual Meeting of the European Association of Archaeologists, 11th September 2003, St. Petersburg, Russia.** Edited by Mercourios Georgiadis and Chrysanthi Gallou. 2006. 194 pp. € 32.-. ISBN 963 8046 67 8.
22. **Landscape Ideologies.** Edited by Thomas Meier. 2006. 260 pp. € 34.-. ISBN 963 8046 71 6.

Studien zur Eisenzeit im Ostalpenraum

1. **Die Kelten in den Alpen und an der Donau. Akten des Internationalen Symposions St. Pölten, 14.–18. Oktober 1992.** Herausgegeben von Erzsébet Jerem, Alexandra Krenn-Leeb, Johannes-Wolfgang Neugebauer und Otto H. Urban. 1996. 462 pp., mit zahlreichen Abbildungen. 2. Aufl. 2004. € 62.-. ISBN 963 8046 21 X.

Praehistoria

1. **Praehistoria. International prehistory journal of the University of Miskolc.** Edited by Árpád Ringer, Zsolt Mester and Erzsébet Jerem. **Volume 1, 2000.** 188 pp., € 40.-. **Volume 2, 2001.** 201 pp., € 34.-. **Volume 3, 2002.** 338 pp., € 40.-. **Volume 4–5, 2003–2004.** 247 pp., € 40.-. HU ISSN 1586 7811.

Studia Aegyptiaca

1. **The Mortuary Monument of Djehutymes (TT 32)** Vols. I–II. Edited by László Kákosy, Tamás A.Bács, Zoltán Bartos, Zoltán I. Fábián and Ernő Gaál. 2004. 384 pp. € 124.-. Vol. I.: ISBN 963 8046 51 1; Vol. II.: ISBN 9632 8046 52 X.

Bestellungen werden erbeten an:

ARCHAEOLINGUA
H-1250 Budapest, Pf. 41.
Fax: (+361) 3758939
e-mail: kovacsr@archaeolingua.hu   http://www.archaeolingua.hu/